Sonderseiten

METHODE — Hier kannst du naturwissenschaftliche Arbeitsweisen trainieren.

PINNWAND — Hier findest du Zusatzinformationen für inhaltliche Vertiefungen.

STREIFZUG — Hier findest du interessante Ergänzungen, z. B. Verknüpfungen mit anderen Fachgebieten und Historisches.

PRAKTIKUM — Hier findest du Anleitungen zum selbstständigen Arbeiten.

LERNEN IM TEAM — Hier findest du Vorschläge für die Projektarbeit mit offen formulierten Handlungsaufträgen.

AUF EINEN BLICK — Hier findest du die Inhalte des Kapitels in kurzer und übersichtlicher Form dargestellt.

LERNCHECK — Hier findest du vielfältige Aufgaben zum Wiederholen und Vertiefen der Inhalte des Kapitels.

Lehrplan 21

Die Inhalte des Schülerbandes 2 richten sich nach den Kompetenzen, die der Lehrplan 21 für den Unterricht **nach dem Orientierungspunkt** vorsieht.

Gleichzeitig berücksichtigt der Aufbau des Buches **zusammenhängende Themen** aus den einzelnen Naturwissenschaften Biologie, Chemie und Physik und präsentiert sie als geschlossene Kapitel.

Aufgrund dieser doppelten Zielsetzung finden sich im Schülerband 2 in Einzelfällen auch Inhalte und Kompetenzen, die der Lehrplan 21 für den Unterricht vor dem Orientierungspunkt vorsieht. Umgekehrt enthält der Schülerband 1 in Einzelfällen Inhalte, die nach dem Orientierungspunkt vorgesehen sind.

westermann

ERLEBNIS
Natur und Technik

2
Sekundarstufe I

differenzierende Ausgabe

ERLEBNIS
Natur und Technik 2

Berater und Autoren
Ursula Baumgartner
Eva Davanzo
Franziska Suter

Redaktion
Dr. Ulrich Kilian

Layout
SINNSALON Büro für
Konzept und Gestaltung

Umschlaggestaltung
Gingco.Net Werbeagentur Braunschweig

In Teilen eine Bearbeitung von
978-3-507-70057-4 (2017)
Autoren: Imme Freundner-Huneke, Horst-Dietmar Kirks, Dr. Astrid Wasmann
978-3-507-70064-2 (2018)
Autoren: Imme Freundner-Huneke, Ralph Möllers, Horst-Dietmar Kirks, Reiner Wagner, Dr. Astrid Wasmann
978-3-507-77877-1 (2015)
Autoren: Gerd-Peter Becker, Heike Claßen, Imme Freundner-Huneke, Marietta und Dieter Keller, Silke Kraft, Olga Leuchtenberg, Ralph Möllers, Anke Roß, Siegfried Schulz, Anja Thesing, Andrea Timcke, Annely Zeeb
978-3-507-77887-0 (2016)
Autoren: H. Michael Carl, Dieter Cieplik, Stephanie Gerecke, Thomas Heppel, Dr. Stefanie Jerems, Horst-Dietmar Kirks, Ursula Schmidt, Albert Steinkamp, Hans Tegen, Reiner Wagner, Reinhard Wendt-Eberhöfer, Erwin Werthebach
978-3-507-77897-9 (2016), 978-3-507-77942-6 (2016), 978-3-507-77975-4 (2017)
Autoren: H. Michael Carl, Dieter Cieplik, Stephanie Gerecke, Thomas Heppel, Dr. Stefanie Jerems, Horst-Dietmar Kirks, Rainer Mennenga, Torsten Schleip, Ursula Schmidt, Ralf Schrader, Albert Steinkamp, Heide Suk, Hans Tegen, Reiner Wagner, Reinhard Wendt-Eberhöfer, Erwin Werthebach
978-3-507-78006-4 (2016), 978-3-507-78024-8 (2017)
Autoren: Imme Freundner-Huneke, Silke Kraft, Ralph Möllers, Siegfried Schulz, Anja Thesing, Annely Zeeb
978-3-507-78012-5 (2016)
Autoren: Claudia Heist, Dr. Stefanie Jerems, Sybille Wellmann
978-3-507-78018-7 (2016)
Autoren: Albrecht Blessing, André Carozzi, Dr. Thomas Heinlein, Melanie Knoll
978-3-507-78030-9 (2018)
Autoren: Heiko Brunner, Claudia Heist, Dr. Stefanie Jerems, Thomas Nasaroff, Sybille Wellmann
978-3-507-78036-1 (2017)
Autoren: Albrecht Blessing, André Carozzi, Dr. Thomas Heinlein, Johanna von der Heyd, Horst-Dietmar Kirks, Melanie Knoll

westermann GRUPPE

© 2019 Westermann Schulverlag Schweiz AG, Schaffhausen
www.westermanngruppe.ch

Alle Rechte vorbehalten. Der Nachdruck und/oder die Vervielfältigung jeder Art ist auch auszugsweise nur mit schriftlicher Genehmigung des Verlags gestattet. Ohne solche Genehmigung dürfen weder das Werk noch seine Teile in ein Netzwerk gestellt werden. Dies gilt sowohl für das Internet wie auch für Intranets von Schulen oder sonstigen Bildungseinrichtungen.

1. Auflage 2019

Satz: science & more, Frickingen
Druck und Bindung: westermann druck GmbH, Braunschweig

ISBN 978-3-0359-**1507**-5

Inhalt

Mit voller Kraft voraus

- 8 Mit voller Kraft voraus
- 10 Kräfte, Bewegungsänderung und Verformung
- 11 Kräfte ändern Bewegungen
- 12 **PINNWAND** Erwünschte und unerwünschte Reibung
- 13 Rückstoss – eine nützliche Kraft
- 14 Der Kraftmesser misst die Gewichtskraft
- 15 Das hookesche Gesetz
- 16 **METHODE** Messwerte erfassen und darstellen
- 17 **METHODE** Messgenauigkeit
- 18 Elastische und plastische Körper
- 19 **LERNEN IM TEAM** Hookesches Gesetz oder plastische Verformung?
- 20 Kraft ist eine gerichtete Grösse
- 21 Kräftepfeilpaare beschreiben Wechselwirkungen
- 22 **PINNWAND** Kräfteparallelogramme
- 23 Gewichtskraft und schwere Masse
- 24 Die träge Masse
- 25 **STREIFZUG** Rückhaltesysteme
- 26 Der zweiseitige Hebel
- 27 Der einseitige Hebel
- 28 Feste und lose Rollen
- 29 Der Flaschenzug
- 30 **LERNEN IM TEAM** Hebel und Rollen in der Technik und in der Natur
- 32 Die schiefe Ebene
- 33 **PINNWAND** Anwendungen der schiefen Ebene
- 34 Die Goldene Regel der Mechanik
- 35 **PINNWAND** Anwendungen zur Goldenen Regel der Mechanik
- 36 Die beschleunigte Bewegung
- 38 Kraft und Beschleunigung
- 39 **METHODE** Grafische Darstellung beschleunigter Bewegungen
- 40 **AUF EINEN BLICK**
- 41 **LERNCHECK**

Optik und sehen

- 42 Optik und sehen
- 44 Der Weg des Lichts
- 45 **METHODE** Modelle in der Physik
- 46 Reflexion und Streuung
- 47 **STREIFZUG** Reflektoren erhöhen die Sicherheit
- 48 Das Reflexionsgesetz
- 49 Eigenschaften der Bilder am ebenen Spiegel
- 50 Brechung des Lichts
- 52 Totalreflexion
- 53 **STREIFZUG** Fata Morgana
- 54 **PINNWAND** Lichtbrechung in Natur und Technik
- 55 Löcher erzeugen Bilder
- 56 **PRAKTIKUM** Bau einer Lochkamera
- 57 Die Lupe ist eine Sammellinse
- 58 Sammellinsen und ihre Bilder
- 59 Zerstreuungslinsen und ihre Bilder
- 60 **PINNWAND** Sammellinsenbilder und ihre Eigenschaften
- 62 Wie wir sehen
- 64 Das Gehirn sieht mit
- 65 Linsen beheben Augenfehler
- 66 Wahrnehmung ist subjektiv
- 67 **PINNWAND** Optische Täuschungen
- 68 Fernrohre
- 69 **STREIFZUG** Die Fotokamera
- 70 **AUF EINEN BLICK**
- 71 **LERNCHECK**

Krankheiten und Immunsystem

- 72 Krankheiten und Immunsystem
- 74 Gesund oder krank?
- 76 Infektionskrankheiten
- 78 Viren – Winzlinge, die krank machen können
- 80 Bakterien – auch Krankheitserreger
- 82 Antibiotika
- 83 **STREIFZUG** Die Entdeckung des Penicillins
- 84 **PINNWAND** Infektionskrankheiten durch Viren und Bakterien
- 85 **PINNWAND** Eine gesunde Lebensweise unterstützt die Abwehr
- 86 Infektionen mit Pilzen und Parasiten
- 87 **PINNWAND** Tierische Krankheitsüberträger und -erreger
- 88 Stark in der Abwehr – das Immunsystem
- 90 Impfen kann Leben retten
- 92 AIDS – eine tödliche Infektionskrankheit mitten unter uns
- 94 Signale des Stoffwechsels
- 96 Medikamente wirken
- 97 **PINNWAND** Medikamente: Erfolge und Misserfolge
- 98 **AUF EINEN BLICK**
- 99 **LERNCHECK**

Spannung und Induktion

- 100 Spannung und Induktion
- 102 Widerstände in der Reihenschaltung
- 103 Widerstände in der Parallelschaltung
- 104 Verzweigte Stromkreise
- 106 Das Magnetfeld eines elektrischen Leiters
- 107 Die elektromagnetische Induktion
- 107 Induktion durch Drehbewegung
- 108 **STREIFZUG** Faraday and the discovery of induction
- 109 **PINNWAND** Angewandte Induktion
- 110 Der Gleichstrom-Elektromotor
- 111 Der Kommutator – ein automatischer Umschalter
- 112 Der Nabendynamo – ein Generator
- 113 **PRAKTIKUM** Ein Elektromotor – selbst gebaut
- 114 **PINNWAND** Generatoren sind Energiewandler
- 115 Das Motor-Generator-Prinzip
- 116 **AUF EINEN BLICK**
- 117 **LERNCHECK**

Elektronik im Alltag

- 118 Elektronik im Alltag
- 120 Halbleiter erobern unsere Umwelt
- 121 Leiter und Halbleiter
- 122 Leitungsvorgänge in Halbleitern
- 124 Halbleiterdioden im Stromkreis
- 125 Magnetfeld und Wärme steuern Schalter
- 126 **PINNWAND** Dioden in Elektrogeräten
- 127 Wärmesensoren
- 128 Lichtsensoren
- 129 **PRAKTIKUM** Kennlinien von Bauteilen
- 130 **PINNWAND** Sensoren im Alltag
- 131 **PINNWAND** Sensoren in der Medizin
- 132 Der Transistor
- 133 **PRAKTIKUM** Alarmanlage
- 134 Der Touchscreen – ein besonderer Sensor
- 135 **STREIFZUG** Elektronik erobert unser Leben
- 136 Mobilfunk
- 137 **STREIFZUG** Die Entdeckung der elektromagnetischen Wellen
- 138 **STREIFZUG** LCD-, LED- und OLED-Bildschirme
- 139 Satelliten und GPS
- 140 Solarzellen – Halbleiter als Energiewandler
- 141 **STREIFZUG** Bauarten von Solarzellen
- 142 **AUF EINEN BLICK**
- 143 **LERNCHECK**

Chemische Reaktionen erforschen

144	Chemische Reaktionen erforschen	168	Metalle aus Oxiden gewinnen
146	Die Entdeckung des Atomkerns	170	Oberflächen schützen und veredeln
147	Der Aufbau der Atome	171	Versilbern und vergolden
148	Ordnung in der Elektronenhülle	171	**STREIFZUG** Opferanode
149	**STREIFZUG** Atome – unvorstellbar klein	172	Die Reaktionsgeschwindigkeit
150	Das Periodensystem verrät den Aufbau der Atome	173	**PRAKTIKUM** Reaktionsgeschwindigkeit beobachten
151	PSE-Training	174	Saure und alkalische Lösungen im Alltag
152	Einfach und mehrfach geladene Ionen	175	Eigenschaften saurer und alkalischer Lösungen
153	**PINNWAND** Atommodelle im Überblick		
154	Die Metallbindung	176	**PINNWAND** Überall Säuren und saure Lösungen
156	Die Wertigkeit		
157	**METHODE** Aufstellen von Formeln mit Hilfe der Wertigkeit	177	Alkalische Lösungen im Haushalt
		178	Säuren und Basen und ihre Lösungen im Überblick
158	Atome bilden Moleküle		
159	Molekülverbindungen aus verschiedenen Atomen	179	**STREIFZUG** Säure-Base-Begriff
		180	Die Entstehung einer neutralen Lösung
160	Methan – ein Stoff aus Kohlenstoff und Wasser	182	**PINNWAND** Anwendungen der Neutralisation
161	Räumlicher Bau von Methan- und Wassermolekülen	183	Hartes Wasser
		184	Kohlenhydrate – chemisch betrachtet
162	**PRAKTIKUM** Das Kugelwolkenmodell	185	Stärke – chemisch betrachtet
163	**STREIFZUG** Energiestufen und Ionisierungsenergie	186	Proteine – chemisch betrachtet
		187	**PRAKTIKUM** Nachweisreaktionen von Zuckern, Stärke und Proteinen
164	Atome bilden Ionen		
165	Reaktion von Magnesium mit Sauerstoff	188	**AUF EINEN BLICK**
166	Edel oder nicht?	190	**LERNCHECK**
167	Die Masse bleibt erhalten		

Gene und Vererbung

192	Gene und Vererbung	208	Erbregeln gelten auch für den Menschen
194	Ganz der Vater – ganz die Mutter?	210	Mutationen – Veränderungen der DNA
196	Von der Zelle zum Organismus	211	**PINNWAND** Schutz vor Mutagenen
197	Zellteilung	212	Mutationen als Ursache für Krankheiten
198	Die Erbinformationen liegen im Zellkern	214	Ergbut und Umwelt ergänzen sich
200	Die genetische Information der DNA	216	Biotechnologie
201	**STREIFZUG** Die Entschlüsselung der DNA	217	**METHODE** Informationen im Internet kritisch nutzen
202	**STREIFZUG** Ein Mönch entdeckt die Gesetzmässigkeiten der Vererbung	218	Gentechnik – Übertragung von Genen
		220	Heile Welt durch Gentherapie?
204	Keimzelle und Befruchtung	222	Was Stammzellen alles können
205	Die 1. und 2. Mendelsche Erbregel	224	Gentechnik in der Landwirtschaft
206	Erbanlagen können neu kombiniert werden	226	**AUF EINEN BLICK**
		227	**LERNCHECK**

Artenvielfalt und Evolution

- 228 Artenvielfalt und Evolution
- 230 Was ist ein Art?
- 232 Stammbäume
- 234 **PINNWAND** Überraschende Verwandtschaftsverhältnisse
- 236 Fossilien – Zeugen der Vorzeit
- 238 Wie alles begann
- 240 Erdzeitalter und ihre Lebewesen
- 242 Verwandt oder nur ähnlich?
- 244 Belege für die Evolution
- 246 Evolutionstheorien von Lamarck und Darwin
- 248 Die Entstehung neuer Arten
- 250 Die Rolle der Sexualität
- 251 **PINNWAND** Sexuelle Selektion
- 252 Der Mensch und andere Menschenaffen
- 254 Auf dem Weg zum Menschen
- 256 **AUF EINEN BLICK**
- 257 **LERNCHECK**

Energie, Leistung, Wirkungsgrad

- 258 Energie, Leistung, Wirkungsgrad
- 260 Arbeit ist Energieübertragung
- 261 Einsatz von Energie
- 262 Ein Mass für die effektive Energienutzung
- 263 Energieerhaltung und Wirkungsgrad
- 264 Bewegung und Energie
- 266 Lageenergie und Bewegungsenergie
- 268 **STREIFZUG** Crash-Test bei 100 km/h
- 269 Rechnen mit Energie
- 270 Berechnen von Wirkungraden
- 272 Mechanische Leistung
- 273 **PINNWAND** Spitzenleistungen in Technik und Natur
- 274 Elektrische Leistung und Energie
- 276 Die elektrische Zahnbürste – ein Energiewandler
- 277 **PINNWAND** Wie Energie sparen?
- 278 **LERNEN IM TEAM** Energie und Leistung im Alltag
- 280 **AUF EINEN BLICK**
- 281 **LERNCHECK**

Ressourcen und Recycling

- 282 Ressourcen und Recycling
- 284 Recycling – was bedeutet das eigentlich?
- 286 Kein Produkt ohne Rohstoffe
- 288 Natürliches Recycling
- 290 Kohlenstoff im globalen Kreislauf
- 292 **METHODE** Eine Mindmap erstellen
- 293 **STREIFZUG** Recycling von Smartphones
- 294 **PRAKTIKUM** Stoffe trennen
- 296 Wie lässt sich Magnetismus erklären?
- 297 **METHODE** Beobachten und beschreiben in der Fachsprache
- 298 Automatische Mülltrennung
- 299 **STREIFZUG** Verbundverpackungen
- 300 Kunststoffherstellung und PET-Kreislauf
- 302 Plastikmüll im Meer - ein weltweites Problem
- 304 **LERNEN IM TEAM** Belastung und Schutz der Wasservorräte
- 306 Abfall vermeiden
- 307 **STREIFZUG** Endliche Ressourcen
- 308 Belastung der Atmosphäre
- 310 **PRAKTIKUM** Papierschöpfen
- 311 **LERNEN IM TEAM** Upcycling
- 312 **METHODE** Nachhaltig handeln
- 313 **PINNWAND** Nachhaltigkeit
- 314 **AUF EINEN BLICK**
- 315 **LERNCHECK**

Erneuerbare und fossile Energieträger

316	Erneuerbare und fossile Ebergieträger	327	Nachwachsende Rohstoffe – Vor- und Nachteile
318	Die Entstehung von Erdöl, Erdgas und Kohle	328	Fotovoltaikanlagen und ihr Wirkungsgrad
319	Technische Energiegewinnung durch Verbrennung	329	PRAKTIKUM Bau eines Sonnenkollektors
320	Abgase verändern das Klima der Erde	330	Atomkerne lassen sich spalten
321	STREIFZUG Brennstoffe vom Acker	331	Kettenreaktion – unkontrolliert oder kontrolliert
322	Die Wärmepumpe	332	Das Kernkraftwerk
323	LERNEN IM TEAM Eine neue Heizung	334	Kraftwerke im Vergleich
324	Das Pumpspeicherkraftwerk	336	LERNEN IM TEAM Energiesparen mit Verstand
326	PINNWAND Wasserkraftwerke in der Schweiz	338	AUF EINEN BLICK
		339	LERNCHECK

Terrestrische Ökosysteme

340	Terrestrische Ökosysteme	356	Belastung und Schutz des Bodens
342	Nicht alle Lebensräume sind gleich	358	Pflanzen zeigen Bodeneigenschaften
344	Der Wald – ein terrestrisches Ökosystem	359	PINNWAND Zeigerpflanzen
346	Besondere Beziehungen zwischen Lebewesen	360	PINNWAND Invasive Arten
		361	Was bedeutet Nachhaltigkeit?
348	Nahrungsbeziehungen und Stoffkreisläufe	362	Ökosysteme in Gefahr
		364	PINNWAND Naturschutzgebiete
350	Der Boden – eine wichtige Lebensgrundlage	365	LERNEN IM TEAM Insekten schützen
		366	LERNEN IM TEAM Global denken - lokal handeln
352	PRAKTIKUM Bodenchemie		
354	In der Landwirtschaft muss gedüngt werden	368	AUF EINEN BLICK
		369	LERNCHECK

Wissenschaft und Forschung

370	Theorie und Experiment	372	Prinzipen der Naturwissenschaften
371	PINNWAND Berühmte wissenschaftliche Entdeckungen	373	PINNWAND Reproduzierbar, einfach, objektiv?

Anhang

374	Stichwortverzeichnis
381	Bildquellenverzeichnis
383	Periodensystem

Mit voller Kraft voraus

Welche Kräfte wirken an den Flaschenzügen des Krans?

Wieso ist das Glas beim Herunterfallen zerbrochen?

Was bewirkt die eingesetzte Kraft des Radfahrers und welchen Einfluss hat dabei die Reibung?

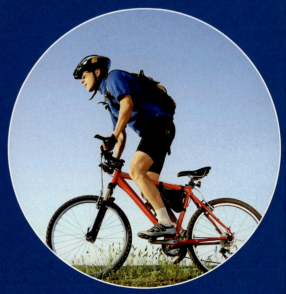

Kräfte, Bewegungsänderung und Verformung

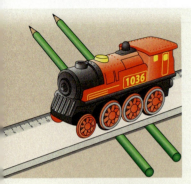

1 Hier wirken Kraft und Gegenkraft

1.
Lege auf zwei runde Stifte ein Lineal wie in Bild 1 und stelle eine batteriebetriebene Spielzeuglok darauf.
a) Schalte den Motor der Lok an. Beschreibe und erkläre deine Beobachtungen.
b) Wiederhole Versuch a), halte das Lineal aber fest.

2.
Drücke erst leicht, dann stärker auf einen Schwamm. Beschreibe die Veränderung.

3.
Beschreibe, wie sich der Bewegungszustand eines Körpers ändert, wenn sich Kraft oder Gegenkraft verändert.

4.
Nenne die Gegenkraft zu der Windkraft, die Bäume verformt.

Einsatz von Muskelkraft

Bei einer Fahrradfahrt musst du **Muskelkraft** aufwenden. Willst du schneller fahren, musst du mehr Kraft einsetzen. Anstrengend wird die Fahrt bei Gegenwind. Hier spürst du deutlich, dass eine zusätzliche Kraft wirkt, die **Windkraft.** Sie wirkt deiner Muskelkraft entgegen.

Die Kraft, die einer eingesetzten Kraft entgegen wirkt, wird **Gegenkraft** genannt. Wird die Windkraft als Gegenkraft grösser, so ändert sich dein Bewegungszustand, du fährst langsamer. Um den ursprünglichen Bewegungszustand beizubehalten, musst du jetzt mehr Muskelkraft einsetzen. Dieses Zusammenspiel zweier Kräfte heisst **Wechselwirkung.**

Gegenkraft ist notwendig

Eine Gegenkraft ist immer vorhanden. So kommst du beim Anfahren nur vorwärts, wenn du die Strasse unter dir wegschiebst. Weil das natürlich nicht geht, bewegt sich dein Fahrrad nach vorne. Auf einer Ölspur ist das Radfahren schwierig, weil fast keine **Reibung** und damit fast keine Gegenkraft auftritt. Deshalb kann die eingesetzte Muskelkraft auch nur wenig bewirken.

Verschiedene Kräfte

Eine Liftkabine wird durch eine Seilkraft hochgezogen. Die Seilkraft kommt am grossen Antriebsrad der Liftanlage zustande. Dieses Rad wird durch einen Elektromotor angetrieben. Im Elektromotor wiederum wirkt die **elektrische Kraft.**
Hieran siehst du, dass viele Kräfte wirksam werden müssen, wenn sich die Liftkabine bewegen soll.

Berührungslose Kraftwirkung

Ein Magnet kann Körper aus Eisen, Nickel oder Kobalt anziehen. Der Magnet übt berührungslos eine **magnetische Kraft** aus. Sie wirkt durch alle Stoffe ausser durch Eisen, Nickel und Kobalt und wirkt sogar im luftleeren Raum.

Kraft kann noch mehr

Die Wechselwirkung von Körpern kann auch eine **Verformung** der Körper bewirken. Bei Sturm biegen sich die Bäume unter der Wirkung der Windkraft. Knetmasse verformt sich, wenn du sie mit deiner Muskelkraft knetest.

2 Wirkung der Windkraft

Die physikalische Grösse

Mithilfe physikalischer Kräfte können Wechselwirkungen von Körpern beschrieben werden. Die **Kraft F** ist dabei ein Mass für die Stärke und die Richtung der Wirkung. Durch einen Zusatz am Formelzeichen, den **Index,** lassen sich Kräfte unterscheiden. So wird für die elektrische Kraft F_{el} oder für die Muskelkraft F_M geschrieben. Die Masseinheit für Kräfte ist **Newton (N).** Dieser Name wurde zu Ehren des englischen Physikers Sir Isaac Newton (1643–1727) gewählt.

Kannst du beschreiben, was Kräfte bewirken, und die jeweilige Gegenkraft nennen? Kannst du zur physikalischen Grösse Kraft das Formelzeichen und die Masseinheit angeben?

Mit voller Kraft voraus

Kräfte ändern Bewegungen

1.
Du näherst dich im Ruderboot einem Anlegesteg. Beschreibe, wie du das Boot abbremst.

2.
Fahre mit dem Fahrrad eine Strecke mit konstanter Geschwindigkeit. Wiederhole die Fahrt, bremse und beschleunige aber möglichst oft. Erkläre, warum diese Fahrt anstrengender ist als die erste.

3.
Dein Freund versucht, dir mit dem Rad davonzufahren, indem er eine Abkürzung wie im oberen Bild nimmt. Begründe, warum das keine gute Idee ist.

4.
Begründe, warum an Autorennstrecken zwischen Piste und Zuschauerabgrenzung Kiesflächen angelegt werden.

5.
a) Das Bild unten zeigt die Bremsscheibe eines Autos auf dem Prüfstand. Der Test entspricht einer Schnellbremsung bei 180 $\frac{km}{h}$. Die Scheibe wurde bis zum Stillstand abgebremst. Erkläre, warum sie glüht.
b) Beschreibe den gesamten Test. Verwende die Begriffe Kraft, Reibung, steigende und abnehmende Geschwindigkeit.

Kraft und Bewegung
Die Fahrerinnen in Bild 1 fahren um den Sieg. Will eine Fahrerin von hinten an die Spitze, muss sie schneller strampeln als die anderen. Sie muss dafür mehr Kraft einsetzen. Hat sie die Spitze erreicht, kann sie mit konstanter Geschwindigkeit weiterfahren und braucht dann weniger Kraft. Müssen die Fahrerinnen abbremsen, müssen sie wieder mehr Kraft aufwenden. Die Rennfahrerinnen brauchen zusätzlich Kraft, wenn sie schneller oder wenn sie langsamer werden wollen. Eine Bewegung ändert sich nur, wenn eine Kraft wirkt.

Reibung verursacht eine Kraft
Wenn du über einen Sandweg fährst, brauchst du eine grössere Kraft als beim Fahren auf der Strasse. Hier spürst du zusätzlich eine Kraft, die jede Bewegung hemmt. Es ist die **Reibung**. Du musst Kraft einsetzen, um dein Fahrrad zu bewegen, und eine zusätzliche Kraft, um die grössere Reibung auf dem Sand zu überwinden. Die Reibung behindert deine Bewegung. Du spürst sie schon, wenn du dein Fahrrad nur rollen lässt. Die Bewegung wird langsamer.

> Kannst du erklären, wie Kräfte Bewegungen beeinflussen?
> Erläutere die Reibungskraft mithilfe von Beispielen.

1 Eine wilde Jagd

Erwünschte und unerwünschte Reibung

Reibung im Strassenverkehr
Ohne Reibung zwischen den Rädern und der Strasse könnte die Kraft des Motors nicht auf die Strasse übertragen werden. Eis, Wasser und Schmutz oder Öl verringern die Reibung. Dies kann besonders in Kurven und beim Bremsen zur Gefahr werden.

1.
Nenne Regeln, die Kraftfahrer bei Regen und Schnee beachten müssen.

2.
Erkläre, wie durch Auswahl der Reifen die Haftung auf der Strasse beeinflusst werden kann.

3.
Nenne zwei Kräfte, die bei einem fahrenden Auto in Wechselwirkung stehen.

Wünsch dir was!
Meteoriden sind feste Körper, die sich durch unser Sonnensystem bewegen. Treten sie in die Erdatmosphäre ein, entsteht durch Reibung eine so hohe Temperatur, dass das Gestein zu glühen beginnt und Licht aussendet. Das kannst du als **Sternschnuppe** beobachten. Nur grössere Meteoriden erreichen als Meteoriten die Erdoberfläche. Am 15.02.2013 verglühte und explodierte ein Meteorit über der russischen Stadt Tscheljabinsk. Beim Eintritt in die Erdatmosphäre hatte er eine Geschwindigkeit von 68 500 $\frac{km}{h}$, eine Masse von 12 000 t und einen Durchmesser von 19 m.

4.
Nenne Massnahmen, durch die im Winter die Reibung zwischen Schuhen und Schnee erhöht werden kann.

Zum Glück gibt es den Winterdienst!
Eis vermindert die Reibung auf Strassen und Wegen besonders stark. Auch mit gutem Profil der Schuhsohle wird kaum Haftung erreicht. Da hilft nur der Streudienst.

Heisse Rückkehr
Wenn eine Landekapsel in die Erdatmosphäre eintritt, kommt es durch Reibung an der Luft zu einer starken Wärmeentwicklung. Die Landekapsel muss deshalb durch einen **Hitzeschild** geschützt werden. Bei dem Landemodul der Sojus besteht der Hitzeschild aus Glasfaserverbundstoffen und Polystyrol. Der grösste Teil des Schutzschildes verdampft beim Eintritt in die Atmosphäre und kühlt so die Aussenhaut.

5.
Begründe, wie die Reibung die Geschwindigkeit eines Körpers beeinflusst, der aus dem Weltall in die Erdatmosphäre eintaucht.

Rückstoss – eine nützliche Kraft

1.
Stecke in den Einfüllstutzen eines aufgeblasenen Luftballons einen durchbohrten Stopfen mit Glasröhrchen mit Hahn und binde ihn fest. Befestige die Vorrichtung auf dem Experimentierwagen (Bild 1) und öffne den Hahn. Beobachte und erkläre.

2.
Verändere Versuch 1 und finde heraus, wie die Grösse des Rückstosses und damit die Geschwindigkeit des Wagens verändert werden können.

3.
Fülle eine Experimentierrakete wie in Bild 2 zur Hälfte mit Wasser und pumpe sie mit Luft voll. Starte die Rakete und erkläre ihre Wirkungsweise.
Achtung! Die Rakete darf beim Abschiessen weder auf Personen noch auf Gebäudeteile gerichtet sein.

4.
a) Fülle zwei Stoffbeutel jeweils zur Hälfte mit Sand.
b) Zwei Schüler fahren mit ihrem Skateboard mit gleichbleibender Geschwindigkeit nebeneinander her. Dabei hat ein Schüler die beiden Beutel in der Hand und wirft sie während der Fahrt nach hinten. Beschreibe, wie sich seine Geschwindigkeit verändert. Erkläre deine Beobachtungen.
Achtung! Schutzkleidung für Skateboard-Fahrer tragen!

Ein besonderes Fahrzeug

Ein heller Feuerschweif tritt aus der Rakete aus. Wenige Minuten nach dem Start hat die Rakete eine Geschwindigkeit von über 1000 $\frac{m}{s}$ erreicht. Und sie wird noch viel schneller.

Antrieb durch Gegenkraft

Beim Start der Rakete wirken zwei physikalische Körper zusammen: die ausströmenden heissen Gase der Rakete und die Rakete selbst.
Durch die Kraft der ausströmenden Gase F_{Ga} wirkt auf die Rakete eine Kraft F_{Ra}, die der Bewegung der Gase entgegengesetzt ist. Diese Gegenkraft heisst **Rückstoss.** Sie bewegt die Rakete nach oben. Die Kraft F_{Ga} muss grösser sein als die Erdanziehungskraft F_G. Ist F_{Ga} so gross wie F_G, dann herrscht ein **Kräftegleichgewicht,** die Rakete kann nicht starten oder bleibt dann in der Luft stehen.
Alle diese Kräfte stehen in einer **Wechselwirkung** miteinander. Ändert sich beispielsweise F_{Ga}, so ändert sich auch F_{Ra}, aber in entgegengesetzter Richtung.

Antrieb durch Rückstoss

Der Antrieb durch Rückstoss tritt nicht nur bei Raketen auf. Triebwerke von Düsenflugzeugen arbeiten nach demselben Prinzip. In der Natur nutzen Tiere wie Quallen oder Tintenfische den Rückstoss, wenn sie sich im Wasser bewegen.
Springst du aus einem Ruderboot an Land, so bewegt sich das Ruderboot in die entgegengesetzte Richtung. Auch hier wirkt der Rückstoss als Gegenkraft.

> Kannst du beschreiben, was der Rückstoss bewirkt, Beispiele angeben und jeweils die Kräfte nennen, die in Wechselwirkung stehen?

1 Wagen mit Luftantrieb

2 Für den Weltraum reicht es nicht.

3 Das reicht für den Weltraum.

Der Kraftmesser misst die Gewichtskraft

1. 🅰
a) Beschreibe den Aufbau eines Kraftmessers (Bild 1).
b) Begründe, warum vor einer Messung der Nullpunkt eingestellt werden muss.

2. 🆅
Stelle am Kraftmesser den Nullpunkt ein. Belaste ihn nacheinander mit gleich schweren Wägestücken. Lies die Kraft ab und erstelle eine Tabelle.

Wägestück	1	2	
Masse m in g			
Kraft F in N			

3. 🅰
Zeichne zu Versuch 2 ein Masse-Kraft-Diagramm wie in Bild 2. Beschreibe den Graphen.

4. 🅰
a) Lies aus dem Diagramm aus Aufgabe 3 die zugehörige Masse für 5 N und 3 N ab.
b) Welche Kraft wirkt, wenn die Masse 150 g, 350 g oder 650 g am Kraftmesser hängt?

5. 🅰
a) Berechne, welcher Gewichtskraft 3,5 kg entsprechen.
b) Berechne, welcher Masse 7,2 N entsprechen.

6. 🅰
Begründe, warum Kraftmesser nur zum Messen von Kräften innerhalb ihres Messbereiches eingesetzt werden dürfen.

7. 🅰
Begründe, warum sich Gummibänder als Ersatz für die Schraubenfeder im Kraftmesser nicht eignen.

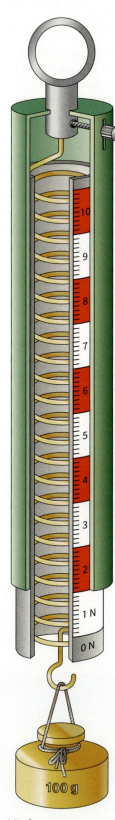

1 Kraftmesser

Aufbau eines Kraftmessers
In der Hülle eines Kraftmessers befindet sich eine Schraubenfeder, die von einer Skala umgeben ist. Das Ende der Feder schaut als Haken unten aus der Hülle heraus. Es gibt ausserdem eine Schraube zur Nullpunkteinstellung.

Die Gewichtskraft
Hängst du an einen Kraftmesser einen Gegenstand, so kannst du beobachten, dass die Feder sich verlängert. Auf den Gegenstand wirkt eine **Gewichtskraft** F_G, die in Newton (N) gemessen wird. Eine Gewichtskraft F_G erfahren alle Körper durch die Erdanziehungskraft, die in Richtung des Erdmittelpunktes wirkt.

Messen mit dem Kraftmesser
Ein angehängtes Wägestück mit einer Masse m von 100 g wirkt auf einen Kraftmesser mit einer Gewichtskraft von ungefähr $F_G = 1$ N. Zwei Wägestücke erzeugen eine Kraft von ca. 2 N, drei Wägestücke von ca. 3 N usw. 8Versuch 2). Man sagt: Gewichtskraft und Masse sind **proportional** zueinander. Trägst du Masse und Gewichtskraft in einem **Masse-Kraft-Diagramm** ein, ergibt sich eine Gerade (Bild 2). Wird der Kraftmesser zu stark belastet, so wird er überdehnt. Er zieht sich dann nach der Belastung nicht mehr in seine ursprüngliche Länge zurück und wird unbrauchbar.

> Kannst du die Funktionsweise des Kraftmessers beschreiben und die Gewichtskraft F_G einer Masse m angeben?

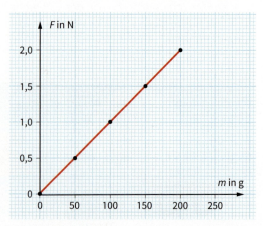

2 Masse-Kraft-Diagramm

Das hookesche Gesetz

1.
Hänge an eine Schraubenfeder nacheinander mehrere gleiche Wägestücke. Miss jeweils die Verlängerung der Feder ab der Nullstellung. Trage die Werte in eine Tabelle ein. Beschreibe, was du feststellst.

Masse m in g	0	50	100
Kraft F in N	0		
Verlängerung $\Delta \ell$ in cm	0		

2.
Erstelle mit den Werten aus Versuch 1 ein Kraft-Verlängerungs-Diagramm wie in Bild 2. Interpretiere den zugehörigen Graphen.

3.
Eine Schraubenfeder wird mit 3 N belastet und verlängert sich dabei um 6 cm. Berechne, wie weit sich die Feder bei 5 N verlängert.

4.
Begründe, welcher der Graphen in Bild 3 zu einer weichen und welcher zu einer harten Feder gehört.

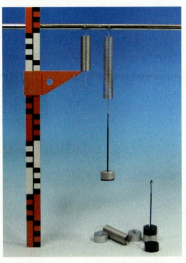

1 Verlängerung von Schraubenfedern

Kraft und Verlängerung sind proportional

Je grösser die Kraft F ist, mit der eine Schraubenfeder auseinandergezogen wird, desto grösser ist auch die Verlängerung $\Delta \ell$ der Feder. Kraft und Verlängerung sind direkt proportional zueinander: $F \sim \Delta \ell$. Dieser Zusammenhang heisst **hookesches Gesetz.** Es wurde nach dem englischen Physiker ROBERT HOOKE (1635–1703) benannt.

> Mit $\Delta \ell$ wird die Differenz zweier Längen bezeichnet: $\Delta \ell = \ell_2 - \ell_1$

Die Federkonstante

Das Kraft-Verlängerungs-Diagramm der Feder zeigt eine Gerade durch den Ursprung (Bild 2). Dividierst du für eine Schraubenfeder jeweils den Wert für die Kraft F durch den Wert für die Verlängerung $\Delta \ell$, erhältst du immer den gleichen Quotienten. Das ist die **Federkonstante D** dieser Schraubenfeder. Die Masseinheit der Federkonstante D wird in $\frac{N}{m}$ angegeben. Es gilt:

$$D = \frac{F}{\Delta \ell}$$

Weiche oder harte Feder?

Jede Schraubenfeder hat ihre eigene, materialabhängige Federkonstante. Ist der Wert niedrig, handelt es sich um eine **weiche Feder.** Ist der Wert hoch, handelt es sich um eine **harte Feder.**

> Kannst du das hookesche Gesetz angeben und die zugehörigen Versuche beschreiben? Kannst du die Federkonstante D als Quotient von Kraft F und Verlängerung $\Delta \ell$ der Feder berechnen?

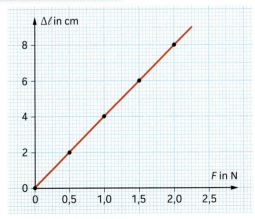

2 Kraft-Verlängerungs-Diagramm

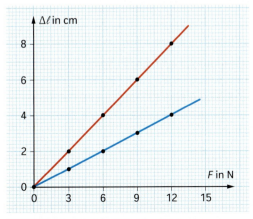

3 F-$\Delta \ell$-Diagramm zweier Schraubenfedern

Messwerte erfassen und darstellen

1.
Zeichne die Graphen der Beispiele 1 und 2 in ein Koordinatensystem und vergleiche sie. Notiere deine Beobachtungen.

2.
Lies im Diagramm die zugehörigen Werte für 1,5 N und 4 cm ab.

3. ≡ Ⓥ
Führe die Versuche aus Beispiel 1 und Beispiel 2 mit 50 g-Wägestücken durch. Lege Wertetabellen an und zeichne die Kraft-Verlängerungs-Diagramme.

Messreihen aufnehmen
Bei der Arbeit mit Schraubenfedern hast du Messreihen durchgeführt. Dabei ist es fast unmöglich, alle Messergebnisse im Kopf zu behalten. Es ist also sinnvoll, die Versuchsergebnisse in geeigneter Form aufzuschreiben.

Die Wertetabelle
Um Zahlenwerte geordnet aufzuschreiben, bietet sich eine Wertetabelle an. Die Anzahl der Spalten entspricht der Anzahl der zu messenden Grössen. Zudem wird eine Spalte für die Nummerierung gebraucht. Die Anzahl der Zeilen entspricht der Anzahl der Versuche. Zusätzlich benötigst du eine Kopfzeile.

Der Graph
Die grafische Darstellung ist eine Möglichkeit, die gemessenen Werte aus der Tabelle so zu veranschaulichen, dass du alle Wertepaare auf einen Blick erkennst. Dazu werden sie in ein Koordinatensystem eingetragen. Die Kraft F wird dabei auf der Rechtsachse, die Verlängerung $\Delta\ell$ wird auf der Hochachse aufgetragen. So entsteht ein Kraft-Verlängerungs-Diagramm. In dieser grafischen Darstellung kannst du auch Werte ablesen, die du nicht ermittelt hast.

Es ist zusätzlich möglich, die Graphen für zwei oder mehrere Versuche in ein einziges Koordinatensystem einzutragen und sie so zu vergleichen.

Beispiel 1:
Mehrere 100 g-Wägestücke (100 g ≙ 1 N) werden an eine geeignete Schraubenfeder gehängt. Die Verlängerung $\Delta\ell$ der Feder wird jeweils gemessen.

Versuch	Kraft F in N	Verlängerung $\Delta\ell$ in cm
–	0	0
1	1	1,5
2	2	3,0
3	3	4,5
4	4	6,0

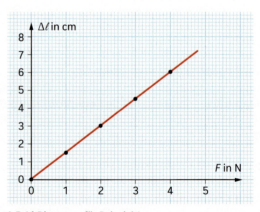

1 F-$\Delta\ell$-Diagramm für Beispiel 1

Beispiel 2:
Mehrere 100 g-Wägestücke werden an ein Gummiband gehängt. Die Verlängerung des Gummibandes wird jeweils gemessen.

Versuch	Kraft F in N	Verlängerung $\Delta\ell$ in cm
–	0	0
1	1	2,0
2	2	3,0
3	3	4,2
4	4	5,5

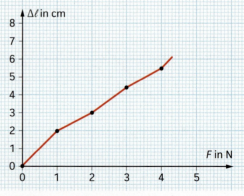

2 F-$\Delta\ell$-Diagramm für Beispiel 2

Messgenauigkeit

1.
a) Miss die Gewichtskraft eines Massestückes 10-mal.
b) Bestimme den Mittelwert deiner Messungen und gib die grösste Abweichung davon an.

2.
Rechne folgende Grössen in die in Klammern angegebene Einheit um. Verwende die Potenzschreibweise: 2,003 kg (g); 3,03 m (cm); 0,001 N (mN).

Kräfte messen
Messgeräte besitzen einen bestimmten **Messbereich** und eine bestimmte **Messgenauigkeit**. Der grösste messbare Wert bestimmt den Messbereich, die kleinste messbare Einheit die Messgenauigkeit des Messgerätes. Beim Messen von Kräften musst du eien Kraftmesser mit passendem Bereich und passender Genauigkeit wählen. Dabei musst du den Nullpunkt des Kraftmessers möglichst genau einstellen. Sonst kommt es zu einem **Messfehler**. Die Auswirkung der Messungenauigkeiten kannst du mindern, wenn du mehrmals misst und den **Mittelwert** deiner Messwerte bildest.

$F = \overline{F} + \Delta F$ $\quad$ $\overline{F}$ = Mittelwert aller Messungen
$\quad\quad\quad\quad\quad\quad$ ΔF = grösste Abweichung vom Mittelwert

Beispiel:
$$\overline{F} = \frac{2{,}5\,N + 2{,}4\,N + 2{,}7\,N + 2{,}5\,N}{4} = 2{,}525\,N$$

Da die einzelnen Kräfte auf ein Zehntel genau gemessen sind, wird die Angabe des Mittelwertes sinnvollerweise auf Zehntel gerundet $\overline{F} = 2{,}5$ N. Die grösste Abweichung vom Mittelwert beträgt $\Delta F = 0{,}2$ N. Damit kannst du das Messergebnis korrekt angeben: $F = 2{,}5\,N \pm 0{,}2\,N$.

Sinnvolle Ziffern
Beim Messen der Kraft F erhält nicht jeder das gleiche Messergebnis. Trotz möglichst genauer Messung schwankt die letzte Ziffer. Sie wird als **unsichere Ziffer** bezeichnet, die davor sind **sichere Ziffern**.
Alle Ziffern zusammen ergeben die **sinnvollen Ziffern**, die auch gültige oder signifikante Ziffern heissen.
Beispiel für eine Länge ℓ:
$$\ell = 26{,}9 \text{ cm}$$
sinnvolle Ziffern = sichere Ziffern + unsichere Ziffer
Rechnest du eine Grösse in eine andere Einheit um, verändert sich die Anzahl der sinnvollen Ziffern nicht. Das Ergebnis kann auch mithilfe von Zehnerpotenzen geschrieben werden: $\ell = 26{,}9$ cm $= 26{,}9 \cdot 10^{-2}$ cm $= 0{,}269$ m.
Beachte: Nullen bis zur ersten von Null verschiedenen Zahl werden nicht zu den sinnvollen Ziffern gezählt.

Sinnvolle Ziffern bei Addition und Subtraktion von Grössen
Addierst du Messwerte, kann sich die Anzahl der sinnvollen Ziffern verändern. Für das Ergebnis wird dann die Genauigkeit des ungenauesten Wertes übernommen.
Beispiel: Addition zweier Längen:
$$\ell_1 + \ell_2 = 8{,}7 \text{ m} + 3{,}43 \text{ m} = 12{,}1 \text{ m}$$

Sinnvolle Ziffern bei Multiplikation und Division von Grössen
Multiplizierst oder dividierst du Messwerte, musst du auch die sinnvollen Ziffern beachten.
Beispiel: Berechnung einer Fläche:
$A = \ell \cdot b$
$A = 26{,}9 \text{ cm} \cdot 2{,}5 \text{ cm} = 67{,}25 \text{ cm}^2$

Das Ergebnis ist aufgrund der Messungenauigkeiten nicht sinnvoll, da die jeweils letzte Ziffer der gemessenen Länge und Breite unsicher ist. Um diese Messungenauigkeit rechnerisch zu minimieren, wird das Modell **sinnvolle Ziffern** angewandt. Dabei bestimmt die kleinste Anzahl an sinnvollen Ziffern in den gegebenen Grössen die Anzahl der sinnvollen Ziffern im Ergebnis.
Im Beispiel gibt die Breite b die kleinste Anzahl an sinnvollen Ziffern vor. Damit muss das Ergebnis mit zwei sinnvollen Ziffern angegeben werden:
$A = 26{,}9 \text{ cm} \cdot 2{,}5 \text{ cm} \approx 67 \text{ cm}^2$

Bei Rechnungen musst du Folgendes beachten:
- Bei Addition und Subtraktion von Grössen wird die Genauigkeit der ungenauesten Angabe übernommen.
- Bei Multiplikation und Division von Grössen bestimmt die Angabe mit den wenigsten sinnvollen Ziffern die Angabe des Ergebnisses.
- Bei Multiplikation mit Zehnerpotenzen ändert sich die Anzahl der sinnvollen Ziffern nicht.

Elastische und plastische Körper

1 Das waren noch Zeiten!

1. Ⓐ
Vergleiche jeweils die Form des Sandhaufens und des Hüpfballs in Bild 1,
a) bevor die Kinder darauf sitzen,
b) während die Kinder darauf sitzen,
c) nachdem die Kinder darauf gesessen haben.

2. Ⓥ
Spanne eine dünne Stricknadel an einem Ende ein. Drücke erst leicht, dann immer stärker auf das freie Ende der Nadel. Lass nach jedem Drücken die Nadel wieder los. Beschreibe und erkläre deine Beobachtungen.

3. Ⓥ
Lass einen Tischtennisball und eine gleich grosse Kugel aus Plastilin gleichzeitig fallen. Beschreibe deine Beobachtung beim Aufprall
a) des Tischtennisballs,
b) der Plastilinkugel.
c) Erkläre die Ergebnisse der Versuche.

4. Ⓐ
Begründe, um welche Art von Körpern es sich bei den Blechteilen in der Schrottpresse wie in Bild 2 handelt.

5. Ⓠ
a) Vergleiche den Zusammenstoss zweier Autos beim Autoskooter mit dem Zusammenstoss zweier Autos auf der Strasse.
b) Ordne die Begriffe elastische Körper und plastische Körper den Autos zu.

6. Ⓠ
Nenne jeweils drei weitere Beispiele für elastische und plastische Körper.

Körper werden verformt
Drückst du mit dem Daumen auf einen aufgepumpten Fahrradreifen, dann wirkt eine Kraft auf den Reifen. Dadurch wird der Reifen verformt.
Im Inneren des Reifens tritt eine gleich grosse Gegenkraft auf. Sie lässt den Reifenmantel nach dem Drücken wieder hochgehen. Der Reifen nimmt durch diese Kraft wieder seine alte Form an. Danach wirkt keine Kraft mehr. Der Reifen ist ein **elastischer Körper**.
Drückst du auf eine leere Getränkedose, so wird die Dose eingedrückt. Sie bleibt eingedrückt, auch wenn keine Kraft mehr wirkt. Diese Verformung bleibt erhalten. Die Dose ist ein **plastischer Körper**.

2 Der Schrott wird wiederverwertet.

Kannst du plastische und elastische Verformungen beschreiben und voneinander unterscheiden?

Hookesches Gesetz oder plastische Verformung?

ALLE TEAMS
Latexbänder im Test
Besorgt euch aus der Sporthalle Latexbänder unterschiedlicher Farbe. Bildet Teams und untersucht jeweils ein Latexband einer bestimmten Farbe.
a) Befestigt das Latexband an einem Ende. Markiert mit Kreppband die Stellen auf der Unterlage, an denen das Band
  • die Ausgangslänge,
  • das 1,25-fache der Ausgangslänge,
  • das 1,5-fache der Ausgangslänge,
  • das 1,75-fache der Ausgangslänge,
  • das 2-fache der Ausgangslänge hat.
b) An dem losen Ende des Latexbandes wird ein Kraftmesser sorgfältig befestigt. Dehnt in einer Messreihe das Band auf die oben beschriebenen Längen. Beachtet, dass der Kraftmesser dabei nicht überdehnt wird.
c) Tragt die gemessenen Werte in eine Messtabelle ein und erstellt ein Kraft-Verlängerungs-Diagramm.
d) Vergleicht die Diagramme der verschiedenen Teams und formuliert eure Feststellungen.
e) Beschreibt, was die Farbe der Latexbänder aussagt.
f) Beschreibt, wie sich die Latexbänder nach der jeweils letzten Messung im Vergleich zu den vorherigen verhalten. Verwendet dafür die Begriffe plastisch und elastisch.

1 Latexbänder – was sagt die Farbe aus?

ACHTUNG!
Um die Bänder vor Beschädigungen zu schützen, müssen scharfe Gegenstände wie Schmuck oder Fingernägel fern gehalten werden.

2 Gummiband im Test

ALLE TEAMS
Hookesches Gesetz oder nicht?
a) Hängt ein Gummiband an ein Stativ, messt seine Ausgangslänge und belastet es nacheinander mit je einem zusätzlichen Wägestück gleicher Masse. Tragt die Messwerte in eine Tabelle ein.
b) Wiederholt den Versuch mit einer Schraubenfeder. Messt ebenso seine Ausgangslänge und belastet es nacheinander mit zusätzlichen Wägestücken gleicher Masse. Fertigt eine weitere Messwerttabelle an.
c) Erstellt ein Kraft-Verlängerungs-Diagramm. Beschreibt eure Feststellung.
d) Vergleicht das F-Δl-Diagramm des Gummibandes vom ersten Versuch mit dem F-Δl-Diagramm der Schraubenfeder.
e) Begründet mithilfe von Fachbegriffen, ob das Gummiband dem hookeschen Gesetzt gehorcht.
f) Beschreibt, wie sich das Gummiband nach dem Versuch verhält.

Kraft ist eine gerichtete Grösse

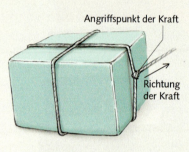

1 Auf den Klotz wirkt eine Kraft.

1.
a) Umwickle einen Hartschaumklotz mit Fäden. Befestige einen weiteren Faden jeweils an verschiedenen Stellen der Umwicklung und ziehe am Fadenende.
b) Ziehe den Faden aus Versuch a) in verschiedene Richtungen, ohne den Angriffspunkt der Kraft zu verändern.
c) Ziehe mit jeweils unterschiedlicher Kraft am Faden, ohne dabei Richtung und Angriffspunkt der Kraft zu verändern. Vergleiche die Wirkungen, die dein Ziehen hat.

2. Erkläre deine Beobachtungen aus Versuch 1. Vergleiche dabei ob du den Angriffspunkt, die Richtung der Kraft und die Grösse der Kraft verändert hast.

2 Auf den Punkt gebracht!

Der Angriffspunkt der Kraft
Eine kleine Motoryacht zieht das Tretboot von Pia und Ayse. Dabei wirkt eine Kraft von der Yacht auf das Boot. Der Angriffspunkt der Kraft liegt an der Yacht, er wird aber durch das Abschleppseil an den Bug des Tretbootes verlagert. Die Lage des Angriffspunktes der Kraft ist für ihre Wirkung entscheidend. Läge der Angriffspunkt am Heck, so würde das Boot rückwärts fahren. Läge er in der Mitte des Bootes, so würde es sich querstellen.

Die Richtung der Kraft
Jetzt bewegen Pia und Ayse das Boot durch Muskelkraft. Mithilfe des Ruders kann Ayse diese Kraft in unterschiedliche Richtungen wirken lassen, sodass sich das Boot in die gewählte Richtung bewegt. Für die Wirkung der Kraft ist also auch ihre Richtung entscheidend. Die Richtung der wirkenden Kraft wird durch einen Pfeil angezeigt. Sein Anfangspunkt ist der Angriffspunkt der Kraft, seine Spitze zeigt die Richtung der wirkenden Kraft an.

3 Die Richtung entscheidet!

Die Grösse der Kraft
Tritt Ayse kräftiger in die Pedalen, wird das Boot schneller. Bei geringerem Krafteinsatz ist das Boot langsamer. Die Grösse ihrer eingesetzten Kraft ist unterschiedlich. Die unterschiedliche Grösse der wirkenden Kraft hat unterschiedliche Wirkungen. In einer Grafik wird die Grösse der Kraft nach festgelegtem Massstab durch die Länge des Pfeils wiedergegeben. So kann eine Kraft von 5 N durch einen 5 cm langen Pfeil dargestellt werden. Grössen, die wie die Kraft durch Pfeile dargestellt werden können, heissen **Vektoren**.

4 Die Grösse der Kraft bestimmt die Geschwindigkeit.

> Kannst du die drei Merkmale der Kraft beschreiben und Kräfte grafisch darstellen?

Kräftepfeilpaare beschreiben Wechselwirkungen

1.
Auf einen Körper wirken die Kräfte $F_1 = 10$ N und $F_2 = 7$ N vom gleichen Angriffspunkt aus. Zeichne die Vektoren (1 N ≙ 1 cm) und ersetze sie durch einen Vektor für die resultierende Kraft, wenn
a) beide Kräfte in die gleiche Richtung wirken.
b) die Kraft F_2 entgegen der Kraft F_1 wirkt.

2.
Vertausche die Werte von F_1 und F_2 aus Aufgabe 1 und wiederhole a) und b). Beschreibe, was du feststellst.

3.
Beim Tauziehen ziehen drei Schüler mit Kräften von 300 N, 350 N und 250 N in die eine Richtung. In die Gegenrichtung ziehen vier Schüler mit den Kräften von 400 N, 200 N, 100 N und 100 N.
a) Zeichne die Vektoren und bestimme die resultierende Kraft für jede Richtung.
b) Bestimme den Sieger.
c) Beschreibe eine mögliche Umverteilung der Schüler, damit ein Kräftegleichgewicht herrscht.

Addition von Kräften

Ayse strampelt, Pia hat einen Wadenkrampf. Das Boot gleitet gemächlich durchs Wasser. Nun strampelt auch Pia wieder. Das Boot wird schneller. Die Wirkung der Muskelkräfte F_P von Pia und F_A von Ayse addieren sich. Beide Kräfte können durch eine einzige Kraft ersetzt werden, da sie die gleiche Richtung und den gleichen Anfangspunkt haben. Diese Kraft heisst **resultierende Kraft F_R**. Zeichnerisch wird an die Spitze des Vektors F_P der Anfangspunkt von F_A gelegt. Diese beiden Vektoren können durch den neuen Vektor F_R ersetzt werden. Er beginnt beim Anfangspunkt des Vektors F_P und endet bei der Pfeilspitze des Vektors F_A.

Subtraktion von Kräften

Ayse strampelt. Ein kräftiger Gegenwind weht aus der Richtung, in die das Boot fahren soll. Hier wirken zwei Kräfte genau entgegengesetzt gerichtet: die Muskelkraft F_A von Ayse und die Kraft F_W des Windes. Dadurch wird die wirkende Kraft, die das Boot bewegt, kleiner.
Zur zeichnerischen Darstellung wird an die Spitze des Vektors F_A der Anfangspunkt des Vektors F_W gelegt. Da beide Kräfte genau entgegengerichtet sind, zeigt der Vektor F_W in die Richtung des Anfangspunktes von F_A. Der aus beiden Kräften resultierende Vektor F_R beginnt am Anfangspunkt von F_A und reicht zur Pfeilspitze von F_W.

Kräftegleichgewicht

Der Wind ist nun so stark, dass Kraft und Gegenkraft gleich gross sind. Kein Strampeln hilft, das Boot bewegt sich kein Stück. Die resultierende Kraft ist Null: $F_R = F_A - F_W = 0$. Es herrscht ein **Kräftegleichgewicht.**

> Kannst du die resultierende Kraft bei der Addition, Subtraktion und beim Gleichgewicht von Kräften bestimmen?

1 A Addition von Kräften, **B** Subtraktion von Kräften

Kräfteparallelogramme

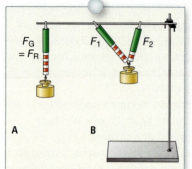

1. ≡ Ⓥ
a) Hänge ein Wägestück von 100 g wie im oberen Bild an einen Kraftmesser und bestimme die Kraft F_R.
b) Ersetze die Kraft F_R wie in Bild B durch zwei Kräfte F_1 und F_2. Bestimme mit zwei Kraftmessern F_1 und F_2.
c) Verändere den Winkel zwischen F_1 und F_2. Miss jeweils F_1 und F_2.
d) Addiere jeweils F_1 und F_2. Vergleiche diesen Wert mit dem der Resultierenden F_R.

Zeichnen eines Kräfteparallelogramms
Aufgabe: Zwei Kinder ziehen den Schlitten mit der Kraft $F_1 = 80$ N und $F_2 = 50$ N. Beide Kräfte greifen am Schlitten in einem Winkel von 30° zueinander an. Wie gross ist die resultierende Kraft F_R, die auf den Schlitten wirkt?

Lösung: F_1 und F_2 werden durch entsprechende Kraftpfeile dargestellt, die am Schlitten S im Winkel von 30° ansetzen. Um die Kraft F_R zu ermitteln, wird die Zeichnung zu einem Parallelogramm, dem **Kräfteparallelogramm** ergänzt. Dabei gibt die Diagonale Richtung und Grösse der resultierenden Kraft F_R an, die die Kräfte F_1 und F_2 ersetzt.

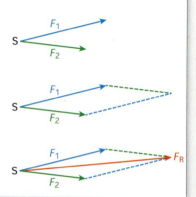

2. ≡ Ⓐ
Zeichne das Kräfteparallelogramm zum Schlitten mit der Resultierenden in dein Heft (10 N ≙ 1 cm). Wie gross ist F_R?

3. ≡ Ⓐ
Du fegst den Boden. Dabei übst du eine Kraft F_R in Richtung des Besenstiels aus. Der Besen wird senkrecht mit einer Kraft F_1 auf den Boden gedrückt und mit einer Kraft F_2 nach vorne bewegt. Zeichne dazu das Kräfteparallelogramm.

Zerlegung von Kräften
Beim Segeln werden auch Winde genutzt, die nicht in die gewünschte Richtung wehen. Dabei ist die resultierende Kraft F_R so gross wie die Windkraft F_W und versucht das Boot in ihre Richtung zu bewegen. Da es aber mit Kiel oder Schwert in Längsrichtung ausgestattet ist, lässt es sich wegen des hohen Wasserwiderstandes kaum in Querrichtung bewegen.
Die Kraft F_R wird zerlegt in einen Anteil F_Q, der quer zur Längsrichtung des Bootes wirkt, und in einen Anteil F_L, der in Längsrichtung des Bootes wirkt. Nur dieser Anteil treibt das Segelboot in Längsrichtung an. Dabei stehen F_Q und F_L immer senkrecht zueinander. Die Richtungen von F_L und F_Q sind durch die Position des Schiffes und die Stellung des Segels gegeben. Parallelen zu F_L und F_Q durch die Spitze von F_R ergeben das Kräfteparallelogramm und damit auch die Grössen von F_L und F_Q.

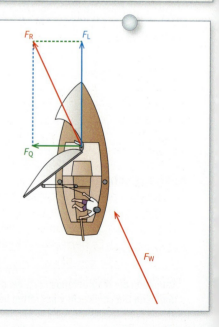

Gewichtskraft und schwere Masse

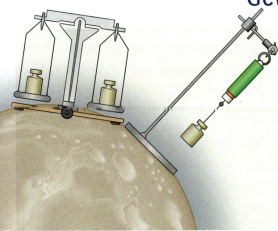

1 Masse und Gewichtskraft auf dem Mond

1. **A**
Betrachte die Messungen auf den Bildern 1 und 2. Vergleiche sie und benenne Unterschiede und Gemeinsamkeiten.

2. ≡ **V**
a) Miss die Gewichtskraft F_G von Wägestücken aus einem Wägesatz und trage diese Werte in die Tabelle ein.
b) Ermittle die Masse m und die Gewichtskraft F_G weiterer Gegenstände.
c) Trage für jeden Gegenstand den Quotienten aus den Werten der 3. und 2. Spalte in die 4. Spalte ein und vergleiche die Werte.

1	2	3	4
m in g	m in kg	F_G in N	$\frac{F_G}{m}$ in $\frac{N}{kg}$
1000	1		

3. ≡ **Q**
a) Recherchiere, wie schwer die Ausrüstung der ersten Mondfahrer war.
b) Begründe, warum sie nicht unter ihrer Last zusammenbrachen.

4. ≡ **A**
Berechne, welche Gewichtskraft F_G auf eine Masse von 1 kg auf dem Mond wirkt.

Spaziergang auf dem Mond
Eine gewaltige Ausrüstung mussten die Astronauten auf dem Mond mit sich herumschleppen. Filmaufnahmen zeigen aber, dass sie überhaupt keine Schwierigkeiten damit hatten. In den Schuhen lagen sogar Bleisohlen, damit die Astronauten beim Laufen nicht so hoch hüpften.

Anderer Ort – andere Gewichtskraft
Die Gewichtskraft ist auf dem Mond geringer als auf der Erde. Die Grösse der Gewichtskraft hängt also nicht nur vom Gegenstand ab, der angezogen wird. Sie hängt auch vom Himmelskörper ab, auf dem sich der Gegenstand befindet. Der Mond zieht alle Gegenstände mit nur $\frac{1}{6}$ der Kraft an, die die Erde auf sie ausübt. Würde derselbe Gegenstand auf der Erde und auf dem Mond an einem Kraftmesser hängen, so würde der Kraftmesser auf dem Mond nur ein Sechstel der Gewichtskraft anzeigen, die er auf der Erde anzeigen würde.

Die Masse ist überall gleich
Legst du einen Körper auf eine Schale einer Balkenwaage, sinkt die Schale ab. Die Waage lässt sich wieder ins Gleichgewicht bringen, wenn du auf die andere Schale passende Wägestücke legst. Auf dem Mond sind dazu beim selben Körper die gleichen Wägestücke erforderlich wie auf der Erde. Mit der Balkenwaage wird eine Eigenschaft eines Körpers gemessen, die auf der Erde und auf dem Mond gleich ist. Es ist die **Masse** des Körpers. Da sie die Ursache dafür ist, dass der Körper schwer ist, heisst sie auch **schwere Masse**.
Sie ist unabhängig von dem Ort, an dem sich der Körper befindet. Die Masse wird mit dem Formelzeichen m bezeichnet und in Gramm (g) oder Kilogramm (kg) angegeben.

Die Gewichtskraft ist abhängig vom Ort
Auf eine Masse von 100 g wird auf der Erde ungefähr eine Gewichtskraft von 1 N ausgeübt. Der Quotient aus Gewichtskraft und Masse ist an einem bestimmten Ort immer gleich und wird als **Ortsfaktor g** bezeichnet. Er beträgt für Mitteleuropa $g \approx 10\ \frac{N}{kg}$ (genau: $9{,}81\ \frac{N}{kg}$). Auf dem Mond gilt ungefähr $g = 1{,}62\ \frac{N}{kg}$.
Mithilfe des Ortsfaktors lässt sich die Gewichtskraft berechnen, die auf eine Masse wirkt:

$$F_G = m \cdot g$$

Benenne den Unterschied zwischen schwerer Masse und Gewichtskraft eines Körpers.

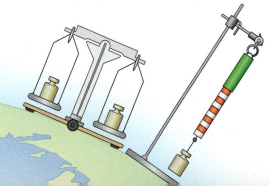

2 Masse und Gewichtskraft auf der Erde

Die träge Masse

1.
Schnipse je einen Tischtennisball und eine etwa gleich grosse Holzkugel mit dem Finger an. Beschreibe, was du fühlst.

2.
Baue wie in Bild 1 eine Brücke aus Streichholzschachteln. Lass zuerst den Tischtennisball, anschliessend die Holzkugel aus Versuch 1 mit gleicher Geschwindigkeit dagegen rollen. Beschreibe deine Beobachtung.

3.
a) Bestimme die Masse der Kugeln aus Versuch 1.
b) Formuliere in einem Je-desto-Satz den Zusammenhang zwischen der Masse der Kugeln und der Kraft, die die Kugeln in den Versuchen 1 und 2 ausüben.

4.
Wird ein Auto abgeschleppt, so darf der Fahrer im vorderen Fahrzeug nur sehr langsam anfahren. Gib den Grund an.

5.
Nenne zwei Eigenschaften der Masse.

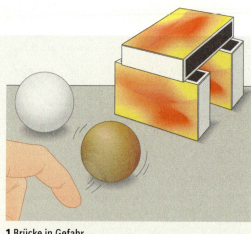

1 Brücke in Gefahr

6.
Beschreibe zwei Möglichkeiten, wie du bei einem Paar gleich aussehender Kugeln feststellen kannst, welche Kugel aus Holz und welche aus Blei ist.

7.
Begründe, warum Sicherheitsgurte im Auto schwere Verletzungen vermeiden helfen können.

Die Wirkung des Fussballes
Einem kräftig geschossenen Fussball kann keine gewöhnliche Fensterscheibe standhalten, sie zerspringt. Liegt der Fussball aber ruhig auf einer Glasscheibe in den Auslagen des Sportgeschäftes, so passiert nichts. Die Gewichtskraft des Fussballes kann also nicht die Ursache der Zerstörung sein.

Ursache ist das Tempo
Die Fensterscheibe zerbricht, weil sie den Ball nicht auf der Stelle bremsen kann und weil sie vom Ball auch nicht so schnell fortgeschoben werden kann. Auch wenn die Scheibe nicht fest mit dem Rahmen verbunden wäre, würde sie zerbrechen.

Die Eigenschaft einer Masse, sich einer Bewegungsänderung zu widersetzen, heisst **Trägheit**. Ball und Scheibe sind träge und widersetzen sich deshalb einer Bewegungsänderung.

Die Trägheit bewirkt eine Kraft
Ein Medizinball mit derselben Geschwindigkeit wie ein Fussball könnte grösseren Schaden anrichten. Es ist aber auch weit mehr Kraft erforderlich, um ihn auf diese Geschwindigkeit zu bringen. Weil die Masse des Medizinballes grösser ist, ist zu einer Änderung seiner Bewegung mehr Kraft erforderlich als beim Fussball. Die Trägheit hängt also von der Grösse der Masse ab. Sie ist unabhängig vom Ort, an dem sich der Körper befindet. Auch auf dem Mond würde ein kräftig geschossener Fussball eine Fensterscheibe zerstören.

> Kannst du die Trägheit als Eigenschaft der Masse beschreiben und Beispiele für das Trägheitprinzip angeben?

2 Das kommt von der Trägheit.

Mit voller Kraft voraus | 25

Rückhaltesysteme

Fahrgastzelle
Bei einem Aufprall auf ein Hindernis wird ein Auto schlagartig gebremst. Die gewaltigen Kräfte, die dabei auftreten, müssen von den Fahrzeuginsassen ferngehalten werden. Die **Fahrgastzelle** wird deshalb möglichst stabil gebaut.

Sicherheitsgurt
Selbst wenn die Fahrgastzelle unbeschädigt bleibt, werden die Passagiere beim Aufprall mit gefährlich hoher Geschwindigkeit nach vorn geschleudert. Rückhaltesysteme verhindern, dass sie gegen Lenkrad und Armaturenbrett prallen können.
In Crashtests lässt sich beobachten, wie ein Dummy bei einem Aufprall vom **Sicherheitsgurt** aufgefangen wird. Der Gurt dehnt sich gerade so weit, dass Körper und Knie nicht auf das Lenkrad oder das Armaturenbrett aufprallen. Der gedehnte Gurt zieht sich nicht wieder zusammen. Für Menschen wäre es nämlich gefährlich, wenn sie vom Gurt gegen Sitz und Kopfstütze zurückgeschleudert würden.
Da sich Sicherheitsgurte nach einer Belastung nicht wieder auf ihre ursprüngliche Länge zusammenziehen, müssen sie nach jedem noch so kleinen Aufprall ausgewechselt werden. Gedehnte Sicherheitsgurte würden sich bei einem erneuten Unfall nicht noch einmal dehnen. Die Fahrzeuginsassen würden sehr heftig gebremst und könnten so durch die Gurte verletzt werden.

1 Dummies mit Sicherheitsgurt und Airbag

Airbag
Crashtests zeigen auch, dass der Kopf des Dummies durch Sicherheitsgurte nur unzureichend geschützt wird. Mit **Airbags** lässt sich die Verletzungsgefahr noch weiter vermindern. Ein Airbag ist ein Kissen, das bei einem Aufprall blitzschnell aufgeblasen wird. Schon während des Aufpralls fällt der Airbag aber wieder in sich zusammen. Denn der Aufprall auf einen straff aufgeblasenen Airbag könnte Verletzungen hervorrufen.
Inzwischen werden Autos auch mit Seitenairbags ausgerüstet. Die Fahrzeuginsassen werden so auch bei einem seitlichen Aufprall geschützt. Viele Autofahrer glauben, dass ein Airbag sie ausreichend vor Verletzungen schützt und legen deshalb keine Sicherheitsgurte mehr an. Bild 1 zeigt, dass der Airbag zwar den Kopf, nicht aber Brustkorb und Beine schützt.

STREIFZUG

1. Beschreibe den Schutz, den der Sicherheitsgurt und der Airbag bieten.

2. Beschreibe, wie der Unfall verläuft, der in Bild 2 nachgestellt ist.

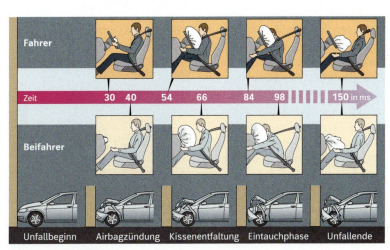

2 Ein Aufprall in Zeitlupe

Der zweiseitige Hebel

1 Noch nicht im Gleichgewicht!

1.
Beschreibe, wie Anna trotz ihrer geringeren Gewichtskraft mit Jörg im Gleichgewicht sitzen kann.

2.
a) Hänge wie in Bild 2 an eine Stelle des linken Hebelarmes ein Wägestück. Miss an verschiedenen Stellen des rechten Hebelarms jeweils die Kraft, die für das Gleichgewicht aufgewendet werden muss. Vervollständige untenstehende Tabelle in deinem Heft. Vergleiche die Werte in Spalte 5 und 6 der Tabelle und beschreibe, was dir auffällt.
b) Verändere die Position des Wägestückes. Nimm auch unterschiedlich grosse Wägestücke. Verfahre dann wie bei Versuch a).

1	2	3	4	5	6
F_1 in N	s_1 in m	F_2 in N	s_2 in m	$F_1 \cdot s_1$ in Nm	$F_2 \cdot s_2$ in Nm

3.
Nenne weitere Beispiele aus dem Alltag, bei denen das Prinzip des zweiseitigen Hebels genutzt wird.

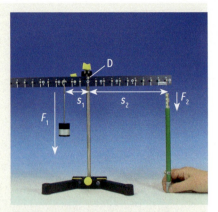

2 Messungen am zweiseitigen Hebel

4.
a) Zeichne eine Schere und eine Zange in dein Heft. Markiere jeweils den Drehpunkt und die Hebelarme in verschiedenen Farben.
b) Bei der Schere wird das Hebelgesetzt andersherum ausgenutzt als bei der Zange. Erkläre.

Hebel und Hebelarme

Anna und Jörg wollen die Wippe ins **Gleichgewicht** bringen (Bild 1). Anna ist jedoch leichter als Jörg. Wenn Anna aber den richtigen Sitzplatz auf ihrer Seite wählt, dann kommt die Wippe ins Gleichgewicht.

Die Wippe ist ein **Hebel.** Dieser Hebel hat zwei Arme, auf denen jeweils Anna und Jörg sitzen. Die **Hebelarme** drehen sich um den **Drehpunkt D.** Ihre Länge reicht vom Drehpunkt bis zu den Stellen, an denen Anna und Jörg jeweils ihre Gewichtskraft einsetzen (Bild 3). Diese Art von Hebel wird **zweiseitiger Hebel** genannt.
Am langen Hebelarm benötigst du eine kleinere Gewichtskraft und am kurzen Hebelarm eine grössere Kraft, um den Hebel im Gleichgewicht zu halten.

3 Eine Wippe ist ein Hebel.

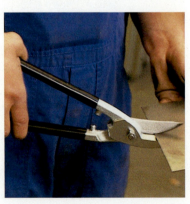

4 Auch hier findest du zwei Hebel.

Hebel im Alltag

In deinem Alltag kommen häufig Hebel zum Einsatz, die dir die Arbeit erleichtern. Um beispielsweise ein hartes Blech durchzuschneiden, ist sehr viel Kraft erforderlich. Mithilfe eines langen Hebels wie bei einem Seitenschneider oder einer Blechschere bringst du diese Kraft problemlos auf. Denn bei einem doppelt so langen Hebelarm benötigst du nur die Hälfte der Kraft. Daher kommt auch die Redewendung: „Gewaltig wird des Schlossers Kraft, wenn er am langen Hebel schafft."

> Beschreibe den zweiseitigen Hebel als Kraftwandler und nenne Anwendungsbeispiele.

Der einseitige Hebel

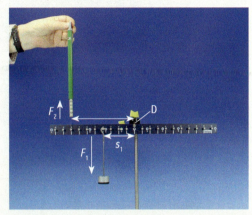

1 Messungen am einseitigen Hebel

Hebelarme auf derselben Seite
Bild 1 zeigt einen Hebel, bei dem sich beide Hebelarme auf derselben Seite des Drehpunktes D befinden. Das ist ein **einseitiger Hebel.**
Ein Hebelarm reicht vom Drehpunkt bis zum Angriffspunkt der Kraft des Wägestückes, der zweite Arm vom Drehpunkt bis zum Angriffspunkt des Kraftmessers.

Gleichgewicht am einseitigen Hebel
Das Produkt aus einwirkender Kraft F und Hebellänge s heisst **Drehmoment M** mit der Einheit Nm: $M = F \cdot s$.
Die Kraft wirkt senkrecht auf den Hebel: $F \perp s$. Der Hebel ist im Gleichgewicht, wenn beide Drehmomente gleich gross sind. Eine Kraft wirkt beim einseitigen Hebel der anderen Kraft entgegen.

$$M_1 = M_2$$
$$F_1 \cdot s_1 = F_2 \cdot s_2$$

Auch die Schubkarre in Bild 2 ist ein einseitiger Hebel. Hebst du die Karre weiter hinten an, hast du einen längeren Hebelarm und brauchst weniger Kraft, als wenn du sie weiter vorne anhebst.

> Beschreibe das Hebelgesetz beim einseitigen Hebel und berechne das Drehmoment.

1.
Vergleiche den einseitigen Hebel aus Bild 1 mit dem zweiseitigen Hebel. Nenne Gemeinsamkeiten und Unterschiede.

2.
a) Hänge wie in Bild 1 an eine Stelle des Hebelarms ein Wägestück. Bringe den Hebel ins Gleichgewicht und miss die dazu notwendige Kraft. Versetze den Kraftmesser und bestimme erneut die zum Gleichgewicht notwendige Kraft. Übertrage die Tabelle in dein Heft und notiere die Werte für die Spalten 1 bis 4.

1	2	3	4	5	6
F_1 in N	s_1 in m	F_2 in N	s_2 in m	M_1 in Nm	M_2 in Nm

b) Verändere erst die Position des Wägestückes und dann die Masse. Verfahre weiter wie bei Versuch a).
c) Berechne die Drehmomente in den Spalten 5 und 6 und vergleiche sie.
d) Formuliere die Gesetzmässigkeit. Vergleiche diese mit der Gesetzmässigkeit für den zweiseitigen Hebel.

2 Hebelarme an der Schubkarre

3 Ein Kronkorken wird aufgehebelt.

3.
Bestimme an den Bildern 3 und 4 jeweils den Drehpunkt des Hebels, die Hebelarme und die Richtung der Kraftwirkungen. Schlussfolgere daraus, um welche Art von Hebel es sich jeweils handelt.

4 Zwei- oder einseitig, das ist hier die Frage!

Feste und lose Rollen

1.
a) Miss die Kraft, die du zum senkrechten Anheben eines 200 g-Wägestückes und zum Anheben mit der festen Rolle einsetzen musst (Bild 1A).
b) Vergleiche jeweils die Richtungen der in Versuch a) eingesetzten Kräfte.
c) Beschreibe die Funktion der festen Rolle.

2.
Wähle die Wägestücke so, dass ihre Masse und die Masse der Rolle zusammen 200 g ergeben. Miss wie in den Bildern 1B und 1C jeweils die zum Anheben der Wägestücke und Rolle aufzuwendende Kraft und vergleiche. Beschreibe deine Beobachtung.

3.
Miss wie in den Bildern 1A bis 1C jeweils die Kraft F, die du zum Heben des Wägestückes um 30 cm einsetzen musst, und die Länge des Seiles, das du ziehen musst. Das ist der Weg s, entlang dessen die Kraft wirkt. Übernimm die Tabelle und notiere die Werte in den Spalten 1 und 2.

	1	2	3
	F in N	s in m	$F \cdot s$ in Nm
A			
B			
C			

4.
a) Berechne den Wert in Spalte 3.
b) Vergleiche jeweils die Werte der Spalten 1 und 3. Formuliere für jeden Versuchsaufbau ein Ergebnis.

5.
Eine Masse von 600 g wird über eine lose Rolle 3 m angehoben. Berechne die aufzuwendende Kraft und die Länge des Seils.

6.
Ein Gewichtheber wiegt 65 kg. Er will eine Last von 80 kg erst 4 m senkrecht hochziehen, dann über eine feste Rolle und zuletzt über eine lose Rolle jeweils 4 m anheben. Begründe, ob ihm das jeweils gelingt.

Feste Rolle
Zum senkrechten Anheben eines 100 g-Wägestückes musst du eine Kraft von 1 N einsetzen. Eine gleich grosse Kraft musst du einsetzen, wenn du das Wägestück wie in Bild 1A über eine Rolle hochziehst, die dabei ihre Position nicht ändert. Eine solche Rolle heisst **feste Rolle.** Die Rolle ändert nur die Richtung der wirkenden Kraft. Deshalb wird die feste Rolle auch **Umlenkrolle** genannt. Um eine Masse um 20 cm zu heben, musst du 20 cm Seil einholen.

Lose Rolle
Die Wägestücke und die Rolle in Bild 1B wiegen zusammen 100 g. Beim Anheben des Wägestückes wird die Rolle mit hochgezogen. Eine solche Rolle heisst **lose Rolle.** Jetzt brauchst du aber nur die Hälfte der bei einer festen Rolle einzusetzenden Kraft. Die Rolle wandelt die eingesetzte Kraft in eine doppelt so grosse wirkende Kraft um. Sie ist ein **Kraftwandler.** Die andere Hälfte der Gewichtskraft wirkt über das zweite Seilstück auf das Stativ. Hebst du das Wägestück um 20 cm, musst du 40 cm Seil einholen. Der Weg der wirkenden Kraft ist doppelt so lang.

Feste und lose Rolle
Nimmst du eine feste und eine lose Rolle, werden die Kraft halbiert und die Richtung der wirkenden Kraft umgelenkt. Das Produkt aus der eingesetzen Kraft F und dem Weg s der wirkenden Kraft bleibt gleich.

> Kannst du Unterschiede von festen und losen Rollen angeben und berechnen, welche Kraft zum Heben eines Körpers über diese Rollen eingesetzt werden muss?

1 Rollen: **A** feste Rolle, **B** lose Rolle, **C** feste und lose Rollen

Der Flaschenzug

A

B

C

1.
Beurteile, welche Rollen in den Bildern 1A bis 1C feste und welche lose Rollen sind.

2.
a) Baue die Flaschenzüge wie in den Bildern 1A bis 1C auf. Wägestück und lose Rollen sollen zusammen eine Masse von 300 g haben.
b) Miss jeweils die Kraft, die du zum Hochziehen des Wägestückes einsetzen musst.
c) Miss jeweils die Länge des eingeholten Seiles, wenn das Wägestück um 30 cm angehoben wird.
d) Bilde jeweils das Produkt aus der eingesetzten Kraft F und der Länge s des eingeholten Seiles. Beschreibe, was du feststellst.

3.
a) Baue einen Flaschenzug aus je drei losen und festen Rollen auf. Wägestück und lose Rollen sollen zusammen 300 g wiegen. Wiederhole Versuch 2.
b) Wie viele Seilstücke werden verkürzt, wenn das Wägestück gehoben wird? Begründe, wovon ihre Anzahl abhängt.

4.
Formuliere mithilfe der Ergebnisse aus Versuch 2 und Versuch 3 Gesetzmässigkeiten.

5.
Recherchiere Beispiele für den Einsatz von Flaschenzügen.

1 Flaschenzug:
A versetzt angebrachte Rollen,
B übereinanderliegende Rollen,
C nebeneinanderliegende Rollen

2 Kleiner Flaschenzug

Aufbau des Flaschenzuges

Ein **Flaschenzug** besteht aus einer Kombination fester und loser Rollen gleicher Anzahl. Der zu hebende Gegenstand hängt an den losen Rollen. Die Bilder 1A bis C zeigen mehrere mögliche Anordnungen der Rollen.

Verkürzung der Seilstücke

Das Wägestück wird durch eine Kraft hochgezogen, die am Ende des Seils wirkt. Soll es um 20 cm gehoben werden, müssen die vier Tragseile, an denen das Wägestück hängt, jeweils um 20 cm kürzer werden. Dazu musst du 80 cm Seil einholen.

Kleine Kraft - grosse Wirkung

Du brauchst jetzt aber nur ein Viertel der Kraft aufzuwenden, die du beim senkrechten Hochheben einsetzen müsstest. Das Produkt aus der Kraft F und dem Weg s der wirkenden Kraft ist in allen Fällen gleich gross.

Kannst du die Aufgaben der verschiedenen Rollenarten beim Flaschenzug beschreiben und die jeweils einzusetzende Kraft zum Heben eines Körpers berechnen?

3 Grosser Flaschenzug

Hebel und Rollen in der Technik und in der Natur

In diesem Projekt sollen verschiedene Einsatzmöglichkeiten von Rollen und Hebeln in Technik und Natur untersucht werden.
Durch Anwendungen von Rollen und Hebeln muss entweder weniger Kraft aufgewandt werden oder es wird mit der zur Verfügung stehenden Kraft mehr erreicht.

Bei euren Untersuchungen und Ausführungen der Aufträge helfen euch Bücher aus den Bereichen Physik, Technik, Basteln und Biologie sowie Informationen aus dem Internet. Auch Kataloge aus Spielzeugläden können euch wertvolle Hinweise und Anregungen geben.

1 Hebelwirkung bei Werkzeuge

TEAM ❶
Hebel in der Technik
1. Ihr seht in Bild 1 einige Werkzeuge, bei denen die Hebelwirkung ausgenutzt wird. Nennt jeweils den Verwendungszweck der Werkzeuge und die Hebelart. Beschreibt ausserdem die Hebelarme.
Sucht nach weiteren Werkzeugen, bei denen die Hebelwirkung genutzt wird. Zeichnet sie auf und markiert die Hebelarme und den Drehpunkt. Nennt die Hebelart.

2. Bindet um eine Türklinke eine Schlaufe und befestigt daran einen Kraftmesser.
Bestimmt nun an verschiedenen Stellen der Klinke die zum Herunterziehen der Klinke aufzuwendende Kraft.
Wiederholt den Versuch bei anderen Türklinken und Fenstergriffen.
Erklärt die Ergebnisse. Welche Hebelart liegt jeweils vor?

2 Noch ein Hebel

TEAM ❷
Rollen und Flaschenzüge
1. Baut mithilfe von Technikkästen verschiedene Modelle von Baukränen. Gebt jeweils die Art und Aufgabe der verwendeten Rollen an. Welche Aufgabe haben die Seile bei den Kränen? Messt jeweils die zum Heben eines Wägestücks notwendige Kraft. Bei welchem Kran braucht ihr die wenigste Kraft? Begründet eure Beobachtungen.

2. Schaut euch einen Autokran oder einen Eisenbahnkran an. Welche Arten von Rollen könnt ihr bei diesen Kränen erkennen? Welche Aufgabe haben sie? Fertigt Skizzen der Kräne mit den Rollen und der Seilführung an.

3. Besorgt euch ein Paar Schnürsenkel und zieht sie so auf ein Paar Schuhe mit Metallösen, dass bei einem Schuh jede Öse, bei dem anderen Schuh nur jede zweite Öse benutzt wird. Befestigt an den Enden der Schnürsenkel je einen Kraftmesser und messt die zum Zusammenziehen der Schuhteile erforderliche Kraft. Wiederholt den Versuch mit einem Paar Schuhe ohne Metallösen. Begründet die unterschiedlichen Messergebnisse.

3 Kraftmessung am Schnürsenkel

TEAM 3
Hebel in der Natur

1. Schneidet Papierstücke in Form verschieden grosser Baumkronen. Befestigt sie an unterschiedlich langen und dicken Strohhalmen. Klebt die Halme an die Tischkante, lasst mithilfe des Föhns einen kräftigen Wind wehen. Welchen Einfluss haben Baumkronengrösse, Länge und Dicke der Halme auf die Wirkung des Windes? Wo und wodurch treten hier unterschiedliche Hebelwirkungen auf? Ihr könnt einen Wald nachbauen, indem ihr die Halme an einen Tisch klebt oder einen Schuhkartondeckel mit Gips ausgiesst, die Halme in den Gips steckt und den Gips trocknen lasst. Dann könnt ihr die Versuche durchführen. Sucht weitere Beispiele für Hebel in der Natur.

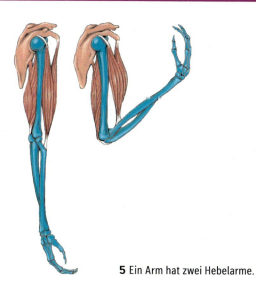

5 Ein Arm hat zwei Hebelarme.

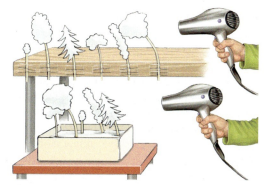

4 Der Wald bei Sturm

2. Die Katze fährt ihre Krallen mithilfe eines Hebels ein und aus. Schlagt in einem Biologiebuch nach und erklärt die Funktionsweise. Welche Hebelart liegt hier vor?
Wie funktioniert beim Menschen das Beugen und Strecken des Arms? Welche Hebelart ist das?
Recherchiert ausserdem die Hebelwirkung bei der Bestäubung einer Salbeiblüte durch ein Insekt.

TEAM 4
Hebel am Fahrrad

1. Befestigt die Kraftmesser wie auf Bild 6. Vergleicht die am Pedal wirkende Kraft mit der am Hinterrad wirkenden Kraft. Befestigt den Kraftmesser an einer anderen Stelle des Pedals und vergleicht wieder. Wie ändert sich die Kraft am Hinterrad, wenn bei gleicher Kraft am Pedal unterschiedliche Gänge eingeschaltet werden? Erklärt eure Messungen.

2. Funktionstüchtige Bremsen beim Fahrrad sind für die Sicherheit unbedingt notwendig. Durch die verstärkende Wirkung des Bremshebels kann das Fahrrad mit Muskelkraft abgebremst werden. Plant einen Versuch, wie ihr die eingesetzte Kraft am Bremshebel und die auf die Felge wirkende Kraft messen könnt und führt den Versuch aus. Sucht beim Fahrrad weitere Anwendungen des Hebels und erklärt die Funktionen.

6 Kraftübertragung beim Fahrrad

7 Handbremse: **A** oben, **B** unten

Die schiefe Ebene

1 So geht es einfacher.

1. A
Beschreibe, was du in Bild 1 ändern würdest, um den Rollstuhl mit weniger Kraft schieben zu können.

2. V
a) Befestige einen Versuchswagen mit einem langen Gummiband am oberen Ende eines schräggestellten Brettes. Verändere die Steigung des Brettes. Beschreibe, wie sich das Gummiband verändert.
b) Beschreibe die Kräfte, die an dem Gummiband wirken.
c) Nenne Kraft und Gegenkraft.

3. V
a) Miss die Gewichtskraft F_G des Versuchswagens aus Versuch 2.
b) Befestige den Kraftmesser am oberen Ende des Brettes. Bestimme die Kraft F_H, mit der der Wagen nach unten gezogen wird. Vergleiche F_H mit F_G.

4. V
a) Ziehe den Wagen aus Versuch 3 die schiefe Ebene hinauf (Bild 2). Miss die zum Ziehen notwendige Kraft F_Z. Übertrage die Tabelle ins Heft und notiere die Messwerte.

F_Z in N		
Steigungswinkel α		
F_H in N		

b) Befestige zwei weitere unterschiedlich lange Bretter in jeweils gleicher Höhe. Gib an, wie sich dabei der Steigungswinkel α der schiefen Ebene verändert.
c) Wiederhole Versuch a), miss F_H und α. Beschreibe deine Feststellung.
d) Zeichne zu zwei Messungen Kraft und Gegenkraft.

5. V
Wiederhole Versuch 4. Verändere die Masse des Wagens mithilfe von Wägestücken. Erkläre die veränderten Ergebnisse.

6. A
Gib an, von welchen Grössen die Kraft abhängt,
a) die zum Hochziehen des Wagens notwendig ist.
b) die den Wagen die Ebene hinuntertreibt.
c) Formuliere die Gesetzmässigkeit, wenn der Körper die Ebene nicht hinunterrollen soll.

7. A
Begründe, wie sich bei unterschiedlichen schiefen Ebenen mit gleicher Höhe die Steigungswinkel
a) auf die Länge der Ebene,
b) auf die Kraft F_H auswirken.

8. A
a) Beschreibe, wie sich ein Körper bewegt, wenn die Hangabtriebskraft grösser ist als die Schubkraft.
b) Nenne Beispiele zu a).

Die Hangabtriebskraft
Schiebst du einen Rollstuhl über eine Rampe, so musst du mehr Kraft einsetzen als beim waagerechten Schieben. Es tritt nämlich eine zusätzliche Gegenkraft auf, die das Zurückrollen des Rollstuhls bewirkt. Diese Kraft heisst **Hangabtriebskraft F_H**. Sie ist ein Teil Gewichtskraft F_G und wirkt parallel zur Rampe.

Sitzt im Rollstuhl eine schwerere Person, musst du beim Schieben mehr Kraft aufwenden. Denn mit der Gewichtskraft wächst die Hangabtriebskraft.

Länge der schiefen Ebene
Nimmst du zum Überwinden der Stufe eine kürzere Rampe, ist der Weg der wirkenden Kraft kürzer, aber steiler. Die Hangabtriebskraft ist gross, also musst du viel Kraft zum Schieben einsetzen. Bei einer längeren Rampe ist der **Steigungswinkel α** der Rampe kleiner. Damit sind die Hangabtriebskraft und die **Schubkraft F_S** geringer. Du musst beim Schieben des Rollstuhls weniger Kraft aufwenden als beim senkrechten Hochheben. Dafür ist der Weg der wirkenden Kraft länger. Diese Einrichtung heisst **schiefe Ebene**.

2 Messungen an der schiefen Ebene

> Kannst du die Abhängigkeit der Hangabtriebskraft erklären und den Vorteil der schiefen Ebene beschreiben?

Anwendungen der schiefen Ebene

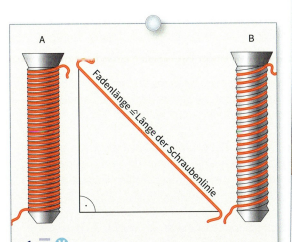

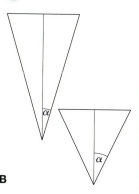

Spalten von Holz mit einer Axt
Die Klinge einer Axt ist ein **Keil.** Du kannst dir den Keil aus zwei schiefen Ebenen zusammengesetzt vorstellen. Bei einem längeren Keil ist der Steigungswinkel kleiner als bei einem kürzeren Keil mit gleicher Aufschlagsfläche. Deshalb benötigst du beim Einschlagen eines schmaleren Keils weniger Kraft als beim Einschlagen eines entsprechend breiteren in das gleiche Material.

1.
a) Miss die Länge der Schraubenlinie der Schraube A. Zeichne ein rechtwinkliges Dreieck, bei dem ein Schenkel des rechten Winkels die Länge des Schraubengewindes, die lange Seite des Dreiecks die Länge der Schraubenlinie hat.
b) Zeichne das entsprechende rechtwinklige Dreieck für Schraube B. Vergleiche den Anstieg der langen Seite mit dem Anstieg für Schraube A. Was stellst du fest?

2.
Bei welcher Schraube musst du mehr Kraft zum Festdrehen einer Mutter aufwenden? Begründe deine Antwort mit den Begriffen Kraft, Steigungswinkel und schiefe Ebene.

3.
Recherchiere, wozu Keile ausser zum Spalten noch eingesetzt werden.

4.
Erkläre das Prinzip der schiefen Ebene bei einer Nadel, beim Messer und bei der Spindel eines Schraubstocks.

5.
Recherchiere, mit welchen Hilfsmitteln Eisenbahnen grössere Steigungen bewältigen können.

PINNWAND

Eine besondere Brücke
Das Kreisviadukt von Brusio im Kanton Graubünden wird von der Berninabahn befahren. Die Bahn musste so geplant werden, dass sie mit möglichst wenigen Tunnels grosse Höhendifferenzen auf kurzen Distanzen überwinden konnte. Die schwierige Aufgabe wurde eindrucksvoll gelöst: Oberhalb von Brusio überwindet die Berninabahn in einer doppelten Schlaufe von 100 m Durchmesser eine ganze Höhenstufe.

Die Goldene Regel der Mechanik

1. **A**
a) Flaschenzüge oder lose Rollen werden eingesetzt, wenn Gegenstände gehoben werden sollen. Erläutere, worin der Vorteil bei Flaschenzug und loser Rolle besteht.
b) Erläutere, wie sich der Weg der wirkenden Kraft im Vergleich zum senkrechten Hochziehen ändert.

2. **A**
a) Hebel werden oft im Alltag eingesetzt. Beschreibe den Vorteil, den der Einsatz von Hebeln bietet.
b) Gib an, wie sich beim Hebel die Weglänge der wirkenden Kraft ändert.
c) Beantworte die Fragen aus Aufgaben a) und b) auch für die schiefe Ebene.

3. **A**
Formuliere den Zusammenhang zwischen aufzuwendender Kraft und Weglänge der wirkenden Kraft in einem Je-desto-Satz.

4. **A**
Finde eine Erklärung für den Namen „Goldene Regel".

Kraftwandler

Lose Rolle und Hebel werden als **Kraftwandler** benutzt, weil dadurch im Vergleich zum senkrechten Heben von Körpern weniger Kraft eingesetzt werden muss. Dafür ist aber ein längerer Weg nötig, entlang dessen die Kraft wirkt.

Nimmst du einen Flaschenzug mit vier tragenden Seilen, musst du nur noch ein Viertel der Kraft einsetzen. Du ziehst aber dann die vierfache Seillänge.

Ähnlich ist es beim Hebel. Willst du hier die Kraft verringern, musst du einen längeren Weg der wirkenden Kraft in Kauf nehmen. Der Angriffspunkt der Kraft liegt dann in grösserem Abstand vom Drehpunkt.

Auch die schiefe Ebene ist ein Kraftwandler. Du musst weniger Kraft aufbringen, wenn du den Steigungswinkel verkleinerst und damit die Länge der Ebene vergrösserst.

Eine wichtige Regel

Dieser Zusammenhang zwischen der Kraft und der Weglänge wird als **Goldene Regel der Mechanik** bezeichnet. Sie besagt, dass du eine Kraft nur zu Lasten eines längeren Weges verringern kannst. Umgekehrt hast du bei grösserem Krafteinsatz einen kürzeren Weg der wirkenden Kraft.

> Kannst du die „Goldene Regel der Mechanik" an unterschiedlichen Kraftwandlern erklären?

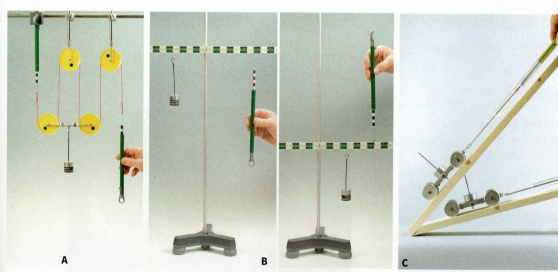

1 Eine gemeinsame Regel für: **A** Rollen, **B** Hebel, **C** schiefe Ebenen

Anwendungen zur Goldenen Regel der Mechanik

Mit dem Auto über die Alpen ...

Zeit zum Reifenwechsel

... oder doch mit dem Fahrrad?

1.
Gib an, welchen Gang du bei einer Bergfahrt, welchen bei einer Fahrt auf der Ebene wählst. Begründe deine Antworten mit den Begriffen Kraft und Weg.

2.
a) Begründe, welche Art von Schraubenschlüssel sich am besten zum Lösen der Radschrauben eignet.
b) Beschreibe einen Trick, den du anwenden kannst, wenn du die Schrauben nicht lösen kannst.

3.
a) Baue einen Flaschenzug auf. Miss die Kraft und die Länge des einzuholenden Seiles, wenn ein Gegenstand 20 cm hochgezogen wird.
b) Bestätige deine Messergebnisse durch Rechnungen.

4.
Begründe, warum Strassen in den Bergen als Serpentinen gebaut werden. Das ist doch nicht der kürzeste Weg über den Berg.

5.
Gib jeweils zwei weitere Anwendungsbeispiele für die Goldene Regel der Mechanik an.

Selbst gebauter Flaschenzug

Die beschleunigte Bewegung

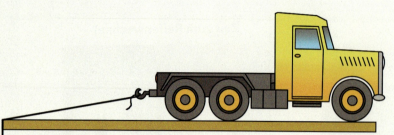

1 Der Nagel zieht ein Spielzeugauto.

1. V
a) Verbinde ein Modellauto über einen 80 cm langen Faden mit einem Nagel. Stelle das Auto in 70 cm Abstand von der Tischkante auf und lass den Nagel am Faden über die Tischkante hängen (Bild 1).
b) Lass das Auto los und beschreibe, was du beobachtest.

2. V
Nutze den Aufbau aus Versuch 1. Stelle das Auto jetzt direkt an die Tischkante. Stosse das Auto kräftig von der Tischkante weg. Beschreibe deine Beobachtung.

3. V
a) Stelle das Auto im Abstand von 20 cm parallel zur Tischkante und gib ihm einen Stoss parallel zur Tischkante. Betrachte den zurückgelegten Weg.
b) Binde wie in Versuch 1 eine Faden an das Auto, hänge aber zwei Nägel daran. Lass die Nägel senkrecht zum Auto über die Tischkante hängen. Gib dem Auto erneut einen kräftigen Stoss parallel zur Tischkante. Betrachte den zurückgelegten Weg.
c) Vergleiche deine Beobachtung mit der Beobachtung aus a). Formuliere eine Schlussfolgerung.

4. V
a) Richtet einen 50 m langen und geradlinigen Fahrradparcours ein. Markiert alle 10 m eine Messlinie, an der jeweils eine Mitschülerin mit Stoppuhr und ein Mitschüler mit Notizblock steht. Stellt ein Fahrrad mit Tachometer und Gangschaltung an der Startlinie bereit. Stellt einen „grossen" Gang ein.
b) Durchfahre die Strecke so schnell wie möglich. Dabei werden bei der Abfahrt alle Stoppuhren gestartet. An jeder Messstelle wird die benötigte Zeit gestoppt und notiert. Rufe laut und deutlich beim Überfahren der Messlinie deine gefahrene Geschwindigkeit zu.
c) Übertrage die folgende Tabelle in dein Heft und trage deine Messwerte ein.

Messstelle	0	1	2	3	4	5
t in s	0					
v in $\frac{m}{s}$	0					

d) Vergleiche die Geschwindigkeiten an den einzelnen Messstellen und erkläre, wodurch diese Ergebnisse hervorgerufen werden.

5. A
Zeichne ein t-v-Diagramm mit den Messwerten aus Versuch 4. Erkläre, was du aus dem Verlauf des Graphen erkennen kannst.

6. A
a) Ein Pkw fährt 2 h mit einer gleichmässigen Geschwindigkeit von 120 $\frac{km}{h}$ auf der Autobahn. Dann gerät er in einen Stau und kommt 30 min nicht von der Stelle. Anschliessend geht es 1,5 h mit einer konstanten Geschwindigkeit von 100 $\frac{km}{h}$ weiter. Zeichne das dazugehörige t-v-Diagramm.
b) Beurteile das t-v-Diagramm auf eine realistische Darstellung der Bewegung des Pkws.

7. A
In Pkw-Werbeprospekten gibt es Angaben wie: Beschleunigung von 0 $\frac{km}{h}$ auf 100 $\frac{km}{h}$ in 14,0 s. Zeichne ein t-v-Diagramm für einen Pkw, der mit diesem Wert beschleunigt und anschliessend 16,0 s mit konstanter Geschwindigkeit weiterfährt.

8. A
Der Bremsvorgang geht schneller vonstatten als das Beschleunigen. In etwa 4,0 s kommt ein Pkw aus einer Geschwindigkeit von 100 $\frac{km}{h}$ zum Stehen. Zeichne ein t-v-Diagramm für einen Pkw, bei dem nach 6,0 s gleichmässiger Fahrt mit 100 $\frac{km}{h}$ eine Vollbremsung durchgeführt wird.

9. A
a) Informiere dich, welche Bedeutung dieses Verkehrszeichen hat.
b) Überlege, vor welchen Kräften dieses Zeichen vor der Brücke warnt und wie sich diese Kräfte auf Fahrzeuge auswirken.
c) Nenne Fahrzeuge, deren Fahrer dieses Verkehrsschild besonders beachten müssen.

2 Ein Warnschild vor der Brücke

Beschleunigen

Das Spielzeugauto in Bild 1 wird durch die Gewichtskraft des Nagels immer schneller. Die Kraft wirkt in Bewegungsrichtung des Autos. Es wird **beschleunigt**.
In einem ***t-v*-Diagramm** wird diese Änderung des Bewegungszustandes durch eine Ursprungshalbgerade dargestellt (Bild 3).

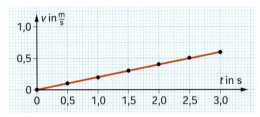

3 Das Spielzeugauto wird beschleunigt.

Bremsen

Bewegt sich das Auto und wirkt eine Kraft in Gegenrichtung, so wird es durch diese Kraft immer langsamer. Es wird **gebremst**. Dieser Bremsvorgang ändert ebenfalls den Bewegungszustand des Autos.
In einem *t-v*-Diagramm wird diese Änderung des Bewegungszustandes durch einen gleichmässig fallenden Graphen dargestellt (Bild 4).

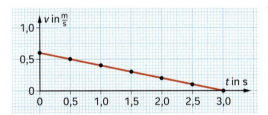

4 Das Spielzeugauto wird abgebremst.

Die Richtung ändern

Auch eine Kraft, die nicht in Richtung oder entgegen der Richtung zur Bewegung des Autos wirkt, kann eine Änderung des Bewegungszustandes hervorrufen. Sie bewirkt dann eine **Richtungsänderung** des Autos.

Beschleunigung

Wird ein Körper schneller, langsamer oder ändert er seine Richtung, so ändert sich damit sein Bewegungszustand. Jede dieser Änderungen des Körpers durch das Wirken einer Kraft wird als **Beschleunigung** bezeichnet.

Raketenstart – erst langsam, dann immer schneller

Ten, nine, eight, …, two, one – we have lift off!
Die Triebwerke zünden und langsam, ganz langsam beginnt die Rakete zu steigen. Die Schubkraft der Düsen ist grösser als die Gewichtskraft der Rakete und so kann die Erdanziehung überwunden werden. Solange die Triebwerke Treibstoff verbrennen, wird die Rakete immer schneller. Sie wird beschleunigt. Je weiter die Rakete sich vom Erdboden entfernt hat, desto weniger Schubkraft ist nötig. Hat sie den Einflussbereich der Erde verlassen, werden die Triebwerke abgeworfen Die Rakete bewegt sich ohne Antrieb mit konstanter Geschwindigkeit geradlinig gleichformig weiter.

5 Beim Start ganz langsam

Himmelskörper ändern die Bahn und die Geschwindigkeit der Rakete

Gerät eine antriebslose Rakete in den Einflussbereich eines anderen Himmelskörpers, wird sie durch dessen Anziehungskraft erneut beschleunigt. Je nach Flugrichtung kann sie dabei auch aus ihrer Bahn abgelenkt werden. Ohne Kontrolle droht sie, auf die Oberfläche des Himmelskorpers zu stürzen und dabei zerstört zu werden.

Kurs halten mit Brems- und Steuerdüsen

Raketen werden zu unterschiedlichen Aufgaben in der Forschung eingesetzt. Immer muss es möglich sein, ihren Flug zu kontrollieren und zu beeinflussen. Mit seitwärts wirkenden Steuerdüsen kann die Richtung kontrolliert werden und Bremsdüsen können die Geschwindigkeit mindern. So ist es möglich, einen Himmelskörper anzusteuern und weich auf seiner Oberfläche zu landen.

> Wirkt eine Kraft auf einen beweglichen Körper, so ändert er seinen Bewegungszustand. Er wird schneller, langsamer oder er ändert seine Richtung. Bewegungsänderungen werden als Beschleunigung bezeichnet.

Kraft und Beschleunigung

1.
Baue den Versuch wie in Bild 1 auf. Gleiche die Reibungen des Wagens auf dem Tisch und die des Seils mit den Rollen durch Wägestücke aus. Hänge an das Seilende weitere Wägestücke als antreibende Kraft F. Beschreibe die Bewegung des Wagens nach 0,5 m; 1 m und 1,5 m.

2.
a) Hänge 20 g-, 40 g- und 60 g-Wägestücke an das Seil aus Versuch 1. Berechne jeweils die Kraft F und bestimme die Beschleunigung a des Wagens nach 1 m.
b) Gib den Zusammenhang zwischen der Beschleunigung a und der Kraft F an.

3.
a) Wiederhole Versuch 2, verändere aber die Masse m des Wagens. Übertrage die Tabelle und trage die Werte ein.
b) Berechne das Produkt aus m und a. Vergleiche den Wert mit der Grösse der Kraft F.

Versuch	1	2	3
F in N			
m in kg			
a in m/s²			
$m \cdot a$			

4.
Formuliere aus den in den Versuchen 1 bis 3 gewonnenen Erkenntnissen eine Gesetzmässigkeit.

5.
Ein ruhender Körper mit 15 kg soll in 5 s eine Geschwindigkeit von 9 $\frac{km}{h}$ erreichen. Berechne die dafür notwendige Kraft.

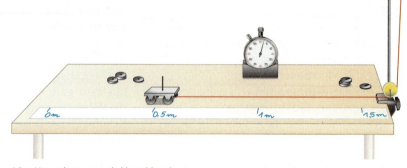

1 Der Versuchswagen wird beschleunigt.

Das newtonsche Kraftgesetz

Mithilfe des Versuchswagens in Bild 1 stellst du fest, dass bei gleicher Antriebskraft F und gleicher Masse m des Wagens die Beschleunigung a des Wagens konstant bleibt. Willst du die Beschleunigung a, die der Wagen erfährt, verdoppeln, so musst du eine doppelt so grosse Kraft F einsetzen. Daraus folgt: **$F \sim a$.**

Willst du bei gleicher Beschleunigung a eine doppelt so grosse Masse m des Wagens bewegen, musst du die Antriebskraft F verdoppeln. Daraus folgt: **$F \sim m$.**

Diese beiden Proportionalitäten lassen sich in einem Ausdruck zusammenfassen: **$F \sim m \cdot a$.**
Da der Proportionalitätsfaktor 1 ist, ergibt sich die Gleichung

$$F = m \cdot a$$

Dieser Zusammenhang heisst **newtonsches Kraftgesetz.**

Einheit der Kraft

Wird eine Masse $m = 1$ kg mit $a = 1 \frac{m}{s^2}$ beschleunigt, beträgt die einzusetzende Kraft $F = 1$ kg $\cdot \frac{m}{s^2}$. Zu Ehren des englischen Physikers ISAAC NEWTON (1643 – 1727) wird die Kraft in Newton (N) gemessen. Dabei gilt: 1 kg $\cdot \frac{m}{s^2} = 1$ N.

Mit Kraft gegen die Reibung

Die zum Beschleunigen eines Körpers einzusetzende Kraft F hängt also von der Grösse der Beschleunigung a und der Masse m des zu bewegenden Körpers ab. Entsprechendes gilt für die Verzögerung. Für jede Bewegungsänderung eines Körpers muss Kraft eingesetzt werden. Wirkt keine Kraft auf den Körper, so bleibt er in Ruhe oder behält seine Geschwindigkeit bei.

Das erscheint deiner Erfahrung beim Fahrradfahren zu widersprechen. Ohne Krafteinsatz wird das Fahrrad auf ebener Strecke immer langsamer. Du musst Kraft einsetzen, damit das Fahrrad mit gleicher Geschwindigkeit weiterfährt. Diese Kraft dient aber zum Ausgleich der Reibung, die als bewegungshemmende Kraft auf das Fahrrad wirkt. Sie ist eine Gegenkraft zu der Kraft, die dein Fahrrad vorwärts bewegt und steht in Wechselwirkung zu dieser Kraft.
Ohne hemmende Kraft wie Reibung und Luftwiderstand würde das Fahrrad seine Geschwindigkeit nicht ändern.

> Kannst du das newtonsche Kraftgesetz beschreiben und die Einheit der Kraft angeben?

Grafische Darstellung beschleunigter Bewegungen

1. Zeichne ein t-v-Diagramm und ein t-s-Diagramm
a) für eine gleichförmige Bewegung mit $v = 3\,\frac{m}{s}$.
b) für eine gleichmässig beschleunigte Bewegung mit $a = 2\,\frac{m}{s^2}$.

Gleichförmige Bewegung

Formeln	Einheiten
$v = \frac{s}{t}$	s in m, t in s
$s = v \cdot t$	v in $\frac{m}{s}$

Gleichmässig beschleunigte Bewegung

Formeln	Einheiten
$a = \frac{v}{t}$	t in s, v in $\frac{m}{s}$
$v = a \cdot t$	a in $\frac{m}{s^2}$
$s = \frac{1}{2} \cdot a \cdot t^2$	s in m

Diagramme erstellen und lesen

Aus einer Messreihe zu einer Bewegung kannst du ein **Diagramm** erstellen. Dabei trägst du die vorgegebene Grösse, die Zeit t, auf der Rechtsachse ab. Die dazu gemessene Grösse, die Geschwindigkeit v oder die Strecke s, wird auf der Hochachse abgetragen. Dann werden die Wertepaare aus der Wertetabelle in das Diagramm eingetragen und die Punkte zu einem Graphen verbunden.
Aus Diagrammen kannst du auch ablesen, welche Art von Bewegung vorliegt.

Zeit-Geschwindigkeits-Diagramm

Bei der gleichförmigen Bewegung bleibt die Geschwindigkeit zu jedem Zeitpunkt gleich. Der Graph ist eine **Parallele** zur Zeit-Achse. Bei der gleichmässig beschleunigten Bewegung ist die Geschwindigkeit proportional zur Zeit. Ihr Graph ist eine **Ursprungsgerade**.

Zeit-Weg-Diagramm

Bei gleichbleibender Geschwindigkeit ist der zurückgelegte Weg proportional zur Zeit. Der Graph ist eine **Ursprungsgerade**. Bei der gleichmässig beschleunigten Bewegung werden in gleichen Zeitabschnitten immer längere Wege zurückgelegt. Der Weg wächst quadratisch mit der Zeit. Der Graph ist ein **Parabelast**.

Zeit-Geschwindigkeits-Diagramm für $v = 2\,\frac{m}{s}$

t in s	0	1,0	2,0	2,5	3,0
v in $\frac{m}{s}$	2,0	2,0	2,0	2,0	2,0

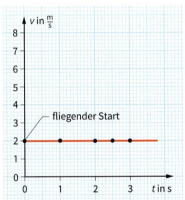

Zeit-Geschwindigkeits-Diagramm für $a = 1,5\,\frac{m}{s^2}$

t in s	0	1,0	2,0	2,4	3,0
v in $\frac{m}{s}$	0	1,5	3,0	3,6	4,5

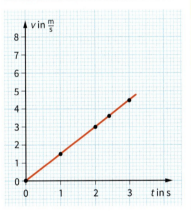

Zeit-Weg-Diagramm für $v = 2\,\frac{m}{s}$

t in s	0	1,0	2,0	3,0	3,5
s in m	0	2,0	4,0	6,0	7,0

Zeit-Weg-Diagramm für $a = 1,5\,\frac{m}{s^2}$

t in s	0	1,0	1,5	2,0	3,0
s in m	0	0,75	1,69	3,0	6,75

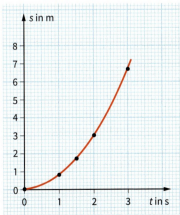

Mit voller Kraft voraus

Kräfte
Kräfte können die **Richtung** und die **Geschwindigkeit** von Bewegungen ändern und **Verformungen** bewirken. Auch **Reibung** ist eine Kraft. Zu jeder Kraft gibt es eine gleich grosse **Gegenkraft**.

Eine Kraft ist ein **Vektor,** der grafisch als Pfeil dargestellt wird. Die Kraft ist durch Angriffspunkt, Richtung und Grösse gekennzeichnet.

$F_1 > F_2$

Hookesches Gesetz
Die Kraft F und die Verlängerung $\Delta \ell$ sind bei einer Schraubenfeder proportional zueinander. Der zugehörige Quotient ist die **Federkonstante D**. Es gilt: $D = \frac{F}{\Delta \ell}$.

Verformung
Elastische Körper nehmen im Gegensatz zu **plastischen Körpern** wieder ihre alte Form ein, wenn keine Kraft mehr auf den Körper wirkt.

Masse und Trägheit
Alle Körper werden zum Erdmittelpunkt gezogen. Auf sie wirkt eine **Gewichtskraft F_G**. Ihre Grösse hängt von der Masse des Körpers ab. Auf anderen Planeten herscht eine andere Gewischtskraft.
Die **Masse m** und die **Trägheit** eines Körpers sind unabhängig vom Ort. Je grösser die Masse des Körpers ist, desto grösser sind seine Gewichtskraft und seine Trägheit. Alle Körper sind **träge.** Sie ändern ihre Geschwindigkeit oder Bewegungsrichtung nur, wenn eine Kraft einwirkt.

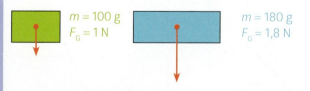

$m = 100$ g
$F_G = 1$ N

$m = 180$ g
$F_G = 1,8$ N

Hebel
Beim **zweiseitigen Hebel** wirken die beiden Kräfte in die gleiche Richtung.

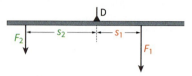

Beim **einseitigen Hebel** wirken die Kräfte in unterschiedliche Richtungen.

Ein Hebel ist im Gleichgewicht, wenn beide **Drehmomente M** gleich gross sind. Es gilt:
$$M_1 = M_2$$
$$F_1 \cdot s_1 = F_2 \cdot s_2 \; (F \perp s)$$

Rollen
Mit **festen Rollen** wird die Richtung der Kraft geändert. Es wird keine Kraft gespart.
Mit **losen Rollen** wird Kraft gespart. Der Weg der wirkenden Kraft wird dabei länger. Das Produkt aus F und s bleibt gleich. Ein **Flaschenzug** besteht aus festen und losen Rollen.

Schiefe Ebene
Die Kraft F_Z, die auf einer schiefen Ebene aufgewandt werden muss, hängt ab von der Gewichtskraft F_G des Körpers und dem Steigungswinkel α der Ebene.

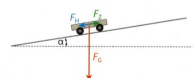

Goldene Regel der Mechanik
Bei losen Rollen, Hebeln und schiefen Ebenen kann Kraft gespart werden. Der Weg der wirkenden Kraft wird dann länger.

Physikalische Grössen

Name	Grösse	Name der Einheit	Einheit	Gesetz	Umrechnungen	Messgerät
Masse	m	Gramm; Kilogramm	g; kg		1 kg = 1000 g; 1 g = 1000 mg	Waage
Kraft	F	Newton	N	$F_G = m \cdot g$		Kraftmesser
Ortsfaktor	g	Newton je Kilogramm	$\frac{N}{kg}$	$g = 9,81 \; \frac{N}{kg}$		

Mit voller Kraft voraus

1. Gib die drei Merkmale einer Kraft an.

2. Nenne jeweils zwei Beispiele, bei denen Körper durch Kräfte bewegt oder verformt werden.

3. Du fährst mit dem Fahrrad mit gleichbleibendem Krafteinsatz auf einer ebenen Strecke. Trotzdem kann sich deine Geschwindigkeit ändern. Gib Gründe dafür an.

4. Auf einen Körper wirkt eine Kraft von 300 N. In entgegengesetzter Richtung wirken Kräfte von 150 N und 80 N. Zeichne die entsprechenden Vektoren.

5. Gib die resultierende Kraft aus Aufgabe 4 an.

6. Begründe, weshalb jeder hochgeworfene Ball zur Erde zurückkehrt.

7.
a) Wenn Autos auf ein Hindernis prallen, können sich die Insassen schwer verletzen. Nenne die Ursache dafür.
b) Nenne Einrichtungen, die diese Gefahr vermindern.

8. Begründe, warum ein auf eine Blechdose fallender Stein eine plastische Verformung erzeugt.

9.
a) Beschreibe das Trägheitsprinzip.
b) Nenne Gefahren, die sich im Strassenverkehr daraus ergeben können.
b) Nenne Sicherheitsvorkehrungen, wodurch daraus resultierende Unfälle vermieden werden können.

10. Gib jeweils die Kraft an, die zum Heben aufgewandt werden muss. Ein 25 kg-Sack Zement wird hochgezogen
a) senkrecht nach oben an einem Seil,
b) über eine feste Rolle,
c) über eine lose Rolle.

11. Eine Masse von 40 kg soll über einen Flaschenzug mit vier Rollen um 2 m gehoben werden.
a) Berechne die einzusetzende Kraft F.
b) Gib die einzuholende Seillänge s an.

12. An einem Hebel hängt eine Masse von 60 g in einem Abstand von 40 cm zum Drehpunkt. Berechne, in welchem Abstand vom Drehpunkt eine Masse von 160 g angehängt werden muss, damit der Hebel im Gleichgewicht ist.

13. Skizziere einen zweiseitigen Hebel und markiere Drehpunkt und Hebelarme.

14. Erkläre den Begriff Drehmoment.

15. Gib jeweils zwei Beispiele für die Anwendung von Hebel und Rollen an.

16. Formuliere die Goldenen Regel der Mechanik in eingenen Worten.

LERNCHECK

Optik und sehen

Sieht das Spiegelbild wirklich genauso aus wie das Original?

Wie funktioniert das Auge?

Kann man Licht leiten?

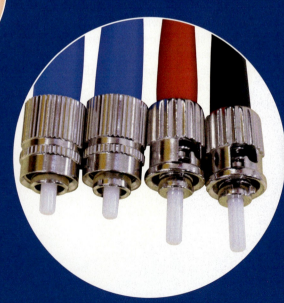

Der Weg des Lichtes

1.
a) Schalte im verdunkelten Klassenraum eine kleine Lampe in einer Fassung an. Beschreibe, in welche Richtung sich das Licht ausbreitet.
b) Decke eine mit kleinen Löchern versehene Alufolie über die Lampe, sodass mehrere Lichtbündel austreten können. Führe ein weisses Blatt Papier um die Lampe herum und beschreibe deine Beobachtungen.

2.
Stelle wie in Bild 1 mehrere Blenden vor eine Lampe. Die Blenden müssen immer schmaler werden, je weiter sie von der Lampe entfernt sind. Bewege ein Blatt Papier zwischen den Blenden. Beobachte den Lichtfleck auf dem Papier und beschreibe ihn.

3.
Zeichne in dein Heft, wie aus einem Lichtbündel durch unterschiedliche Blenden ein Lichtstrahl wird.

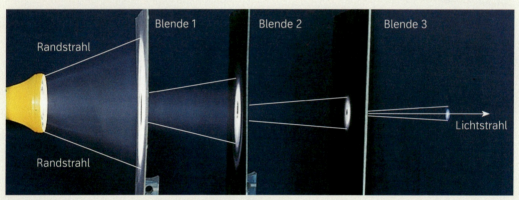

1 Das Lichtbündel wird durch Blenden immer schmaler.

Licht breitet sich aus
Eine eingeschaltete Lampe sendet Licht **in alle Richtungen** aus. Nur hinter lichtundurchlässige Gegenstände kann es nicht gelangen.

Der Lichtweg
Fällt an einem dunstigen Morgen das Sonnenlicht durch die Wolken, kannst du den Lichtweg in der Luft beobachten (Bild 2). Es nimmt einen geraden Weg. Alle Lichtbündel breiten sich von der Lichtquelle **geradlinig** aus.

Vom Lichtbündel zum Lichtstrahl
Um den Verlauf des Lichtes sehen zu können, wird der Lichtweg auf einer Unterlage sichtbar gemacht. Du erkennst eine klare Abgrenzung des Bündels durch gerade Linien (Bild 1). Für die Darstellung des Lichtbündels genügen diese Begrenzungslinien. Sie werden **Randstrahlen** genannt, die von der Lichtquelle ausgehen.

Soll nun der Lichtweg zeichnerisch dargestellt werden, wird das Lichtbündel innerhalb der Randstrahlen in Gedanken immer weiter verkleinert. Selbst die kleinste Blende erzeugt noch ein Lichtbündel. Die Mitte des kleinsten Lichtbündels wird **Lichtstrahl** genannt. Er ist ein **Modell,** also eine vereinfachte Darstellung des Lichtweges.

2 Sonnenlicht fällt durch die Wolken

> Kannst du die wesentlichen Eigenschaften des Lichtes benennen sowie das Modell Lichtstrahl begründen und zeichnerisch anwenden?

Optik und sehen | **45**

Modelle in der Physik

1 Mensch

2 Schaufensterpuppe

Modelle gibt es viele
Modelle sind nicht die Wirklichkeit, sie stellen diese vereinfacht dar.
Die Schaufensterpuppe ist ein Modell des Menschen. Der Körperbau, das Gesicht und die Gliedmassen sind dem Menschen nachgebildet, aber sie ist nicht aus Fleisch und Blut. Ein Globus ist ein Modell unserer Erde, aber da fliesst kein Wasser und es wachsen auch keine Bäume. Ausserdem ist die Erde viel grösser als ein Globus.

3 Erde

4 Globus

Modelle helfen beim Verstehen
Modelle helfen, die Wirklichkeit zu erklären. Sie lassen unwichtige Einzelheiten weg und richten den Blick auf das Wesentliche. Modelle sind oft eine Verkleinerung der Wirklichkeit wie beim Globus oder eine Vergrösserung wie beispielsweise bei der Darstellung der menschlichen Gene. Anhand eines Globus kannst du dir die Lage der Erdteile, die Erdachse und die Erddrehung gut vorstellen. Das ist ohne Modell aufgrund der Grösse des Erdballs schwer möglich.
Modelle, die eine Nachbildung der Wirklichkeit und somit greifbar sind, werden auch **Sachmodelle** genannt.

5 Ein Experiment...

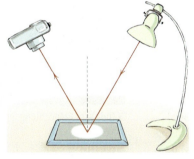
6 ... und die passende Skizze dazu

Modellvorstellungen
In den Naturwissenschaften sind Modelle wichtig. Neben den konkreten Sachmodellen gibt es auch **Denkmodelle.** Diese erklären nicht greifbare Zusammenhänge und existieren nur in unserer Vorstellung.
Um sich optische Erscheinungen, wie zum Beispiel den Lichtweg, erklären zu können, wird das Modell Lichtstrahl verwandt. Die unzähligen Strahlen, aus denen ein Lichtbündel besteht, kannst du einzeln nicht sehen. Im Modell wird ein Lichtstrahl als einfache Linie dargestellt, die sich genauso wie tatsächliches Licht verhält.

METHODE

1.
Finde Beispiele aus der Umwelt, für die wir uns Modelle gemacht haben.

2.
Beschreibe die Vor- und die Nachteile eines Modells.

3.
Erläutere den Unterschied zwischen einem Sach- und einem Denkmodell.

> **HINWEIS**
> Modelle können durch Experimente überprüft werden. Sie gelten nur unter bestimmten Bedingungen. Ein Modell ist nie die Wirklichkeit!

Reflexion und Streuung

1. Erkläre die Bilder 1A und 1B. Beschreibe den Unterschied zwischen den Bildern A und B.

2. Erhitze Wasser in einem Becherglas, bis Wasserdampf aufsteigt und sich Nebel bildet. Leuchte im verdunkelten Raum mit einer Taschenlampe in den Nebel. Beschreibe deine Beobachtung.

3. Lenke im verdunkelten Klassenraum das Licht einer Taschenlampe kurz auf das Gesicht einer Mitschülerin oder eines Mitschülers mithilfe
a) eines weissen Zeichenblocks,
b) eines Spiegels.
Schreibe deine Beobachtungen auf.

4. Begründe, warum es tagsüber hell ist, auch wenn du keine Sonne sehen kannst.

5. Nenne den Unterschied zwischen Streuung und Reflexion.

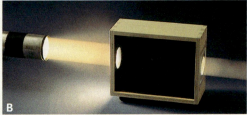

1 Wie im Kino

Licht ist unsichtbar
Du befindest dich im Kino. Es ist dunkel. Auf der Leinwand siehst du die hellen Bilder des Films. Der Projektor sendet sie mit dem Licht nach vorne. Die Luft enthält Staub. Diese Staubpartikel lenken einen Teil des Lichtes in deine Augen. Sie machen so den Weg des Lichtes sichtbar. Du siehst den Staub, das Licht selbst ist unsichtbar (Bild 1).

Reflexion
Soll Licht in eine bestimmte Richtung gelenkt werden, eignen sich dafür glatte, glänzende Oberflächen. Ein Spiegel hat eine solche Oberfläche (Bild 2). Er lenkt das auffallende Lichtbündel fast vollständig in eine bestimmte Richtung. Dieser Vorgang heisst **Reflexion**.
Ein kleiner Teil des Lichtes wird von der Fläche **absorbiert**, sie wird warm.

2 Licht wird reflektiert.

3 Indirekte Beleuchtung durch Streuung

Streuung
Soll ein Gesicht für ein Foto gut ausgeleuchtet werden, wird eine raue, helle Fläche benutzt, auf die das Licht des Scheinwerfers fällt (Bild 3). Die Fläche wird so aufgestellt, dass sie Licht auf das Gesicht lenkt. Das auftreffende Licht wird von der unebenen Oberfläche in alle Richtungen in den Raum gelenkt. Dieser Vorgang heisst **Streuung**. Ein kleiner Teil des Lichtes wird dabei absorbiert, der Spiegel wird dabei geringfügig erwärmt.

> Kannst du Eigenschaften des Lichtes nennen? Erkläre Unterschiede und Gemeinsamkeiten von Streuung und Reflexion.

Optik und sehen

Reflektoren erhöhen die Sicherheit

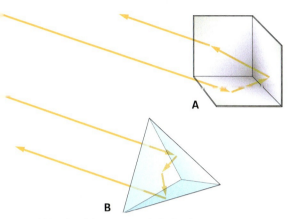

1 Weg des Lichtes am: **A** Tripelspiegel, **B** Tetraeder

Mit Reflektoren gesehen werden
98% aller Informationen im Strassenverkehr werden optisch aufgenommen. Deshalb spielen Reflektoren eine grosse Rolle. Sie sollten einen hohen **Rückstrahlwert** haben. Je höher dieser Wert ist, desto intensiver ist das Licht, das der Reflektor zurückwirft (Bild 3).
Nach Untersuchungen wird ein Hindernis mit Reflektor im Strassenverkehr bei Dunkelheit schon aus 150 m Entfernung wahrgenommen. Ohne Reflektor sinkt dieser Wert auf 25 m. Hierbei läuft immer der gleiche Vorgang ab: Das Hindernis wird bemerkt, die Information muss verstanden werden und dann erfolgt die Reaktion. Der Reflektor ist der Sender der Information, das reflektierte Licht ist der Träger und der Verkehrsteilnehmer ist der Empfänger.

Katzenaugen
Der Engländer PERCY SHAW wurde 1934 durch die hell aufleuchtenden Augen einer Katze vor einem Unfall bewahrt. Dieses Erlebnis führte dazu, dass er noch im selben Jahr einen **Rückstrahler,** auch **Reflektor** genannt, erfand. Weil Rückstrahler in der Dunkelheit das auftreffende Licht ähnlich wie die Augen einer Katze reflektieren, heissen sie auch **Katzenaugen.**
Von einem Rückstrahler wird das auftreffende Licht in Richtung der Lichtquelle reflektiert. Das geschieht durch eine besondere Spiegelanordnung. Jeweils drei zueinander senkrecht stehende Spiegelflächen bilden einen **Tripelspiegel** (Bild 1A). Manchmal sind es auch kleine **Tetraeder** aus Glas, die das Licht zurückwerfen (Bild 1B).
Reflektoren werden besonders im Strassenver-kehr genutzt. Sie können an der Kleidung, am Fahrrad oder anderen Fahrzeugen angebracht werden. Sie sind Bestandteile von Strassenmarkierungen und Schildern.

2 Auf dem Schulweg mit und ohne Reflektoren

Die Farben enthalten eine Information
Die Farben der Reflektoren enthalten eine wichtige Information: Weiss signalisiert, dass ein Hindernis von vorne gesehen wird, Rot ist die Farbe für hinten und Gelb für die Seitenansicht.

3 Reflektoren erhöhen die Sichtbarkeit und dienen der Sicherheit.

1.
a) Zähle die vorgeschriebenen Reflektoren für Fahrräder auf.
b) Ordne ihnen ihre jeweilige Farbe zu.

2.
Informiere dich, wie dunkle Kleidung durch Reflektoren sicherer gestaltet werden kann.

Das Reflexionsgesetz

1.
a) Versuche wie in Bild 1 über einen Spiegel in die Augen einer Mitschülerin oder eines Mitschülers zu blicken. Bitte einen weiteren Schüler, den Weg des Lichtes nach deinen Anweisungen mithilfe eines Fadens zu markieren. Stelle eine Vermutung über die beiden am Spiegel entstandenen Winkel auf.
b) Überprüfe deine Vermutung. Stelle dazu einen Spiegel senkrecht auf den Durchmesser einer optischen Scheibe. Untersuche nun mithilfe der Experimentierleuchte, nach welchen Gesetzmässigkeiten das Licht reflektiert wird.

2.
Zeichne den reflektierten Lichtstrahl, der entsteht, wenn Licht mit einem Einfallswinkel von 30° auf einen Spiegel fällt.

3.
Ein Spiegel steht senkrecht auf einem anderen. Zeichne den Weg des Lichtes, das im Winkel von 45° auf einen der beiden Spiegel fällt.

1 Schau mir in die Augen!

2 Spiegelbild an einer Wasseroberfläche

Reflexion an glatten Flächen

Betrachtest du die Wasseroberfläche eines Sees, erkennst du Spiegelbilder der Umgebung (Bild 2). Sie entstehen durch Reflexion des Lichtes an der ebenen Wasseroberfläche. Für die Bestimmung der Gesetzmässigkeiten, nach denen Licht reflektiert wird, musst du den **Einfallswinkel α** und den **Reflexionswinkel α'** messen. Für diese Messung benötigst du eine Hilfslinie, das **Lot.** Es ist eine Senkrechte zum Spiegel im Auftreffpunkt des Lichtes (Bild 3). Die beiden Winkel befinden sich in derselben Ebene wie das Lot. Diese Ebene ist im Bild das Geodreieck. Zwischen dem Lot und dem einfallenden sowie dem reflektierten Lichtbündel kannst du die beiden Winkel messen. Vergleichst du die Grösse der beiden Winkel, erkennst du das Reflexionsgesetz.

> **Reflexionsgesetz:** Bei der Reflexion des Lichtes sind der Einfallswinkel α und der Reflexionswinkel α' gleich gross: ∢ α = ∢ α'. Dabei liegen einfallendes Lichtbündel, reflektiertes Lichtbündel und das Lot in einer Ebene.

Reflexion an rauen Flächen

Auch bei der Streuung des Lichtes an rauen Flächen gilt das Reflexionsgesetz. Eine raue Fläche kannst du dir in viele kleine ebene Flächen zerlegt vorstellen. Da diese Flächen unregelmässig angeordnet sind, wird an ihnen das Licht in viele Richtungen reflektiert, es wird gestreut.

> Beschreibe das Reflexionsgesetz und konstruiere mithilfe des Geodreiecks den Weg des Lichtes an ebenen Flächen.

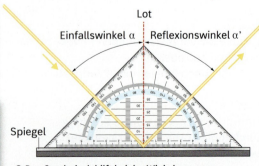

3 Das Geodreieck hilft bei der Winkelmessung.

Eigenschaften der Bilder am ebenen Spiegel

1. Stelle dich vor einen Spiegel und bewege einen Arm in verschiedene Richtungen. Gib an, wie sich dein Spiegelbild jeweils bewegt.

2. Probiere aus und erkläre, ob die Spielkarten Bube, Dame und König durch Spiegeln der beiden Bildhälften entstanden sind.

3.
a) Stelle einen Buchstaben so, dass du ihn im Spiegel richtig lesen kannst. Erkläre deine Beobachtungen und verwende die Begriffe Vorderseite und Rückseite.
b) Beschreibe die Unterschiede, die sich ergeben, wenn du den Buchstaben um 180° um die Hochachse drehst.

1 Vor dem Spiegel

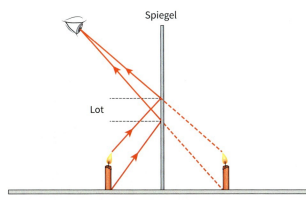

2 Geometrische Konstruktion des Spiegelbildes

Konstruktion eines Spiegelbildes

Eine besonders glatte Fläche ist der ebene Spiegel. Er erzeugt Bilder von Gegenständen, die vor ihm stehen. Von jedem Punkt der Kerze in Bild 2 geht Licht in alle Richtungen. Das Licht, das von der Kerze ausgeht, wird am Spiegel nach dem Reflexionsgesetz reflektiert. Du kannst das Spiegelbild also mit dem Geodreieck konstruieren. Der Spiegel bildet die Symmetrieachse. Gehe dabei wie folgt vor:

- Zeichne einen Lichtstrahl von der Spitze der Kerzenflamme zum Spiegel.
- Mithilfe des Reflexionsgesetzes konstruierst du den reflektierten Strahl, der zum Auge des Betrachters führt.
- Verlängere den reflektierten Strahl hinter den Spiegel.
- Miss die Länge der Strecke Original-Spiegel und übertrage sie auf der Verlängerung hinter dem Spiegel. Dort entsteht scheinbar der Bildpunkt der Kerzenspitze.
- Von jedem Punkt der Kerze kannst du mithilfe einer solchen Konstruktion den Bildpunkt ermitteln.

Eigenschaften des Spiegelbildes

Das Bild jedes Gegenstandes, der durch einen ebenen Spiegel abgebildet wird, ist **aufrecht.** Die Farben sind **naturgetreu.**
Obwohl das Bild hinter dem Spiegel zu stehen scheint, weisst du, dass dort in Wirklichkeit kein Bild zu finden ist. Du kannst das Bild also nicht hinter dem Spiegel mit einem Schirm auffangen. Es handelt sich um ein **scheinbares,** ein **virtuelles Bild.** Der Betrachter sieht das Bild scheinbar hinter dem Spiegel. Original und Bild sind **symmetrisch.** Sie haben die gleiche Grösse und Entfernung zum Spiegel. Der Spiegel bildet dabei die Symmetrieebene.
Hältst du die rechte Hand vor den Spiegel, siehst du als Bild eine linke Handfläche. Das Bild ist jedoch **nicht seitenverkehrt,** sondern der Daumen der Originalhand und der Spiegelhand zeigen zur gleichen Seite – rechts bleibt rechts und links bleibt links. Nur **Vorderseite** und **Rückseite** der Hand sind **vertauscht** (Bild 3).

> Kannst du das Spiegelbild eines Gegenstandes an einem ebenen Spiegel konstruieren und die Eigenschaften eines Spiegelbildes aufzählen?

3 Spiegelbild einer Hand

Brechung des Lichtes

1.
Stelle einen Stab in ein leeres Becherglas. Fülle langsam Wasser in das Glas und beobachte den Stab schräg von oben. Schreibe deine Beobachtungen auf.

2.
a) Blicke von der Seite so in eine Tasse, dass du den Boden nicht mehr sehen kannst. Lege eine Münze auf den Boden. Was beobachtest du, wenn du Wasser in die Tasse giesst?
b) Prüfe, ob du mit anderen klaren Flüssigkeiten zum gleichen Ergebnis kommst.

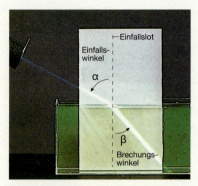

2 Licht verläuft von Luft in Wasser.

6.
Führe die in den Bildern 3 und 4 dargestellten Versuche mit verschiedenen Einfallswinkeln α durch. Formuliere einen Je-desto-Satz für den Zusammenhang zwischen Einfallswinkel α und Brechungswinkel β.

1 Triffst du die Münze?

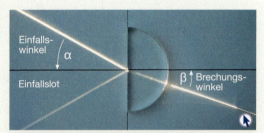

3 Licht verläuft von Luft in Glas.

3.
a) Peile wie in Bild 1 die Münze auf dem Boden durch ein Rohr an. Lass nun einen dünnen Stab durch das Rohr gleiten. Hast du die Münze getroffen?
b) Skizziere den Weg des Lichtes von der Münze zu deinem Auge.
c) Verändere die Einstellung des Rohres so, damit du die Münze triffst.

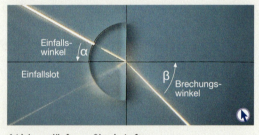

4 Licht verläuft von Glas in Luft.

4.
Beschreibe, wie ein eingetauchtes Paddel aussieht. Erkläre deine Beschreibung.

5.
Lass ein schmales Lichtbündel wie in Bild 2 schräg auf eine Wasseroberfläche fallen. Verändere den Einfallswinkel α und beschreibe die Veränderung des Brechungswinkels β.

7.
a) Lege einen Spiegel auf den Boden einer mit Wasser gefüllten Glaswanne. Lass ein Lichtbündel so auf die Wasseroberfläche fallen, dass es am Spiegel reflektiert wird. Vergleiche den Einfallswinkel α mit dem Winkel, unter dem das Licht aus dem Wasser wieder austritt.
b) Skizziere den Verlauf des Lichtes.

Optik und sehen

5 Gibt es heute Fisch?

Licht verändert seine Richtung
Manche Indianer haben Fische mit Speeren gefangen. Dazu gehört viel Erfahrung, denn der Fisch befindet sich nicht da, wo er gesehen wird. Zeichnest du den Weg des Lichtes, stellst du fest, dass der Lichtstrahl an der Wasseroberfläche abgeknickt sein muss. Das Abknicken wird umso stärker, je flacher das Licht auftrifft. Dieser Vorgang wird **Brechung** des Lichtes genannt.

Das Gehirn lässt sich täuschen
Wenn du Gegenstände betrachtest, die sich unter Wasser befinden, erscheinen sie angehoben zu sein. Das Licht, das von den Körpern ausgeht, wird an der Wasseroberfläche gebrochen und gelangt so in dein Auge. Das Gehirn geht jedoch von einer geradlinigen Ausbreitung des Lichtes aus. Es verlegt den Ausgangspunkt des Lichtes an den Ort, wo es ohne Brechung herkommen müsste. Deshalb scheint die Münze in Bild 6 angehoben zu sein. Dieses Phänomen nennt man auch **optische Hebung**.

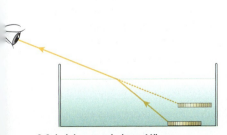

6 Scheinbar angehobene Münze

Zum Lot hin oder vom Lot weg
Auch bei der Brechung des Lichtes werden die Winkel zwischen Lichtstrahl und Lot gemessen (Bild 7). Der Winkel zwischen einfallendem Licht und Einfallslot heisst **Einfallswinkel α,** der zwischen Lot und gebrochenem Licht heisst **Brechungswinkel β**.

Beim Übergang des Lichtes von Luft in Wasser ist der Einfallswinkel α grösser als der Brechungswinkel β: α > β.
Denselben Zusammenhang kannst du beim Übergang des Lichtes von Luft in Glas beobachten. In beiden Fällen wird das
Licht **zum Lot hin** gebrochen.

Betrachtest du den umgekehrten Lichtweg, so ist der Einfallswinkel α kleiner als der Brechungswinkel β: α < β. Das Licht wird **vom Lot weg** gebrochen.

Zweifache Brechung
Legst du einen Glasquader auf eine Buchseite, so erscheint die Schrift **parallel verschoben.** Das von der Buchseite reflektierte Licht wird dabei zweimal gebrochen (Bild 8). Beim Übergang von Luft in Glas erfolgt an der Unterseite der Glasplatte eine Brechung zum Lot hin. An der Oberseite der Glasplatte erfolgt beim Übergang in die Luft eine Brechung vom Lot weg.

7 Darstellung des Lichtweges

Kannst du die Brechung des Lichtes beschreiben und den Strahlverlauf beim Übergang des Lichtes von Luft in Wasser oder in Glas und umgekehrt vorhersagen?

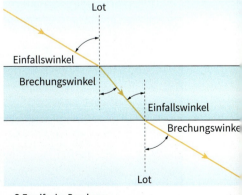

8 Zweifache Brechung

Totalreflexion

1.
a) Lass ein schmales Lichtbündel auf die runde Seite eines lichtdurchlässigen Halbzylinders fallen. Das Licht muss dabei auf die Mitte der geraden Seite treffen. Untersuche, wie sich der Brechungswinkel verändert, wenn du den Einfallswinkel vergrösserst.
b) Gib die Arten der Lichtablenkungen an.

2. Ⓥ **Demonstrationsversuch**
In das untere Drittel eines leeren Getränkekartons wird je ein Loch in die Seite gebohrt (Bild 1). Die Löcher müssen einander genau gegenüberliegen. Ein Loch wird mit selbstklebender Klarsichtfolie verschlossen und das andere Loch mit dem Finger zugehalten. Der Karton wird mit Wasser gefüllt. Mit einem Laserpointer wird Licht durch die Klarsichtfolie geleitet und das gegenüberliegende Loch wird geöffnet.

3.
Beschreibe deine Beobachtungen aus Versuch 2.

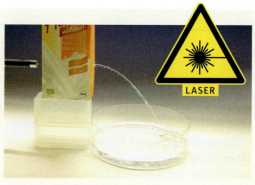

1 Das Licht im Wasserstrahl

4.
Beschreibe den Verlauf der Lichtbündel A bis G in Bild 2.

5.
Begründe, dass keine Totalreflexion auftreten kann, wenn das Licht von Luft in Wasser oder in Glas übergeht.

2 Der Lichtweg wird verändert.

Erst Brechung, dann Totalreflexion
Beim Übergang von Wasser in Luft wird Licht vom Lot weggebrochen. Das heisst, dass der Einfallswinkel α kleiner ist als der Brechungswinkel β. In Bild 2 kannst du beobachten, dass sich dieser Vorgang bei einem bestimmten Einfallswinkel ändert. Ab einer bestimmten Grösse des Einfallswinkels ist β = 90°. Der gebrochene Lichtstrahl verläuft an der Wasseroberfläche. Der Einfallswinkel entspricht dem **Grenzwinkel,** der beim Übergang von Wasser in Luft 49° beträgt. Ist α grösser als der Grenzwinkel, tritt **Totalreflexion** ein. Das Licht wird nicht mehr an der Wasseroberfläche gebrochen, sondern vollständig reflektiert.

Die Glasfasertechnik
Diesen Vorgang der Totalreflexion beim Übergang von Glas in Luft macht sich die **Glasfasertechnik** zunutze. Aus geschmolzenem Glas werden hierfür dünne Fäden gezogen. Meistens werden sie in Bündeln zusammengefasst. Hältst du eine Lichtquelle an das eine Ende der Glasfaser, wird das Licht an den Seiten der Faser immer wieder nach innen reflektiert und tritt schliesslich am anderen Ende der Faser wieder aus (Bild 3). Glasfaserkabel werden nicht nur für die Weiterleitung von Licht, sondern auch für die Übertragung von Informationen mithilfe von Licht genutzt.

3 Modell einer Glasfaser

> Kannst du die Totalreflexion des Lichtes erklären und eine Anwendung nennen?

Fata Morgana

Wasser auf der Strasse und Geisterschiffe

Bei heissen Temperaturen wirken die Strassen manchmal, als seien sie mit Wasser überflutet. Dies ist eine Form der Luftspiegelung, die **Fata Morgana** genannt wird. Auch Objekte wie Bäume oder Brücken können sich spiegeln. Fata Morganen spiegeln immer reale Gegenstände und sie sind keine Einbildung. Die Objekte sind nur an einem anderen Ort sichtbar. Diese können auf dem Kopf stehend und sogar vergrössert erscheinen.

Auch auf dem Meer kann sich eine Fata Morgana bilden. Die Seefahrer nennen ein gespiegeltes Schiff Fliegender Holländer.

So entsteht eine Fata Morgana

Eine Fata Morgana entsteht, wenn bei Windstille heisse und kalte Luftschichten aufeinandertreffen. Im Sommer hat die Luft direkt über der Strasse eine höhere Temperatur als die der Atmosphäre. Das Licht durchdringt daher zuerst die kältere Luftschicht und wird beim Übergang in die heisse Luftschicht gebrochen. Dabei tritt Totalreflexion auf und die Objekte erscheinen an einem anderen Ort – eine Fata Morgana ist entstanden.

1. Recherchiere, wo der Name Fata Morgana herkommt.

Übergang von Licht zwischen verschiedenen Stoffen

Die Eigenschaft lichtdurchlässiger Körper, das Licht zu brechen, wird durch die **optische Dichte** beschrieben. Wie sich das Licht beim Übergang von einem Medium in ein anderes verhält, hängt von der optische Dichte der beiden Medien ab. Fällt Licht von Luft in Wasser oder Glas, ist der Brechungswinkel kleiner als der Einfallswinkel. Wasser und Glas haben eine grössere optische Dichte als Luft. Verursacht der Stoff eine Verkleinerung des Brechungswinkels im Vergleich zum Einfallswinkel, wird er als **optisch dichter** bezeichnet. Verursacht der Stoff eine Vergrösserung des Brechungswinkels im Vergleich zum Einfallswinkel, wird er als **optisch dünner** bezeichnet. Eine Fata Morgana tritt nur auf, wenn Licht von einem optisch dichteren in ein optisch dünneres Medium fällt. Denn nur dann kann es zur Totalreflxion kommen.

3 Zunahme der optischen Dichte

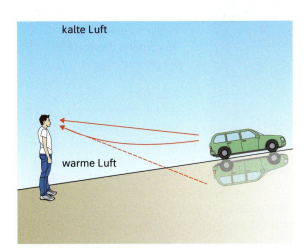
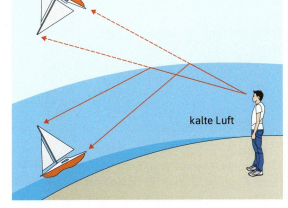

1 Entstehung einer Fata Morgana **2** Gespiegeltes Schiff

Lichtbrechung in Natur und Technik

Blausee
Da das klare Wasser des **Blausees** im Berner Oberland rotes Licht stärker absorbiert als blaues Licht, erscheint es tiefblau.

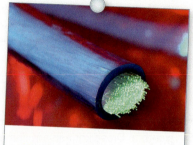

Glasfasernetz
Wir sind mit Internet und Telefon weltweit durch ein **Glasfasernetz** verbunden. Dieses leitet mithilfe von Licht Informationen weiter.

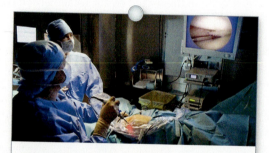

Endoskop
Untersuchungen und Operationen werden mit **Endoskopen** durchgeführt. Damit können Ärzte auch in kleinste Hohlräume wie das menschliche Kniegelenk blicken.

Halo
Manchmal kannst du um die Sonne oder den Mond Lichtkreise beobachten. Sie werden **Halos** genannt. Sie entstehen durch Eiskristalle, in denen das Licht gebrochen wird.

1. Recherchiere zu einem der Themen nach weiteren Informationen und stelle sie deiner Klasse vor.

2. Auch Triebwerke von Flugzeugen werden endoskopisch untersucht. Beschreibe die Vorteile dieses Verfahrens.

3. Recherchiere weitere technische Anwendungen für Endoskope.

Löcher erzeugen Bilder

1.
a) Stelle einen Karton mit einem Loch (Durchmesser 1,5 mm) als Lochblende zwischen eine Kerze und einen Schirm. Beschreibe das Bild der Flamme auf dem Schirm.
b) Puste von der Seite leicht gegen die Flamme. Beschreibe die Bewegung der Flamme im Bild.
c) Verschiebe die Lochblende in Richtung der Kerze und zurück. Beschreibe erneut das Bild.

2.
Zeichne Versuch 1 in dein Heft. Ergänze den vollständigen Strahlenverlauf und das Bild auf dem Schirm.

3.
Der Physikraum ist verdunkelt. Draussen, vor dem verdunkelten Fenster, scheint die Sonne. Im Verdunklungsrollo befindet sich ein kleines Loch.
a) Beschreibe, was du an der dem Fenster gegenüberliegenden Wand beobachten kannst.
b) Nenne Eigenschaften des beobachteten Phänomens.
c) Erläutere die Aufgabe des Loches.
d) Beschreibe, wie sich deine Beobachtungen verändern, wenn das Loch grösser wird.
e) Wähle einen passenden historischen Namen für den Physikraum bei diesem Versuch.

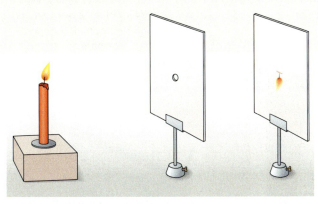

1 Bildentstehung an der Lochkamera

Bildentstehung in der Lochkamera
Geschlossene Kästen, die mithilfe eines Loches Bilder auf einem Schirm erzeugen, heissen **Lochkamera.** Eine Kerzenflamme sendet Licht in alle Richtungen aus. Von jeder Stelle der Flamme fällt Licht durch das Loch. Auf dem gegenüberliegenden Schirm entsteht das Bild der Kerzenflamme.

Eigenschaften der Lochkamerabilder
Vom oberen Ende der Flamme fällt Licht durch das Loch auf den unteren Teil des Schirms. Ebenso fällt das Licht vom unteren Ende der Flamme durch das Loch auf den oberen Teil des Schirmes. Das Bild der Lochkamera ist **umgekehrt** (Bild 1).
Das Licht von der rechten Seite der Kerzenflamme verläuft durch das Loch auf die linke Seite des Schirms und erzeugt dort einen Bildpunkt. Genau umgekehrt verhält es sich mit dem Licht der linken Seite. Das Bild der Lochkamera ist **seitenverkehrt.**
Auf diese Weise setzt sich aus vielen Bildpunkten das ganze Bild der Kerzenflamme zusammen. Das Bild ist **farbig,** aber sehr **lichtschwach.**

Eine dunkle Kammer
Maler und Zeichner kannten die Lochkamera schon vor vielen hundert Jahren. Um Bilder von Städten und Landschaften zu zeichnen, benutzten sie für ihre Arbeit transportable, geschlossene Kisten. Diese waren so gross, dass sie sich hineinsetzen konnten. Mithilfe des kleinen Lochs in der Kiste entstanden auf der gegenüberliegenden Seite die Bilder von Städten oder Landschaften, die sie nachzeichneten. Sie nannten die Kisten **camera obscura,** das heisst dunkle Kammer (Bild 2).
Eine tragbare camera obscura wird Lochkamera genannt. Daher kommt das Wort **Kamera** als Bezeichnung für den heutigen Fotoapparat.

> Zähle die Bestandteile und die Funktion einer Lochkamera auf und nenne die Eigenschaften ihrer Bilder.

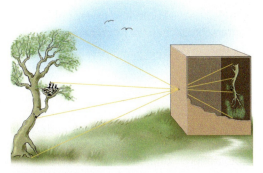

2 Eine camera obscura

Bau einer Lochkamera

Die Lochkamera
Für den Bau einer Lochkamera benötigst du drei Bauteile: ein **Gehäuse**, eine **Lochblende** und einen **Bildschirm**. Auf dem Schirm, der auch **Mattscheibe** genannt wird, entsteht das Bild. Der Schirm ist durchscheinend, sodass du es von der anderen Seite betrachten kannst. Weil dieses Bild sehr lichtschwach ist, muss darauf geachtet werden, dass möglichst wenig Licht von aussen auf den Schirm fällt.

Material
- eine runde Chipsdose
- für die Löcher: mittelgrosse Nähnadeln oder Spitze eines Zirkels (Lochdurchmesser: 1 mm, 2 mm, 3 mm)
- Schirm: transparentes Papier oder Butterbrotpapier
- zur Verlängerung: schwarzer Zeichenkarton, der etwas grösser ist, als der Mantel der Chipsdose

Bauanleitung
❶ Zeichne mit Bleistift und Geodreieck zwei sich kreuzende Durchmesser auf den Boden der Chipsdose. Stich am Schnittpunkt ein 1 mm grosses Loch in den Boden. Das ist die Lochblende. Später kannst du das Loch vergrössern.

a) Unbeweglicher Schirm
❷ Verschliesse die gegenüberliegende Öffnung der Dose mit straff gespanntem Trans-parentpapier. Das ist der Schirm, auf dem das Bild entstehen soll.
❸ Forme mit dem schwarzen Zeichenkarton eine Aussenröhre, die um die Dose passt und auf ihr verschoben werden kann. Sie beschattet später das Bild.

1 Material für die Lochkamera

2 Lochkamera mit unbeweglichem Schirm

b) Beweglicher Schirm
❹ Alternativ kannst du auch eine Innenröhre aus schwarzem Karton herstellen, auf deren Ende du das Transparentpapier für den Schirm straff aufklebst. So kannst du den Abstand zwischen Lochblende und Schirm verändern.

1.
a) Betrachte mit der fertigen Lochkamera eine leuchtende LED-Taschenlampe.
b) Probiere bei der ausziehbaren Kamera verschiedene Auszugslängen. Wie verändert sich das Bild?

2.
Vergleiche die Veränderung der Abbildungen bei unterschiedlichen Lochdurchmessern. Formuliere Je-desto-Sätze.

3.
Schraube auf eine Digitalkamera mit abnehmbarem Objektiv einen Zwischenring für Nahaufnahmen. Befestige darauf die Lochblende. Deine Digitalkamera ist jetzt eine Lochkamera, mit der du fotografieren kannst.

3 Lochkamera mit beweglichem Schirm

Die Lupe ist eine Sammellinse

1.
Halte eine Lupe ins Sonnenlicht und versuche damit Zeitungspapier zu entzünden. Beschreibe deine Vorgehensweise.

1 Paralleles Licht fällt auf eine Sammellinse.

2.
a) Lass wie in Bild 1 paralleles Licht auf eine Linse fallen. Mache den Lichtweg mit Wasserdampf sichtbar. Was passiert mit dem Licht an der Linse?
b) Begründe den Begriff Brennpunkt.
c) Beschreibe den Abstand, der die Brennweite darstellt.

3.
a) Lege einen linsenförmig gekrümmten Glaskörper auf ein weisses Blatt Papier. Lass am Papier entlang paralleles Licht auf den Glaskörper fallen. Bestimme die Brennweite.
b) Wiederhole den Versuch mit einer Linse mit anderer Krümmung.
c) Formuliere den Zusammenhang zwischen Krümmung und Brennweite mit einem Je-desto-Satz.

4.
a) Betrachte wie in Bild 2 das linke Lineal durch eine Sammellinse mit kleiner Brennweite. Halte daneben ein weiteres Lineal im Abstand von 25 cm vom Auge. Schaue mit dem linken Auge auf das linke und mit dem rechten Auge auf das rechte Lineal. Beschreibe deine Beobachtungen.
b) Bestimme, wie viele mm-Striche des rechten Lineals zwischen zwei mm-Strichen des linken Lineals liegen.
c) Berechne mit dem Ergebnis aus b) die Vergrösserung der Sammellinse.

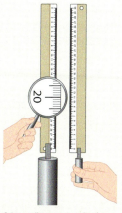

2 Vergrösserung mit einer Lupe

5.
a) Wiederhole den Versuch 4 mit Linsen unterschiedlicher Brennweiten.
b) Vergleiche Vergrösserungen und Brennweiten. Formuliere einen Je-desto-Satz.

Eine Sammellinse dient als Brennglas

Mithilfe des Sonnenlichtes kannst du Papier entzünden. Dazu benötigst du einen nach aussen gewölbten Glaskörper, der in der Mitte dicker ist als am Rand. Er sammelt das Licht der Sonne in einem kleinen Lichtfleck und heisst **Sammellinse** oder **Konvexlinse**. Das Licht verläuft hinter der Linse **konvergent**. Der grösste Teil des Lichtes wird an den Grenzflächen von Luft und Glas sowie von Glas und Luft gebrochen. Ein geringer Teil wird vom Glas absorbiert. Dabei erwärmt sich die Linse geringfügig, weil eine Wechselwirkung zwischen Licht und Glas stattfindet.

Optische Grössen einer Linse

In Bild 1 siehst du eine Sammellinse, auf die paralleles Licht fällt. Das Licht wird hinter der Linse in einem Punkt, dem **Brennpunkt F** gesammelt. Der Abstand von der Mitte der Linse bis zum Brennpunkt ist die **Brennweite f**. Sie wird in mm oder cm angegeben.

Die Lupe

Eine Sammellinse, mit der kleine Gegenstände vergrössert zu sehen sind, heisst **Lupe** (Bild 2). Zum Vergrössern musst du die Lupe in einem Abstand zum Gegenstand halten, der etwa der Brennweite der Linse entspricht. Von der Brennweite der Sammellinse hängt auch die **Vergrösserung V** ab. Bei einer Brennweite von $f = 5$ cm siehst du den Gegenstand um einiges grösser als bei einer Betrachtung aus 25 cm Entfernung. Das ist die Entfernung, bei der ein normalsichtiger Mensch die Gegenstände ohne Anstrengung sehen kann. Sie heisst **deutliche Sehweite**.

Die Vergrösserung V kannst du berechnen, indem du den Quotienten aus deutlicher Sehweite und Brennweite f der Lupe bildest.

$$V = \frac{25\text{ cm}}{f}; f \text{ in cm}$$

Kannst du eine Sammellinse beschreiben und ihren Brennpunkt und die Brennweite experimentell bestimmen?
Kannst du die Vergrösserung einer Lupe berechnen?

Sammellinsen und ihre Bilder

1.
Begründe, dass die Linsen in Bild 1 Sammellinsen sind.

2.
Baue den Versuch aus Bild 2 auf. Verschiebe die Linse zwischen Kerze und Schirm, bis du ein scharfes Bild auf dem Schirm siehst. Beschreibe die Eigenschaften des Bildes und vergleiche mit der Kerze.

3.
Vergleiche die Wege besonderer Lichtstrahlen durch die Sammellinse und begründe die Umkehrbarkeit des Lichtweges.

4.
Betrachte in Bild 3 die Lichtbündel, die von der Spitze der Kerze ausgehen. Zeichne den Verlauf vergleichbarer Lichtbündel, die vom Fuss und von der Mitte der Kerze ausgehen.

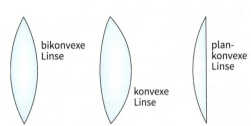

1 Verschiedene Formen von Sammellinsen

Verschiedene Formen von Sammellinsen
Sammellinsen können unterschiedliche Formen haben. Die Form wird durch die Krümmung der beiden Seiten bestimmt (Bild 1). Das Linsenmaterial und die Stärke der Krümmung legen die Brennweite f einer Sammellinse fest.

Besondere Lichtstrahlen an der Sammellinse
Eine Kerze wie in Bild 2 sendet Licht auf die Sammellinse. Das Licht wird so gebrochen, dass ein Bild hinter der Linse entsteht. Zur geometrischen Konstruktion der Bilder an einer Sammellinse lassen sich die **besonderen Lichtstrahlen** und die **optische Achse** nutzen, diese verläuft mittig durch die Linse (Bild 3). **Parallelstrahlen** verlaufen parallel zur optischen Achse (rot), **Mittelpunktstrahlen** durch den Mittelpunkt (grün) der Linse und **Brennpunktstrahlen** durch den Brennpunkt (blau).

- Parallelstrahlen vor der Linse werden zu Brennpunktstrahlen hinter der Linse.
- Mittelpunktstrahlen gehen ungebrochen durch den Mittelpunkt der Linse.
- Brennpunktstrahlen vor der Linse werden zu Parallelstrahlen hinter der Linse

Die Lichtstrahlen in Bild 3 treffen sich hinter der Linse im Bildpunkt der Flammenspitze. Mithilfe der besonderen Lichtstrahlen kannst du von jedem beliebigen Punkt der Kerze einen Bildpunkt bestimmen.

Eigenschaften der Bilder
Befindet sich ein Gegenstand ausserhalb der Brennweite f der Sammellinse sind die Bilder
- umgekehrt,
- seitenverkehrt,
- reell.

Je weiter der Gegenstand von der Linse entfernt ist, desto kleiner wird sein Bild.

2 Eine Sammellinse erzeugt Bilder.

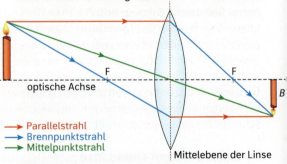

3 Bildkonstruktion an der Sammellinse

Kannst du die Bildentstehung an einer Sammellinse beschreiben und ihre Bilder mithilfe der besonderen Lichtstrahlen konstruieren?

Optik und sehen | **59**

Zerstreuungslinsen und ihre Bilder

1. ≡
a) Lass wie in Bild 2 achsenparalleles Licht auf eine Zerstreuungslinse fallen. Beschreibe den Verlauf des Lichtes hinter der Linse.
b) Lass das Licht über ein Blatt Papier verlaufen und verlängere die gebrochenen Strahlen so, dass sie sich schneiden. Beschreibe die Lage des Schnittpunktes.
c) Erläutere, mit welchem Punkt an der Sammellinse er vergleichbar ist.

2. ≡
Lass das Licht einer Experimentierleuchte mit F-Blende durch eine Zerstreuungslinse auf einen Schirm fallen. Beschreibe, was du feststellst.

3. ≡ Ⓐ
Ein Gegenstand ist 2 cm gross. Er steht 6 cm vor der Mittelebene einer Zerstreuungslinse mit $f = -3$ cm auf der optischen Achse. Konstruiere sein Bild mithilfe der besonderen Strahlen.

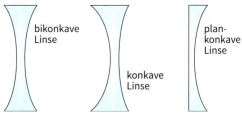

1 Verschiedene Formen von Zerstreuungslinsen

Verschiedene Formen von Zerstreuungslinsen
Linsen, die am Rand dicker sind als in der Mitte, heissen **Zerstreuungslinsen** oder **Konkavlinsen**. Die Form wird durch die Krümmung der beiden Seiten bestimmt (Bild 1). Das Linsenmaterial und die Stärke der Krümmung legen die optischen Grössen einer Zerstreuungslinse fest.

Scheinbarer Brennpunkt und Brennweite
Fällt paralleles Licht auf eine Zerstreuungslinse, wird das Licht so gebrochen, dass es hinter der Linse auseinanderläuft (Bild 3), es verläuft **divergent**. Verlängerst du die gebrochenen Lichtstrahlen so, dass sie sich vor der Linse schneiden, erhältst du einen gemeinsamen Schnittpunkt, den **scheinbaren Brennpunkt F´**. Sein Abstand zur Mittelebene der Linse ist die Brennweite f. Weil sich der Brennpunkt vor der Linse befindet, wird die Brennweite mit einem negativen Wert angegeben, zum Beispiel $f = -10$ cm.

Besondere Lichtstrahlen an der Zerstreuungslinse
Die Konstruktion der Bilder an Zerstreuungslinsen lässt sich mithilfe der besonderen Strahlen durchführen.

- Parallelstrahlen (rot) werden so gebrochen, dass ihre Verlängerung durch den scheinbaren Brennpunkt F´ vor der Linse verläuft.
- Mittelpunktstrahlen (grün) gehen ungebrochen durch den Mittelpunkt der Zerstreuungslinse.
- Brennpunktstrahlen (blau) werden so gebrochen, dass sie parallel zur optischen Achse verlaufen.

Eigenschaften der Bilder
An der Konstruktion in Bild 3 siehst du, dass es bei der Zerstreuungslinse kein reelles Bild geben kann. Das virtuelle Bild kannst du konstruieren, indem du die gebrochenen Strahlen rückwärts verlängerst. Die Bilder einer Zerstreuungslinse sind:
- virtuell,
- aufrecht,
- verkleinert.

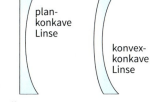

2 Paralleles Licht fällt auf eine Zerstreuungslinse.

3 Bildkonstruktion an der Zerstreuungslinse

> Kannst du die Bildentstehung an einer Zerstreuungslinse beschreiben und ihre Bilder mithilfe der besonderen Strahlen konstruieren?

Sammellinsenbilder und ihre Eigenschaften

PINNWAND

Die Eigenschaften der Bilder einer Sammellinse

Die Bildentstehung an einer Sammellinse lässt sich mit dem nebenstehenden Versuchsaufbau nachweisen. Dazu ist es wichtig, die Brennweite der Linse zu kennen. Als leuchtender Gegenstand, von dem ein Bild erzeugt werden soll, dient eine Blende mit einem durchscheinenden „L".

1 Aufbau des Versuchs zur Bildentstehung an der Sammellinse

Alle Längen haben Namen

Die **Brennweite** der Linse heisst f und ist der Abstand des Brennpunktes von der Linsenmitte.
Die **Gegenstandsweite** heisst g und ist der Abstand des Gegenstandes von der Linsenmitte.
Die **Bildweite** heisst b und ist der Abstand des Bildes von der Linsenmitte.
Die **Grösse des Gegenstandes** heisst **G**.
Die **Grösse des Bildes** heisst **B**.

Konstruktion

Um die Bilder an der Sammellinse zu konstruieren, kannst du die **besonderen Strahlen** verwenden.

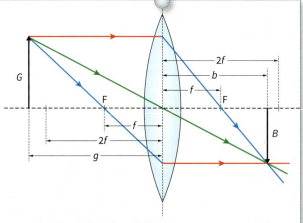

2 Optische Grössen an der Sammellinse

Bildkonstruktionen

1. Fall
Der Gegenstand befindet sich ausserhalb der doppelten Brennweite.

$g > 2f$
$f < b < 2f$
$B < G$

Bild
- verkleinert
- reell
- umgekehrt

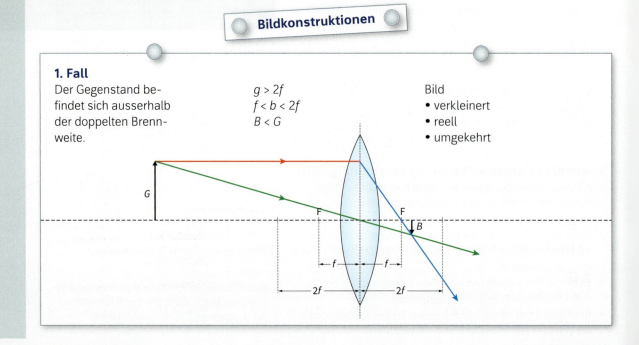

2. Fall

Der Gegenstand befindet sich in der doppelten Brennweite.

$g = 2f$
$b = 2f$
$B = G$

Bild
- gleich gross
- reell
- umgekehrt

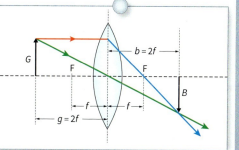

3. Fall

Der Gegenstand befindet sich zwischen einfacher und doppelter Brennweite.

$f < g < 2f$
$b > 2f$
$B > G$

Bild
- vergrössert
- reell
- umgekehrt

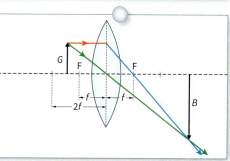

4. Fall

Der Gegenstand befindet sich im Brennpunkt F.

$g = f$

Kein Bild
Die gebrochenen Strahlen verlaufen parallel zueinander. Es entsteht kein Schnittpunkt.

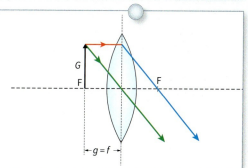

5. Fall

Der Gegenstand befindet sich innerhalb der einfachen Brennweite.

$g < f$
$B > G$

Bild
- stark vergrössert
- virtuell
- aufrecht

Die gebrochenen Strahlen laufen auseinander.

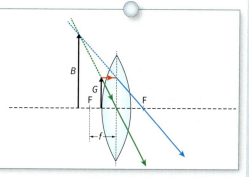

1. Überprüfe alle hier gezeichneten Konstruktionen in Versuchen.

2. Konstruiere das Bild eines Gegenstandes an einer Sammellinse mit $f = 2$ cm, wenn die Gegenstandsweite g das Fünffache der Brennweite beträgt ($g = 5f$).

Reelles Bild: wirkliches Bild, das auf einem Schirm aufgefangen werden kann.

Virtuelles Bild: scheinbares Bild, das nicht auf einem Schirm aufgefangen werden kann.

Wie wir sehen

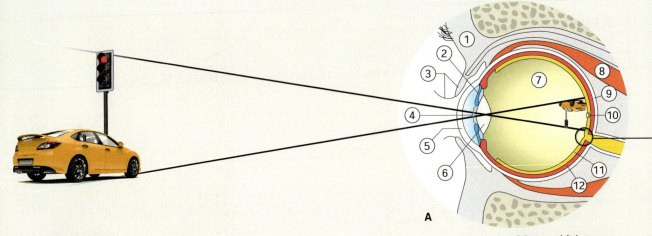

1 Auge und Sehvorgang:
A Bau des Auges,
B Ausschnitt aus der Netzhaut

1. Nenne die Schutzeinrichtungen des Auges.

2.
a) Stelle in einer Tabelle die Bestandteile des Auges und ihre jeweilige Funktion gegenüber.
b) Nenne die Teile des Auges, die das Licht bis zum Auftreffen auf die Netzhaut durchläuft, in der richtigen Reihenfolge.

3. Halte das Buch auf Armlänge vor deine Augen. Schliesse das linke Auge. Schaue mit dem rechten die Katze genau an. Bewege das Buch nun langsam an dich heran. Beschreibe, was mit der Maus passiert.

Schutz des Auges

Das Auge ist ein wichtiges, aber auch ein sehr empfindliches Sinnesorgan. Verschiedene Schutzeinrichtungen sorgen deshalb dafür, dass es leistungsfähig bleibt.
Die mit Fett ausgepolsterte knöcherne **Augenhöhle** schützt das Auge vor Stössen und Schlägen. Nähert sich z. B. eine Fliege dem Auge, schliessen sich blitzschnell die **Augenlider.** Durch Zusammenkneifen der Lider verhindern wir, dass das Auge geblendet wird. Die **Augenbrauen** leiten Regen- und Schweisstropfen zu den Seiten ab. Die **Wimpern** schützen vor Staub.
Durch **Tränenflüssigkeit** wird die empfindliche **Hornhaut** ständig befeuchtet. Nur dadurch bleibt sie klar. Ausserdem spült die Tränenflüssigkeit Schmutz und Krankheitserreger aus dem Auge.

Aufbau und Funktion des Auges

Wenn du jemandem in die Augen schaust, siehst du die schwarze Pupille. Durch diese lichtdurchlässige Öffnung fällt Licht ins Auge. Um die Pupille siehst du die farbige Iris oder Regenbogenhaut. Sie kann sich zusammenziehen und entspannen und regelt so die Lichtmenge, die ins Auge fällt. Dies wird **Hell-Dunkel-Anpassung (Adaptation)** genannt.
Ausserdem siehst du eine weisse Haut. Sie heisst **Lederhaut,** weil sie sehr fest ist und den ganzen Augapfel als schützende Hülle umgibt. Im vorderen Bereich ist die Lederhaut durchsichtig und bildet die **Hornhaut.** Unter der Lederhaut liegt die gut durchblutete **Aderhaut.** Sie versorgt das Auge mit Sauerstoff und Nährstoffen.
Die Augenlinse wirkt wie eine **Sammellinse** und bricht das einfallende Licht. So entsteht im Augenhintergrund auf der **Netzhaut** ein scharfes, umgekehrtes Bild der Umgebung. Das Innere des Augapfels ist mit einer gallertartigen, glasklaren Substanz, dem **Glaskörper,** gefüllt.

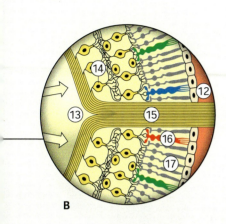

① Augenbraue
② Iris
③ Augenlid mit Wimpern
④ Pupille
⑤ Hornhaut
⑥ Linse
⑦ Glaskörper
⑧ Augenmuskel
⑨ Lederhaut
⑩ gelber Fleck
⑪ Netzhaut
⑫ Aderhaut
⑬ blinder Fleck
⑭ Nervenzelle
⑮ Sehnerv
⑯ Zapfen
⑰ Stäbchen

4.
Erkläre Versuch 3. Nutze dazu die Abbildung 1.

5.
Beschreibe die Vorgänge bei der Adaptation.

6.
Nenne die verschiedenen Lichtsinneszellen und beschreibe ihre Funktion.

7.
Erkläre, warum wir auch bei wenig Licht noch etwas sehen können.

8.
„Nachts sind alle Katzen grau."
Erkläre dieses Sprichwort mit der Funktionsweise der Lichtsinneszellen.

2 Adaptation: A Hellreaktion, **B** Dunkelreaktion

Lichtsinneszellen

In der Netzhaut liegen verschiedene Typen von **Lichtsinneszellen.** Die etwa 125 Millionen länglichen und schmalen **Stäbchen** befinden sich überwiegend im Randbereich der Netzhaut. Sie sind auf das **Hell-Dunkel-Sehen** spezialisiert und sehr lichtempfindlich. Deshalb können wir mit ihnen auch in der **Dämmerung** noch sehen.

Das **Farbensehen** wird durch etwa fünf Millionen **Zapfen** ermöglicht. Diese etwas dickeren Lichtsinneszellen liegen im Zentrum der Netzhaut, besonders dicht im **gelben Fleck,** dem Bereich des schärfsten Sehens. Es gibt drei Typen von Zapfen, die für blaues, grünes beziehungsweise rotes Licht besonders empfindlich sind. Bei unterschiedlich starker Reizung kann man damit auch alle Mischfarben sehen. Bei **Reizung** durch ausreichend Licht erzeugen die Lichtsinneszellen elektrische Signale. Diese werden an Nervenzellen weitergeleitet, die ebenfalls in der Netzhaut liegen. Der Sehnerv leitet die Nervenimpulse dann ins Gehirn. Dort wo der **Sehnerv** aus der Netzhaut austritt, befinden sich keine Lichtsinneszellen. Hier ist der **blinde Fleck.**

Vom Auge ins Gehirn

Die Informationen über das Bild werden als Nervenimpulse durch den Sehnerv ins Sehzentrum des Gehirns geleitet und dort verarbeitet. Farben und Formen werden erkannt. Das Gehirn hat gelernt, das Bild „umzudrehen". Weitere Erinnerungen werden im Grosshirn dazu geschaltet. Eine Wahrnehmung findet also erst mithilfe des Gehirns statt.

Kannst du die Schutzeinrichtungen des Auges benennen? Benenne die Bestandteile des Auges und erläutere ihre Funktionen. Kannst du die verschiedenen Lichtsinneszellen unterscheiden und den Sehvorgang beschreiben?

Das Gehirn sieht mit

1.

a) Zeichne auf die Vorderseite einer Pappscheibe einen Vogel, auf die Rückseite einen Käfig. Befestige zwei Schnüre, verdrille sie und ziehe sie anschliessend auseinander. Beschreibe deine Beobachtung.
b) Wiederhole den Versuch mit unterschiedlichen Drehgeschwindigkeiten. Erkläre deine Beobachtungen. Vergleiche mit der Filmtechnik.

2.

a) Halte dein Buch in etwa 40 cm Entfernung vor die Augen. Betrachte es zunächst mit dem rechten, dann mit dem linken Auge. Was stellst du fest?
b) Erkläre deine Beobachtung.

1 Bildfolge

Aufrechte Bilder
Obwohl das Bild auf der Netzhaut auf dem Kopf steht, sehen wir alle Gegenstände in ihrer richtigen Lage. Das Gehirn „dreht" das Bild um. Dies macht deutlich: Das Gehirn ist am Sehen beteiligt.

Bewegte Bilder
Bei jedem einzelnen Bild werden die Sinneszellen der Netzhaut erregt. Diese Erregung klingt aber erst nach einer 18tel Sekunde wieder ab. Die Sinneszellen sind also ein bisschen „träge". Folgt das nächste Bild schnell genug, also bereits während der noch abklingenden Erregung, entsteht der Eindruck einer kontinuierlichen **Bewegung.** In Film und Fernsehen wird die Trägheit der Sinneszellen ausgenutzt: Hier werden sogar 30 Bilder und mehr pro Sekunde gezeigt.

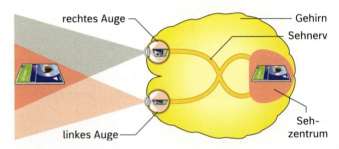

2 Räumliches Sehen

Räumliches Sehen
Da unsere Augen etwa 6 cm bis 8 cm auseinanderliegen, liefern sie leicht unterschiedliche Bilder. Wir sehen aber nicht zwei getrennte Bilder, sondern ein einziges, räumliches Bild. Dies leistet das Gehirn in einem kleinen Bereich am Hinterkopf, in der **Sehrinde.** Das **räumliche Sehen** ermöglicht auch abzuschätzen, wie weit ein Gegenstand entfernt ist.

Optische Täuschungen
Das Gehirn speichert Seheindrücke als Muster. Personen und Gegenstände werden erkannt, indem das Gehirn das aktuelle Bild mit den gespeicherten Mustern vergleicht. Widersprechen die neuen Bilder den bisherigen Erfahrungen, kommt es zu **optischen Täuschungen.**

Kannst die Bedeutung des Gehirns beim Sehvorgang beschreiben?

Optik und sehen | **65**

Linsen beheben Augenfehler

1. **V**
a) Überprüfe deine Sehleistung mit dem Sehtest in Bild 6. Gib dazu aus 35 cm Entfernung an, wo sich die Öffnung des Kreises befindet.
b) Begründe, warum du dich einem Sehtest unterziehen musst, wenn du einen Führerschein erwerben willst.

2. **A**
Übertrage die Tabelle in dein Heft und fülle sie aus.

	Kurzsichtigkeit	Weitsichtigkeit
Sehproblem		
Ursache		
Korrekturmöglichkeit		

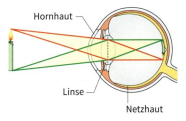
1 Bildentstehung im Auge

Bildentstehung im Auge
Das menschliche Auge ist ein optisches Gerät, das mit einem Linsensystem ausgestattet ist (Bild 1). Das Licht eines Gegenstandes fällt durch die durchsichtige Hornhaut, wird durch die Sammellinse gebrochen und passiert den Glaskörper. Auf der Netzhaut entsteht ein reelles, verkleinertes, umgekehrtes und scharfes Bild. Mithilfe eines Sehtests wie in Bild 6 kannst du feststellen, ob du normalsichtig bist.

6 Sehtest

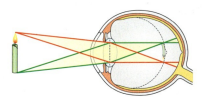
2 Kurzsichtigkeit

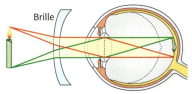
3 Kurzsichtigkeit: Zerstreuungslinsen

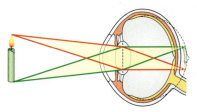
4 Weitsichtigkeit

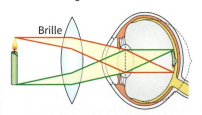
5 Weitsichtigkeit: Sammellinsen

Zerstreuungslinsen bei Kurzsichtigkeit
Bei **Kurzsichtigkeit** werden nur nahe Gegenstände auf der Netzhaut abgebildet. Da der Augapfel zu lang ist (Bild 2), liegen die Bildpunkte vor der Netzhaut. Dadurch entsteht das Bild weiter entfernter Gegenstände vor der Netzhaut. Eine Zerstreuungslinse führt dazu, dass das Bild nach hinten auf die Netzhaut verschoben wird (Bild 3). Kurzsichtige Menschen benötigen eine Brille mit konkaven Gläsern.

Sammellinsen bei Weitsichtigkeit
Ein Mensch, der nur weit entfernte Gegenstände scharf sehen kann, ist **weitsichtig.** Da sein Augapfel zu kurz ist, liegen die Bildpunkte hinter der Netzhaut. Dadurch entsteht das Bild von nahen Gegenständen hinter der Netzhaut (Bild 4). Zur Korrektur wird eine Brille mit Sammellinsen benutzt (Bild 5), die das scharfe Bild auf der Netzhaut abbildet. Weitsichtige Menschen benötigen eine Brille mit konvexen Gläsern.

Kontaktlinsen ersetzen Brillen
Statt einer Brille können auch Kontaktlinsen verwendet werden. Es gibt sie in harter oder weicher Ausführung. Sie werden direkt auf die Augen gesetzt und haben dieselbe Wirkung wie eine Brille.

> Kannst du die Ursachen für Fehlsichtigkeit benennen und für ihre Behebung die passenden Brillengläser zuordnen?

Wahrnehmung ist subjektiv

1. Ⓥ
Schneide in einen Pappkarton auf der Oberseite eine Luke. Hänge die offene Vorderseite mit einem dunklen Tuch zu. Im Karton hängen verschiedene bunte Abbildungen aus Zeitschriften oder Fotos.
a) Stecke den Kopf unter das Tuch und beschreibe deine Beobachtung.
b) Während du in den Karton blickst, öffnet dein Versuchspartner bzw. deine Partnerin langsam die Luke. Beschreibe, wie sich die Wahrnehmung ändert.

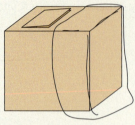

2. Ⓥ
- Tauche für eine Minute die linke Hand in kaltes und die rechte Hand in warmes Wasser.
- Nimm beide Hände gleichzeitig heraus und tauche sie in lauwarmes Wasser.
- Beschreibe deine Empfindungen. Welche Schlussfolgerungen ziehst du daraus?

Farbe entsteht im Gehirn

Im Dunkeln sehen wir in Schwarz-Weiss, während wir bei Licht viele verschiedene Farben wahrnehmen. Dafür sind Lichtsinneszellen verantwortlich, die **Zapfen** und die **Stäbchen** (Bild 1). Unsere Netzhaut besitzt etwa 6 Millionen Zapfen und 125 Millionen Stäbchen. Die Stäbchen sind sehr lichtempfindlich und reagieren dank des Sehpigments *Rhodopsin* schon auf wenig Licht. Dadurch können wir in der Dämmerung und sogar nachts sehen. Allerdings können mit den Stäbchen keine Farben unterschieden werden. Die Zapfen werden erst bei relativ hellem Licht aktiv. Sie ermöglichen das Farbensehen, denn es gibt drei verschiedene Zapfentypen, die auf unterschiedliche Lichtfarben ansprechen. Damit wir eine Farbe erkennen, werden die Signale aller drei Zapfentypen kombiniert. Je nachdem, wie stark welche Zapfentypen angeregt werden, entsteht im Gehirn ein anderer Farbeindruck.

Zahl und Empfindlichkeit der Zapfen können von Person zu Person durchaus abweichen. Das Signal, das nach der Verrechnung der Zapfensignale an das Gehirn weitergeleitet wird, unterscheidet sich jedoch nicht mehr stark. Deswegen nehmen wir Farben sehr ähnlich wahr. Eine Ausnahme bilden Personen mit Farbfehlsichtigkeiten wie einer **Rotgrünschwäche**. Betroffene haben entweder weniger als drei Zapfenarten oder ihre Zapfen reagieren auf andere Wellenlängen. Farbsehschwächen sind oft genetisch verursacht, können aber auch im Lauf des Lebens entstehen.

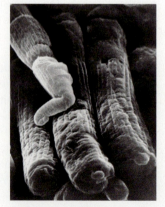

1 Stäbchen und Zapfen unter dem Elektronenmikroskop

Auch Wärme ist relativ

Die Farbwahrnehmung ist also nichts Absolutes, sondern kann sich von Lebewesen zu Lebewesen unterscheiden.

Auch die Empfindung von Temperaturen ist **subjektiv**. Denn das Gefühl für kalt, heiss oder lauwarm kann täuschen, wie du sicher schon selbst beobachtet hast. Trittst du z. B. im Winter vom warmen Klassenraum in den Flur, so empfindest du ihn als kühl. Kehrst du aber vom kalten Pausenhof in den Flur zurück, so erscheint dir dieser warm.

Versuch 2 zeigt, wie der Temperatursinn der eigenen Hände widersprüchliche Aussagen liefern kann. Das Wasser im mittleren Gefäss fühlt sich mit deiner rechten Hand (die vorher im kalten Wasser war) viel wärmer an als mit der linken Hand.

> Kannst du Beispiele für subjektive Wahrnehmung nennen?

Optik und sehen | 67

Optische Täuschungen

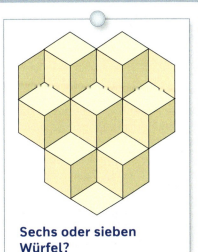

Sechs oder sieben Würfel?

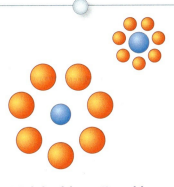

Welche blaue Kugel ist grösser?

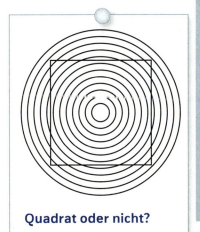

Quadrat oder nicht?

Verflixte Kiste

Wie optische Täuschungen entstehen
Umspringbild: Zwei sich widersprechende Bilder können nicht gleichzeitig gesehen werden. Das Gehirn muss sich für das eine oder das andere „entscheiden".
Täuschung durch Perspektive: Im Hintergrund zusammenlaufende Linien deutet das Gehirn als zunehmende Entfernung.
„Unmögliches" Bild: Das Gehirn versucht etwas räumlich Sinnvolles zu erkennen, was es so in der Wirklichkeit gar nicht gibt.
Täuschung durch Grössenvergleich: Gleich grosse Figuren wirken unterschiedlich gross, je nachdem, ob direkt benachbarte Figuren grösser oder kleiner sind.
Täuschung durch die Umgebung: Kreuzen sich gerade und gewölbte Linien, so erscheinen Geraden krumm.

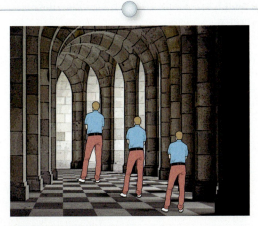

Wer ist am grössten?

1. ≡ Ⓐ
Betrachte die Abbildungen aufmerksam. Beschreibe deine Wahrnehmungen.

2. ≡ Ⓐ
Erkläre die gezeigten optischen Täuschungen mithilfe des Zettels in der Mitte.

3. Ⓠ
Sucht weitere Beispiele für optische Täuschungen und stellt sie vor.

PINNWAND

Fernrohre

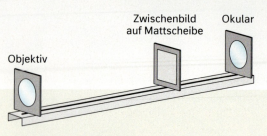

1 Ein selbst gebautes Fernrohr

1.
a) Baue ein Fernrohr wie in Bild 1 auf. Benutze als vordere Linse eine Sammellinse mit $f = 40$ cm. Bilde einen weit entfernten Gegenstand auf der Mattscheibe ab. Betrachte dieses Zwischenbild mit einer Sammellinse mit $f = 10$ cm oder $f = 5$ cm. Bringe sie im Abstand der Brennweite vor die Mattscheibe.
b) Entferne die Mattscheibe, nachdem du das Zwischenbild scharf gestellt hast, und vergleiche das Bild mit dem Zwischenbild aus Versuch a).

2.
a) Ersetze beim Fernrohr aus Versuch 1 das Okular durch eine Zerstreuungslinse mit $f = -20$ cm oder $f = -10$ cm.
b) Betrachte den Gegenstand aus Versuch 1 erneut. Was hat sich am Bild geändert?

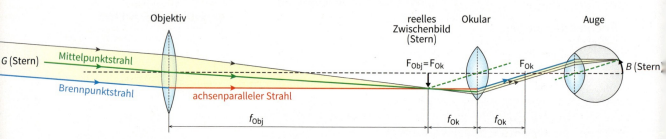

2 Astronomisches Fernrohr

Das astronomische Fernrohr

Um Gegenstände, die weit von dir entfernt sind, besser erkennen zu können, benutzt du ein Fernrohr. Du möchtest die Gegenstände vergrössert sehen. Bild 2 zeigt den Aufbau eines **astronomischen Fernrohres.**

Das Objektiv, eine Sammellinse mit grosser Brennweite, erzeugt ein verkleinertes Zwischenbild des Gegenstandes. Um ein grosses Zwischenbild zu erzielen, wird ein Objektiv mit sehr grosser Brennweite gewählt, das Fernrohr wird dadurch entsprechend lang. Mit dem Okular, einer Lupe, siehst du dieses Bild stark vergrössert. Allerdings hat das Objektiv rechts und links, oben und unten vertauscht. Das Bild steht auf dem Kopf. Astronomische Fernrohre sind für Beobachtungen auf der Erde ungeeignet. Für die Vergrösserung V des astronomischen Fernrohres gilt:

$$V_{ges} = f_{Objektiv} : f_{Okular}$$

Das galileische Fernrohr

Zur Beobachtung eines entfernten Gegenstandes auf der Erde eignet sich ein Fernrohr, bei dem du als Okular eine Zerstreuungslinse benutzt (Bild 3).

Die Zerstreuungslinse hebt die Wirkung der Augenlinse auf. Das vom Objektiv erzeugte Bild entsteht also gleich auf der Netzhaut. Es ist grösser, als wenn du den Gegenstand mit blossem Auge betrachten würdest. Ein solches Fernrohr heisst **galileisches Fernrohr,** benannt nach dem italienischen Astronomen GALILEO GALILEI (1564–1642).

> Kannst du den Aufbau von zwei unterschiedlichen Fernrohren beschreiben und deren Wirkungsweise erklären?

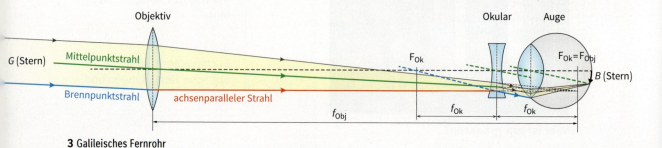

3 Galileisches Fernrohr

Die Fotokamera

Aufbau des Fotoapparates

Ein Fotoapparat (Bild 1) hat zwar äusserlich nur wenig Ähnlichkeit mit einem Auge, doch findest du leicht die Teile, die denen beim Auge entsprechen.
Das Objektiv, das die Gegenstände auf die Kamerarückwand abbildet, entspricht der Hornhaut mit der Augenlinse. Die verstellbare Blende im Kameraobjektiv, die die Lichtmenge regelt, entspricht der Iris.
Der Bildsensor in einer Digitalkamera entspricht der Netzhaut.

Vergleich Auge – Fotoapparat

Ein wesentlicher Unterschied zwischen Auge und Kamera ist die Scharfeinstellung. Bei der Kamera wird das Objektiv verschoben, beim Auge wird dazu die Augenlinse verändert. In der **Naheinstellung**, zum Beispiel beim Lesen oder Schreiben, wird die Linse durch den Ringmuskel stark gekrümmt (Bild 2A). In der Ferneinstellung werden die Linsenbänder gespannt und die Linse wird flach gezogen (Bild 2B). Diese Anpassungsleistung des Auges wird **Akkomodation** genannt.

Die Fähigkeit zur Nahakkommodation geht mit zunehmendem Lebensalter allmählich verloren – es kommt zur **Alterssichtigkeit** (**Presbyopie**). Sie ist aber keine Krankheit, sondern ein natürlicher Funktionsverlust, den man mit einer Brille ausgleichen kann.

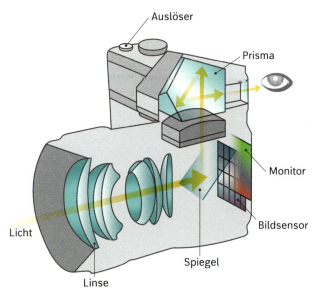

1 Aufbau einer Fotokamera

Der Bildsensor

Das Objektiv wirft das Bild auf den Bildsensor. Jeder Bildpunkt ist ein lichtempfindlicher **Pixel**. Über jedem Pixel befindet sich ein Farbfilter in Rot, Grün oder Blau, wobei doppelt so viel grüne wie rote oder blaue Pixel vorkommen. Moderne Smartphonekameras haben mindestens eine Auflösung von 8 Megapixel, also ca. 8 Mio. Bildpunkten.
Das Licht des Bilds ändert die elektrische Ladung eines Pixels. Nach der Belichtung wird die Ladung jedes Pixels ausgelesen und als Zahl gespeichert, die besagt, wie hell der Bildpunkt ist.
Bei den Sensoren unterscheidet man zwei Bauarten. Bei **CCD-Sensoren** werden die Ladungen der Pixel vor dem Auslesen zu einem Verstärker verschoben, während sie beim **CMOS-Sensor** direkt an jedem Pixel ausgelesen werden, was schneller geht. Heute verwenden Handykameras überwiegend CMOS-Sensoren, weil sie kleiner gebaut werden können, weniger Strom verbrauchen und in der Herstellung billiger als CCD-Chips sind.

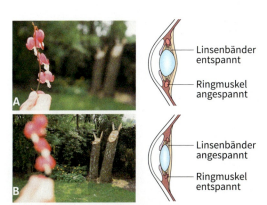

2 Augenlinse: **A** Naheinstellung, **B** Ferneinstellung

3 A Prinzip eines Bildsensors, **B** CMOS-Chip einer Kamera

Optik und sehen

Ausbreitung des Lichtes

Lichtquelle Blende Lichtbündel mit $c \approx 300\,000\ \frac{km}{s}$ **Absorption** **Reflexion**

Schwarzer Körper wird warm. Spiegel Lot

Reflexionsgesetz:

∢ α = ∢ β. Einfallendes und reflektiertes Lichtbündel sowie das Einfallslot liegen in einer Ebene.

ebener Spiegel

- Vorderseite und Rückseite sind im Bild vertauscht
- virtuelles, aufrechtes Bild
- $g = b$; $G = B$

Optische Dichte

Der Stoff, der den grösseren Brechungswinkel verursacht, ist ein **optisch dünnes Medium.** Das Medium, in dem der kleinere Winkel entsteht, ist **optisch dichter.**

Brechungsgesetz

Beim Übergang des Lichtes von Luft in Wasser oder von Luft in Glas wird das Licht **zum Lot hin** gebrochen. Beim umgekehrten Übergang erfolgt die Brechung **vom Lot weg.**

Totalreflexion

Wenn Licht von Wasser oder Glas in Luft übergeht, kann **Totalreflexion** auftreten. Dazu muss der Einfallswinkel grösser als der Grenzwinkel sein. → **Glasfasertechnik**

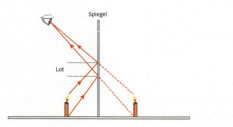

Sammellinse

- ist in der Mitte dicker als am Rand
- $g > f$ → reelles, umgekehrtes Bild; B abhängig von g
- $g = f$ → kein Bild
- $g < f$ → virtuelles, aufrechtes Bild; $G < B$ → **Lupe**
- **Brillengläser** zur Korrektur von **Weitsichtigkeit**

Zerstreuungslinse

- ist in der Mitte dünner als am Rand
- virtuelles, aufrechtes Bild
- $G > B$
- **Brillengläser** zur Korrektur von **Kurzsichtigkeit**

Sehen

Lichtreize nehmen wir mit den **Augen** auf. Das **Gehirn** verarbeitet die Nervenimpulse und erzeugt unsere **Wahrnehmung**.

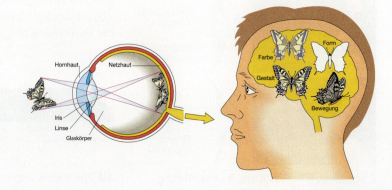

AUF EINEN BLICK

Optik und sehen

1. Erkläre am Beispiel des Lichtstrahls den Begriff Modell.

2. Beschreibe den Unterschied zwischen Streuung und Reflexion.

3.
a) Nenne das Reflexionsgesetz.
b) Begründe, dass das Reflexionsgesetz auch für raue Oberflächen gilt.

4.
a) Ein Lichtstrahl fällt mit einem Einfallswinkel α = 34° auf einen Spiegel. Wie gross ist β?
b) Ein reflektierter Strahl verlässt einen ebenen Spiegel in einem Winkel von 17°. Wie gross war α?

5. Zwei aufrecht stehende ebene Spiegel bilden miteinander einen Winkel von 90°. Auf den ersten Spiegel fällt ein Lichtstrahl mit α = 45°. Fertige eine Zeichnung an. Was kannst du über den letzten reflektierten Strahl sagen?

6. Zeichne einen 2 cm grossen Pfeil, der aufrecht vor einem ebenen, senkrecht stehenden Spiegel steht. Konstruiere das Spiegelbild, wenn der Pfeil 5 cm vor dem Spiegel steht.

7. Ergänze die Sätze:
a) Beim Übergang des Lichtes von Luft in Glas,...
b) Beim Übergang des Lichtes von Glas in Luft,...

8. Beschreibe die zweifache Brechung an einer Glasplatte mithilfe der Wechselwirkung des Lichtes mit Glas und mit Luft.

9.
a) Ein Lichtstrahl fällt mit einem Einfallswinkel von α = 34° auf einen Spiegel. Bestimme α'.
b) Ein reflektierter Strahl verlässt einen ebenen Spiegel unter einem Winkel von 17°. Gib α an.

10.
a) Erkläre mit einer Zeichnung, wie bei einer Lochkamera das Bild einer Kerze entsteht.
b) Begründe, weshalb das Bild bei einer Lochkamera entweder lichtschwach oder unscharf ist.

11. Beschreibe mithilfe der Brechung des Lichtes, was auf dem rechten Bild abgebildet ist.

12.
a) Licht fällt auf eine Sammellinse. Beschreibe, wie die ausgezeichneten Lichtstrahlen vor und hinter der Linse verlaufen.
b) Zeichne die ausgezeichneten Lichtstrahlen aus Aufgabe a).

13. Berechne jeweils die Vergrösserung einer Lupe mit der Brennweite
a) f = 2,5 cm,   b) f = 4 cm,
c) f = 50 cm.

14. Brillen gleichen Augenfehler aus. Beschreibe, wie sich die Brennweite einer geeigneten Brille auf die Bildentstehung im Auge bei Kurzsichtigkeit auswirkt.

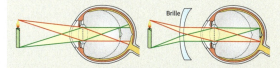

15. Konstruiere das Bild eines Gegenstandes, der 3 cm gross ist, auf der optischen Achse steht und 4 cm von einer Sammellinse mit f = 2 cm entfernt ist.

LERNCHECK

Krankheiten und Immunsystem

Welche Krankheiten sind ansteckend – und warum?

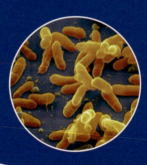

Warum ist es wichtig, sich impfen zu lassen?

Wie schützt man sich vor übertragbaren Krankheiten?

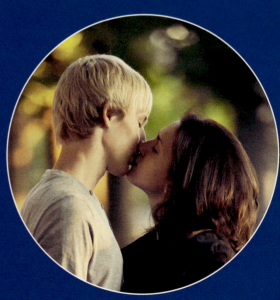

Gesund oder krank?

1. 🅐
a) Beschreibt Situationen, in denen ihr euch richtig wohl fühlt.
b) Führt zu diesem Thema eine Umfrage durch. Notiert die Antworten und ordnet sie thematisch.
c) Formuliert auf der Grundlage der Umfrageergebnisse eine allgemein gültige Aussage, wann sich Menschen wohlfühlen.

2. 🅐
a) Formuliere mit eigenen Worten, wie die WHO Gesundheit definiert.
b) Ist Liebeskummer eine Krankheit? Formuliere Argumente für deinen Standpunkt.

3. 🅐
Edith Wolf-Hunkeler (links im Bild oben) ist die erfolgreichste und bekannteste Schweizer Rollstuhlsportlerin der letzten Jahre. Diskutiert in der Klasse über die Situation der Sportlerin und stellt einen Bezug zur WHO-Definition von Gesundheit her.

Definition von Gesundheit durch die Weltgesundheitsorganistation WHO (World Health Organization)

„Gesundheit ist ein Zustand vollkommenen körperlichen, geistigen und sozialen Wohlbefindens und nicht allein das Fehlen von Krankheit und Gebrechen."
(„Health is a state of complete physical, mental and social wellbeing and not merely the absence of disease or infirmity.")

Erfahrungsbericht einer Krebspatientin am Ende der Chemotherapie

„Meine Chemotherapie habe ich nun fast geschafft und während dieser Zeit sogar einen Umzug hinter mich gebracht. Natürlich nicht ohne ganz viel Hilfe, aber auch ich habe meinen Teil dazu beigetragen. Ich geniesse immer die Tage ohne Beschwerden und kann mich nun auch auf meiner neuen Terrasse und in meinem neuen Garten richtig schön entspannen. Ohne Haare durch die Welt zu laufen, kostet anfangs Überwindung, doch mein Selbstbewusstsein ist dadurch nur noch stärker geworden."

4. 🅐
Beschreibe die Stimmungslage der Krebspatientin. Wie würde sie ihren Zustand wohl einschätzen – gesund oder krank? Begründe deine Einschätzung.

5. 🅐
a) Erläutere an Beispielen, wie sich die in Bild 1 dargestellten Faktoren positiv oder negativ auf die Gesundheit des Menschen auswirken können.
b) Welche Bedeutung haben diese Faktoren für dich und dein eigenes Wohlbefinden?

Krankheiten und Immunsystem

Gehandicapt
Die abgebildete Sportlerin Edith Wolf-Hunkeler ist seit einem Autounfall querschnittsgelähmt und an den Rollstuhl gebunden. Mit diesem Handicap betreibt sie Leistungssport und holte in mehreren Disziplinen zahlreiche Titel. 2012 gewann sie bei den Paralympics in London einmal Gold, zweimal Silber und einmal Bronze.
Ist sie gesund oder krank?

Eine schwierige Grenzziehung
„Bin ich gesund? Ist das normal, wie ich mich fühle? Bin ich krank?" Diese Fragen können in vielen Fällen klar beantwortet werden – immer dann, wenn eine ärztliche Untersuchung einen objektiven Befund ermittelt, zum Beispiel einen Knochenbruch oder eine Infektion.
Sehr viel öfter jedoch ist die Trennlinie zwischen gesund und krank nicht eindeutig. Gehören Liebeskummer oder Alterserscheinungen zu den Krankheiten?

Welches Verhalten gilt als gesund, welches als krank? Ab wann gelten Messwerte, zum Beispiel vom Blutbild, als gesundheitlich bedenklich? Die Frage, ob sich jemand gesund oder krank fühlt, kann letztlich nur der betroffene Mensch selbst beurteilen.

Gesundheit umfasst den ganzen Menschen
Gesundheit ist mehr als nur die Abwesenheit von Krankheit. Sie umfasst das körperliche, seelische und soziale Wohlbefinden. Gesund ist ein Mensch, wenn er sich sowohl mit seinem Körper als auch seiner Seele, seinen Mitmenschen und seiner Umwelt im Einklang fühlt.

Verantwortung für die eigene Gesundheit
Die meisten Gesundheitsrisiken verursacht jeder Mensch selbst, etwa durch seine Verhaltensweisen oder Essgewohnheiten. Aber auch die Umwelt oder unsere Beziehungen zu anderen Menschen beeinflussen unser Wohlbefinden. Für die eigene Gesundheit trägt jeder Mensch also eine besondere persönliche Verantwortung. Dabei spielt die Gesundheitsvorsorge eine besondere Rolle.

1 Zahlreiche Faktoren wirken sich auf die Gesundheit des Menschen aus.

> Kannst du erläutern, was man unter Gesundheit versteht, und welche Faktoren sich auf die Gesundheit auswirken?

Infektionskrankheiten

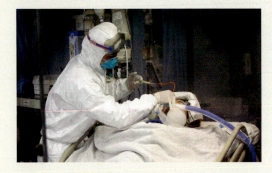

1. In Krankenhäusern müssen auch Besucher manchmal Schutzkleidung anlegen. Begründe.

2. Beschreibe den typischen Verlauf einer Infektionskrankheit. Teile den Verlauf dabei in mehrere Phasen ein.

3. Welche Gruppen von Krankheitserregern unterscheidet man? Erstelle eine Liste und ordne jedem Erregertyp eine von ihm ausgelöste Infektionskrankheit zu. Die folgenden Seiten helfen dir dabei.

5.
a) Vergleiche die Todesursachen in Ländern mit niedrigem und mit hohem Pro-Kopf-Einkommen. Beschreibe auffällige Unterschiede.
b) Erläutere die Ursachen für diese Unterschiede.

Todesursachen weltweit

Todesursachen in ...

... Ländern mit niedrigem Pro-Kopf-Einkommen (<1005 US-Dollar): Todesfälle pro 100 000 der Bevölkerung*

- Infektionen der unteren Atemwege
- Durchfallerkrankungen
- koronare Herzerkrankung
- HIV / AIDS
- Schlaganfall
- Malaria
- Tuberkulose
- Frühgeburtskomplikationen
- Erstickungsgefahr und Geburtstrauma
- Verkehrsunfall

... Ländern mit hohem Pro-Kopf-Einkommen (>12 235 US-Dollar): Todesfälle pro 100 000 der Bevölkerung*

- koronare Herzerkrankung
- Schlaganfall
- Alzheimer und andere Demenzerkrankungen
- Luftröhre, Bronchien, Lungenkrebs
- Chronisch obstruktive Lungenerkrankung
- Infektionen der unteren Atemwege
- Darm- und Rektumkrebs
- Diabetes Mellitus
- Nierenerkrankungen
- Brustkrebs

*geschätzt für 2016

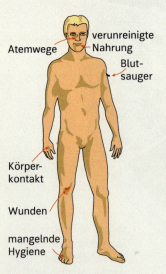

4.
a) Beschreibe mithilfe der Abbildung, wie Krankheitserreger in den Körper eindringen können.
b) Mache zu jedem Beispiel Vorschläge, wie man sich vor einer entsprechenden Infektion schützen kann.

6.
a) Im Kampf gegen Infektionskrankheiten haben sich in der Vergangenheit zahlreiche Ärzte und Forscher hervorgetan. Drei von ihnen sind LOUIS PASTEUR, ROBERT KOCH (Bild) und EMIL VON BEHRING. Recherchiere, durch welche Entdeckungen sie bekannt geworden sind. Erstelle von einem dieser Forscher eine Kurzbiografie.
b) Aktuelle Nobelpreisträger auf diesem Gebiet sind FRANÇOISE BARRÉ-SINOUSSI und HARALD ZUR HAUSEN. Stelle die Schwerpunkte ihrer Forschung vor.

Krankheiten und Immunsystem | 77

1 Kampf gegen Infektionen: **A** Grippe, **B** Desinfektion zur Verhinderung einer Viehseuche, **C** Ebola-Patient

Krankheitserreger und Infektionswege

Unsere Umwelt ist voller mikroskopisch kleiner Organismen, die mit dem blossen Auge nicht zu erkennen sind. Die meisten sind für den Menschen ungefährlich. Einige wenige jedoch sind Verursacher von Krankheiten. Bei diesen **Krankheitserregern** handelt es sich überwiegend um **Bakterien** und **Viren.** Aber auch **Hautpilze** und **tierische Parasiten** wie Bandwürmer können Krankheiten auslösen.

Die Krankheitserreger gelangen auf unterschiedlichen Wegen in den Körper. Sie werden mit der Nahrung aufgenommen oder dringen über die Atemwege (Tröpfcheninfektion), über Wunden oder durch Körperkontakte in den Körper ein. Auch können Tiere, zum Beispiel Zecken, die Erreger auf den Menschen übertragen.

Am Anfang steht die Infektion

Wenn Krankheitserreger in den Körper eingedrungen sind, hat sich dieser Mensch „infiziert". Die **Infektion** ist somit die erste Phase aller Infektionskrankheiten. Da viele dieser Krankheiten von Mensch zu Mensch übertragbar sind, spricht man auch von ansteckenden oder übertragbaren Krankheiten.

Die Erkrankung nimmt ihren Lauf

Oft merkt ein Betroffener gar nicht, dass er sich infiziert hat, da die natürlichen Schutzeinrichtungen des Körpers die Eindringlinge sofort vernichten. Gelingt dies nicht, beginnen die Krankheitserreger sich im Körper zu vermehren. Es vergeht dann noch eine gewisse Zeit, bis die Krankheit ausbricht. Diesen Zeitraum nennt man **Inkubationszeit.** Sie kann Stunden, Tage oder sogar Jahre dauern.

Mit dem **Ausbruch der Krankheit** treten typische **Symptome** auf, beispielsweise Fieber, Appetitlosigkeit, Kopf- und Gliederchmerzen und allgemeine Schwäche. Meist schafft es das nun aktivierte **Immunsystem,** die Erreger nach wenigen Tagen unschädlich zu machen.

In einigen Fällen bleibt der Mensch jedoch dauerhaft krank. Im schlimmsten Fall kann eine Infektion tödlich enden.

Die Genesung unterstützen

Bei einer schweren Infektionserkrankung wie der Grippe sollte man unbedingt einen Arzt zu Rate ziehen. Er entscheidet, ob Medikamente zum Einsatz kommen, oder ob das Immunsystem des Körpers mit der Infektion allein fertig wird.

Einfache Verhaltensregeln können die **Genesung** unterstützen: Bettruhe und Schonung entlasten den Organismus. Frische Luft im Krankenzimmer und reichlich Trinken unterstützen das Abwehrsystem.

Epidemien

Wenn grosse Teile der Bevölkerung von einer Infektion betroffen sind, spricht man von einer Seuche oder **Epidemie.** Pest- und Pockenepidemien sind bekannte Beispiele aus früheren Jahrhunderten. Ihnen fielen Millionen von Menschen zum Opfer. Dank der modernen Medizin sind diese Krankheiten heute weitgehend unter Kontrolle. Dennoch treten in einigen Entwicklungsländern Krankheiten wie Typhus und Cholera heute noch als Seuchen auf – häufig bedingt durch mangelnde Hygiene oder fehlende ärztliche Versorgung. Weltweit gehören die Infektionskrankheiten deshalb immer noch zu den häufigsten Todesursachen.

Kannst du die Erreger von Infektionskrankheiten benennen? Kannst du Infektionswege und den typischen Verlauf von Infektionserkrankungen beschreiben?

Viren – Winzlinge, die krank machen können

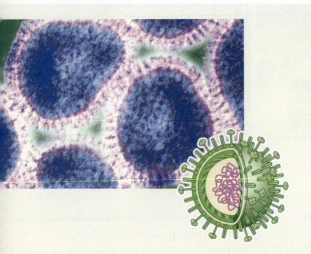

1.
Vergleiche das elektronenmikroskopische Bild von Grippeviren mit der Schemazeichnung. Benenne die Strukturen, die auf dem Foto erkennbar sind. Was sieht man hier nicht? Welche Funktion haben die stachelförmigen Fortsätze?

2.
Erläutere mithilfe der unten stehenden Abbildung, wie sich Viren im Körper massenhaft vermehren.

3.
Beschreibe mithilfe der Abbildung 1B und des Informationstextes den Verlauf einer Masernerkrankung.

4.
Werte die Abbildung 2 auf der gegenüberliegenden Seite aus und vergleiche die Grösse von Viren, Bakterien und Körperzellen.

5.
Sind Viren Lebewesen? Sammelt Argumente und diskutiert darüber.

6.
a) Listet Infektionskrankheiten auf, die durch Viren hervorgerufen werden.
b) Sucht euch aus dieser Liste ein Beispiel aus und erstellt einen Vortrag dazu. Stellt es der Klasse vor.

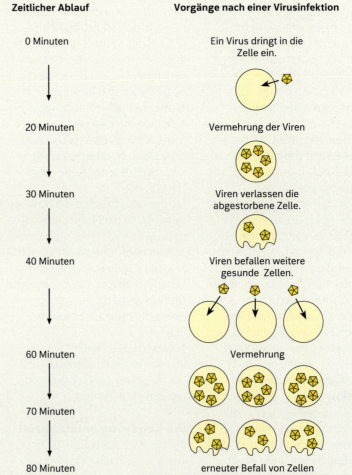

Krankheiten und Immunsystem

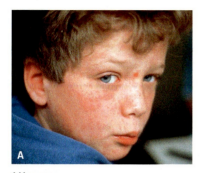

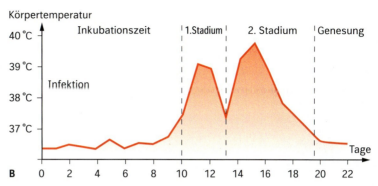

1 Masern:
A Hautausschlag, **B** Verlauf,
C mögliche Folgen

C Mittelohrentzündung – Lungenentzündung – Gehirnhautentzündung – Tod

Masern – eine harmlose Kinderkrankheit?

Masern werden häufig als harmlose Kinderkrankheit betrachtet. Damit unterschätzt man ihre möglichen lebensgefährlichen Folgen. Der Erreger ist ein Virus, das durch Tröpfcheninfektion weitergegeben wird. Nach etwa zehn Tagen Inkubationszeit zeigen sich erste harmlose Symptome wie Schnupfen und Husten. Weissliche Flecken auf der Wangenschleimhaut und Fieber sind typische Anzeichen des Krankheitsausbruches. Nach drei bis fünf Tagen geht die Krankheit in das zweite Stadium über. Die Viren haben sich inzwischen stark vermehrt. Das Fieber steigt oft bis 40 °C. Die Erkrankten fühlen sich elend und entwickeln einen roten Hautausschlag. Ist das Immunsystem in der Lage, die Viren zu bekämpfen, verschwinden alle Symptome ein bis zwei Wochen nach Ausbruch der Krankheit.

Bei geschwächten Kindern kann es jedoch zu Folgeerkrankungen wie Mittelohr- und Lungenentzündung oder einer lebensgefährlichen Hirnhautentzündung kommen. Dieses Risiko lässt sich nur durch eine rechtzeitige Impfung vermindern.

Viruserkrankungen

Viren verursachen viele weitere Infektionskrankheiten, beispielsweise Kinderlähmung, Grippe, Herpes, Windpocken, Röteln, Hepatitis, Mumps, Tollwut, AIDS und Ebola.

Bau eines Virus

Viren sind wesentlich kleiner als Bakterien und erreichen kaum 1/10000 mm. Im Elektronenmikroskop kann ihr Aufbau sichtbar gemacht werden. Er ist bei allen Viren trotz unterschiedlicher äusserer Gestalt im Wesentlichen gleich:
Eine Eiweisshülle schützt das Erbmaterial im Inneren. Die Hülle besitzt Fortsätze, mit denen sich die Viren an Wirtszellen anheften können. Viren besitzen weder einen eigenen Stoffwechsel, noch können sie sich selbst vermehren.

Vermehrung von Viren

Zur Vermehrung sind Viren auf Wirtszellen wie Bakterien oder Zellen von Menschen, Tieren und Pflanzen angewiesen. Das Virus dringt in die Wirtszelle ein und verändert den Stoffwechsel so, dass diese Zelle in kürzester Zeit viele neue Viren produziert. Schliesslich platzt die Wirtszelle. Die neuen Viren werden freigesetzt und können weitere Wirtszellen befallen.
Es gibt derzeit noch keine Medikamente gegen Viren. Mit Viren hemmenden Mitteln kann man jedoch die Dauer der Erkrankung verkürzen. Einen sicheren Schutz stellen nur Impfungen dar.

> Kannst du Bau und Vermehrung von Viren beschreiben und Viruserkrankungen aufzählen?

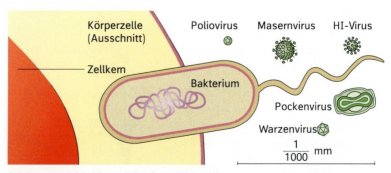

2 Grössenvergleich: Viren – Bakterium – Körperzelle

Bakterien – auch Krankheitserreger

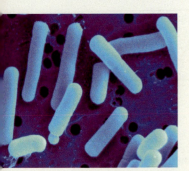
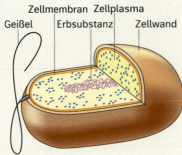

Zellmembran Zellplasma
Geißel Erbsubstanz Zellwand

1.
In Joghurt und anderen Sauermilchprodukten sind Milchsäurebakterien (Lactobazillen und Streptokokken) enthalten.
a) Gib einen Tropfen des wässrigen Überstandes von stichfestem Joghurt auf einen Objektträger. Lege ein Deckgläschen auf. Betrachte das Präparat unter dem Mikroskop (mindestens 400fache Vergrösserung).
b) Welche Bakterienformen erkennst du? Lactobazillen sind stäbchenförmig, Streptokokken sind rund und hängen meist kettenartig zusammen. Fertige eine Zeichnung an.

2.
a) Die obere Abbildung zeigt eine elektronenmikroskopische Aufnahme von Salmonellen und das Schema einer Bakterienzelle. Beschreibe, was auf dem Mikroskopbild vom Aufbau eines Bakteriums zu erkennen ist und was nicht.
b) Erstelle eine Tabelle, in der du den einzelnen Bauteilen eines Bakteriums ihre Funktion zuordnest.

3.
Die Salmonellose gehört zu den gefährlichen Infektionskrankheiten.
a) Beschreibe mithilfe der Abbildung 1 mögliche Infektionsquellen und entsprechende Vorbeugemassnahmen.
b) Welche typischen Verlaufsphasen einer Infektionskrankheit weist die Salmonellose auf? Erstelle dazu ein Fliessdiagramm.

4.
Stelle in einer Liste stichwortartig zusammen, welche lebensfördernden Funktionen Bakterien übernehmen.

5.
a) Listet Infektionskrankheiten auf, die durch Bakterien hervorgerufen werden.
b) Sucht euch aus dieser Liste ein Beispiele aus und erstellt einen Steckbrief.

Salmonellen vergiften Lebensmittel

Jährlich erkranken besonders in den heissen Sommermonaten zahlreiche Menschen an einer **Lebensmittelvergiftung.** Meist wird eine solche Erkrankung von Bakterien hervorgerufen, den **Salmonellen.** Nach dem Verzehr von befallenen Lebensmitteln dauert die **Inkubationszeit** wenige Stunden. Als erste **Symptome** treten Übelkeit, Erbrechen, Durchfall und Kopfschmerzen auf. Gewöhnlich lassen die Beschwerden nach wenigen Tagen nach. Bei einem geschwächten Organismus kann eine solche Infektion aber auch zum Tode führen.

Vielfältige Infektionsquellen

Die Übertragung von Salmonellen erfolgt häufig durch wasser- und eiweissreiche Lebensmittel tierischer Herkunft. Dazu gehören nicht ausreichend erhitzte Eier- und Milchspeisen, Fleisch- und Wurstwaren. Nach dem Verzehr setzen die Bakterien in Magen und Darm Giftstoffe frei, die die Schleimhäute dieser Organe angreifen und die genannten Symptome hervorrufen. Salmonellen vermehren sich vor allem bei sommerlichen Temperaturen sehr rasch. Sie überleben auch in tiefgefrorenen Lebensmitteln. Sie lassen sich aber durch Abkochen und Durchgaren abtöten.

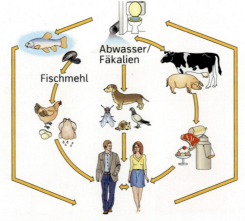

1 Infektionsquellen der Salmonellenbakterien

Krankheiten und Immunsystem | 81

 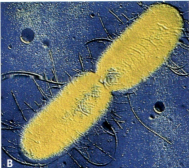 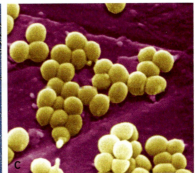

2 Bakterien: **A** Bakterien im Zahnbelag, **B** Darmbakterien bei der Teilung, **C** Eiter erregende Streptokokken, **D** verschiedene Bakterienformen

Bakterien sind überall
Nahezu überall auf der Erde findet man Bakterien: in der Luft, im Boden, im Wasser. Mit jedem Gegenstand, den wir anfassen, mit allem, was wir verzehren, mit jedem Atemzug kommen wir mit Bakterien in Berührung.

Lebensfeindlich – lebensfördernd
Bakterien verursachen bei Mensch und Tier zahlreiche Krankheiten. Neben der Salmonellose zählen dazu Scharlach, Tuberkulose, Keuchhusten, Lungenentzündung, Pest und Karies.
Die meisten Bakterien jedoch sind für Menschen, Tiere und Pflanzen harmlos. Im Naturhaushalt erfüllen sie eine wichtige Rolle. So zersetzen Bakterien beispielsweise organisches Material wie abgestorbene Pflanzenteile. In den Wurzeln von Schmetterlingsblütengewächsen wie Lupinen leben Bakterien, die den Stickstoff der Luft im Boden für die Ernährung der Pflanzen nutzbar machen. Milchsäurebakterien erzeugen Joghurt, Quark und Sauerkraut. Essigbakterien wandeln Wein in Essig um. Beim Menschen siedeln zahlreiche Bakterien auf der Haut und in den Schleimhäuten. Dort schützen sie vor Krankheitserregern. Auch im Darm leben Bakterien, die man unter dem Begriff „Darmflora" zusammenfasst. Sie unterstützen die Verdauung.

D

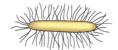
begeisseltes Stäbchenbakterium

begeisseltes Schraubenbakterium

Kugelbakterien

Kommabakterium

Der Bau der Bakterienzelle
Alle Bakterien zeigen einen gemeinsamen Bauplan. Sie bestehen aus einer einzigen Zelle, die von einer festen Zellwand begrenzt wird. Diese ist bei manchen Arten von einer Schleimschicht oder Kapsel umgeben. Nach innen folgt auf die Zellwand eine Zellmembran. Die Erbsubstanz liegt frei im Zellplasma. Sie steuert die Vorgänge in der Zelle. Viele Bakterien besitzen fadenförmige Fortsätze, Geisseln, mit denen sie sich bewegen können. Bakterien werden etwa 1/1000 mm gross und sind sehr unterschiedlich geformt. Es gibt Stäbchen-, Kugel-, Komma- oder Schraubenformen.

Rasante Vermehrung
Bakterien vermehren sich durch Zellteilung. Unter optimalen Bedingungen verdoppelt sich ihre Anzahl alle 20 bis 30 Minuten. Zu Untersuchungszwecken werden Bakterien in Laboren auf Nährböden gezüchtet.

3 Bakterienkolonie auf einem Nährboden

> Kannst du den Bau von Bakterien beschreiben und unterschiedliche Bedeutungen von Bakterien erläutern?

Antibiotika

1. Beschreibe die unterschiedlichen Wirkungsweisen, mit denen Antibiotika Bakterien unschädlich machen können.

2. Begründe, warum Antibiotika nicht bei Masern angewendet werden.

3. Recherchiere die Bedeutung der Antibiotika in der Massentierhaltung. Stelle deine Ergebnisse der Klasse vor.

4. Erläutere, warum man bei der Einnahme von Antibiotika besonders verantwortungsbewusst vorgehen muss.

5.
a) Erläutere den Begriff „Resistenz" im Zusammenhang mit Bakterien und Antibiotika.
b) Beschreibe, welche Gefahren von der zunehmenden Resistenz vieler Bakterienstämme gegenüber Antibiotika ausgehen. Halte einen kurzen Vortrag.

Ein unentbehrliches Medikament

Im Jahre 1941 konnte mit **Penicillin** als erstem Antibiotikum ein infizierter Mensch geheilt werden. Heute versteht man unter **Antibiotika** eine Vielzahl solcher Stoffe. Sie schädigen nur Bakterienzellen. Auf Viren und auf menschliche und tierische Zellen haben sie meist keine oder nur geringe Auswirkungen. Antibiotika zählen heute zu den weltweit am häufigsten verwendeten Medikamenten. Sie haben dafür gesorgt, dass zahlreiche bakterielle Infektionen wie Tuberkulose, Diphtherie oder Wundstarrkrampf heilbar sind.

Resistente Bakterien

In jüngerer Zeit verstärkt sich ein Problem, das die „Wunderwaffe Antibiotika" stumpf zu machen droht. Immer häufiger treten Bakterienstämme auf, die aufgrund einer Veränderung ihrer Erbinformation und damit ihrer Struktur durch Antibiotika nicht mehr angegriffen werden können – sie sind **resistent**.
Diese Resistenz wird an die nächsten Bakteriengenerationen weitergegeben, sodass eine Behandlung mit demselben Antibiotikum ohne Erfolg bleibt. Die zunehmende Resistenz zwingt die Forschung dazu, immer neue Antibiotika zu entwickeln.

Wirkungsweise

Antibiotika wirken verschieden auf Bakterien. Einige von ihnen hemmen den Aufbau der Bakterienzellwand oder schädigen die Zellmembran. Andere Antibiotika blockieren die Stoffwechselvorgänge der Bakterien. Alle diese Wirkungsweisen sorgen dafür, dass die Bakterien abgetötet oder in ihrer Vermehrung gehemmt werden. Der unterschiedliche Aufbau von menschlichen und bakteriellen Zellen ist der Grund dafür, dass Antibiotika nur Bakterien schädigen.

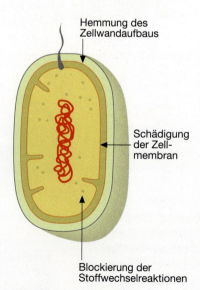

1 Wirkungsweise von Antibiotika

Verantwortungsbewusste Einnahme

Antibiotika dürfen nur nach ärztlicher Verschreibung und unter gewissenhafter Beachtung der Einnahmevorschriften eingenommen werden. Einerseits kann eine unkontrollierte Verwendung von Antibiotika zu einer verstärkten Resistenz der krankmachenden Bakterien führen. Andererseits schädigen die Antibiotika auch die nützlichen Bakterien, zum Beispiel im Dickdarm, sodass es zu schwerwiegenden Nebenwirkungen kommen kann.

Die Verwendung von Antibiotika in der Kritik

Einige Anwendungsbereiche von Antibiotika stehen in der Kritik. So findet man den Einsatz von Antibiotika häufig in der Masttierhaltung. Inzwischen sind EU-weit Antibiotika als genereller Futterzusatz verboten. Häufig werden sie jedoch als Medikament für alle auf engem Raum lebenden Tiere eingesetzt, um Infektionen vorzubeugen und Leistung und Wachstum zu steigern. Hier besteht die Sorge, resistente Bakterien könnten über den Verzehr tierischer Nahrungsmittel den Menschen erreichen.

2 Haltung von Mastschweinen

Vergleichbare Bedenken gibt es auch im Bereich des Pflanzenschutzes, wo mit Antibiotika bakterielle Erkrankungen der Pflanzen (zum Beispiel Feuerbrand) bekämpft werden.

Ebenso umstritten ist der Einsatz von Antibiotika in der Gentechnik. Mit ihrer Hilfe überprüft man, ob eine Genübertragung in Pflanzenzellen erfolgreich war. Hier besteht die Sorge, dass es zur unkontrollierten Ausbreitung von solchen Genen kommt, die eine Resistenz von Bakterien gegenüber Antibiotika hervorrufen.

> Kannst du die Wirkungsweise von Antibiotika beschreiben und das Risiko durch die zunehmende Resistenz von Bakterien erläutern?

Die Entdeckung des Penicillins

Der Zufall hilft

Grosse Entdeckungen werden oft durch Zufall gemacht. So war es auch im Jahre 1928, als der schottische Bakterienforscher ALEXANDER FLEMING (1881 bis 1955) sein Labor aufräumte. Dabei fiel ihm ein Glasschälchen in die Hand, in dem er vor einiger Zeit Bakterien auf einem speziellen Nährboden gezüchtet hatte.

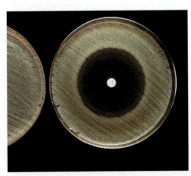

1 Kulturschale mit Schimmelpilz und Bakterien

2 Der Entdecker FLEMING

Er wollte die Kulturschale wegwerfen, weil sie verschimmelt war, da bemerkte er etwas Sonderbares: In der Nähe der Schimmelpilze wuchsen keine Bakterien! Für FLEMING stellte sich die Frage: Gibt der Schimmelpilz einen Stoff ab, der das Wachstum der Bakterien hemmt oder sie sogar abtötet?

Der Wirkstoff Penicillin

Bei dem Schimmelpilz in der Kulturschale handelte es sich um einen Pinselschimmel mit einem verzweigten Fadengeflecht und langen Reihen aus blaugrünen Sporen an den Enden.
Diesen Schimmelpilz züchtete FLEMING in einer speziellen Nährlösung für Bakterien und Pilze. Wenn Bakterien mit dieser Lösung in Kontakt gebracht wurden, hörten sie auf zu wachsen. Damit war nachgewiesen, dass der Schimmelpilz einen Stoff erzeugt, der die Vermehrung von Bakterien hemmt. Diesen Stoff nannte FLEMING **Penicillin** nach dem wissenschaftlichen Namen für den Schimmelpilz, *Penicillium chrysogenum.*
Für seine Entdeckung erhielt FLEMING 1945 den Nobelpreis für Medizin.

STREIFZUG

Infektionskrankheiten durch Viren und Bakterien

PINNWAND

Karies
Erreger: Bakterien (Streptokokken)
Infektionsweg: Bakterien leben im Mund und Rachenraum · Kohlenhydrate sind ein guter Nährboden für ihre Ernährung und Vermehrung. Bei diesen Vorgängen entwickelt sich eine Säure.
Symptome: Säure greift die Zähne an, bei Nichtbehandlung entstehen Löcher in den Zähnen.
Vorbeugung/Behandlung: regelmässiges Zähneputzen; regelmässiger Zahnarztbesuch; weniger Süssigkeiten essen

Röteln
Erreger: Rötelnvirus
Infektionsweg: Tröpfcheninfektion
Symptome: rote Flecken, zunächst im Gesicht · Fieber · später rote Flecken am ganzen Körper · lebenslange Immunität nach einer Infektion
Vorbeugung/Behandlung: vorbeugende Impfung · fiebersenkende Mittel
Komplikationen: bei Rötelninfektionen während einer Schwangerschaft Gefahr von schweren Fehlbildungen des Kindes und Fehlgeburten

Mittelohrentzündung
Erreger: Viren und Bakterien
Infektionsweg: Viren gelangen mit dem Blut ins Ohr · Einwanderung der Bakterien aus dem Mundraum durch die Ohrtrompete ins Mittelohr · möglicherweise auch beim Schwimmen oder Baden durch das Trommelfell
Symptome/Krankheitsverlauf:
Ohrenschmerzen · Fieber Druckgefühl · Rauschen im Ohr
Vorbeugung/Therapie: Ohren vor Kälte und Zugluft schützen · Bakterien mit Antibiotika bekämpfen
Komplikationen: bei nicht auskurierter Mittelohrentzündung Vernarbung des Trommelfelles · Mittelohrentzündung · Schwerhörigkeit · Hirnhautentzündung

1. A
a) Erkläre, warum eine Rötelnimpfung wichtig ist.
b) Begründe, warum auch Jungen gegen Röteln geimpft werden sollten.

2. Q
Recherchiert zu weiteren Infektionskrankheiten und erstellt Steckbriefe nach obigem Muster. Tipps: Mumps, Kinderlähmung, Keuchhusten, Mittelohrentzündung, Windpocken, Scharlach, Ebola

Kinderlähmung (Polio)
Erreger: Poliovirus
Infektionsweg: Schmierinfektion (Urin oder Stuhl), Tröpfcheninfektion
Symptome: Schädigung der Zellen des Zentralnervensystems · Lähmungen der Muskulatur · Wachstumsstörungen, Gelenkprobleme als Spätfolge
Vorbeugung/Behandlung: Seit 1960er Jahren wirksamer Impfstoff · Physiotherapie und schmerzlindernde Massnahmen

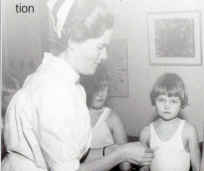

Krankheiten und Immunsystem | 85

Eine gesunde Lebensweise unterstützt die Abwehr

Bewegung
Sportliche Aktivitäten und Bewegung in frischer Luft fördern die Durchblutung und tragen so wesentlich zur Gesunderhaltung des Körpers bei.

Abwechslungsreiche Ernährung
Neben der Bewegung sorgt eine gesunde, abwechslungsreiche Ernährung für die Stärkung der Abwehrkräfte. Wichtig ist vor allem das regelmässige Essen von Obst und Gemüse, da darin lebenswichtige Vitamine, Mineralstoffe und Spurenelemente enthalten sind. Ebenso wichtig ist eine ausreichende Flüssigkeitsversorgung des Körpers, am besten mit Mineralwasser oder ungesüsstem Tee.

1. **Q** Liste Sport- und Freizeitangebote auf, die in deiner Umgebung angeboten werden. Denke dabei auch an Entspannungstechniken.

2. **A** Erläutere, wie die dargestellten Verhaltensweisen die Arbeit des Immunsystems unterstützen.

3. **Q** Sammelt Informationen zu verschiedenen Entspannungstechniken und führt einfache Übungen mit eurer Klasse durch.

PINNWAND

Entspannung
Stress, Hektik und psychische Belastungen können zu ernsthaften seelischen und körperlichen Erkrankungen führen. Stresshormone werden ausgeschüttet und behindern die Arbeit des Immunsystems. Entspannungstechniken wie autogenes Training, progressive Muskelentspannung oder Yoga können helfen, wieder zu Ausgeglichenheit und körperlicher Belastbarkeit zu finden.

Schlaf
Regelmässige Schlaf- und Wachrhythmen sind das beste Heilmittel gegen Müdigkeit und Abgespanntheit. Schlaf stärkt das Immunsystem. Denn auch im Schlaf arbeitet der Körper: Schädliche Stoffe werden abgebaut, Zellen erneuert und Energiespeicher aufgefüllt. Dauernder Schlafmangel kann psychisch und körperlich krank machen.

Infektionen mit Pilzen und Parasiten

1.
Notiere Gründe, warum das Risiko, sich mit Fusspilz zu infizieren, in Hallenbädern besonders hoch ist.

2.
Sicher hast du auch schon eine Schale Erdbeeren erwischt, in der sich eine schimmlige Frucht befindet, und dir überlegt, ob man nun die übrigen Erdbeeren noch bedenkenlos essen kann. Erläutere den Grund deiner Überlegung.

3.
Im Wald gepflückte Beeren sollte man vor dem Verzehr immer zuerst waschen. Benenne den Grund dafür.

4.
Im Zusammenhang mit Pilzerkrankungen spricht man auch von einer „Erkrankung der Erkrankten": Sie treffen häufig ältere Menschen oder Menschen, die bereits an anderen Krankheiten wie AIDS oder Krebs leiden. Erläutere, warum das so ist.

Pilze verursachen Krankheiten

Pilze verursachen häufig oberflächliche Infektionen wie Fusspilz, Nagelpilz oder Hautpilz. Diese entstehen, indem Pilzsporen auf die Haut oder den Nagel gelangen und dort wachsen. Der Pilz schädigt durch sein Wachstum das Gewebe – es kommt zu einer Entzündung und den typischen Symptomen wie Rötungen und Juckreiz.

Vor allem bei Menschen mit einem geschwächten Immunsystem kommt es gelegentlich auch zu invasiven („innerlichen") Infektionen mit Pilzen, insbesondere **Schimmelpilzen**. Die Sporen gelangen durch die Atemluft (beispielsweise wegen verschimmelter Klimaanlagen) oder befallene Lebensmittel in den Körper. Das Wachstum der Pilze schädigt dann die befallenen Organe. Zudem produzieren die Pilze bei ihrem Stoffwechsel giftige Stoffe (Toxine), die starke allergische Reaktionen verursachen können.

Wie man Pilze los wird

Medikamente zur Behandlung von Pilzinfektionen gibt es rezeptfrei in der Apotheke. Konnte ein Arzt den Erreger jedoch genau bestimmen, verschreibt er ein Medikament, das gezielt gegen diesen Pilz wirkt. Zudem sollten Patienten mit einer Pilzinfektion Kleider, die mit dem Pilz in Berührung gekommen sind, bei mindestens 60° waschen, um die Sporen abzutöten.

Parasiten verursachen Krankheiten

Auch tierische Lebewesen können Infektionskrankheiten auslösen. Man spricht in diesem Fall von einem Parasitenbefall. Viele Parasiten sind nicht selbst der Auslöser für die Infektionskrankheit, sondern übertragen als sogenannte **Vektoren** Bakterien oder Viren. Dazu zählen beispielsweise Flöhe und Läuse.

Auch Zecken sind Vektoren. Bandwürmer hingegen richten selbst grossen Schaden im Körper an. In Europa ist der Fuchsbandwurm am weitesten verbreitet.

1 Feuchtigkeit ist der Hauptgrund für Schimmel in Wohnungen.

> Nenne zwei Symptome einer oberflächlichen Pilzinfektion. Was ist bei einer Behandlung von Pilzinfektionen zu beachten?

Tierische Krankheitsüberträger und -erreger

LEXIKON
Parasiten leben im oder am Körper von Menschen, Tieren oder Pflanzen.
Wirt nennt man das Lebewesen, in oder an dessen Körper ein Parasit lebt.

Zecken
Überträger/Erreger: der Holzbock gehört zur Familie der Zecken · 2 bis 5 mm gross · lebt bodennah im Gras, Gebüsch oder Unterholz · kann beim Blutsaugen sowohl Bakterien als auch Viren übertragen
Krankheitsbild: Viren verursachen die gefährliche Hirnhautentzündung FSME (Frühsommer-Meningo-Enzephalitis) · Bakterien rufen Borreliose hervor · zunächst Rötung der Einstichstelle · später Entzündungen und vielfältige Komplikationen wie Gelenkserkrankungen oder Nervenlähmungen
Vorbeugung/Behandlung: bei Befall umgehende Entfernung der Zecke · Impfung gegen FSME · keine Vorsorgemöglichkeit gegen Borreliose · Antibiotikabehandlung notwendig

Fuchsbandwurm
Erreger: lebt im Darm von Füchsen, Katzen und Hunden (Endwirte) · 1 – 5 mm gross · Eier gelangen im Kot nach aussen · kommen über Waldbeeren und Pilze in den Darm von Mäusen, aber auch Menschen
Krankheitsbild: geschlüpfte Larven setzen sich in Leber, Lunge und Gehirn fest · bilden dort eine Vielzahl von Bläschen (Finnen) · Zerstörung des umgebenden Gewebes
Vorbeugung/Behandlung: Pilze, bodennahe Beeren und Früchte nur gekocht verzehren · Hygiene beim Umgang mit Hunden und Katzen · Wurmkuren für diese Haustiere

Kopflaus
Überträger/Erreger: lebt als Parasit im Bereich des Kopfes · klammert sich an den Haaren fest und saugt Blut · Übertragung durch direkten Kontakt oder über Textilien (z.B. Jacken, Mützen, Kopfkissen) · Weibchen „kitten" 50 – 80 Eier (Nissen) an die Haare · Nachwuchs schlüpft nach etwa 18 Tagen
Krankheitsbild: heftiger Juckreiz · Entzündung der Kopfhaut durch Kratzen · in den Tropen Übertragung von Fleckfieber möglich
Vorbeugung/Behandlung: Behandlung der befallenen Haare mit einem Mittel, das Läuse und Nissen abtötet · Auskämmen mit feinem Läusekamm

PINNWAND

1. Formuliere Ratschläge, wie man sich vor einem Befall von Zecken schützen kann. Denke dabei an ihren Lebensraum.

2. Beschreibe, welche Krankheiten die dargestellten Krankheitserreger hervorrufen.

3. Zu welcher Tiergruppe zählen die Läuse und zu welcher die Zecken? Achte bei der Zuordnung auf die Anzahl der Beine.

Stark in der Abwehr – das Immunsystem

1. 🟰 🅐
Nutze Abbildung 1 und beschreibe jeden Schritt der Immunabwehr in einem Satz.

2. 🟰 🅐
Stelle in einer Tabelle dar, welche Funktionen die Organe des Immunsystems bei dessen Arbeit übernehmen.

3. 🟰 🅐
Erkläre die Verklumpung von Krankheitserregern mithilfe des Schlüssel-Schloss-Prinzips.

4. 🟰 🅐
Erkläre unter Verwendung der Abbildung 4 das Geschehen der Immunisierung.

5. 🆀
Stellt die erworbene Immunreaktion in einem Rollenspiel nach. Verteilt in der Klasse die Rollen der verschiedenen Immunzellen. Stattet die „Zellen" mit Erkennungsmolekülen aus Pappe aus. Jede Zelle erkennt nur einen Typ von Antigenen. Von draussen kommt dann ein Erreger mit einem unbekannten Antigen aus Pappe herein ...

Krankheitserreger überall

Im Alltag sind die Menschen überall Krankheitserregern ausgesetzt. Wenn zum Beispiel in unserer Nähe jemand hustet oder niest, wenn wir eine Türklinke anfassen oder ungewaschenes Obst essen, nehmen wir Bakterien, Viren oder andere Krankheitserreger auf. Unser Körper würde solche Angriffe nur kurze Zeit überleben, gäbe es nicht eine leistungsfähige Abwehr.

Die erste Abwehrkette – angeborene Immunabwehr

Die gesunde Haut gehört zu den ersten **Barrieren,** die den Menschen vor Infektionen schützen. Ihre Hornschicht und der Säureschutzmantel, der sich aus den Ausscheidungen der Schweiss- und Talgdrüsen bildet, wehren Krankheiterreger ab. Die gleiche Funktion erfüllen die Schleimhäute, der Speichel, die Tränenflüssigkeit, die Salzsäure im Magen und die Bakterien im gesunden Darm. Gelangen dennoch schädliche Bakterien, Viren und Pilze in den Körper, werden sie von **Fresszellen** beseitigt. In der **Milz** befinden sich immer Fresszellen in Reserve und können sich bei Bedarf vermehren. Dennoch gelingt es manchen Eindringlingen, diese **angeborene Immunabwehr** zu überwinden.

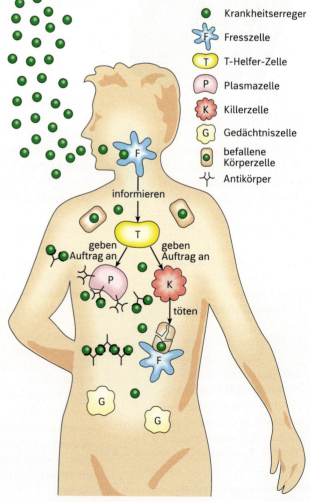

1 Die Arbeitsweise des Immunsystems (Schema)

Das Immunsystem greift ein – erworbene Immunabwehr

Dort, wo Erreger in den Körper eingedrungen sind und sich vermehren, beginnt das Immunsystem der erworbenen Immunabwehr mit seiner Arbeit. Es sind im Wesentlichen die **weissen Blutkörperchen,** die diese Aufgabe als Abwehrzellen übernehmen. Sie entstehen laufend neu im **Knochenmark** der Röhrenknochen und gelangen mit dem Blut und der Lymphe an alle Stellen des Körpers. In den **Lymphknoten,** zum Beispiel in den Mandeln oder unter den Achseln, befinden sich besonders viele dieser Abwehrzellen. Man unterscheidet dabei mehrere Arten: Fresszellen, Killerzellen, Plasmazellen, T-Helferzellen und Gedächtniszellen.

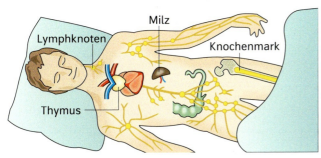

2 Organe des Immunsystems

Die Funktion der unterschiedlichen Zellen

Fresszellen können überall im Körper eingedrungene Krankheitserreger aufnehmen und verdauen. Sie erkennen die Erreger an körperfremden Molekülen, den **Antigenen,** die sich an der Aussenseite der Bakterien oder Viren befinden. Passen die Antigene wie ein Schlüssel zum Schloss auf Rezeptormoleküle der Fresszellen, werden diese aktiv. Dann informieren die Fresszellen mithilfe von Antigen-Bruchstücken der verdauten Erreger nach dem **Schlüssel-Schloss-Prinzip** andere Abwehrzellen im Blut, die **T-Helferzellen.** Diese Zellen lernen im **Thymus,** einem kleinen Organ unter dem Brustbein, körperfremde Zellen und infizierte Körperzellen zu bekämpfen. Dazu informieren die T-Helferzellen die Plasmazellen und die Killerzellen.

Plasmazellen bilden **Antikörper.** Das sind speziell geformte Eiweisse. Sie passen nach dem Schlüssel-Schloss-Prinzip zu den Antigenen der jeweiligen Erreger. So werden die Erreger über die Antikörper miteinander verbunden und verklumpen. Die verklumpten Eindringlinge werden schliesslich von Fresszellen beseitigt.

Ausserdem alarmieren die T-Helferzellen die **Killerzellen.** Diese suchen nach Körperzellen, die bereits von Erregern befallen sind. Sie erkennen solche Zellen wiederum an Antigen-Bruchstücken auf der Zelloberfläche. Killerzellen töten befallene Körperzellen ab. Fresszellen vernichten auch diese Reste.

Immunisierung

Während das Abwehrsystem arbeitet, bilden sich die **Gedächtniszellen.** Das sind Zellen, die sich nach dem Kontakt mit einem bestimmten Antigen zu langlebigen Zellen entwickeln. Sie können noch Jahre später bei einem erneuten Kontakt mit demselben Erregertyp sofort aktiv werden und in grossen Mengen Antikörper produzieren. Auf diese Weise wird der Mensch im Laufe seines Lebens gegen verschiedene Erreger **immun.**

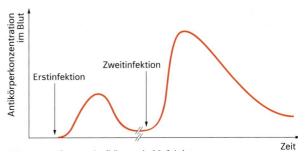

4 Konzentration von Antikörpern bei Infektionen

3 Fresszellen vernichten Bakterien

> Kannst du Beispiele für die angeborene Immunabwehr beschreiben? Erläutere die Funktion des erworbenen Immunsystems und beschreibe die Immunisierung des Menschen.

Impfen kann Leben retten

1.
Beschreibe, wie man bei einer Schutzimpfung vorgeht und was dabei im Körper passiert.

2.
Siehe in deinem Impfpass nach, welche Impfungen durchgeführt wurden. Vergleiche die Eintragungen in deinem Impfpass mit den Angaben des Impfplans.
Nenne Konsequenzen, die sich für dich ergeben können.

Alter	DTP	Polio	Hib	HBV	Pneumo-kokken	MMR	HPV	VZV	Influ.
Geburt									
2 Monate	DTP$_a$	IPV	Hib	HBV	PCV13				
4 Monate	DTP$_a$	IPV	Hib 4)	HBV	PCV13				
9 Monate						ROR			
12 Monate	DTP$_a$	IPV	Hib	HBV	PCV13	ROR			
24 Monate									
4–7 Jahre	DTP$_a$/dTp$_a$	IPV							
11-14/15 Jahre	dTp$_a$			HBV			HPV (Mädchen)	VZV	
25 Jahre	dTp$_a$								
45 Jahre	dT								
≥ 65 Jahre	dT								Influenza

Empfohlen sind (Details s. Impfempfehlungen der Eidgenössischen Kommission für Impffragen (EKIF)):
Diphterie (D), Tetanus (T), Pertussis (P), Polio, H. Influenzae (Hib), Pneumokokken (ab 2 Mt)
Masern (M), Mumps (M), Röteln (R) (ab 9 Mt)
Varizellen (VZV) & Humane Papillomaviren (HPV) (ab 11 Jahren)
DTP$_a$/dTp$_a$/dT, ROR: Kombinationsimpfstoffe

3.
Vergleiche die Schutzimpfung mit der Immunisierung durch eine Erstinfektion.

4.
a) Formuliere die Kernaussage des unten stehenden Zeitungsartikels in eigenen Worten.
b) Stelle die Argumente von Impfbefürwortern und Impfgegnern gegenüber und bewerte sie.

> **Masernausbruch**
> GESUNDHEIT. In den Kantonen St. Gallen und Zürich wurden Anfang 2019 sechs Fälle von Masern gemeldet. Eine Person hatte sich auf den Philippinen infiziert und auf dem Heimflug in die Schweiz zwei weitere Passagiere angesteckt. Zurück in der Schweiz infizierte sie den Bruder und eine Gesundheitsfachperson. Der Bruder übertrug das Virus dann auf eine weitere medizinische Fachperson. Von den sechs angesteckten Personen waren nur zwei vollständig geimpft. Für eine vollständige Ausrottung der Masern müssten laut WHO 95 % der Weltbevölkerung geimpft sein. In der Schweiz lag die Quote im Jahr 2015 bei 87 %.

5.
Vergleiche die aktive und passive Immunisierung. Stelle die Gemeinsamkeiten und die Unterschiede in einer Tabelle gegenüber.

Krankheiten und Immunsystem

Impfungen unterstützen die Körperabwehr

Viele Infektionskrankheiten, die früher oft tödlich verliefen, haben ihren Schrecken heute fast verloren. Diese Entwicklung ist vor allem auf den Einsatz von Impfungen zurückzuführen. Deren Wirkungsweise ist mit dem Immunsystem verbunden. Zahlreiche Infektionskrankheiten kann man für einen langen Zeitraum kein zweites Mal bekommen, weil das Immunsystem im Verlaufe der Erstinfektion spezifische Antikörper und Gedächtniszellen gebildet hat. Diese können bei einer erneuten Infektion mit den gleichen Erregern sofort mit der Abwehr beginnen. Bei Impfungen greift man auf diese Fähigkeit des Körpers zurück.

Aktive Immunisierung

Eine Reihe von Impfungen sollte bereits im Säuglingsalter erfolgen, zum Beispiel die Impfung gegen Wundstarrkrampf (Tetanus). Dabei nimmt das Kind Tetanus-Erreger auf, die vorher abgeschwächt wurden. Durch die Antigene auf den Erregern wird das Abwehrsystem angeregt, Antikörper und Gedächtniszellen zu bilden. So hat der Körper einen Langzeitschutz gegen die Krankheit, er ist immun. Diese Impfung nennt man **Schutzimpfung** oder **aktive Immunisierung.** Um die Immunität aufrecht zu erhalten, muss in regelmässigen Abständen eine Auffrischungsimpfung erfolgen.

Impfen – Verantwortung für alle

Nach einer Impfung kann es zu Fieber oder leichten Gewebeschwellungen kommen, in sehr seltenen Fällen auch zu ernsteren Nebenwirkungen. Für manche Impfgegner ist das ein Grund, Impfungen abzulehnen. Dieser Einstellung muss man entgegenhalten, dass eine Impfung wesentlich weniger Risiko birgt als die Folgen der Krankheiten, die bei Nichtimpfung möglicherweise auftreten und weiter übertragen werden. Somit kommt einer konsequenten Impfpraxis eine hohe soziale Verantwortung zu.

Passive Immunisierung

Ist ein Mensch an einer Infektion erkrankt und das Immunsystem wird mit den Erregern nicht fertig, hilft möglicherweise eine andere Form der Impfung. Dabei müssen gleich die passenden Antikörper gespritzt werden, um das Immunsystem kurzfristig zu unterstützen. Früher gewann man diese Antikörper, indem man Haustiere mit abgeschwächten Erregern der betreffenden Infektionskrankheit infizierte, ihnen nach einiger Zeit Blut entnahm und die vorhandenen Antikörper herausfilterte und dem Patienten verabreichte. Heute verwendet man meist menschliche Antikörper aus Zellkulturen. Eine solche Impfung nennt man **Heilimpfung** oder **passive Immunisierung.** Sie wirkt nur drei bis vier Wochen, kann aber im Notfall Leben retten.

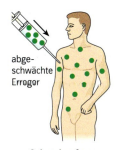
Schutzimpfung

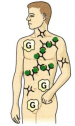
Bildung von Antikörpern und Gedächtniszellen

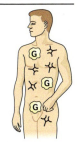
Immunität

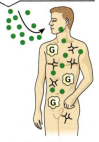
Infektion

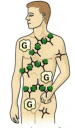
Antikörper stehen sofort zur Verfügung

1 Schutzimpfung (aktive Immunisierung)

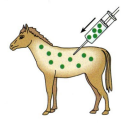
Infizieren mit abgeschwächten Erregern

Bildung von Antikörpern im Pferd

Entnahme von Antikörpern aus Pferdeblut

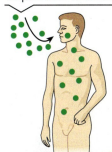
Infektion

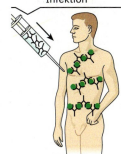
Impfung mit Antikörpern

2 Heilimpfung (passive Immunisierung)

> Kannst du die Bedeutung von Impfungen und das Prinzip einer Schutzimpfung erklären?

AIDS – eine tödliche Infektionskrankheit mitten unter uns

1. A
Beschreibe, wie sich der HI-Virus im menschlichen Körper vermehrt und welche Auswirkungen dies hat.

2. A
Erläutere, wie man sich vor einer HIV-Infektion schützen kann.

3. Q
Recherchiere, wie das Symbol der AIDS-Schleife entstanden ist und erkläre seine Bedeutung.

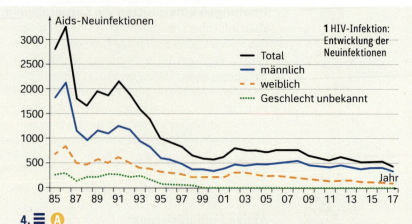

1 HIV-Infektion: Entwicklung der Neuinfektionen

4. A
a) Erläutere anhand der Abbildung 1, wie sich die Zahl der HIV-Infektionen in der Schweiz in den letzten Jahren entwickelt hat.
b) Nenne mögliche Gründe für diese Entwicklung.

AIDS und der Krankheitserreger HIV

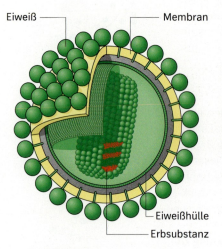

2 HI-Virus

AIDS ist eine tödliche Infektionskrankheit. Die Abkürzung steht für **A**cquired **I**mmunodeficiency **S**yndrome. Dahinter verbirgt sich eine erworbene Immunschwäche des Menschen, die durch **HI-Viren** (**H**umane **I**mmunodeficiency **V**irus) hervorgerufen wird. Das geschwächte Immunsystem kann sich nicht mehr gegen Krankheitserreger zur Wehr setzen. Daher setzt sich das Krankheitsbild von AIDS aus Symptomen verschiedener Krankheiten zusammen. Infizierte sind häufig abgemagert, geschwächt und leiden unter Lungenentzündung. Die Krankheit kommt inzwischen überall auf der Welt vor.

HIV-Infektion
Die Übertragung des HI-Virus erfolgt hauptsächlich durch ungeschützten Geschlechtsverkehr oder Blutkontakt, bei dem ein Partner bereits durch das Virus infiziert ist. Zunächst gelangt das Virus über Körperflüssigkeiten eines Infizierten wie Blut, Spermien- oder Scheidenflüssigkeit in den Körper eines Nichtinfizierten. Dort befällt es die T-Helferzellen, die bei der Immunabwehr eine wichtige Funktion erfüllen.
Das Virus schleust sein Erbgut in die T-Helferzellen ein. Diese beginnen daraufhin mit der Produktion neuer Viren, anstatt diese erfolgreich zu bekämpfen. Die Zahl der T-Helferzellen nimmt dabei immer mehr ab, wodurch das Immunsystem sehr stark geschwächt wird.

HIV-Test
Eine Infektion mit HI-Viren verursacht zunächst keine erkennbaren Symptome. Daher kann sie eine zeitlang unerkannt bleiben. Im Laufe von zwei bis vier Monaten nach der Infektion bildet das Immunsystem zwar Antikörper, diese schaffen es jedoch nicht, die HI-Viren unschädlich zu machen. Allerdings lassen sich die Antikörper über einen HIV-Test im Blut nachweisen. Sind Antikörper im Blut vorhanden, ist das Ergebnis „HIV-positiv". Die Gewissheit, infiziert zu sein, ist mit vielen Ängsten verbunden. Daher treten häufig Probleme im Umgang mit anderen Menschen auf, wenn bekannt wird, dass jemand HIV-infiziert ist.

Stadien der Krankheit AIDS
Wenn sich die Viren im Körper so stark vermehren, dass die Krankheit ausbricht, treten zunächst Fieber, Durchfall, Gewichtsverlust und Lymphknotenschwellungen auf. Man spricht auch vom Vorstadium der Krankheit.

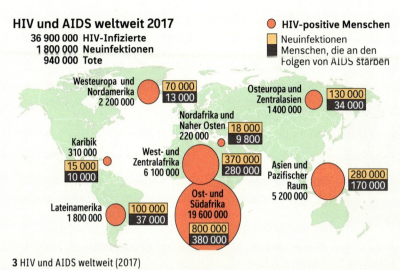

3 HIV und AIDS weltweit (2017)

HIV und AIDS weltweit 2017
36 900 000 HIV-Infizierte
1 800 000 Neuinfektionen
940 000 Tote

● HIV-positive Menschen
■ Neuinfektionen
■ Menschen, die an den Folgen von AIDS starben

Westeuropa und Nordamerika 2 200 000 — 70 000 / 13 000
Osteuropa und Zentralasien 1 400 000 — 130 000 / 34 000
Nordafrika und Naher Osten 220 000 — 18 000 / 9 800
Karibik 310 000 — 15 000 / 10 000
West- und Zentralafrika 6 100 000 — 370 000 / 280 000
Asien und Pazifischer Raum 5 200 000 — 280 000 / 170 000
Lateinamerika 1 800 000 — 100 000 / 37 000
Ost- und Südafrika 19 600 000 — 800 000 / 380 000

5. A
a) Beschreibe die unterschiedliche Verbreitung von HIV-Infektionen weltweit.
b) Nenne Gründe für die unterschiedliche Verbreitung von AIDS. Beachtet dabei sowohl die Rolle von Mann und Frau als auch gesellschaftspolitische und religiöse Hintergründe.
c) Vergleiche die Anzahl der Todesfälle in verschiedenen Regionen und versuche, diese zu erklären.

Im Laufe der Zeit vermehren sich die Viren immer mehr, bis das Immunsystem zusammenbricht. Der Körper kann dann sonst harmlose Erreger nicht mehr abwehren. Viele Betroffene leiden unter Lungenentzündung, Pilzbefall der Organe, verschiedenen Krebserkrankungen und Erkrankungen des Gehirns. Dieses Stadium wird als Vollbild der Krankheit AIDS bezeichnet.

Medikamente
Die Diagnose "HIV-positiv" bedeutete vor wenigen Jahren noch den baldigen Tod. Auch heute ist AIDS noch nicht heilbar, aber es gibt inzwischen wirksame Medikamente, die die Vermehrung der HI-Viren hemmen. Durch die geringere Virenmenge funktioniert das Immunsystem besser. Die AIDS-Symptome werden gelindert oder entstehen bei frühzeitiger Therapie gar nicht erst. Eine vollständige Heilung bleibt jedoch aus. So müssen die Patienten ihr Leben lang eine Kombination aus mehreren Medikamenten mit strenger Regelmässigkeit einnehmen. Ausserdem haben die Medikamente starke Nebenwirkungen. Leider entwickeln die HI-Viren auch Unempfindlichkeiten (Resistenzen) gegen die Medikamente. Zudem sind die Medikamente sehr teuer und stehen nicht allen Betroffenen zur Verfügung.

Schutz vor Ansteckung
Da es gegenwärtig weder eine Heilung noch einen Impfstoff gegen die Immunschwächekrankheit gibt, bleibt die Vermeidung einer Ansteckung die wichtigste Vorbeugung. Vor der Übertragung beim Geschlechtsverkehr schützen Kondome. Dies ist besonders bei wechselnden Partnern wichtig.

4 Ist AIDS ein Thema?

Im Rahmen von Erste-Hilfe-Massnahmen müssen bei der Behandlung von blutenden Verletzungen immer Einweghandschuhe getragen werden.

Auch der verantwortungsbewusste Umgang mit der Krankheit und eine ausführliche Aufklärung können bewirken, dass die Zahl der Neuinfektionen weltweit in den nächsten Jahren zurückgeht.

Kannst du erklären, was die Begriffe HIV und AIDS bedeuten? Kannst du die HIV-Infektion, den Krankheitsverlauf sowie Therapie- und Schutzmöglichkeiten erläutern?

Signale des Stoffwechsels

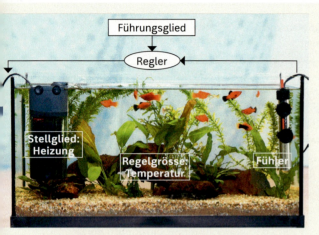

1. A
Erläutere am Beispiel eines Aquariums die allgemeinen Funktionsprinzipien eines Regelkreises.

2. A
a) Beschreibe Situationen, in denen du Müdigkeit verspürst.
b) Beschreibe, wie du reagierst, wenn du müde bist.

3. A
a) Recherchiere zum Thema Diabetes und Insulin.
b) Stelle den Regelkreis der Blutzuckerregulation grafisch dar.

4. A
a) Erinnere dich an eine Situation, in der du sehr stark frieren musstest, und beschreibe sie.
b) Welche Veränderungen geschehen im Körper, wenn du frierst?

5. Q
Muskelkrämpfe weisen auf Magnesiummangel hin. Recherchiere und erstelle eine Tabelle mit weiteren Mangelerscheinungen und Signalen, die darauf hinweisen.

Körpersignale richtig deuten

Unser Körper reguliert seinen Stoffwechsel, ohne dass wir darüber nachdenken müssen. Wichtige Stoffwechselvorgänge werden im Körper als **Regelkreise** durch Hormone gesteuert.

Es kann aber vorkommen, dass der Stoffwechsel aus dem Gleichgewicht gerät. Dies können wir an gewissen Signalen unsers Körpers erkennen. Deshalb ist es wichtig, auf diese Signale zu achten.

Müdigkeit und Unruhe

Das **vegetative Nervensystem** regelt unser Empfinden von Müdigkeit und Erregung. Ist der **Sympatikus** aktiv, fühlen wir uns wach. Müdigkeit stellt sich ein, wenn der **Parasympatikus** aktiv ist, z. B. wenn wir abends entspannen. Warum fühlen wir uns aber auch nach dem Mittagessen manchmal unangenehm müde („**Vedauungskoma**")? Das liegt daran, dass der Parasympatikus nicht nur für Entspannung sorgt, sondern auch die Verdauung anregt. Diese Art von Müdigkeit ist also ganz normal. Müdigkeit kann aber auch problematische Ursachen haben, etwa Eisenmangel – Eisen wird im Blut für den Sauerstofftransport benötigt. Auf der anderen Seite liegt Unruhe, die uns nicht einschlafen lässt, oft daran, dass die Aktivität des Sympaticus nicht nachlässt, weil wir gestresst sind.

Auf Müdigkeit reagieren wir meist intuitiv richtig – wir legen uns schlafen. Verschwindet die Müdigkeit aber nicht, obwohl wir genug schlafen, ist es ratsam, der Ursache nachzugehen. Auf Unruhe reagieren wir hingegen oft falsch und tendieren dazu, Stress zu vermeiden, was unsere Aktivität noch steigert. Wichtig bei Unruhe wäre jedoch gezielte **Entspannung**.

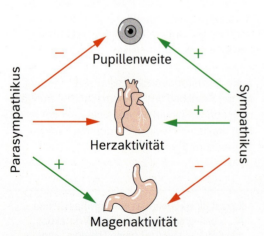

1 Sympathikus und Parasympathikus regeln u. a. Entspannung, Magenaktivität und Herzaktivität.

Hunger oder Appetitlosigkeit

Meist können wir uns in Sachen Appetit auf die Rückmeldungen unseres Körpers verlassen. Spezielle Zellen messen den Blutzuckerspiegel; dieser Wert an den Hypothalamus im Zwischenhirn gemeldet, in dem sich ein Hungerzentrum und ein Sättigungszentrum befinden. Dort wird das Gefühl „Hunger" ausgelöst. Auch die Füllmenge des Magens wird registriert. Deuten diese Informationen darauf hin, dass der Körper ausreichend mit Energie versorgt ist, sinkt das Hungergefühl, umgekehrt verspüren wir Appetit.

Verschwindet das Hungergefühl nicht, obwohl man genug gegessen hat, kann das daran liegen, dass der gestiegene Blutzuckerspiegel nicht ans Gehirn gemeldet wird (z. B. durch fehlendes Insulin bei Diabetes. Ist ständig der Sympathikus aktiv, verspüren wir weniger Hunger. Appetitlosigkeit kann also auch auf Stress zurückzuführen sein.

Muskelkrämpfe

Bei Krämpfen können sich Muskelfasern nicht mehr entspannen. Gründe dafür sind Erschöpfung sowie einseitige und übermässige Belastungen des Muskels beim Sport.

Ist der Krampf durch einseitige Belastung entstanden und somit ein sinnvoller Schutzreflex des Körpers, reichen Dehnübungen und eine Pause. Auch eine ausreichende Flüssigkeitszufuhr kann nicht schaden.

3 Bei Muskelkrämpfen helfen Dehnübungen.

Frieren oder Schwitzen

Durch Frieren und Schwitzen reguliert der Körper seine Temperatur. Die von den **Schweissdrüsen** abgesonderte Flüssigkeit befeuchtet unsere Körperoberfläche, und wenn die Flüssigkeit verdunstet, entzieht dies dem Körper Energie. Das verhindert den Anstieg der Körpertemperatur, wenn wir körperlich aktiv sind. Auch der Konsum von stark gewürzten Speisen oder Alkohol regt den Stoffwechsel so an, dass die Körpertemperatur ohne Schwitzen steigen würde. Auch bei Fieber oder Stress reagiert der Körper mit Schwitzen.

Das **Frieren** hingegen verhindert das Absinken der Körpertemperatur: Die Blutzirkulation wird so reduziert, dass in den Extremitäten weniger Blut fliesst, wodurch weniger Wärme verloren geht. Zudem verstärkt sich durch das „Schlottern" die Aktivität der Muskulatur, sodass Wärme produziert wird.

Verfärbung des Urins

Mit dem Urin werden Giftstoffe aus dem Körper ausgeschieden, die von der Niere aus dem Blut gefiltert und in die Harnblase geleitet wurden. Die Zellen der Niere brauchen genügend Wasser zum Lösen der Giftstoffe; Urin sollte deshalb zu 95 Prozent aus Wasser bestehen. Seine Farbe ist normalerweise leicht gelblich. Ist im Körper zu wenig Wasser vorhanden, verfärbt sich der Urin dunkelgelb, da die Giftstoffe nicht mehr ausreichend verdünnt werden. Es kann aber auch sein, dass die Farbe durch verzehrte Lebensmittel wie Rhabarber beeinflusst wird. Ein rötlich gefärbter Urin kann auch durch Blut verursacht werden, das im Normalfall nicht im Urin vorkommen sollte. Ist der Urin also stark gelb gefärbt, sollte man dringend mehr trinken. Ausreichend Flüssigkeit ist nicht nur für die Nieren, sondern für alle Körperfunktionen wichtig.

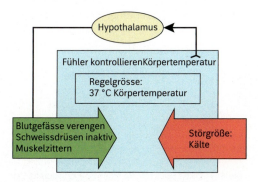

2 Regelung der Körpertemperatur (vereinfacht)

Medikamente wirken

1. ❓
Sammle Packungsbeilagen von Medikamenten.
a) Notiere die Indikation (wann das Medikament verwendet wird) und den Namen des Wirkstoffs.
b) Liste die Nebenwirkungen auf.

2. ≡ Ⓐ
Von einer seltenen Krankheit spricht man, wenn weniger als 5 von 10 000 Personen davon betroffen sind. Ein Beispiel ist die „Schmetterlingskrankheit" – die Haut der Betroffenen ist extrem empfindlich. Für viele dieser Krankheiten gibt es keine Medikamente. Überlege, woran das liegen könnte.

3. ❓
Notiere Argumente für und gegen Tierversuche und diskutiere sie mit deinen Mitschülern.

Medikamente wirken gewünscht und unerwünscht

Medikamente können helfen, Krankheiten zu heilen und Schmerzen zu lindern. Sie können aber auch unangenehme und manchmal gefährliche **Nebenwirkungen** haben. Oft lassen sich diese Nebenwirkungen nicht vermeiden und werden in Kauf genommen. Ärzte und Patienten haben dshalb immer die Aufgabe, zwischen Nutzen und Risiken abzuwägen und sich im konkreten Fall für oder gegen ein Medikament zu entscheiden.

Der lange Weg zum Medikament

Bis ein neues Medikament auf den Markt kommt, hat es einen langen Weg hinter sich. Die Erforschung eines Medikamentes kann mit 10 000 Substanzen beginnen, von denen schliesslich eine einzige als zugelassener **Wirkstoff** übrigbleibt. Es gibt viele Substanzen, deren Wirkung zufällig entdeckt wurde und die dann als Medikament auf den Markt kamen. Pharmafirmen und Universitäten suchen aber auch ganz gezielt nach Wirkstoffen, um bestimmte Krankheiten zu heilen. Sie beginnen mit Grundlagenforschung zur Krankheit und finden heraus, welche Abläufe im Körper gestört sind. Sie fragen sich, ob dem Körper möglicherweise gewisse Stoffe fehlen oder Stoffe vorhanden sind, die ihm schaden. Anschliessend suchen die Forscher nach Substanzen, welche die fehlenden Stoffe ersetzen oder die schädlichen Stoffe blockieren.

Testen, testen, testen

Die Substanzen, die in Frage kommen, werden ausführlich getestet – zuerst an Zellen im Reagenzglas, dann an Lebewesen. Um das Rsisiko klinischer Studein für Menschen klein zu halten, werden zuvor Tierversuche durchgeführt. Die Tiere und später auch die menschlichen Testpersonen werden während einer Studie genauestens beobachtet und untersucht. Bei diesen Tests will man herauszufinden, wie ein Medikament dosiert werden muss und welche Nebenwirkungen auftreten. Es muss geklärt werden, ob das Medikament überhaupt eine Wirkung hat oder lediglich der **Placebo-Effekt** eine Rolle spielt. Damit ist gemeint, dass wir eine Wirkung eher wahrnehmen, wenn wir sie erwarten. So kann es vorkommen, dass Menschen eine Linderung der Symptome wahrnehmen, obwohl sie gar nicht mit dem Medikament, sondern mit einer wirkungslosen Substanz (Placebo) behandelt wurden.
In einer Medikamentenstudie werden deshalb zwei Gruppen von Patienten gebildet. Die eine Gruppe wird mit dem Wirkstoff, die andere (ohne ihr Wissen) mit dem Placebo behandelt. Nur wenn die Wirkung bei den Testpersonen, die mit dem Wirkstoff behandelt wurden, besser ist und schneller eintritt (Bild 1), ist das Medikament wirksam und wird vor der Markteinführung an einer grösseren Patientengruppe getestet.

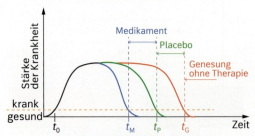

1 Die Wirksamkeit eines Medikaments ist u.a. dadurch belegt, dass die Genesung früher einsetzt ($t_M < t_P$).

Nebenwirkung Sucht

In der Schweiz nehmen mehr als 400 000 Erwachsene täglich Medikamente ein. Manche Menschen nehmen sie nicht nur gegen akute Schmerzen oder zur Unterstützung der Heilung, sondern entwickeln ein starkes Verlangen nach Medikamenten, die bis zu einer **Abhängigkeit** führen kann.

Gemäss Schätzungen sind in der Schweiz ungefähr 60 000 Personen **medikamentenabhängig**. Insbesondere **Benzodiazepine** haben ein hohes Suchtpotenzial. Sie werden u. a. als Schlaf- und Beruhigungsmittel eingesetzt und auch als Tranquilizer bezeichnet. Sie sollten nur kurze Zeit verabreicht werden. Bei einer längeren Einnahme können Benzodiazepine genau die Symptome verursachen, für deren Behandlung sie eingesetzt werden. Dies kann zu einer Erhöhung der Dosis führen, ohne dabei die Symptome zu beseitigen, und eine Abhängigkeitsentwicklung begünstigen.

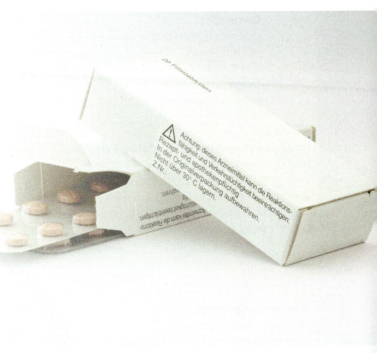

Medikamente: Erfolge und Misserfolge

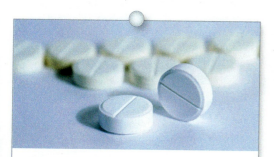

Unentbehrlich
Paracetamol wirkt fiebersenkend und entzündungshemmend und ist in vielen rezeptfrei erhältlichen Grippe- und Schmerzmittel enthalten. Bereits 1955 wurde das Mittel als Medikament für Kinder auf den Makrt gebracht, obwohl die Langzeitwirkung von Paracetamol noch unbekannt war. Die Einführung ging jedoch gut, seit 1977 steht Paracetamol auf der Liste der unentbehrlichen Medikamente der WHO.

„Nicht toxisch"
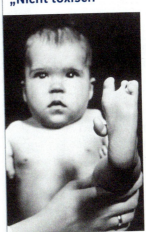
Angang der 1950er-Jahre kam **Contergan** als Mittel gegen Schlafprobleme und Unruhe von Schwangeren auf den Markt. Sein Wirkstoff Thalidiomid war in Tierversuchen als „nicht toxisch" eingestuft worden. Das Gegenteil stellte sich heraus: Tausende Kinder von Müttern, die während der Schwangerschaft Contergan eingenommen hatten, kamen mit fehlenden Gliedmassen zur Welt.

PINNWAND

Krankheiten und Immunsystem

Gesundheit
Gesund ist ein Mensch, wenn er sich sowohl mit seinem Körper als auch seiner Seele, seinen Mitmenschen und seiner Umwelt im Einklang fühlt. Durch eine verantwortliche Lebensführung kann jeder zu seiner Gesundheit beitragen.

Medikamente
Medikamente wirken, haben aber immer auch Nebenwirkungen. Medikamentenmissbrauch kann in die Abhängigkeit führen.

Infektionskrankheiten und ihre Erreger
Infektionskrankheiten werden von Bakterien, Viren, Pilzen oder Parasiten ausgelöst und übertragen. Nach einer Infektion dauert es eine bestimmte Zeit – die Inkubationszeit – bis die Krankheit ausbricht.

Das Immunsystem
Die angeborene Immunabwehr schützt über Barrieren wie die Haut vor Krankheitserregern. Dringen Erreger dennoch in den Körper ein, werden sie von der erworbenen Abwehr, dem Immunsystem, bekämpft. Mithilfe verschiedener Abwehrzellen und der Antikörper werden eingedrungene Krankheitserreger unschädlich gemacht. Die Erkennung verläuft dabei immer über das Schlüssel-Schloss-Prinzip zusammenpassender Moleküle. Gedächtniszellen sorgen dafür, dass bei einer wiederholten Infektion mit den gleichen Erregern diese sofort bekämpft werden können. Diesen Zustand nennt man Immunität.

Schutz gegen Infektionskrankheiten
Wird das Immunsystem selbst nicht mit den eingedrungenen Krankheitserregern fertig, braucht der Körper zusätzliche Hilfe. Dies können Antibiotika sein, die bakterielle Infektionskrankheiten verkürzen.
Gegen zahlreiche Infektionskrankheiten gibt es eine vorbeugende Schutzimpfung (aktive Immunisierung). Sie regt den Körper an, eine lang anhaltende Immunität zu entwickeln. Eine Heilimpfung (passive Immunisierung) erfolgt zur Unterstützung des Immunsystems, wenn man bereits erkrankt ist.

AIDS
AIDS ist eine Infektionskrankheit, die von HI-Viren hervorgerufen wird. Diese befallen Abwehrzellen und schwächen dadurch das Immunsystem. Dadurch können normalerweise harmlose Krankheiten zum Tode führen. Zurzeit gibt es kein Medikament, das auf Dauer die HI-Viren beseitigt. Allerdings gibt es inzwischen virenhemmende Medikamente, die die AIDS-Symptome lindern oder unterdrücken. Dennoch ist der Schutz vor einer Infektion weiterhin die beste Vorbeugung gegen AIDS.

Krankheiten und Immunsystem

1. 🅐
Beschreibe den Bau von Bakterien und Viren. Benenne dazu die Ziffern mit den passenden Begriffen.

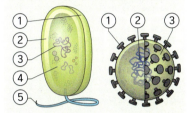

2. 🅐
Sortiere diese Krankheiten nach ihren Erregern:
Röteln, Karies, Mumps, AIDS, Herpes, Salmonellose, Grippe.

3. 🆀
Recherchiere zu Wundstarrkrampf (Tetanus) den Erreger, die Infektionswege, den Krankheitsverlauf und Vorbeugemöglichkeiten.

4. 🅐
a) Infektionskrankheiten zeigen einen typischen Verlauf.
Ordne dazu die folgenden Begriffe in der richtigen Reihenfolge:
• Inkubationszeit
• Genesung
• Symptome
• Infektion
• Ausbruch der Krankheit
b) Erkläre die Begriffe jeweils mit einem kurzen Satz.

5. 🅐
Beschreibe zu den Bildern mögliche Infektionswege.

6. 🅐
Lass die Zellen des Immunsystems in Ich-Form sprechen. Wie würden sie ihre Funktion beschreiben? Notiere.

7. 🆀
Zeichnet einen Comic, der den Abwehrkampf der Immunzellen und der Antikörper gegen eingedrungene Krankheitserreger oder von Viren befallene Körperzellen darstellt.

8. 🅐
Formuliere mit eigenen Worten, was man mit Impfungen individuell und gesellschaftlich erreichen möchte.

9. 🅐
Begründe, warum man die Schutzimpfung aktive und die Heilimpfung passive Immunisierung nennt.

10. 🅐
Informiere dich im Impfkalender über das empfohlene Impfalter und die Häufigkeit der Impfungen gegen Masern, Röteln und Papillomaviren. Notiere.

11. 🅐
Nimm Stellung zu folgendem Argument von Impfgegnern: „Es gibt sehr viele nicht geimpfte Kinder, die nicht erkranken."

12. 🅐
Begründe, wann der Einsatz von Antibiotika sinnvoll ist und warum Antibiotika genau nach ärztlicher Vorschrift eingenommen werden müssen.

13. 🅐
Begründe, warum Antibiotika nicht gegen Herpes helfen.

14. 🅐
Das Foto zeigt einen Hähnchenmastbetrieb. Erläutere die Ziele und Risiken des Einsatzes von Antibiotika in solchen Betrieben.

15. 🅐
Beschreibe die Symptome der Krankheit AIDS und deren Ursachen.

16. 🅐
Beurteile das Ansteckungsrisiko mit dem HI-Virus in folgenden Situationen:
• Körperkontakte
• gemeinsames Benutzen von Geschirr
• ungeschützter Geschlechtsverkehr
• Schwimmbäder

LERNCHECK

Spannung und Induktion

Welchen Schrott hebt ein Elektromagnet?

Wie funktioniert ein Nabendynamo?

Welcher Motor steckt im Elektroauto?

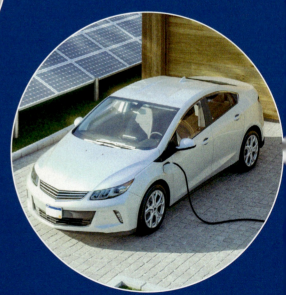

Widerstände in der Reihenschaltung

1. ≡ Ⓥ
a) Miss mit einem Vielfachmessgerät die Widerstandswerte von drei Keramikwiderständen. Trage die Werte in eine Tabelle ein.
b) Bestimme die Werte für die Widerstände aus Versuch a) mit der Farbcodetabelle für Widerstände. Trage sie ebenfalls in die Tabelle ein und vergleiche.

2. ≡ Ⓥ
a) Schalte die Widerstände aus Versuch 1 in Reihe. Miss nacheinander den Widerstandswert über ein, zwei und drei Widerstände. Notiere die Werte.
b) Vergleiche die Messwerte mit den Ergebnissen aus Versuch 1. Erläutere deine Feststellung.

3. ≡ Ⓐ
Drei Widerstände mit den Werten 47 Ω, 220 Ω und 470 Ω sind hintereinander geschaltet. Berechne die Grösse des Gesamtwiderstandes.

4. ≡ Ⓐ
Vier Widerstände mit den Werten 180 Ω, 1,2 kΩ, 560 Ω und 1,7 MΩ sind in Reihe geschaltet. Berechne den Wert des Ersatzwiderstandes.

5. ≡ Ⓐ
Der Ersatzwiderstand einer Schaltung beträgt 1240 Ω. R_1 hat einen Wert von 220 Ω, R_3 einen Wert von 470 Ω. Berechne R_2.

1 Widerstandsmessung in der Reihenschaltung

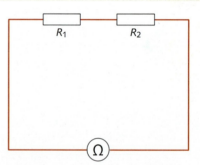

2 Schaltplan zur Widerstandsmessung

Bestimmen des Widerstandes

Werden in einem Stromkreis Widerstände in Reihe geschaltet, fliessen die Elektronen nacheinander durch alle Widerstände. Die Widerstände zusammen bestimmen die elektrische Stromstärke. Der Wert der Stromstärke verringert sich, wenn bei konstanter Spannung weitere Widerstände hintereinander in den Stromkreis geschaltet werden. Der Wider-stand kann aus den Messungen von Spannung und Stromstärke errechnet werden.

Gesamtwiderstand berechnen

Ein einzelner Widerstand kann die gleiche Wirkung erzielen wie zwei andere, wenn die Summe ihrer Widerstandswerte mit dem Wert des einzelnen Widerstandes übereinstimmt. Auch drei Widerstände können durch einen einzelnen Widerstand ersetzt werden, wenn sein Wert der Summe der Werte der drei einzelnen Widerstände entspricht. Die Summe der Werte der Einzelwiderstände ergibt den Wert des **Gesamtwiderstandes R_{ges}**. Der Gesamtwiderstand in einer Reihenschaltung mit drei Einzelwiderständen wird berechnet mit der Formel:

$$R_{ges} = R_1 + R_2 + R_3$$

Ersatzwiderstand messen

Anstelle von mehreren in Reihe geschalteten Widerständen kannst du auch einen einzelnen Widerstand mit dem Wert des Gesamtwiderstandes verwenden. Er heisst **Ersatzwiderstand**. Anstelle einer Messung von Spannung und Stromstärke kann der Wert des Ersatzwiderstandes auch direkt bestimmt werden. Für die Messung müssen Anfang und Ende der Widerstände in Reihenschaltung mit dem Messgerät verbunden werden.

> Kannst du für eine Reihenschaltung von Widerständen den Gesamtwiderstand berechnen und den Ersatzwiderstand messen?

Widerstände in der Parallelschaltung

1.
Bestimme die Widerstandswerte für zwei gleich grosse Keramikwiderstände mit dem Widerstandsfarbcode und notiere sie in einer Tabelle.

2.
Schalte die Widerstände aus Aufgabe 1 parallel. Bestimme mit einem Vielfachmessgerät den Widerstandswert. Notiere den Wert in der Tabelle und vergleiche ihn mit den einzelnen Widerstandswerten.

3.
Wiederhole Aufgabe 1 und Versuch 2 für zwei ungleiche Widerstände. Formuliere ein Ergebnis.

4.
a) Miss die Werte von drei ungleichen Widerständen.
b) Schalte die drei Widerstände parallel und miss ihren Gesamtwiderstand.
c) Vergleiche den Gesamtwiderstand mit den Werten der Einzelwiderstände. Formuliere das Ergebnis.

5.
a) Drei Widerstände $R_1 = 20\,\Omega$, $R_2 = 30\,\Omega$ und $R_3 = 60\,\Omega$ sind parallel geschaltet. Schätze ab, welchen Wert der Widerstand haben muss, der sie ersetzen kann.
b) Berechne den Ersatzwiderstand. Beachte, dass du vor der Angabe des Gesamtwiderstandes den Kehrwert bilden musst.

1 Widerstandsmessung in der Parallelschaltung

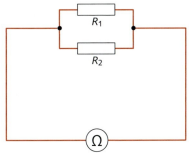

2 Schaltplan zur Widerstandsmessung

Gesamtwiderstand berechnen

Bei einer Parallelschaltung von Widerständen werden den fliessenden Elektronen jeweils mehrere Stromwege angeboten. Bei gleicher Spannung können dann in derselben Zeit mehr Elektronen im Stromkreis fliessen.

Der **Gesamtwiderstand** verringert sich mit jedem zusätzlich parallel geschalteten Einzelwiderstand. Bei gleich grossen, parallel geschalteten Widerständen ergibt sich ein Gesamtwiderstand mit dem halben Wert der Einzelwiderstände. Sind die Widerstände nicht gleich gross, ist ihr Gesamtwiderstand kleiner als der kleinste der Einzelwiderstände. Der Gesamtwiderstand in einer Parallelschaltung mit drei Einzelwiderständen wird berechnet mit der Formel:

$$\frac{1}{R_{ges}} = \frac{1}{R_1} + \frac{1}{R_2} + \frac{1}{R_3}$$

Um den Wert für den Gesamtwiderstand R_{ges} zu erhalten, musst du die Kehrwerte addieren und nach der Addition den Kehrwert bilden.

Ersatzwiderstand messen

Neben der Berechnung des Gesamtwiderstandes und der Messung von Spannung und Stromstärke ist es ebenfalls möglich, den **Ersatzwiderstand** bei der Parallelschaltung mit einem Vielfachmessgerät wie in Bild 1 direkt zu messen.

TIPP
Benutze für die Berechnung des Gesamtwiderstandes die $\frac{1}{x}$- oder x^{-1}-Taste des Taschenrechners.

Kannst du für eine Parallelschaltung von Widerständen den Gesamtwiderstand berechnen und den Ersatzwiderstand messen?

Verzweigte Stromkreise

1.
a) Baue mit einer 4,5-Volt-Flachbatterie, einem LED-Lämpchen (mind. 4,5 V Betriebsspannung) und einem Multimeter einen einfachen Stromkreis auf. Miss die Stromstärke an verschiedenen Stellen im Stromkreis. Notiere die Werte in einer Tabelle.
b) Schalte ein weiteres Lämpchen parallel zum ersten (Bild 1) und miss die Stromstärke I_z in der Zuleitung und die Stromstärken I_1 und I_2 in den beiden Zweigen. Notiere die Werte und vergleiche sie miteinander.
c) Schalte noch ein drittes Lämpchen parallel zum ersten (oder zweiten) hinzu. Miss wieder die Stromstärke I_z in der Zuleitung und die Stromstärken I_1, I_2 und I_3 in den drei Zweigen. Notiere die Werte und vergleiche sie miteinander.
d) Formuliere eine Regel für den Zusammenhang zwischen der Stromstärke in der Zuleitung und den Stromstärken der Parallelzweige.
Fertige ein Versuchsprotokoll an.

2.
Baue mit einer 4,5-Volt-Flachbatterie, drei unterschiedlichen Glühlämpchen und einem Voltmeter den abgebildeten Stromkreis auf. Achte bei den Lämpchen darauf, dass die jeweilige Nennspannung mindestens 4,5 Volt beträgt.
a) Miss mit dem Voltmeter die Batteriespannung U_0, die Spannung U_{AC} und die Potenzialdifferenzen U_{AB}, U_{BC}, und U_{DE} zwischen den Anschlüssen der drei Lämpchen. Notiere die Beträge der Messwerte (d. h. eventuelle Minuszeichen, die sich bei den Messungen ergeben, brauchst du nicht zu berücksichtigen).
b) Vertausche die Positionen der Lämpchen. Miss wieder die Spannungen U_0, U_{AC}, U_{AB}, U_{BC} und U_{DE} und notiere die Beträge der Messwerte. Erkennst du eine Regel? Schaue dir dabei besonders die beiden Maschen in Bild 2 an!
c) Überprüfe die Regel an weiteren Kombinationen der Lämpchenpositionen.
d) Welche Potenzialdifferenz erwartest du zwischen den Knoten B und D bzw. C und E? Überprüfe deine Vermutung mit dem Voltmeter.
Fertige ein Versuchsprotokoll an.

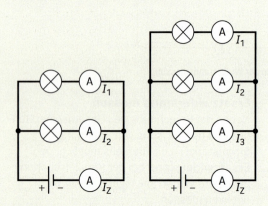

1 Messung der Stromstärke im verzweigten Stromkreis

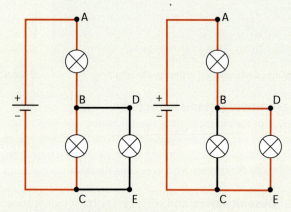

2 Maschen (rot) im verzweigten Stromkreis

3.
In der Schaltskizze sind die folgende Stromstärken bekannt: $I_2 = 0{,}30$ A, $I_3 = 700$ mA und $I_4 = 0{,}200$ A. Berechne die fehlenden Stromstärken I_1 und I_5.

4.
In den beiden Zweigen eines Stromkreises befindet sich jeweils ein Amperemeter. Das eine zeigt 1,8 A. Was zeigt das andere, wenn man im unverzweigten Teil 2,4 A misst? Begründe.

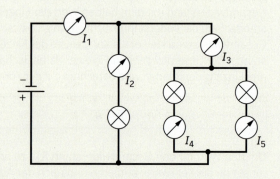

Spannung und Induktion | 105

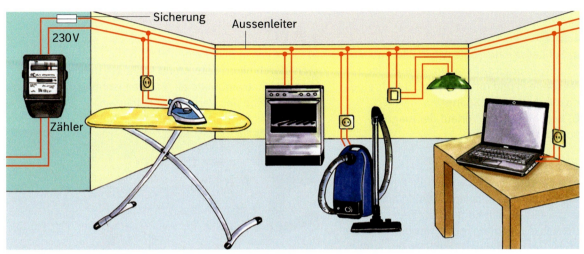

3 Elektrogeräte im Haushalt kann man unabhängig voneinander an Steckdosen anschliessen und ein bzw. ausschalten.

Stromstärken im verzweigten Stromkreis

Im Haushalt kannst du Elektrogeräte unabhängig voneinander an Steckdosen anschliessen und die Lampen in verschiedenen Räumen unabhängig voneinander ein- und ausschalten (Bild 3). Das geht mit einer Reihenschaltung, d. h. ohne Verzweigungen in den Leitungen, nicht. Wenn der Stromkreis dort an einer Stelle unterbrochen ist, kann an keiner Stelle mehr Strom fliessen.

Die Lösung für dieses Problem ist die **Parallelschaltung** von Elektrogeräten. Die Stellen, an denen sich der Stromkreis jeweils verzweigt, heissen auch **Knoten**.

In Versuch 1 untersuchen wir die Stromstärken in verzweigten Stromkreisen genauer. Bei zwei Lämpchen misst man z. B. $I_Z = 335$ mA sowie $I_1 = 286$ mA und $I_2 = 49$ mA. I_Z ist also die Summe der Stromstärken I_1 und I_2: 286 mA + 49 mA = 335 mA. Entsprechend findet man im Stromkreis mit drei parallel geschalteten Lämpchen: $I_Z = I_1 + I_2 + I_3$.

Diesen Zusammenhang zwischen der Stromstärke in der unverzweigten Zuleitung und den Stromstärken in den einzelnen Zweigen bezeichnet man als **Knotenregel**:

$$I_Z = I_1 + I_2 + I_3 + ...$$

Spannungen im verzweigten Stromkreis

In Versuch 2 untersuchen wir die Verteilung der Spannungen im verzweigten Stromkreis. Dabei betrachten wir die Spannungen, die auf einem Weg durch den Stromkreis auftreten, der uns wieder zum Ausgangspunkt zurückführt. Einen solchen Weg im Stromkreis, bei dem keine Strecke doppelt durchlaufen wird, nennt man **Masche**. Für alle Kombinationen der Lämpchenpositionen stellen wir in der Masche (rot) von Bild 2A fest: U_{AB} und U_{BC} ergeben zusammen immer die Spannung U_0 an der Batterie: $U_0 = U_{AB} + U_{BC}$.
Entsprechendes gilt für die Masche von Bild 2B: $U_0 = U_{AB} + U_{DE}$.

Diesen Zusammenhang zwischen den Spannungen nennt man **Maschnregel**: Durchläuft man in einem Stromkreis eine Masche, die die Batterie enthält, so ergibt sich die Spannung der Batterie U_0 aus der Summe der Spannungen U_1, U_2, U_3, ..., die man an jedem einzelnen Verbraucher misst.

$$U_0 = U_1 + U_2 + U_3 + ...$$

Knotenregel und Maschenregel bilden in verallgemeinerter Form die kirchhoffschen Regeln zu Knoten und Maschen.

Knotenregel: Die Summe der Stromstärken zum Knoten hin ist so gross wie die vom Knoten weg: $I = I_1 + I_2$.

Maschenregel: In einer Masche ist die Summe der Teilspannungen gleich der Quellspannung.

Das Magnetfeld eines elektrischen Leiters

1. 📋 V
a) Schliesse eine Spule wie in Bild 1 an ein Stromversorgungsgerät an. Streue Eisenfeilspäne in und um die Spule. Beschreibe das Verhalten der Späne.
b) Beschreibe den Verlauf der magnetischen Feldlinien.

2. 📋 V
a) Baue den Versuch wie in Bild 2 auf. Richte den elektrischen Leiter so aus, dass er parallel zu den Kompassnadeln steht. Schliesse und öffne mehrmals den Stromkreis. Beschreibe das Verhalten der Kompassnadeln.
b) Vertausche die Anschlüsse des Leiters. Beobachte erneut die Kompassnadeln.

3. 📋 V
a) Führe wie in Bild 3 einen elektrischen Leiter senkrecht durch einen Karton und schliesse den Leiter an eine Gleichstromquelle an. Streue Eisenfeilspäne herum.
b) Beschreibe den Verlauf der Feldlinien.

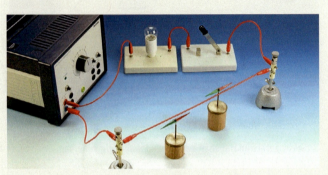

2 Elektronenfluss bewirkt ein Magnetfeld.

Ein Magnet aus Kupferdraht und Eisen

Wird eine **Kupferdrahtspule** mit Eisenkern von Elektronen durchflossen, so entsteht ein **Magnetfeld** um die Spule herum. Nordpol und Südpol liegen an den Enden des Eisenkerns. Eisenfeilspäne zeigen ein Feldlinienbild wie bei einem Stabmagneten. Eine Spule mit Eisenkern ist ein Magnet, der sich ein- und ausschalten lässt, ein **Elektromagnet.** Ändert sich durch Umpolen die Elektronenrichtung, so werden Nord- und Südpol vertauscht.

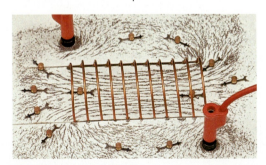

1 Das Magnetfeld einer Spule

Das Magnetfeld einer Spule

In Bild 1 zeigen Eisenfeilspäne das Feldlinienbild einer Spule ohne Eisenkern. Die Feldlinien sind in sich geschlossen. Im Aussenraum der Spule verlaufen sie vom Süd- zum Nordpol, in ihrem Inneren vom Nord- zum Südpol. Dort ist das Magnetfeld homogen. Die Feldlinien verlaufen in gleichem Abstand parallel zueinander.

Das Magnetfeld eines Leiters

Eine Spule besteht aus einem aufgewickelten elektrischen Leiter. Bild 2 zeigt einen Draht, der in Nord-Süd-Richtung zeigt. Wird der Stromkreis geschlossen, zeigen die Kompassnadeln in der Umgebung des Drahtes ein Magnetfeld an. In Bild 3 zeigen Eisenfeilspäne die magnetischen Feldlinien. Sie sind in konzentrischen Kreisen um den Leiter angeordnet. Die Radien der Ringe werden mit zunehmendem Abstand zum Leiter grösser. Es gibt keine Magnetpole.

3 Das Magnetfeld um einen Leiter

Richtung des Magnetfeldes

Mit der **Linke-Faust-Regel** kann die Richtung des Magnetfeldes um einen elektrischen Leiter ermittelt werden. Zeigt der Daumen der linken Hand in die Fliessrichtung der Elektronen, so zeigen die gekrümmten Finger die Richtung der magnetischen Feldlinien an (Bild 4).

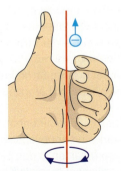

4 Die Richtung der magnetischen Feldlinien

Kannst du angeben, was fliessende Elektronen in einem Leiter und in seiner Umgebung bewirken?

Die elektromagnetische Induktion

1.
a) Schliesse eine Spule mit 1200 Windungen an ein Spannungsmessgerät mit Mittelstellung des Zeigers an. Bewege einen Dauermagneten in die Spule hinein und wieder heraus. Beobachte dabei jeweils die Bewegung des Zeigers im Messgerät.
b) Bewege die Spule über den Magneten und beobachte auch hierbei das Messgerät.

2.
Drehe den Magneten um und wiederhole Versuch 1.

3.
Wiederhole Versuch 1 mit Spulen mit unterschiedlicher Windungszahl.

4.
a) Wiederhole Versuch 1 und bewege den Magneten mit unterschiedlichen Geschwindigkeiten in die Spule.
b) Gib den Einfluss der Geschwindigkeit an, den sie auf die Höhe der entstehenden Spannung hat.

5.
Führe Versuch 1 a) mit verschieden starken Magneten, aber jeweils gleicher Geschwindigkeit durch. Vergleiche die Messergebnisse.

6.
Formuliere die Ergebnisse aus allen Versuchen in Je-desto-Sätzen.

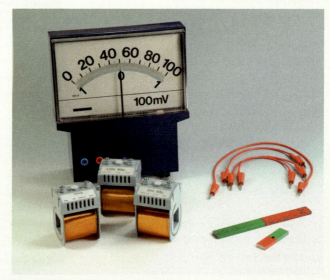

1 Spule und Magnet im Zusammenspiel

Bewegung erzeugt Spannung

Wird ein Magnet in einer Spule bewegt oder wird eine Spule über einem Magneten bewegt, so entsteht zwischen den Anschlüssen der Spule eine Spannung. Dieser Vorgang heisst **elektromagnetische Induktion,** die Spannung wird **induziert.**

Bei der Induktion entsteht eine Wechselwirkung zwischen magnetischem und elektrischem Feld. Durch die Bewegung des magnetischen Feldes entsteht in der Wicklung der Spule ein veränderliches elektrisches Feld. Die Spannung zwischen den Enden der Wicklung ändert sich.

Werden der Magnet und die Spule nicht bewegt, so entsteht auch keine Spannung. Zur Induktion müssen also drei Voraussetzungen gegeben sein: Magnetfeld, Spule und Bewegung.

Die Richtung des Stromes in der Spule hängt von der Richtung der Bewegung und von der Lage der Pole des Magneten ab. Mit einem Messgerät, dessen Zeiger in der Mitte der Skala steht, kann der Wechsel der Stromrichtung angezeigt werden.

Wovon hängt die Höhe der induzierten Spannung ab?

- Werden Magnet und Spule schnell gegeneinander bewegt, so entsteht eine höhere Spannung als bei langsamer Bewegung.
- In einer Spule mit einer höheren Windungszahl wird bei sonst gleichen Bedingungen eine höhere Spannung induziert als in einer Spule mit weniger Windungen.
- Mit einem starken Magneten wird bei sonst gleichen Bedingungen eine höhere Spannung induziert als mit einem schwächeren Magneten.

Die induzierte Spannung hängt also von der **Geschwindigkeit der Bewegung,** der **Windungszahl der Spule** und der **magnetischen Kraft des Magneten** ab.

> Kannst du den Vorgang der elektromagnetischen Induktion beschreiben und angeben, wovon die Höhe der induzierten Spannung abhängt?

Induktion durch Drehbewegung

1.
a) Baue einen Versuch wie in Bild 1 auf. Schliesse die Spule an ein Spannungsmessgerät mit Mittelstellung an.
b) Drehe den Bügelmagneten langsam. Beobachte dabei das Messgerät.
c) Drehe den Magneten schneller und beobachte wieder das Messgerät. Vergleiche mit dem Ergebnis aus Versuch b) und begründe.

2.
Wiederhole Versuch 1 mit einem Messgerät, das du auf das Zeichen ~ gestellt hast. Erkläre deine Beobachtungen.

3.
Überlege, was für eine Art Spannung in Versuch 1 induziert wird.

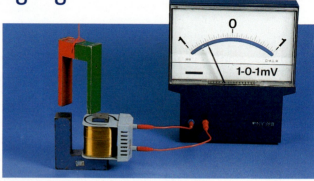

1 Elektrizität durch sich drehenden Dauermagneten

Drehbewegung erzeugt Spannung

Wird ein Magnet über einer Spule gedreht, so entsteht zwischen den Enden der Spule eine Spannung, es baut sich ein elektrisches Feld auf. Durch die Drehbewegung ändern sich die Richtung und die Stärke des Magnetfeldes der Spule. Ein Eisenkern verstärkt diese Wirkung.
Beim Nabendynamo drehen sich Dauermagnete um eine Spule. In Kraftwerksgeneratoren drehen sich Elektromagnete. Hier entsteht eine Induktionsspannung, da sich die magnetische Wirkung auf die Spule ständig ändert.

> Kannst du erläutern, wie durch die Drehung eines Magneten eine Spannung in einer Spule induziert wird?

FARADAY and the discovery of induction

CHRISTIAN OERSTED

In 1820, the Danish natural scientist CHRISTIAN OERSTED (1777–1851) discovered that compass needles are deflected in the presence of live conductors. OERSTED had discovered the electromagnetism.

MICHAEL FARADAY

Consequently, the English natural scientist MICHAEL FARADAY (1791–1867) experimented with the idea of reversing this process. He concluded that if it was possible for electricity to influence a compass it must also be possible to generate electricity with a magnet. In 1831, eleven years after the discovery of electromagnetism, he succeeded in creating a weak current by using a self-made coil with two bar magnets. He proved it with a compass wrapped in several of the coils.
The discovery of induction by MICHAEL FARADAY made it possible to produce as much electricity as necessary.

vocabulary
discovery – Entdeckung
natural scientist - Naturwissenschaftler
to deflect – ablenken
conductor – Leiter
to reverse – umkehren
to conclude – folgern
to be possible – möglich sein
to influence – beeinflussen
electromagnetism – Elektromagnetismus
weak – schwach
current – Strom
coil – Spule, Windung
bar magnet – Stabmagnet
to prove – nachweisen
to be wrapped – umwickelt sein
several – einige
necessary – nötig

Angewandte Induktion

Transformator

Im elektrischen Versorgungsnetz werden unterschiedliche Spannungen benötigt. Die entsprechende Anpassung erfolgt über einen **Transformator** (kurz **Trafo**). Er besteht aus zwei Spulen. Die Eingangsspule wird an eine Wechselspannung angeschlossen. Durch den Wechselstrom baut die Spule ein wechselndes Magnetfeld auf, das in der Ausgangsspule eine Wechselspannung induziert. Ihre Grösse hängt vom Verhältnis der Windungszahlen der beiden Spulen ab. Soll der Trafo eine Spannung verringern, muss die Windungszahl der Eingangsspule grösser sein als die der Ausgangsspule. Soll die Spannung erhöht werden, muss die Windungszahl der Ausgangsspule grösser sein als die der Eingangsspule.

Ein wichtige Anwendung von Transformatoren stellen **Netzgeräte** dar, die die Netzsoannung auf die benötigte Spannung transformieren.

Induktives Ladegerät

Der Akku einiger Smartphones kann mithilfe eines drahtlosen Ladegeräts aufgeladen werden. Eine Spule in der Ladestation, die von Wechselstrom durchflossen wird, erzeugt ein veränderliches Magnetfeld. Dieses wiederum induziert in einer Spule im Smartphone eine Spannung. Dadurch wird der Akku mit Energie versorgt und geladen. Der Wirkungsgrad eines induktiven Ladegeräts ist kleiner als bei kabelgebunden Ladegeräten: Das Aufladen dauert länger.

Induktions-Kochfeld

Ein Induktions-Kochfeld überträgt keine thermische Energie an den Topf, sondern elektrische Energie. Unter dem Kochfeld befindet sich eine Spule. Der Boden des Topfes bildet die zweite Spule mit nur einer Windung. So entsteht eine hohe Stromstärke im Topfboden. Die durch den Widerstand des Metalls abfallende thermische Energie wärmt den Topfboden.

PINNWAND

1.
Finde Elektrogeräte mit Netzteil. Stelle die Angaben auf dem Typenschild in einer Tabelle dar.

2.
Begründe, warum nicht jeder Topf für ein Induktionskochfeld geeignet ist.

Der Gleichstrom-Elektromotor

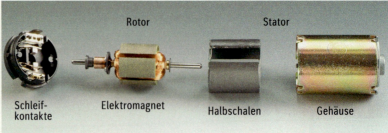

1 Teile eines Gleichstrom-Elektromotors

1. 🅐
Nenne die Teile in Bild 1, die feststehend sind und die, die beweglich sind.

2. Ⓥ
Bild 2 zeigt die Halbschalen eines Stators. Überprüfe mit Kompassnadeln, wo sich die Pole befinden.

3. Ⓥ
a) Baue den Versuch nach Bild 3A auf. Schliesse den Schalter und beobachte die Spule.
b) Vertausche die Anschlüsse an der Batterie und beobachte.

4. Ⓥ
Wiederhole Versuch 3 mit einem Motor wie in Bild 3B. Setze die Schleifkontakte auf je einen der ungeteilten Schleifringe und beobachte das Verhalten der Spule.

5. 🅐
Begründe, warum es bei den Versuchen 3 und 4 nicht zu einer vollen Drehung der Spule kommt.

2 Überprüfen der Pole

Die Teile eines Elektromotors

Bild 1 zeigt einen **Gleichstrom-Elektromotor** und seine wichtigsten Teile. Das sind zwei magnetische Halbschalen und der **Rotor**, ein drehbar gelagerter Elektromagnet. Die eine Halbschale hat innen einen Nordpol, die andere einen Südpol. Sie bilden zusammen mit dem Gehäuse den **Stator.**

Eine Spule dreht sich zwischen den Polen

Eine Spule im Stromkreis bildet einen Nord- und einen Südpol aus. Hängt die Spule wie in Bild 3A zwischen den Polen eines Bügelmagneten, so werden die Pole der Spule von den Polen des Magneten angezogen oder abgestossen. Die Spule dreht sich, bis ihr Nordpol dem Südpol des Magneten und ihr Südpol seinem Nordpol möglichst nahe sind. Dann bleibt sie stehen. Werden die Anschlüsse der Batterie vertauscht, so dreht sich die Spule in umgekehrter Richtung.

Auch der Rotor des Motors in Bild 3B bildet einen Elektromagneten. Wird er an eine Stromquelle angeschlossen, so dreht er sich bis zu einer Ruhelage. Für eine vollständige Drehbewegung müssen die Anschlüsse vertauscht werden, wenn der Rotor die Ruhelage erreicht hat.

> Kannst du erklären, warum eine Strom führende Spule zwischen den Polen eines Dauermagneten eine halbe Umdrehung ausführt und wovon die Drehrichtung der Spule abhängt?

3 Drehbare Spulen: **A** Modell, **B** Aufbaumotor

Der Kommutator – ein automatischer Umschalter

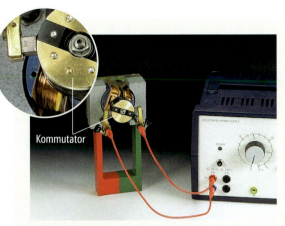

1 Modellmotor mit Kommutator

1. ≡ Ⓥ
Baue den Motor wie in Bild 1 auf. Verbinde je einen Halbring mit einem Pol des Stromversorgungsgerätes. Bringe den Rotor in die Position wie in Bild 2. Schalte das Stromversorgungsgerät ein und regle es langsam hoch, bis sich der Rotor bewegt.

2. ≡ Ⓐ
a) Erkläre die Drehung des Rotors in Versuch 1.
b) Erkläre, warum der Rotor keine fortlaufende Drehung vollführen kann.

3. ≡ Ⓥ
Drehe den Rotor aus Versuch 1 mit der Hand weiter, bis die Schleifkontakte wieder die Halbringe berühren. Begründe, dass sich der Rotor jetzt eine halbe Umdrehung weiter dreht.

4. ≡ Ⓥ
Wiederhole Versuch 3 mit doppelter Spannung.

5. ≡ Ⓐ
Nenne die Aufgaben der beiden Halbringe und der Schleifkontakte.

6. ≡ Ⓥ
Verändere die Spannung am Stromversorgungsgerät bei laufendem Motor bis auf maximal 12 V. Beschreibe deine Beobachtung.

7. ≡ Ⓐ
Formuliere in einem Je-desto-Satz den Zusammenhang zwischen der Spannung und der Drehzahl des Motors.

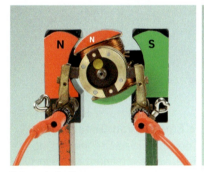
2 Rotor beim Start

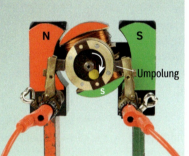
3 Rotor nach einer halben Umdrehung

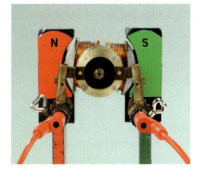
4 Rotor in Totpunkt-Position

Ein Stromwender
Es ist sehr schwierig, mit der Hand die Pole an der Spule so schnell zu wechseln, dass eine fortlaufende Drehbewegung des Motors entsteht. Der **Kommutator** oder **Stromwender** ist eine Vorrichtung, die diesen Wechsel automatisch vornimmt. Er besteht aus zwei Halbringen, die gegeneinander isoliert sind und er ist auf derselben Achse angebracht wie die Spule. An den Halbringen ist jeweils ein Spulenende angelötet. Die Halbringe sind über zwei Schleifkontakte mit dem Stromversorgungsgerät verbunden. Wenn der Kommutator die Stromrichtung in der Spule umkehrt, werden auch die Magnetpole der Spule vertauscht. Dieser Vorgang wiederholt sich nach jeder halben Umdrehung. Dadurch kommt es zu einer fortlaufenden Drehbewegung.

Der Totpunkt
Wenn die Schleifkontakte auf den isolierten Stellen zwischen den beiden Schleifringen stehen, wird die Spule nicht mit Elektrizität versorgt (Bild 4). Ist der Motor aber erst einmal in Bewegung, so sorgt der Schwung des Rotors dafür, dass er sich über diesen **Totpunkt** hinweg weiterdreht.

> Beschreibe, wie mithilfe des Kommutators eine kontinuierliche Drehung des Rotors möglich wird. Erkläre den Begriff Totpunkt.

Der Nabendynamo – ein Generator

1 Ein Fahrrad-Nabendynamo

1.
Beschreibe den Nabendynamo in Bild 2. Nenne alle beweglichen und feststehenden Teile.

2.
Spanne die Achse eines Nabendynamos zwischen zwei Stativstangen und baue mit dem Nabendynamos und einer Lampe (6 V|0,1 A) einen Stromkreis auf. Befestige eine Schnur am Nabendynamo, wickle sie um die Nabe und versetze den Nabendynamo mithilfe der Schnur in schnelle Drehung. Beschreibe deine Beobachtung.

3.
a) Baue in Versuch 2 parallel zur Lampe ein Spannungsmessgerät ein, dessen Zeiger in der Mitte der Skala steht.
b) Drehe den Nabendynamo langsam und beobachte den Zeiger des Messgerätes.
c) Drehe den Nabendynamo schnell und beobachte den Zeiger des Messgerätes erneut.
d) Wiederhole Versuch c). Stelle dabei den Wahlschalter des Messgerätes auf das Zeichen ~. Beschreibe das Verhalten des Zeigers erneut.
e) Erläutere deine Beobachtungen.

4.
Erkläre, wie in den Spulen des Nabendynamos Wechselspannung induziert wird.

2 Der Nabendynamo im Detail

Der Aufbau
Beim **Nabendynamo** in Bild 2 erkennst du eine Spule, die auf der Achse befestigt ist, sie bildet zusammen mit ihrem Eisenkern den Stator. Die Statorspule ist aussen von Eisenkeilen umgeben, die von beiden Spulenenden ausgehen. Die Eisenkeile beider Spulenenden wechseln sich jeweils ab. Als Rotor dreht sich ein Kranz von Dauermagneten um den Stator.

Ein Nabendynamo liefert Wechselspannung
Wenn sich das Rad mit den Magneten über den Eisenkeilen dreht, wird in der Spule eine Wechselspannung induziert. Zum Messen der Spannung muss also ein Messgerät mit einem Wechselspannungsbereich gewählt werden. Die Geschwindigkeit der Drehbewegung bestimmt die Höhe der induzierten Spannung. Je grösser die Drehzahl des Rotors ist, desto heller leuchten die Glühlampen des Scheinwerfers. LED-Lampen erreichen ihre höchste Lichtstärke schon bei niedriger Drehzahl des Rotors.

Elektrische Energie von Generatoren
Maschinen, die durch eine Drehbewegung elektrische Energie bereitstellen, heissen **Generatoren.** Alle Generatoren haben einen Rotor und einen Stator. Hier wird durch die Bewegung von Magnet und Spule eine Wechselspannung induziert.

3 Fahrrad mit Nabendynamo

> Erkläre am Beispiel des Nabendynamos, wie ein Generator aufgebaut ist und wie in ihm eine Spannung induziert wird.

Spannung und Induktion | 113

Ein Elektromotor – selbst gebaut

Material
- Bausatz Elektromotor (Bild 1)
- Holzbrett (7 cm x 10 cm x 1,5 cm)
- kleine Holzschrauben
- 4,5 V-Batterie
- Lötkolben und Lötzinn
- Messer, Schere, Schraubendreher, Rundzange
- Nähmaschinenöl

Der Aufbau
Schneide den Aufbauplan aus dem Deckel der Bausatzverpackung aus. Klebe ihn dann auf das Holzbrett.
Baue den Motor nach der Abbildung und der Anleitung auf. Benutze zum Befestigen kleine Holzschrauben.

Elektrische Verbindungen und Wicklungen
Löte alle elektrischen Verbindungen, damit sie haltbar sind und damit keine Unterbrechungen entstehen.
Die Statorwicklung muss sehr flach sein, damit sie nicht vom Rotor beschädigt wird.

1 Material für den Elektromotor

Mögliche Fehlerquellen
- Die Drähte des Kommutators stehen nicht senkrecht zum Rotor.
- Die Kontaktfedern berühren beim Drehen nicht die Drähte des Kommutators.
- Lötstellen sind fehlerhaft.

PRAKTIKUM

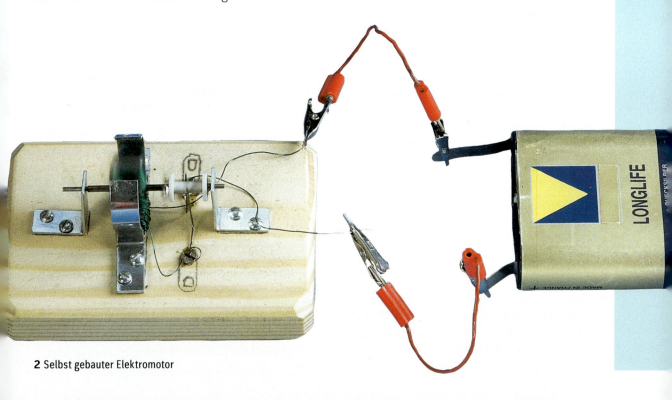

2 Selbst gebauter Elektromotor

Generatoren sind Energiewandler

Elektrizität durch Windkraft
In Windkraftwerken wird durch Induktion elektrische Energie erzeugt. Sie können offshore, also auf See, und auf dem Festland errichtet werden. Da auf See regelmässig starker Wind weht, ist die Energieausbeute bei Offshore-Anlagen höher, allerdings müssen teure Leitungen auf dem Meeresgrund verlegt werden.

Elektrizität durch Muskelkraft
Der Nabendynamo ist anders aufgebaut als die Fahrradlichtmaschine mit Reibradantrieb. Der Nabendynamo läuft immer mit. Wenn die Beleuchtung nicht eingeschaltet ist, läuft die Nabe genauso leicht wie eine einfache Vorderradnabe. Bei eingeschaltetem Licht ist die zusätzliche Last beim Nabendynamo, anders als beim Gerät mit Reibradantrieb, kaum spürbar.

Elektrizitätserzeugung im Kraftwerk
Die Welle des Rotors eines Kraftwerksgenerators ist mit der Turbine verbunden. Die Turbine im Elektrizitätswerk wird mit Wasser oder mit Dampf angetrieben.

Elektrizitätserzeugung im Kraftfahrzeug
Jede **Lichtmaschine** im Auto ist ein Generator. Sie wird vom Motor angetrieben. Die Lichtmaschine liefert elektrische Energie für die elektrischen Geräte des Fahrzeugs und zum Aufladen der Batterie.

PINNWAND

1. Beschreibe, wie in einem Windkraftwerk durch Induktion elektrische Energie entsteht.

2. Nenne die Bauteile, die für die Erzeugung elektrischer Energie notwendig sind, die du auf dem Bild des geöffneten Generators im Kraftwerk erkennen kannst.

3. Beschreibe Unterschiede und Gemeinsamkeiten der abgebildeten Fahrradlichtmaschinen.

4. Nenne möglichst viele Stellen, an denen bei einem Auto elektrische Energie benötigt wird.

Das Motor-Generator-Prinzip

1 Ein Motor als Generator

1. Wähle am Messgerät den kleinsten Messbereich für Gleichspannung. Verbinde es mit dem Elektromotor und drehe an der Motorachse. Beschreibe deine Beobachtung.

2. Nenne Einsatzbereiche
a) für Elektromotoren unterschiedlicher Grösse.
b) für Generatoren unterschiedlicher Grösse.

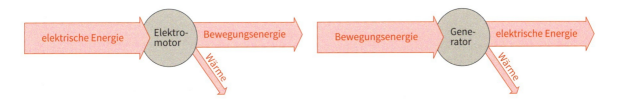

Stator und Rotor – ein Motor
Elektromotoren sind Wandler. Sie wandeln elektrische Energie in Bewegungsenergie und Wärme um.

Einsatz von Elektromotoren
Elektromotoren gibt es in vielen verschiedenen Grössen. Millimeter kleine Motoren verstellen die Optik von Kameras. Mehrere Meter grosse Elektromotoren bewegen die Schaufelradbagger im Braunkohlebergbau. Mit Elektromotoren hast auch du jeden Tag zu tun. Kleine Motoren drehen die Computerfestplatte oder versetzen die elektrische Zahnbürste in Schwingung. Grössere Motoren treiben Staubsauger an oder bringen Automotoren auf Startdrehzahl. Sehr viel grössere Motoren bringen den ICE auf Touren.

Stator und Rotor – ein Generator
Generatoren sind Wandler. Sie wandeln Bewegungsenergie in elektrische Energie und Wärme um.

Einsatz von Generatoren
Ebenso wie Elektromotoren werden Generatoren in unterschiedlichen Grössen und für unterschiedliche Einsatzzwecke gebaut. Du kennst die Fahrradlichtmaschine, die beim Fahren elektrische Energie für die Beleuchtung liefert. Generatoren in Windkraftanlagen speisen elektrische Energie in das öffentliche Versorgungnetz ein. Auch die elektrische Energie für die Motoren elektrischer Schiffsantriebe wird von Generatoren geliefert.

Das Pumpspeicherwerk – ein Energiespeicher
In Pumpspeicherkraftwerken wird bei Energieüberschuss im öffentlichen Energienetz Wasser in das Oberbecken gepumpt. Die Pumpen werden durch Elektromotoren angetrieben. Bei Energiebedarf werden dieselben Motoren umgeschaltet, sie arbeiten dann als Generatoren. Diese **Motor-Generatoren** wandeln die Bewegungsenergie des fallenden Wassers in elektrische Energie um (Bild 2). Elektromotor und Generator arbeiten nach demselben Prinzip.

Energierückgewinnung in Fahrzeugen
Die Bewegungsenergie von Fahrzeugen wird beim Bremsen vermindert. Zum Beschleunigen muss Energie zugeführt werden. Elektrisch betriebene Fahrzeuge wie der ICE, aber auch Pkw mit Elektroantrieb und selbst Elektrofahrräder können beim Bremsen elektrische Energie zurückgewinnen. Diese wird beim ICE wieder in das Leitungsnetz eingespeist, bei Pkw wird der Akku aufgeladen.

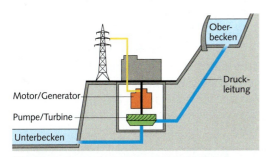

2 Ein Motor-Generator im Pumpspeicherkraftwerk

Kannst du das Motor-Generator-Prinzip an Beispielen erklären?

Spannung und Induktion

Verzweigte Stromkreise

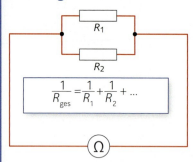

Knotenregel: Die Stromstärke in der unverzweigten Zuleitung ist gleich der Summe der Stromstärken in den einzelnen Zweigen.

$$I_Z = I_1 + I_2 + I_3 + \ldots$$

Maschnregel: Durchläuft man in einem Stromkreis eine Masche, die die Batterie enthält, so ergibt sich die Spannung der Batterie aus der Summe der Spannungen an den einzelnen Verbrauchern.

$$U_0 = U_1 + U_2 + U_3 + \ldots$$

Der Kehrwert des **Gesamtwiderstands** in einer **Parallelschaltung** ist die Summe der Kehrwerte der Einzelwiderstände.

Magnetfeld

Dauermagnet — Elektromagnet

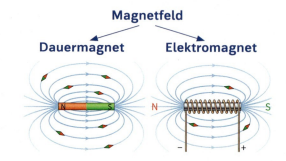

Elektromagnetische Induktion

Durch die Bewegung eines Magneten in einer Spule entsteht in der Spule eine elektrische Spannung. Dieser Vorgang heisst **elektromagnetische Induktion.**

Die Höhe der induzierten Spannung ist abhängig von der Windungszahl der Spule, der magnetischen Kraft des Magneten und der Geschwindigkeit, mit der sich der Magnet in der Spule bewegt.

Energiewandler

Gleichstrommotor
Der **Gleichstrom-Elektromotor** besteht aus **Rotor** und **Stator**. Der Rotor ist eine drehbar gelagerte Spule, der Stator ist ein Magnet.

Der **Kommutator** sorgt durch Umpolung der Anschlüsse dafür, dass der Rotor eine fortlaufende Drehbewegung ausführen kann.

Generator
Eine Maschine, die der Erzeugung von Elektrizität dient, heisst **Generator.**

Motor-Generator-Prinzip

Elektrizität — Bewegung

Spannung und Induktion

1. ≡ Ⓐ
Warum sind Lampen in Wohnungen nicht in Reihe geschaltet? Nenne mehrere Gründe.

2. ≡ Ⓐ
Du möchtest prüfen, ob du ein Bügeleisen, ein Waffeleisen und eine Kaffeemaschine gleichzeitig an einer Mehrfachsteckdose betreiben kannst, ohne dass die Sicherung anspricht. Die Steckdose ist mit einer 16-A-Sicherung abgesichert. An den drei Geräten treten folgende Stromstärken auf: Bügeleisen I_1 = 8,7 A, Waffeleisen I_2 = 4,3 A, Kaffemaschine I_3 = 5,4 A.

3. ≡ Ⓐ
Bestimme in folgenden Schaltungen die fehlenden Stromstärken.

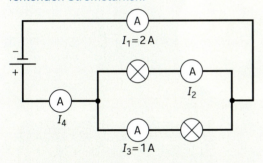

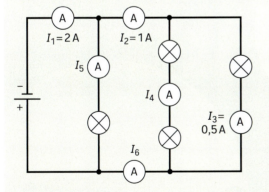

4. ≡ Ⓐ
Nenne den Unterschied zwischen einer Spule und einem Elektromagneten.

5. ≡ Ⓐ
Zeichne die Felder einer Spule und eines Dauermagneten und vergleiche sie.

6. ≡ Ⓐ
Gib an, was ein wechselndes Magnetfeld in einer Spule bewirkt.

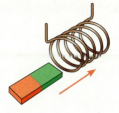

7. ≡ Ⓐ
Nenne drei Voraussetzungen, die erfüllt sein müssen, damit durch Induktion elektrische Spannung erzeugt wird.

8. ≡ Ⓐ
Formuliere in Je-desto-Sätzen, wovon bei der Induktion die Höhe der induzierten Spannung abhängt.

9. ≡ Ⓐ
Erkläre mithilfe der Begriffe Magnetfeld und Induktion, wieso sich ein Elektromotor auch als Generator nutzen lässt.

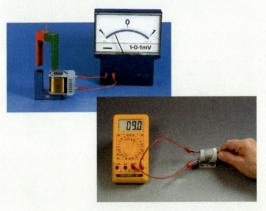

10. ≡ Ⓐ
a) Nenne die Bauteile eines Gleichstrom-Elektromotors.
b) Erkläre, wozu die Bauteile jeweils dienen.

11. ≡ Ⓐ
a) Nenne die Bauteile des Nabendynamos.
b) Gib an, welche Spannungsart am Nabendynamo ensteht und wie du das feststellen kannst.

12. ≡ Ⓐ
Nenne Beispiele für den Einsatz von Generatoren.

LERNCHECK

Elektronik im Alltag

Was sind Halbleiter?

Wie werden Halbleiter in Sensoren genutzt?

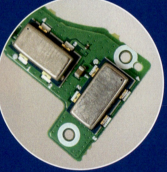

Wie funktioniert eine Fotovoltaikanlage?

Halbleiter erobern unsere Umwelt

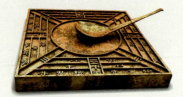

1 Chinesischer Kompass

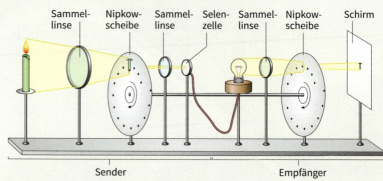

2 Die erste Fernsehkamera nutzte einen Halbleiter.

1.
Zähle elektrische und mechanische Sensoren auf, die du in deinem Alltag häufig nutzt.

2.
Recherchiere die häufigsten Halbleiter, die sich in modernen Elektrogeräten befinden.

3.
Recherchiere die Funktionsweise der Nipkow-Scheibe. Benutze dazu Bild 2.

Sensoren – tausend Jahre alt
Mit **Sensoren** arbeiten Menschen schon sehr lange: Magnetgestein reagiert auf das Erdmagnetfeld, Thermometerflüssigkeit auf Temperaturveränderungen und Metallfedern auf wechselnde Krafteinwirkung.

Bereits vor 5000 Jahren war in China der Kompass bekannt, ein Sensor, der auf das Magnetfeld der Erde reagiert.
1780 entdeckte der Italiener Luigi Galvani (1737–1798), dass Muskeln von Froschschenkeln reagieren, wenn ihre Rezeptoren mit einer Anordnung aus unterschiedlichen Metallen in Berührung kommen. Galvani hatte einen Sensor für elektrischen Strom entdeckt.
Am 8. November 1895 machte Wilhelm C. Röntgen (1845–1923) in seinem Labor in Würzburg eine entscheidende Entdeckung: Einige Meter von einer Entladungsröhre entfernt befand sich ein speziell beschichtetes Papier. Bei eingeschalteter Entladungsröhre begann es zu leuchten. Das Papier wirkte als Sensor für Röntgenstrahlen.

Sensoren im Stromkreis
Mit der Nutzung der Elektrizität fanden sich Stoffe zur Konstruktion neuer Sensortypen. Ende des 19. Jahrhunderts wurde mit Stoffen experimentiert, die weder Leitern noch Isolatoren zuzuordnen waren. Diese Stoffe erhielten den Namen **Halbleiter.** Ein Halbleitermaterial, das **Selen,** nutzte Paul Nipkow (1860–1940) für die erste Fernsehkamera. An der Fotozelle aus Selen ist bei Lichteinfall eine Spannung messbar.

Halbleiter als Sensoren
Selenzellen wurden noch lange in Belichtungsmessern von Fotoapparaten eingesetzt. Sie arbeiten aber ungenau und sie altern. Heute werden an Stelle von Selenzellen die lichtempfindlichen **CCD-Sensoren** eingebaut.
Auch Temperatur- und Röntgensensoren werden heute aus Halbleitermaterialien gebaut. Fotodioden und Fotowiderstände nutzen ebenfalls die besonderen Stoffeigenschaften von Halbleitern. Bei Lichteinfall oder Erwärmung werden Ladungsträger frei, das Material wird elektrisch leitend.

Halbleiter in der Elektronik
Halbleiterschaltungen können sehr klein und sehr robust gebaut werden. So ist es möglich, minimale Spannungsänderungen zu verarbeiten. Die Ausgangswerte können auf Displays von Messgeräten sichtbar gemacht werden. Auch andere Empfänger können so angesteuert werden:
- Hitzesensoren lösen Alarm aus.
- Mit den Induktionsströmen winziger Spulen wird die Drehzahl von Elektromotoren reguliert.
- Manche Metalllegierungen ändern können Magnetfeld verändern. Dies wird in Leitungssuchern genutzt.
- Die Trägheit winziger Masseteilchen beeinflusst in Beschleunigungssensoren ein elektrisches Feld. Eine Elektronik registriert die daraus resultierende Spannungsänderung.
- Touchscreens von Smartphones erkennen die Änderungen in elektrischen Feldern.

Kannst du die Entwicklung und die Bedeutung von Halbleitern beschreiben?

Leiter und Halbleiter

1. Betrachte die Bilder 1 bis 3 und beschreibe jeweils die Anordnung der Atome.

2. Begründe, dass ein Siliciumkristall unterhalb der Raumtemperatur ein Isolator ist.

3. Erkläre, warum Isolatoren durch Erwärmung nicht zu elektrischen Leitern werden.

Warum sind Metalle elektrische Leiter?

Alle Stoffe bestehen aus kleinen Teilchen, den Atomen. Atome enthalten elektrische Ladungen. Der Atomkern ist positiv geladen. Die negativ geladenen Elektronen bilden die Atomhülle. Metallatome können leicht ein oder mehrere Elektronen aus ihrer Atomhülle abgeben. Zurück bleiben positiv geladene Atomrümpfe und freie Elektronen.

Die Metalle bilden ein Gitter, in dem die Atomrümpfe an festen Plätzen angeordnet sind. Die positiv geladenen Atomrümpfe werden durch die negativ geladenen Elektronen, das Elektronengas, im Metallgitter fest zusammengehalten (Bild 1). Da die freien Elektronen elektrische Ladungen transportieren, sind Metalle gute **elektrische Leiter.** Legst du von aussen an den Leiter eine elektrische Spannung an, bewegen sich die Elektronen in die Richtung des Pluspols der Stromquelle und bewirken so einen elektrischen Strom.

In **Isolatoren** fehlen frei bewegliche Ladungsträger. Deshalb entsteht in ihnen durch eine von aussen angelegte elektrische Spannung kein elektrischer Strom.

Halbleiter – Isolator oder elektrischer Leiter?

Eine besondere Rolle spielen die **Halbleiter.** Zu ihnen gehört das **Silicium.** Im Unterschied zu Metallen enthält ein Siliciumkristall keine freien Elektronen. Im Siliciumkristall sind die Atome durch gemeinsame Elektronenpaare miteinander verknüpft (Bild 2). Dadurch sind die Elektronen an feste Plätze gebunden. Bei Temperaturen weit unter der Zimmertemperatur ist Silicium ein Isolator.

Wird Silicium erwärmt, so schwingen seine Atome und damit auch die Elektronenpaare zunehmend heftiger. Bei Zimmertemperatur können vereinzelt Elektronen frei werden. Wird von aussen eine elektrische Spannung angelegt, bewegen sich diese Elektronen zum Pluspol. Im äusseren Stromkreis ist ein elektrischer Strom messbar. Der Siliciumkristall ist zum Leiter geworden.

Wird eine bestimme Temperatur überschritten, so werden Halbleiterbauteile zerstört. Diese Temperatur hängt vom Halbleitermaterial ab.

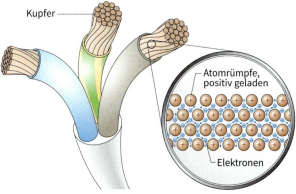

1 Gittermodell eines Metalls mit freien Elektronen

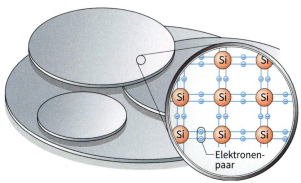

2 Elektronenpaare halten den Siliciumkristall zusammen.

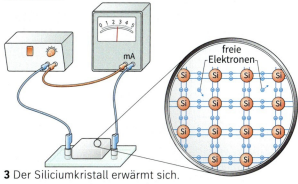

3 Der Siliciumkristall erwärmt sich.

Erkläre, wodurch sich Leiter, Halbleiter und Nichtleiter unterscheiden und wodurch die Unterschiede hervorgerufen werden.

Leitungsvorgänge in Halbleitern

1. 🄰
Beschreibe drei Möglichkeiten, wie ein Siliciumkristall zum elektrischen Leiter werden kann.

1 Silicium-Einkristall

Halbleitereigenschaften gezielt verändern

Halbleiter haben bei Raumtemperatur fast keine freien Elektronen. Es gibt aber die Möglichkeit, in die Kristallstruktur Fremdatome einzubauen, sodass zusätzliche Elektronen zur Verfügung stehen oder Elektronen fehlen. Dieser Vorgang heisst **Dotierung.** Es gibt zwei Verfahren.

n-Dotierung

In Siliciumkristalle werden Phosphoratome eingebaut. Diese haben jeweils ein Elektron mehr als die Siliciumatome. Wenn Siliciumatome und Phosphoratome durch Elektronenpaare gebunden werden, bleibt deshalb jeweils ein Elektron frei. Es wird zur Bindung nicht gebraucht. Der Kristall aus Silicium und Phosphor enthält jetzt freie Elektronen und ist zu einem Leiter geworden. In dem n-dotierten Stoff funktioniert die **Elektronenleitung** wie in einem metallischen Leiter. Wird er als Leiter in einen elektrischen Stromkreis geschaltet, entsteht im Inneren des Kristalls ein gerichteter Elektronenstrom.

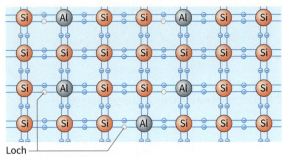

freie Elektronen
2 n-Dotierung

p-Dotierung

Aluminiumatome haben ein Elektron weniger als die Atome des Siliciums. Beim Einbau in einen Siliciumkristall kann ein Atom nur für drei benachbarte Siliciumatome je ein Bindungselektron zur Verfügung stellen. Beim vierten Atom fehlt ein Elektron zur Bindung. Diese Fehlstelle wird **Loch** genannt. Auf ein freies Elektron wirkt es wie eine positive Ladung. In diesem Kristall findet keine gerichtete Elektronenbewegung statt. Die freien Elektronen werden durch die Löcher eingefangen. Auf einen freien Platz kann auch ein Elektron von einem Nachbaratom wechseln. Dies ist infolge der thermischen Bewegung der Atome möglich. Durch die Bewegung der Atome um ihre Ruhelage werden immer wieder Elektronen aus ihrem Verband losgerissen. Sie setzen sich dann auf einen freien Platz. Damit wird an der bisherigen Stelle ein Platz frei. Auf diese Weise wandern auch die Löcher durch den Kristall. Es entsteht eine **Löcherleitung.**

Loch
3 p-Dotierung

Dotierung lässt leiten

Das Dotieren verändert den Ladungszustand des Siliciumkristalls. Gegenüber seinem Grundzustand hat er nun zusätzliche Elektronen oder Löcher. Die Elektronen oder Löcher in den dotierten Stoffen können jetzt wandern, sodass ein elektrischer Strom fliesst.

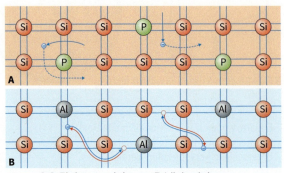

4 A Elektronenleitung, **B** Löcherleitung

2. Beschreibe mit Bild 4 den Unterschied zwischen der Elektronenleitung und der Löcherleitung im Halbleiter.

3. Begründe, dass Dioden den Transport von Ladungsträger nur in einer Richtung zulassen.

Der Aufbau einer Halbleiterdiode

In einer **Diode** grenzen eine p-dotierte und eine n-dotierte Schicht aneinander. In dem Bereich, in dem sich die beiden Schichten berühren, kommt es durch thermische Bewegung zu einem räumlich begrenzten Ladungsaustausch. Elektronen aus der n-dotierten Schicht besetzen freie Löcher in der p-dotierten Schicht. So entsteht an diesem **p-n-Übergang** eine neutrale Zone ohne freie Ladungsträger, eine **Grenzschicht.** Sie schafft eine räumliche Distanz zwischen den beiden Schichten. Die Leitungselektronen der n-dotierten Schicht können diese Grenzschicht nicht mehr durchdringen. Erst durch den Anschluss an eine Stromquelle kann sie von Elektronen überwunden werden.

Diode in Durchlassrichtung

Ist die n-dotierte Schicht am Minuspol einer Batterie angeschlossen, werden weitere Elektronen in die Grenzschicht gedrückt, die Diode ist in **Durchlassrichtung** geschaltet. Ab einem bestimmten Spannungswert können die Elektronen die Grenzschicht überwinden. Dieser Spannungswert wird **Schwellenspannung** genannt. Dann zieht der Pluspol Elektronen aus der n-dotierten Schicht durch die Grenzschicht in die p-dotierte Schicht ab. Es kommt zu einem Ladungstransport im äusseren Stromkreis. Die Schwellenspannung beträgt für eine Siliciumdiode etwa 0,7 V. Übersteigt der Ladungstransport an einer Diode ein bestimmtes Mass, so wird sie zerstört.

Diode in Sperrrichtung

Ist die n-dotierte Schicht an den Pluspol der Stromquelle angeschlossen, zieht dieser die freien Elektronen aus der Schicht ab, die Diode ist in **Sperrrichtung** geschaltet. Vom Minuspol wandern Elektronen in die p-dotierte Schicht und besetzen dort die Löcher. Die Grenzschicht wird so zu einer breiten Isolierschicht. Ein Ladungstransport ist nicht möglich. Die Spannung, gegen die diese Schicht isoliert, ist die **Durchbruchspannung.** Je nach Aufbau der Diode kann ihr Wert unterschiedlich hoch sein. Wird an einer Diode die Durchbruchspannung überschritten, so wird sie zerstört.

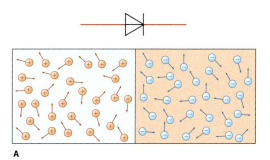

A

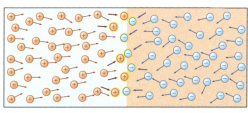

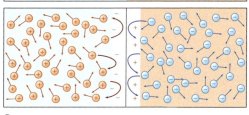

B

☐ frei von Ladungsträgern ☐ p-Leitung ☐ n-Leitung

5 A Aufbau der Diode, **B** Entstehung der Sperrschicht

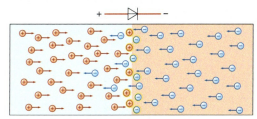

6 Diode in Durchlassrichtung

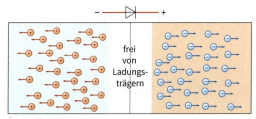

7 Diode in Sperrrichtung

Kannst du den Begriff Dotierung erklären und beschreiben, wie Halbleitereigenschaften durch sie verändert werden? Beschreibe den Aufbau und die Funktionsweise von Halbleiterdioden.

Halbleiterdioden im Stromkreis

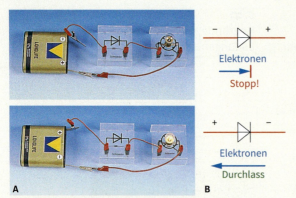

1 Diode: **A** im Gleichstromkreis, **B** Schaltzeichen

1.
a) Baue den Versuch wie in Bild 1A auf. Beobachte die Lampe.
b) Pole die Batterie um. Wiederhole den Versuch.
c) Gib die Eigenschaft der Diode an, die sich aus den Beobachtungen ergibt.
d) Überbrücke die Diode mit einem Kabel. Vergleiche die Helligkeit der Lampe mit und ohne Überbrückung der Diode. Beschreibe deine Feststellung.

2.
a) Baue einen Versuch wie in Bild 2A auf. Beginne am Stromversorgungsgerät mit einer Spannung von 0 V. Erhöhe schrittweise die Spannung um 0,1 V. Notiere jeweils die Werte für die Spannung und die Stromstärke in einer Tabelle. Beende den Versuch, wenn die Diode leitend wird.
b) Vergleiche die Tabellenwerte. Formuliere die Bedingung, unter der eine Diode leitend wird.

Die Diode, ein Elektronenventil
Halbleiterdioden sind elektronische Bauteile, durch die Elektronen nur in eine Richtung fliessen können. Die Anschlüsse der Diode heissen **Anode** und **Kathode.** Auf den Bau-teilen ist die Kathodenseite durch einen Ring gekennzeichnet. Die Diode liegt in Durchlassrichtung, wenn ihre Anode an den Minuspol einer Batterie und die Kathode an den Pluspol angeschlossen werden. Bei umgekehrter Polung erfolgt kein Ladungstransport, die Diode liegt in Sperrrichtung. Die Diode arbeitet also ähnlich wie ein **Ventil.** Das Verhalten einer Diode im Stromkreis lässt sich in einem Spannung-Stromstärke-Diagramm darstellen. Der Graph ist die **Kennlinie der Diode** (Bild 2B). Eine Diode benötigt eine Mindestspannung, damit sie leitet. Dieser Wert ist die **Schwellenspannung.** Sie beträgt je nach Material 0,3 V bis 0,7 V.

Die Diode, ein Gleichrichter
In einem Wechselstromkreis arbeitet die Diode als **Gleichrichter.** In Bild 3 sind der Verlauf einer Wechselspannungskurve und ihre Veränderung durch eine Diode dargestellt. Aufgrund ihrer Ventilwirkung leitet die Diode immer nur während einer Halbwelle der Wechselspannung. Für die Welle in Gegenrichtung sperrt sie. So können die Elektronen nur in eine Richtung fliessen. Das entspricht einer **Gleichrichtung.** Dadurch steht in diesem Stromkreis nur die Hälfte der elektrischen Energie zur Verfügung.

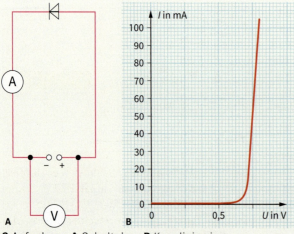

2 Aufnahme: **A** Schaltplan, **B** Kennlinie einer Diode

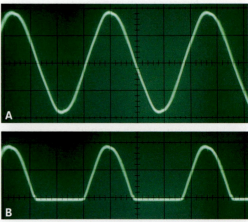

3 **A** Wechselspannung, **B** Einweggleichrichtung

Magnetfeld und Wärme steuern Schalter

1.
In einem Bügeleisen sitzt parallel zum Heizdraht ein Bimetallschalter, der das Bügeleisen anschaltet, sobald die Temperatur unter einen voreingestellten Wert sinkt. Skizziere prinzipiell den Schaltplan für das Bügeleisen.

2.
Im Bild siehst du eine Schaukel, die immer weiter schwingt. Dabei kommen zwei Reed-Schalter zum Einsatz: Dies sind elektronische Schalter, die durch magnetische Wirkung geschlossen werden.
Beschreibe und erkläre die Funktionsweise der Schaukel.

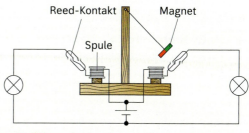

3.
Recherchiere, woher der Begriff Reed-Schalter stammt. Gib einige technische Anwendungen des Reed-Schalters an.

Mit Wärme schalten

Zwei Blechstreifen, z. B. aus Messing und Eisen, die man fest miteinander verschweisst oder vernietet hat, bilden einen so genannten **Bimetallstreifen** (Bild 4). Bei Erwärmung biegt er sich zu der Seite, weil sich die beiden Metalle unterschiedlich ausdehnen.
Versieht man das Ende des Bimetallstreifens mit einem Zeiger über einer Skala, erhält man ein **Bimetallthermometer**.
Bringt man an einen Bimetallstreifen elektrische Kontakte an, so erhält man einen **Bimetallschalter**. Dieser kann beim Überschreiten einer bestimmten Temperatur automatisch Feueralarm auslösen. Aber nicht immer muss es so dramatisch sein. Im Bügeleisen schaltet er die Heizung aus, wenn eine bestimmte Temperatur überschritten wird. Kühlt sich das Bügeleisen danach ab, so schliesst sich der Kontakt (man hört ein leises Klicken), und die Heizung arbeitet wieder. So wird der Bimetallschalter zu einem Regler, der als **Thermostat** die Temperatur des Bügeleisens nahezu konstant hält.

4 Bimetallstreifen

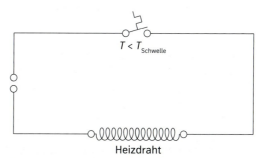

5 Prinzipieller Schaltplan eines Bügeleisens mit Heizdraht und Bimetallschalter

Magnetisch schalten

Ein **Reed-Schalter** (Bild 6) lässt sich berührungslos durch ein Magnetfeld schalten. Er besteht aus zwei Kontaktzungen aus magnetischem Material. Sie sind in ein Glasrohr eingeschmolzen und in der Kontaktzone mit bestimmten Materialien beschichtet (Rhodium, Ruthenium etc.). Bei Annäherung eines ausreichend starken Magnetfeldes an den Reed-Schalter werden beide Kontaktzungen mit entgegengesetzter magnetischer Polarität magnetisiert. Dadurch ziehen sie sich an und schliessen den Kontakt.

6 Reed-Schalter

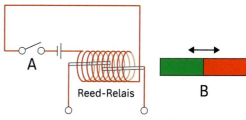

7 Modell eines Reed-Schalters

Mit zwei Stahlblattfedern lässt sich ein Modell eines Reed-Schalters aufbauen (Bild 7). Sie werden im Magnetfeld magnetisiert und berühren sich dann. Dies geschieht, wenn (A) der Spulenstromkreis geschlossen wird oder wenn (B) sich ein Dauermagnet nähert.

Dioden in Elektrogeräten

Halbleiterdioden als Sensoren
Damit Halbleiterdioden leiten können, müssen in der Grenzschicht um den p-n-Übergang freie Elektronen vorhanden sein. Wird der Diode Energie zugeführt, so lösen sich Elektronen aus den Kristallen.
Bei den Sensoren in Temperaturfühlern geschieht das durch Erwärmung. Andere Sensoren reagieren, wenn Infrarotlicht, wahrnehmbares Licht, UV-Licht, Röntgenstrahlung oder radioaktive Strahlung in die Grenzschicht einfällt.

Leuchtdioden zur Anzeige
1962 wurde die **Leuchtdiode** entwickelt, kurz **LED** (**L**ight **E**mitting **D**iode). Leuchtdioden haben eine sehr viel grössere Lebensdauer und benötigen weniger Energie als Glühlampen. Daher werden sie oft zur Anzeige in elektrischen Geräten, zur Zimmerbeleuchtung und in Strassenlaternen eingesetzt.

Halbleiterdioden als Temperaturfühler
Dioden leiten mit steigender Temperatur besser. Da sie mechanisch robust sind und sehr schnell reagieren, eignen sie sich gut zur Temperaturmessung. Der messbare Bereich ist allerdings begrenzt, da Halbleitermaterial schon bei verhältnismässig niedriger Temperatur zerstört wird.

LED senden Signale
Da LED fast ohne Verzögerung auf äussere Signale reagieren, können mit ihnen Signale übertragen werden. Dies wird unter anderem in Fernbedienungen, in der Steuerung von Industrieanlagen oder in den Glasfasern der Telefonnetze genutzt.

Halbleiterdioden in Bewegungsmeldern
Die meisten Bewegungsmelder sind mit Halbleiterdioden ausgerüstet, die Wärmestrahlung messen. In den Geräten ist eine grosse Zahl solcher Dioden nebeneinander angeordnet. Jede der Dioden wird durch die Strahlung aus einer bestimmten Richtung erreicht. Wenn sich die Einstrahlrichtung ändert, werden andere Dioden angesprochen und die angeschlossene Elektronik gibt ein Signal.

LED härten Kunststoff
Ultraviolettes Licht aus Leuchtdioden härtet den Kunststoff von Zahnfüllungen.

OLED-Bildschirm
OLED-Bildschirme sind in kleine Einheiten unterteilt. Jede der Einheiten enthält je eine Leuchtdiode, die rotes, grünes oder blaues Licht abstrahlt. Mit diesen drei Farben kann jeder Farbeindruck im Auge hervorgerufen werden. Jede Einheit wird mit einem Signal für die Helligkeit und je einem Signal für die drei Farben angesteuert.

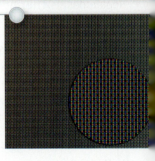

Wärmesensoren

1. ≡ **V**
a) Überklebe das Sichtfenster eines Strommessgerates mit einer Klarsichtfolie und baue den Stromkreis nach Bild 1 auf.
b) Tauche den NTC-Widerstand und ein Thermometer in Eiswasser. Stelle das Stromversorgungsgerät so ein, dass es gerade reagiert. Markiere die Stellung des Zeigers auf der Folie als Skalenbeginn mit 0 °C.
c) Erhöhe die Temperatur schrittweise um 10 K und markiere jeweils die Zeigerstellung auf der Folie.

2. ≡ **A**
a) Erstelle aus den Messwerten aus Versuch 1 ein Spannungs-Stromstärke-Diagramm.
b) Erkläre die entstandene Kennlinie.

3. ≡ **Q**
Recherchiere den typischen Verlauf der Kennlinie eines PTC-Widerstandes und beschreibe ihn.

1 Versuchsaufbau zur Aufnahme einer Kennlinie

PTC- und NTC-Widerstände sind Wärmesensoren

Fast alle metallischen Leiter sind **Kaltleiter**. Sie leiten bei tiefen Temperaturen gut. Der spezifische Widerstand des Materials wird bei steigender Temperatur grösser. Aus Kaltleitern werden **PTC-Widerstände** (positive temperature coefficient) hergestellt. Einige Metalllegierungen, bestimmte Metalloxide und Halbleitermaterialien leiten bei höherer Temperatur besser. Sie sind **Heissleiter**. Mit diesen Materialien werden **NTC-Widerstände** (negative temperature coefficient) hergestellt. PTC- und NTC-Widerstände wandeln als Sensoren Temperaturwerte in Widerstandswerte um (Bild 2).

NTC-Widerstände aus Halbleitermaterial

Temperatursensoren aus Halbleitermaterial können sehr klein gebaut werden. Sie reagieren durch ihre kleine Masse schnell auf Temperaturänderungen.

3 Ein elektronisches Lebensmittelthermometer

Der Temperatursensor des **Lebensmittelthermometers** in Bild 3 ist in der Spitze der Nadel untergebracht. Er zeigt die Temperatur im Inneren von Lebensmitteln. Das Signal wird verarbeitet und an das Display weitergeleitet. Das Display zeigt die Temperatur an.

NTC-Widerstände werden auch zur präzisen Temperaturregelung genutzt. Bei Abweichung von der eingestellten Temperatur schaltet die Elektronik eine Heizung ein oder aus.

Kennlinien

Um die Eigenschaften von PTC- und NTC-Widerständen zu vergleichen, benutzen wir ihre Kennlinien.

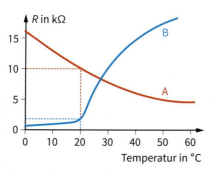

2 Kennlinien: **A** Heissleiter, **B** Kaltleiter

In Bild 2 sind die Kennlinien eines Kaltleiters und eines Heissleiters dargestellt. Diese Kennlinien zeigen den Zusammenhang zwischen der Temperatur des Halbleiters und seinem Widerstand. Alle Heissleiter besitzen eine ähnliche Kennlinie. Heissleiter besitzen bei höheren Temperaturen einen geringeren Widerstand. Kaltleiter haben bei niedrigeren Temperaturen einen geringeren Widerstand.

> Kannst du den Unterschied zwischen Kaltleitern und Heissleitern nennen und sie anhand ihrer Kennlinien beschreiben?

Lichtsensoren

1 Ein LDR als Datenwandler

1. V
a) Baue einen Stromkreis wie in Bild 1 mit einem Fotowiderstand auf und richte ein Lichtbündel auf ihn.
b) Schneide in ein Blatt Papier hintereinanderliegende Schlitze. Bewege das Blatt vor den Fotowiderstand. Beschreibe deine Beobachtung.

2. A
Erkläre, wodurch die Daten in Versuch 1 übertragen werden.

3. A
Beschreibe den Vorteil einer Fotodiode gegenüber einem Fotowiderstand.

Der Fotowiderstand

Die Aufzugstür steht offen. Du siehst eine Person hereilen, die noch in den Aufzug möchte. Damit die Tür sich nicht schliesst, hältst du einfach deine Hand vor eine der beiden kleinen Öffnungen an den Seiten der Aufzugstür. Wieso schliesst sich die Tür jetzt nicht?

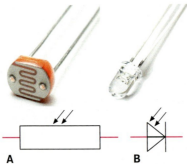

2 **A** Fotowiderstand mit Schaltzeichen, **B** Fotodiode mit Schaltzeichen

Auf den gegenüberliegenden Türseiten eines Aufzuges befindet sich auf gleicher Höhe jeweils eine Öffnung. In der einen Öffnung ist eine Laserdiode, in der anderen ist ein **Fotowiderstand**, ein **LDR** (engl.: **l**ight **d**epending **r**esistor) eingelassen. Wird der LDR beleuchtet, so wird sein Widerstand umso kleiner, je mehr Licht auf ihn fällt. Der LDR registriert somit „viel Licht" oder „wenig Licht", also Daten in Form von Veränderungen der Lichtstärke. Er reagiert mit „Elektronenfluss" oder „kein Elektronenfluss". Ein LDR ist also ein Sensor, der auf Licht reagiert. LDRs werden als Beleuchtungsstärkemesser, Dämmerungsschalter oder als Sensor in Lichtschranken verwendet.

Fotodioden können mehr

Fotowiderstände sind unempfindlich und zum Verarbeiten ihrer Signale ist keine aufwendige Elektronik erforderlich. Auf schnell aufeinander folgende Signale können sie aber nicht reagieren. Dafür sind **Fotodioden** besser geeignet. Fotodioden können Licht in elektrische Energie umwandeln. Zugleich leiten sie besser, wenn sie von Licht getroffen werden. Fotodioden eignen sich daher gut für Lichtschranken und Fernbedienungen.

Kennlinien für die Beleuchtungsstärke

Die Kennlinien in Bild 3 und 4 zeigen den Zusammenhang zwischen Widerstand und **Beleuchtungsstärke**. Die Einheit der Beleuchtungsstärke ist Lux.

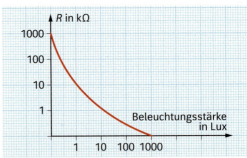

3 Kennlinie eines Fotowiderstandes

Je mehr Licht auf einen Fotowiderstand fällt, desto kleiner ist der Widerstand.

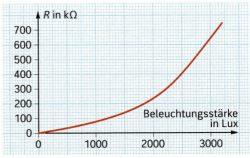

4 Die Kennlinie einer Fotodiode

Je mehr Licht auf die Fotodiode fällt, desto grösser ist der Widerstand.

> Kannst du Lichtsensoren mithilfe ihrer Kennlinie funktional beschreiben und Anwendungen erläutern?

Kennlinien von Bauteilen

Kennlinien
Eine Kennlinie beschreibt die Eigenschaften eines elektronischen Bauteils. Du erhältst eine Kennlinie, indem du die Abhängigkeit zweier physikalischer Grössen in einem Diagramm gegeneinander aufträgst. Verwendest du die beiden Bezugsgrössen Spannung und Stromstärke, so ergibt sich eine Spannung-Stromstärke-Kennlinie.

Material
- 1 Regelbare Stromquelle
- 2 Vielfachmessgeräte
- 1 Schalter
- 6 Verbindungsleiter
- 1 Widerstand mit 1 kΩ
- 1 Widerstand mit 100 Ω
- 1 Silicium-Diode Typ 1N4001 (I_{max} = 1A) oder 1N4148 (I_{max} = 100 mA)
- 1 Germanium-Diode Typ 1N60

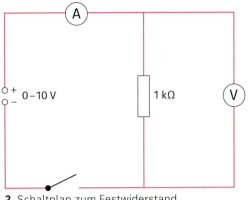

2 Schaltplan zum Festwiderstand

U(V)	0	0,5	1	1,5	...	10
I(mA)						

3 Wertetabelle zum Festwiderstand

1 Dioden können unterschiedlich aussehen.

Vorbereitung der Versuche
1. Für die Erstellung der Kennlinie eines Festwiderstandes legst du eine Wertetabelle wie in Bild 3 an. Anschliessend baust du den Versuch nach Bild 2 auf.
2. Für die Erstellung der Kennlinie einer **Silicium-Diode** legst du eine Wertetabelle wie in Bild 5 an. Anschliessend baust du den Versuch nach Bild 4 auf.
3. Für die Erstellung der Kennlinie einer **Germanium-Diode** legst du eine Wertetabelle wie in Bild 5 an. Anschliessend baust du den Versuch nach Bild 4 auf.

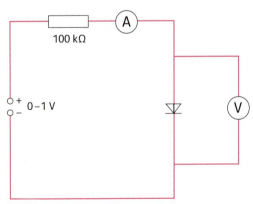

4 Schaltplan zur Diode

U(V)	0	0,05	0,1	0,15	...	1
I(mA)						

5 Wertetabelle zur Diode

Durchführung der Versuche
Für alle Versuche gilt: Um die Wertepaare für die Erstellung der Kennlinie zu ermitteln, musst du die folgende Reihenfolge genau einhalten.
1. Erhöhe die Spannung schrittweise.
2. Lies jeweils die Werte für die Stromstärke ab und trage sie in die Wertetabelle ein.
3. Erstelle aus den Werten ein Spannung-Stromstärke-Diagramm.
4. Beschreibe die entstandene Kennlinie.

> Kannst du elektronische Bauteile untersuchen, indem du ihre Spannung-Stromstärke-Kennlinie aufnimmst?

Sensoren im Alltag

Sensoren dienen der Sicherheit
Bei voller Aufmerksamkeit können Menschen in etwa 0,4 s auf ein unvorhergesehenes Ereignis reagieren. In der Regel liegt die Reaktionszeit im Strassenverkehr bei etwa 1 s. In dieser Zeit hat das Fahrzeug eine beträchtliche Strecke zurückgelegt. Bei elektronischen Bauteilen vergehen von der Signalerfassung bis zur Reaktion, etwa dem Einleiten des Bremsvorgangs, nur wenige Millisekunden. So misst beispielsweise das Abstandsradar Entfernungen sehr präzise. Wenn weitere Sensoren Temperatur, Strassenzustand, Beladung und Reifendruck übermitteln, leitet die Elektronik die bestmögliche Reaktion ein.

Rauchmelder retten Leben

Feuer oder Rauch in der Wohnung kann Leben gefährden. **Rauchmelder** können vor der Gefahr warnen. Ihren Kern bildet eine dunkel ausgekleidete Kammer, in die in rascher Folge Lichtbündel einfallen. Ist Rauch in die Kammer eingedrungen, so wird das Licht gestreut. Ein Teil davon fällt auf eine Fotodiode. Die eingebaute Elektronik verarbeitet dieses Signal und sendet einen durchdringenden Warnton.

LED-Technik in Fahrradlichtanlagen

Neue Fahrräder werden fast immer mit **LED-Beleuchtungsanlagen** ausgerüstet. Der Fahrraddynamo versorgt die Leuchtdioden mit elektrischer Energie. Da der Dynamo Wechselspannung erzeugt, muss die Energie über eine Gleichrichterschaltung zu den Lampen geleitet werden. Wenn das Rad stehen bleibt, reagiert ein Sensor mit einem Signal und die Elektronik schaltet auf Standlicht um. Dann versorgt ein Kondensator die LED für einige Minuten mit Energie. Bei der Weiterfahrt wird der Kondensator wieder aufgeladen. Eine Automatik mit einer Fotodiode als Sensor kann sicherstellen, dass bei Dunkelheit das Licht eingeschaltet wird.

1. Q
Recherchiere die Begriffen „Aktive Sicherheit" und „Passive Sicherheit" und nenne jeweils Sensoren, die der Sicherheit dienen.

2. A
Setze dich auf einen Beifahrersitz und prüfe, ob der Gurtsensor im Auto richtig arbeitet. Beschreibe, was du für diese Prüfung tun musst.

3. A
Nenne Sensoren, die das Autofahren für Fahrer und Beifahrer einfacher, sicherer oder bequemer machen.

4. Q
Untesuche einen LED-Fahrradscheinwerfer. Ermittle den Sensor, der bei Dunkelheit das Einschalten veranlasst.

5. A
Begründe, warum LED-Fahrradbeleuchtungen so geschaltet sind, dass das Licht im Stand weniger hell ist als während der Fahrt.

Sensoren in der Medizin

Mit Schall Blutdruck messen

Solange wir leben, wird Blut durch die Arterien gepumpt. Wenn das Herz zu heftig pumpt, werden die Blutgefässe überlastet und dadurch können schwere Schäden an den Gefässwänden entstehen. Eine **Blutdruckmessung** hilft, eine mögliche Überlastung frühzeitig zu erkennen.

An Blutdruckmessgeräten ist eine Manschette mit Luftkammern angeschlossen. Bei automatischen Geräten trägt die Manschette zusätzlich ein Mikrofon als Schallsensor. Die Manschette wird um den Oberarm gelegt und dann wird so lange Luft hineingepumpt, bis das Herz kein Blut mehr durch die Oberarmarterien treiben kann. Dann ist der **systolische Blutdruckwert** erreicht. Der Schallsensor in der Manschette registriert, dass kein Strömungsgeräusch mehr zu hören ist, und die Luft wird in kleinen Schritten aus den Kammern abgelassen. Wenn das Blut wieder völlig frei strömen kann, ändert sich das Strömungsgeräusch erneut. Das geschieht beim **diastolischen Blutdruckwert**. Die Elektronik registriert beide Blutdruckwerte und zeigt sie auf dem Display an.

Blut muss Sauerstoff tragen

Das Blut transportiert den Sauerstoff von der Lunge zu den Körperorganen. Bei kritischer körperlicher Verfassung, aber auch beim Aufenthalt im Hochgebirge kann das Blut nicht genug Sauerstoff aufnehmen.

Mit einem **Pulsoxymeter** kann erfasst werden, wie viel Sauerstoff das Blut aufgenommen hat. Ein Finger oder ein Ohrläppchen wird von einer Seite angeleuchtet und auf seiner anderen Seite misst ein Fotosensor, wie viel Licht bestimmter Farben durchgelassen wird. Bei Patienten in kritischem Zustand wird die Sauerstoffsättigung kontinuierlich gemessen. Auf einem Monitor, wird dann der Sauestoffsättigungswert neben anderen Werten als Kurve dargestellt.

Eine Kamera, klein wie eine Tablette

Diese kleine Kapsel enthält an beiden Enden je eine Kamera. Sie wird wie eine Tablette geschluckt und wandert dann in 8 h durch den Verdauungstrakt. In dieser Zeit erfassen die Bildsensoren der Kameras etwa 50 000 Bilder. Die Daten werden per Funk an einen Empfänger ausserhalb des Körpers übertragen und dort gespeichert. Zum Abschluss können sie auf ein Wiedergabegerät überspielt werden. An dessen Monitor lässt sich dann beurteilen, ob weitere Untersuchungen oder Behandlungen erforderlich sind.

Fieber messen – ganz einfach

Jeder Körper, auch der menschliche, gibt Wärme in Form von Infrarotstrahlung ab. Die Strahlung ist von seiner Temperatur abhängig. Deshalb kann die Temperatur mithilfe eines Infrarotsensors indirekt ermittelt werden.

Die Körpertemperatur kann durch Messung auf der Hautoberfläche nicht bestimmt werden. Die Haut wird von der Luft gekühlt und hat daher nicht dieselbe Temperatur wie das Körperinnere. Das Trommelfell aber liegt tief genug. Mit dem Infrarotsensor des **Ohrthermometers** wird seine Wärmestrahlung erfasst. Die Signale des Sensors werden von der Elektronik verarbeitet und auf dem Display kann die Temperatur abgelesen werden.

Die Messung kann nur dann korrekt sein, wenn der Sensor genau auf das Trommelfell zeigt. Es ist sicherer, wenn du die Temperatur in beiden Ohren misst und den Mittelwert bildest.

PINNWAND

Der Transistor

1.
Baue den Stromkreis aus Bild 1 auf. Teste mithilfe der Leuchtdiode den Elektronenstrom zwischen je zwei Anschlüssen. Vertausche auch die Pole der Batterie. Notiere Anschlüsse und Polung und die Anzeige der Leuchtdiode in einer Tabelle.

2.
a) Baue die Schaltung aus Bild 3 auf. Schliesse den Steuerkreis. Was passiert?
b) Welches elektrische Bauteil ersetzt der Transistor?

3.
Baue einen Stromkreis aus einem Mikrofon und einem Lautsprecher auf. Sprich laut ins Mikrofon. Was hörst du aus dem Lautsprecher?

4.
a) Baue die Schaltung nach Bild 2 auf. Achte auf die Angaben an den Bauteilen. Sprich ins Mikrofon. Was geschieht?
b) Verlängere das Mikrofonkabel und sprich aus einem zweiten Raum. Was stellst du fest?

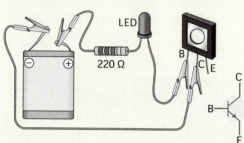

1 Der Transistor, ein Bauteil mit 3 Anschlüssen

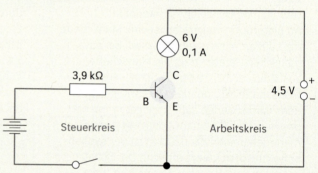

3 Ein elektronischer Schalter

Zwei Dioden ergeben einen Transistor

Ein **Transistor** ist ein elektronisches Bauteil und hat drei Anschlüsse. Sie heissen **Emitter (E)**, **Basis (B)** und **Kollektor (C)** (Bild 1B).
Bei einem Test wie in Bild 1A kannst du feststellen, dass er eigentlich aus zwei Dioden besteht. Die beiden Dioden sind entgegengesetzt geschaltet.
Die Prüfdiode leuchtet auf, wenn an der Basis der Pluspol der Batterie anliegt. Nur dann sind die Dioden Emitter-Basis und Basis-Kollektor in Durchlassrichtung geschaltet. Zwischen Emitter und Kollektor leuchtet die Prüfdiode nicht, gleichgültig wie die beiden Anschlüsse gepolt sind.

Ein Transistor schaltet

In Bild 3 erkennst du, dass ein Transistor gleichzeitig in zwei Stromkreisen liegt. Emitter und Basis liegen im **Steuerkreis**, Emitter und Kollektor im **Arbeitskreis**. Der Transistor kann so mithilfe des Steuerkreises den Arbeitskreis ein- und ausschalten. Dazu muss die Basis am Pluspol der Batterie liegen. Allerdings braucht der Steuerkreis eine Mindestspannung, damit Elektronen durch den Arbeitskreis fliessen können. Diese Spannung ist für alle Transistortypen angegeben.
Als **elektronischer Schalter** hat der Transistor den Vorteil, dass er sehr schnell schaltet und nicht warm wird.

Ein Transistor verstärkt

Mit einer Schaltung wie in Bild 2 kannst du Strom verstärken. In einem Mikrofon entsteht nur ein sehr kleiner Strom, wenn du hineinsprichst. Du könntest daher aus einem Lautsprecher nichts hören.
Mit einem Transistor lässt sich eine **Verstärkung** erreichen, sodass du deine Stimme aus dem Lautsprecher hören kannst.

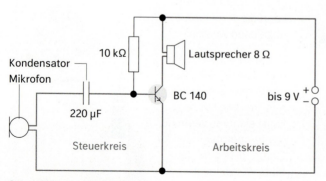

2 Aus Flüstern wird Sprechen.

Elektronik im Alltag

5. ≡ Ⓥ
a) Baue einen Versuch wie im Scghaltplan auf. Stelle die Spannung auf 0 V und erhöhe sie in 0,1 V-Schritten bis auf 2 V. Notiere jeweils die Werte von Spannung und Stromstärke in einer Tabelle.
b) Zeichne zu Versuch 5 ein Spannung-Stromstärke-Diagramm und beschreibe den Verlauf des Graphen.

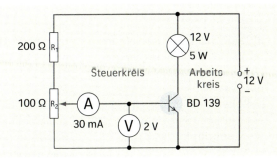

Die Schwellenspannung

In der Schaltung zu Versuch 5 kann mit einem Drehwiderstand die Basisspannung U_{BE} stufenlos verändert werden. Das Spannungsmessgerät zeigt ihren Wert an.
Ein Basisstrom I_B ist erst messbar, wenn ein bestimmter Wert der Basisspannung überschritten wird. Dieser Wert heisst **Schwellenspannung**. Oberhalb der Schwellenspannung steigt der Basisstrom sehr schnell an.
Das U_{BE}-I_B-Diagramm wird als U_{BE}-I_B-**Kennlinie** bezeichnet. Sie verläuft bis zur Schwellenspannung auf der Rechtsachse und steigt dann annähernd gerade an.

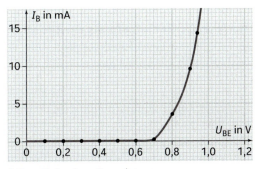

4 Kennlinie eines Transistors

Alarmanlage

Einfache Alarmanlage

Alarmanlagen sind heute meist komplexe elektronische Systeme. Mit wenigen Bauteilen lässt sich aber auch eine einfache Alarmanlage aufbauen, bei der ein optisches oder kustisches Signal ausgelöst wird, wenn ein Stromkreis unterbrochen wird.

Material
- 1 Batterie 9 V
- 1 Transistor
- 1 Widerstand mit 390 Ω
- 1 Widerstand mit 39 kΩ
- 1 LED

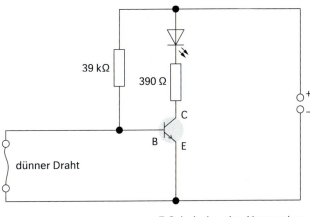

5 Schaltplan der Alarmanlage

Aufbau und Funktionsweise

Solange der Stromkreis durch den dünnen Draht geschlossen ist, ist die Basis des Transistors mit dem Minuspol der Batterie verbunden. Der Transistor sperrt, die LED ist dunkel. Wird der Alarmdraht unterbrochen, so ist die Basis über den Widerstand an Plus angeschlossen. Die LED leuchtet.
Die LED kann durch einen Summer ersetzt werden, um ein akustisches Alarmsignal auszulösen.

PRAKTIKUM

Der Touchscreen – ein besonderer Sensor

1.
a) Taste mit einem Radiergummi auf ein Icon deines Smartphones. Beschreibe, was passiert.
b) Rolle einen Streifen Alufolie zusammen. Taste damit auf das Icon. Beschreibe, was passiert.

2.
Erkläre die Ergebnisse aus Versuch 1.

3.
Berühre den Touchscreen mit einem Handschuh. Erkläre, was du beobachtest.

4.
Erläutere, warum spezielle Stifte und Handschuhe für die Bedienung von Smartphones angeboten werden.

5.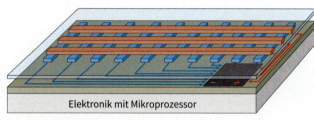
Baue den Versuch in Bild 3 auf. Nähere den Ladungslöffel einer der beiden Metallkugeln. Erkläre die Reaktion des Elektroskopes.

Der Touchscreen – mehr als ein Bildschirm
Der Hintergrund eines **Touchscreens** bildet einen normalen Bildschirm. Du kannst auf ihm Fotos oder Filme anschauen. Für den eigentlichen Zweck des Touchscreens werden auf ihm Icons (griech., Bild) dargestellt. Das sind Symbole für einen Auftrag an das zugehörige Gerät. Ausgelöst wird die Reaktion durch eine Berührung mit dem Finger oder einem elektrisch leitenden Material. Bei Berührung mit einem Isolator erfolgt keine Reaktion.

1 Aufbau des Touchscreens

2 Stift zur Bedienung eines Touchsceens

Aufbau und Funktionsweise
Die Oberfläche des Touchscreens besteht meist aus kratzfestem Glas, einem Isolator. Unter der Glasscheibe liegen zwei Schichten mit sehr feinen, parallel liegenden Leiterbahnen, die gegeneinander isoliert und rechtwinklig zueinander angeordnet sind. Jede der Leiterbahnen ist mit der Elektronik verbunden. Die Leiterbahnen der oberen Schicht werden elektrisch positiv, die der unteren Schicht negativ aufgeladen (Bild 1). Zwischen den Stellen, an denen eine Leiterbahn der oberen Schicht über einer Leiterbahn der unteren Schicht liegt, entsteht ein elektrisches Feld. Da ein Finger elektrisch leitend ist, befinden sich Ladungen auf der Hautoberfläche. Sobald er die Oberfläche des Touchscreens berührt, kommt es im Finger und in der oberen Leiterbahn zu einer **Ladungsverschiebung.** In der Leiterbahn werden positive Ladungen von ihrer Unterseite zur oberen Seite gezogen. Dadurch ändern sich an dieser Stelle das elektrische Feld zwischen den Leiterbahnen und damit die Spannung. Die Elektronik registriert die Veränderung und leitet die programmierte Reaktion ein.

Eine Spannung berührungslos ändern
Der Versuch in Bild 3 verdeutlicht die Wirkungsweise des Touchscreens. Zwischen zwei entgegengesetzt geladenen Kugeln besteht eine Spannung. Wird einer der Kugeln ein weiterer Ladungsträger genähert, so werden die Ladungen auf ihrer Oberfläche verschoben. Das Elektroskop zeigt, wie sich die Spannung zwischen den beiden Kugeln ändert.

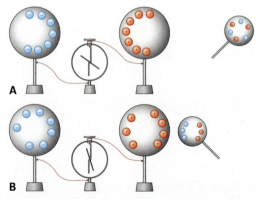

3 Spannung zwischen Ladungsträgern: **A** bei ungestörter Ladungsverteilung, **B** bei Verschiebung von Ladungen

> Kannst du den Aufbau eines Touchscreens beschreiben und seine Arbeitsweise erklären?

Elektronik im Alltag | **135**

Elektronik erobert unser Leben

Transistoren und Dioden verdrängen die Elektronenröhren

Der erste programmierbare Rechner wurde 1937 von KONRAD ZUSE (1910–1995) konstruiert. Das mechanische Rechenwerk nutzte zum Rechnen und zum Speichern von Zahlen das Binärsystem, ein Zahlensystem mit nur 2 Ziffern (0, 1). Es zeigte sich, dass Binärzahlen weit besser automatisch verarbeitet werden können als Zahlen im vertrauten Dezimalsystem. Es wurden weitere Rechner entwickelt, die mit Relais, also elektrisch betriebenen Schaltern, und Elektronenröhren arbeiteten.

Das elektronische Zeitalter

1947 begann das elektronische Zeitalter im Nachrichtenwesen. Der erste Halbleiter-Transistor wurde entwickelt. Die neuen Bauteile waren klein, kaum störanfällig, hatten eine lange Lebensdauer und entwerten im Betrieb weit weniger Energie als die bis dahin gebräuchlichen Elektronenröhren.

Die heutigen Computer werden mit integrierten Schaltkreisen, ICs (engl.: integrated circuits) ausgerüstet. ICs sind Bauteile, die die Funktion vieler Transistoren und Dioden in sich vereinigen. Die Rechenleistung von Computern konnte dadurch gewaltig gesteigert werden. Heutzutage sind Computer erschwinglich und erhältlich, die noch vor 10 Jahren auf der Liste der Supercomputer gestanden hätte. Jedes Smartphone hat inzwischen so viel Rechenleistung, dass auch aufwendige Spiele und Anwendungen problemlos darauf laufen.

Digitalisierung

Digitalisierung beschreibt, vereinfacht gesagt, die Umwandlung analoger Werte oder Daten in ein digital nutzbares Format. Ein stark vereinfachtes Beispiel: Hältst du deine Notizen nicht mehr auf Papier, sondern per Smartphone-App fest, hast du die bislang analogen Notizen digitalisiert. Von Digitalisierung sprechen wir aber vor allem, wenn digitale Geräte vernetzt sind, Daten austauschen, Informationen abrufen und verwerten usw. In vielen elektronischen Geräten sind kleine Computer eingebaut, die das leisten können. Dadurch hat die Digitalisierung nahezu alle Lebensbereiche erfasst.

Nutzen und Gefahren

Der Einsatz digitaler Datenverarbeitung erleichtert uns unser Leben, hilft, es sicherer zu machen, und ermöglicht Kommunikation, die früher kaum vorstellbar war. Der Ausfall dieser Technik in unserem Alltag wäre katastrophal. Wir sind inzwischen von vielen Geräten abhängig geworden. Gerade die jederzeit und an jedem Ort mögliche Kommunikation sind für viele Menschen nicht nur ein Segen, sondern oft ein Fluch. Dauererreichbarkeit kann uns enorm unter Stress setzen.

Zudem macht es digitale Datenverarbeitung möglich, Menschen automatisch zu überwachen, Daten aus Telefon- und Computernetzen abzuschöpfen, zu missbrauchen oder gar zu fälschen.

STREIFZUG

---

1. Ⓐ
a) Nenne Geräte, die Daten digital verarbeiten.
b) Erkundige dich bei Eltern und Grosseltern, welche Geräte sie durch digital arbeitende Geräte ersetzt haben. Beschreibe die Vorzüge der heutigen Geräte gegenüber ihren Vorläufern.

2. Ⓐ
Erstelle eine Übersicht zu den positiven und negativen Auswirkungen der Digitalisierung unserer Umwelt.

3. Ⓐ
Tauscht euch in eurer Klasse aus, welche positiven und negativen Erfahrungen ihr mit Sozialen Medien habt.

Mobilfunk

1. 🅰
Skizziere die „Reise" einer Sprachnachricht im Mobilfunknetz vom Sender zum Empfänger.

2. ❓
Aufgrund der hohen Datenübertragungsrate eignet sich der Mobilfunkstandard 5G für industrielle Anwendungen, bei denen viele Daten in Echtzeit zur Verfügung stehen müssen.
Überlege und recherchiere, welche Anwendungen von 5G profitieren bzw. damit möglich werden.

3. ❓
Viele Menschen haben gesundheitliche Bedenken wegen der Mobilfunkstrahlung. Sie fürchten u. a., die Nutzung des Mobilfunks könnte Krebs auslösen.
a) Trage Argumente von Mobilfunkgegnern zusammen.
b) Versuche herauszufinden, auf welche wissenschaftlichen Studien sich diese Argumente stützen. Gibt es Studien, die einen gefundenen Effekt bestätigen?
c) Recherchiere, auf welcher Basis die Grenzwerte im Mobilfunk festgelegt werden.

Überall erreichbar

Heute sind wir fast überall erreichbar. Und wir wollen nicht nur telefonieren, sondern mit Smartphones und Tablets im Internet surfen, Videos streamen oder Fotos herunterladen und teilen. Diese Dienste erfordern leistungsfähige Mobilfunknetze.

Von GSM zu 5G

Damit Mobilfunk unabhängig vom speziellen Gerät und in allen Ländern funktioniert, muss es Standards geben, wie die Datenübertragung abläuft. In der Schweiz sind alle Netze mit **GSM**-, **UMTS**- und **LTE**-Technik ausgerüstet. Diese **Generationen** unterscheiden sich vor allem in den Datenraten, die sie übertragen können (Bild 1, 2).

Generation	Kennzeichen
2G (GSM)	internationaler Standard, 1993 erstes digitales Netz in der Schweiz
3G (UMTS)	gleichzeitiges Senden und Empfangen mehrerer Datenströme möglich
3.5G (HSPA)	Weiterentwicklung von UMTS
4G (LTE)	setzt auf UMTS auf, Echtzeit-Videoübertragung möglich
5G	sehr kurze Reaktionszeiten, interessant für Anwendungen wie autonomes Fahren

1 Mobilfunk-Generationen

Die fünfte Mobilfunkgeneration **5G** steigert nochmals die möglichen Datenraten gegenüber ihren Vorgängern – bis zu 20 Gbit/s sollen möglich sein. Neben der hohen Datenrate zeichnet sich 5G v. a. durch eine sehr kleine Verzögerungszeit von 4 ms aus. Das ist die Zeit, die vergeht, bis eine aufgerufene Webseite angezeigt wird

Was bedeutet MBit/s?
Ein Bit ist die kleinste elektronische Speichereinheit: 0 oder 1.
Die Bitrate beschreibt die Geschwindigkeit, mit der Daten übertragen werden, und wird oft in MBit/s = 1 000 000 Bit/s angegeben.

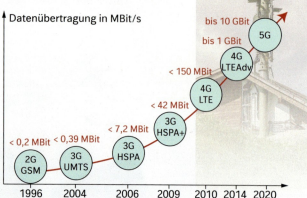

2 Die Entwicklung der Datenübertragungsraten

Elektronik im Alltag | **137**

Netze und Zellen

Ein Mobilfunknetz ist in **Zellen** aufgeteilt. Diese haben unterschiedliche Grössen, von unter 100 Metern in Innenstädten bis zu mehreren Kilometern auf dem Land. In jeder Zelle hat der Mobilfunknetzbetreiber eine oder mehrere **Basisstationen** aufgebaut. Sie bilden die Knotenpunkte der Mobilfunknetze. Bewegt sich ein Handynutzer durch das Mobilfunknetz, dann bewegt er sich durch viele Zellen. Wenn er sich in einen Bereich einer Zelle bewegt, der sehr schlecht oder gar nicht mit Funkwellen von der Basisstation erreicht wird, befindet er sich in einem **Funkloch**.

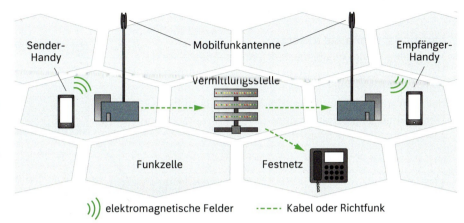

Kommt der Handynutzer an den Rand einer Funkzelle, erkennt das Netz, wann es besser ist, eine neue Verbindung zu einer anderen Basisstation aufzunehmen. Die Verbindungsqualität zu den Basisstationen wird ständig geprüft. Bei Bedarf wird die Basisstation gewechselt. Dabei wird die Verbindung zur alten Basisstation erst abgebrochen, wenn die neue Verbindung steht. Wir Handynutzer merken davon nichts.

Die Entdeckung der elektromagnetischen Wellen

Die Strahlung, die ein Mobiltelefon abgibt, sind **elektromagnetische Wellen.** Die Wellen bestehen aus schwingenden elektrischen und magnetischen Feldern und breiten sich auch im Vakuum aus. Elektromagnetische Wellen unterscheiden sich nur durch die Frequenz, mit der die Felder schwingen.

Dass elektromagnetische Wellen existieren, hatte der englische Physiker JAMES CLERK MAXWELL 1868 vorhergesagt. Sie leiteten sich aus den von ihm aufgestellten Maxwellschen Gleichungen ab, mit denen er elektrische und magnetische Felder berechnen konnte. Maxwell sagte vorher, dass sich zeitliche Änderungen des elektrischen und magnetischen Feldes als elektromagnetische Welle mit Lichtgeschwindigkeit im Raum ausbreiten sollten.

Der erste Nachweis elektromagnetischer Wellen gelang 1889 dem deutschen Physiker HEINRICH HERTZ. Mit einem Funkenempfänger konnte er die elektromagnetischen Wellen eines kleinen Senders bis auf 20 Meter Entfernung nachweisen. HERTZ selbst glaubte nicht an einen technischen Nutzen seiner Entdeckung – darin sollte er sich gewaltig getäuscht haben. Schliesslich liefern elektromagnetische Wellen die physikalische Grundlage für die gesamte drahtlose Kommunikation.

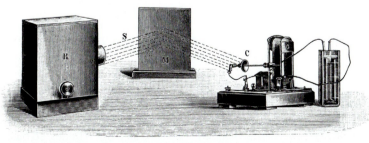

3 HEINRICH HERTZ wies elektromagnetische Wellen nach, die von einem Sender abgestrahlt und dann reflektiert werden.

STREIFZUG

LCD-, LED- und OLED-Bildschirme

Farbbildschirme als Aktoren
Von jedem Cluster des Bildsensors wird ein Signal für die Helligkeit eines Pixels und je ein Signal für die Farben Rot, Grün und Blau an die Elektronik geleitet. Zur Darstellung der Pixel auf dem Aktor, dem Bildschirm, müssen diese Daten erneut bearbeitet werden.

1 A Ein Bild aus Millionen Pixeln

LCD-Bildschirme
In Flüssigkristallbildschirme, **LCD** (englisch: **l**iquid **c**rystal **d**isplay) wird ein Gitter winziger Segmente von der Rückseite mit weissem Licht beleuchtet (Bild 1). Die Lichtdurchlässigkeit jedes der Segmente kann elektronisch gesteuert werden und vor jedem liegt ein roter, grüner oder blauer Farbfilter. Drei dieser Segmente mit je einem Filter bilden auf dem Schirm ein Pixel ab (Bild 2).

1 B Ein weisses Pixel, gebildet aus Rot, Grün und Blau

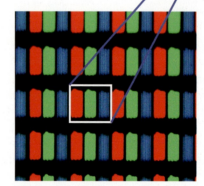

1 C Ein LCD-Segment

Hintergrundlicht durch Kaltkathodenröhren
Das Licht dieser Schirme wird durch **Kaltkathodenröhren** erzeugt. In ihnen wird eine Leuchtstoff mit Elektronen beschossen, der dadurch weisses Licht abgibt. Kunststofflichtleiter führen das Licht hinter die LCD-Segmente und diese bestimmen wiederum, wie viel Licht durch die Filter geleitet wird. So entsteht der Farb- und Helligkeitseindruck auf dem Bildschirm.
Da die LCD-Segmente das Licht nicht völlig abschirmen können, kann der Bildschirm an keiner Stelle ganz schwarz erscheinen.

LED-Bildschirme
Auch **LED-Bildschirme** nutzen Farbfilter, um rote, grüne und blaue Lichtanteile aus weissem Licht herauszufiltern. Die Helligkeit und die Farbmischung werden durch LCD-Segmente bestimmt.

Hintergrundlicht durch LED
Viele LED-Bildschirme sind genauso aufgebaut wie LCD-Schirme, nur werden die Kaltkathodenröhren durch LED ersetzt. Das spart Energie, da nicht so viel Energie in Wärme umgewandelt wird. Auch bei dieser Bauart können keine völlig schwarzen Bereiche dargestellt werden.

Bei der aufwendigeren Bauart von LED-Bildschirmen werden LCD-Segmente in Gruppen von je einer weissen LED angeleuchtet. Wird sie abgeschaltet, so bleibt der Schirm in diesem Bereich schwarz.

OLED-Bildschirme
Bei Bildschirmen, die mit organischen LED, **OLED** (englisch: **o**rganic **l**ight **e**mitting **d**iodes) arbeiten, wird für jedes Pixel je eine rote, grüne und blaue Diode eingesetzt. Da nur genau die Farbkomponenten erzeugt werden, die für den optischen Eindruck erforderlich sind, gibt es keine Verluste durch Filter oder durch Dimmen der Helligkeit. Da es bei diesen Schirmen keine Hintergrundbeleuchtung gibt, stört kein unerwünschtes Licht den Farbeindruck. Es entsteht ein scharfes, kontrastreiches Bild.

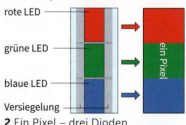

2 Ein Pixel – drei Dioden

Smartphone-Bildschirm
Die organischen Halbleitermaterialien der OLED sind billiger als die Halbleiterkristalle der LED, zudem sind sie leicht zu verarbeiten. OLED reagieren aber empfindlich auf Sauerstoff und Wasser. Je grösser der Schirm ist, desto schwieriger ist es, sie davor zu schützen. Deshalb werden OLED vorwiegen in den kleineren Displays von Smartphones oder Tablets eingesetzt. Auch dort erreichen sie nur eine begrenzte Lebensdauer.

Elektronik im Alltag | 139

Satelliten und GPS

1. Erstelle Steckbriefe wie in Bild 2 für die Satelliten Navstar, Meteosat und Landsat.

2. Begründe, dass für die genaue Positionsbestimmung mindestens 4 Satelliten notwendig sind.

Satelliten und ihre Aufgaben

Satelliten umkreisen die Erde auf einer Umlaufbahn. Sie werden meist mit einer Trägerrakete ins All transportiert und dort in der gewünschten Höhe ausgesetzt. Bei einer Höhe bis 200 km beträgt die Umlaufzeit des Satelliten etwa 100 min, bei 100 000 km Höhe etwa 100 h.

Navigationssatelliten senden pausenlos Signale zur Erde, die von entsprechenden Empfängern an Bord von Schiffen, Flugzeugen und Autos zur Positionsfeststellung genutzt werden. Mithilfe von **Kommunikationssatelliten** werden Funksignale von einer Seite der Welt auf die andere übertragen. Sie umkreisen die Erde meist auf geostationären Umlaufbahnen 35 800 km über dem Äquator. Ihre Geschwindigkeit ist gerade so gross, dass sie sich immer über dem gleichen Punkt der Erde befinden. **Wettersatelliten** messen Windstärken und Temperaturen der Atmosphäre und funken die Werte zu den Bodenstationen. Spezielle **Beobachtungssatelliten** überwachen die Erdoberfläche.

1 Satelliten zur Positionsbestimmung

Satelliten bestimmen den Standpunkt

GPS steht für **Global Positioning System** und ist ein weltweites Positionsbestimmungssytem. Dafür kreisen mindestens 24 Satelliten ständig um die Erde. So wird jeder Punkt von mindestens 4 Satelliten erfasst, was die genaue Positionsbestimmung möglich macht.

Jeder einzelne Satellit funkt seine Position im Weltraum ständig auf die Erde. Ortungssysteme fangen diese Signale auf. Aus 3 Signalen ermitteln sie die genaue Position, ein 4. Signal synchronisiert die Zeit.

Nutzen auf der Erde

Navigationssysteme können aus der georteten Postition die Fahrstrecke berechnen und ausgeben. Die Position wird dabei ständig überprüft.

> Du kannst verschiedene Satellitenarten benennen und erklären, welche bei Ortungssystemen eingesetzt werden.

Der Satellit SOHO
- **Satellitentyp**
Forschungssatellit
- **Start**
Dezember 1995 von NASA und ESA
- **Aufgabe**
Beobachtung von Sonnenoberfläche und Sonnenatmosphäre
- **Umlaufbahn**
in 1,5 Mio. km Entfernung von der Erde
- **Ergebnisse**
Beobachtung von Sonnenbeben und mehreren Kometen, von denen zwei auf die Sonne gestürzt sind

2 Forschungssatellit SOHO

3 Smartwatch mit GPS

Solarzellen – Halbleiter als Energiewandler

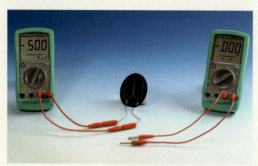

1 Leerlaufspannung und Kurzschlussstromstärke

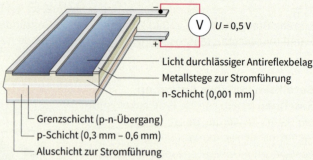

2 Aufbau einer Solarzelle

HINWEIS
Nutze für die Versuche das Licht der Sonne oder das Licht eines Halogenstrahlers.

1.
Baue einen Versuch wie in Bild 1 auf. Richte die Solarzelle so aus, dass das Licht senkrecht auftrifft. Miss die Spannung und die Stromstärke und notiere die Werte.

2.
Verändere den Einstrahlwinkel des Lichtes zur Solarzelle kontinuierlich, sodass das Licht zunächst senkrecht auftrifft und schliesslich parallel zur Oberfläche verläuft. Lies die Messgeräte ab und beschreibe deine Beobachtung.

3.
Decke die Fläche der Zelle aus Versuch 1 in Viertelsegmenten mit Pappe ab. Vergleiche die Werte für die Spannung und die Stromstärke mit den Werten aus Versuch 1. Beschreibe deine Feststellung.

Unerschöpfliche Energie

Die Sonne versorgt die Erde ständig mit einer riesen Energiemenge. 1000 kWh pro m² im Jahr strahlt sie als Licht und Wärme auf die Erde. Das ist genug Energie um die gesamte Menschheit damit zu versorgen. Die Energie der Sonne kann mit **Solarzellen** für den Menschen nutzbar gemacht werden. Solarzellen sind wie Fotodioden aufgebaut und wandeln ebenfalls Licht in elektrische Energie um. Die Fotodioden in Bildsensoren sind winzig. Für die Weiterleitung ihrer Signale an eine Elektronik reichen minimale Energiemengen aus. Dagegen sind Solarzellen weit grösser und für die Umwandlung von Licht in elektrische Energie optimiert.

Der Aufbau einer Solarzelle

Das Verfahren der Umwandlung von Licht in elektrische Energie heisst **Fotovoltaik.** Die Solarzelle ist das zentrale Bauelement. Ihr Hauptbestandteil ist das Halbleitermaterial **Silicium.** Bild 2 zeigt den Aufbau einer Solarzelle. Sie besteht, wie eine Diode, aus einer n-leitenden Schicht und einer p-leitenden Schicht.

Die Kenngrössen einer Solarzelle

Das Licht ist in der Lage, im p-n-Übergang Elektronen aus ihrer Bindung zu den jeweils benachbarten Atomen zu lösen. Sie lagern sich in der oberen Schicht an den Kontaktdrähten an. Es entsteht eine Spannung zwischen der Ober- und der Unterseite der Solarzelle. Sie wird **Leerlaufspannung** genannt und beträgt 0,5 V. Werden die Schichten über einen Leiter verbunden, kommt es zu einem Elektronenstrom im äusseren Stromkreis.

Die maximale Stromstärke, die eine Zelle zulässt, ist die **Kurzschlussstromstärke.** Sie hängt, wie die Leerlaufspannung, von der Intensität der Lichteinstrahlung ab. Ein weiterer wichtiger Faktor für die Höhe der Stromstärke ist der Winkel des einfallenden Lichtes. Der höchste Wert wird erreicht, wenn das Licht senkrecht auftrifft (Bild 3). Zugleich besteht eine proportionale Abhängigkeit zur Grösse der Zellenoberfläche. Leerlaufspannung und Kurzschlussstromstärke sind die **Kenngrössen** einer Solarzelle.

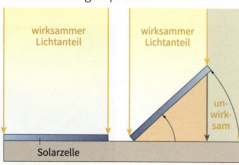

3 Der Einstrahlwinkel ist wichtig.

Elektronik im Alltag

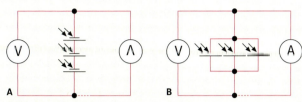

4 A Reihenschaltung, **B** Parallelschaltung

4.
Schalte mehrere Solarzellen gleicher Bauart und gleicher Grösse in Reihe. Miss nacheinander die Spannung und die Stromstärke. Notiere die Werte.

5.
Baue den Aufbau aus Versuch 4 zu einer Parallelschaltung der Zellen um und wiederhole den Versuch.

6.
Vergleiche die Ergebnisse aus den Versuchen 4 und 5. Schreibe auf, welche Unterschiede zwischen den beiden Schaltungsarten sich an den Messgeräten zeigen.

Schaltung von Solarzellen

Die Höhe der Spannung einer einzelnen Zelle ist mit 0,5 V vergleichsweise gering. Durch eine Reihenschaltung aus mehreren Zellen kann der Wert schrittweise vervielfacht werden.
Die Stromstärke, die mit Solarzellen im äusseren Stromkreis erreicht werden kann, lässt sich durch eine Parallelschaltung vervielfachen. Es gilt:

Reihenschaltung: $U_{ges} = U_1 + U_2 + U_3 + ...$
Parallelschaltung: $I_{ges} = I_1 + I_2 + I_3 + ...$

U – Leerlaufspannung der Solarzelle
I – Kurzschlussstromstärke der Solarzelle

> Kannst du den Aufbau von Solarzellen beschreiben? Kannst du angeben, wie sich die Stromstärke im äusseren Stromkreis und die Spannung jeweils ändern, wenn Solarzellen in Reihe oder parallel geschaltet werden?

Bauarten von Solarzellen

Entwicklung der Solarzelle

Bei der Gesamtversorgung mit elektrischer Energie hat die Nutzung der Fotovoltaik seit dem Jahr 2000 deutlich an Bedeutung gewonnen. Die erste Solarzelle wurde 1873 von dem britischen Ingenieur WILLOUGHBY SMITH (1828–1891) entwickelt. Wegen der geringen elektrischen Spannung, die sie erzeugte, fand sie zunächst keine Anwendung. Erst der Beginn der Weltraumfahrt verlieh ihrer Entwicklung den entscheidenden Schub. Hier ist die Nutzung von Solarenergie besonders attraktiv, da damit zum Beispiel die Energieversorgung von Satelliten sichergestellt werden kann, ohne dass Treibstoff mitgeführt werden muss.

5 Fotovoltaikanlage auf der Monte-Rosa-Hütte

Unterschiedliche Wirkungsgrade

In der Technik werden drei grundlegende Bauarten von Solarzellen unterschieden. Für **monokristalline Zellen** wird aus Silicium ein zylinderförmiger Kristall gezogen. Daraus werden sehr dünne Scheiben geschnitten. Monokristalline Zellen sind an ihrer gleichmässigen Oberfläche zu erkennen. Das Herstellungsverfahren ist aufwendig und teuer. Bei **polykristallinen Zellen** bildet das Silicium viele Kristalle mit unterschiedlicher Grösse. **Amorphe Zellen** sind Dünnschichtzellen Bei ihnen wird das Silicium auf eine Glasplatte aufgedampft Diese Zellen sind vergleichsweise günstig in der Herstellung. Von den drei Zellentypen ist die monokristalline Zelle der Energiewandler mit dem höchsten Wirkungsgrad. Danach folgen die polykristalline und die amorphe Zelle.

Elektronik im Alltag

Leiter
Ein elektrischer Leiter besitzt frei bewegliche Elektronen, sodass Strom fliessen kann.

Nichtleiter
Ein Nichtleiter besitzt keine frei beweglichen Elektronen, sodass kein Strom fliessen kann.

Halbleiter
Ein Halbleiter besitzt keine freien Elektronen. Die Dotierung ermöglicht die Leitung von Strom.

n-Dotierung
In einem Siliciumkristall mit jeweils vier Aussenelektronen werden Phosphoratome mit jeweils fünf Aussenelektronen eingebaut. Dadurch besitzt der Kristall jetzt frei bewegliche Elektronen und wird zum Leiter.

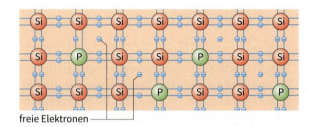

p-Dotierung
In einem Siliciumkristall mit jeweils vier Aussenelektronen werden Aluminiumatome mit jeweils drei Aussenelektronen eingebaut. Dadurch ist nicht jedes Siliciumatom gebunden. Diese Fehlstelle heisst Loch und wirkt wie eine positive Ladung.

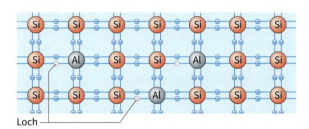

Halbleiterdioden im Stromkreis
Im Wechselstromkreis lässt die Diode den Strom nur in einer Richtung durch. Daher können Dioden als Gleichrichter eingesetzt werden.

Leuchtdioden
Leuchtdioden sind Halbleiterdioden, die in Durchlassrichtung Licht erzeugen Sie wandeln elektrische Energie in Licht um. Die Abkürzung LED steht für "Light Emitting Diode", was auf Deutsch "Licht aussendende Diode" bedeutet.

Lichtsensoren
Je stärker ein Fotowiderstand beleuchtet wird, desto kleiner wird sein Widerstand. Fotodioden leiten hingegen bei stärkerem Lichteinfall immer schlechter. Fotowiderstand und Fotodiode wandeln den Lichteinfall in ein elektrisches Signal.

Wärmesensoren
Fast alle Metalle sind Kaltleiter. Aus ihnen werden PTC-Widerstände gemacht. Halbleiter leiten bei höheren Temperaturen besser. Aus ihnen werden NTC-Widerstände hergestellt. PTC und NTC-Widerstände wandeln die Temperatur in ein elektrisches Signal.

Transistor
Ein Transistor ist ein elektronisches Bauteil und hat drei Anschlüsse. Sie heissen Emitter (E), Basis (B) und Kollektor (C). Transistoren können als elektronische Schalter und als Verstärkerelemente genutzt werden.

Solarzelle
Licht kann Elektronen aus einer Bindung mit Atomrümpfen lösen. Bei Solarzellen passiert dies im p-n-Übergang, sodass eine Spannung zwischen den Schichten entsteht. Die Umwandlung der Energie des Lichtes in elektrische Energie wird Fotovoltaik genannt.

Schaltung von Solarzellen
Solarzellen, die in Reihe geschaltet werden, erhöhen die Spannung: $U_{ges} = U_1 + U_2 + U_3 + ...$

Solarzellen, die parallel geschaltet werden, erhöhen die Stromstärke: $I_{ges} = I_1 + I_2 + I_3 + ...$

Elektronik im Alltag

1. Erkläre, warum Metalle leiten.

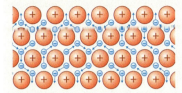

2. Erkläre, warum Halbleiter bei unterschiedlichen Temperaturen unterschiedlich gut leiten.

3.
a) Beschreibe, was bei der Dotierung von Halbleitermaterial geschieht.
b) Nenne die unterschiedlichen Dotierungsarten und erkläre, wie die elektrische Leitung in unterschiedlich dotierten Materialien abläuft.

4. Zeichne den Aufbau von Halbleiterdioden.

5.
a) Erkläre, welchen Einfluss eine Diode im Stromkreis hat.
b) Erkläre die Begriffe Durchlass- und Sperrrichtung.

6. Erkläre, wie eine Lichtschranke funktioniert.

7. Beschreibe die Funktionsweise eines Lebensmittelthermometers.

8. Beschreibe und begründe, aus welchen Materialien ein PTC-Widerstand hergestellt wird.

9. Begründe die Materialauswahl beim Bau von NTC-Widerständen.

10. Beschreibe die Kennlinien von NTC- und PTC-Widerständen.

11. Beschreibe, wofür sich ein LDR besonders gut eignet.

12. Erläutere, durch welche Eigenschaften sich Fotodiode und Fotowiderstand unterscheiden.

13. Beschreibe die Kennlinien einer Fotodiode.

14. Beschreibe die Kennlinien eines Fotowiderstandes.

15. Nenne verschiedene Anwendungen für LEDs.

16. Nenne Beispiele für Sensoren im Alltag.

17. Nenne Beispiele für Sensoren in der Medizin.

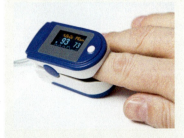

18. Beschreibe die Aufgaben, die ein Transistor erfüllen kann.

19. Erkläre die Begriffe Steuerkreis und Arbeitskreis. Erläure, warum diese Begriffe sinnvoll sind.

20. Beschreibe, wie ein Touchscreen aufgebaut ist und erkläre seine Funktionsweise.

21. Erkläre, welche Art von Daten im Touchscreen bei der Berührung erzeugt werden.

22. Erkläre, wieso an einer Solarzelle eine Spannung messbar ist, wenn Licht auf sie fällt.

23. Begründe, warum Solarzellen immer zu mehreren zusammengeschaltet werden.

24. Nenne Anwendungen, für die Solarzellen besonders geeignet sind.

LERNCHECK

Chemische Reaktionen erforschen

Welche Rolle spielt der Aufbau der Atome bei chemischen Reaktionen?

Können Luftballons helfen, den Bau von Molekülen zu erklären?

Was hat Laugengebäck mit Laugen zu tun?

Die Entdeckung des Atomkerns

1. Erkläre, warum ein Atom elektrisch neutral ist, obwohl es elektrische Ladungen enthält.

2. Nenne wesentliche Unterschiede zwischen den Atommodellen von RUTHERFORD zu denen seiner Vorgänger.

3. Berechne, wie gross nach dem Kern-Hülle-Modell ein Atom sein müsste, wenn es einen Kern von der Grösse einer Erbse ($d = 6$ mm) hätte.

RUTHERFORDS Streuversuche

RUTHERFORD wollte die innere Struktur von Atomen mithilfe der kurz zuvor entdeckten **radioaktiven Strahlen** untersuchen.

Er liess sehr dünne Goldfolien mit α-Strahlen beschiessen. Diese bestehen aus positiven Teilchen, die sich mit sehr hoher Geschwindigkeit bewegen. Mit einem Zinksulfid-Schirm konnte beobachtet werden, wo sie auftreffen. Sie erzeugen dort einen Lichtblitz. Im Jahr 1909 hatten RUTHERFORDS Mitarbeiter in zwei Jahren experimenteller Arbeit über 100 000 Lichtblitze gezählt. Die meisten α-Teilchen waren fast ohne Ablenkung durch die Gold-Atome hindurchgeflogen. Doch manche wurden sehr stark abgelenkt. Einige wurden sogar in die Ausgangsrichtung zurückgeworfen, als wären sie auf ein festes Hindernis geprallt.

Das Ergebnis der Streuversuche

RUTHERFORD benötigte noch zwei Jahre, bis er eine Erklärung für diese Versuchsergebnisse gefunden hatte. Aus der starken Ablenkung einiger α-Teilchen konnte er berechnen, dass sich im Zentrum jedes Atoms der Goldfolie ein sehr kleiner, sehr schwerer, positiv geladener Atomkern befindet. Er enthält über 99,9 % der Masse des Atoms, ist aber viel kleiner als das ganze Atom. Die meisten α-Teilchen flogen ungehindert durch die Atome. Daraus konnte er schliessen, dass der Kern von einer Atomhülle umgeben ist, die fast leer ist. Sie wird von den Elektronen gebildet.

RUTHERFORDS Atommodell

Im Jahr 1911 veröffentlichte RUTHERFORD schliesslich das **Kern-Hülle-Modell** vom Atom. Danach besitzt jedes Atom ein Massezentrum mit **positiver** Ladung. Das ist der **Atomkern.** Er enthält über 99,9 % der Atommasse, ist aber etwa 10 000-mal kleiner als das ganze Atom. Um den Atomkern bewegen sich die **negativ** geladenen Elektronen. Sie bilden die **Atomhülle.** Das Atom ist insgesamt elektrisch **neutral.** Es enthält ebenso viele positive Ladungen im Kern wie negative Ladungen in der Hülle.

Elektrische Ladung im Atom

Wo im Atom befinden sich die elektrischen Ladungen? Diese Frage beschäftigte im 19. Jahrhundert viele Naturwissenschaftler. Der Durchbruch gelang dem Physiker ERNEST RUTHERFORD (1871 – 1937).

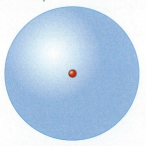

1 RUTHERFORDS Atommodell

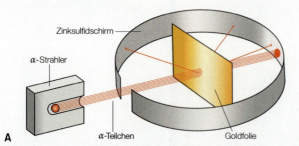

2 A Schematische Darstellung des Streuversuchs, **B** α-Teilchen durchdringen die Gold-Atome.

> Kannst du das von RUTHERFORD entdeckte Kern-Hülle-Modell des Atoms beschreiben?

Der Aufbau der Atome

1. Nenne Unterschiede zwischen Atomen und Elementarteilchen.

2.
a) Zeichne den Atomkern $^9_4$Be.
b) Nenne die Anzahl der Protonen, Elektronen und Neutronen für $^{12}_6$C, $^{14}_6$C, $^{18}_8$O, $^{27}_{13}$Al und $^{97}_{79}$Au.
c) Gib die Massen dieser Atome an.

3. Erläutere, warum Elektronen bei der Bestimmung der Atommassen nicht berücksichtigt werden.

Elementarteilchen	Symbol	Masse	Ladung	Ort
Elektron	e^-	$\frac{1}{2000}$ u	-1	Hülle
Proton	p	1 u	$+1$	Kern
Neutron	n	1 u	0	Kern

1 Wichtige Elementarteilchen

Die Elementarteilchen

Atomkerne sind aus zwei Arten von **Elementarteilchen** aufgebaut, den **Protonen** und den **Neutronen.** Beide haben die gleiche Masse. Sie beträgt etwa eine **atomare Masseneinheit,** genannt 1 **u** (englisch: mass **u**nit).

Die Protonen tragen die kleinstmögliche positive Ladung, die **positive Elementarladung (+1).** Die Neutronen sind **elektrisch neutral (0).** Die Kernteilchen Proton und Neutron werden als **Nukleonen** bezeichnet.

Noch viel kleiner und etwa 2000mal leichter als die Kernteilchen sind die leicht beweglichen **Elektronen.** Ein Elektron trägt die kleinstmögliche negative Ladung, die **negative Elementarladung (−1).** Proton und Elektron sind entgegengesetzt gleich geladen.

Bau der einfachsten Atome

Am einfachsten ist das Wasserstoff-Atom gebaut. Ein Proton bildet den Kern, ein Elektron die Hülle. Die Masse dieses Atoms beträgt 1 u.
Das nächstgrössere Atom, das Helium-Atom, hat im Kern 2 Protonen und 2 Neutronen. Dieser Kern aus 4 Nukleonen hat also die **Massenzahl** 4 u. 2 Elektronen bilden die Hülle.

Der Lithium-Atomkern besteht aus 3 Protonen und 4 Neutronen. In der Hülle befinden sich 3 Elektronen. Das Lithium-Atom hat die Massenzahl 7 u. Von Element zu Element kommen im PSE also ein Proton und ein Elektron und zusätzlich Neutronen hinzu.

Die Protonenzahl bestimmt

Die Anzahl der Protonen im Kern wird auch **Kernladungszahl** oder **Ordnungszahl** genannt. Sie gibt zugleich die Anzahl der Elektronen an und das Element, zu welchem das Atom gehört. Sie bestimmt dessen Stellung im PSE. Die Anzahl der Neutronen kann schwanken. So gibt es Lithium-Atome mit 3, 5 oder 6 Neutronen. Solche Atome des gleichen Elements, die sich nur in der Neutronenzahl unterscheiden heissen **Isotope.** Sie haben bei unterschiedlichen Massen gleiche chemische Eigenschaften.

> Kannst du die Elementarteilchen und ihre Bedeutung im Atom beschreiben?

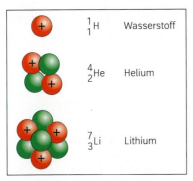

2 Bau der einfachsten Atomkerne

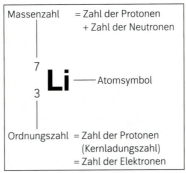

3 Symbolschreibweise für Atome

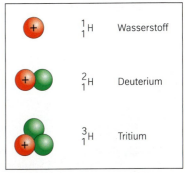

4 Atomkerne der Isotope des Wasserstoffs

Ordnung in der Elektronenhülle

1. Erläutere, warum die Elektronenzahl für die chemischen Eigenschaften eines Elements von Bedeutung ist.

2. Zeichne Schalenmodelle für je ein Fluor-, Neon-, Magnesium-, Natrium- und Chlor-Atom.

3. Erkläre, warum die Metalle Lithium und Natrium ähnliche chemische Eigenschaften haben.

Die Atomhülle
Das einfache Kern-Hülle-Modell sagt nichts über den Aufbau der Atomhülle aus. Mit steigender Protonenzahl haben die Elemente immer mehr Elektronen. Beim Gold-Atom sind es bereits 79 Elektronen. Wie sollen sich diese vielen Elektronen in der Hülle bewegen, ohne sich zu behindern?

Bohrs Schalenmodell
Im Jahr 1913 veröffentlichte der Physiker NIELS BOHR (1885–1962) eine Theorie, die das erklären sollte. Danach umkreisen die Elektronen den Kern mit unterschiedlicher Energie. Das ist nur auf ganz bestimmten Umlaufbahnen ohne Energieverlust möglich.

Diese Energiestufen können als **Elektronenschalen** dargestellt werden, die wie die Schalen einer Zwiebel um den Kern angeordnet sind. Mit dieser Theorie konnte BOHR auch das Periodensystem erklären.

Benennung der Schalen
Die Schalen wurden von innen nach aussen mit den Buchstaben **K**, **L**, **M**... bis **Q** bezeichnet. Jede Schale kann nur eine begrenzte Zahl von Elektronen aufnehmen, die K-Schale 2, die L-Schale 8, die M-Schale 18 Elektronen und die N-Schale 32.

Die Elektronen auf der äussersten Schale heissen **Aussenelektronen.** Sie sind für die chemischen Eigenschaften der Elemente verantwortlich. **Aussenschalen** können maximal acht Elektronen aufnehmen.

Belegung der Schalen
Das Elektron des Wasserstoff-Atoms befindet sich in der K-Schale. Beim Helium-Atom befinden sich zwei Elektronen in der K-Schale. Sie ist damit voll besetzt. Beginnend mit dem Lithium-Atom wird dann die L-Schale aufgefüllt, bis sie mit acht Elektronen voll besetzt ist. Das ist beim Neon-Atom der Fall. Mit dem Natrium-Atom beginnt die Besetzung der M-Schale. Danach folgen weitere Schalen.

Aussenelektronen
Die Alkalimetalle Lithium und Natrium haben ähnliche Eigenschaften. Beide reagieren heftig mit Wasser und verbrennen mit farbiger Flamme. Ein Blick auf den Bau der zugehörigen Atome zeigt eine Übereinstimmung. Beide besitzen nur ein Aussenelektron.

H
He
Li
Be
B
C
N
O
F
Ne

1 Schalenmodelle der ersten 10 Atome

Li — Na

2 Elemente und Schalenmodelle

Beschreibe das Schalenmodell.

Atome – unvorstellbar klein

Atome sind sehr leicht
Gegenstände werden üblicherweise mit der Masseneinheit g, kg oder t gemessen. Ein einzelnes Atom auf eine Waage zu legen ist unmöglich. Die Masse eines Kohlenstoff-Atoms beträgt nur

0,000 000 000 000 000 000 000 0199 g.

Das Rechnen mit solchen Zahlen ist sehr unpraktisch. Um die Massen von Atomen einfach angeben und vor allem miteinander vergleichen zu können, wurde die **Atommasseneinheit u** (mass unit, englisch „Einheit") eingeführt.

1 g = 602 200 000 000 000 000 000 000 u
 ≈ 6 · 10^{23} u

1 u = $\frac{1}{602\,200\,000\,000\,000\,000\,000\,000}$ g

1 u = 0,000 000 000 000 000 000 000 001 66 g

So hat zum Beispiel ein Sauerstoff-Atom eine Masse von 15,9994 u. Um einfacher rechnen zu können, werden die Atommassen oft auch als gerundete Zahlen angegeben. Diese findest du auch im Periodensystem der Elemente. 6 · 10^{23} Teilchen nennt man **ein Mol** Teilchen. Die Masse von 1 Mol Teilchen nennt man die **molare Masse.**

Atome sind sehr klein
Ein Grafitstab besteht aus Kohlenstoff-Atomen. Diese sind mit blossem Auge nicht zu erkennen. Auch beim Blick durch eine Lupe oder ein Mikroskop werden sie nicht sichtbar. Selbst ein Elektronenmikroskop zeigt bei 50 000-facher Vergrösserung noch keine Kohlenstoff-Atome. Der Aufbau aus Kohlenstoffkristallen wird jedoch sichtbar. Erst das Raster-Tunnel-Mikroskop zeigt bei mehr als 2 000 000-facher Vergrösserung, dass die Kristalloberfläche von Atomen gebildet wird. Diese Bilder werden durch Abtasten gewonnen. Es sind eigentlich keine Fotos, sondern Computergrafiken.

Wie gross sind Atome?
Der Durchmesser eines Wasserstoff-Atoms beträgt 0,04 nm, das sind 0,000 000 04 mm. Der Durchmesser eines Kohlenstoff-Atoms ist 0,08 nm und der eines Gold-Atoms 0,15 nm.
Weil Atome so klein sind, sind schon in kleinsten Stoffportionen sehr viele Atome enthalten. So enthält ein Würfel aus Gold von nur 1,5 mm Kantenlänge eine Trilliarde, also 10^{21} Gold-Atome.

Element	Atommasse in u	
	gerundeter Wert	genauer Wert
Wasserstoff	1	1,00794
Kohlenstoff	12	12,001
Sauerstoff	16	15,9994
Magnesium	24	24,3050
Schwefel	32	32,066
Eisen	56	55,847
Gold	197	196,9665
Uran	238	238,0289

1 Atommassen einiger Elemente

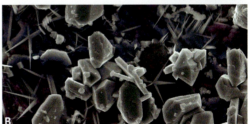
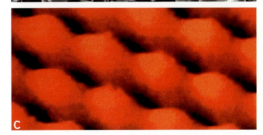

2 Grafit: **A** Nahaufnahme, **B** Elektronenmikroskopaufnahme, **C** Raster-Tunnel-Mikroskopbild

1. **Ⓐ**
Ein gedruckter Punkt in diesem Buch lässt sich als Quadrat mit 0,2 mm Seitenlänge darstellen. Wie viele Kohlenstoff-Atome passen auf diese Fläche?
Hinweis: Auf eine Strecke von 0,2 mm passen etwa 2 500 000 Kohlenstoff-Atome.

Das Periodensystem verrät den Aufbau der Atome

1 Das Periodensystem der Elemente (PSE) bis zur 3. Periode als Schalenmodell

1. 🅐
Beschreibe den Aufbau des Periodensystems der Elemente mit seinen Hauptgruppen und Perioden.

2. 🅐
Leite dir anhand der Stellung im Periodensystem den Atomaufbau von Kalium, Brom und Krypton her. Zeichne die dazugehörigen Schalenmodelle.

3. 🅐
Vergleiche die Regeln, nach denen Mendelejew 1869 und Bohr 1913 die Elemente im Periodensystem angeordnet haben.

Elektronenhülle und Periodensystem

Dimitri Mendelejew (1834 – 1907) hatte die Elemente ohne Kenntnis des Atombaus in der Reihenfolge ihrer Atommassen und nach ihrer chemischen Verwandtschaft in einem periodischen System angeordnet.
Später konnte Bohr nachweisen, dass die Anordnung der Elemente vom Bau der Elektronenhüllen abhängt. Die Anzahl der Elektronen wird von der **Protonenzahl** bestimmt. Das ist die entscheidende Grösse für den Bau der Elektronenhülle.

Das Hauptgruppensystem

Im Periodensystem sind die Elemente nach steigender Protonenzahl angeordnet. Die Elemente, deren Atome gleich viele Aussenelektronen besitzen, stehen in Spalten untereinander. Das sind die **Hauptgruppen** des Periodensystems. Die Gruppennummer gibt die Anzahl der Aussenelektronen mit römischen Zahlen an. Die Elemente einer Hauptgruppe haben ähnliche Eigenschaften. Die Elemente, deren Atome gleich viele Elektronenschalen besitzen, stehen in einer Reihe, der **Periode,** nebeneinander. Von links nach rechts nimmt die Zahl der Elektronen in der Aussenschale immer um eins zu. Bei den Edelgasen am Ende einer Periode ist die Aussenschale vollständig gefüllt. Die Nummer der Periode gibt die Anzahl der Schalen an. Im vollständigen Periodensystem sind zwischen der II. und III. Hauptgruppe noch die Nebengruppen eingefügt.

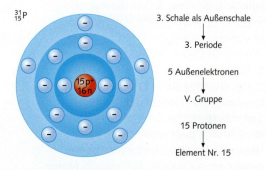

2 Das Phosphor-Atom im Periodensystem

Beschreibe die Anordnung der chemischen Elemente nach Gruppen und Perioden im Periodensystem.

PSE-Training

Viele Infos auf einen Blick

Sicherlich hängt auch in eurem Chemieraum eine grosse Tafel mit dem **Periodensystem der Elemente (PSE)** an der Wand. Auf den ersten Blick wirkt es verwirrend. Aber du weisst inzwischen genug über das Periodensystem, dass du es benutzen kannst, um schnell Informationen zu erhalten.
Da die Elemente nach der Anzahl der Protonen geordnet sind, wird diese Zahl auch Ordnungszahl genannt.

1. Ⓐ
Nenne das Element mit nur einem Proton.

2. Ⓐ
Überlege, warum die Protonenzahl auch Ordnungszahl heisst.

3. Ⓐ
Zähle die Elemente mit gefüllter Aussenschale auf.

4. Ⓠ
Recherchiere gemeinsame Eigenschaften der Elemente
a) in der I. Hauptgruppe,
b) in der VII. Hauptgruppe.

5. Ⓐ
An welcher Stelle im PSE steht ein Atom mit 3 Elektronenschalen und 6 Aussenelektronen?

6. Ⓐ
Beschreibe die Position von Phosphor im Periodensystem.

7. Ⓐ
Nenne Gemeinsamkeiten im Atombau von Kohlenstoff und Silicium.

8. Ⓐ
Spielt das Quiz mit der Tischgruppe: Wer beantwortet die Fragen am schnellsten?
a) Wie viele Aussenelektronen hat Neon?
b) Nenne die Elemente mit 3 Aussenelektronen.
c) Wie viele besetzte Elektronenschalen hat das Al-Atom?
d) Nenne die ersten vier Elemente der VIII. Hauptgruppe.
e) Wie viele Elektronen hat die innere Schale von Lithium?
f) Nenne die Elektronenzahl des Elementes über Al.
g) Wie viele Elektronenschalen haben die Elemente der 3. Periode?
h) Wie viele Protonen hat ein Na-Atom?
i) Nenne die Elektronenschalen von Argon.
j) Nenne die Elektronenzahl des Chlor-Atoms.

Einfach und mehrfach geladene Ionen

1.
Zeichne die folgenden Schalenmodelle nebeneinander und beschreibe Auffälligkeiten: Natrium-Atom (Na), Natrium-Ion (Na$^+$), Aluminium-Atom (Al), Aluminium-Ion (Al^{3+}), Neon-Atom (Ne).

2.
Begründe, wie du ohne Hilfe des Periodensystems der Atome und Ionen angeben kannst, welche Ladung und welches Vorzeichen das Ion eines Elements hat.

3.
a) Nenne Gemeinsamkeiten im Aufbau aller Edelgasatome.
b) Welche Eigenschaft der Edelgase lässt sich damit erklären?

Aussenschalen und chemische Eigenschaften

Massgeblich für die chemischen Eigenschaften aller Elemente ist die Besetzung der Aussenschalen ihrer Atome. Ideal sind voll besetzte Aussenschalen. Solche Atome sind besonders stabil. Die dazugehörigen Elemente sind praktisch nicht reaktionsfähig. Es sind die **Edelgase.**
Bis auf das Helium-Atom mit zwei Aussenelektronen haben alle anderen Edelgasatome acht Aussenelektronen. Eine so besetzte Aussenschale wird daher **Edelgasschale,** aber auch Achterschale oder **Edelgaskonfiguration** genannt.

1 Schalenmodelle der ersten drei Edelgase

Edelgasregel

Atome, die keine Edelgasschale besitzen sind nicht dauerhaft stabil. Sie können jedoch durch Aufnahme oder Abgabe von Elektronen den Edelgaszustand erreichen.

Dieses Streben der Atome, eine voll besetzte Aussenschale zu besitzen, nennt man **Edelgasregel**. Deshalb geben Atome, die in der linken Hälfte des Periodensystems der Elemente zu finden sind, gerne Elektronen ab. Atome in der rechten Hälfte des Periodensystems nehmen gerne Elektronen auf.

Magnesium-Ionen

Magnesium hat die Ordnungszahl 12. Es befindet sich in der 2. Periode und in der II. Hauptgruppe im PSE.
Das Magnesium-Atom hat 12 Elektronen, davon 2 Elektronen in der äussersten Schale. Um eine voll besetzte Aussenschale zu erhalten, gibt das Atom 2 Elektronen ab. In der Atomhülle befinden sich nun nur noch 10 negativ geladene Elektronen. Im Atomkern befinden sich neben den Neutronen jedoch weiterhin 12 positiv geladene Protonen. Somit ergibt sich ein Überschuss an 12 – 10 = 2 positiven Ladungen. Das Magnesium-Atom hat sich dadurch zu einem geladenen Atom umgewandelt, es wurde **ionisiert.** Entstanden ist das zweifach positiv geladene Magnesium-Ion: Mg^{2+}.

Oxid-Ionen

In der äussersten Schale des Sauerstoff-Atoms befinden sich 6 Elektronen. Um dem Bestreben einer vollbesetzten Aussenschale nachzukommen, nimmt das Sauerstoff-Atom 2 Elektronen auf. Dabei entsteht ein Oxid-Ion mit einem Überschuss an 2 Elektronen: O^{2-}.

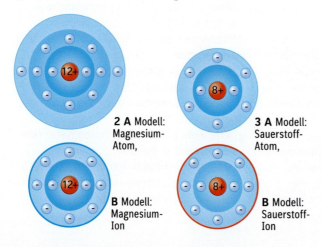

2 A Modell: Magnesium-Atom, **B** Modell: Magnesium-Ion

3 A Modell: Sauerstoff-Atom, **B** Modell: Sauerstoff-Ion

> Erläutere, dass die Anzahl der Aussenelektronen die chemischen Eigenschaften der Elemente bestimmt. Erkläre die Bildung von Ionen.

Chemische Reaktionen erforschen

Atommodelle im Überblick

DEMOKRIT: Atome sind unteilbar
Schon vor Jahrtausenden hatten Menschen darüber nachgedacht, wie unsere Welt aufgebaut ist. Der griechische Philosoph DEMOKRIT kam um 450 v. Chr. zu der Auffassung, dass sie aus winzig kleinen, nicht mehr sichtbaren Teilchen zusammengesetzt ist. Diese Teilchen lassen sich nicht weiter zerlegen, deshalb nannte er sie **Atome** (vom Griechischen: atomos, unzerschneidbar). In den folgenden 2000 Jahren ging diese Erkenntnis leider wieder verloren.

DALTON: Atome sind Kugeln
Erst 2000 Jahre nach DEMOKRIT wurde die Idee von den Atomen wieder hervorgeholt.

Im Jahr 1808 veröffentlichte der englische Naturforscher DALTON seine Modellvorstellung vom Aufbau der Stoffe aus kugelförmigen Teilchen.
Es ist das **Kugelteilchenmodell** des Atoms.
Nach DALTON sind alle Atome eines Elements gleich gross und gleich schwer. Ausserdem haben sie dieselben Eigenschaften. Mit den Atomen konnte DALTON wichtige chemische Gesetze erklären.

THOMSON: Atome sind geladen
Die elektrischen Eigenschaften der Materie und die Kräfte, die die Atome zusammenhalten, lassen sich mit DALTONS Atommodell nicht erklären. Es enthält keine elektrischen Ladungen. Deshalb wurde ein Atommodell mit elektrischen Ladungen benötigt.

Nach einem Vorschlag von THOMSON aus dem Jahr 1904 besteht ein Atom aus einer positiven Ladungswolke. Darin eingebettet sind die negativ geladenen Elektronen. Das war das **„Rosinenkuchenmodell"** des Atoms.

RUTHERFORD: Atome sind leer
Mit der Entdeckung der Radioaktivität ergaben sich neue Möglichkeiten zur Erforschung der Atome.
RUTHERFORD liess Gold-Atome in einer dünnen Goldfolie mit α-Teilchen beschiessen, um aus deren Ablenkung etwas über die innere Struktur der Atome zu erfahren. Im Jahr 1911 veröffentlichte er das **Kern-Hülle-Modell**. Danach besteht ein Atom aus einem winzigen, positiv geladenen Kern, der fast die gesamte Masse des Atoms enthält.

Die Atomhülle ist praktisch leer, denn sie wird nur von den Elektronen gebildet, die um den Kern kreisen. Sie ist negativ geladen.

BOHR: Atomhüllen sind wie Zwiebelschalen
Atome sind also keine massiven Kugeln. Nach aussen hin sind sie nur durch die schnell kreisenden Elektronen begrenzt. Dennoch sind sie sehr stabil. Das Kern-Hülle-Modell sagt aber nichts darüber, wie die Elektronen in der Atomhülle angeordnet sind. Dazu veröffentlichte der Physiker BOHR 1913 ein neues Modell der Atomhülle, das **Schalenmodell.** Nach diesem Modell bewegen sich die Elektronen nur auf bestimmten Bahnen in festgelegten Schalen um den Kern. Diese Anordnung ist für jede Atomsorte unterschiedlich.

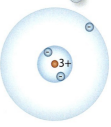

PINNWAND

---

1. Erläutere, was den Atommodellen von DALTON und von BOHR gemeinsam ist.

2. Nenne die Unterschiede zwischen den Atommodellen von THOMSON und von RUTHERFORD.

Die Metallbindung

1.
a) Nenne gemeinsame Eigenschaften der Metalle.
b) Beschreibe den inneren Aufbau von Metallen.

2.
Vergleich den Aufbau eines Metallgitters und eines Ionengitters.

3.
a) Erkläre die gute Wärmeleitfähigkeit und elektrische Leitfähigkeit der Metalle.
b) Erkläre, warum Metalle ohne zu brechen verformbar sind, Salze dagegen nicht.

1 Aluminium: **A** Reifen mit Alufelge, **B** Metallgitter

Eigenschaften der Metalle

Metalle sind **kristalline Feststoffe.** Sie unterscheiden sich in ihren Eigenschaften deutlich von den Salzen. Metalle lassen sich verformen, ohne zu zerbrechen, und sind gute elektrische Leiter. Diese typischen Eigenschaften lassen sich durch ihren inneren Aufbau erklären.

Der Aufbau der Metalle

In Metallen liegen Metall-Atome in einer raumsparenden Anordnung dicht nebeneinander. Sie bilden ein regelmässiges **Metallgitter.** Im Metallgitter können sich die Metall-Atome nicht von ihren Plätzen bewegen.

Am Beispiel des Aluminiums lässt sich der innere Aufbau von Metallen beschreiben. Aluminium-Atome bestehen im Inneren aus einem Atomkern. In diesem befinden sich 13 positiv geladenen Protonen sowie weitere Neutronen. Die Neutronen und Protonen werden in Bild 2 A zur Vereinfachung weggelassen. Es ist nur die Ladung angegeben. In der umgebenden Hülle sind 13 Elektronen auf verschiedene Energiestufen verteilt. Diese sind als Schalen dargestellt.

A

B

2 Ein Aluminium-Atom: **A** im Schalenmodell, **B** in vereinfachter Darstellung

Die Metallbindung

Der Feststoff Aluminium besteht aus dicht gepackten Aluminium-Atomen. Die drei Aussenelektronen jedes Aluminium-Atoms können leicht abgegeben werden (Bild 2 B). Übrig bleibt ein dreifach positiv geladener **Atomrumpf.** Im Metallgitter gehen die Elektronen nicht auf ein anderes Atom über, sondern stehen allen anderen Metall-Atomen gemeinsam zur Verfügung.

Über alle Atome gesehen sind sehr viele solcher **freien Elektronen** vorhanden. Zwischen den freien Elektronen und den jetzt positiv geladenen Atomen entstehen Anziehungskräfte. Diese halten die Atome im Metallgitter zusammen. Diese Art der Bindung tritt auch bei allen anderen Metallen und Legierungen auf. Sie wird **Metallbindung** genannt.

Elektrische Leitfähigkeit

Für elektrische Stromkreise werden zumeist Kupferkabel verwendet. Diese weisen eine hohe elektrische Leitfähigkeit bei einem vergleichsweise geringen Preis auf. Wird der enthaltene Draht mit einer Gleichstromquelle verbunden, werden die im Kupfer frei beweglichen Elektronen vom Minuspol zum Pluspol verschoben. Der Minuspol wirkt dabei wie eine Pumpe und drückt die Elektronen in den Draht. Am Pluspol herrscht Elektronenmangel. Dort werden die Elektronen aus dem Draht gezogen.

Wärmeleitfähigkeit

Nimmst du ein Stück Metall bei Raumtemperatur in die Hand, fühlt es sich zunächst kalt an. Das Metall leitet die Wärme deiner Hand schnell ab. Umgekehrt wird Wärme schnell von einem heissen Metall auf einen kälteren Gegenstand übertragen.
Die gute Wärmeleitfähigkeit der Metalle lässt sich mit dem Modell der frei beweglichen Elektronen erklären.

Die frei beweglichen Elektronen im Metallgitter nehmen deine Körperwärme leicht auf. Durch Zusammenstösse mit anderen freien Elektronen wird die Wärme schnell von einem Elektron auf das nächste übertragen. Zusätzlich wird die Wärme aber auch durch Zusammenstösse der Metall-Atome übertragen. Da die Energie durch die Elektronen sehr schnell übertragen wird, haben Metalle eine hohe Wärmeleitfähigkeit.

Worin sich Metalle und Salze unterscheiden

Die Verformbarkeit der Metalle beruht darauf, dass die Schichten der positiven Metall-Atome aneinander vorbeigleiten können. Da sie auch in der neuen Lage von freien Elektronen umgeben sind, halten sie auch nach dem Verformen fest zusammen.
Salze sind Ionenkristalle. Sie können dagegen nicht verformt werden. Sie zerbrechen bereits, wenn durch einen Schlag das Ionengitter um eine Schicht verschoben wird. Dann stehen sich gleich geladene Ionen gegenüber. Sie stossen sich gegenseitig ab, der Kristall bricht auseinander (Bild 3).

Im Vergleich zu den Metallen haben die Ionenkristalle oft höhere Schmelz- und Siedetemperaturen. Ursache dafür sind die stärkeren Anziehungskräfte zwischen den unterschiedlich geladenen Ionen.

> Kannst du die Eigenschaften der Metalle nennen und diese mit der Metallbindung erklären?

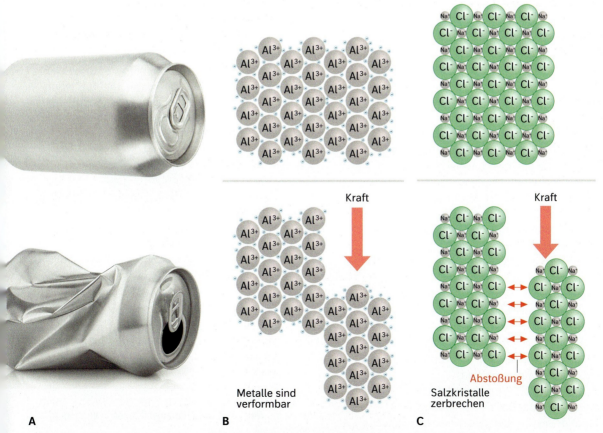

3 Aluminium: vor und nach Krafteinwirkung: **A** auf Stoffebene, **B** auf Teilchenebene, **C** Vergleich mit Ionenkristall

Die Wertigkeit

1. Nenne die Wertigkeiten der Elemente in den Verbindungen CaO, Li$_2$O, SiO$_2$ und CaF$_2$.

2. Aluminium-Atome sind dreiwertig. Bestimme die Formel von Aluminiumchlorid.

3. Bestimme die Wertigkeit der Stickstoff-Atome in den Verbindungen NO$_2$ und N$_2$O$_3$.

4. Bestimme die unterschiedlichen Wertigkeiten für Schwefel in den Verbindungen SO$_2$, SO$_3$ und H$_2$S.

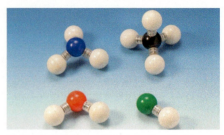

1 Molekülmodelle von Wasserstoffverbindungen

Atomsorte	Symbol	Wertigkeit
Wasserstoff	H	I
Chlor	Cl	I
Natrium	Na	I
Sauerstoff	O	II
Magnesium	Mg	II
Kupfer	Cu	II (I)
Eisen	Fe	III (II)
Aluminium	Al	III
Kohlenstoff	C	IV
Schwefel	S	II (IV, VI)

2 Tabelle der Wertigkeit einiger Elemente

Die Wertigkeit

HCl, H$_2$O, NH$_3$ und CH$_4$ sind Formeln für Molekül-Verbindungen mit dem Element Wasserstoff. Aus den Formeln ergibt sich, dass sich die Atome der verschiedenen Elemente mit unterschiedlich vielen Wasserstoff-Atomen verbinden. Die Bindefähigkeit oder **Wertigkeit** dieser Elemente gegenüber Wasserstoff ist also unterschiedlich.

Das Wasserstoff-Atom ist immer **einwertig**. Daraus lassen sich die Wertigkeiten der Atome anderer Elemente ableiten. Das Chlor-Atom ist ebenfalls einwertig, da es sich mit einem Wasserstoff-Atom zu Salzsäure (HCl) verbindet. Sauerstoff ist **zweiwertig**, denn ein Sauerstoff-Atom verbindet sich mit zwei Wasserstoff-Atomen zu einem Wasser-Molekül (H$_2$O). Das Stickstoff-Atom im Ammoniak (NH$_3$) ist **dreiwertig**. Das Kohlenstoff-Atom im Methan (CH$_4$) ist **vierwertig**.
Sind die Wertigkeiten der Atome bekannt, lassen sich auch die Formeln von Verbindungen aufstellen, die keinen Wasserstoff enthalten. In jeder Verbindung müssen die Wertigkeiten der beteiligten Atome ausgeglichen sein. In einem Schwefeldioxid-Molekül (SO$_2$) ist das Schwefel-Atom vierwertig, da es mit zwei Sauerstoff-Atomen verbunden ist, die jeweils zweiwertig sind.
Bei Ionen ist die Wertigkeit einfach zu bestimmen: Sie ist der Betrag der Ladung. Das Chlorid-Ion (Cl$^-$) beispielsweise ist einfach negativ geladen. Die Wertigkeit beträgt eins.

Elemente mit mehreren Wertigkeiten

Einige Elemente wie Kupfer, Eisen oder Stickstoff können in verschiedenen Wertigkeiten auftreten. Je nach Reaktionsbedingungen entsteht bei der Herstellung von Kupferoxid schwarzes Kupferoxid (CuO) oder rotes Kupferoxid (Cu$_2$O). Beide Stoffe sind Metall-Nichtmetall-Verbindungen, also Salze, und bestehen deshalb aus Ionen.
Im schwarzen Kupferoxid sind gleich viele Kupfer- wie Sauerstoff-Ionen enthalten.
Die Kupfer-Ionen sind zweiwertig.
Die Formeln der enthaltenen Ionen lauten also Cu^{2+} und O^{2-}.
Beim roten Kupferoxid haben doppelt so viele

3 Rotes und schwarzes Kupferoxid

Kupfer- wie Sauerstoff-Atome miteinander reagiert. Kupfer muss also einwertig sein. Die enthaltenen Ionen haben somit die Formeln Cu$^+$ und O^{2-}.
Zur Unterscheidung der beiden Stoffe wird die Wertigkeit, genauer gesagt die Ladung des Kupfers, als römische Zahl in den Namen mit aufgenommen:
Kupfer(I)-oxid (lies: Kupfer-eins-oxid) und
Kupfer(II)-oxid (lies: Kupfer-zwei-oxid).

> Kannst du die Wertigkeit von Atomen und Ionen in Verbindungen bestimmen?

Aufstellen von Formeln mithilfe der Wertigkeit

1. Fertige mithilfe von Bausteinen geeigneter Grösse Moleküle oder Ionengruppen mit den folgenden Formeln an: NH_3, CaO, Na_2O.

2. Wähle Bausteine geeigneter Grösse und baue mit diesen Modelle von Aluminiumchlorid, Eisenoxid, Calciumchlorid und Zinkoxid.

3. Ordne den Namen die richtige Formel zu: Eisen(II)-chlorid, Calciumoxid, Blei(IV)-oxid. Formeln: $FeCl_3$, PbO_2, $FeCl_2$, CaO, PbO.

4. Erstelle die Formeln folgender Verbindungen: Kupfer(I)-sulfid, Eisen(III)-oxid, Blei(II)-oxid, Stickstoff(III)-oxid und Silber(I)-oxid.

5. a) Nenne die Namen zu den folgenden Formeln: SO_2, SO_3, NO_2, N_2O_4, P_2O_5.
b) Gib die Wertigkeit der beteiligten Atome an.

6. Vergleiche die Wertigkeit verschiedener Atome mit ihrer Hauptgruppennummer. Gibt es ein System?

Aufstellen von Formeln

Die Wertigkeit von Atomen und Ionen lässt sich durch verschieden grosse Steckbausteine darstellen. Die Anzahl der Noppen auf den Bausteinen gibt die Wertigkeit an. Damit lassen sich chemische Formeln aufstellen.

Wasserstoff-Atom	H	
Chlor-Atom	Cl	
Sauerstoff-Atom	O	
Stickstoff-Atom	N	
Kohlenstoff-Atom	C	
Kupfer(I)-Ion	Cu^+	
Kupfer(II)-Ion	Cu^{2+}	
Chlorid-Ion	Cl^-	
Oxid-Ion	O^{2-}	
Aluminium-Ion	Al^{3+}	

In einer Verbindung muss die Summe der Wertigkeiten der Atome ausgeglichen sein. Liegen Ionen vor, kannst du auch die Ladungen betrachten.
Für unser Modell heisst dies, dass die Gesamtlänge der Bausteine beider Bindungspartner gleich sein muss.

Aufstellen der Formel von flüchtigen Stoffen

Zwei Wasserstoff-Bausteine haben die gleiche Länge wie der Baustein eines Sauerstoff-Atoms. Also ist die Formel für Wasser H_2O:

H
O

Formel H_2O

Aufstellen der Formel von Salzen

Entsprechend lässt sich die Formel von Aluminiumoxid ermitteln:

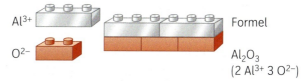

Formel Al_2O_3
(2 Al^{3+} 3 O^{2-})

Unterschiedliche Wertigkeiten

Kupfer kommt in Verbindungen mit unterschiedlichen Wertigkeiten vor. Auch hier hilft das Bausteinmodell weiter:
Für Kupfer(I)-oxid gilt:

Cu^+
O^{2-}

Formel Cu_2O
(2 Cu^+ O^{2-})

Für Kupfer(II)-oxid gilt:

Cu^{2+}
O^{2-}

Formel CuO
(Cu^{2+} O^{2-})

METHODE

Atome bilden Moleküle

1 Bei der Elektrolyse entsteht Wasserstoff.

Bei der Elektrolyse von Wasser entstehen zuerst Wasserstoff-Atome. Sie sind chemisch nicht stabil, weil sie keine Edelgaskonfiguration besitzen.

1. **A**
Erkläre den Begriff Elektronenpaarbindung.

2. **A**
Begründe den Zusammenhang zwischen der Edelgasregel und der Anzahl der Bindungen in einem zweiatomigen Molekül.

3. **A**
Gib wie in Bild 3 die Lewis-Schreibweise und die Summenformel für die Moleküle von Brom und Iod an.

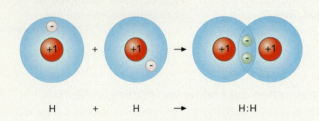

2 Zwei Wasserstoff-Atome bilden ein Wasserstoff-Molekül.

Lewis-Schreibweise	Summenformel
$I\overline{\underline{Cl}} - \overline{\underline{Cl}}I$	Cl_2
$\langle O = O \rangle$	O_2
$IN \equiv NI$	N_2

3 Unterschiedliche Molekülschreibweisen

Was Moleküle zusammenhält

Die meisten Stoffe, die flüssig oder gasförmig sind, bestehen aus **Molekülen.** In Molekülen sind die Atome fest miteinander verbunden.

Das kann am Beispiel von Wasserstoff-Molekülen erklärt werden, die sich bei der Elektrolyse von Wasser bilden (Bild 1). Zunächst entstehen an der Elektrode Wasserstoff-Atome. Sie sind sehr reaktiv, denn sie besitzen nur ein Elektron in der Atomhülle (H·). Sobald zwei Atome aufeinandertreffen, durchdringen sich ihre Elektronenhüllen.

Die Elektronen halten sich danach überwiegend zwischen den Kernen auf, denn sie werden von beiden Atomkernen gleich stark angezogen. Diese Elektronen bilden ein **bindendes Elektronenpaar** (Bild 2), das als Strich zwischen den Atomsymbolen gezeichnet wird.

Die starken elektrostatischen Anziehungskräfte zwischen dem negativ geladenen Elektronenpaar und den positiv geladenen Atomkernen halten das Wasserstoff-Molekül (H_2) fest zusammen. Diese Art der chemischen Bindung heisst **Elektronenpaarbindung** oder **Atombindung.**

Im Molekül bilden die Elektronen eine gemeinsame Elektronenhülle. In dieser verfügt jedes Wasserstoff-Atom über zwei Aussenelektronen. Damit erreicht das Wasserstoff-Atom hier eine Edelgaskonfiguration, entsprechend der Elektronenhülle von Helium.

Lewis-Schreibweise

In chemischen Reaktionen reagieren nur die Elektronen der äussersten Schale. Um diese darzustellen, wird die **Lewis-Schreibweise** genutzt. In dieser werden nur das Atomsymbol und die Elektronen der äussersten Schale, die Aussenelektronen, durch Punkte dargestellt. Sind mehr als vier Aussenelektronen vorhanden, werden jeweils zwei Punkte miteinander zu einem Strich verbunden. Die Striche werden als Elektronenpaare bezeichnet.

Mehrfachbindungen

Sauerstoff-Atome mit sechs Aussenelektronen benötigen zwei weitere Elektronen, um eine Edelgaskonfiguration zu erreichen. Im Sauerstoff-Molekül (O_2) verbinden sich jeweils zwei Elektronen eines Sauerstoff-Atoms mit zwei Elektronen des anderen Atoms zu Elektronenpaaren. Dadurch entsteht eine **Doppelbindung,** die die Atome im Molekül besonders stark zusammenhält. Ein Stickstoff-Atom mit fünf Aussenelektronen benötigt drei weitere Elektronen. Mit einem zweiten Stickstoff-Atom bildet sich deshalb eine **Dreifachbindung.**

> Kannst du mithilfe der Elektronenpaarbindung erklären, wie Atome in Molekülen zusammenhalten?

Molekülverbindungen aus verschiedenen Atomen

Stoff	chemische Formel	Schalenmodell	Lewis-Formel
Wasser	H_2O		
Kohlenstoffdioxid	CO_2		

1 Moleküle aus unterschiedlichen Atomen

1.
Erkläre, warum das Kohlenstoffdioxid-Molekül zwei Doppelbindungen hat.

2.
a) Zeichne die vereinfachte Strukturformel von Methan (CH_4).
b) Vergleiche sie mit der Strukturformel von Kohlenstoffdioxid. Erkläre die Unterschiede.

3.
Zeichne das Schalenmodell von Fluorwasserstoff (HF).

4.
Ammoniak ist eine chemische Verbindung aus Stickstoff und Wasserstoff mit der Summenformel NH_3. Bestimme die Anzahl der bindenden Elektronenpaare im Molekül und gib die Lewis-Formel von Ammoniak an.

Das Wasser-Molekül

Das Wasser-Molekül besteht aus zwei Wasserstoff-Atomen und einem Sauerstoff-Atom. Das Sauerstoff-Atom mit seinen sechs Aussenelektronen benötigt zwei Elektronen, um eine Edelgaskonfiguration zu erreichen. Die zwei Wasserstoff-Atome benötigen jeweils ein Elektron. Das Sauerstoff-Atom ist deshalb mit den beiden Wasserstoff-Atomen durch jeweils eine Elektronenpaarbindung verbunden. So verfügt jedes Atom im Wasser-Molekül über eine gefüllte Aussenschale (Bild 1).

Neben den beiden bindenden Elektronenpaaren zeichnest du beim Sauerstoff-Atom auch die restlichen freien, nicht bindenden Elektronenpaare. Die freien Elektronenpaare stossen sich von den bindenden Elektronenpaaren ab. Durch die elektrostatische Abstossung ergibt sich der gewinkelte Bau des Wasser-Moleküls.

Das Kohlenstoffdioxid-Molekül

Das Kohlenstoffdioxid-Molekül besteht aus einem Kohlenstoff-Atom und zwei Sauerstoff-Atomen. Das zentrale Kohlenstoff-Atom benötigt vier Elektronen, um eine Edelgaskonfiguration zu erreichen. Die Sauerstoff-Atome benötigen jeweils zwei Elektronen. Das Kohlenstoff-Atom geht mit den Sauerstoff-Atomen jeweils eine Doppelbindung ein. Damit erreichen sowohl das Kohlenstoff-Atom als auch die Sauerstoff-Atome eine Edelgaskonfiguration.
Da keine weiteren freien Elektronen am Kohlenstoff-Atom vorhanden sind, ergibt sich ein gestrecktes Molekül.

> Kannst du die Bindungen im Wasser- und Kohlenstoffdioxid-Molekül mit Elektronenpaarbindungen erklären?

Methan – ein Stoff aus Kohlenstoff und Wasser

1. Lehrerversuch
Ein umgekehrter Trichter wird wie in Bild 1 mit einem gekühlten U-Rohr und einer mit Kalkwasser gefüllten Gaswaschflasche verbunden. Ein Gasbrenner mit kleiner, blauer Flamme wird unter den Trichter gestellt. Auf der rechten Seite saugt eine Wasserstrahlpumpe die Verbrennungsgase durch die Apparatur.

2.
a) Notiere, was du bei Versuch 1 im U-Rohr und in der Waschflasche erkennen kannst.
b) Gib Tropfen der im U-Rohr gesammelten Flüssigkeit auf weisses Kupfersulfat. Notiere deine Beobachtungen.
c) Benenne die Stoffe, die du nachgewiesen hast.
d) Finde heraus, aus welchen Atomsorten Methan besteht.

3.
a) Baue mit einem Molekülbaukasten ein Strukturmodell des Moleküls CH_4.
b) Stelle die Verbrennungsreaktion mit dem Molekülbaukasten dar.

4.
Nenne den Unterschied zwischen einer Strukturformel und einer Summenformel.

Die Analyse von Methan
Methan ist ein farbloser, gasförmiger Stoff. Um herauszufinden, aus welchen Atomsorten Methan besteht, wird das Gas **analysiert**, also in seine Bestandteile zerlegt. Dazu wird Methan an der Luft verbrannt. Die entstehenden Stoffe werden, wie in Versuch 1 beschrieben, aufgefangen und nachgewiesen.

Im U-Rohr schlägt sich an den kalten Glaswänden eine klare Flüssigkeit nieder. Wird weisses Kupfersulfat hinzugeben, färbt sich dieses blau. Bei der Flüssigkeit handelt es sich also um Wasser.

In der dahinter stehenden Gaswaschflasche ist Kalkwasser. Das hindurch gesaugte Gas verursacht eine Trübung. Es wird Kohlenstoffdioxid nachgewiesen.

Bestandteile des Methans
Bei der Verbrennung von Methan sind demnach Wasserdampf (H_2O) und Kohlenstoffdioxid (CO_2) entstanden. Der zur Verbrennung benötigte Sauerstoff stammt aus der Luft. Methan besteht also aus Wasserstoff- und Kohlenstoff-Atomen. Es ist der einfachste **Kohlenwasserstoff**.

Der Aufbau des Methan-Moleküls
Aus den bei der Verbrennung entstehenden Mengen an Wasser und Kohlenstoffdioxid kann die **Summenformel** von Methan bestimmt werden. Diese lautet CH_4. Im Methan-Molekül ist jedes Kohlenstoff-Atom von vier Wasserstoff-Atomen umgeben.

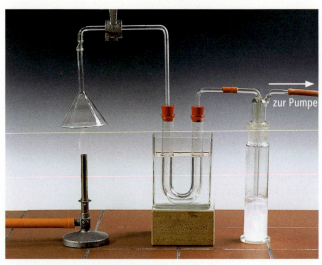

1 Versuchsaufbau der Methananalyse

Vom Reaktionsschema zur Reaktionsgleichung

❶ Reaktionsschema:

| Methan + Sauerstoff → Kohlenstoffdioxid + Wasser |

❷ Reaktionsgleichung:

| CH_4 + O_2 → CO_2 + H_2O |

❸ Ausgleich der Wasserstoff-Atome:

| CH_4 + O_2 → CO_2 + $2\,H_2O$ |

❹ Ausgleich der Sauerstoff-Atome:

| CH_4 + $2\,O_2$ → CO_2 + $2\,H_2O$ |

Kannst du die Atomsorten im Methan-Molekül nachweisen?

Räumlicher Bau von Methan- und Wasser-Molekülen

1.
Erkläre die Bindungen im Wasser-Molekül mithilfe des Schalenmodells.

2.
Wasser kann mithilfe einer Projektion auch als gestrecktes Molekül gezeichnet werden. Nimm dazu Stellung.

3. Recherchiere den Bindungswinkel im Ammoniak-Molekül (NH_3) und erkläre diesen mit einem Modell.

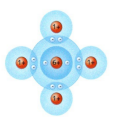

1 Methan-Molekül: Schalenmodell

2 Methan-Molekül: Luftballonmodell

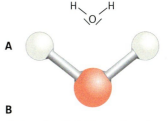

3 Wasser-Molekül **A** Lewis-Formel, **B** räumliche Darstellung

Schalenmodell von Methan

Methan hat die Formel CH_4. Im Methan-Molekül bilden die Aussen-elektronen des Kohlenstoff-Atoms mit den Aussenelektronen der Wasserstoff-Atome vier Elektronenpaarbindungen. In einer zweidimensionalen Darstellung wie in Bild 1 sehen die Bindungen so aus, als ob sie jeweils einen Winkel von 90° einschliessen.

Struktur vom Methan-Molekül

Tatsächlich jedoch stehen die Bindungen in alle Richtungen des Raums. Der Winkel zwischen den einzelnen Bindungen beträgt 109° und wird **Tetraederwinkel** genannt.

Darstellung von Methan

Die tatsächliche Anordnung der Atome im Methan-Molekül ist mit dem Luftballonmodell anschaulich darstellbar (Bild 2).

Eine ähnliche Darstellung ist mit dem Kugel-Stab-Modell möglich, dessen Bauteile sich in Molekülbaukästen wiederfinden (Bild 4 A).

Wird das Methan-Modell von links beleuchtet, so entsteht eine Projektion, in der die Bindungen in einem Winkel von 90° stehen (Bild 4 B). Diese Projektion ähnelt der Strukturformel von Methan (Bild 4 C).

Struktur vom Wasser-Molekül

Im Wasser-Molekül bildet das Sauerstoff-Atom je eine Einfachbindung zu einem der beiden Wasserstoff-Atome. Am Sauerstoff-Atom befinden sich zudem zwei freie Elektronenpaare. Diese benötigen ähnlich viel Platz wie die Elektronenpaarbindungen. Die beiden Wasserstoff-Atome werden gegeneinander gedrückt. Es entsteht ein Winkel, der dem Tetraederwinkel von 109° ähnlich ist. Das Molekül ist gewinkelt (Bild 3).

> Kannst du den räumlichen Bau von Methan- und von Wasser-Molekülen beschreiben und unterschiedliche Darstellungen begründen?

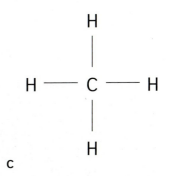

4 Methan-Molekül: **A** räumliche Darstellung, **B** Projektion, **C** Strukturformel

Das Kugelwolkenmodell

Die Aussenelektronen eines Atoms sind nicht willkürlich angeordnet. Mit dem Kugelwolkenmodell kannst du den Ort der Aussenelektronen bestimmen und damit die Geometrie von Molekülen vorhersagen.

Material
- Trinkhalme ohne Knick
- kleine, kugelförmige Luftballons
- Bindfaden

Vorbereitung
- Blase vier Ballons auf, sodass sie gleich gross sind. Knote die Ballons zu.
- Befestige an jedem Ballon einen etwa 40 cm langen Bindfaden.

Aufbau
Wenn du mehrere Ballons am zugeknoteten Ende zusammenhältst, ordnen sie sich so an, dass die den maximalen Abstand zueinander haben. Damit deine Hand nicht im Weg ist, führst du die Fäden durch den Trinkhalm und ziehst sie am unteren Ende zusammen (Bild 1).

Regeln des Modells
- Ist die Aussenschale des betrachteten Atoms die K-Schale, gibt es eine Kugelwolke. In allen anderen Fällen gibt es vier Kugelwolken.
- Die Aussenelektronen werden auf die Kugelwolken verteilt. Dabei wird jede Kugelwolke erst einfach befüllt. Erst wenn alle vorhandenen Kugelwolken ein Elektron enthalten, werden sie doppelt besetzt.
- Sind bei weniger als 4 Aussenelektronen alle Elektronen verteilt, werden die unbesetzten Kugelwolken entfernt.
- Die restlichen Kugelwolken ordnen sich mit grösstmöglichem Abstand um ein gemeinsames Zentrum, den Atomkern, an.

Beispiele
Sauerstoff: Die 6 Aussenelektronen des Sauerstoffs werden auf 4 Kugelwolken verteilt. Es ergeben sich zwei doppelt und zwei einfach besetzte Kugelwolken. Die Kugelwolken bilden einen Tetraeder. Der Winkel zwischen ihnen beträgt 109°.

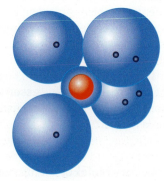

2 Kugelwolkenmodell eines Sauerstoff-Atoms

1 Kugelwolkenmodell aus Luftballons

Was sind Kugelwolken?
Die Ballons stehen im Modell für Kugelwolken. Mit Kugelwolken lässt sich der Aufenthaltsort von Aussenelektronen eines Atoms modellhaft darstellen. Die Knoten der Ballons treffen oben am Trinkhalm zusammen. Dort befindet sich das Zentrum des Atoms.

Aufgabe
Baue nacheinander alle Atome der zweiten Periode mit dem Ballonmodell und beschreibe jeweils die Anordnung der Ballons. Dabei gehst du für jedes Atom wie folgt vor:

- Notiere Hauptgruppe des Atoms.
- Ermittle die Anzahl der Aussenelektronen.
- Bestimme die Anzahl der Kugelwolken und bestimme für jede Kugelwolke, ob sie unbesetzt oder einfach oder doppelt besetzt ist.
- Baue das Modell der einzelnen Atome mit Luftballons nach. Jede Kugelwolke entspricht einem Ballon.
- Zeichne die Anordnung der Kugelwolken mit ihrer Elektronenverteilung in dein Heft.
- Notiere dazu zusätzlich die Lewis-Schreibweise des jeweiligen Atoms.

Chemische Reaktionen erforschen

Energiestufen und Ionisierungsenergie

1. Stelle die Elektronenverteilung eines Lithium-Atoms in einem Diagramm wie in Bild 2 dar.

2. Zeichne ein Ionisierungsenergie-Diagramm für Aluminium. Dabei kannst du auf absolute Werte verzichten.

3. Recherchiere die absoluten Werte für die Ionisierungsenergien in Bild 1. Gib dabei auch die Einheiten an.

Schalenmodell

Die Elektronen eines Atoms befinden sich in der Atomhülle. Diese wird häufig in Form von Schalen dargestellt. Tatsächlich kreisen die Elektronen aber nicht auf Schalen um das Atom. Es handelt sich um ein Modell, um damit die Eigenschaften besser darstellen zu können.

Das Schalenmodell beschreibt die Energie, die notwendig ist, um ein Elektron von einem Atom zu entfernen und das Atom damit zu ionisieren. Je weiter ein Elektron vom Kern entfernt ist, desto leichter ist es abzuspalten. Dabei wird angenommen, dass zum Abspalten aller Elektronen einer Schale die gleiche Energie benötigt wird.

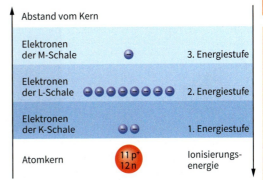

2 Energiestufen-Diagramm des Natrium-Atoms

Darstellung im Energiestufendiagramm

Die Energiestufen der Elektronen können in einem Diagramm wie in Bild 2 dargestellt werden. Die Energiestufen sind dabei übereinander angeordnet. Die erste Energiestufe entspricht dabei der ersten Schale, die zweite Energiestufe der zweiten Schale und so weiter. Je höher die Energiestufe ist, in der sich die Elektronen befinden, desto leichter können sie abgespalten werden.

Ionisierung genauer betrachtet

Experimente haben ergeben, dass die Elektronen einer Energiestufe ähnliche, jedoch unterschiedliche Energiemengen zur Abspaltung benötigen. Die einzelnen Elektronen werden nacheinander abgespalten.

Durch das Abspalten von Elektronen wird das Atom ionisiert. Deshalb wird für jedes Elektron von einer **Ionisierungsenergie** gesprochen.

In Bild 1 sind die Ionisierungsenergien am Beispiel eines Natrium-Atoms aufgetragen. Dabei sind die Energien für jedes einzelne Elektron auch innerhalb einer Schale dargestellt.

Das Elektron in der M-Schale ist beim Natrium das Aussenelektron. Es ist leichter abzuspalten als die weiter innenliegenden Elektronen. Innerhalb einer Schale wird zunehmend mehr Energie benötigt, um die einzelnen Elektronen aus der Schale zu entfernen. Die Elektronen der innersten Schale sind sehr schwer abzuspalten.

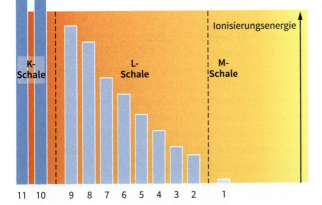

1 Ionisierungsenergie-Diagramm des Natrium-Atoms

STREIFZUG

Atome bilden Ionen

1.
a) Zeichne die Schalenmodelle der Atome von Lithium, Aluminium, Schwefel und Fluor.
b) Stelle fest, wie viele Elektronen jeweils aufgenommen oder abgegeben werden müssen, um eine Edelgaskonfiguration zu erhalten.
c) Nenne die Atome, die in der entsprechenden Edelgaskonfiguration positiv oder negativ geladene Ionen bilden.

2.
Zeichne als Schalenmodell wie in Bild 1 die Bildung von Ionen bei der Reaktion zwischen Natrium und Fluor, Magnesium und Chlor, Magnesium und Sauerstoff.

3.
a) Erkläre, warum Atome aus der 7. Hauptgruppe einfach negativ geladene Ionen bilden.
b) Erkläre, warum Atome aus der 2. Hauptgruppe zweifach positiv geladene Ionen bilden.

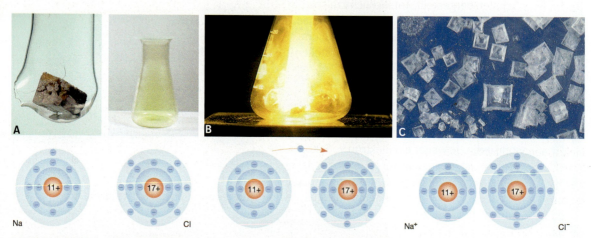

1 Natrium und Chlor reagieren zu Natriumchlorid: **A** Ausgangsstoffe, **B** Reaktion, **C** Endstoff

Atome werden zu Ionen

Wird heisses Natrium in Chlorgas gehalten, setzt eine heftige Reaktion ein. Unter grellgelbem Leuchten entsteht ein weisser, kristalliner Feststoff. Es ist das Salz **Natriumchlorid**. Vergleichst du den Aufbau der Atome vor der chemischen Reaktion mit dem der Ionen danach, so erkennst du, dass ein negativ geladenes Elektron vom Natrium-Atom abgegeben und dieses vom Chlor-Atom aufgenommen wurde. (Bild 1).
Jeder Reaktionspartner nimmt entweder Elektronen auf oder gibt Elektronen ab, um jeweils einen stabileren Zustand mit einer vollbesetzten Aussenschale zu erreichen. Das ist die **Edelgaskonfiguration**.
Wenn bei chemischen Reaktionen zum Erreichen der Edelgaskonfiguration Elektronen übertragen werden, entstehen **Ionen**. Dabei geben Atome mit wenigen Aussenelektronen, wie die Metalle, Elektronen ab. Sie werden zu positiv geladenen Ionen.

Geben und Nehmen

Atome, die Elektronen abgeben, werden als **Donatoren** (donare, lat.: schenken) bezeichnet.

Atome mit vielen Aussenelektronen nehmen Elektronen auf, um eine voll besetzte Aussenschale zu erreichen. Es entstehen negativ geladene Ionen. Atome, die bei der Ionenbildung Elektronen aufnehmen, werden als **Akzeptoren** (acceptare, lat.: empfangen) bezeichnet.

Das **Donator-Akzeptor-Prinzip** beschreibt die Übertragung von Elektronen von einem Reaktionspartner, dem Donator, auf einen anderen Reaktionspartner, den Akzeptor.
Bei chemischen Reaktionen müssen alle abgegebenen Elektronen von einem oder mehreren anderen Reaktionspartner aufgenommen werden. Es dürfen keine Elektronen übrigbleiben oder fehlen.

> Kannst du den Elektronenübergang bei chemischen Reaktionen mit dem Donator-Akzeptor-Prinzip erklären?

Reaktion von Magnesium mit Sauerstoff

1.
a) Prüfe, ob ein Stück Magnesiumband elektrisch leitfähig ist.
b) Begründe anhand deines Ergebnisses, zu welcher Stoffklasse Magnesium gehört.

2.
Halte ein Stück Magnesiumband mit einer Tiegelzange in die Brennerflamme. **Achtung:** Nicht in die Flamme sehen! Beschreibe die Beobachtung und nenne die Stoffklasse des Produkts.

3.
a) Stelle die Elektronenübertragung für die Reaktion von Magnesium mit Chlor im Schalenmodell dar.
b) Leite aus dem Ergebnis die Reaktionsgleichung her.

Verbrennung von Magnesium

Magnesium reagiert mit Sauerstoff in einer stark exothermen Reaktion. Dabei leuchtet das Magnesium gleissend hell auf. Es entsteht ein weisser spröder Feststoff, das Salz **Magnesiumoxid.**

Elektronenübertragung

Ein Magnesium-Atom hat zwei Elektronen in der äussersten Schale. Diese müssen abgegeben werden, um eine Edelgaskonfiguration zu erlangen.

Ein Sauerstoff-Atom dagegen hat sechs Aussenelektronen. Für die Edelgaskonfiguration fehlen zwei Elektronen.

Bei der Reaktion von Magnesium mit Sauerstoff werden die beiden Aussenelektronen des Magnesium-Atoms auf das Sauerstoff-Atom übertragen.

Es entstehen Mg^{2+}- und O^{2-}-Ionen. Beide Ionen weisen nach dem Elektronenübergang eine Edelgaskonfiguration auf. Zusammen bilden sie die **Ionenverbindung** Magnesiumoxid.
Da Sauerstoff nicht atomar, sondern als O_2-Molekül vorkommt, werden für die Reaktion jeweils zwei Magnesium-Atome benötigt. Die Reaktionsgleichung lautet:

$$2\ Mg + O_2 \rightarrow 2\ MgO$$

Kannst du die Verbrennung von Magnesium auf Stoff- und Teilchenebene erklären?

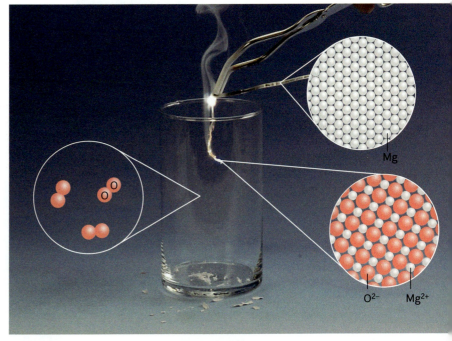

1 Magnesium verbrennt in Sauerstoff zu Magnesiumoxid.

2 Elektronen werden von Magnesium auf den Sauerstoff übertragen.

Edel oder nicht?

1 Welches Metall reagiert am besten?

1.
a) Informiere dich über Edelmetalle und ihre Verwendung.
b) Finde eine Erklärung für den Begriff „Edelmetall".

2.
a) Spanne den Brenner mit einer Klemme horizontal an einer Stativstange ein. Stelle das Stativ auf eine feuerfeste Unterlage. Gib etwas Kupferpulver in ein Ende eines etwa 50 cm langen Glasrohrs. Puste das Pulver in die rauschende Flamme des Brenners. Was geschieht dabei?
b) Wiederhole Versuch a) erst mit Eisenpulver, dann mit Aluminiumpulver und zuletzt mit Magnesiumpulver. Achte darauf, dass die Pulver etwa die gleiche Korngrösse haben und dass du jeweils die gleiche Menge in die Flamme pustest. Beobachte jeweils die Reaktion.
c) Ordne die Metalle danach, wie heftig sie in der Brennerflamme mit dem Sauerstoff reagiert haben.

> **ACHTUNG**
> Das Metallpulver darf nicht angesaugt werden!

Unedle Metalle

Metalle, die sich leicht mit Sauerstoff verbinden, heissen **unedle Metalle.** Sie bilden an der Luft eine Oxidschicht und können sogar verbrennen. Je besser ein Metall mit Sauerstoff reagiert, desto unedler ist es.

Metalle können danach geordnet werden, wie gut sie mit Sauerstoff reagieren. Daraus ergibt sich die **Oxidationsreihe der Metalle.** Am Anfang der Oxidationsreihe stehen diejenigen Metalle, die sehr heftig mit Sauerstoff reagieren, also die unedlen Metalle.

Edelmetalle

Metalle, die kaum oder gar nicht mit Sauerstoff reagieren, heissen **Edelmetalle.** Ihre Oberfläche überzieht sich nicht mit einer Oxidschicht. Diese Metalle behalten ihren typischen Glanz. Deshalb werden Edelmetalle wie Gold und Platin als Schmuckmetalle verwendet.
In der Oxidationsreihe stehen die Edelmetalle rechts.

3 Der Glanz bleibt.

unedel — Magnesium — Aluminium — Zink — Eisen — Kupfer — Silber — Platin — Gold — edel

großes … Bestreben, sich mit Sauerstoff zu verbinden … geringes …

2 Oxidationsreihe der Metalle

> Kannst du zwischen edlen und unedlen Metallen unterscheiden?

Chemische Reaktionen erforschen | 167

Die Masse bleibt erhalten

1. ≡ Ⓥ
a) Gib in ein Reagenzglas vier Streichhölzer. Verschliesse es mit einem Luftballon und wiege es. Erhitze das Reagenzglas in der Brennerflamme. Lass nach beendeter Reaktion alles abkühlen und wiege erneut.
b) Erkläre deine Beobachtungen.
c) Erläutere die Aufgabe des Luftballons.

2. ≡ Ⓥ
Hänge zwei gleiche Büschel Eisenwolle an eine Balkenwaage, sodass diese im Gleichgewicht ist. Entzünde eins der Büschel mit der Brennerflamme. Sorge dafür, dass die Eisenwolle vollständig durchglüht.

3. ≡ Ⓐ
Erkläre deine Beobachtung aus Versuch 2 und vergleiche sie mit Versuch 1.

4. ≡ Ⓐ
Vermute, was geschieht, wenn in Versuch 2 auch das andere Büschel Eisenwolle angezündet wird und vollständig durchglüht.

5. ≡ Ⓥ
Führe den Versuch zu Aufgabe 4 durch und erkläre das Versuchsergebnis.

6. ≡ Ⓥ
a) Stelle zwei Teelichter auf eine Balkenwaage und bringe die Waage ins Gleichgewicht. Entzünde ein Teelicht.
b) Beobachte den Versuchsverlauf und erkläre das Versuchsergebnis auch im Vergleich zu Versuch 1.

LAVOISIER erklärt die Verbrennung

Vor über zweihundert Jahren versuchte der französische Chemiker ANTOINE L. LAVOISIER (1743–1794), die Verbrennung zu erklären, indem er die Massen der beteiligten Stoffe sehr genau bestimmte.
Ihm war bekannt, dass eine Kerze beim Verbrennen leichter wird. Metalle werden bei der Verbrennung hingegeben schwerer. LAVOISIER wollte ausschliessen, dass bei einer Verbrennung ein Stoff unbemerkt verloren geht oder hinzukommt. Deshalb führte er die Versuche jeweils in verschlossenen Gefässen durch.

Die Masse bleibt erhalten

Als Ergebnis dieser Untersuchungen konnte LAVOISIER zeigen, dass bei chemischen Reaktionen die Gesamtmasse der reagierenden Stoffe, der Edukte, immer genauso gross ist wie die Gesamtmasse der Produkte. Dieses Erkenntnis wird als das **Gesetz von der Erhaltung der Masse** bezeichnet.

> Kannst du das Gesetz von der Erhaltung der Masse nennen und erläutern?

1 Eisenwolle wird an der Waage verbrannt.

2 Ein Teelicht wird auf der Waage verbrannt.

Metalle aus Oxiden gewinnen

1 Silberoxid wird erhitzt.

2 Malachit: **A** vor, **B** nach dem Erhitzen

1.
Was ist eine Oxidation? Lies im Schülerband 1, Seite 243, nach oder recherchiere im Internet.

2.
a) Gib etwas Silberoxid in ein schwer schmelzbares Reagenzglas und erhitze es kräftig mit der Brennerflamme. Halte nach einiger Zeit einen glimmenden Holzspan in die Reagenzglasöffnung. Notiere deine Beobachtungen.
b) Nenne die Stoffe, die bei dieser Reaktion entstanden sind.
c) Formuliere für diese Reaktion das Reaktionsschema.

3.
a) Zerkleinere etwas Malachit im Mörser und gib einen Spatel davon in ein Reagenzglas. Erhitze das Malachit und beschreibe seine Veränderungen.
b) Vermische das Produkt aus Versuch a) in einer Porzellanschale mit einem Spatel Holzkohlepulver. Erhitze das Gemisch in einem Reagenzglas über der Brennerflamme. Lass es abkühlen und schütte alles auf ein Uhrglas. Betrachte das Gemisch durch eine Lupe. Beschreibe deine Beobachtungen.

3.
a) Erhitze schwarzes Kupferoxid in einem Reagenzglas über der Brennerflamme. Beschreibe das Aussehen vor und nach dem Erhitzen.
b) Gib ein Gemisch aus Kupferoxid und Holzkohle in ein Reagenzglas. Verschliesse es mit einem durchbohrten Gummistopfen, der mit einem gewinkelten Glasrohr versehen ist (Bild 4). Erhitze das Gemisch in der Brennerflamme. Tauche dabei das Glasrohr in ein Becherglas mit Kalkwasser. Nimm den Brenner beiseite, sobald das Gemisch aufglüht. Entferne sofort nach Beendigung der Reaktion das Glasrohr aus dem Kalkwasser.
c) Untersuche das Reaktionsprodukt nach dem Abkühlen und notiere deine Beobachtungen.

4.
a) Ordne den Stoffen aus Versuch 3 b) die Begriffe Donator und Akzeptor zu.
b) Gib das Teilchen an, das zwischen den Reaktionspartnern ausgetauscht wird.

5.
a) Nenne den Stoff, der in Versuch 3 b) oxidiert, und den Stoff, der reduziert worden ist.
b) Nenne in Versuch 3 b) jeweils das Oxidationsmittel und das Reduktionsmittel.

3 Kupfer aus Malachit

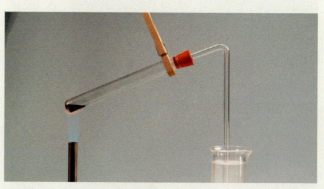

4 Kupferoxid reagiert mit Holzkohle.

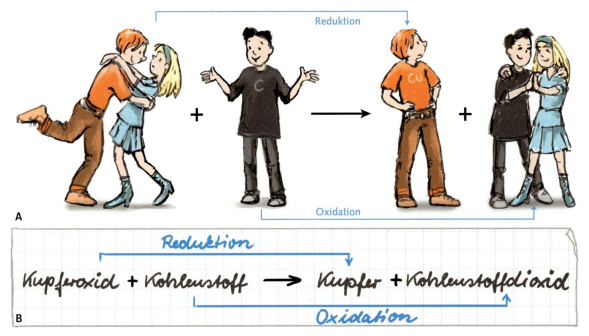

5 Die Redoxreaktion: **A** im Modell: Partnerwechsel des Sauerstoffs, **B** im Reaktionsschema

Vom Metalloxid zum Metall
Metalloxide kommen in der Natur häufig vor. Sie sind wichtige Rohstoffe zur Metallgewinnung. Aber nur wenige Metalloxide lassen sich allein durch einfaches Erhitzen in Metall und Sauerstoff spalten. So lässt sich aus Silberoxid durch kräftiges Erhitzen Silber gewinnen. Dabei wird das Silberoxid in die beiden Ausgangsstoffe Silber und Sauerstoff gespalten.

Der Zufall half
Die Herstellung von Kupfer aus dem Kupfererz **Malachit** ist vermutlich Zufall gewesen. Die Menschen der Steinzeit verzierten ihre Tongefässe oft mit einer Farbschicht. Dazu verwendeten sie auch das grüne Malachit. Zusammen mit Holzkohle wurden die Gefässe im Töpferofen gebrannt. Es bildete sich aber nicht überall eine grüne Farbschicht. Dort, wo das Malachit zufällig mit der Holzkohle in Kontakt gekommen war, bildete sich ein neuer rotbraun glänzender Stoff. Kupfer war entstanden.

Aus Malachit Kupfer gewinnen
Wird Malachit erhitzt, entsteht daraus zunächst schwarzes Kupferoxid. Aus dem Kupferoxid lässt sich aber allein durch Erhitzen kein Kupfer herstellen. Erst wenn das Kupferoxid mit dem Kohlenstoff in der Holzkohle in Kontakt kommt, gelingt es, aus dem Kupferoxid Kupfer zu gewinnen.

Die Redoxreaktion
Kohlenstoff kann in einer chemischen Reaktion dem Kupferoxid den Sauerstoff entziehen, weil Kohlenstoff den Sauerstoff stärker bindet als Kupfer. Eine solche Reaktion, bei der einem Oxid der Sauerstoff entzogen wird, heisst **Reduktion**. Das Kupferoxid wird **reduziert.** Gleichzeitig verbindet sich der Kohlenstoff mit dem freigewordenen Sauerstoff zu Kohlenstoffdioxid. Das ist eine **Oxidation**. Der Kohlenstoff wird **oxidiert.** Laufen Reduktion und Oxidation gleichzeitig ab, wird die Gesamtreaktion als **Redoxreaktion** bezeichnet. Dabei wechselt der Sauerstoff den Partner. Das Kupferoxid hat bei dieser Reaktion den Sauerstoff abgegeben. Dadurch hat es die Oxidation des Kohlenstoffs ermöglicht. Das Kupferoxid ist ein **Oxidationsmittel.** Der Kohlenstoff hat dem Kupferoxid den Sauerstoff entzogen. Er wird deshalb als **Reduktionsmittel** bezeichnet.

Donator und Akzeptor
In der Chemie kommt es häufig vor, dass ein Teilchen zwischen zwei Reaktionspartnern übertragen wird. Der abgebende Partner wird **Donator** (lat. „donare" schenken), der aufnehmende **Akzeptor** (lat. accipere „annehmen") genannt. Bei der hier beschriebenen Redoxreaktion beispielsweise gilt Kupferoxid als Donator, denn der Sauerstoff wird vom Kupferoxid auf den Kohlenstoff übertragen. Der Kohlenstoff ist somit der Akzeptor.

> Kannst du die Redoxreaktion als Donator-Akzeptor-Reaktion beschreiben und dabei die Begriffe Oxidationsmittel und Reduktionsmittel anwenden?

Oberflächen schützen und veredeln

1. Erkläre, warum kupferfarbene Büroklammern von einem Magneten angezogen werden.

2. Gib an, welche Eigenschaften Gegenstände haben müssen, die galvanisch beschichtet werden sollen.

3. Nenne Verfahren, um Gegenstände aus Eisen vor dem Rosten zu schützen.

1 Verkupfern eines Schlüssels

4.
a) Reinige einen Schlüssel gründlich. Entfette ihn dann mit Spiritus. Verbinde ihn mit dem Minuspol einer Gleichstromquelle (3 V).
b) Stelle in einem 250 ml-Becherglas eine Lösung aus 100 ml Wasser, 1 g Kupfersulfat, 10 g Kaliumnatriumtartrat und 0,5 g Natriumhydroxid her. Tauche den Schlüssel als Minuspol und einen Kupferblechstreifen als Pluspol in die Lösung ein.
c) Schalte die Stromquelle ein und beobachte die Vorgänge an den Polen. Beende den Versuch nach etwa 4 min. Beschreibe, wie sich der Schlüssel verändert hat.

2 Ein verrostetes Fahrrad

Aluminium schützen
Aluminium ist sehr korrosionsbeständig, weil sich auf seiner Oberfläche eine dünne, aber feste Oxidschicht bildet. Für Anwendungen im Freien ist diese Schutzschicht aber häufig noch zu dünn. Mit dem **Eloxal-Verfahren** wird diese Schicht noch widerstandsfähiger. Dabei können auch Farben mit aufgebracht werden.

Galvanisieren
Ob ein Gegenstand verchromt oder verzinkt werden soll – beim Galvanisieren wird immer das gleiche chemische Verfahren der **Elektrolyse** angewendet.
Der Gegenstand, der mit einer Metallschicht überzogen werden soll, wird als Kathode (Minuspol) in eine passende Salzlösung eingetaucht. Es entsteht dort ein Metallüberzug, weil die entsprechenden Ionen Elektronen aufnehmen und zu Metall-Atomen reduziert werden.
In einer Kupfersalz-Lösung entsteht so ein Kupferüberzug, in einer Chromsalz-Lösung ein Chromüberzug und in einer Zinksalz-Lösung ein Zinküberzug.

Schutzschicht gegen Korrosion
Eisen ist aufgrund seiner Eigenschaften ein wichtiger Werkstoff, aus dem viele Alltagsgegenstände gefertigt sind. Aber Eisen hat auch eine oft unerwünschte Eigenschaft: Es reagiert mit dem Sauerstoff der Luft zu Eisenoxid. Umgangssprachlich wird dieser Vorgang als **Rosten** bezeichnet, der Fachbegriff lautet **Korrosion**.
Um Korrosion zu verhindern, gibt es verschiedene Möglichkeiten, bei denen jeweils die Oberfläche mit einer Schutzschicht überzogen wird. Bei deiner Fahrradkette ist diese Schutzschicht das Fett, das du beim Ölen aufträgst. Die Karosserie eines Autos wird durch eine Lackschicht geschützt. Eine besonders haltbare und schöne Schutzschicht entsteht beim **Galvanisieren.** Bei diesem Verfahren wird die Oberfläche mit korrosionsbeständigen Metallen wie Chrom, Kupfer oder Zink überzogen.

> Kannst du die Durchführung des Galvanisierens beschreiben und Anwendungsbeispiele nennen?

Chemische Reaktionen erforschen

Versilbern und vergolden

1.
Begründe, warum Modeschmuck oft vergoldet oder versilbert ist.

2.
Zähle mindestens 5 Gegenstände auf, die versilbert oder vergoldet sind.

3.
Reinige die Schale einer Muschel, lass sie trocknen und sprühe sie dann mit Grafitleitlack ein. Verbinde sie dann mit dem Minuspol eines Hand-Galvanisier-Gerätes (Bild 2). Tauche den Schwamm, der über den Metallstreifen gespannt ist, in eine 10%ige Silbersalz-Lösung. Bestreiche mehrmals die Muschelschale. Tauche zwischendurch den Schwamm immer wieder in die Lösung. Beschreibe die Veränderung an der Oberfläche der Muschel.

Leitfähig und glänzend

Steckverbindungen in der Elektronik sind häufig durch Galvanisieren vergoldet. So können sie nicht korrodieren und eine gute elektrische Leitfähigkeit bleibt erhalten. Viele elektrische Verbindungen in Computern sind deshalb vergoldet oder ganz aus Gold. Nicht leitende Gegenstände werden vor dem Galvanisieren mit Leitlack überzogen und können dann galvanisiert werden.

1 Vergoldeter Cinch-Stecker

2 Versilbern einer Muschel

Kannst du begründen, warum Gegenstände mit Edelmetallen überzogen werden?

Opferanode

Eisen und Stahl rosten

Die bekannteste Korrosionserscheinung ist das Rosten von Eisen und Stahl. Künstler nutzen das kreativ, aber verrostende Schiffsrümpfe oder Warmwasserspeicher verursachen beträchtliche Schäden.

Zink hilft

Damit aus Stahl bestehende Schiffsrümpfe im salzigen Meerwasser nicht verrosten, werden sie mit Blöcken aus Zink versehen. Das unedlere Metall Zink gibt Elektronen ab und geht in Lösung, während der Stahlrumpf nicht angegriffen wird: $Zn + Fe^{2+} \rightarrow Zn^{2+} + Fe$.
Der Zinkblock „opfert" sich also sozusagen auf, um das Schiff zu schützen. Man nennt den Zinkblock deshalb auch **Opferanode**.

Auch bei emaillierten Kesseln sind Opferanoden erforderlich, da es keine dauerhaft fehlerfreie Innenemaillierung eines Kessels gibt. Um eine Durchrostung zu verhindern, wird eine Opferanode aus Magnesium an der Behälterinnenwand angeschraubt. Die in Lösung gehenden Magnesium-Ionen sind gesundheitlich unbedenklich.

3 A Neue Opferanoden an einem Schiff. **B** Neue und „verbrauchte" Magnesium-Anode aus einem Warmwasserboiler.

STREIFZUG

Die Reaktionsgeschwindigkeit

1. Nenne Beispiele für langsame und schnelle Reaktionen aus dem Alltag.

2. Welche Faktoren beeinflussen die Reaktionsgeschwindigkeit? Erläutere ihren Einfluss.

3. Warum sind tiefgekühlte Lebensmittel lange haltbar?

Mal schnell, mal langsam

Chemische Reaktionen verlaufen unterschiedlich schnell. Zündet man zum Beispiel einen mit Wasserstoff gefüllten Luftballon durch einen brennenden Baumwollfaden, so verbrennt der Wasserstoff in einer heftigen Stichflamme. Andere Stoffe reagieren wesentlich langsamer miteinander, so zum Beispiel Salzsäure mit Zink. Bis ein Eisenblech durchgerostet ist, dauert es sogar Jahre.
Die Geschwindigkeit chemischer Reaktionen hängt nicht nur von der Art der reagierenden Stoffe ab, sondern auch von einer Reihe weiterer Faktoren.

Zerteilungsgrad

Marmorstücke (Calciumcarbonat) reagieren mit Salzsäure wesentlich langsamer als Marmorpulver: Ein Pulver hat bei gleicher Masse eine vielfach grössere Oberfläche als ein kompaktes Stück. Das heisst: Mehr Teilchen können reagieren.

Konzentration und Druck

Mit konzentrierter Salzsäure reagiert Calciumcarbonat wesentlich heftiger als mit verdünnter Salzsäure. Voraussetzung für eine chemische Reaktion ist nämlich, dass die entsprechenden Teilchen zusammenstossen. Mit der Anzahl der Teilchen in der Lösung erhöht sich auch die Anzahl der Zusammenstösse. Die Reaktionsgeschwindigkeit nimmt daher allgemein mit steigender Konzentration zu.
Bei Gasreaktionen erreicht man eine Erhöhung der Konzentration durch die Erhöhung des Druckes.

1 Die Reaktionsgeschwindigkeit hängt von der Konzentration c_A der Ausgangsstoffe ab.

Temperatur

Praktisch alle Reaktionen lassen sich beschleunigen, indem man die Temperatur erhöht. Der Grund: Erst wenn die Teilchen mit einer bestimmten Mindestgeschwindigkeit aufeinander treffen, können sich die bestehenden Bindungen lösen. Da die Geschwindigkeit der Teilchen mit steigender Temperatur zunimmt, erhöht sich auch die Zahl der erfolgreichen Stösse.
Für viele Reaktionen gilt als Faustregel die **Reaktionsgeschwindigkeits/Temperatur-Regel** (**RGT-Regel**): Erhöht man die Temperatur um 10 °C, so steigt die Geschwindigkeit auf das Doppelte bis Vierfache.

Katalysator

Viele Reaktionen verlaufen bei Raumtemperatur nur sehr langsam, z. B. die Bildung von Sauerstoff durch den Zerfall von Wasserstoffperoxid (H_2O_2). Fügt man Braunstein hinzu, so setzt eine lebhafte Gasentwicklung ein. Braunstein wirkt dabei als Katalysator, wird also bei der Reaktion nicht verbraucht. Ein Katalysator beschleunigt eine Reaktion, indem er die Aktivierungsenergie erniedrigt.

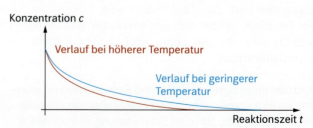

2 Die Reaktionsgeschwindigkeit nimmt mit steigender Temperatur zu.

Reaktionsgeschwindigkeit beobachten

❶ Reaktionsgeschwindigkeit und Katalysator

Material
Reagenzglasständer, 2 Reagenzgläser, Holzspan, Spatel, Topfpipette, Einmalhandschuhe

Chemikalien
5 % Wasserstoffperoxid, Manganoxid (= Braunstein)

Durchführung
Fülle beide Reagenzgläser ca. 2–3 cm hoch mit 5 % Wasserstoffperoxidlösung.
Gib in eines der beiden Reagenzgläser eine Spatelspitze Mangandioxid hinzu und führ die Glimmprobe durch.
Was beobachtest du?
Wie verändert sich die Reaktionsgeschwindigkeit durch die Zugabe von Braunstein?
Was beobachtest du, wenn du die Glimmprobe machst?
Stelle die Reaktionsgleichung auf.

❷ Beeinflussung der Reaktionsgeschwindigkeit

Material
Gasbrenner, Wasserbad, Thermometer, Einwegspritze (5 ml), 2 Tropfpipetten, Glasstab, Stoppuhr;
Oxalsäure-Lösung (0,1 $\frac{mol}{l}$, gelöst in Schwefelsäure (verd.; Xi)),
Kaliumpermanganat-Lösung 0,02 $\frac{mol}{l}$),
Mangansulfat-Lösung (0,02 $\frac{mol}{l}$)

Durchführung
Gib in drei Reagenzgläser je 3 ml der Oxalsäure-Lösung und 3 ml Wasser.
Einfluss der Konzentration: Gib zwei Tropfen Kaliumpermanganat-Lösung in eines der Reagenzgläser. Starte die Uhr und rühre um, bis sich die Mischung entfärbt. Notiere die Reaktionszeit. Wiederhole den Versuch mit etwa 5 ml Oxalsäure-Lösung ohne Zusatz von Wasser.
Einfluss der Temperatur: Erwärme eine der Proben im Wasserbad auf etwa 50 °C. Füge dann zwei Tropfen Kaliumpermanganat-Lösung hinzu und ermittle die Reaktionszeit.
Einfluss eines Katalysators: Gib zur dritten Probe zunächst einen Tropfen Mangansulfat-Lösung und anschliessend zwei Tropfen Kaliumpermanganat-Lösung. Starte die Uhr und rühre rasch um.

Vergleiche die gemessenen Zeiten. Wie wirken sich die veränderten Reaktionsbedingungen auf die Reaktionsgeschwindigkeit aus? Begründe.

1.
Gleiche Mengen Magnesium werden in verdünnte und stärker verdünnte Salzsäure gegeben.
a) Stelle die Reaktionsgleichung für diese Reaktion auf.
b) Wie unterscheiden sich die Reaktionsgeschwindigkeiten?
c) Skizziere beide Konzentrations/Zeit-Diagramme.

2.
Der zeitliche Verlauf einer chemischen Reaktion kann auch über die Bildung der Produkte verfolgt werden.
Skizziere ein Konzentrations/Zeit-Diagramm.

Saure und alkalische Lösungen im Alltag

1. Recherchiere fünf weitere Säuren. Notiere deren Namen.

2. Sowohl saure als auch alkalische Lösungen können das Gefahrstoffpiktogramm „ätzend" tragen. Beschreibe den Unterschied zwischen einer Säure und einer Lauge.

3. Salzsäure kann in verschiedenen Ausführungen im Handel erworben werden. Dabei finden sich auf den Chemikalienflaschen oft unterschiedliche Gefahrstoffpiktogramme. Finde dafür eine Erklärung.

Essig
Essig kennst du als Speiseessig aus dem Alltag. Er wird als Geschmacksstoff in Salaten und als Säuerungsmittel in Konserven verwendet. Essig ist sauer, weil er **Essigsäure** (CH_3COOH) enthält. Bei dieser handelt es sich um eine klare, farblose und stechend riechende Flüssigkeit. Essig ist eine wässrige Essigsäure-Lösung.

Natronlauge
Natronlauge wird für die Herstellung von Seifen und Medikamenten, sowie zur Entfernung von Farben verwendet, auch Abbeizen genannt. Laugengebäck wird in Natronlauge eingelegt und erhält so seine charakteristische braune Farbe. Natronlauge ist eine stark ätzende, alkalische Lösung. Sie besteht aus dem in Wasser gelösten weissen, salzartigen Feststoff Natriumhydroxid ($NaOH$).

Salzsäure
Im Chemielabor ist **Salzsäure** eine der wichtigsten Substanzen. Salzsäure ist eine wässrige Lösung von Chlorwasserstoff (HCl) und ist je nach Konzentration sehr ätzend. Bei Menschen und Tieren findet sich Salzsäure im Magen. Sie hilft bei der Verdauung.

Ammoniak-Lösung
Ammoniak-Lösung findet sich als Salmiakgeist im Handel. Diese alkalische Lösung wird in Glasreinigern, zur Desinfektion von Fleisch oder als Zusatzstoff in Lebensmitteln verwendet. Ammoniak-Lösung ist eine wässrige Lösung des stechend riechenden Gases **Ammoniak** (NH_3).

Kohlensaure Lösung
Sprudel ist **kohlensaure Lösung.** Öffnest du eine Sprudelflasche, so zischt es. Das Zischen entsteht, weil die enthaltene **Kohlensäure** (H_2CO_3) in Kohlenstoffdioxid und Wasser zerfällt. Das Kohlenstoffdioxid ist gasförmig, bildet in der Lösung Blasen und entweicht in die Luft.

Kannst du wichtige saure und alkalische Lösungen nennen und ihre Formeln sowie ihre Anwendung im Alltag nennen?

Eigenschaften saurer und alkalischer Lösungen

1.
a) Bestimme den pH-Wert folgender Flüssigkeiten mit Universalindikator-Papier: Mineralwasser mit und ohne Kohlensäure, Leitungswasser, Cola, Tee, Kaffee, Milch, klare Zitronenlimonade, Orangensaft, Shampoo, Waschlotion und Waschmittel-Lösung.
b) Notiere in einer Tabelle, welche Flüssigkeiten du als saure Lösung und welche du als alkalische Lösung erkannt hast.

2.
a) Bestimme mit Universalindikator-Papier den pH-Wert von verdünnter kohlensaurer Lösung, verdünnter Salzsäure, Essig, verdünnter Ammoniak-Lösung und verdünnter Natronlauge. Hebe die Lösungen auf. Notiere deine Ergebnisse.
b) Ermittle, welche der Lösungen aus Versuch a) elektrisch leitfähig sind.
c) Schliesse aus den Messungen der elektrischen Leitfähigkeit aus Versuch b) auf die Art der Teilchen, die sich in den sauren und alkalischen Lösungen befinden.

3.
Meerwasser hat etwa einen pH-Wert von 8 und schwarzer Tee von 4.
a) Ordne den beiden Flüssigkeiten die Begriffe sauer und alkalisch zu.
b) Recherchiere, ob sich die beiden Stoffe mit dem natürlichen Indikator Rotkohlsaft unterscheiden lassen.

1 Universalindikator für pH-Werte von 0 bis 13

Die pH-Bereiche
Der **pH-Wert** wird mit Zahlen von 0 bis 14 angegeben. Ist der pH-Wert kleiner als 7, liegt eine **saure Lösung** vor. Ist der pH-Wert grösser als 7, handelt es sich um eine **alkalische Lösung.**
Bei pH-Wert 7 liegt weder eine saure noch eine alkalische Lösung vor, die Lösung ist **neutral.**
Mit **Universalindikator-Papier** lässt sich bestimmen, wie sauer oder alkalisch eine Lösung ist.
Die Farben auf dem Teststreifen werden mit der dazugehörigen Farbskala verglichen. So kann der pH-Wert direkt abgelesen werden.

Nicht nur saure Lösungen sind ätzend
Das Gefahrstoffpiktogramm „Ätzwirkung" findest du nicht nur auf Chemikalien, die saure Lösungen enthalten. Auch alkalische Lösungen sind oft so gekennzeichnet. Alkalische Lösungen greifen ebenfalls Haut, Kleidung und andere Gegenstände an.

Umgangssprache
Im Alltag werden saure Lösungen oft als Säuren und alkalische Lösungen als Basen bezeichnet. Dies ist irreführend, denn Säuren und Basen sind Reinstoffe, saure und alkalische Lösungen sind Gemische.
Die wässrigen Lösungen von Säuren und Basen werden als saure und alkalische Lösungen bezeichnet. Diese Lösungen sind elektrisch leitfähig, die Reinstoffe nicht.

2 Die pH-Werte

> Kannst du die Gemeinsamkeiten und Unterschiede von sauren und alkalischen Lösungen nennen und die pH-Skala beschreiben?

Überall Säuren und saure Lösungen

Saure Lösungen erfrischen
In Erfrischungsgetränken sind Säuren gelöst.

Auch Vitamin C ist eine Säure
Vitamin C ist vor allem in frischem Obst und Gemüse enthalten. Vitamin C ist **Ascorbinsäure**. Auch ein bekanntes Schmerzmittel ist eine Säure, die **Acetylsalicylsäure (ASS)**.

PINNWAND

1. A
Suche auf den Etiketten von Colaflaschen oder anderen Erfrischungsgetränken, welche Säuren in der Zutatenliste jeweils angegeben sind.

5. V
Prüfe den pH-Wert einiger Obst- und Gemüseproben mit Universalindikator-Papier.

6. V
Färbe Wasser mit Universalindikator. Gib eine Tablette ASS hinzu. Erkläre deine Beobachtung.

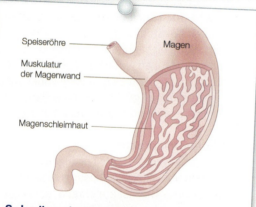

Salzsäure im Bauch?
Magensaft, der von Drüsen produziert wird, enthält etwa 0,3 %ige **Salzsäure**.

Viele Milchprodukte enthalten Säuren
In vielen Sauermilchprodukten wie in Jogurt ist **Milchsäure** gelöst.

2. A
Wozu dient Salzsäure im Magen?

3. Q
Warum wird der Magen selbst nicht von der Salzsäure angegriffen?

4. Q
Recherchiere, wie Sodbrennen entsteht.

7. Q
Informiere dich über die Herstellung von Jogurt und berichte.

8. Q
Finde heraus, warum es in warmen Ländern viele Sauermilchprodukte gibt und nenne typische Beispiele.

Chemische Reaktionen erforschen

Alkalische Lösungen im Haushalt

1 Helfer im Haushalt

1. Q
a) Suche auf Putz- und Reinigungsmitteln nach Gefahrenhinweisen.
b) Begründe, warum Abflussreiniger einen Sicherheitsverschluss haben.

2. V
a) Bestimme den pH-Wert von Haushaltsreinigern und Waschmitteln. Was stellst du fest? Beachte die Sicherheitshinweise.
b) Ordne die Stoffe in saure und alkalische Lösungen.

3. V
Miss und vergleiche die pH-Werte von verdünnter Natronlauge (1 $\frac{mol}{l}$) und von Abflussreiniger.

4. V **Lehrerversuch**
Folgende Stoffe werden in je drei Reagenzgläsern zu konzentrierter Natronlauge, Abflussreiniger und Seifenlauge gegeben:
• einige Haare,
• ein Woll- und ein Baumwollfaden,
• etwas Speiseöl.

5. A
Beschreibe die Veränderungen der Stoffe in den neun Reagenzgläsern bei Versuch 4 nach 30 min und vergleiche.

6. A
Erkläre, warum die Augen „brennen", wenn Seife hineingelangt.

7. A
Nenne Sicherheitsmassnahmen beim Umgang mit alkalischen Lösungen.

Haushaltsreiniger

Viele Haushaltsreiniger, auch Seifen und Waschmittel, sind alkalische Lösungen, auch Laugen genannt. Sie haben einen pH-Wert grösser als 7. Es handelt sich teilweise um recht gefährliche Stoffe, die du vorsichtig und nur nach Vorschrift verwenden darfst. Selbst schwache Laugen wie Seifenlauge reizen die Augen und die Mundschleimhäute.

Sicherheit

In jedem Labor sind Sicherheitsmassnahmen wie Schutzbrille, Schutzkleidung und Schutzhandschuhe vorgeschrieben. Die gleichen Schutzmassnahmen sollten auch beim Umgang mit Laugen im Haushalt angewendet werden.

Starke Laugen

Die pH-Werte von Haushaltsreinigern sind unterschiedlich. Es gibt eher harmlose Stoffe wie Waschmittellauge und gefährliche Produkte wie Abflussreiniger. Wie starke Säuren haben auch starke Laugen eine ätzende Wirkung auf der Haut. Die wichtigste Lauge ist **Natronlauge**. Diese alkalische Lösung hat die Formel NaOH.

> Kannst du Eigenschaften und Verwendungen alkalischer Lösungen nennen?

2 Organische Stoffe in Natronlauge

Säuren und Basen und ihre Lösungen im Überblick

1. Nenne jeweils zwei Säuren, zwei saure Lösungen und zwei alkalische Lösungen.

2. Beschreibe drei verschiedene Möglichkeiten zur Herstellung alkalischer Lösungen.

3. Stelle die Reaktionsgleichung der Reaktion von Kohlensäure mit Wasser zu Carbonat-Ionen auf.

Säuren und saure Lösungen

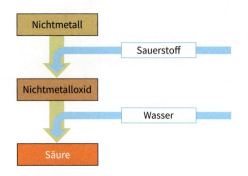

Säuren bilden mit Wasser Oxonium-Ionen (H_3O^+). Diese sind für die saure Wirkung der entstehenden Lösung verantwortlich.

Beispiele:

Kohlenstoff + Sauerstoff → Kohlenstoffdioxid
Kohlenstoffdioxid + Wasser → kohlensaure Lösung

Anders verläuft die Herstellung von Salzsäure:
Wasserstoff + Chlor → Chlorwasserstoff
Chlorwasserstoff + Wasser → Salzsäure

Säure	Formel	Saure Lösung	Ionen in Lösung	Wissenswertes
Kohlensäure	H_2CO_3	kohlensäure Lösung	H_3O^+, HCO_3^- 2 H_3O^+, CO_3^{2-}	In Erfrischungsgetränken
Chlorwasserstoff	HCl	Salzsäure	H_3O^+, Cl^-	Magensäure ist 0,3%ige Salzsäure.
Essigsäure	CH_3-COOH	Essig (verdünnte Essigsäure)	H_3O^+, CH_3-COO^-	Haushaltsessig ist verdünnte Essigsäure.
Schwefelsäure	H_2SO_4	verdünnte Schwefelsäure	H_3O^+, HSO_4^- 2 H_3O^+, SO_4^{2-}	Ausschwefeln von Fässern, Anteil am sauren Regen, in Starterbatterien, stark Wasser ziehend

Basen und alkalische Lösungen (Laugen)

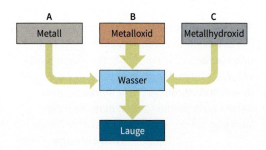

Basen bilden mit Wasser Hydroxid-Ionen (OH^-). Diese sind für die alkalische Wirkung der entstehenden Lösung verantwortlich.

Beispiele:

A: Natrium + Wasser → Natronlauge + Wasserstoff
B: Calciumoxid + Wasser → Kalkwasser
C: Natriumhydroxid + Wasser → Natronlauge

Base	Formel	Alkalische Lösung	Ionen in Lösung	Wissenswertes
Natriumhydroxid	NaOH	Natronlauge	Na^+, OH^-	in Abflussreiniger enthalten
Calciumhydroxid	$Ca(OH)_2$	Kalkwasser	Ca^{2+}, 2 OH^-	in Kalkmörtel, CO_2-Nachweis
Ammoniak	NH_3	Ammoniak-Wasser	NH_4^+, OH^-	Ausgangsstoff für Sprengstoff

Kannst du die Unterschiede zwischen Säuren, Basen sowie sauren und alkalischen Lösungen beschreiben und Beispiele nennen?

Säure-Base-Begriff

Säuren und Basen

Saure und alkalische Stoffe sind seit vielen Jahrhunderten bekannt. Eine einheitliche Definition der Begriffe Säure, saure Lösung, Base, alkalische Lösung und Laugen hat sich erst im Laufe der Zeit entwickelt.
Lange gab es keine einheitlichen Vorstellungen darüber, was diese Stoffe eigentlich sind. Deshalb versuchten Forscher, eine allgemein gültige Theorie zu entwickeln. Dabei wurde der Begriff **Säure** beibehalten; er wurde aber immer wieder neu definiert. Für den „Gegenspieler" der Säure gab es dagegen verschiedene Namen. Manche sprachen von **Laugen,** andere von **Basen.**
Immer noch weit verbreitet ist die Säure-Base-Definition von ARRHENIUS. Die vor allem in der wissenschaftlichen Chemie heute weltweit gültige Theorie wurde jedoch von BRÖNSTED entwickelt. Sie bezieht sich nicht länger auf das Verhalten von Stoffen in Wasser, sondern auf das Reaktionsverhalten von Teilchen.

1663
Der Engländer ROBERT BOYLE (1627–1692) fand die erste Erklärung des Begriffs Säure. Für ihn ist „eine Säure ein Stoff, der mit Kreide aufschäumt,… gewisse Pflanzenfarbstoffe rötet und durch eine Base neutralisiert wird".

1778
ANTOINE LAURENT DE LAVOISIER (1743–1794) schloss aus seinen Untersuchungen über Gase, dass der Sauerstoff der Träger der Säuren ist. Säuren entstehen durch die Reaktion von Nichtmetallen mit Wasser. Sie sind also bestimmte Sauerstoff-Verbindungen.

1814
SIR HUMPHRY DAVY (1778–1829) gelang es, durch Elektrolyse die Elemente Natrium, Kalium, Lithium, Calcium, Barium, Magnesium und Strontium darzustellen.
Er erkannte, dass Wasserstoff die sauren Eigenschaften einer Säure bestimmt. Er beschrieb deshalb Säuren als Wasserstoff-Verbindungen.

1838
JUSTUS VON LIEBIG (1803–1873) gilt als Begründer der organischen Chemie. Seine Erkenntnisse auf dem Gebiet der Agrarchemie waren wegweisend für die Landwirtschaft. Er fand heraus, dass Säuren Stoffe sind, die Wasserstoff enthalten. Nach LIEBIG sind Säuren Verbindungen aus Wasserstoff und einem Säurerest, wobei der Wasserstoff durch Metall ersetzbar ist.

1887
Der schwedische Chemiker und Physiker SVANTE ARRHENIUS (1859–1927) erweiterte den Säure-Base-Begriff von LIEBIG. Er erkannte, dass Säuren Wasserstoff-Verbindungen sind, die in wässriger Lösung in positiv geladene Wasserstoff-Ionen und in negativ geladene Säurerest-Ionen zerfallen. Basen hingegen bilden negativ geladene Hydroxid-Ionen und positiv geladene Metall-Ionen.

1923
Eine wesentliche Erweiterung erfuhr die Säure-Base-Theorie durch den Dänen JOHANNES N. BRÖNSTED (1879–1947). Nach BRÖNSTED kann ein Säureteilchen Protonen abgeben. Entsprechend kann ein Base-Teilchen Protonen aufnehmen. Bei einer Säure-Base-Reaktion findet also eine Übertragung von Protonen statt.

1.
Ordne die hier genannten Personen auf einer Zeitskala an.

2.
Vergleiche die Säure-Base-Theorien von ARRHENIUS und BRÖNSTED miteinander.

STREIFZUG

Die Entstehung einer neutralen Lösung

1.

a) Gib 20 ml einer 1%igen Natronlauge in ein kleines Becherglas und miss die Temperatur. Füge einige Tropfen Universalindikator hinzu und bestimme den pH-Wert.

b) Giesse etwa 15 ml 1%ige Salzsäure zu der Natronlauge. Rühre mit dem Glasstab um. Gib dann mit einer Pipette tropfenweise und unter ständigem Rühren solange weiter Salzsäure hinzu, bis der Indikator eine neutrale Lösung anzeigt. Bestimme die Temperatur der Lösung und beschreibe deine Beobachtungen.

c) Dampfe die Hälfte der Lösung vorsichtig in einer Abdampfschale ein. Lass die andere Hälfte auf einer Uhrglasschale verdunsten. Betrachte die Rückstände mit einer Lupe und vergleiche sie.

2. Begründe die Temperaturänderung in Versuch 1 b).

3.
a) Wiederhole Versuch 1 mit frisch hergestellter Calciumlauge (Kalkwasser) und 0,5%iger Schwefelsäure.
b) Was kannst du über die Löslichkeit des Salzes aussagen, das bei dieser Reaktion entstanden ist? Vergleiche auch mit Versuch 1.

4. Beschreibe den wesentlichen chemischen Vorgang bei einer Neutralisation.

Bei der Neutralisation entsteht ein Salz

Werden eine saure und eine alkalische Lösung in den passenden Mengen vermischt, entsteht die **neutrale Lösung** eines Salzes in Wasser. Dieser Vorgang heisst **Neutralisation.** Wärme wird frei.

Ist dieses Salz gut löslich, bleibt die Lösung klar. Erst nach dem Eindampfen oder Verdunsten erkennst du einen Rückstand. Manchmal kannst du nur mit einer Lupe Salzkristalle entdecken. Wenn sich die Lösung passender Mengen aus Lauge und Säure trübt, ist ein schwer lösliches Salz entstanden.

Natronlauge	+	Salzsäure	→	Natriumchlorid	+	Wasser
NaOH	+	HCl	→	NaCl	+	H_2O

Bei der Reaktion einer Lauge mit einer Säure entsteht eine Salzlösung. Wärme wird frei.

1 Aus einer Lauge und einer Säure entsteht Salz.

5.
a) Erläutere, warum saure und alkalische Flüssigkeiten im Chemielabor in einem einzigen Gefäss entsorgt werden können.
b) Begründe, warum nur verdünnte Säuren und Laugen auf diese Weise entsorgt werden dürfen.

6.
Überlege, auf welche Weise saure oder alkalische Abwässer behandelt werden müssen, damit sie keinen Schaden anrichten.

7.
Schreibe die Neutralisationen als Reaktionsschema und als Reaktionsgleichung
a) Kalilauge (KOH) und Salpetersäure (HNO_3),
b) von Schwefelsäure (H_2SO_4) und Calciumlauge ($Ca(OH)_2$).

Was geschieht bei der Neutralisation?

Saure und alkalische Lösungen enthalten Ionen. So enthält Natronlauge Na^+-Ionen und OH^--Ionen, Salzsäurelösung enthält H_3O^+-Ionen und Cl^--Ionen. In wässrigen Lösungen sind alle Ionen von Wassermolekülen umhüllt, sie sind **hydratisiert** (Bild 2). Werden Salzsäure und Natronlauge zusammengegossen, so erwärmt sich das Gemisch. Das ist ein Hinweis darauf, dass eine chemische Reaktion stattfindet. Werden passende Stoffmengen an saurer und alkalischer Lösung zusammengegossen und etwas Universalindikator hinzugefügt, so zeigt sich ein überraschendes Ergebnis. Es entsteht eine Lösung, die weder **alkalisch** noch **sauer**, sondern **neutral** reagiert. Diese Lösung enthält gleich viele OH^-- und H_3O^+-Ionen, ausserdem gleich viele Na^+- und Cl^--Ionen. Das ist das Ergebnis einer **Neutralisation.**

Wasser entsteht

Die entscheidende chemische Reaktion bei der Neutralisation findet zwischen den Oxonium-Ionen der sauren Lösung und den Hydroxid-Ionen der alkalischen Lösung statt. Dabei entstehen neutrale Wassermoleküle:

$$H_3O^+ + OH^- \rightarrow 2\,H_2O, \text{ Wärme wird frei}$$

Die Gesamtreaktion lautet demnach:

$$Na^+ + OH^- + H_3O^+ + Cl^- \rightarrow Na^+ + Cl^- + 2\,H_2O, \text{ Wärme wird frei}$$

Die ätzende Natronlauge und die ätzende Salzsäure wurden zu einer neutralen **Kochsalzlösung.** Beim Eindampfen setzen sich die verbliebenen Na^+- und Cl^--Ionen zu geordneten NaCl-Kristallen zusammen.

> Kannst du die Neutralisation als Reaktion zwischen den Oxonium-Ionen der sauren Lösung mit den Hydroxid-Ionen der alkalischen Lösung erklären?

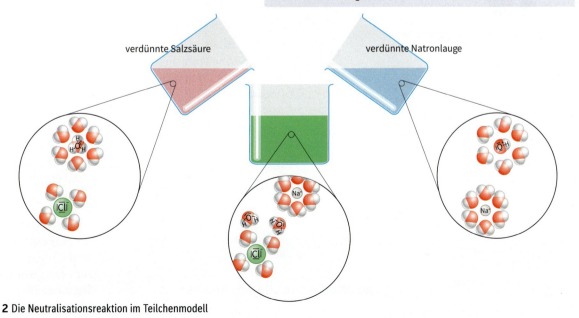

2 Die Neutralisationsreaktion im Teilchenmodell

Anwendungen der Neutralisation

Natron gegen Sodbrennen?

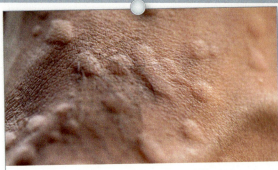

Insekten nutzen Säuren zur Abwehr
Insekten spritzen bei einem Biss oder Stich häufig Säuren in die Haut. Am bekanntesten ist die Ameisensäure.

PINNWAND

1. ≡ V ⚠ 🔥
Gib zu 0,3 %iger Salzsäure etwas Universalindikator. Neutralisiere diese verdünnte Salzsäure mit Natron.

2. ≡ Q
Erkunde, welche Wirkstoffe in Medikamenten zur Säureneutralisation enthalten sind. Suche im Internet, welche Stoffe im Magen entstehen, um die Magensäure zu neutralisieren.

5. ≡ Q
Begründe, warum zum Behandeln von Hautverätzungen durch Insekten Salmiakgeist (Ammoniaklösung) verwendet wird.

Ein Säureunfall

Abgase werden neutralisiert

6. ≡ A
Nenne Vorsichtsmassnahmen, die bei einem Säureunfall wie im obigen Bild zu treffen sind.

3. ≡ Q
Erkunde, warum bei einem Ölbrennwertkessel die kondensierten Abgase neutralisiert werden müssen.

4. ≡ Q
Recherchiere, wieso bei einem Gasbrennwertkessel keine Neutralisation vorgeschrieben ist.

pH-Wert-Kontrolle von Abwässern

7. ≡ A
Die Abwässer von Chemielabors müssen kontrolliert werden, bevor sie in die Kläranlage geleitet werden. Oft müssen Säuren oder Laugen zugesetzt werden. Begründe dieses Vorgehen.

Hartes Wasser

1.
Fülle in je ein 100 ml-Becherglas etwa 5 ml folgender Flüssigkeiten: Leitungswasser, Mineralwasser und destilliertes Wasser. Erwärme die Proben vorsichtig, bis alles Wasser verdampft ist. Beschreibe Aussehen und Menge der Rückstände.

2.
a) Der Heizstab wurde aus einer defekten Waschmaschine ausgebaut. Beschreibe sein Aussehen.
b) Vermute, wie die Ablagerungen entstanden sind und welche Auswirkungen die Ablagerungen gehabt haben werden.

1 Total verkalkt!

3.
a) Fülle je ein Reagenzglas zur Hälfte mit folgenden Flüssigkeiten: Leitungswasser, Mineralwasser und destilliertes Wasser. Gib zu jeder Probe eine Spatelspitze Seifenpulver und schüttle kräftig. Vergleiche die Schaumbildung direkt nach dem Schütteln und nach etwa 2 min.
b) Entscheide, welches Wasser sich gut zum Waschen eignen würde, welches nicht.

4.
Untersuche mit Teststäbchen zur Bestimmung der Wasserhärte (Bild 2) eine Reihe verschiedener Wasserproben. Ordne sie in einer Tabelle nach der Wasserhärte.

5.
Erkläre, warum für das Waschen mit der Waschmaschine die Wasserhärte bekannt sein sollte?

6.
a) Suche im Internet die chemische Formel für Kalk.
b) Welche Reaktion läuft ab, wenn ein verkalkter Teekocher mit einem säurehaltigen Entkalkungsmittel behandelt wird? Notiere die Reaktionsgleichung.

2 Teststreifen

Wie kommt Kalk ins Wasser?
Regenwasser nimmt aus der Luft Kohlenstoffdioxid auf. Auf dem Weg durch kalkhaltige Bodenschichten löst dieses Wasser etwas Kalk auf. Über das Grundwasser gelangt dieser gelöste **Kalk** in das Trinkwasser.
Neben Kalk enthält Trinkwasser in geringen Mengen gelöste Salze. Nur dadurch erhält kühles Trinkwasser seinen erfrischenden Geschmack.

Auf die Menge kommt es an
Enthält Wasser besonders viel gelösten Kalk, wird es als **hartes Wasser** bezeichnet. Wasser, in dem nur wenig Kalkwasser gelöst ist, ist **weiches Wasser.** Destilliertes Wasser enthält keine gelösten Stoffe mehr, es ist also weiches Wasser.

Waschen
Der Waschmittelverbrauch hängt von der Härte des Wassers ab. Je härter das Wasser ist, desto mehr Waschmittel muss zugegeben werden, um ein gutes Ergebnis zu erzielen. Um den Verbrauch so gering wie möglich zu halten, werden Vollwaschmitteln Enthärter zugesetzt. Sie binden den Kalk aus dem Wasser und sorgen so für eine gute Waschwirkung.

Verkalkung
Beim Erhitzen von Wasser entsteht aus dem gelösten Kalk zum Teil unlöslicher, fester Kalk. Er bildet dann in Wasserkochern, Kaffeemaschinen und anderen Geräten, in denen Wasser erwärmt wird, einen unansehnlichen **Kalkbelag.** Da Kalk ein schlechter Wärmeleiter ist, erhöht diese Kalkschicht den Energiebedarf der Geräte.

> Kannst du die Entstehung von kalkhaltigem Wasser erklären? Kannst du angeben, was hartes und was weiches Wasser ist? Kannst du die Auswirkungen von kalkhaltigem Wasser für Leitungen und Elektrogeräte nennen?

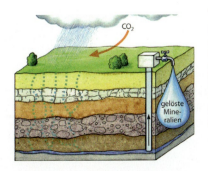

3 Es entsteht hartes Wasser.

Kohlenhydrate – chemisch betrachtet

1. Erkläre die Begriffe Monosaccharid, Disaccharid und Polysaccharid.

2. Stelle die Reaktionsgleichung für die Bildung von Saccharose aus einem Glucose-Molekül und einem Fructose-Molekül auf.

3. Fructose wurde früher als Zuckeraustauschstoff für Diabetiker empfohlen. Recherchiere,
a) was ein Zuckeraustauschstoff ist,
b) warum Fructose in Lebensmitteln für Diabetiker aus heutiger Sicht nicht sinnvoll ist.

Monosaccharid:

Disaccharid:

Polysaccharid:

1 Einteilung der Kohlenhydrate

Wichtige Energieträger

Unter den Nährstoffen sind Kohlenhydrate wie Zucker und Stärke die wichtigsten Energieträger. Auch Cellulose, der Baustoff pflanzlicher Zellwände, gehört zur Stoffgruppe der Kohlenhydrate. Bei Kohlenhydraten handelt es sich um Kohlenstoffverbindungen, die Wasserstoff-Atome und Sauerstoff-Atome im Zahlenverhältnis 2 : 1 enthalten.

Einfachzucker

Kohlenhydrate, die aus kleinen Molekülen bestehen, gehören zur Gruppe der **Einfachzucker** (**Monosaccharide**). Der am weitesten verbreitete Einfachzucker ist **Glucose**. Die deutsche Bezeichnung **Traubenzucker** leitet sich vom Vorkommen dieses Zuckers in süssen Früchten wie Trauben oder Kirschen ab. Im menschlichen Organismus findet sich stets eine geringe Menge Glucose gelöst im Blut; bei Diabetikern ist der Blutzuckerspiegel dauerhaft erhöht.
Die Molekülformel von Glucose lautet $C_6H_{12}O_6$. Das Glucose-Molekül ist ringförmig gebaut, wobei der Ring aus fünf Kohlenstoff-Atomen und einem Sauerstoff-Atom besteht. Vier Kohlenstoff-Atome tragen je eine OH-Gruppe, am fünften findet sich eine CH_2OH-Gruppe. Beim Lösen in Wasser wandelt sich einige Glucose-Moleküle jedoch in Kettenform um und enthalten dann eine Aldehyd-Gruppe (CHO). Sie ist für den Glucose-Nachweis wichtig.
Die auch als **Fruchtzucker** bezeichnete **Fructose** ist ein weiteres, in süssen Früchten und im Honig vorkommendes Monosaccharid. Sie ist gut wasserlöslich und hat eine höhere Süsskraft als alle anderen Zucker.

Zweifach- und Mehrfachzucker

Durch Verknüpfung zweier Einfachzucker entstehen **Zweifachzucker** (**Disaccharide**). Der wichtigste Vertreter der Zweifachzucker ist die als **Haushaltszucker** bekannte **Saccharose**. Sie wird in grossen Mengen aus Zuckerrohr und aus Zuckerrüben gewonnen. Die Saccharose-Moleküle sind aus einem Glucose-Rest und einem Fructose-Rest aufgebaut, die über eine Sauerstoffbrücke miteinander verbunden sind. Die Molekülformel ist $C_{12}H_{22}O_{11}$. Umgekehrt lässt sich Saccharose durch Wasser in Gegenwart von verdünnten Säuren in Glucose und Fructose spalten. Man nutzt diese Reaktion bei der Herstellung von Kunsthonig, der wie Naturhonig ein Gemisch aus Glucose und Fructose ist.
Ein weiteres Beispiel für einen Zweifachzucker ist die **Maltose** (Malzzucker). Maltose-Moleküle entstehen durch die Verknüpfung von zwei Glucosemolekülen. Kohlenhydrate, die wie Stärke oder Cellulose aus vielen Monosaccharid-Bausteinen bestehen, nennt man **Vielfachzucker** (**Polysaccharide**).

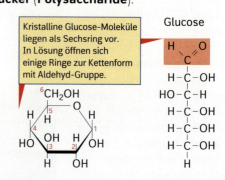

Kristalline Glucose-Moleküle liegen als Sechsring vor. In Lösung öffnen sich einige Ringe zur Kettenform mit Aldehyd-Gruppe.

2 Struktur der Glucose

Stärke – chemisch betrachtet

1. Erkläre die Unterschiede im Aufbau von Stärke und Cellulose.

2. Nenne wesentliche Unterschiede zwischen Amylose und Amylopektin.

3. Mit der Iod-Stärke-Reaktion kann man nicht nur Stärke, sondern auch Iod nachweisen. Begründe.

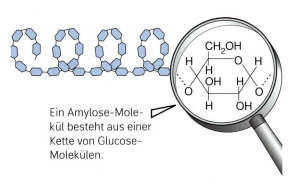

Ein Amylose-Molekül besteht aus einer Kette von Glucose-Molekülen.

1 Amylose

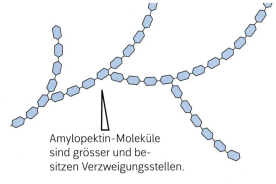

Amylopektin-Moleküle sind grösser und besitzen Verzweigungsstellen.

2 Amylopektin

Zentraler Energieträger für alle Lebewesen ist Glucose. Sie wird von Pflanzen in Form des Polysaccharids **Stärke** gespeichert. Daneben dient Glucose auch als Baustein bei der Bildung von Cellulose.

Stärke: zwei Komponenten

Das Polysaccharid Stärke besteht aus zahlreichen miteinander verknüpften Glucose-Molekülen, die sich unter Abspaltung von Wasser-Molekülen verbunden haben. Stärke ist aber kein einheitlicher Stoff, sondern besteht aus zwei unterschiedlichen Komponenten: der in heissem Wasser löslichen **Amylose** mit einem Massenanteil von 15–30 % und dem wasserunlöslichen **Amylopektin** mit einem Anteil von über 70 %.

Im **Amylose-Molekül** bilden bis zu 5000 Glucose-Einheiten eine Kette, die schraubenförmig gewunden ist. In den dadurch gebildeten Hohlraum des Moleküls können sich Iod-Moleküle einlagern. Die charakteristische blaue Farbe dieser Einschlussverbindung dient zum Nachweis von Stärke und auch von Iod; man spricht von der Iod-Stärke-Reaktion. Die verzweigten **Amylopektin-Moleküle** sind wesentlich grösser als Amylose-Moleküle. Ein Molekül besteht aus bis zu 100 000 Glucose-Einheiten.

Cellulose

Das Polysaccharid Cellulose ist die mengenmässig häufigste organische Verbindung: Sie ist der wesentliche Bestandteil von pflanzlichen Zellwänden.
Reine Cellulose findet sich in den Samenhaaren der Baumwollpflanze und in den Fasern von Flachs und Hanf. In trockenem Holz beträgt der Massenanteil etwa 50 %. Wie Stärke ist auch Cellulose aus Glucose-Einheiten aufgebaut. Allerdings sind hier die Glucose-Moleküle in langen, unverzweigten Ketten angeordnet. Mehrere solcher Ketten liegen in den Zellwänden parallel nebeneinander und bilden sogenannte **Mikrofibrillen**. Wasserstoffbrücken zwischen den Cellulose-Einheiten stabilisieren diese Anordnung.

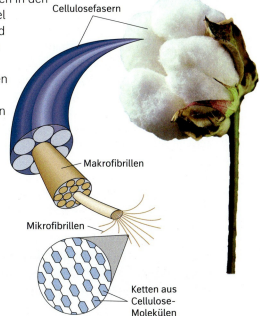

Proteine – chemisch betrachtet

1. Erkläre die Begriffe Peptidbindung, Primärstruktur, Sekundärstruktur und Tertiärstruktur.

2. Erkläre die Denaturierung auf molekularer Ebene.

3. Recherchiere im Internet die Strukturformeln aller Aminosäuren. Was sind die strukturellen Unterschiede, was ist bei allen identisch?"

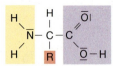

1 Bauprinzip einer Aminosäure

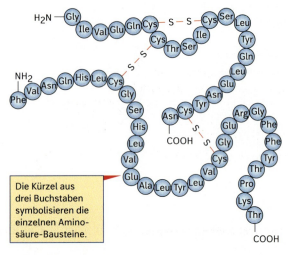

Die Kürzel aus drei Buchstaben symbolisieren die einzelnen Aminosäure-Bausteine.

1 Primärstruktur von Insulin

Viele Aufgaben
Proteine, auch als **Eiweisse** bezeichnet, dienen als Baustoffe und Nährstoffe und übernehmen wichtige Transportaufgaben. Als Enzyme setzen sie die Aktivierungsenergie biochemischer Reaktionen herab und wirken dadurch als Biokatalysatoren. Daneben werden sie als Antikörper zur Abwehr von Krankheitserregern benötigt. Diese unterschiedlichen Funktionen lassen sich durch die Struktur der Proteine erklären.

Aminosäuren und Peptidbindung
Proteine sind sehr grosse, kettenförmige Moleküle, die sich aus Aminosäuren als Grundbausteinen zusammensetzen. Die 20 Proteine bildenden Aminosäuren besitzen eine gemeinsame Grundstruktur: An ein zentrales Kohlenstoff-Atom sind eine Amino-Gruppe (–NH2), eine Carboxyl-Gruppe (–COOH), ein Wasserstoff-Atom (–H) und ein organischer Rest (–R) gebunden. Dieser Rest verleiht jeder Aminosäure charakteristische Eigenschaften.
Bei der Bildung von Proteinen werden Aminosäure-Moleküle miteinander verknüpft. Wenn die Carboxyl-Gruppe eines Aminosäure-Moleküls mit der Amino-Gruppe eines anderen Aminosäure-Moleküls reagiert, entsteht jeweils eine **Peptidbindung** (–CO–NH–). Ab 100 verknüpften Bausteinen spricht man von Proteinen.

Struktur von Proteinen
Die Art der Aminosäure-Einheiten und ihre Reihenfolge in einem Protein-Molekül wird als **Primärstruktur** oder **Aminosäuresequenz** bezeichnet. Sie ist mit der Reihenfolge von Buchstaben in einem Wort vergleichbar. Aus 20 Aminosäuren lässt sich eine unvorstellbar grosse Anzahl verschiedener Primärstrukturen und damit verschiedener Proteine aufbauen.
In vielen Proteinen lässt sich eine regelmässige räumliche Anordnung nachweisenm entweder als schraubenförmige **Helix** oder ziehharmonikaartige **Faltblattstruktur**. Diese **Sekundärstruktur** wird durch Wasserstoffbrücken stabilisiert. Helixstrukturen findet man etwa in Haaren; in Seide liegen überwiegend Faltblattstrukturen vor.
Bei vielen Proteinen ist die Kette zusätzlich an bestimmten Stellen gebogen und gefaltet. Dadurch entsteht eine **Tertiärstruktur**, die für jedes Protein spezifisch ist.

Denaturierung
Die räumliche Struktur von Proteinen wird durch die Temperatur, durch den pH-Wert der Lösung, durch Schwermetall-Ionen und durch Lösemittel wie Ethanol beeinflusst. Verlieren Proteine dadurch ihre natürliche räumliche Gestalt, so spricht man von einer **Denaturierung**. Ein bekanntes Beispiel ist das Kochen von Eiern. Das Eiweiss gerinnt, da die räumliche Struktur bei hoher Temperatur zerstört wird.

Nachweisreaktionen von Zuckern, Stärke und Proteinen

❶ Zuckernachweis nach Benedict

Material
Reagenzgläser, Reagenzglasgestell, Reagenzglasklammer, Wasserbad, Benedict-Reagenz (GHS07), verschiedene Getränke, auch Lightgetränke

Durchführung
Gib je 3 ml eines Getränks und 3 ml Benedict-Reagenz in ein Reagenzglas und schüttle. Stelle das Reagenzglas in das heisse Wasserbad (etwa 80 °C) und lasse es etwa fünf Minuten lang darin stehen.
Protokolliere und deute die Beobachtungen.

❷ Iod-Stärke-Reaktion zum Nachweis von Stärke

Material
Gasbrenner, Messer, Reibeschale; Mehl, Brot, Spaghetti, Iod-Kaliumiodid-Lösung

Durchführung
1. Fülle ein Reagenzglas zu einem Drittel mit Wasser und gib eine Spatelspitze Mehl hinzu. Koche kurz auf.
2. Gib nach dem Abkühlen einige Tropfen Iod-Kaliumiodid-Lösung zu.
3. Erwärme diese Lösung erneut und kühle sie anschliessend unter fliessendem Leitungswasser wieder ab.
4. Wiederhole die Arbeitsschritte 1 und 2 mit Brot und Spaghetti. Zerkleinere die Spaghetti vorher in der Reibeschale.

Notiere deine Beobachtungen.
Stelle eine Wortgleichung für den Nachweis auf.
Erkläre die Beobachtung bei Arbeitsschritt 3.

❸ Nachweis nach Proteinen

Material
Becherglas, Tropfpipette, Gasbrenner; Eiweisslösung (Eiklar und Wasser im Verhältnis 1:5), hart gekochtes Ei, Natronlauge (verd.; 5), Kupfersulfatlösung (2 %), Salpetersäure (konz.; 3, 5)

Durchführung
Biuretreaktion
1. Versetze 5 ml der Eiweisslösung mit dem gleichen Volumen an Natronlauge.
2. Gib zwei Tropfen Kupfersulfatlösung hinzu, schüttle um und erwärme vorsichtig.

Xanthoproteinreaktion
Gib einen Tropfen konzentrierte Salpetersäure auf ein Stück Eiweiss.

Bei unvorsichtigem Hantieren mit konzentrierter Salpetersäure gibt es manchmal gelbe Flecken an den Händen. Erkläre diese Beobachtung.

❹ Nachweis ungesättigter Fettsäuren

Material
Waage, Messzylinder (25 ml), Tropfpipette; Olivenöl, Stearinsäure, Heptan (2, 7, 8, 9; B3), Bromlösung (frisch zubereitet aus 1 ml Brom in 200 ml Heptan; 2, 7, 8, 9; B4)

Durchführung
1. Löse in je einem Reagenzglas 1 ml Olivenöl beziehungsweise 1 g Stearinsäure in 10 ml Heptan.
2. Tropfe zu beiden Ansätzen Bromlösung, bis keine Entfärbung mehr eintritt.

Notiere und deute deine Beobachtungen.
Formuliere die Reaktionsgleichung für die Reaktion von Ölsäure mit Brom.

Chemische Reaktionen erforschen

Metallgewinnung
Edle Metalle kommen oft gediegen vor. Unedle Metalle kommen nur in Verbindungen vor. Das sind oft Metalloxide. Das Metall lässt sich daraus durch eine Redoxreaktion gewinnen.

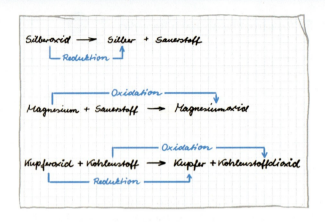

Reduktion und Oxidation
Eine **Reduktion** ist eine chemische Reaktion, bei der einem Oxid der Sauerstoff entzogen wird. Das Oxid wird **reduziert.**
Bei der **Oxidation** verbindet sich ein Stoff mit Sauerstoff zum Oxid. Der Stoff ist **oxidiert**.

Redoxreaktion
Laufen Reduktion und Oxidation gleichzeitig ab, so handelt es sich um eine **Redoxreaktion.**
Das **Oxidationsmittel** gibt den Sauerstoff ab und wird dabei **reduziert**. Das **Reduktionsmittel** nimmt den Sauerstoff auf und wird dabei **oxidiert**.

Korrosion
Metalle korrodieren unter dem Einfluss von Sauerstoff und Feuchtigkeit. Durch **Einfetten, Lackieren Galvanisieren** oder **Opferanoden** kann die Metalloberfläche geschützt werden. Korrosionsschutz ist vor allem bei Eisen wichtig.

Atome
Die Atome enthalten **elektrische Ladungen**. Sie bestehen aus einem positiv geladenen **Atomkern** und einer elektrisch negativen **Hülle**. **Protonen** und **Neutronen** bilden den Kern und **Elektronen** die Hülle. In neutralen Atomen ist die Anzahl der Protonen im Kern und der Elektronen in der Hülle gleich.

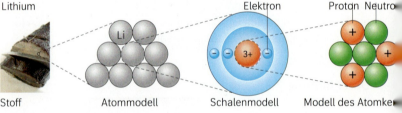

Lithium — Stoff — Atommodell — Schalenmodell — Modell des Atomkerns — Elektron — Proton Neutron

Ionen
Ionen bilden sich aus Atomen, indem sie ein oder mehrere **Elektronen aufnehmen** oder **abgeben**. Nehmen sie Elektronen auf, werden sie zu negativ geladenen Ionen. Geben sie Elektronen ab, werden sie zu positiv geladenen Ionen.

Ionenbindung
Entgegengesetzt geladene Ionen ziehen sich an und bilden ein festes **Kristallgitter**.

Reaktionsgeschwindigkeit
Die Reaktionsgeschwindigkeit erhöht sich durch eine höhere Konzentration, durch eine höhere Temperatur oder das Verwenden eines Katalysators.

Nachweisreaktionen
- Säuren mit pH-Papier
- Sauerstoff mit der Glimmprobe,
- Zucker mit der Benedict-Probe,
- Stärke mit Iod-Kaliumiodidlösung,
- Eiweisse mit Natronlauge und Kupfersulfat oder konzentrierter Salpetersäure
- ungesättigte Fettsäuren mit verdünnter Bromlösung

Wertigkeit
Die Wertigkeit gibt an, wieviele Wasserstoffatome ein Atom binden kann. So ist Wasserstoff **einwertig**, Sauerstoff **zweiwertig**, Stickstoff **dreiwertig** und Kohlenstoff **vierwertig**.

AUF EINEN BLICK

Saure Lösungen

Salzsäure, Essig und kohlensaure Lösung sind Beispiele für **saure Lösungen**. Saure Lösungen färben pH-Papier und Universalindikator rot.

Alkalische Lösungen

Natronlauge und Ammoniaklösung sind **alkalische Lösungen**. Sie werden auch **Laugen** genannt. Alkalische Lösungen färben pH-Papier und Universalindikator blau.

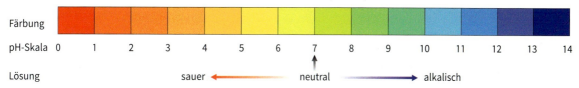

In sauren Lösungen sind **Oxonium-Ionen** enthalten. Diese sind für die ätzende Wirkung und die elektrische Leitfähigkeit der sauren Lösung verantwortlich.
Die Reinstoffe zu sauren Lösungen werden **Säuren** genannt.

Alkalische Lösungen enthalten **Hydroxid-Ionen**. Diese sind für die ätzende Wirkung und die elektrische Leitfähigkeit der alkalischen Lösung verantwortlich.
Die zu den alkalischen Lösungen gehörigen Reinstoffe heissen **Basen**.

Säure	Formel	Saure Lösung	Ionen in Lösung	Wissenswertes
Kohlensäure	H_2CO_3	Kohlensäure Lösung	H_3O^+, HCO_3^- bzw. 2 H_3O^+, CO_3^{2-}	in Sprudel und in Kohlenstoffdioxid-löschern
Chlorwasserstoff	HCl	Salzsäure	H_3O^+, Cl^-	Magensäure ist 0,3%ige Salzsäure.
Essigsäure	$CH_3\text{-}COOH$	Essig (verdünnte Essigsäure)	H_3O^+, $CH_3\text{-}COO^-$	Haushaltsessig ist verdünnte Essigsäure.
Schwefelsäure	H_2SO_4	Verdünnte Schwefelsäure	H_3O^+, HSO_4^- bzw. 2 H_3O^+, SO_4^{2-}	in Starterbatterien, stark Wasser ziehend

Base	Formel	Alkalische Lösung	Ionen in Lösung	Wissenswertes
Natriumhydroxid	NaOH	Natronlauge	Na^+, OH^-	in Abflussreiniger enthalten
Calciumhydroxid	$Ca(OH)_2$	Kalkwasser	Ca^{2+}, 2 OH^-	in Kalkmörtel, Kohlenstoffdioxid-Nachweis
Ammoniak	NH_3	Ammoniak-Wasser	NH_4^+, OH^-	Ausgangsstoff für Sprengstoff

Protonenübertragung

Bei der Reaktion einer Säure mit Wasser wird ein **Proton** auf das Wasser **übertragen**. Umgekehrt geht bei der Reaktion einer Base mit Wasser ein Proton vom Wasser auf die Base über. Da stets einer der beteiligten Stoffe ein Proton abgibt und ein anderer ein Proton aufnimmt, gehören solche Reaktionen **Donator-Akzeptor-Reaktionen**.

Neutralisation

Werden saure und alkalische Lösungen in passenden Stoffmengen zusammengegeben, **neutralisieren** sich die Lösungen. Dabei entstehen Wasser und ein Salz.
Die **Säure-Base-Titration** beruht auf einer Neutralisation. Mit dieser kann die **Konzentration** einer unbekannten alkalischen oder sauren Lösung bestimmt werden. Durch Zugabe eines Indikators wird der Neutralpunkt erkannt.

AUF EINEN BLICK

Chemische Reaktionen erforschen

1. Erkläre die Begriffe Oxidation und Oxid.

2. Woran erkennst du, dass die Oxidation ein chemischer Vorgang ist?

3. Nenne die Merkmale von DALTONS Atommodell.

4. Beschreibe, was nach DALTON bei einer chemischen Reaktion mit den Atomen passiert.

5. Stelle dar, wie RUTHERFORD auf das Kern-Hülle-Modell des Atoms gekommen ist.

6. Benenne die Teilchen des Atomkerns und ihre Ladung.

7. Berechne die molare Masse von 10 mol H_2O.

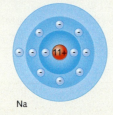

8. Erläutere die Bedeutung der äusseren Schale eines Atoms.

9. Man könnte die Erde auf die Grösse eines Fussballfeldes schrumpfen. Erkläre mit dem Modell von Rutherford, weshalb das so ist.

10. Beschreibe die Vorgänge, durch die Atome einen stabilen Zustand erreichen können.

11. Begründe mit dem Schalenmodell, warum Lithium, Natrium und Kalium im Periodensystem der Elemente untereinander stehen. Weshalb ist das Teilchenmodell für diese Begründung nicht geeignet?

12. Nenne drei verschiedene Edelgase.

13. Erläutere die Ausnahme von der Oktett-Regel.

Na^+

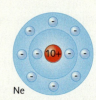
Ne

14. Durch welche Veränderungen werden aus elektrisch neutralen Atomen Ionen?

15. Beschreibe an einem Beispiel die Entstehung eines dreifach negativ geladenen Ions. Welches Modell nimmst du zur Hilfe und weshalb?

16. Erläutere den Unterschied zwischen Element und Verbindung.

17. Beschreibe die Metallbindung.

18. Erkläre den Begriff Rosten beim Eisen.

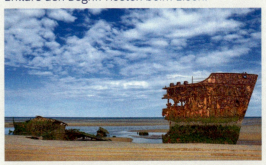

19. Erkläre, warum Eisen gegenüber Witterungseinflüssen besonders empfindlich ist und deshalb immer weiter korrodiert.

20. Nenne Vorteile von Korrosionsschutz und Metallrecycling.

21. Mit welchem Verfahren wird die Oxidschicht des Aluminiums noch widerstandsfähiger?

22. Gib an, warum sich Aluminium gut für den Fahrzeugbau eignet.

23. Nenne den Zusammenhang zwischen Säuren und Laugen und dem pH-Wert.

24. Nenne Verwendungsmöglichkeiten für Salzsäure, Essigsäure und Schwefelsäure.

25. Nenne Verwendungsbeispiele für Laugen in deiner Lebenswelt.

26. Erkläre den Namen der Laugenbrezel.

27. Beschreibe unter Zuhilfenahme des Ionenbegriffs die grundsätzliche Reaktion einer Säure mit einer Lauge und erläutere, warum das Endprodukt meist ein ungefährlicher Stoff ist.

28. Erläutere, warum Wälder gelegentlich gekalkt werden.

29. Erläutere, was unter einem Protonendonator und einem Protonenakzeptor zu verstehen ist und bringe die beiden Begriffe mit sauren und alkalischen Lösungen in Verbindung.

30. Beschreibe dein Vorgehen bei der Bestimmung des pH-Wertes einer Flüssigkeit.

31. Wie verändert sich die Konzentration der Ionen, wenn sich der pH-Wert um eine ganze Zahl, zum Beispiel von pH 3 und nach pH 4 verändert?

32. Begründe, warum in Wasserwerken und Schwimmbädern der pH-Wert regelmässig kontrolliert wird.

33. Beschreibe den Unterschied zwischen hartem und weichem Wasser.

34. Erkläre die gute Wasserlöslichkeit der Glucose.

35. Die Inhaltsstoffe von Honig sind je nach Sorte unterschiedlich. Bewerte, ob der in der Grafik dargestellte Honig eine gesunde Alternative zu Haushaltszucker ist.

| Fructose 38 % |
| Glucose 31 % |
| Wasser 18 % |
| Sonstiges 13 % |

36. Erkläre die Ähnlichkeiten und Unterschiede von Einfach-, Zweifachzuckern, Stärke und Cellulose.

37. Vergleiche die Struktur von Stärke mit derjenigen von Proteinen. Was fällt Dir auf? Gibt es Ähnlichkeiten?"

LERNCHECK

Gene und Vererbung

Was wird vererbt und was nicht?

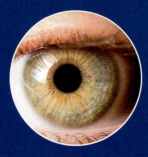

Wie ist eigentlich unsere Erbsubstanz aufgebaut?

„Ohne Gentechnik"
Was bedeutet das eigentlich?
Warum achten manche Menschen beim Einkaufen auf diesen Hinweis?

Ganz der Vater – ganz die Mutter?

Kinder

Paar A

Paar B

1.
a) Die Fotos oben zeigen zwei Elternpaare (A und B), die jeweils zwei Kinder haben. Ordne die vier Kinder ihren Eltern zu.
b) Begründe, warum die Eltern ihren Kindern ähneln.
c) Erkläre, weshalb sich Geschwister äusserlich durchaus unterscheiden können, obwohl sie die gleichen Eltern haben.

2.
Erläutere die Aussage der Karikatur unten.

3.
a) Erkläre, was man unter einem Karyogramm versteht.
b) Gib die Chromosomenzahl sowohl von menschlichen Keimzellen als auch von Körperzellen an und vergleiche.
c) Erkläre, warum jede Körperzelle des Menschen einen doppelten oder diploiden Chromosomensatz hat.

4.
Die Tabelle zeigt die Chromosomenzahl verschiedener Lebewesen. Vergleiche diese Zahlen und erläutere, was dir auffällt.

Art	Anzahl der Chromosomen
Mensch	46
Schimpanse	48
Goldhamster	44
Goldfisch	94
Stechmücke	6
Champignon	8
Wurmfarn	164

Gene und Vererbung

Beim Blick in ein Familienalbum fallen häufig bemerkenswerte Übereinstimmungen auf. So ähneln Kinder oft in Gesichtsausdruck oder Statur den Eltern und Grosseltern. Diese Ähnlichkeiten beschränken sich nicht nur auf äusserlich sichtbare Merkmale. Auch bei Verhaltensweisen, Charaktereigenschaften oder ausgeprägten Fähigkeiten liegen häufig Übereinstimmungen vor. Wie kommt es zu dieser Familienähnlichkeit?

Unsere Erbanlagen

Voraussetzung für die Entstehung eines Kindes ist die Befruchtung, bei der Ei- und Spermienzelle verschmelzen. Diese Zellen enthalten mütterliche beziehungsweise väterliche **Erbanlagen,** die **Gene.** Bei der Befruchtung kommen also Gene zusammen, die Informationen von Mutter und Vater enthalten und schliesslich für die Ausbildung bestimmter Merkmale verantwortlich sind.

Die Gene befinden sich auf **Chromosomen.** Jedes Lebewesen besitzt in seinen Körperzellen eine typische Anzahl von Chromosomen, beim Menschen sind es 46.

Diese Chromosomen sind phasenweise gut sichtbar und lassen sich in einem **Karyogramm,** wie es unten zu sehen ist, geordnet darstellen. Dabei fällt auf, dass es immer zwei Chromosomen gibt, die sich in ihrer äusseren Gestalt wie beispielsweise der Grösse, stark ähneln.

Homologe Chromosomen

Diese Chromosomen mit vergleichbarer Gestalt werden **homologe Chromosomen** genannt. Die Gene auf dem einen der homologen Chromosomen stammen dabei von der Mutter, die Gene auf dem anderen vom Vater.

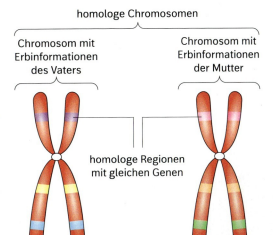

Alle Körperzellen besitzen 46 Chromosomen, von denen je zwei homolog sind. Die Körperzellen haben einen doppelten oder **diploiden Chromosomensatz.**
Mikroskopische Untersuchungen zeigen, dass Ei- und Spermienzellen beim Menschen jeweils nur 23 Chromosomen enthalten. Von jedem homologen Chromosomenpaar gibt es in diesen Zellen nur ein Chromosom. Sie haben einen einfachen oder **haploiden Chromosomensatz.**
Bei der geschlechtlichen Fortpflanzung verschmelzen zwei Keimzellen mit je 23 Chromosomen. Die befruchtete Eizelle und der daraus entstehende Mensch haben demzufolge wieder einen diploiden Chromosomensatz mit 46 Chromosomen.
Zusammen mit den Chromosomen werden die Gene für bestimmte Merkmale von Mutter und Vater an die Kinder weitergegeben. Diese Weitergabe der Gene ist der Grund für die beobachtete Familienähnlichkeit.

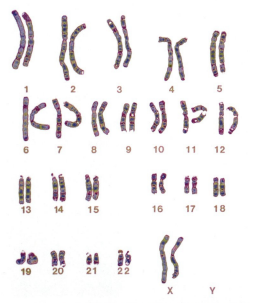

1 Karyogramm mit diploidem Chromosomensatz einer Frau

> Kannst du Familienähnlichkeiten erklären, indem du die Weitergabe der Gene bei der geschlechtlichen Fortpflanzung an die Nachkommen erläutern kannst?

Von der Zelle zum Organismus

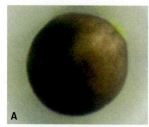

1. 🅐
Beschreibe die in Abbildung 1 dargestellte Entwicklung von der befruchteten Eizelle eines Grasfrosches bis zur Kaulquappe. Beachte dabei die Zahl und Grösse der Zellen und die Bildung von Körperteilen.

2. 🅠
Berichte über Tiere, die Körperteile nach Verletzungen ersetzen können. **Tipp:** Als Suchworte für eine Internetrecherche eignen sich Begriffe wie „Regeneration" und „nachwachsende Organe".

Ein neues Leben entwickelt sich

Die Entwicklung eines Lebewesens, zum Beispiel eines Frosches, beginnt mit der **Befruchtung** einer Eizelle durch ein Spermium. Nach der Befruchtung beginnt sich diese zu teilen. Vor jeder **Zellteilung** wird der Zellkern verdoppelt. Dadurch erhalten die beiden neuen Zellen je einen Zellkern mit der vollständigen Erbinformation als Steuerzentrale. Die Zellen teilen sich immer wieder, bis eine Kugel aus mehreren Tausend Zellen entstanden ist. Je nach Lage im Körper entwickeln die Zellen einen etwas unterschiedlichen Aufbau. Sie **spezialisieren** sich auf bestimmte Funktionen. So entwickelt sich nach und nach ein Embryo mit Kopf, Schwanz, Rumpf und inneren Organen.
Wenn die Larve aus der Eihülle schlüpft, ist sie immer noch so schwer wie das Ei am Anfang war. Nach dem Schlüpfen frisst das Tier und kann jetzt wachsen. Vor jeder Teilung wachsen die Tochterzellen nun wieder zur ursprünglichen Grösse heran.
Auch im erwachsenen Frosch teilen sich noch Zellen, beispielsweise um abgestorbene Zellen zu ersetzen oder Wunden zu heilen.

So wächst eine Pflanze

Bei Pflanzen vermehren sich die Zellen vor allem an den Wurzelspitzen und den Triebspitzen durch Zellteilung. Nach jeder Teilung wachsen die Tochterzellen wieder auf Normalgrösse heran. Das Grössenwachstum geschieht aber hauptsächlich auf eine andere Weise. Der Stängel einer Pflanze verlängert sich durch Zellstreckung. Beispielsweise können die anfangs etwa 0,02 mm langen Zellen in einem Maisstängel auf mehrere Zentimeter Länge heranwachsen.

1 Entwicklung eines Grasfrosches: **A** befruchtete Eizelle, **B–D** Zellteilungen, **E** Embryo, **F** Kaulquappe

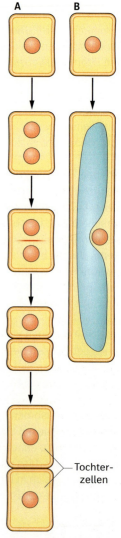

2 Wachstum von Wurzelzellen: **A** Zellteilung, **B** Zellstreckung

3 Maiskeimling

> Kannst du die Entwicklung eines Tieres und das Wachstum bei Pflanzen jeweils an einem Beispiel beschreiben?

Zellteilung

1. Benenne die mit A und B beschrifteten Teile eines Chromosoms.

2. Lies dir die Seiten 76 und 77 im Schülerband 1 aufmerksam durch. Wiederhole die Phasen der Mitose. Ordne sie in Abbildung 1 zu.

Die Chromosomen werden geteilt

Bei jeder Zellteilung findet auch eine **Kernteilung,** die **Mitose,** statt. Mehrere Phasen lassen sich dabei unterscheiden (vgl. S. 76/77 in Band 1).

Prophase: Die Chromosomen beginnen sich aufzuspiralisieren. Die Kernmembran löst sich auf. Ausserdem bildet sich der **Spindelapparat,** der die Chromosomen bewegt.

Metaphase: Jedes Chromosom besteht aus zwei **Chromatiden,** die genetisch identische Erbinformationen enthalten. Diese hängen nur noch an einer leicht eingeschnürten Stelle, dem Centromer. Der Spindelapparat verbindet sich mit den Centromeren, wodurch die Chromosomen in der Mitte der Zelle angeordnet werden.

Anaphase: Die Chromosomen werden in ihre Chromatiden getrennt, die zu den beiden Polen der Zelle gezogen werden. Dabei gelangt von jedem Chromosom ein Chromatid in jeweils eine Zellhälfte. Jede neue Zelle erhält also einen kompletten Satz Chromosomen, die jeweils aus einem Chromatid bestehen.

Telophase: Die Chromosomen entspiralisieren sich wieder. Es bilden sich Kernmembranen und die beiden neuen Zellen werden voneinander getrennt, indem sich Zellmembranen und Zellwände neu bilden.

Die Erbinformationen werden verteilt

Durch eine Zellteilung entstehen aus einer Zelle also zwei neue, wobei jede Tochterzelle alle Erbinformationen erhält, um überleben zu können.

Am Ende der Mitose hat jedes Chromosom wieder zwei Chromatiden. Jetzt können sich die Zellen erneut teilen.

> Wie heissen die einzelnen Phasen der Mitose? Kannst du ie Verteilung der Erbinformationen bei der Zellteilung beschreiben?

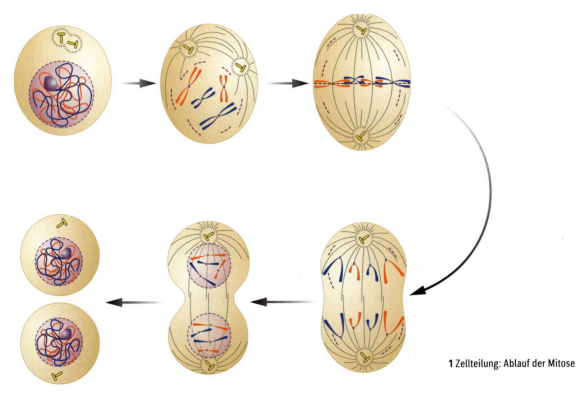

1 Zellteilung: Ablauf der Mitose

Die Erbinformationen liegen im Zellkern

1. **A**
a) Werte die Abbildung rechts aus. Beschreibe schrittweise, wie im abgebildeten Versuch vorgegangen wurde und welche entscheidende Beobachtung gemacht wurde.
b) Ziehe aus dieser Beobachtung Rückschlüsse auf die Rolle des Zellkerns.

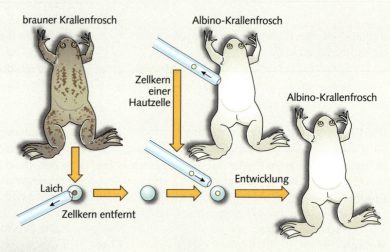

> **HINWEIS**
> Spiritus ist leicht entzündlich und ätzend. Schutzbrille tragen!

> **HINWEIS**
> Ihr braucht: Mörser und Pistill, 2 Reagenzgläser, Erlenmeyerkolben, Reagenzglasständer, Messer, Trichter, Kaffeefilter (kein Laborfilter), Spiritus, Kochsalz

2. **V**
a) Führt einen Versuch zur Gewinnung von DNA aus Paprika durch:
- Stellt zunächst etwas Spiritus in den Kühlschrank oder auf Eis. Bereitet dann 20 ml Lösung vor, indem ihr 2 ml Spülmittel und 18 ml Wasser zusammengebt, danach etwa 0,5 g Kochsalz hinzufügt und umrührt.
- Schneidet etwa 1/8 Paprika in kleine Würfel. Gebt sie in den Mörser zusammen mit etwa 10 ml der hergestellten Lösung. Zerreibt nun die Paprikastücke etwa 10 min lang gründlich. Durch das Reiben brechen die Zellen mechanisch auf und das Spülmittel löst die fetthaltigen Zell- und Kernmembranen auf.
- Schneidet aus Kaffeefiltern einen passenden Rundfilter und faltet ihn zum Filtrieren. Filtriert das Material aus dem Mörser in ein Reagenzglas.
- Füllt in ein zweites Reagenzglas etwa 2 cm hoch eiskalten Spiritus. Lasst nun langsam 1 ml bis 2 ml des Filtrats in den Spiritus laufen. Versucht DNA-Fäden mit dem Holzstab hochzuziehen.

b) Beschreibt eure Beobachtungen und erklärt sie im Zusammenhang mit dem Bau der DNA.

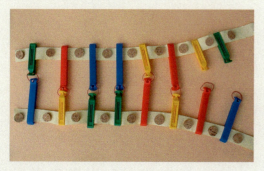

3. **V**
Baut Modelle der DNA-Doppelhelix. Präsentiert und erklärt diese anschliessend. Geht dabei auf folgende Fragen ein:
a) Wie sind die Zucker-Phosphat-Ketten der Einzelstränge dargestellt? Wie sind die vier Basen im Modell dargestellt?
b) Wie wird die Paarung der zusammenpassenden Basen gezeigt?
c) Lässt sich die Doppelhelixstruktur erkennen?

Gene und Vererbung

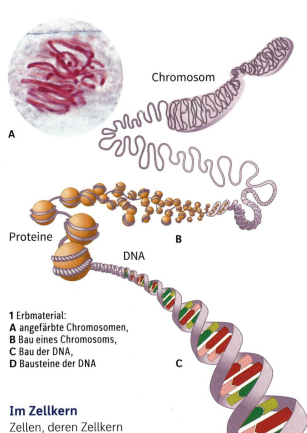

1 Erbmaterial:
A angefärbte Chromosomen,
B Bau eines Chromosoms,
C Bau der DNA,
D Bausteine der DNA

Im Zellkern
Zellen, deren Zellkern entfernt oder zerstört wurde, gehen meist bald zugrunde. Auch Versuche mit ausgetauschten Zellkernen zeigen, dass die Informationen, die das Zellgeschehen steuern, im Zellkern liegen.

Chromosomen
Werden Zellkerne im Lichtmikroskop mikroskopiert, so findet man dort Material, das sich mithilfe bestimmter Farbstoffe anfärben lässt. Während dieses Material meist locker verteilt im Zellkern liegt, bildet es bei einer Zellteilung dichtere, aufspiralisierte Packungen. In diesem Zustand sind die **Chromosomen** gut sichtbar.

Vor Zellteilungen verdoppelt sich das Chromosomenmaterial. Bei der Zellteilung selbst werden die Chromosomen in zwei Hälften gespalten, die dann auf beide Tochterzellen verteilt werden.
Chromosomen bestehen chemisch aus **Proteinen** (ugs. Eiweissstoffen) und aus **DNA**.

Die DNA – ein sehr grosses Molekül
Zu den Bestandteilen der DNA gehören ein **Zucker,** die Desoxyribose, und **Phosphorsäure.** Auch dazu gehören die vier **Basen** Adenin (A), Guanin (G), Cytosin (C) und Thymin (T). Jeweils ein Zucker- und ein Phosphorsäurebaustein sowie eine der Basen bilden zusammen ein sogenanntes **Nukleotid.** Nukleotide sind die Grundbausteine der DNA. Mehrere Millionen Nukleotide sind zu einem mehrere Zentimeter langen, dünnen Molekül verbunden. Wie das aussieht und wie damit Erbinformationen gespeichert werden können, erklärt das **Doppelhelix-Modell** der DNA.
Die DNA bildet einen wendeltreppenartig gewundenen Doppelstrang. Die beiden Stränge werden jeweils aus abwechselnd aneinandergehängten Zucker- und Phosphorsäurebausteinen gebildet. An den Zuckerbausteinen hängt zusätzlich noch jeweils eine der vier Basen. Immer zwei gegenüberliegende Basen bilden eine „Treppenstufe". Dabei liegen sich immer Adenin und Thymin oder Guanin und Cytosin gegenüber. Es gibt also eine feste **Basenpaarung.**

> Kannst du den Bau der Chromosomen und der DNA beschreiben?

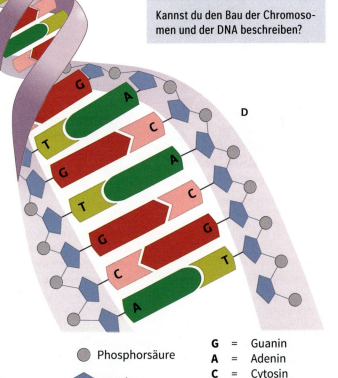

Die genetische Information der DNA

Die DNA als Informationsträger

Die DNA lässt sich als Bau- und Betriebsanleitung für die Zelle und letztlich für den Körper auffassen. Die Anleitung ist als stabile DNA-Doppelhelix im Zellkern gespeichert.

Bevor sich Zellen teilen, wird durch eine identische DNA-Verdopplung die Anleitung kopiert und die Information an die Tochterzellen weitergegeben. Nützlich wird die Anleitung aber erst, wenn sie gelesen und umgesetzt wird. Ähnlich wie ein Text mit 26 Buchstaben in einer Fachsprache geschrieben und vom Fachmann gelesen und umgesetzt werden kann, ist die Information auf der DNA in der **Reihenfolge** der vier **Basen** verschlüsselt.
In den Zellen sorgt nun ein chemischer Lese- und Übersetzungsmechanismus dafür, dass anhand der Reihenfolge der Basen die entsprechenden **Proteine** gebildet werden. Dies bezeichnet man als **Proteinbiosynthese**.

Vom Gen zum Merkmal

Einen Abschnitt auf der DNA, der die Information zum Aufbau eines bestimmten Proteins enthält, nennt man **Gen**.

Manche Proteine dienen direkt zum Aufbau des Körpers, andere wirken als Enzyme. Enzyme ermöglichen chemische Reaktionen, die beispielsweise für die Struktur des Kopfhaares verantwortlich sind. Letztlich werden alle Merkmale eines Organismus auf der Grundlage der Gene ausgebildet. Diese Ausbildung wird aber durch Umwelteinflüsse mitgesteuert.

Bauanleitung in Fachsprache

die Schwungscheibe an den Drehmomentwandler inklusive Kupplungsglocke anflanschen, dann...

passende Bauteile

Fachmann: versteht Information und setzt sie um

funktionierendes Getriebe

1 Informationen umsetzen: Von der Bauanleitung zum funktionierenden Getriebe

Gen: Abschnitt auf der DNA mit der Bauanleitung für ein Protein

Aminosäuren (Bausteine)

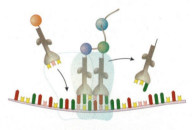

Proteinbiosynthese: chemischer Lese- und Übersetzungsmechanismus

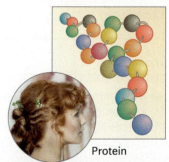

Protein

2 Informationen umsetzen: Vom Gen zum Merkmal (lockiges Haar)

---

1. Vergleiche die Abbildungen 1 und 2 in Bezug auf:
- Art der Informationsspeicherung
- Lesevorgang
- Bauteile
- Produkt

Erkläre, wie Informationen in der DNA gespeichert sind und wie diese in Merkmale umgesetzt werden.

Die Entschlüsselung der DNA – eine Erfolgsgeschichte

Die DNA-Doppelhelix – ein tragfähiges Modell

1951 machten sich Francis Crick und der junge James Watson daran, die DNA-Struktur zu entschlüsseln. Die chemischen Bestandteile der DNA waren bereits bekannt. Man konnte sich aber nicht vorstellen, wie das Molekül genau aussieht, das Informationen zum Aufbau eines ganzen Organismus enthält.

Um sich genauere Vorstellungen von der möglichen Molekülstruktur machen zu können, bauten Watson und Crick Modelle der DNA-Bausteine und probierten verschiedenste Zusammensetzungen aus.
Dabei nutzten sie die Erkenntnisse von Rosalind Franklin. Die Forscherin hatte Röntgenstrahlen durch Kristalle isolierter DNA geschickt und aus den Röntgenmustern geschlossen, dass das DNA-Molekül kreis- oder schraubenförmige Strukturen aufweisen muss. Auch Ergebnisse von Erwin Chargaff flossen in die Arbeiten ein: Er hatte festgestellt, dass Adenin immer in der gleichen Menge wie Thymin in der DNA vorkommt und dass dasselbe auch für Guanin und Cytosin gilt. Dies brachte Watson und Crick auf die Idee der Basenpaarung.

1953 war es dann so weit: Watson und Crick präsentierten ihr Modell der DNA-Doppelhelix. Es erklärt alle bekannten Eigenschaften der DNA und ist bis heute gültig. 1962 erhielten die Forscher den Nobelpreis für ihre Entdeckung.

2 James Watson und Francis Crick an ihrem Modell der DNA

Das Human-Genom-Projekt

Forschergruppen aus zahlreichen Ländern schlossen sich 1990 – anfangs unter der Leitung von James Watson – zum Human-Genom-Projekt zusammen. Ziel war es, innerhalb von etwa zwanzig Jahren die Reihenfolge der Basen in der menschlichen DNA zu entschlüsseln. Es kam anders. Rasante Fortschritte in der biochemischen Technik ermöglichten eine ungeahnte Automatisierung der DNA-Analyse. So konnte bereits 2001 die Abfolge der drei Milliarden Basenpaare des Menschen vorgestellt werden.

Nun kennt man zwar die Buchstabenfolge des Lebens und kann auf etwa 25000 menschliche Gene schliessen, aber in weiten Bereichen der DNA ist der Sinn der dort gespeicherten Information noch unbekannt. Um sie zu entschlüsseln, arbeiten mehr als 1000 Forschergruppen in der Human-Genom-Organisation (HUGO) heute weltweit zusammen. Die Erkenntnisse über die Funktion von Genen und über ihr Zusammenspiel sind von grosser Bedeutung, weil sie auch für die Entwicklung neuer Behandlungsmethoden gegen Krankheiten genutzt werden.

1 Automatisierte DNA-Analyse und Ausgabe der Basenabfolge am Computer

1. Erläutere, wie die Vorarbeiten anderer Forscher in die Entwicklung des DNA-Modells von Watson und Crick einflossen.

2. Begründe mithilfe eines geeigneten Vergleichs, warum die Kenntnis der Basenfolge der DNA noch nicht die dort niedergelegte Information liefert.

Ein Mönch entdeckt die Gesetzmässigkeiten der Vererbung

1 Johann Gregor Mendel

Mendel experimentierte

In der Mitte des 19. Jahrhunderts führte der Augustinermönch Johann Gregor Mendel in seinem Klostergarten Kreuzungsexperimente mit der Gartenerbse durch. Er entdeckte dabei die grundlegenden Prinzipien der Vererbung und stellte allgemein gültige Vererbungsregeln auf, die auch heute noch die Grundlagen der Genetik bilden. Dass Mendel seine Entdeckungen machen konnte, bevor man die Meiose kannte, lag an seiner Vorgehensweise: Mendel plante seine Versuche sorgfältig, führte sie exakt durch und deutete die Beobachtungen auf geniale Weise.

Versuchsobjekt Erbse

Die Gartenerbse ist für Kreuzungsversuche besonders geeignet: Sie lässt sich gut anbauen und erzeugt schnell viele Samen als Nachkommen. Sie hat erbliche Merkmale, die stets in zwei klar zu unterscheidenden Merkmalsformen vorkommen. So tritt das Merkmal Blütenfarbe nur als weisse oder purpurfarbene Blüte auf. Es treten keine Mischformen wie rosa Blüten auf. Alle Erbsenblüten enthalten männliche und weibliche Geschlechtsorgane. Gelangt Pollen von Staubblättern auf den Fruchtknoten derselben Blüte, findet Selbstbestäubung statt.

Reinerbige Elterngeneration

Mendel wählte wiederholt Erbsenpflanzen mit einer bestimmten Merkmalsform aus. Er sorgte dafür, dass diese sich selbst bestäubten. Pflanzen mit anderen Merkmalsformen sortierte er aus. Über viele Generationen durfte nur eine einzige Form auftreten. So erhielt Mendel Pflanzen, die für diese Merkmalsform reinerbig waren. Für ihn war eine Pflanze reinerbig, wenn ihre Vorfahren seit vielen Generationen nur weisse Blüten hatten. Mendel fand heraus, dass dann auch ihre Nachkommen nur weisse Blüten hatten.

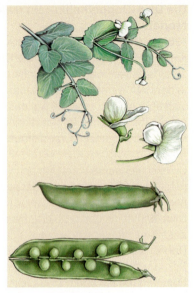

3 Blüte und Früchte mit Samen

2 Merkmale und Merkmalsformen, die von Mendel untersucht wurden.

Kreuzungsexperimente

Mit solchen reinerbigen Pflanzen führte MENDEL dann Kreuzungsexperimente durch. So kreuzte er eine Pflanze mit purpurfarbenen Blüten mit einer, die weisse Blüten besass. Erst entfernte er die Staubgefässe der purpurfarbenen Blüte, um eine Selbstbestäubung zu verhindern. Dann übertrug er mit einem Pinsel Pollen der weissen Blüte auf die Narbe der purpurfarbenen Blüte. Im Fruchtknoten entwickelten sich nach dieser **Fremdbestäubung** dann die Samen, aus denen sich nach dem Aussäen Erbsenpflanzen mit neuen Merkmalsformen bildeten.

Die Samen und die entstehenden neuen Pflanzen sind **mischerbige** Individuen oder **Hybriden.** Sie bildeten die erste Tochtergeneration, die man erste Filialgeneration (F_1-**Generation**) nennt.

Die Pflanzen, die den Pollen lieferten und empfingen, waren die Eltern- oder Parentalgeneration (**P-Generation**). In weiteren Experimenten liess MENDEL die F_1-Generation sich selbst bestäuben und erhielt so die zweite Tochtergeneration (F_2-**Generation**).

MENDELS Ergebnisse

MENDEL wiederholte seine Versuche viele Male und notierte exakt, welche Merkmalsform wie häufig in jeder Generation auftrat. Über einen Zeitraum von sieben Jahren kultivierte er etwa 28000 Erbsenpflanzen. Aus 355 Fremdbestäubungen mit unterschiedlichen Merkmalen zog er 12980 Pflanzenhybriden. Auf diese Weise erhielt er umfangreiches und gesichertes Zahlenmaterial. Zufällige Ergebnisse einzelner Kreuzungen, etwa infolge einer gestörten Fruchtbarkeit einzelner Pflanzen, konnten so das Gesamtergebnis nicht nachhaltig beeinflussen. Seine Experimente protokollierte er sorgfältig, sodass andere Forscher die Versuche wiederholen und überprüfen konnten.

1865 veröffentlichte MENDEL sein Werk: „Versuche über Pflanzenhybriden", in dem er seine Beobachtungen und Deutungen beschrieb. Bei der mathematischen Auswertung seiner Experimente waren ihm bestimmte Gesetzmässigkeiten aufgefallen, die später als **MENDELSche Erbregeln** bezeichnet wurden.

MENDELS Werk wurde zunächst nicht beachtet und geriet in Vergessenheit. Erst um 1900 gelangten verschiedene Forscher unabhängig voneinander zu den gleichen Beobachtungen und Folgerungen. Auch heute noch bilden die MENDELschen Regeln die Grundlagen der Genetik.

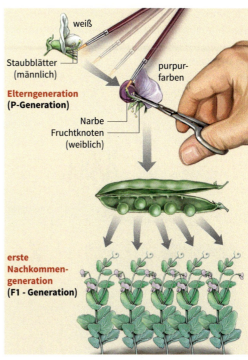

4 Fremdbestäubung bei der Erbse und anschliessende Aussaat der Samen

5 MENDELS Wirkungsstätte, das Kloster Brünn

1. Erkläre den Unterschied zwischen einem Merkmal und einer Merkmalsform.

2. Erläutere, warum Erbsenpflanzen für Kreuzungsexperimente gut geeignet sind.

3. Erkläre, warum MENDEL so viel Mühe auf die Züchtung reinerbiger Elterngenerationen verwandte.

Keimzelle und Befruchtung

Jede Körperzelle eines Menschen hat 46 Chromosomen. Jeweils zwei davon sehen gleich aus. Man nennt sie homologe Chromosomen. Es handelt sich um Chromosomenpaare. **Keimzellen** (Ei- und Spermienzellen) enthalten nur halb so viele Chromosomen, nämlich 23. Hier liegt jedes Chromosom nur einmal vor.

Wenn bei der Befruchtung zwei Keimzellen mit je 23 Chromosomen verschmelzen, entsteht ein doppelter Chromosomensatz. Jede Körperzelle des neuen Lebewesens hat wieder 46 Chromosomen.
Die Abbildung zeigt die Bildung der Keimzellen, die **Meiose**. Bei der Meiose wird sichergestellt, dass sich der Chromosomensatz nicht von Generation zu Generation verdoppelt.

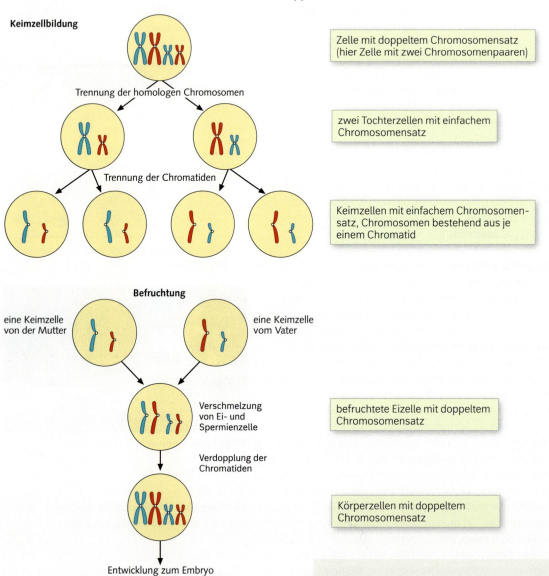

1 Keimzellbildung und Befruchtung

1.

a) Erkläre, warum sich bei der Bildung von Ei- und Spermienzellen die Chromosomenzahl halbieren muss.
b) Wie viele Keimzellen entstehen aus einer Zelle mit doppeltem Chromosomensatz?

Die 1. und 2. Mendelsche Erbregel

Grundlagen der Vererbung

Gregor Mendel entdeckte durch Kreuzungsversuche an Erbsenpflanzen die Grundlagen der Vererbung. Er fand heraus, dass jedem Merkmal zwei Erbanlagen zugrunde liegen. Pflanzen, bei denen diese Erbanlagen für ein Merkmal verschieden sind, nennt man mischerbig. Sind beide Anlagen gleich: reinerbig.

Mendel verwendete reinerbige Pflanzen für seine Versuche. Er kreuzte sie und untersuchte dann zum Beispiel, wie die Samenfarbe an die Nachkommen weitergegeben wird. Die Samen einer Erbsenpflanze können entweder grün oder gelb sein. Auch die Erbanlagen einer Erbsenpflanze können entweder die Erbinformation "grün" oder "gelb" enthalten. Mendel kürzte dies ab, indem er zwei Buchstaben aufschrieb: "g" für grün und "G" für gelb.

Kreuzung der Elterngeneration

Reinerbige Elternpflanzen haben entweder die Anlagen gg oder GG für die Samenfarbe. Eine Keimzelle erhält aber nur eine dieser Anlagen, also G oder g. Bei der Befruchtung verschmelzen zwei Keimzellen. Dabei entstehen nur mischerbige Pflanzen, die die Anlagen Gg enthalten. Das Kreuzungsschema in der Abbildung zeigt dies. Die Nachkommen dieser Kreuzung nennt man 1. Tochtergeneration. Wie Mendel beobachtete, sind deren Samen alle gelb. Er folgerte, dass die Anlage gelb (G) die Anlage grün (g) überdeckt. Er sagte: „Die Anlage für gelbe Samen ist dominant und die für grüne Samen rezessiv."
Mendel stellte eine erste Regel auf.

1. Mendelsche Erbregel (Uniformitätsregel)

Kreuzt man zwei reinerbige Individuen, die sich in einem Merkmal unterscheiden, so sind die Nachkommen untereinander gleich (uniform).

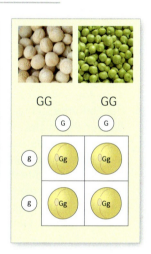

Kreuzung der 1. Tochtergeneration

Jede Pflanze der 1. Tochtergeneration bildet Keimzellen, die entweder die Anlage G oder g enthalten. Die Pflanzen der 2. Tochtergeneration besitzen daher entweder die Anlagen GG, Gg oder gg, wie das Kreuzungsschema zeigt. Es gibt aber nur zwei verschiedene Samenfarben. Da die gelbe Samenfarbe dominant ist, entstehen grüne Samen nur dann, wenn zwei rezessive Anlagen zusammenkommen, also gg. Daher ist das Verhältnis der gelben und grünen Erbsen 3:1.
Aus diesen Überlegungen leitete Mendel eine zweite Regel ab.

2. Mendelsche Erbregel (Spaltungsregel)

Kreuzt man die Individuen der 1. Tochtergeneration untereinander, so treten in der nächsten Generation beide Merkmalsformen in einem bestimmten Zahlenverhältnis auf.
Bei einem dominant-rezessiven Erbgang ist dieses Zahlenverhältnis 3:1.

---

1. Erkläre, was die Uniformitätsregel aussagt.

2. Erkläre, warum Pflanzen mit gelben Erbsen auch Nachkommen mit grünen Erbsen haben können.

Kannst du die Uniformitäts- und die Spaltungsregel, also die 1. und 2. Mendelsche Erbregel, erläutern?

Erbanlagen können neu kombiniert werden

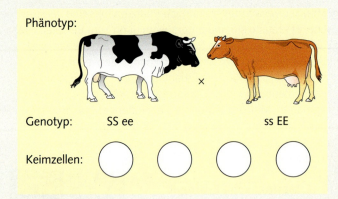

Phänotyp:

Genotyp: SS ee   ss EE

Keimzellen: ○ ○ ○ ○

1. A

a) In einem Kreuzungsexperiment wurde die Vererbung der Fellfarbe (schwarz/rotbraun, Symbole S bzw. s) und die der Fellmusterung (einfarbig/gescheckt, Symbole E bzw. e) bei Rindern untersucht. Erläutere, welches Allel jeweils dominant und welches rezessiv vererbt wird.
b) Ermittle mithilfe von Kombinationsquadraten die Genotypen und die Phänotypen der F_1- und der F_2-Generation.
c) Finde heraus, welche neuen Phänotypen entstehen.

2. V

Für einen Modellversuch der 3. MENDELschen Regel werden vier Münzen benötigt, z. B. zwei 1-Franken-Münzen und zwei 20-Rappen-Münzen. Die Münzen werden jeweils auf den Tisch fallen gelassen. Dabei soll die Zahl jeweils für ein dominantes Allel (A bzw. B) und das Bild der Münze für das rezessive Allel (a bzw. b) stehen. Insgesamt werden 48 Würfe durchgeführt und die Ergebnisse nach folgendem Muster notiert. Beispiel:

	Genotyp	Phänotyp
1. Wurf	Aa BB	A B
2. Wurf	aV bb	A b

a) Erläutere, warum es sich hier um einen Modellversuch zur 3. MENDELschen Regel handelt.
b) Ermittle, in welchem Zahlenverhältnis die vier möglichen Phänotypen im Spiel auftreten. Vergleiche dieses Zahlenverhältnis mit dem erwarteten Verhältnis von 9 : 3 : 3 : 1. Begründe mögliche Abweichungen.
c) Tragt die Ergebnisse der Klasse zusammen und vergleicht erneut das erwartete Zahlenverhältnis mit dem ermittelten Ergebnis.

3. A

Die Gefiederfärbung von Wellensittichen ergibt sich durch das Zusammenspiel zweier Gene: Ein Gen bestimmt die Färbung der äusseren Teile der Feder, ein zweites die Färbung des Federkerns.
Ist das dominante Allel Y vorhanden, so erzeugt dies eine Gelbfärbung des äusseren Teils der Feder. Das rezessive Allel y erzeugt einen farblosen äusseren Teil. Im Federkern führt das dominante Allel B zur Blaufärbung. Beim rezessiven Allel b bleibt der Federkern weiss. Es entstehen vier unterschiedliche Phänotypen, nämlich grüne, blaue, gelbe und weisse Wellensittiche.
a) Erkläre, wie die grüne Gefiederfärbung beim Wellensittich entsteht.
b) Bestimme den Genotyp und den Phänotyp der F_1- und der F_2-Generation einer Kreuzung zwischen reinerbig grünen (YYBB) und weissen Vögeln (yybb). Erstelle dazu Kombinationsquadrate.

Vererbung zweier Merkmale

MENDEL untersuchte die Vererbung bei Erbsenpflanzen, die sich in zwei Merkmalen unterschieden. Als Merkmale wählte er die Samenfarbe und die Samenform, die jeweils in zwei Merkmalsformen vorkommen. Bei der Farbe sind dies gelbe oder grüne Samen, bei der Form runde oder runzlige Samen.

MENDEL wählte als Elterngeneration reinerbige Erbsenpflanzen mit gelben, runden Samen sowie Pflanzen mit grünen, runzligen Samen. Entsprechend der Uniformitätsregel sahen die Mischlinge der F_1-Generation gleichartig aus. Ihre Samen waren gelb und rund. Diese Merkmalsformen, rund und gelb, mussten also dominant sein.
Als MENDEL die Pflanzen der F_1-Generation untereinander kreuzte, erhielt er in der F_2-Generation 315 gelb-runde, 101 gelb-runzlige, 108 grün-runde und 32 grün-runzlige Samen. Es entstanden also Samen vier verschiedener Phänotypen, die ungefähr im Zahlenverhältnis 9:3:3:1 aufspalteten. Neben den Merkmalskombinationen, die schon in der P- und F_1-Generation zu beobachten waren, traten jetzt aber auch zwei völlig **neue Phänotypen** auf: gelb-runzlige und grün-runde Samen. Offensichtlich konnten die Merkmalsformen unabhängig voneinander neu kombiniert werden. Daraus lässt sich eine weitere Regel ableiten.

---

3. MENDELsche Erbregel (Unabhängigkeitsregel)
Kreuzt man Individuen, die sich in mehreren Merkmalen reinerbig unterscheiden, so werden die einzelnen Merkmalsformen unabhängig voneinander vererbt.

Die **Neukombination** von Merkmalsformen erklärt sich dadurch, dass die Gene beider Merkmale auf unterschiedlichen, nicht homologen Chromosomen liegen. Befinden sich also die Gene für die Samenfarbe und für die Samenform auf verschiedenen Chromosomenpaaren, werden sie im Verlauf der Meiose neu kombiniert. So können aus den F_1-Pflanzen mit dem Genotyp GgRr vier unterschiedliche Keimzellen gebildet werden: GR, gR, Gr und gr. Sie führen nach der Befruchtung zu 16 Genotypen, die die vier Phänotypen gelb-rund, gelb-runzlig, grün-rund und grün-runzlig im Verhältnis 9:3:3:1 hervorbringen.
In der Tier- und Pflanzenzucht spielt die Neukombination eine wichtige Rolle. Je nach Züchtungsziel lassen sich so gewünschte Eigenschaften neu zusammenführen.

Kannst du die 3. MENDELsche Erbregel und ihre Bedeutung für die Tier- und Pflanzenzucht erläutern?

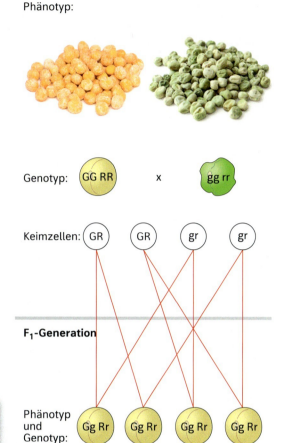

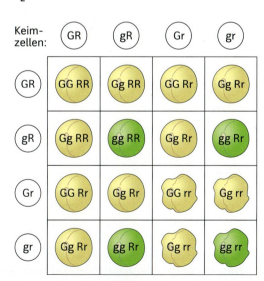

1 Erbgang mit zwei unterschiedlichen Merkmalen (G = gelb, g = grün, R = rund, r = runzlig)

Erbregeln gelten auch für den Menschen

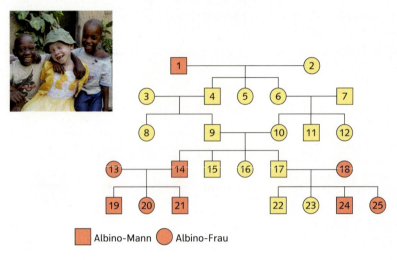

1. **A**
Beim Albinismus wird aufgrund eines Gendefekts der dunkle Farbstoff Melanin nicht gebildet. Albinos besitzen daher weisse Haare, eine sehr helle Haut und rötliche Augen. Sie sind sehr lichtempfindlich und müssen sich vor UV-Strahlen schützen.
a) Ermittle anhand des Stammbaums, ob Albinismus dominant oder rezessiv vererbt wird.
b) Ordne den Allelen die entsprechenden Gross- bzw. Kleinbuchstaben zu und gib die Genotypen sämtlicher Personen an.

2. **A**
In einer Familie mit zwei Kindern besitzen die Eltern die Blutgruppe A bzw. B. Gib die möglichen Genotypen der Eltern und die möglichen Genotypen und Phänotypen der Kinder an.

4. **A**
a) Manche Menschen besitzen erblich bedingt verkürzte Finger. Ermittle anhand des Stammbaumes, ob Kurzfingrigkeit dominant oder rezessiv vererbt wird.
b) Ordne den verschiedenen Allelen entsprechend Gross- bzw. Kleinbuchstaben zu und gib für alle Personen des Stammbaumes die Genotypen an.

3. **A**
Auf einer Säuglingsstation wurden vier Kinder mit den Blutgruppen A, B, AB und 0 geboren. Die Blutgruppen der Eltern sind:
Eltern 1: 0/0, Eltern 2: AB/0, Eltern 3: A/B, Eltern 4: B/B.
Gib die möglichen Genotypen aller Personen an und ordne die vier Kinder begründet den jeweiligen Eltern zu.

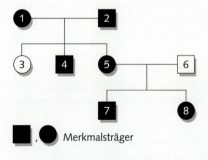

Stammbaumanalyse

Die MENDELschen Regeln gelten auch für Menschen. Für Merkmale, die nur von einem Gen bestimmt werden, lässt sich dies mithilfe einer **Stammbaumanalyse** zeigen: Das Auftreten einer Merkmalsform wird über mehrere Generationen hinweg verfolgt. Dann kann man vom Phänotyp zurück auf den Genotyp schliessen. Ein Beispiel dafür ist die Form des Haaransatzes. Dieser kann glatt oder dreieckig sein. Der dreieckige Haaransatz wird Witwenspitz genannt. Wie wird das Gen für die Ausprägung des Haaransatzes vererbt?

Durch den Stammbaum bekommt man einen ersten Hinweis auf eine dominante Vererbung, wenn ein Merkmal in jeder Generation auftritt. Man erkennt in dem rechts abgebildeten Stammbaum im unteren Abschnitt, dass die Eltern und deren Tochter A einen Witwenspitz haben, Tochter B jedoch nicht. Nimmt man an, dass das Allel für den Witwenspitz dominant vererbt wird (Symbol W), lassen sich sämtliche Personen des Stammbaumes bestimmten Genotypen zuordnen, ohne dass dabei Widersprüche auftreten. Bei rezessiver Vererbung wäre dies nicht möglich: Die Eltern mit Witwenspitz müssten dann den Genotyp ww besitzen und könnten nur Kinder mit Witwenspitz zeugen. Das Ergebnis der Stammbaumanalyse ist eindeutig: Der Witwenspitz wird dominant vererbt.

Viele Merkmale des Menschen wie die Haut- oder Haarfarbe werden allerdings nicht nur durch ein Gen, sondern durch mehrere Gene bestimmt. In diesen Fällen lassen sich keine einfachen Erbgänge darstellen.

1 Haaransatz: **A** Witwenspitz, **B** kein Witwenspitz

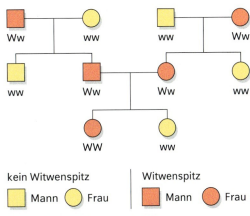

2 Stammbaum zur Vererbung des Witwenspitzes

Vererbung der Blutgruppen

Auch die Blutgruppen des Menschen werden vererbt. Man unterscheidet hier vier verschiedene Phänotypen, die Blutgruppen A, AB, B und 0. Die Vererbung ist besonders, da das entsprechende Gen nicht in zwei, sondern in drei verschiedenen Allelen vorliegt, die man als A, B und 0 bezeichnet.

Die Allelkombination AA führt beispielsweise zur Blutgruppe A. Da die Allele A und B dominant über das rezessive Allel 0 sind, ergeben die Kombinationen A0 oder B0 die Blutgruppen A bzw. B.

Bei der Allelkombination AB entsteht die Blutgruppe AB. In diesem Fall wirken beide Allele dominant. Man spricht von **Kodominanz.**

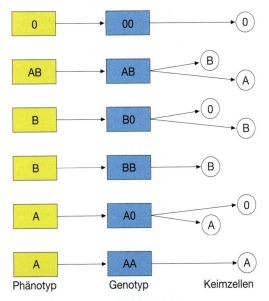

3 Allele bei der Vererbung der Blutgruppen

> Kannst du einen Stammbaum erläutern und analysieren?
> Kannst du die Vererbung der Blutgruppen des Menschen erklären?

Mutationen – Veränderungen der DNA

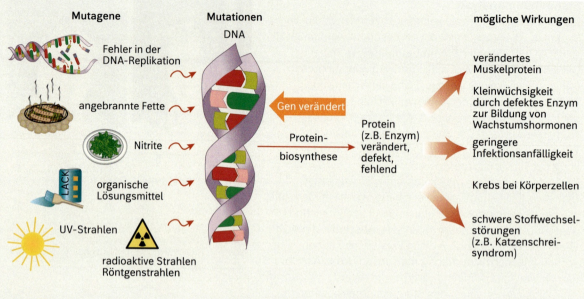

1. A
Mutationen können das Erbgut von Körperzellen oder von Keimzellen betreffen. Erläutere die unterschiedlichen Konsequenzen.

2. Q
Schreibt einen kleinen Praxisratgeber „Mutagene – wie lassen sich unnötige Belastungen vermeiden?".

Mutationen
Ungerichtete Veränderungen des Erbgutes bezeichnet man als Mutationen. Sie kommen natürlicherweise relativ selten vor. Man unterscheidet drei Typen von Mutationen.
Genmutationen verändern ein einzelnes Gen. Hierbei können in der DNA Basen ausgetauscht werden, verloren gehen oder ergänzt werden. Dies kann sich auf den Organismus auswirken, muss es aber nicht.
Bei **Chromosomenmutationen** sind grössere Bereiche eines Chromosoms betroffen. Ganze Stücke mit mehreren Genen können zum Beispiel verloren gehen.
Bei **Genommutationen** wird die Zahl der Chromosomen verändert. Diese Mutationen haben meist schwerwiegende Folgen.

Schädlich oder nützlich?
Viele Mutationen zeigen keine Auswirkungen auf den Organismus, bleiben also unbemerkt.

Wenn doch Auswirkungen auftreten, führen diese häufig zu schädlichen Effekten. Beim Menschen können Mutationen Erbkrankheiten mit schwerwiegenden Folgen verursachen.

Nur selten findet eine Mutation statt, die für ihren Träger zufällig von Vorteil ist. Aber gerade solche kleinen Veränderungen durch Mutationen bilden eine wesentliche Grundlage für die Entwicklung der Arten, also für die Evolution und für den Erfolg von **Züchtungen** bei Nutzpflanzen und Nutztieren.

Keimzellen oder Körperzellen
Finden Mutationen in **Keimzellen** statt, ist der gesamte Organismus in der nachfolgenden Generation betroffen. Diese Veränderungen können weitervererbt werden. Mutationen in **Körperzellen** werden nicht weitervererbt, können aber dem Körper Probleme bereiten, beispielsweise Krebs auslösen.

Mutagene
Energiereiche Strahlen, bestimmte Chemikalien und Einflüsse, die die Häufigkeit von Mutationen erhöhen, nennt man **Mutagene.** Belastungen durch Mutagene sollten möglichst gering gehalten werden.

Beschreibe verschiedene Typen von Mutationen und erläutere ihre Auswirkungen.

Gene und Vererbung | **211**

Schutz vor Mutagenen

Radioaktive Strahlen
Die DNA wird durch radioaktive Strahlen geschädigt. Nach den Atombomben in Hiroshima und Nagasaki und nach dem Reaktorunfall in Tschernobyl wurden viele missgebildete Kinder geboren. Zahlreiche Menschen erkrankten an Leukämie oder anderen Krebsformen.
Nach dem Reaktorunfal 2011 in Fukushima wurde die umliegende Bevölkerung evakuiert. Rettungskräfte konnten nur in Schutzkleidung und für kurze Zeit die verstrahlten Bereiche betreten. Zum Schutz vor Unfällen mit radioaktiver Verstrahlung werden in einigen Ländern die Kernkraftwerke nach und nach stillgelegt, in Deutschland z. B. 2022. Auch die Schweiz strebt den Ausstieg an, allerdings ohne Datum. Die Gefahr, die von radioaktiven Abfällen ausgeht, bleibt noch über Jahrtausende problematisch.

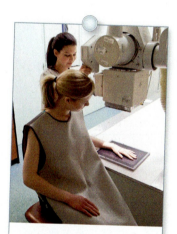

Zigarettenrauch
Wie anderer Rauch enthält auch Zigarettenrauch Teerstoffe. Diese setzen sich in die DNA und verändern die Basenabfolge. Die veränderten, also mutierten Gene können zu unkontrollierten Zellteilungen führen. Dann entsteht Krebs. Nichtraucher vermeiden dieses Mutagen.

Röntgenstrahlen
Auch Röntgenstrahlen wirken als Mutagene. Sie können die DNA schädigen und dadurch Krebs verursachen. Daher führt man Röntgenuntersuchungen nur durch, wenn sie medizinisch nötig sind, und man verwendet moderne Geräte mit einer geringen Strahlenbelastung. Bleischürzen schirmen ausserdem die Strahlung ab.

1.
Erkläre, warum Rauchen die häufigste Ursache für Lungenkrebs ist.

2.
a) Erkläre, warum Patienten bei Röntgenuntersuchungen der Hand Bleischürzen um den Oberkörper und um die Hüfte gelegt bekommen.
b) Erkläre, warum die Ärzte oder technischen Assistenten während der Röntgenaufnahme den Raum verlassen.

PINNWAND

Mutationen als Ursache für Krankheiten

1. Ⓐ
Die Abbildung zeigt verschiedene Mutationstypen.
a) Nenne verschiedene Mutationstypen und definiere sie kurz.
b) Ordne die Abbildungen A bis D einem Mutationstyp zu und begründe dies.

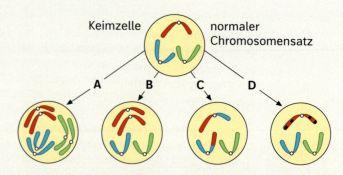

2. Ⓐ
a) In seltenen Fällen werden in der Meiose die Chromosomen des Paares 21 nicht getrennt. Beschreibe die in der Abbildung gezeigten Vorgänge und erläutere die Konsequenzen dieser Nichttrennung.
b) Zeichne ein vergleichbares Schema, bei dem in der Meiose II die Schwesterchromatiden von Chromosom 21 nicht getrennt werden und erläutere auch hier die Konsequenzen.

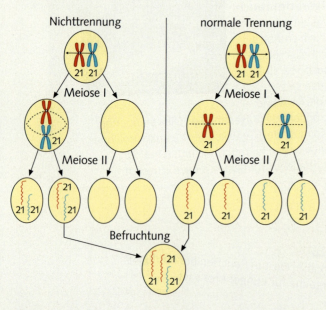

3. Ⓐ
a) Verdeutliche, wie bei Genmutationen die Erbinformation verändert wird. Streiche dazu beispielsweise aus der Basenabfolge ...GAC GAC GAC... eine Base. Erstelle dann die Tripletts neu.
b) Verfahre ähnlich mit dem Text: WAS HAT DIE DNA MIT MIR VOR?
c) Nenne die Folgen, die das Fehlen einer Base in der DNA haben kann.

4. Ⓐ
Die Abbildungen A bis D zeigen schematisch mögliche Chromosomenmutationen. Beschreibe die Abbildungen und erläutere, wie sich die Information der DNA dabei ändert.

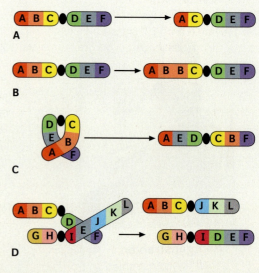

5. Ⓐ
1990 waren nur 5 Prozent der gebärenden Mütter älter als 35 Jahre, 2005 waren es bereits 16 Prozent. Erläutere mithilfe der Grafik zur Häufigkeit des Down-Syndroms auf der rechten Seite die Problematik, die sich daraus ergibt.

6. Ⓐ
a) Erkläre, wie es zur Sichelzellanämie kommt, und begründe, warum diese Krankheit gehäuft in Afrika auftritt.
b) Nimm Stellung zu der Aussage: „Mutationen sind stets schädlich."

Gene und Vererbung

Trisomie 21 – Folge einer Genommutation

Bei einer Genommutation wird die Zahl der Chromosomen verändert. Die bei Neugeborenen häufigste Chromosomenzahlveränderung ist die Trisomie 21. Das Chromosom 21 liegt dann nicht wie üblich doppelt, sondern dreifach vor. Nach seinem Entdecker wird das Krankheitsbild auch als **Down-Syndrom** bezeichnet.

Äussere Merkmal sind eine geringe Körpergrösse, die rundliche Kopfform sowie eine schmale Lidfalte der Augen. Daneben kommt es auch zur Fehlentwicklung innerer Organe. Die geistigen Fähigkeiten sind verringert, die Kinder können aber durch frühe und intensive pädagogische Betreuung gefördert werden. Das Risiko, ein Kind mit Down-Syndrom zu gebären, wächst mit steigendem Alter der Mutter deutlich an.

1 Mädchen mit Down-Syndrom

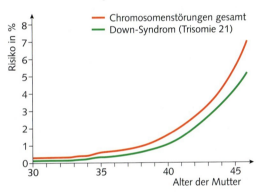

2 Risiko für das Down-Syndrom

Katzenschrei-Syndrom – Folge einer Chromosomenmutation

Das **Katzenschrei-Syndrom** ist Folge einer Chromosomenmutation, bei der grössere Bereiche eines Chromosoms verändert sind. Ursache ist hier der Verlust mehrerer Gene des Chromosoms 5.

Durch eine Missbildung des Kehlkopfes schreien die betroffenen Säuglinge wie junge Katzen. Weitere Symptome sind Wachstumsstörungen und eine verringerte geistige Entwicklung. Diese Erbkrankheit ist sehr selten und tritt einmal bei etwa 50 000 Geburten auf.

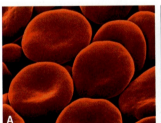 

3 Rote Blutkörperchen: **A** normal, **B** bei Sichelzellanämie

Sichelzellanämie – Folge einer Genmutation

Eine besonders in Afrika häufig auftretende Erbkrankheit ist die **Sichelzellanämie.** Erkrankte haben im Blut veränderte, sichelförmige rote Blutkörperchen.

Ursache der Sichelzellanämie ist die Mutation eines Gens, das die Information für die Bildung des roten Blutfarbstoffes Hämoglobin enthält. Hämoglobin ist Bestandteil der roten Blutkörperchen und dort für den Sauerstofftransport verantwortlich. Als Folge der Genmutation werden sichelförmige rote Blutkörperchen gebildet.

Die Schwere der Erkrankung hängt vom Genotyp ab: Bei reinerbigen Merkmalsträgern sind sämtliche rote Blutkörperchen verändert. Dadurch kann weniger Sauerstoff transportiert werden. Betroffene zeigen eine geringere körperliche Leistungsfähigkeit. Da die Zellen zudem häufiger zerbrechen, leiden Erkrankte auch an Blutarmut. Die Lebenserwartung ist deutlich vermindert. Mischerbige zeigen fast keine Symptome, da hier nur wenige der Blutkörperchen deformiert sind. Die Genmutation verleiht jedoch den Betroffenen eine besondere Eigenschaft: Sie sind resistent gegen Malaria, was in vielen Gebieten Afrikas von Vorteil ist.

Nenne Beispiele für Krankheiten, die nach Mutationen auftreten, und erläutere ihre Ursachen und Folgen.

Erbgut und Umwelt ergänzen sich

1. **V**
a) Säe in zwei gleiche Schalen auf etwa gleich grossen Portionen Watte etwa die gleichen Mengen Kressesamen aus. Verwende dazu Samen aus derselben Samentüte. Begiesse sie mit gleichen Wassermengen. Stelle eine Schale in einen dunklen Schrank, die andere an einen hellen Ort. Die Temperaturen sollten in etwa gleich sein. Beide Schalen werden möglichst gleich feucht gehalten und etwa eine Woche stehen gelassen.
b) Notiere nun alle Unterschiede, die du zwischen den Pflanzen der beiden Schalen feststellen kannst. Mache auch eine "Kostprobe".
c) Werte deine Beobachtungen aus.
d) Erkläre, warum Temperatur und Feuchtigkeitsmenge in beiden Versuchsansätzen etwa gleich sein müssen.
e) Übertrage die Ergebnisse des Versuchs auf Lebensbedingungen von Pflanzen in der Natur. Beschreibe, welche Vorteile sich für das Überleben der Keimpflanzen aus den unterschiedlichen Wuchsformen ergeben.

2. **A**
a) Begründe, warum der Stammbaum der Familie Bach manchmal als Beleg für die Erblichkeit der Musikbegabung angesehen wird.
b) Finde eine weitere mögliche Ursache für das gehäufte Auftreten von Musikern in einer Familie.
c) Nimm Stellung zu der Frage: Ist Musikalität erblich oder erlernt?

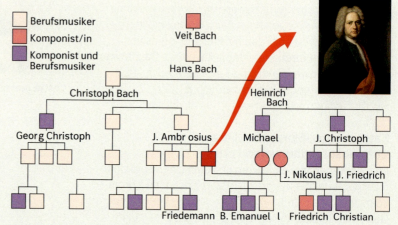

3. **A**
Beschreibe die Körpergrösse von Menschen zu verschiedenen Zeiten. Stelle Vermutungen auf, um diese Entwicklung zu erklären.

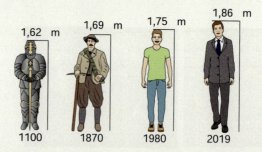

4. **A**
CopyCatCC, das erste geklonte Kätzchen und seine genetisch identische Klonmutter: Beschreibe und erkläre das Aussehen der Tiere.

Gene und Vererbung

Modifikationen

Jeder hat schon beobachtet, dass Pflanzen wie der Löwenzahn je nach Standort unterschiedlich wachsen. Unterschiedliche Wasser- und Mineralstoffversorgung, Temperaturunterschiede sowie mehr oder weniger Fusstritte zeigen ihre Wirkung.

Die Veränderung von Merkmalsausprägungen durch Umwelteinflüsse bezeichnet man als **Modifikationen.** Modifikationen werden nicht vererbt und müssen von den Mutationen, den Veränderungen des Erbgutes, unterschieden werden.

1 Löwenzahn aus einer Wiese

2 Löwenzahn aus einer Pflasterritze

Gene und Umwelt

Es gibt Salatsorten, die schöne, dicke Köpfe bilden, und andere, wie Pflücksalat, die nur kleine Blättchen bilden. Sie unterscheiden sich genetisch. Deshalb lässt sich aus Pflücksalat-Samen auch bei bester Pflege kein Salatkopf ziehen.

Aber auch Kopfsalatpflanzen können sich sehr unterschiedlich entwickeln.
Bekommen junge Pflanzen nicht genug Licht, „vergeilen" sie. Sie bilden kaum Blattgrün, werden lang und bleiben schwach. Unter solchen Bedingungen stecken Pflanzen nicht unnötig Material und Energie in die Synthese von Chlorophyll.

Chlorophyll wird im Dunkeln nämlich nicht gebraucht wird, da ohne Sonnenlicht keine Fotosynthese stattfindet.
Der Lichtmangel schaltet dagegen Gene für ein schnelleres Längenwachstum an. Da in der natürlichen Vegetation Licht meist von oben kommt, hat die Pflanze durch den längeren Stängel bessere Überlebenschancen, denn vielleicht trifft sie so auf mehr Licht.
Allerdings holt die Pflanze den Rückstand gegenüber gut belichteten Pflanzen nicht mehr auf. Aus einmal vergeilten Salatsetzlingen lassen sich auch später keine kräftigen Köpfe ziehen, obwohl sie die genetische Ausstattung dazu hätten.

4 Frühkindliche Förderung

Veranlagung und Entwicklung

Auch Menschen können sich sehr unterschiedlich entwickeln. Die Gene geben eine gewisse Variationsbreite vor. Aber sowohl körperliche Eigenschaften als auch geistige, handwerkliche oder künstlerische Fähigkeiten werden von Umwelteinflüssen beeinflusst:
So kann jemand eine Veranlagung für Diabetes haben, das Auftreten der Krankheit aber durch Ernährung beeinflussen.
Für die Leistung eines Spitzensportlers ist eine genetische Voraussetzung notwendig, aber sie ist nicht ohne hartes Training zu erreichen.
Bei Kindern und Jugendlichen sollten „Begabungen" früh gefördert werden. Aber auch durch intensives Arbeiten lassen sich Leistungen verbessern.

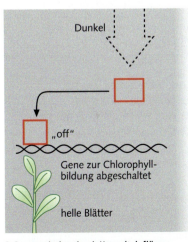
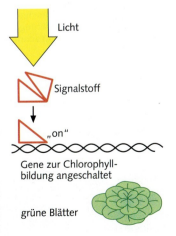

3 Genregulation durch Umwelteinflüsse

> Kannst du erklären, wie sich genetische Veranlagung und Umwelteinflüsse ergänzen?

Biotechnologie

1. A
Erstelle eine Tabelle zu den vier Typen der Biotechnologie. Ordne jedem Typ eine Definition und Beispiele zu.

2. Q
Teilt euch in Gruppen auf und recherchiert jeweils zu einem Biotechnologietyp. Erstellt ein Plakat und haltet einen Vortrag dazu.

1 Grüne Biotechnologie

Biotechnologie findet man überall

Schon ein Gang durch die Küche eröffnet uns die Welt der Biotechnologie. Nicht nur Joghurt, Bier oder Käse, die mithilfe von Mikroorganismen hergestellt werden, sind Beispiele dafür, sondern ebenso Waschpulver, Vitaminpräparate oder Medikamente.

Biotechnologie in der Lebensmittelherstellung

Durch genetisch veränderte Bakterien werden Enzyme für Brotteig oder Käseherstellung erzeugt. Viele Lebensmittelprodukte enthalten gentechnisch veränderter Organismen. Biotechnologie in der Lebensmittelherstellung heisst auch **weisse Biotechnologie**.

Biotechnologie in der Landwirtschaft

Tiere und Pflanzen werden durch Zucht gezielt verändert. Gentechnik optimiert Eigenschaften von Pflanzen und macht sie weniger anfällig für Krankheiten. Biotechnologie in der Landwirtschaft wird auch **grüne Biotechnologie** genannt.

Biotechnologie in der Industrie

Bei Waschmitteln, Abwasserreinigung oder Müllbeseitigung wird Biotechnologie eingesetzt. So findet man in Waschmitteln Enzyme, die von gentechnisch veränderten Bakterien hergestellt werden. Diese industrielle Biotechnologie heisst auch **graue Biotechnologie**.

Biotechnologie in der Medizin

Zur Diagnose und Behandlung von Krankheiten und bei der Entwicklung von Medikamenten wird Biotechnologie eingesetzt. Diese medizinische Richtung wird in der Biotechnologie auch **rote Biotechnologie** genannt.

2 Biotechnologie im Alltag

Begriffe aus der Biotechnologie

Biowissenschaften ist ein Sammelbegriff für alle Wissenschaften, die sich an der Erforschung von Lebewesen und den Möglichkeiten ihrer Nutzung beteiligen.
Biotechnologie erforscht die technische Veränderung und Nutzung von Lebewesen, ihren Organen, Zellen oder ihren Zellbestandteilen.
Gentechnik ist ein Teilbereich der Biotechnologie. Dabei werden Gene von Organismen gezielt verändert.

Ethische und rechtliche Fragen

Eingriffe in Lebewesen rufen auch Widerstände wach. Die Frage, wie sehr man in die Natur eingreifen darf, muss Gegenstand ethischer Überlegungen, gesellschaftlicher Diskussionen und klarer Gesetze sein.

> Kannst du Beispiele für Biotechnologie nennen und verschiedene Typen von Biotechnologie unterscheiden?.

Informationen im Internet kritisch nutzen

Zuverlässige Informationen sind wichtig

Die Möglichkeiten der Medizin entwickeln sich ständig weiter. So ergeben sich auch für Schwangere ständig neue Untersuchungs- und Behandlungsmöglichkeiten. Wer Kinder bekommen möchte, wird früher oder später mit Fragen und Entscheidungen konfrontiert werden, die sich zum Beispiel darum drehen, welche Untersuchungen und Behandlungen man für sich und sein Kind wünscht. Als Grundlage für diese Entscheidungen sind verlässliche Informationen wichtig. Diese kann man beispielsweise im Internet finden. Jedoch ist Vorsicht geboten: Mancher Anbieter will nicht wirklich objektiv informieren, sondern den Leser eher in seinem Sinne beeinflussen, etwa um eine Dienstleistung zu verkaufen. Mithilfe der folgenden Fragen kannst du dir einen Eindruck über die Objektivität und Seriosität eines Internetangebotes verschaffen.

COPYRIGHT
Wenn du Texte und Abbildungen einer Internetseite für eigene Aufsätze oder Präsentationen verwendest, musst du immer die Quelle deiner Informationen angeben.

1.
a) Stellt mithilfe von Webseiten jeweils einige Argumente für und gegen das Ersttrimeser-Screening (FTS) zusammen. Analysiert dazu mehrere Webseiten mithilfe der Fragen aus der Abbildung.
b) Zeigt anhand von Beispielen, wie Anbieter von Webseiten ihre Botschaften an die Leser weitergeben und deren Meinung vielleicht beeinflussen wollen.
c) Präsentiert eure Ergebnisse aus a) und b) vor der Klasse.

Gentechnik – Übertragung von Genen

1. Q
Erkundige dich nach Ursachen, Symptomen und Folgen der Erkrankung Diabetes Typ I und II.

2. A
Beschreibe anhand des Textes und der Abbildung 2 die Herstellung eines transgenen Bakteriums, das menschliches Insulin herstellen soll. Nutze dafür die Fachbegriffe Restriktionsenzym, Gen-Taxi, Ligase, Plasmid.

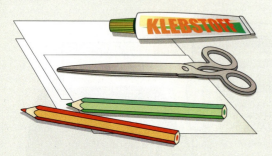

3. V
a) Entwickelt in Gruppenarbeit ein Modell, mit dem ihr den Einbau eines Gens in einen Plasmidring vorführen könnt. Überlegt dabei genau, welche Materialien ihr verwenden wollt.
b) Präsentiert euer Modell der Klasse. Erläutert dabei die einzelnen Schritte und verwendet die Fachbegriffe.

4. A
a) Erkläre die Begriffe horizontaler Gentransfer und transgene Bakterien.
b) Erläutere, welche Bedeutung der universelle genetische Code für den horizontalen Gentransfer hat.

5. Q
a) Recherchiert, welche Proteine in der Medizin durch transgene Bakterien hergestellt werden.
b) Recherchiert nach Krankheiten, die mit Medikamenten, die mithilfe transgener Bakterien hergestellt werden, behandelt werden können.

> **TIPP**
> Nutzt zum Beispiel die Kombination „transgene Bakterien" und „Medizin" für die Suchmaschine.

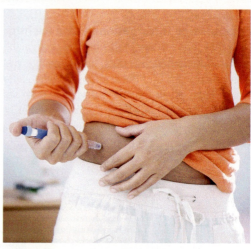

1 Diabetikerin spritzt sich Insulin

Viele Diabetiker benötigen Insulin

Diabetiker verlieren Gewicht, haben dauernd Durst, fühlen sich schlapp und im Urin lässt sich Zucker nachweisen. Ihnen fehlt das Hormon Insulin, welches ihr Körper nicht oder nicht mehr in genügender Menge herstellen kann. Insulin regelt normalerweise die Aufnahme von Traubenzucker in die Körperzellen und ist lebenswichtig. Viele Diabetiker sind daher auf die Zufuhr von Insulin angewiesen. Sie müssen es täglich spritzen. Früher wurde Insulin aus den Bauchspeicheldrüsen von Schweinen gewonnen. Da das so gewonnene Insulin dem menschlichen Insulin aber nicht vollkommen gleicht, gab es manchmal allergische Reaktionen.

Inzwischen kann menschliches Insulin in grossen Mengen gentechnisch hergestellt werden. Dazu nutzt man heute Bakterien. Sie bieten viele Vorteile: Sie sind klein, lassen sich leicht manipulieren und vermehren sich schnell. Zwar weisen Bakterienzellen eine Reihe von wichtigen Unterschieden zu menschlichen Zellen auf. Dennoch können Bakterien menschliches Insulin herstellen. Dies ist nur deshalb möglich, weil sich die "Sprache der Gene" in allen Organismen gleicht:
Die Abfolge der Nukleotide A, C, G und T in einem Bakterium hat die gleiche Bedeutung wie bei einem Menschen. Man sagt, der **genetische Code** ist **universell**.

Gene und Vererbung

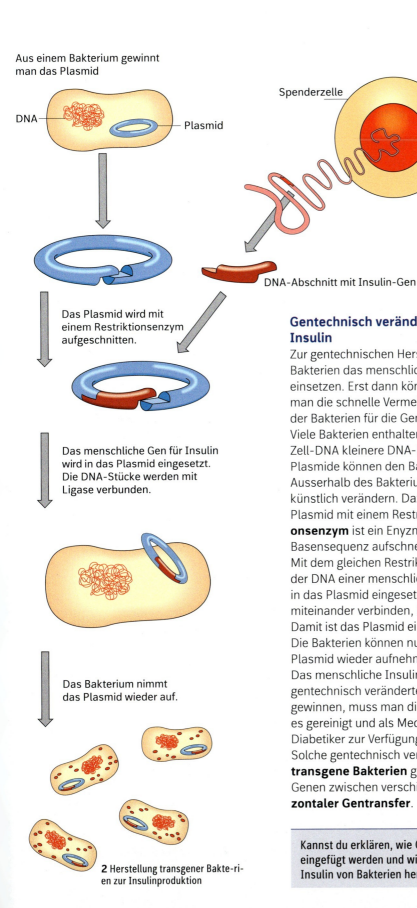

Aus einem Bakterium gewinnt man das Plasmid

DNA — Plasmid

Spenderzelle

Aus einer menschlichen Spenderzelle (Inselzelle aus der Bauspeicheldrüse) wird mit einem Restriktionsenzym das Insulin-Gen herausgeschnitten

DNA-Abschnitt mit Insulin-Gen

Das Plasmid wird mit einem Restriktionsenzym aufgeschnitten.

Das menschliche Gen für Insulin wird in das Plasmid eingesetzt. Die DNA-Stücke werden mit Ligase verbunden.

Das Bakterium nimmt das Plasmid wieder auf.

2 Herstellung transgener Bakterien zur Insulinproduktion

Gentechnisch veränderte Bakterien produzieren Insulin

Zur gentechnischen Herstellung von Insulin muss man den Bakterien das menschliche Gen für Insulin künstlich einsetzen. Erst dann können sie es herstellen. Dabei nutzt man die schnelle Vermehrung und den besonderen Aufbau der Bakterien für die Gentechnik aus.

Viele Bakterien enthalten zusätzlich zu ihrer normalen Zell-DNA kleinere DNA-Ringe, sogenannte **Plasmide.** Plasmide können den Bakterien entnommen werden. Ausserhalb des Bakteriums kann man die Plasmide künstlich verändern. Dazu schneidet man das Bakterien-Plasmid mit einem Restriktionsenzym auf. Das **Restriktionsenzym** ist ein Enyzm, das DNA an einer bestimmten Basensequenz aufschneiden kann.

Mit dem gleichen Restriktionsenzym wird das Insulin-Gen der DNA einer menschlichen Zelle herausgeschnitten und in das Plasmid eingesetzt. Damit die DNA-Stücke sich miteinander verbinden, benötigt man das **Enzym Ligase.** Damit ist das Plasmid ein sogenanntes **Gen-Taxi** geworden. Die Bakterien können nun das gentechnisch veränderte Plasmid wieder aufnehmen und werden dann vermehrt. Das menschliche Insulin wird in grossen Mengen in den gentechnisch veränderten Bakterien produziert. Um es zu gewinnen, muss man die Bakterien zerstören. Dann wird es gereinigt und als Medikament zum Spritzen für die Diabetiker zur Verfügung gestellt.

Solche gentechnisch veränderten Bakterien werden auch **transgene Bakterien** genannt. Die Übertragung von Genen zwischen verschiedenen Arten heisst auch **horizontaler Gentransfer**.

Kannst du erklären, wie Gene mit Gentaxis in Bakterien eingefügt werden und wie so zum Beispiel menschliches Insulin von Bakterien hergestellt wird?

Heile Welt durch Gentherapie?

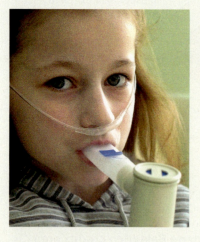

1. ≡ Ⓐ
a) Beschreibe, welche Symptome die Krankheit Mukoviszidose kennzeichnen.
b) Erkläre mithilfe des Textes und der Abbildung unten, wie die einzelnen Symptome der Mukoviszidose bislang behandelt werden.

2. ≡ Ⓐ
a) Erkläre, warum in der Gentherapie Viren genutzt werden.
b) Gib die Schritte an, die nötig sind, um die Viren in der Gentherapie als Gen-Taxis einzusetzen.
c) Beschreibe die weiteren Schritte der Gentherapie am Beispiel der Mukoviszidose. Nutze dafür die Abbildung.

3. ≡ Ⓐ
Die häufigste Genmutation, die zu Mukoviszidose führt, ist in der Abbildung dargestellt.
a) Beschreibe die Veränderung der DNA.
b) Erkläre den Zusammenhang zwischen Genmutation, entstehendem Protein und der Krankheit Mukoviszidose.

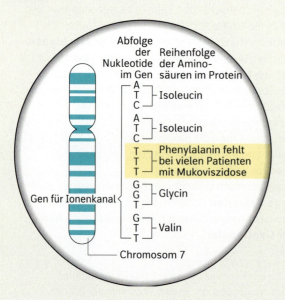

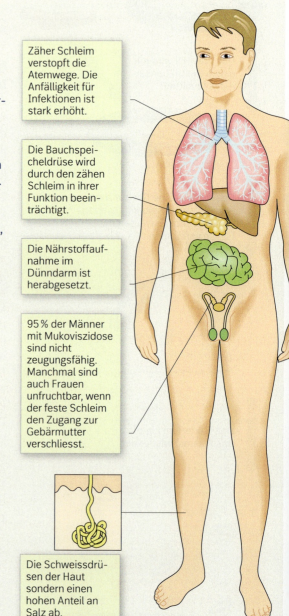

Zäher Schleim verstopft die Atemwege. Die Anfälligkeit für Infektionen ist stark erhöht.

Die Bauchspeicheldrüse wird durch den zähen Schleim in ihrer Funktion beeinträchtigt.

Die Nährstoffaufnahme im Dünndarm ist herabgesetzt.

95% der Männer mit Mukoviszidose sind nicht zeugungsfähig. Manchmal sind auch Frauen unfruchtbar, wenn der feste Schleim den Zugang zur Gebärmutter verschliesst.

Die Schweissdrüsen der Haut sondern einen hohen Anteil an Salz ab.

Gene und Vererbung | 221

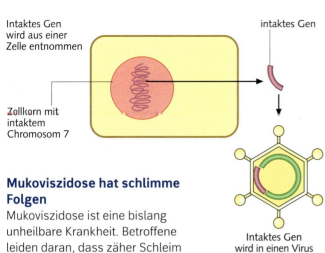

Mukoviszidose hat schlimme Folgen

Mukoviszidose ist eine bislang unheilbare Krankheit. Betroffene leiden daran, dass zäher Schleim die Atemwege verstopft. Ausserdem sind auch noch viele andere Organe, wie zum Beispiel die Bauchspeicheldrüse, von dem zähen Schleim betroffen. Menschen mit Mukoviszidose müssen regelmässig inhalieren und spezielle Übungen machen, damit die Lunge den zähen Schleim loswerden kann. Es müssen Verdauungsenzyme und Antibiotika eingenommen werden. Für viele Betroffene wird irgendwann eine Lungentransplantation notwendig. Trotz aller Therapien verkürzt die Krankheit die Lebenserwartung doch sehr.

Mukoviszidose ist eine Erbkrankheit

Etwa eines von 2500 Neugeborenen erkrankt an Mukoviszidose. Die Ursache ist ein Gendefekt auf Chromosom Sieben. Bei gesunden Menschen enthält dieses Gen die Information für ein Protein, das dafür sorgt, dass fester Schleim flüssiger wird.

Durch die Mutation kann das Protein nicht richtig gebildet werden und der Schleim bleibt zäh. Eine Mutation kann nicht rückgängig gemacht werden, sodass eine Heilung nicht möglich ist. Bislang kann man nur die Symptome behandeln. Wollte man Krankheiten wie Mukoviszidose wirklich bekämpfen, müsste man den Defekt direkt im Zellkern beheben. Dies versucht die Gentherapie.

Viren als Taxis für Gene

In der **Gentherapie** soll versucht werden, intakte Gene in die Schleimhautzellen von Menschen mit Mukoviszidose mithilfe von Viren einzuschleusen.

Viren haben die Fähigkeit, ihre Gene in menschliche Zellkerne einzubringen, sich in den Zellen zu vermehren und uns krank zu machen. Für die Gentherapie werden die krankmachenden Gene aus den Viren mithilfe von bestimmten Enzymen herausgeschnitten und an diese Stelle das gewünschte Gen eingesetzt. Im Fall der Mukoviszidose also das Gen von Chromosom Sieben. Die so veränderten Viren werden vermehrt und mithilfe eines Nasensprays auf die Schleimhäute aufgebracht. Diese Viren dringen als **Gen-Taxis** in die Schleimhautzellen ein und bringen das intakte Gen mit. In der Zelle kann dann das Protein für die Verflüssigung von Schleim gebildet werden.

Dieses Verfahren birgt in der Anwendung noch viele Probleme, sodass weiter daran geforscht wird.

> Kannst du am Beispiel der Mukoviszidose erklären, wie in der Gentherapie versucht wird, intakte Gene in Zellen einzuschleusen?

1 Schritte der Gentherapie

Was Stammzellen alles können

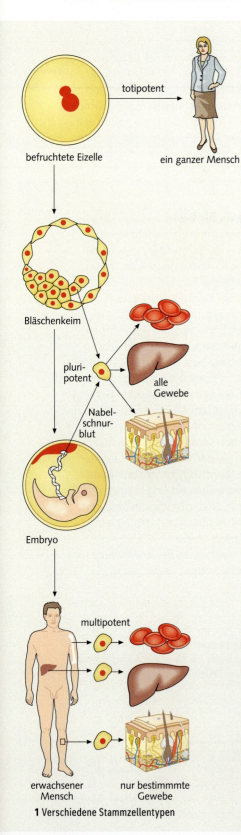

1 Verschiedene Stammzellentypen

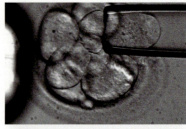
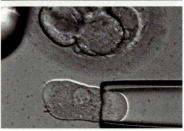

2 Entnahme einer embryonalen Zelle

1.
Erläutere anhand der Abbildung 1 und des Textes die unterschiedlichen Stammzelltypen: multipotente, pluripotente, totipotente.

2.
a) Recherchiere im Internet nach dem aktuellen Embryonenschutzgesetz. Berichte, welche gesetzlichen Bestimmungen es zur Forschung mit Embryonen gibt.
b) Recherchiere nach den Begriffen Stichtagsregelung und Stammzellforschung.

3.
Bestimmt habt ihr schon gehört, dass zur Stammzellenspende aufgerufen wird, wenn Menschen an Leukämie erkrankt sind.
a) Findet heraus, welche Stammzellen für die Behandlung benötigt werden und was ein möglicher Spender tun muss.
b) Erstellt ein Werbeplakat für Stammzellenspende.

4.
a) Beschreibe das Verfahren des therapeutischen Klonens.
b) Erläutere die Vorteile, die das therapeutische Klonen gegenüber Transplantationen von Geweben oder Organen Verstorbener hat.

5.
Recherchiere, was iPS-Zellen sind. Erläutere die Vorteile.

Differenzierte Zellen
Aus einer einzigen befruchteten Eizelle entsteht durch Zellteilungen zunächst ein kleiner Haufen identischer Zellen. Irgendwann im Laufe der Entwicklung eines Embryos müssen sich seine zunächst identischen Zellen unterschiedlich entwickeln. Dazu werden in den Zellen unterschiedliche Gene aktiviert. Man spricht vom An- und Abschalten von Genen. Zellen, die eine Leberzelle, Hautzelle oder Herzmuskelzelle geworden sind, können sich nicht mehr teilen und nicht mehr zu anderen Zellen werden, sie sind **differenzierte Zellen.**

Stammzellen
Überall im Körper sterben Zellen ab und müssen durch neue ersetzt werden. Daher muss es in allen Geweben Zellen geben, die diese Funktion übernehmen und sich noch teilen können. Solche Zellen heissen Stammzellen. **Stammzellen** ersetzen abgestorbene Zellen, bauen Gewebe und den ganzen Körper des Menschen auf.

Gene und Vererbung

Stammzellentypen

Die befruchtete Eizelle kann den ganzen Menschen aufbauen, sie wird als **totipotent** bezeichnet. Bis zum Achtzellstadium ist jede der Zellen des Embryos totipotent. Wenn der Embryo sich weiterentwickelt, sind seine Zellen bis zum Stadium des Bläschenkeims **pluripotent.** Dann kann aus jeder Zelle noch jedes beliebige Gewebe werden, aber kein ganzer Mensch mehr.

Manche Stammzellen können nur bestimmte Zelltypen wie Hautzellen herstellen. Sie sind **multipotent.**

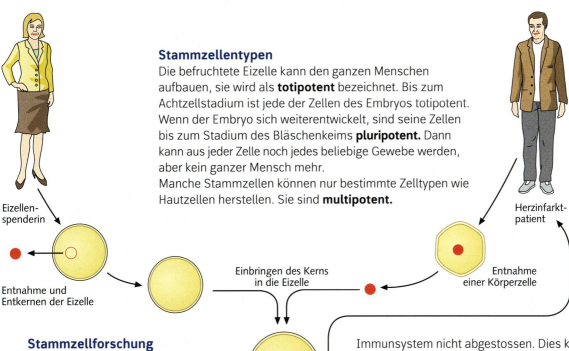

Stammzellforschung

Aus **embryonalen Stammzellen** kann man im Labor jedes beliebige Gewebe züchten. Dies macht vielen kranken Menschen Hoffnung auf Heilung. Erleidet ein Mensch einen Herzinfarkt, wird die Sauerstoffversorgung der Herzmuskelzellen unterbrochen. Dadurch sterben viele von ihnen ab. Der Körper kann das zerstörte Gewebe nicht ersetzen und die Herzfunktion ist dauerhaft eingeschränkt. Vielen Patienten könnte geholfen werden, wenn man die abgestorbenen Zellen durch neue ersetzen könnte. Bei Mäusen ist es bereits gelungen, im Labor aus embryonalen Stammzellen Herzmuskelzellen zu züchten. Nach einer Transplantation übernehmen diese Zellen ihre Funktion im Herzen der Maus.

Therapeutisches Klonen

Möglicherweise könnten in Zukunft auch für Menschen neue Herzmuskelzellen im Labor gezüchtet werden. Dabei wäre es möglich, dass sie die gleichen Erbinformationen haben wie der Patient. So werden sie vom Immunsystem nicht abgestossen. Dies könnte durch **therapeutisches Klonen** erreicht werden: Dabei wird aus einer Körperzelle des erkrankten Menschen der Zellkern gewonnen. Dieser wird in die entkernte Eizelle einer Frau eingebracht. In dieser Umgebung erlangt der Zellkern einen totipotenten Zustand. Die Eizelle beginnt mit der Embryonalentwicklung. Nach einigen Teilungen können Zellen entnommen werden. Diese werden dann zu Herzmuskelzellen weitergezüchtet und dem Herzinfarktpatienten transplantiert. Dort übernehmen sie dann die Funktionen der abgestorbenen Zellen.

Ethische Bedenken

Eine Eizelle mit einem fremden Kern, die die Embryonalentwicklung begonnen hat, könnte sich zu einem ganzen Menschen entwickeln. Daher ist dieses Verfahren ethisch bedenklich. In der Schweiz ist therapeutisches Klonen verboten. Mit der Stammzellforschung sind aber viele Hoffnungen auf Heilung verbunden. Daher besteht hier ein **ethisches Dilemma.** Inzwischen wird nach anderen Möglichkeiten mit sogenannten **iPS-Zellen** geforscht, die nicht aus Embryonen gewonnen werden.

3 Therapeutisches Klonen

Kannst du verschieden Typen von Stammzellen nennen und das Verfahren des therapeutischen Klonens und seine Probleme erläutern?

Gentechnik in der Landwirtschaft

1. Informiere dich über die Lebensweise, die Entwicklung, die Schadwirkung und die Bekämpfung des Maiszünslers.

2. Erkläre, wie der Maiszünsler mit Gentechnik bekämpft wird.

3.
a) Beschreibe das unten abgebildete Diagramm und fasse die wesentlichen Aussagen zusammen.
b) In der Schweiz ist der Anbau von Bt-Mais verboten. Diskutiere dieses Verbot und nutze für die Argumentation den Informationstext und die Aussagen des Diagramms.

5. Diskutiere das Für und Wider von Bt-Mais. Sortiere dafür zunächst die Argumente auf dem unten abgebildeten Zettel. Formuliere dann deine eigene Meinung.

> **Chancen und Risiken der "grünen Gentechnik"**
> - Das Erbgut wurde schon immer verändert.
> - Der Anbau von GVO leistet einen unverzichtbaren Beitrag zur Lösung des Welternährungsproblems.
> - Die GVO produzieren Proteine, die es in den Organismen vorher nicht gab. Diese Proteine können Allergien auslösen.
> - Es werden weniger Spritzmittel ausgebracht.
> - Die Veränderung der Erbinformation kann zu völlig unerwünschten Folgen führen.
> - Die Landwirte sind abhängig von den Saatgutherstellern, die auch die entsprechenden Spritzmittel verkaufen.
> - Die Fremdgene können unkontrolliert auf verwandte Nutzpflanzen und Wildpflanzen übertragen werden.

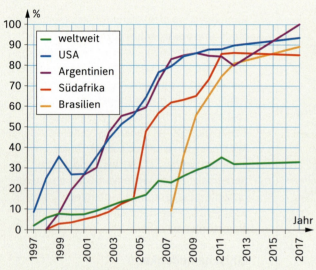

1 Anteil von genverändertem Mais an der Anbaufläche eines Landes in Prozent

4.
a) Recherchiere, welche Diskussion in der Schweiz zu einem Siegel „Ohne Gentechnik" geführt wird.
b) Würdest du dein Kaufverhalten nach dem Siegel ausrichten? Begründe deine Antwort.

Bt-Mais gegen den Maiszünsler

Mais gehört mit Weizen und Reis zu den wichtigsten Nahrungs- und Futterpflanzen der Welt. Ernteausfälle beim Mais haben hohe Kosten zur Folge.
Ein Grund für hohe Ernteausfälle beim Mais ist weltweit ein Schadinsekt, der Maiszünsler. Die Larven des Maiszünslers entwickeln sich in den Stängeln der Maispflanze, die Pflanze wird brüchig und stirbt ab. Um die Ernteausfälle zu verringern, wurden gentechnisch veränderte Maispflanzen erzeugt. Das dazu nötige Gen fand man in einem Bodenbakterium, *Bacillus thuringiensis*, kurz Bt. *Bacillus thuringiensis* stellt ein Protein her, das für Larven einiger Insekten tödlich ist. Das Gen, das die Information für das tödliche Protein trägt, wurde in die Maispflanzen eingeschleust. Nun stellen die sogenannten Bt-Mais-Pflanzen das Gift selber her und die Maiszünslerlarven, die davon fressen, sterben. Organismen wie der Bt-Mais, in deren Erbgut gentechnisch eingegriffen wurde, heissen **gentechnisch veränderte Organismen (GVO)**.

Bt-Mais in der Diskussion

Während in Amerika die Produktion von gentechnisch verändertem Mais inzwischen üblich ist, sind die Menschen in der Schweiz gegenüber dem Bt-Mais skeptischer eingestellt. Zum einen meinen Kritiker, die Giftstoffe im Mais könnten auch andere Tiere wie Bienen, Spinnen oder Käfer töten oder sich schädlich auf sie auswirken. Ebenso besteht die Angst, dass das Gift auch in unseren Körper gelangt und dort Allergien erzeugen kann. Ausserdem könnte der veränderte Pollen auch das Erbgut herkömmlicher Maissorten verändern. Wissenschaftler erforschen alle diese Aspekte genau, um die Risiken abzuschätzen.

Verbraucherschutz durch Kennzeichnung?

Eine grosse Mehrheit der Konsumenten in der Schweiz lehnt gentechnisch veränderte Organismen (GVO) ab. Sie wollen auch wissen, ob in einem Lebensmittel Gentechnik steckt oder nicht. Aber so einfach ist diese Frage oft nicht zu beantworten. Der Anbau von gentechnisch veränderten Pflanzen ist in der Schweiz zwar aufgrund eines Moratoriums bis 2021 verboten. Einige gentechnisch veränderte Organismen (GVO) sind als Tierfutter und Lebensmittel jedoch bewilligt. Daran scheiterte bisher auch eine Kennzeichnung „GVO-freier" Produkte. In Deutschland beispielsweise gibt es seit 2008 eine „Ohne Gentechnik"-Kennzeichnung. Sie verbietet zwar gentechnisch veränderte Pflanzen; Vitamine, Enzyme und Aminosäuren, die mit Hilfe von GVO produziert wurden, dürfen dem Futter aber beigemischt werden.

2 Maiszünsler: **A** gesunde Maispflanzen, **B** Schmetterling, **C** Raupe, **D** Schadbild

Kannst du am Beispiel von Bt-Mais erläutern, was ein GVO ist und das Für und Wider seiner Nutzung diskutieren?

Gene und Vererbung

Die genetische Information

Die genetische Information eines Lebewesens liegt auf den Chromosomen im Zellkern. Chromosomen bestehen aus einem langen, dünnen Faden aus DNA. Er ist um Proteine gewickelt. Die DNA enthält einen Zucker, die Desoxyribose, Phosphorsäurebestandteile und vier verschiedene Basen. Die Erbinformation ist durch die Reihenfolge der Basen festgelegt. Die Form der DNA erinnert an eine Wendeltreppe (Doppelhelix-Modell).

Proteinbiosynthese

Bevor sich Zellen teilen, wird durch eine identische DNA-Verdopplung die Anleitung kopiert und die Information an die Tochterzellen weitergegeben. In den Zellen sorgt ein chemischer Lese- und Übersetzungsmechanismus dafür, dass anhand der Reihenfolge der Basen die entsprechenden Proteine, die die Zelle braucht, gebildet werden.

Gen: Abschnitt auf der DNA mit der Bauanleitung für ein Protein

Aminosäuren (Bausteine)

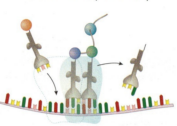

Proteinbiosynthese: chemischer Lese- und Übersetzungsmechanismus

Protein

Keimzellbildung und Befruchtung

Zur Bildung von Keimzellen findet eine Kernteilung, die Meiose, statt. Die homologen Chromosomen werden getrennt, sodass jede Keimzelle nur noch halb so viele Chromosomen enthält. Die Verteilung der Chromosomen erfolgt zufällig. Bei der Befruchtung kommen die Chromosomen einer Ei- und einer Spermazelle zusammen. Es entsteht wieder ein doppelter Chromosomensatz.

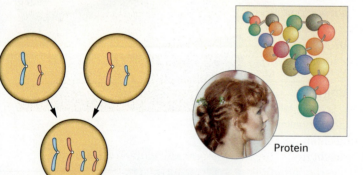

Entwicklung zum Embryo

Mendelsche Erbregeln

Gregor Mendel entdeckte drei Erbregeln, die auch für den Menschen gelten: die Uniformitätsregel, die Spaltungsregel und die Unabhängigkeitsregel. Wie er erkannte, gibt es in den Körperzellen zu jedem Gen jeweils zwei Allele. Sie werden zufällig auf die Keimzellen verteilt und bei der Befruchtung neu kombiniert.

Mutationen

Mutationen sind ungerichtete Veränderungen des Erbgutes. Sie betreffen entweder ein einzelnes Gen (Genmutationen), grössere Bereiche eines Chromosoms (Chromosomenmutationen) oder die Zahl der Chromosomen (Genommutationen). Mutationen sind häufig Ursache von Erbkrankheiten wie dem Down-Syndrom.

Erbe und Umwelt

Jedes Lebewesen hat eine genetische Ausstattung, die seine Merkmale bestimmt. Merkmalsausprägungen werden auch durch die Umwelt beeinflusst. Dies sind Modifikationen. So wird etwa Pflanzenwachstum durch Lichteinflüsse verändert. Modifikationen werden nicht vererbt.

Züchtung und Biotechnologie

Kenntnisse über Abläufe, die bei der Vererbung von Eigenschaften wichtig sind, werden zur Züchtung und Vermehrung von Pflanzen und Tieren genutzt. Sogar bei der Produktion von Arzneimitteln spielen sie eine Rolle. Moderne Verfahren der Biotechnologie und der Gentechnik eröffnen dabei völlig neue Möglichkeiten. Diese können aber auch mit Risiken verbunden sein.

Gene und Vererbung

1.
a) Benenne die Bausteine der DNA.
b) Erkläre, wie die Erbinformation gespeichert ist.
c) Erläutere das Prinzip der Basenpaarung.

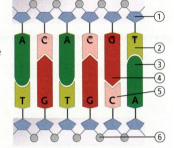

2.
Ein reinerbig weisses Meerschweinchen (Genotyp aa) wird mit einem reinerbig schwarzen Meerschweinchen (Genotyp AA) gekreuzt. Schwarz (A) ist dominant gegenüber weiss (a).

 X

a) Welche Genotypen und welche Phänotypen treten in der 1. Tochtergeneration F_1 auf? Welche MENDELsche Erbregel wird hier deutlich?
b) Kreuze nun zwei Tiere der F_1-Generation untereinander. Ermittle die Genotypen und die Phänotypen in der 2. Tochtergeneration F_2. Erstelle dazu ein Kombinationsquadrat.
c) Welche MENDELsche Erbregel wird hier deutlich?
d) Erläutere die Bedeutung dieser Erbregel für die Tierzüchtung.

3.
a) Definiere den Begriff Stammzelle.
b) Benenne einige Chancen und Schwierigkeiten im Zusammenhang mit der Stammzellforschung.

4.
Gesunde Eltern haben ein an Mukoviszidose erkranktes Kind. Das Allel für diese Krankheit ist rezessiv. Mit welcher Wahrscheinlichkeit wird ein weiteres Kind diese Erkrankung haben? Begründe mithilfe der Erbregeln.

5.
Beschreibe mithilfe der Zeichnung, wie Insulin gentechnisch hergestellt wird. Ordne den Ziffern jeweils einen Fachbegriff und den Buchstaben jeweils einen Vorgang zu.

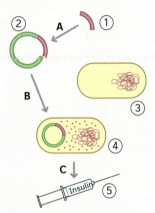

6.
a) Erläutere, welche verschiedenen Arten von Mutationen es gibt.
b) Nenne Beispiele, wie sie sich im System des Lebewesens auswirken können.

7.
Unten sind die roten Blutkörperchen eines an Sichelzellanämie Erkrankten abgebildet. Erläutere am diesem Beispiel, wie sich eine Mutation auswirken kann.

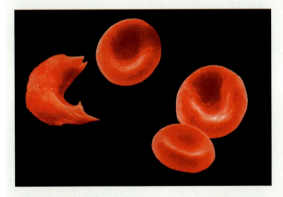

8.
Bei Röntgenuntersuchungen werden den Patienten Bleischürzen umgelegt, um die Strahlung abzuschirmen. Erkläre diese Massnahme und verwende dabei den Begriff "Mutagen".

9.
Beschreibe am Beispiel des Bt-Mais, wie in der grünen Biotechnologie Eigenschaften von Pflanzen für bessere Ernteerträge verändert werden.

LERNCHECK

Artenvielfalt und Evolution

Wie entstehen neue Arten und warum sterben sie wieder aus?

Welche Rolle spielt die Sexualität in der Evolution?

Stammt der Mensch vom Affen ab? Wie sahen unsere Vorfahren aus?

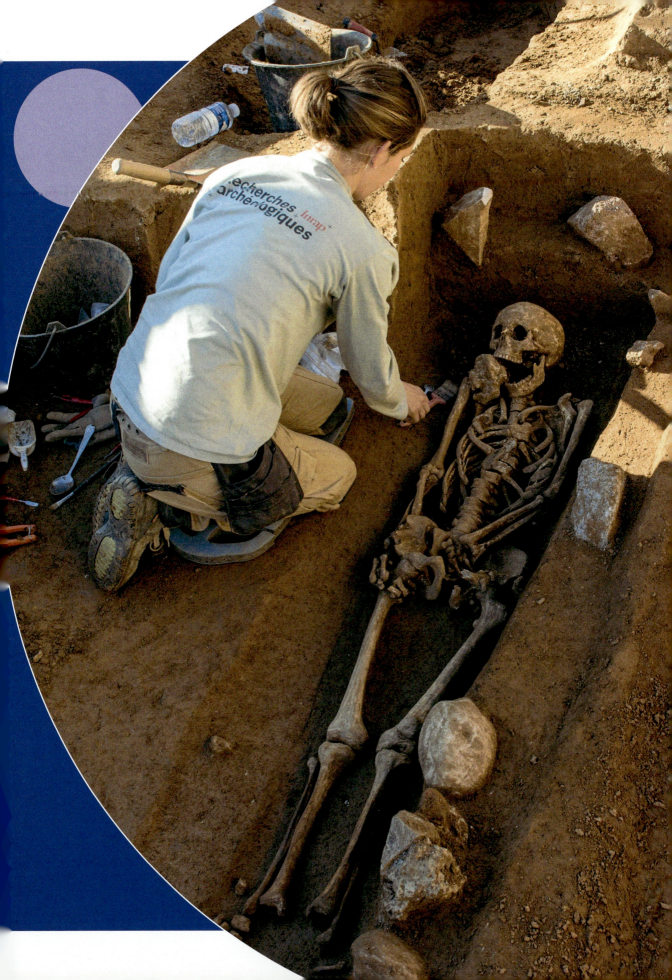

Was ist eine Art?

1. 📋 Ⓐ
Die Abbildung zeigt Seefrosch (A), Kleinen Wasserfrosch (B) und Teichfrosch (C). Die Tabelle zeigt Steckbriefe der drei Frösche. Vergleiche die drei Frösche anhand der Tabelle. Argumentiere, was dafür spricht, dass es sich um mehrere Arten handelt, und was dagegen spricht.

2. 📋 Ⓐ
Erläutere die verschiedenen Artkonzepte.

	Kleiner Wasserfrosch *Pelophylax lessonae*	Teichfrosch *Pelophylax esculentus*	Seefrosch *Pelophylax ridibunda*
Grösse	4,5–7 cm	5,5 – 9 cm	7–13 (15) cm
Aussehen	Rückenfärbung zur Paarungszeit gelbgrün und ungefleckt, ausserhalb Paarungszeit sowie bei Weibchen bräunlicher und variabel, häufig mit braunen Flecken; Bauchseite meist rein weiss	Rücken gras- bis dunkelgrün mit dunkler Fleckung und oft mit heller Rückenlinie; Bauchseite weiss mit grauer Marmorierung; Fersenhöcker von mittlerer Grösse	Rückenfärbung olivgrün bis bräunlich, gefleckt, oft mit hellgrüner Rückenlinie; Bauch grau marmoriert; Fersenhöcker klein
Stimme	sehr vielgestaltig, von Quaken bis Knurren	weniger metallisch und nicht tremolierend wie beim Kleiner Wasserfrosch	lautes langsames Quaken
Lebensraum	kleinere Gewässer wie Gräben, Tümpel oder überschwemmte Wiesentümpel	kleinere Gewässer, tritt fast immer mit kleinem Wasserfrosch auf	fast ganzjährig vor allem an grossen Flüssen
Nahrung	Insekten, Würmer	Insekten, Würmer, selten auch Kaulquappen und kleine Frösche und Krötchen	Insekten, Würmer, gelegentlich auch kleinere Artgenossen
Überwinterung	im Schlamm des Gewässers		im Schlamm möglichst tiefer Gewässer
Gefährdung	potenziell gefährdet		nicht heimisch, ausgesetzt

1 Zum Verwechseln ähnlich: **A** Nachtigall, **B** Sprosser

Nachtigall oder Sprosser?
Bei der Sichtung einer Nachtigall kann sich auch der geschulte Beobachter nicht sicher sein, ob es sich tatsächlich um diese Vogelart handelt. Nachtigallen unterscheiden sich nämlich nur wenig von den mit ihnen verwandten Sprosser (Bild 1). Auch der Gesang der Männchen ist sehr ähnlich. Erst wenn man eine Gesangsaufnahme genau auswertet, zeigen sich Unterschiede. Aufgrund dieser Unterschiede wurden **Nachtigallen** *Luscinia megarhynchos* und **Sprosser** *Luscinia luscinia* verschiedenen Arten zugeordnet, was sich auch in der wissenschaftlichen Namensgebung zeigt.
Beide Arten nutzen den gleichen Lebensraum, wie zum Beispiel lockere Bestände von Laubgehölzen in den Flussniederungen. In Nord- und Ostdeutschland gibt es einen schmalen Überschneidungsbereich, in dem beide Arten vorkommen und sich auch gemeinsam fortpflanzen. Dabei sind weibliche Nachkommen aber sehr selten und unfruchtbar.

Viele Farben, eine Art

Der **Asiatische Marienkäfer** *Harmonia axyridis* ist ein eingeschlepptes Insekt. Er wurde in den 1980er Jahren zur Bekämpfung von Blattläusen in Gewächshäusern eingesetzt. Seither vermehren sich Populationen der Käfer auch im Freiland so erfolgreich, dass sie zu Konkurrenten der heimischen Marienkäfer werden. Bei der Betrachtung einer grossen Zahl dieser Käfer fällt auf, dass die einzelnen Individuen grosse Unterschiede in der Färbung und Punktung ihrer Flügeldecken zeigen (Bild 2). Es ist schwer, zwei völlig identische Individuen zu finden. Trotz dieser unterschiedlichen Färbungsmerkmale gehören die verschiedenen Käfertypen zur gleichen Art *Harmonia axyridis*. Männchen und Weibchen paaren sich ungeachtet ihrer Färbungsmerkmale und erzeugen fruchtbare Nachkommen.

1 Variationen des Asiatischen Marienkäfers

Frösche: komplizierte Verhältnisse

Vergleicht man den Kleinen Wasserfrosch, den Teichfrosch und den Seefrosch miteinander, stellt man fest, dass die Merkmale des Teichfroschs zwischen denen der beiden anderen Arten liegen bzw. eine Mischung sind. Der Teichfrosch hat von beiden etwas. Deshalb ist der Teichfrosch auch keine echte Tierart. Teichfrösche sind **Hybriden**, ursprünglich hervorgegangen aus Kreuzungen zwischen Kleinen Wasserfröschen und Seefröschen.

In der Natur kommt es immer wieder zu solchen „Fehlpaarungen". Der daraus entstehende Nachwuchs ist oft unfruchtbar wie bei Nachtigall und Sprosser oder in anderer Weise genetisch benachteiligt. Nicht so die Teichfrösche. In der Schweiz kommen sie zusammen mit Kleinen Wasserfröschen vor und sind häufig in der Überzahl.
Das überrascht, denn normalerweise können sich Teichfrösche nicht miteinander fortpflanzen. Zur Vermehrung benötigen sie vielmehr einen Wasserfrosch- oder Seefrosch-Partner Durch die Mischpaarungen entstehen aber wieder Hybriden, die Spezies in Reinform haben das Nachsehen.

Artkonzepte

Die Beispiele zeigen, wie schwierig es ist, Individuen von Lebewesen ausschliesslich aufgrund von äusseren Merkmalen einer Art zuzurechnen. CARL VON LINNÉ unternahm 1758 erstmals den Versuch, Pflanzen und Tiere in ein System einzuordnen. Er orientierte sich an der Erscheinung und Gestalt und entwickelte das Artkonzept der **Morphospezies** (gr. morphé, Gestalt): Individuen einer Art weisen gleiche Grundmerkmale auf – zumindest „gleichere" als mit Individuen anderer Arten. Nach diesem Artkonzept sollten Sprosser und Nachtigallen der gleichen Art angehören, die Individuen der Marienkäfer dagegen nicht.

Die ausschliessliche Beurteilung der Gestalt erlaubt keine sichere Trennung von Arten. Deshalb wurde das Konzept der **Biospezies** entwickelt, das auf den Begriff der **Population** aufbaut. Die Individuen von Populationen gehören dann zur gleichen Art, wenn sie unter natürlichen Bedingungen **fortpflanzungsfähige Nachkommen** erzeugen können – auch wenn verschiedene Populationen einer Art in der Regel mehr oder weniger stark voneinander getrennt sind. Dieses Konzept ist zuverlässiger als die Morphospezies und hat sich allgemein durchgesetzt.
Da sich die verschieden gefärbten Marienkäfer sehr wohl miteinander paaren und fruchtbare Nachkommen hervorbringen, gehören sie zur gleichen Biospezies. Dies trifft für Sprosser und Nachtigallen nicht zu.

Stammbäume

1. **a)** Beschreibe den traditionellen Stammbaum der Wirbeltiere in Abbildung 3A.
b) Vergleiche diesen Stammbaum mit dem Stammbaum in Abbildung 3B.

2. Erkläre, was man unter einer DNA-Sequenzanalyse versteht.

3. Erläutere, weshalb Vögel heute nicht mehr als eigenständige Wirbeltierklasse angesehen werden.

1 Verwandt?

Wer ist verwandt?
Stammbäume zeigen Verwandtschaftsverhältnisse von Lebewesen. Dazu vergleicht man üblicherweise deren **Merkmale des Körperbaus**. Lebewesen mit gemeinsamen Merkmalen fasst man dann zu Gruppen zusammen.

Verwandtschaften bei Wirbeltieren
Wichtigstes gemeinsames Kennzeichen aller Wirbeltiere ist der Besitz eines Innenskelettes mit Wirbelsäule. Aufgrund körperlicher Merkmale teilt man die Wirbeltiere traditionell in fünf Grossgruppen, auch **Klassen** genannt: **Fische, Amphibien, Reptilien, Vögel** und **Säugetiere**. Fische und Amphibien bilden klar unterscheidbare Klassen mit gemeinsamen Kennzeichen, die sie von den Säugetieren unterscheiden. Auch die heute lebenden Vögel besitzen gemeinsame Merkmale wie zum Beispiel Federn, die keine andere Wirbeltierklasse aufweist. Reptilien wie Schlangen, Echsen, Krokodile und Schildkröten sind zwar unterschiedlich gebaut, besitzen aber mit ihrer schuppigen Haut ein gemeinsames Merkmal, das sie von anderen Wirbeltieren unterscheidet. Daher schien es lange Zeit gerechtfertigt, Vögel und Reptilien als eigenständige Klassen anzusehen.

Die DNA gibt Aufschluss
Um die Verwandtschaftsverhältnisse von Lebewesen aufzuklären, nutzt man heutzutage auch verschiedene molekulare Methoden. Eine dieser Methoden ist die **DNA-Sequenzanalyse**. Dabei werden Unterschiede in der Basenabfolge der DNA verschiedener Arten ermittelt. Diese Unterschiede kommen durch Mutationen zustande und werden von Generation zu Generation weitergegeben. Je länger sich zwei Arten in der Stammesgeschichte getrennt voneinander entwickelt haben, desto mehr Mutationen haben stattgefunden und desto grösser sind die Sequenzunterschiede in ihrer DNA. Umgekehrt deuten geringe Unterschiede in der DNA verschiedener Lebewesen auf deren grosse verwandtschaftliche Nähe hin.

Der Stammbaum wird bestätigt ...
Die molekularen Methoden bestätigten zunächst den traditionellen Stammbaum. So sind z.B. die DNA-Unterschiede zwischen Schwanzlurchen, Kröten und Fröschen gering, die zu den anderen Wirbeltierklassen vergleichsweise gross. Von der Linie der ursprünglichen, an Land lebenden Vierfüsser hatte sich demnach zunächst die Klasse der Amphibien abgetrennt und dann weiter aufgefächert.

Das gemeinsame Kennzeichen von Säugetieren, Vögeln und Reptilien ist der Besitz eines **Amnions** (Bild 2). In dieser wasserundurchlässigen Hülle kann sich ein Embryo auch an Land entwickeln, ohne auszutrocknen. Der Besitz des Amnions grenzt die landlebenden Wirbeltiere von den Amphibien ab. Aus Tieren mit Amnion entwickelten sich in der Stammesgeschichte zunächst die Säugetiere. Auch hier zeigte die DNA-Sequenzanalyse, dass Säugetiere eine einheitliche Klasse unter den Wirbeltieren bilden. Die DNA-Unterschiede sind bei ihnen vergleichsweise gering.

2 Katzenembryo in seinem Amnion

... aber es gibt auch Überraschungen

Ein überraschendes Ergebnis brachte jedoch die vergleichende Untersuchung der DNA von Vögeln und Krokodilen (Bild 1). Deren DNA-Unterschiede waren sehr gering. Vögel und Krokodile können demnach nicht zu verschiedenen Wirbeltierklassen gehören. Sie bilden zusammen mit Echsen, Schlangen und Schildkröten eine neue Klasse, die der **Sauropsiden**. Eine deutsche Bezeichnung für diese Gruppe gibt es bislang nicht.

Vorfahren

In die Entwicklung von Stammbäumen fliessen also traditionelle, aber auch moderne Untersuchungsmethoden mit ein. Am Beginn eines Stammbaums steht jeweils der gemeinsame **Vorfahre**. Aus diesem haben sich alle anderen Gruppen und Arten entwickelt. Eine Aufgabelung in einem Stammbaum symbolisiert die Trennung einer Ursprungsart in neue Entwicklungslinien und damit neue Arten. An diesen Stellen kann auch vermerkt werden, welche evolutionäre Neuerung im Verlauf der Stammesgeschichte aufgetreten ist.

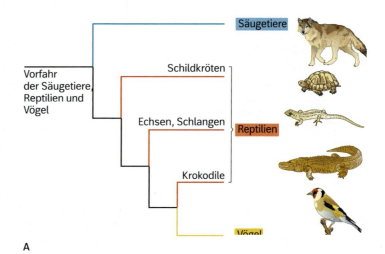

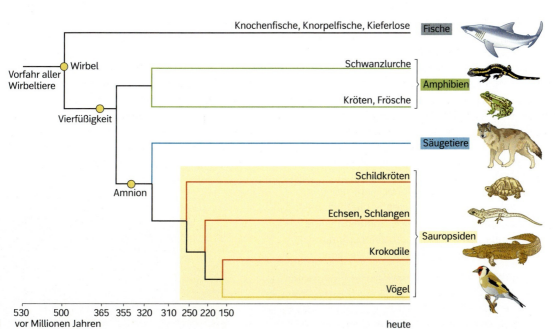

3 Stammbaum der Wirbeltiere **A** traditionelle Vorstellung (Ausschnitt); **B** tatsächliche Beziehungen

Überraschende Verwandtschaftsverhältnisse

PINNWAND

Biologen interessieren sich sehr dafür, wer im Tierreich mit wem wie verwandt ist. Denn wissen Forscher darüber Bescheid, können sie auch Rückschlüsse auf die Evolution der Tiere schliessen. Dabei stossen Wissenschaftler, vor allem durch DNA-Untersuchungen, immer wieder auf überraschende Verbindungen.

Klippschliefer
Der Klippschliefer kommt in weiten Teilen Afrikas und in Westasien vor. Zu wem hat er die grösste Verwandtschaft – Fuchs, Meerschweinchen oder Elefant?

Fledermaus
Ihr nächster noch lebender Verwandter ist ...
... der Igel? Die Ratte? Das Opossum?

Ursprünglich dachten Wissenschaftler, Klippschliefer seien Nagetiere. Erst als die DNA der Klippschliefer untersucht wurde, fand man heraus, dass sie viel eher Huftiere sind und nah verwandt mit Elefanten und Seekühen sind. So weisen Schliefer zwei kontinuierlich wachsende Schneidezähne auf, ähnlich wie Elefanten zwei ständig nachwachsende Stosszähne besitzen.

Anders als es der Name vermuten lässt, sind Fledermäuse keine Nagetiere, sondern gehören zu den Fledertieren. Diese sind vermutlich am nächsten mit Insektenfressern verwandt, also etwa dem Igel.

Artenvielfalt und Evolution | 235

Schildkröten
Sind sie mit Kröten, Schnecken oder Vögeln verwandt?

Die schwerfällige, gepanzerte Schildkröte und die leichten gefiederten Vögel: Äusserlich sehr verschieden, trotzdem eng miteinander verwandt, wie genetische Untersuchungen zeigten. Man vermutet, dass sich die Schildkröten bereits vor rund 250 Millionen Jahren von anderen Wirbeltieren abtrennten. Damals entwickelte sich aus den Ur-Reptilien eine neue Wirbeltiergruppe: die Stammeltern von Sauriern, Vögeln, Krokodilen und Schildkröten. Ungefähr 20 bis 30 Millionen Jahre später entstanden aus ihnen die Ur-Schildkröten, möglicherweise zur Zeit des grossen Massensterbens am Ende des Perm, bei dem 80 Prozent aller Landtierarten ausstarben.

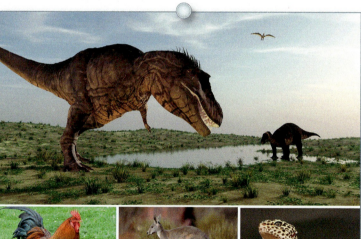

Tyrannosaurus Rex
Der Dinosaurier ist schon lange ausgestorben. Zu welchem noch lebenden Tier hat er die grösste Nähe: Huhn, Känguruh oder Leguan?

Dass Vögel und Dinosaurier miteinander verwandt sind, wissen Forscher schon länger. Überraschend ist jedoch die Tatsache, dass der Tyrannosaurus enger mit Hühnern als mit Alligatoren und Eidechsen verwandt ist. Das fand man heraus, als man in einem Tyrannosaurus-Knochen Reste von Blutgefässen entdeckte, aus denen sich Rückschlüsse auf den genetischen Bauplan des Raubtieres ziehen lassen konnten.

PINNWAND

Fossilien – Zeugen der Vorzeit

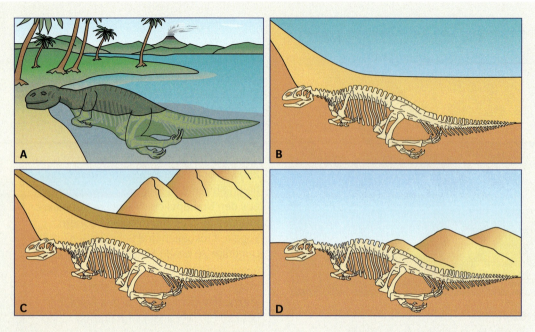

1. 🅐
Beschreibe anhand der Bilder, wie ein Fossil entsteht.

2. 🅐
Begründe, weshalb man Fossilien von Tieren, die im oder am Wasser gelebt haben, häufiger findet als die von Landtieren.

3. 🅐
Erkläre den Prozess der Versteinerung eines Lebewesens.

4. 🆀
Verfasse Steckbriefe zu „Fossilien des Jahres". Nutze dafür z. B. die Homepage der Sauermuseums Frick.

5. 🆅
Überlegt euch, wie ihr mithilfe von Muscheln und Gips selbst „Fossilienmodelle" erstellen könnt. Plant eure Vorgehensweise, stellt Fossilienmodelle her, präsentiert sie der Klasse und erläutert eure Vorgehensweise. Berichtet auch von euren Schwierigkeiten.

> **TIPP**
> für eure Materialkiste: 1 Muschel (beide Schalenhälften), Klebstoff, 1 Gipsbecher, 1 Getränkekarton, Schnellgips, Seidenpapier, gelbe Kreide, Wasser, Handcreme, Löffel, Messer, Hammer, Gummibänder

6. 🅐
Nenne die Vorgänge der Fossilienentstehung, die bei einem Modell wie in Aufgabe 5 nachvollzogen werden.

Artenvielfalt und Evolution

Dinosaurierfunde – auch in der Schweiz

Im Mai 2015 stiessen Paläontologen in Frick im Kanton Aargau auf mehrere Plateosaurier, darunter ein acht Meter langes Exemplar. Innerhalb von zwei Wochen wurde er vollständig freigelegt.

Plateosaurier gehören zu den ältesten Dinosauriern. Sie lebten in der Triaszeit vor rund 210 Millionen Jahren und wiesen eine Körperlänge von 7 – 8 Metern auf. Bekannte Dinosaurier, wie der Tyrannosaurus Rex oder der Triceratops, lebten rund 150 Millionen Jahre später.

Über die Gangart wurde unter Forschern gestritten; heute nimmt man an, dass Plateosaurier auf den grossen Hinterbeinen gelaufen sind.

So entstanden Fossilien

Vermutlich waren die in Frick gefundenen Tiere in ein grosses Schlammloch geraten und dort verendet. Sand und Schlick bedeckten die toten Körper schnell, und die Weichteile verfaulten. Weil es aber keinen Sauerstoff gab, wurden die Körper nicht vollständig zersetzt. Hartteile wie Knochen oder Zähne blieben erhalten. Immer neue Sand- und Schlammschichten, das Sediment, lagerten sich über den toten Sauriern ab. Je feiner das umliegende Sediment war, desto mehr Einzelheiten sind heute an den **Fossilien** erkennbar. Durch einsickerndes Wasser, darin gelöste Mineralsalze, den Druck und die Temperatur veränderten sich die Hartteile der Saurier in ihrer Zusammensetzung, sie versteinerten. Ihre Form blieb dabei erhalten. Durch Bewegungen der Erdkruste kommen die **Versteinerungen** wieder an die Erdoberfläche und werden durch Einwirkung von Regen und Wind freigelegt.

2 Tapir: **A** Fossiler Urtapir, **B** Schabrackentapir (eine heute lebende Art)

Fossilien zeigen Vielfalt vergangener Zeiten

Heute leben ungefähr 60 000 Wirbeltierarten. Sie machen zusammen aber nur ein Prozent der Wirbeltiere aus, die jemals gelebt haben. Im Lauf von vielen Millionen Jahren sind immer wieder neue Arten entstanden. Diese Entwicklung von Arten in der Erdgeschichte heisst **Evolution.** Die meisten Arten, die im Verlauf der Evolution entstanden sind, sind inzwischen wieder ausgestorben.

Alle Überreste von Lebewesen heissen **Fossilien.** Dies können auch Spuren oder Pflanzenabdrücke sein. Oft ähneln Fossilien heutigen Arten, wie zum Beispiel das 47 Millionen Jahre alte Fossil eines Urtapirs, dessen Skelett dem Skelett heutiger Tapire sehr ähnlich sieht. Anhand solcher Fossilien kann man die Geschichte heutiger Tiere oft weit in die Vergangenheit verfolgen. Dabei sind jüngere Fossilien unseren jetzigen Arten ähnlicher als ältere Fossilien.

1 Teil eines Plateosaurus-Fundes im Sauriermuseum Frick

> Kannst du erklären, was Fossilien sind und wie sie entstehen?

Wie alles begann

1. Beschreibe, was man unter der „chemischen" und der „biologischen" Evolution versteht.

2. Informiere dich im Internet über „Mikrosphären". Berichte.

3. Beschreibe, wie man sich die Entstehung der Mitochondrien und Chloroplasten vorstellt.

4. Erkläre die Vorteile der Symbiose für:
a) die aufnehmenden Bakterien und
b) die Bakterien, die sich zu Mitochondrien und Chloroplasten entwickelt haben.

Die Entstehung der Erde

Die Entstehung unserer Erde liegt etwa 4,5 Milliarden Jahre zurück. Zu Beginn war sie ein glühender Gasball, der über viele hundert Millionen Jahre abkühlte. Ihre Entstehungszeit war geprägt durch Meteoriteneinschläge, extreme Regenfälle, gewaltige Gewitter, Vulkanausbrüche, dampfende Lagunen und Erdspalten.

1 Schema einer Urlandschaft

Man nimmt an, dass die „Uratmosphäre" aus Stickstoff, Kohlenstoffdioxid, Wasserdampf, Schwefelwasserstoff, Methan, Spuren von Ammoniak und anfänglich auch freiem Wasserstoff bestand.

Die chemische Evolution

Dem amerikanischen Studenten STANLEY MILLER gelang es 1953 in einem Versuch, die Bedingungen der „Uratmosphäre" nachzuahmen. Dazu mischte er die Gase der Uratmosphäre und erhitzte das Gemisch. Er erzeugte mit Elektroden künstliche Blitze und bestrahlte seine „Uratmosphäre" mit UV-Licht.
Wenige Tage später machte er die sensationelle Entdeckung, dass seine **„Ursuppe"** organische Verbindungen wie Ameisensäure und einige Aminosäuren enthielt. Variationen der Versuchsbedingungen führten später auch zu Fetten, Kohlenhydraten und Bestandteilen von Nukleinsäuren.
Die Ergebnisse der Experimente lassen den Schluss zu, dass die Bildung einfacher organischer Substanzen bereits zur Zeit der Uratmosphäre möglich war. Gesicherte Erkenntnisse liegen allerdings bisher nicht vor.
Die Entstehung von organischen Verbindungen aus anorganischen Stoffen bezeichnet man als **chemische Evolution**.

Die biologische Evolution

Nach einem Modell des Nobelpreisträgers MANFRED EIGEN organisieren Ketten von RNA-Bausteinen die Herstellung bestimmter Eiweisse. Über Millionen Jahre könnten sich auch einige davon zu kleinen Kügelchen zusammengeschlossen haben. Derartige Gebilde aus Eiweisshülle und RNA-Kern haben sich möglicherweise zur **„Urzelle"** weiterentwickelt.

Erstes Leben aus der Tiefsee?
Andere Wissenschaftler sehen in den „Schwarzen Rauchern" der Tiefsee die Quelle des Lebens. Untersuchungen an den „Black Smokern" ergaben, dass sich trotz Temperaturen von 350 °C und extremen Druckverhältnissen kleine zellähnliche Strukturen mit einer membranartigen Hülle entwickeln, sogenannte **Mikrosphären.** In ihnen vermuten einige Wissenschaftler die Urformen der ersten Lebewesen.

Urbakterien – die ersten Zellen
Die ersten Lebewesen waren **Urbakterien.** Es waren von der Aussenwelt durch Zellmembranen abgegrenzte Organismen. Diese Abgrenzung ist wichtig, damit die Reaktionen des Lebens kontrolliert ablaufen konnten. Die Urbakterien betrieben Stoffwechsel, indem sie energiereiche Stoffe aufnahmen und die darin gespeicherte Energie in andere Energieformen umwandelten.
Urbakterien waren einfache Zellen, die noch nicht über einen abgegrenzten Zellkern verfügten. Sie waren **Prokaryoten,** die sich teilen und vermehren konnten.

Von den Prokaryoten zu den Eukaryoten
Die Entstehung der Zellen, wie sie Pflanzen, Tiere und der Mensch besitzen, erklären Wissenschaftler mit der **Endosymbiontentheorie.** Sie beschreibt den Zusammenschluss von verschiedenen urtümlichen Bakterien, die eine Symbiose – eine Gemeinschaft zum beiderseitigen Vorteil – miteinander eingingen. Sauerstoff atmende Bakterien, die sich mit Urbakterien zusammenschlossen, entwickelten sich in diesen zu Mitochondrien. Diese verfügen über eine eigene Erbsubstanz und dienen seitdem als „Energiekraftwerke" in den Zellen.

Bei der Entwicklung der Pflanzenzellen nahmen die Eukaryoten als weitere „Untermieter" Fotosynthese betreibende Cyanobakterien auf. Sie entwickelten sich in den Pflanzenzellen zu Chloroplasten.
Die DNA des Urbakteriums wurde nach und nach durch Membranen vom Zellplasma abgegrenzt. So entstanden Zellen mit einem echten, membranumhüllten Zellkern. Lebewesen mit solchen Zellen nennt man **Eukaryoten.** Dazu gehören alle Pflanzen und Tiere und auch der Mensch.

Wissenschaftler sprechen von einer Theorie, wenn es für eine Vorstellung eine Vielzahl überzeugender Belege gibt. Dies ist bei der Endosymbiontentheorie der Fall.

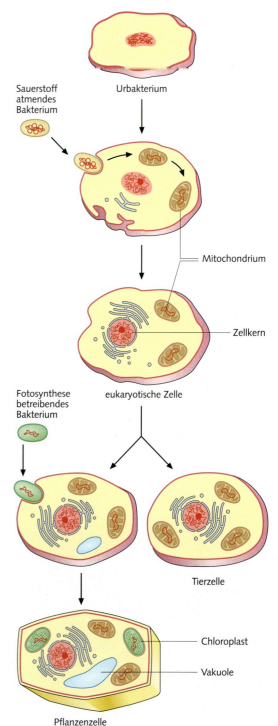

2 Die Entwicklung eukaryotischer Zellen nach der Endosymbiontentheorie

Kannst du die „chemische" und die „biologische" Evolution beschreiben?

Erdzeitalter und ihre Lebewesen

1.
Lege eine Tabelle mit drei Spalten an. Ordne darin jedem Zeitalter aus dem Text eine Zeitangabe und einige Lebewesen zu. Zeitangaben findest du auf der Seite „Evolution vollzieht sich in langen Zeiträumen". In der Spalte „Lebewesen" genügen jeweils einige Beispiele.

2.
Erläutere die Bedeutung des Sauerstoffs in der Erdurzeit.

3.
Erkläre den Zusammenhang zwischen dem Aussterben der Dinosaurier und der nachfolgenden Artenfülle bei den Säugetieren.

Die Erdurzeit

Nachdem die Erde entstanden war, gab es lange Zeit noch keinen freien Sauerstoff. Die ersten Urbakterien vor 3,8 Milliarden Jahren auf der Erde brauchten zur Energiegewinnung noch keinen Sauerstoff. Etwa 600 Millionen Jahre später entwickelte sich die Fotosynthese. Dabei wurde Sauerstoff frei, der für viele Lebewesen giftig war. Viele Arten starben aus. Nur Organismen, die sich davor schützen konnten, überlebten diese einschneidende Umweltveränderung. Vor 1,5 Milliarden Jahren entwickelten sich dann aber Zellen, die Sauerstoff nutzen konnten. Damit hatten sie einen Vorteil, weil sie viel Energie mithilfe des Sauerstoffs gewinnen konnten.

Das Erdaltertum

Im **Kambrium** entwickelte sich dann eine Vielzahl mehrzelliger Organismen im Wasser wie Algen, Quallen und Gliederfüsser wie zum Beispiel die Trilobiten. Mit den kieferlosen Fischen tauchten im **Ordovizium** die ersten Wirbeltiere im Wasser auf. Als erste höhere Pflanzen besiedelten im **Silur** Nacktfarne das Land. Im **Devon** lebten Lungenfische, Vorfahren der ersten Landwirbeltiere. Urlurche wie Ichthyostega besassen bereits ein Skelett, das ihnen eine Fortbewegung auf vier Beinen ermöglichte. Obwohl sie schon den Grossteil ihres Lebens an Land verbrachten, waren sie bei der Fortpflanzung noch auf das Wasser angewiesen. Erst die Reptilien konnten vollständig an Land leben. Im **Karbon** gab es riesige Sumpfwälder aus Siegel- und Schuppenbäumen sowie Schachtelhalmen. Die Überreste sind noch heute als Kohle erhalten.

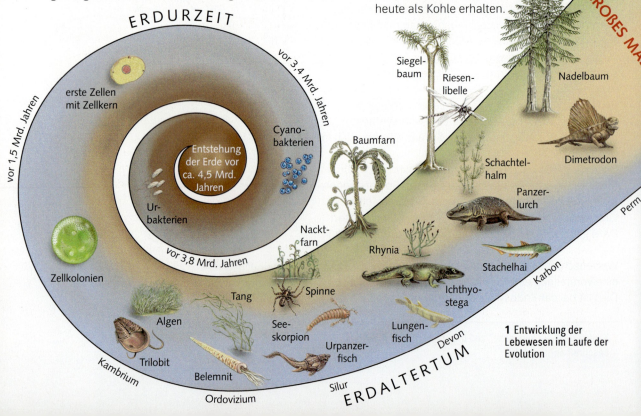

1 Entwicklung der Lebewesen im Laufe der Evolution

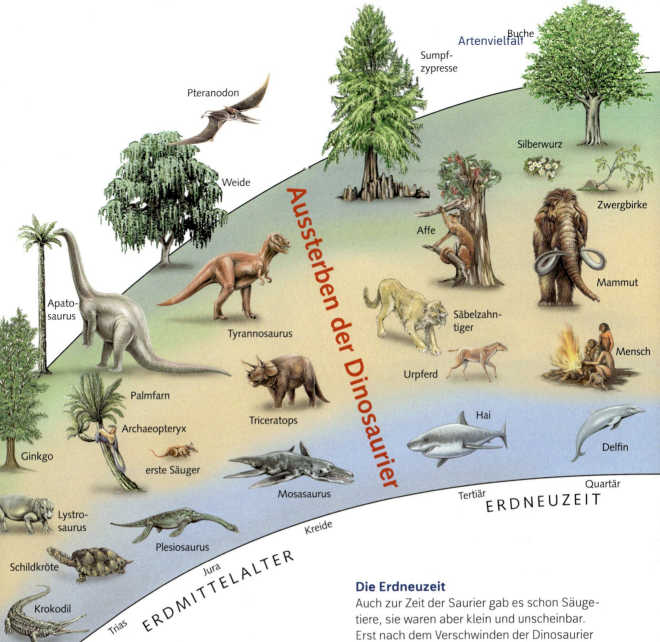

Das Erdmittelalter

Das Erdmittelalter war die Blüte der Saurier. Laufende, schwimmende und fliegende Saurier beherrschten fast alle Lebensräume der Erde. Im **Jura** entwickelten sich unter den Dinosauriern die grössten und schwersten Landlebewesen, die es je gab, wie zum Beispiel der Apatosaurus. Gegen Ende der **Kreidezeit** starben die Saurier jedoch aus. Als Nachfahren der Saurier gelten die Vögel. Bei den Pflanzen tauchten neben Farnen und Bärlappgewächsen die ersten Laubbäume und Blütenpflanzen auf.

Die Erdneuzeit

Auch zur Zeit der Saurier gab es schon Säugetiere, sie waren aber klein und unscheinbar. Erst nach dem Verschwinden der Dinosaurier konnten sich Säugetiere in grosser Artenvielfalt entwickeln.

Im **Tertiär** herrschten sehr hohe Temperaturen und es gab auch am Nordpol kein Eis, sodass auch hier Wälder wuchsen. Als es trockener und kühler wurde, breiteten sich Eichen- und Buchenwälder aus. Gegen Ende des Tertiärs traten erste menschenähnliche Lebewesen auf. Die Tiere und Pflanzen im **Quartär** wurden den heutigen Formen immer ähnlicher. Erst vor etwa zwei Millionen Jahren begannen die ersten Menschen wie Homo erectus die Erde zu besiedeln.

Kannst du die Entwicklung des Lebens in den Erdzeitaltern beschreiben?

Verwandt oder nur ähnlich?

1. 🅐
Wähle aus der Abbildung rechts zwei Vordergliedmassen aus. Nenne Gemeinsamkeiten und Unterschiede in Bau und Funktion.

2. 🅐
Erkläre, warum homologe Organe auf gemeinsame Vorfahren hinweisen.

3. 🆀
a) Informiere dich über homologe Organe bei Pflanzen. Halte einen kurzen Vortrag.
b) Erkläre, warum es sich bei den Stacheln der Rosen und den Dornen der Kakteen um analoge Organe handelt.

4. 🅐
a) Vergleiche die Vorderflosse des Buckelwals in Abbildung 4 mit den Vordergliedmassen anderer Wirbeltiere. Begründe, ob es sich um homologe oder analoge Organe handelt.
b) Erkläre, inwieweit die in der Zeichnung abgebildeten rudimentären Becken- und Oberschenkelknochen beim Buckelwal ein Beleg für die Evolution sind.

5. 🅐
Seelöwen und Walrosse tragen auf den Flossen Reste von Fuss- bzw. Fingernägeln.
Begründe, welche Schlüsse man daraus über die Entwicklungsgeschichte dieser Tierarten ziehen kann.

6. 🆀
In seltenen Fällen treten wie in Abbildung 2 dargestellt sogenannte Atavismen bei Tieren auf.
Recherchiere, ob auch beim Menschen solche Atavismen auftreten können. Stelle deine Ergebnisse in einem Kurzvortrag vor.

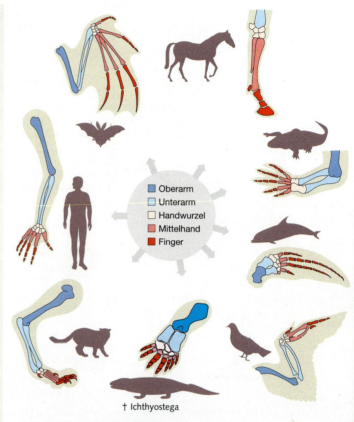

1 Vordergliedmassen von Wirbeltieren

Homologe Organe

Die Flossen eines Delfins und die Vorderbeine einer Katze haben äusserlich kaum Gemeinsamkeiten. Auch ihre Funktionen sind unterschiedlich. Während die Flossen zum Schwimmen genutzt werden, sind die Beine zum Laufen geeignet. Vergleicht man den Knochenbau beim Delfin und bei der Katze, findet man allerdings einen **gemeinsamen Grundbauplan.** Beide besitzen Oberarm-, Unterarm- und Handknochen. Diesen Grundbauplan findet man bei den Vordergliedmassen aller Wirbeltiere.

Solche Organe, die trotz ihrer manchmal unterschiedlichen Funktion einen gemeinsamen Grundbauplan haben, werden als **homologe Organe** bezeichnet. Sie weisen auf gemeinsame Vorfahren hin. Im Laufe der Evolution wurde der ursprüngliche Bauplan immer wieder abgewandelt.

Analoge Organe

Ähnliches Aussehen oder vergleichbare Funktion sind aber nicht immer ein Hinweis auf eine stammesgeschichtliche Verwandtschaft. Ein Beispiel dafür sind der Maulwurf und die Maulwurfsgrille.
Beide graben mit ihren Vordergliedmassen Gänge unter der Erde. Obwohl die Grabbeine beider Tiere dem gleichen Zweck dienen, haben sie einen unterschiedlichen Aufbau. Der Maulwurf hat typische Wirbeltiergliedmassen. Das Grabbein der Maulwurfsgrille hingegen ist ein abgewandeltes Insektenbein mit einem Aussenskelett aus Chitin. Organe, die zwar die gleiche Funktion erfüllen, aber einen unterschiedlichen Grundbauplan haben, bezeichnet man als **analoge Organe.**

Ähnliche Umweltbedingungen können dazu führen, dass Organe, die die gleiche Funktion erfüllen, sehr ähnlich aussehen können. Diese Ähnlichkeiten sind das Ergebnis von Angepasstheiten unterschiedlicher Lebewesen an den gleichen Lebensraum.

3 Analoge Organe (Grabbeine):
A Maulwurf, **B** Maulwurfsgrille

Rudimentäre Organe

Bei einigen Arten findet man weit zurückgebildete Organe, die keine Funktion mehr erfüllen. Wale zum Beispiel haben keine hinteren Gliedmassen. Dennoch gibt es bei ihnen Reste von Becken- und Oberschenkelknochen.
Sie sind ein Beleg dafür, dass die Vorfahren der Wale vierbeinige Landsäugetiere waren. Ihre hinteren Gliedmassen bildeten sich im Laufe der Evolution als zunehmende Angepasstheit an das Leben im Wasser wieder zurück. Solche Organreste werden als **rudimentäre Organe** bezeichnet.

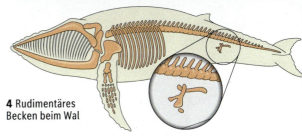

4 Rudimentäres Becken beim Wal

Atavismen

Manchmal können rückgebildete Organe zufällig wieder auftreten, obwohl sie in der Stammesgeschichte der jeweiligen Art eigentlich verschwunden waren. Solche **Atavismen** sind beispielsweise überzählige Hufe bei Pferden oder Rindern.

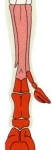

2 Atavismus beim Pferd

Kannst du Beispiele für homologe und analoge Organe nennen? Kannst du mithilfe von homologen und rudimentären Organen beurteilen, ob Lebewesen miteinander verwandt sind?

Belege für die Evolution

1. Archaeopteryx hat Merkmale von Reptilien (Dinosaurier A) und Vögeln (C). Erstelle eine Tabelle mit zwei Spalten zum Vergleich.

2. Erkläre, welche Bedeutung Funde wie Archaeopteryx für die Evolutionstheorie haben.

3. Das heutige Schnabeltier ist ein Brückentier. Entscheide, ob diese Aussage richtig ist. Begründe.

4. Betrachte die Rekonstruktion von Archaeopteryx unten. Beurteile, ob sie mit den wissenschaftlichen Erkenntnissen übereinstimmt. Mach Verbesserungsvorschläge.

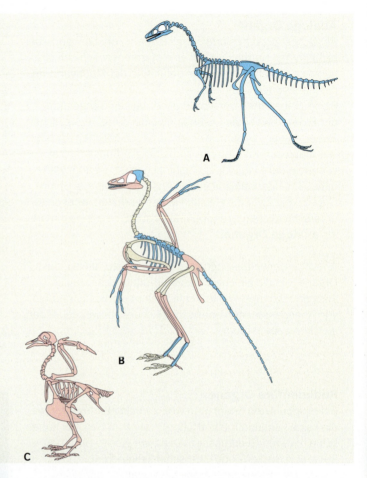

Archaeopteryx – Entwicklung zum Vogel

Fossiliensammler stiessen 1861 im bayrischen Solnhofen in Gesteinsschichten des Jura auf das versteinerte Skelett eines rabengrossen Tieres. Es war eindeutig gefiedert, was ihm den Namen **Archaeopteryx** („uralte Feder") einbrachte. Neben Federn, Flügeln und einem vogelartigen Kopf mit Schnabel besass es auch Zähne, Krallen an den Flügeln und einen langen, knöchernen Schwanz, wie ihn Reptilien haben. Die Wirbelsäule bestand aus Wirbeln, die nicht miteinander verwachsen waren und auch die Bauchrippen waren frei. Dies sind typische Merkmale von Reptilien. Ausserdem fehlte der für Vögel typische Brustbeinkamm.

Weitere Untersuchungen zeigten aber auch einen vogeltypischen Schultergürtel und zu einem Gabelbein verwachsene Schlüsselbeine, wie sie ebenfalls bei Vögeln zu finden sind.
Das ungewöhnliche Tier war also ein Mosaik aus Vogel- und Reptilienmerkmalen.

1 Archaeopteryx: Rekonstruktion

Artenvielfalt und Evolution | 245

2 Archaeopteryx: Fossil aus Solnhofen

Archaeopteryx lebte vor etwa 150 Millionen Jahren in der baumlosen Gegend des heutigen Solnhofen. Vermutlich hatte er schwarz-weisses Gefieder. Über die Lebensweise weiss man bisher nur wenig. Der Knochenbau lässt allerdings vermuten, dass er zwar den Gleitflug beherrschte aber zu einem aktiven, freien Flug noch nicht fähig war.

Archaeopteryx – ein Brückentier

Funde von Archaeopteryx sind wissenschaftlich deshalb von so grosser Bedeutung, weil sie Merkmale von zwei benachbarten Tierklassen aufweisen, die heute vollständig voneinander getrennt sind: den Reptilien und den Vögeln.

Tiere, die solche **Merkmalsmosaike** aufweisen, heissen **Brückentiere.** Sie zeigen, dass es eine Evolution von einer Tierklasse zu einer anderen gegeben haben muss.

Es hat inzwischen weitere Funde von Archaeopteryx und anderen Fossilien gegeben, die ebenfalls Merkmale von Vögeln und Reptilien kombinieren. Es muss zwischen den Dinosauriern und den heutigen Vögeln viele Brückentiere gegeben haben, die inzwischen ausgestorben sind. Die Vögel sind die einzigen Nachkommen der Dinosaurier, die es heute noch gibt.

Das Schnabeltier

Schnabeltiere leben im östlichen und südöstlichen Teil Australiens und sind an das Leben in trüben Gewässern angepasst. Sie vereinigen Merkmale von Vögeln, Reptilien und Säugetieren. Sie legen Eier mit einer ledrigen Schale wie Reptilien und haben für die Ausgänge von Darm, Harnleiter und Geschlechtsorganen nur eine Körperöffnung, die Kloake. Genauso ist es auch bei Reptilien und Vögeln. Andererseits haben die Schnabeltiere ein Fell und füttern ihre Jungen mit Milch, die aus Poren auf der Bauchseite kommt. Auch im Skelett findet man Merkmale von Reptilien, Vögeln und Säugetieren.

Schnabeltiere haben sich vor 166 Millionen Jahren aus ersten reptilienähnlichen Säugetieren entwickelt. In diesen 166 Millionen Jahren haben sich auch die Schnabeltiere weiter entwickelt, dabei aber Merkmale sowohl von Reptilien, als auch solche von Vögeln und von Säugetieren behalten.

Tiere wie das Schnabeltier werden oft als **lebende Fossilien** bezeichnet.

3 Schnabeltier

Kannst du die Bedeutung von Brückentieren wie Archaeopteryx für die Evolutionstheorie erklären?

Evolutionstheorien von LAMARCK und DARWIN

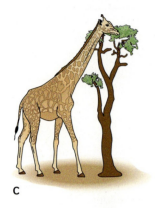

C

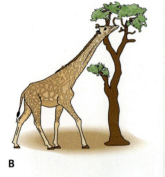

B

A

1 LAMARCKS Evolutionstheorie zur Entstehung des langen Giraffenhalses über mehrere Generationen

1.
Erkläre die Entstehung der langen Hälse bei den Giraffen mit den Theorien von LAMARCK und DARWIN.

2.
a) Beschreibe die Unterschiede in den Theorien von LAMARCK und DARWIN zur Entstehung der Arten.
b) Erkläre, warum die Theorie von LAMARCK nach heutigen Erkenntnissen falsch ist.

3.
Während der Evolution wurden die Hälse der Giraffen über viele Generationen immer länger.
Erkläre, warum die heutigen Giraffen keine haushohen Hälse haben.

4.
Okapis sind nahe Verwandte der Giraffen. Sie sind aber viel kleiner und haben kurze Hälse.
a) Recherchiere den Lebensraum und die Ernährungsweise der Okapis.
b) „Okapis sind aufgrund ihrer kürzeren Hälse gegenüber Giraffen benachteiligt."
Nimm begründet Stellung zu dieser Aussage.

JEAN-BAPTISTE DE LAMARCK
(1744 – 1829)

LAMARCKS Theorie zur Entstehung von Arten

Als einer der ersten Forscher beschrieb LAMARCK 1809 eine Theorie zur Entwicklung der Arten. Er ging davon aus, dass beispielsweise der lange Giraffenhals dadurch entstanden ist, dass die Vorfahren der heutigen Giraffen die Hälse zum Fressen nach oben reckten und diese dadurch von Generation zu Generation immer länger wurden. Wenn sich also die Umweltbedingungen verändern, passen sich die Tiere in ihrer Lebensweise daran an. Durch Gebrauch oder Nichtgebrauch verändern sich so im Laufe des Lebens die Organe und Eigenschaften eines Individuums. Solche aufgrund von Umweltbedingungen entstehende Veränderungen von Merkmalsausprägungen bezeichnet man heute als **Modifikationen**.

LAMARCK ging davon aus, dass diese veränderten Eigenschaften an die Nachkommen vererbt werden. Die Vorstellung, dass Lebewesen Eigenschaften, die sie im Laufe ihres Lebens erworben haben, an ihre Nachkommen vererben, bezeichnet man als **Lamarckismus**. LAMARCK erkannte, dass Arten sich wandeln und neue aus früheren entstehen, seine Erklärungen waren jedoch falsch. Es wurde nie beobachtet, dass die erworbenen Eigenschaften einer Generation an die Nachkommen vererbt werden. Erst die Erkenntnisse der modernen Genetik zeigten dann, dass Modifikationen nicht vererbt werden.

Artenvielfalt und Evolution | 247

CHARLES DARWIN
(1809 – 1882)

DARWINS Theorie zur Entstehung von Arten

DARWIN vertrat wie LAMARCK die Ansicht, dass sich alle Arten aus früheren Formen entwickelt haben. Er ging aber von der Entstehung der Arten durch natürliche Auslese aus. 1859 stellte er seine Theorie in einem Buch vor.
So erzeugt jede Art mehr Nachkommen als zu ihrer Erhaltung notwendig wären. Manche Nachkommen eines Elternpaares zeigen dabei Eigenschaften, die keine ihrer Vorfahren aufgewiesen haben. Solche Veränderungen treten zufällig und ungerichtet auf. Man bezeichnet sie heute als **Mutationen.** Dadurch entstehen unterschiedliche Erscheinungsformen innerhalb einer Art. Man sagt, die Art hat eine grosse **Variabilität.** Diese Eigenschaften können für das Lebewesen von Vor- oder Nachteil sein. Es überleben langfristig nur diejenigen, die am besten an die jeweiligen Lebensbedingungen angepasst sind. Sie pflanzen sich vermehrt fort und vererben ihre Merkmale. Durch diese natürliche Auslese, die **Selektion,** verändern sich Arten langsam über viele Generationen hinweg.
Für die Giraffen bedeutet dies nach DARWIN: Diejenigen mit nachteiligen Eigenschaften wie den kürzeren Hälsen haben geringere Chancen zu überleben und sich zu vermehren. Von den Giraffen mit längeren Hälsen dagegen überleben mehr Tiere und vererben ihre Eigenschaften an die Nachkommen.

DARWIN konnte die Aufspaltung einer Art in mehrere neue Arten erklären. Er erkannte die Veränderungen, nicht aber ihre Ursache. Erst die moderne Genetik konnte seine Theorie bestätigen und weiterentwickeln.

Beschreibe und vergleiche die Theorien von LAMARCK und DARWIN zur Entstehung der Arten an einem Beispiel.

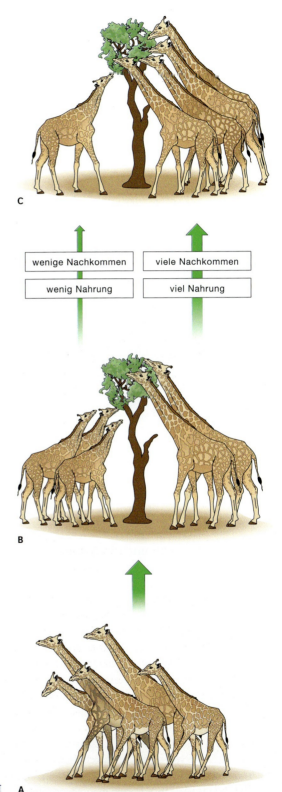

2 DARWINS Evolutionstheorie zur Entstehung des langen Giraffenhalses über mehrere Generationen

Die Entstehung neuer Arten

1. 🅰
Nenne die vier Faktoren, die zur Entstehung neuer Arten führen.

2. 🅰
Erkläre, wie die Evolutionsfaktoren bei der Artbildung wirken.

3. 🅰
Betrachte die Abbildung mit den Galapagos-Finken.
a) Beschreibe die unterschiedlichen Schnäbel der Arten.
b) Erkläre, wie sie an ihre spezielle Nahrung angepasst sind.

4. 🅰
Der Dickschnabel-Grundfink ernährt sich von grossen und harten Samen. Erkläre, wie er aus der Ursprungsart entstanden sein könnte.

5. 🅰
Stelle in einem Flussdiagramm dar, wie es zur Entwicklung der flügellosen Kerguelen-Fliege gekommen ist.

1 Galapagos-Finken: **A** Arten, **B** Grünfink, ähnlich dem „Urfink", **C** Südamerika, Heimat des „Urfinken"

Charles Darwin und die Galapagos-Finken

Im 19. Jahrhundert umsegelte Darwin mit einem Forschungsschiff fünf Jahre lang die Erde und erforschte Tiere und Pflanzen. Dabei erkannte er, dass sich Arten im Laufe der Erdgeschichte verändert hatten und neue Formen aus bereits vorhandenen entstanden waren.
Entscheidende Ideen für seine Evolutionstheorie erhielt Darwin, als er die Galapagos-Inseln vor Südamerika besuchte. Hier fiel ihm die extreme Ähnlichkeit der Finkenarten auf. Sie unterschieden sich oft in der Form ihrer Schnäbel, mit denen sie unterschiedliche Nahrungsquellen nutzen konnten.
Darwin vermutete, dass alle 13 Arten, die er auf den Inseln zählte, von einem „Urfink" abstammten. Dieser Urfink musste vom Festland Südamerikas auf die Inseln gelangt sein. Aus ihm haben sich alle heutigen Galapagos-Finken entwickelt.

Auf der Grundlage von Darwins Evolutionstheorie führt man heute die Veränderung und Entstehung neuer Arten auf das Wirken mehrerer **Evolutionsfaktoren** zurück.

Mutation und Neukombination als Evolutionsfaktoren

Die Urfinken, die die Galapagos-Inseln erreichten und sich dort vermehrten, zeigten bald etwas unterschiedliche Schnabelformen. Diese Veränderungen sind auf **Mutationen**, also auf zufällige, ungerichtete Veränderungen des Erbgutes zurückzuführen. Durch die **sexuelle Fortpflanzung** kam es auch zur **Neukombination** und Verbreitung der veränderten Erbanlagen. So entstand eine **Variabilität**, also eine Vielfalt, der Schnabelformen.

Selektion als Evolutionsfaktor

Die Finken mit ihren unterschiedlichen Schnäbeln haben in ihrer Umwelt bessere oder schlechtere Überlebens- und Fortpflanzungschancen. Wo es zum Beispiel Nüsse gibt, können Finken mit kräftigen Schnäbeln diese besser knacken. Sie können sich und ihre Brut besser ernähren, vermehren sich stärker und vererben die Anlagen für kräftige Schnäbel. Die Auswahl der am besten angepassten Lebewesen bezeichnet man als **Selektion.** Dies erklärt die auffällige **Angepasstheit** vieler Arten an ihre Umwelt.

Isolation als Evolutionsfaktor

Die Finken besiedelten verschiedene Inseln. Dort entwickelten sich die Finken unterschiedlich. Je länger eine solche **Isolation** dauerte, desto grösser wurden die Unterschiede, bis sich verschiedene Arten entwickelt hatten. Neben dieser **räumlichen Isolation** kam es auch zu einer **ökologischen Isolation.**
Die Finken, die sich auf einer Insel stark vermehrten, machten sich bald Konkurrenz um das begrenzte Nahrungsangebot. Aufgrund der Variabilität der Schnabelformen konnten sie aber unterschiedliche Nahrungsquellen nutzen. Finken mit schmalen, spitzen Schnäbeln frassen Insekten. Finken mit grossen, kräftigen Schnäbeln harte Samen und Nüsse. Angepasst an verschiedene ökologische Nischen entstanden so auch auf einer Insel mehrere Arten.

2 Galapagos-Riesenschildkröten:
A Schildkröte auf Española,
B Schildkröte auf Santa Cruz

Eine Theorie passt auf viele Beispiele

Bei den **Riesenschildkröten** auf den Galapagos-Inseln entwickelten sich auch verschiedene Arten. Durch Mutationen und Neukombinationen entstanden unterschiedlich geformte Panzer. Die Selektionsbedingungen waren unterschiedlich. Auf der Insel Española beispielsweise herrscht heisses, trockenes Klima. Daher ist der Bodenbewuchs gering. Die hier lebenden Riesenschildkröten entwickelten sattelförmige Panzer. Die grössere Halsbeweglichkeit ermöglicht den Tieren Pflanzenteile in grösserer Höhe zu fressen. Durch Isolation getrennt entwickelten sich auf der Nachbarinsel Santa Cruz Riesenschildkröten mit kuppelförmigem Panzer. Sie ernähren sich vom hier reichlich vorhandenen Bodenbewuchs.

Die Kerguelen sind eine Inselgruppe im Indischen Ozean. Die hier lebenden **Kerguelen-Fliegen** haben keine oder nur verkrüppelte Flügel. Mutationen, die zu verkrüppelten Flügeln führen, sind normalerweise schädlich für Insekten. Auf den Kerguelen-Inseln erweisen sie sich jedoch als Selektionsvorteil. Insekten ohne Flügel werden durch die ständigen starken Winde nicht so häufig auf das offene Meer hinausgetragen.

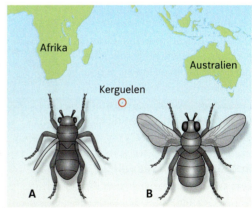

3 Kerguelen-Inseln:
A Kerguelen-Fliege,
B normaler Fliegentyp

Kannst du erklären, wie Mutation, Neukombination, Selektion und Isolation zur Veränderung und Entstehung von Arten führen?

Die Rolle der Sexualität

1. ≡ Ⓐ
Vergleiche in einer Tabelle die ungeschlechtliche und die sexuelle Fortpflanzung.

2. ≡ Ⓠ
Recherchiere, was Parthenogenese bedeutet. Suche ein interessantes Beispiel und berichte.

3. ≡ Ⓐ
Beschreibe das Familienbild in Hinblick auf Familienähnlichkeiten und Unterschiede. Erkläre mithilfe des Textes.

Ungeschlechtliche Fortpflanzung

Das Brutblatt kann sich ungeschlechtlich vermehren. Am Blattrand bildet die Pflanze viele kleine Pflänzchen, die erbgleich mit der Mutterpflanze sind. Die kleinen Pflanzen fallen einfach ab und verankern sich dort im Boden, wo sie geeigneten Untergrund finden.

Durch diese Art der ungeschlechtlichen Fortpflanzung kann das Brutblatt sich schnell vermehren. Da die Nachkommen den Eltern gleichen, sind sie ebenso gut an die herrschenden Umweltbedingungen angepasst wie die Eltern. Dies ist von Vorteil, solange sich die Umweltbedingungen nicht ändern.

Bedeutung der Sexualität

Das Brutblatt kann sich aber auch sexuell vermehren. Dazu bildet es Blüten. Nach der Befruchtung entsteht eine Frucht mit vielen Samen. Diese haben nicht das gleiche Erbmaterial wie die Mutterpflanze, sondern sind alle etwas unterschiedlich. Ändern sich die Umweltbedingungen, so ist diese grössere **Variabilität** vorteilhaft. Damit ist die Wahrscheinlichkeit gross, dass einige Nachkommen gut an die neuen Umweltbedingungen angepasst sind. Grosse Variabilität ist durch Sexualität gewährleistet.

Voraussetzung für die hohe Variabilität ist die Neukombination der Erbanlagen. Jedes Mal, wenn ein Spermium und eine Eizelle entstehen und bei der Befruchtung verschmelzen, wird Erbmaterial neu kombiniert. Diese Neukombination wird auch **Rekombination** genannt.

Durch Rekombination entstehen die Unterschiede zwischen Familienmitgliedern und den Mitgliedern einer Art, sodass kein Individuum vollständig dem anderen gleicht.

Vielfalt durch Mutation und Rekombination

Ausser der Rekombination sorgen auch zufällig auftretende Änderung im Erbgut, die Mutationen, für eine günstige Variabilität. Rekombination und **Mutation** gemeinsam erhöhen die Variabilität und damit die Wahrscheinlichkeit, dass Lebewesen gut an eine sich verändernde Umwelt angepasst sind. Sie schaffen so die Voraussetzungen dafür, dass sich Arten im Lauf der Erdgeschichte verändern können.

A

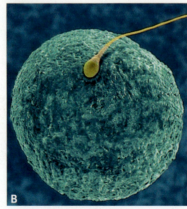

B

1 Fortpflanzung: **A** Brutblatt, **B** Spermium und Eizelle

Kannst du geschlechtliche und ungeschlechtliche Fortpflanzung unterscheiden?
Erkläre die Bedeutung der Sexualität für die Evolution.

Artenvielfalt und Evolution | 251

Sexuelle Selektion

Pfau
Die Pfauenmännchen haben ein so ausgefallenes Gefieder, dass es schon gefährlich ist. Mit so langen und bunten Federn kann kein Pfauenmännchen lange fliegen oder sich in einem Gebüsch vor Feinden verstecken. Andererseits wählen die Weibchen für die Fortpflanzung das Männchen aus, das das grösste Rad schlagen kann und die meisten bunten Augenflecken besitzt. Es ist ein Zeichen für Gesundheit und wenig Parasiten.

Laubenvogel
Die Männchen der Laubenvögel bauen für ihr Weibchen eine grosse Laube. Sie wird mit möglichst vielen bunten Dingen bestückt, die das Männchen in der Umgebung findet. Die Weibchen wählen das Männchen mit der grössten und prächtigsten Laube aus. Sie ist ein Zeichen für einen einsatzbereiten Partner bei der Brut.

PINNWAND

1. A
Erkläre, warum bei der sexuellen Selektion beide Partner einen Vorteil haben.

Seeelefanten
Bei den Seeelefanten können die Männchen bis zu 3500 kg schwer werden, die Weibchen bis zu 900 kg. In der Paarungszeit kämpfen die Männchen um die Weibchen. Schwache und kleine Seeelefanten stehen sehr stark unter Stress. Am Rand der Kolonie haben sie nur sehr ungünstige Bedingungen und kaum Chancen, sich mit einem Weibchen zu paaren. Der grösste und stärkste Bulle ist der Vater der meisten Jungtiere in seiner Kolonie.

Sexuelle Selektion ist ein Begriff dafür, dass bestimmte Merkmale die Chance erhöhen, vom anderen Geschlecht als Partner ausgewählt zu werden und damit in der Fortpflanzung erfolgreich zu sein.

Der Mensch und andere Menschenaffen

A

B

C

1. Auf den Bildern links sind einige Primaten dargestellt. Es sind ein grosser Menschenaffe, ein kleiner Menschenaffe, Hundsaffen und Lemuren. Finde jeweils den Artnamen heraus und erstelle Steckbriefe.

2. JANE GOODALL erforschte die Schimpansen, indem sie mit ihnen lebte. DIANE FOSSEY erforschte auf ähnliche Weise die Gorillas und BIRUTE GALDIKAS die Orang-Utans. Recherchiert zu diesen oder anderen Primatenforschern und erstellt Plakate.

3. Vergleiche in einer Tabelle Mensch und Schimpanse. Berücksichtige dabei Wirbelsäule, Schädel, Gebiss, Hände und Füsse, Becken und Verhalten.

4. Forme mithilfe von Draht die Wirbelsäule eines Schimpansen und eines Menschen nach. Begründe anhand dieser Modelle, warum für den aufrechten Gang des Menschen die doppelte S-Form der Wirbelsäule günstiger ist als die C-Form der Wirbelsäule des Schimpansen.

1 JANE GOODALL mit einem Schimpansen

Menschen gehören zu den Primaten

Menschen und Affen gehören zur Säugetierordnung der Primaten. Primaten haben einige Gemeinsamkeiten. Sie zeichnen sich durch Greifhände, nach vorne gerichtete Augen und relativ grosse Gehirne aus. Ausserdem wachsen sie langsam, haben eine späte Geschlechtsreife und ein komplexes Sozialverhalten. Auch ein Vergleich der DNA von Affen und Menschen bestätigt die Verwandtschaft. Besonders Schimpanse und Bonobo sind uns sehr ähnlich. Sie gehören wie auch der Mensch zur Familie der **Menschenaffen**. Der Bonobo ähnelt äusserlich sehr dem Schimpansen, ist aber kleiner und hat ein ganz anderes Sozialverhalten.

Trotz der nahen Verwandtschaft sind Mensch und Schimpanse auch verschieden. Dies liegt an den unterschiedlichen Angepasstheiten und der langen Zeit, in der sie sich unabhängig voneinander entwickelt haben.

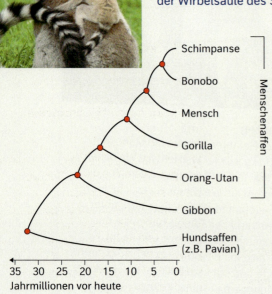

D

5. Werte den Stammbaum aus. Gib an, wann sich die Entwicklungslinien benachbarter Arten jeweils voneinander getrennt haben.

Schimpanse

Das **Skelett** des Schimpansen ist an das Leben auf Bäumen und auf dem Boden angepasst. Die Arme sind länger als die Beine. Die Wirbelsäule ist c-förmig, sodass der Körperschwerpunkt unter den Rippen liegt.

Der **Schädel** des Schimpansen hat eine ausgeprägte Schnauze. Dadurch ist sein **Gebiss** fast rechteckig und mit grossen Eckzähnen ausgestattet. Der relativ kleine Gehirnschädel bildet über den Augen Überaugenwülste.

Die Handflächen des Schimpansen sind lang und die Finger vergleichsweise kurz. Auch der Daumen ist sehr kurz. Er kann aber den anderen Fingern grob gegenübergestellt werden. Damit zeigen die Hände eine starke Angepasstheit an das Klettern im Baum. Auch die Füsse dienen als **Greifwerkzeuge** und haben einen grossen Zeh, der von den anderen Zehen abgespreizt ist, sodass er greifen kann.

Das **Becken** ist langgestreckt wie bei den meisten Vierbeinern.

Schimpansen haben 48 **Chromosomen.**

Zum Zeitpunkt der Geburt sind junge Schimpansen sehr weit entwickelt. Sie halten sich im Fell der Mutter fest.
Schimpansen verständigen sich durch Laute, Gesten und Mimik, sind aber zu einer differenzierten Lautsprache nicht fähig.

Mensch

Das **Skelett** des Menschen ist an den aufrechten Gang angepasst. Die Wirbelsäule hat eine federnd wirkende doppelte S-Form. Das Becken ist breit und wie eine Schüssel geformt. Dadurch liegt der Körperschwerpunkt über dem Becken. Die Arme sind kürzer als die Beine und nicht so kräftig.

Der **Schädel** des Menschen hat keine vorspringende Schnauze. Das **Gebiss** ist halbrund und die grossen Eckzähne fehlen. Der Gehirnschädel ist sehr gross, so dass eine ausgeprägte Stirn entstanden ist. Die Überaugenwülste fehlen.

Der Mensch braucht die Hände nicht mehr zur Fortbewegung. Sie sind an den **Präzisionsgriff** angepasst. Der Daumen ist lang und lässt sich präzise jedem anderen Finger gegenüberstellen. Der Fuss ist ein Standfuss. Er hat ein Fussgewölbe entwickelt und die grosse Zehe liegt den anderen Zehen an.

Das **Becken** ist breit und stützt die inneren Organe wie eine Schale nach unten hin ab.

Menschen haben 46 **Chromosomen**.

Menschenbabys sind sehr unselbstständig nach der Geburt. Sie müssen getragen werden. Ihre Entwicklung dauert lange. Menschen verständigen sich durch Gesten, Mimik und eine sehr differenzierte Laut- und Schriftsprache. Damit entwickelten sie Kultur und Technik.

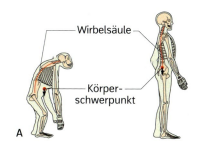
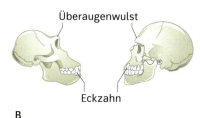
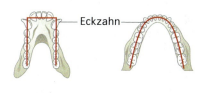

2 Vergleich von Schimpanse und Mensch: **A** Skelett, **B** Schädel, **C** Kiefer, **D** Hände und Füsse, **E** Becken

Erläutere die Verwandtschaft von Mensch und anderen Menschenaffen am Beispiel des Schimpansen.

Auf dem Weg zum Menschen

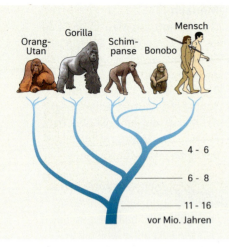

1. A
„Menschen haben sich aus Menschenaffen entwickelt." Nimm mithilfe der nebenstehenden Abbildung Stellung zu dieser Aussage.

2. A
Beschreibe die Möglichkeiten, die sich für den „Aufrecht gehenden Menschen" aus der Nutzung des Feuers ergeben haben.

3. Q
a) Informiere dich über die Jagdtechniken eines Vertreters der Gattung Mensch.
b) Stelle deine Ergebnisse in einem Kurzvortrag vor. Nutze dazu auch Abbildungen.

4. Q
Versucht, durch Recherche möglichst viele ungeklärte und strittige Fragen zur Evolution des Menschen herauszubekommen.

Die Herkunft des Menschen
Mit Fossilien versuchen Wissenschaftler zu klären, wie die Evolution des Menschen verlief. Immer neue Funde sorgen für immer neue Kenntnisse und stellen bisherige in Frage. Viele Details der Evolution des Menschen sind noch ungeklärt und unter Forschern umstritten.

„Südaffe aus Afar"
Fossilien der Art *Australopithecus afarensis* stammen aus rund 3,7 bis 3 Millionen Jahre alten Fundschichten Ostafrikas, insbesonders der äthiopischen Afar-Region – deshalb der Name.

Das bekannteste Fossil von *Australopithecus afarensis* ist Lucy. Der aufrechte Gang war *Australopithecus afarensis* bereits möglich. Er nutzte bereits Stöcke und Knochen als Werkzeuge. Die verwandtschaftliche Nähe zu den Arten der Gattung *Homo* ist ungeklärt.

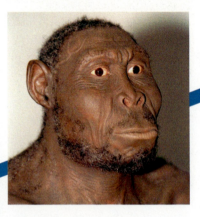

Mensch vom Rudolfsee
Als einer der ersten Frühmenschen wird *Homo rudolfensis* (Mensch vom Rudolfsee) angesehen. Er lebte vor etwa 2 Millionen Jahren in Ostafrika und gilt als die ursprünglichste bisher beschriebene Art der Gattung *Homo*.

Sein Gehirn war grösser und leistungsfähiger als das von *Australopithecus afarensis*. Er bewohnte vorzugsweise Wälder entlang von Flüssen und ernährte sich von Pflanzen. Eventuell benutzte er schon Steinwerkzeug.

„Südaffe vom See"
Die ersten Fossilien von *Australopithecus anamensis* („Südaffe vom See") wurden 1965 östlich des Turkana-Sees in. Er lebte vor etwa 4 Millionen Jahren und gilt als die älteste unumstrittene Art der Hominini, also der älteste unumstrittene Vorfahre des Menschen nach der Aufspaltungung in Schimpansen und Menschen.

Artenvielfalt und Evolution | 255

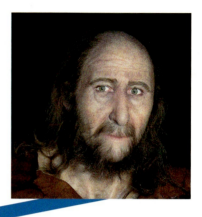

1 Vom Australopithecus zum Homo sapiens – eine Auswahl

Aufrecht gehender Mensch

Fundes des *Homo erectus* (Aufrecht gehender Mensch) in Afrika werden auf ein Alter von 1,6 Millionen Jahre datiert. Er war gut an das warme Klima angepasst.

Der *Homo erectus* war grösser und kräftiger als seine Vorgänger. Aus Holz und Stein fertigte er Werkzeuge und Waffen. Damit tötete und zerlegte er Wildtiere. Mit Holzspeeren konnte er Tiere aus grösserer Entfernung erlegen.

Der *Homo erectus* nutzte als erster Hominide das Feuer. Das änderte sein Leben deutlich. Das Feuer spendete Wärme und schützte vor wilden Tieren. Zudem konnte er die Nährstoffe von gebratenem Fleisch besser nutzen. Mithilfe des Feuers war es auch möglich, in kältere Gebiete in Europa und Asien einzuwandern.

Mensch aus dem Neandertal

Vor etwa 200 000 Jahren lebte der *Homo neanderthalensis* (Neandertaler) in Europa.

Die Neandertaler waren kräftig gebaut und etwa so gross wie heutige Menschen. Sie hatten einen grossen Schädel, eine flache Stirn, ein flaches Kinn und grosse Wülste über den Augen. Sie trugen Kleidung aus Fell und lebten in Höhlen und selbst gebauten Zelten.
Die Neandertaler hatten geistige, handwerkliche und kulturelle Fähigkeiten, die denen des modernen Menschen ähneln. Von einigen Neandertalergruppen weiss man, dass sie ihre Toten bestatteten.
Bisher ist unklar, weshalb der Neanderthaler vor 30 000 Jahren ausstarb.

Der wissende Mensch

Der *Homo sapiens* (der wissende Mensch) hat sich vermutlich über Zwischenstufen aus dem *Homo erectus* entwickelt. Die ältesten Funde stammen aus Afrika. Sie sind etwa 200 000 Jahre alt. Ein Fund in Marokko deutet sogar darauf hin, dass *Homo sapiens* mindestens 300 000 Jahre alt ist.

Von Afrika aus hat sich der *Homo sapiens* auf der ganzen Welt verbreitet. In Europa lebten Neandertaler und heutige Menschen zeitweise nebeneinander. Alle heutigen Menschen gehören aber zur Art *Homo sapiens*.

Der frühe *Homo sapiens* hatte bereits ein leistungsfähiges Gehirn. Er hinterliess in Höhlen kunstvollen Schmuck, Musikinstrumente und Waffen aus Elfenbein.

> Kannst du menschliche Vorfahren und einige Vertreter der Gattung Mensch nennen und ihre Eigenschaften beschreiben?

Artenvielfalt und Evolution

Evolution
Evolution ist die Veränderung von Lebewesen über viele Generationen hinweg. Im Verlauf der Erdgeschichte haben sich aus einfachen Formen zahlreiche und immer komplexere Lebewesen entwickelt.

Evolutionstheorie
Der Wissenschaftler CHARLES DARWIN hat eine umfassende Theorie zur Entstehung der Arten im Verlauf der Erdgeschichte formuliert. Er erkannte, dass Variabilität, Isolation und Selektion für die Entwicklung der Arten verantwortlich sind.

Fossilien – Spuren der Evolution
Fossilien sind die Überreste verstorbener Lebewesen. Sie geben ein Bild davon, wie die Lebewesen in vergangenen Zeiten ausgesehen haben. Mithilfe von Fossilien lassen sich Verwandtschaften feststellen und Entwicklungsreihen nachvollziehen. Anhand von Leitfossilien kann man Funde zeitlich einordnen.

Mutation und Rekombination
Variabilität kommt durch Veränderungen des Erbmaterials zustande. Diese entstehen durch zufällige Mutationen und der Rekombination von Genen bei der sexuellen Fortpflanzung.

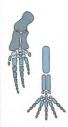

Homolog oder analog
Homologe Organe können unterschiedliche Funktionen haben, sind aber im Grundbauplan gleich. Sie belegen eine gemeinsame Abstammung.
Analoge Organe erfüllen die gleiche Funktion, sind aber im Aufbau unterschiedlich. Analogien weisen nicht auf Verwandtschaft hin.

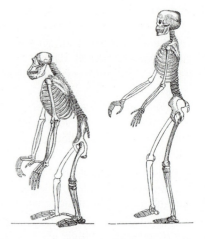

Schimpanse und Mensch
Menschen sind sehr nah mit Schimpansen verwandt. In ihrem Körperbau gibt es viele Ähnlichkeiten, aber auch deutliche Unterschiede. Schimpansen sind eng an das Leben in Bäumen angepasst. Menschen haben einen aufrechten Gang entwickelt. Dazu gehören eine doppelt S-förmige Wirbelsäule, ein Fussgewölbe und lange Beine. Sie haben ein grösseres Gehirn und keine vorspringende Schnauze. Menschen haben den Präzisionsgriff entwickelt.

Mensch als Ergebnis der Evolution
Vor sechs Millionen Jahren haben sich die Entwicklungslinien von Schimpanse und Mensch getrennt. Fossilfunde von frühen Menschen lassen sich in zwei Gattungen einteilen. Die *Australopithecinen* hatten kleine Gehirne, konnten bereits aufrecht gehen und nutzten Werkzeuge aus Knochen und Holz.
Zur Gattung *Homo* gehören Menschentypen mit grösserem Gehirn. *Homo rudolfensis* stellte evtl. schon einfache Steinwerkzeuge her, *Homo erectus* nutzte das Feuer. *Homo neanderthalensis* und *Homo sapiens* entwickelten weitere technische und kulturelle Fertigkeiten.

Artenvielfalt und Evolution

1.
Entscheide, ob die Stromlinienform von Pinguin und Delfin analog oder homolog ist. Begründe deine Entscheidung.

2.
Die Kerguelen sind weit vom Festland entfernte Inseln. Obwohl es dort sehr windig ist, kann die Kerguelen-Fliege hier überleben.
a) Erkläre an diesem Beispiel, was mit Isolation gemeint ist.
b) Erkläre, warum dort Fliegen mit sehr kleinen Flügeln einen grösseren Fortpflanzungserfolg haben.

3.
Geparden erreichen beim Angriff im Sprint sehr hohe Geschwindigkeiten.
a) Beschreibe die Angepasstheiten des Geparden anhand des Bildes.
b) Begründe, warum sie Vorteile für den Geparden darstellen.
c) Erkläre die Angepasstheiten mit der Evolutionstheorie von Darwin.

4.
Beschreibe, welche Organe sich verändern mussten, um einem Wirbeltier das Leben an Land zu ermöglichen.

5.
Trotz der nahen Verwandtschaft von Mensch und Schimpanse gibt es deutliche Unterschiede. Beschreibe Beispiele.

6.
a) Vergleiche die Körpermerkmale von Schimpanse und Mensch anhand der Abbildungen.
b) Erläutere die Angepasstheiten des Menschen, die ihm den aufrechten Gang ermöglichen.

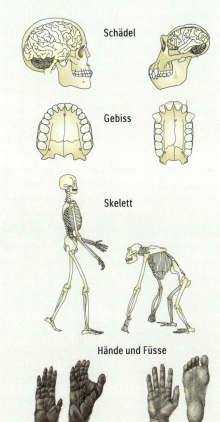

Schädel

Gebiss

Skelett

Hände und Füsse

LERNCHECK

Energie, Leistung, Wirkungsgrad

Welche mechanischen Energien werden beim Sprung umgewandelt?

Warum muss das Ritzel gut geölt sein?

Welche Energie musste der Kran aufwenden, um dieses Haus umgekehrt aufzustellen?

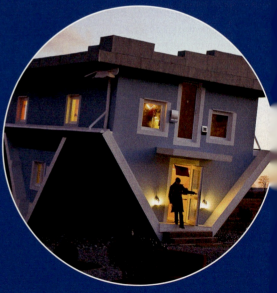

Arbeit ist Energieübertragung

1. Du lernst am Tisch Vokabeln. Deine kleine Schwester klettert auf einen Stuhl. Begründe, wer von euch beiden mehr physikalische Arbeit verrichtet.

2. Beschreibe mehrere Situationen, bei denen du physikalische Arbeit verrichtest.

3. Vergleiche deinen Energieverbrauch beim Treppensteigen mit und ohne Schultasche.

4. Berechne die Energie, die du benötigst, um in deinem Schulhaus in das 2. Stockwerk zu gelangen.

5. Die Klassenzimmer der Schule bekommen neue Tische. Pia und Dana tragen 8 Tische, Ulf und Eva tragen 12 Tische in den zweiten Stock. Christian und Nicole tragen 12 Tische in den ersten Stock. Begründe, wer die meiste Energie aufgewendet hat.

Physikalische Arbeit

Du denkst bestimmt, du arbeitest, während du für eine Physikarbeit lernst und deine Freunde draussen warten. Im physikalischen Sinne arbeitest du dabei kaum. Physikalische **Arbeit** verrichtest du nur dann, wenn du auf einen Körper eine Kraft einwirken lässt und der Körper sich dadurch bewegt oder verformt. Die Kraft wirkt dabei immer in Bewegungsrichtung.

Die Hubarbeit

Die **Hubarbeit** ist eine spezielle Form der Arbeit. Hubarbeit wird verrichtet, wenn ein Körper durch die auf ihn wirkende Kraft an Höhe gewinnt.
Hebst du eine Getränkekiste in den Kofferraum eines Autos, verrichtest du Hubarbeit. Je schwerer die Kiste ist, desto grösser ist die Hubarbeit. Wenn du dieselbe Kiste auf die Ladefläche eines Lkws stellst, musst du sie höher heben und deshalb auch mehr Hubarbeit verrichten.

Arbeit ist Energieübertragung

Wenn du einen Körper anhebst, musst du Hubarbeit verrichten. Dazu benötigst du **Energie.** Diese mechanische Energie wird auf den Körper übertragen. Sie wird in ihm gespeichert und kann auch wieder freigesetzt werden.

Berechnung der Energiemenge

Wenn du eine Getränkekiste vom Boden in den Kofferraum hebst, musst du über diese Höhe eine Kraft einsetzten, die der Gewichtskraft der Kiste entspricht. Die dafür benötigte Energiemenge E_L berechnet sich aus der Gewichtskraft F_G und der Höhe h:

$$\text{Energie} = \text{Gewichtskraft} \cdot \text{Höhe}$$
$$E_L = F_G \cdot h$$

Mit $F_G = m \cdot g$ ergibt sich für die Energie:

$$E_L = m \cdot g \cdot h$$

Die Einheit der Energie

Die Einheit der Energie ist Joule (J). Benannt ist sie nach dem englischen Physiker JAMES PRESCOTT JOULE (1818 – 1889).
Die Energie von 1 J wird übertragen, wenn ein Körper mit der Gewichtskraft von 1 N um 1 m angehoben wird. Identisch mit der Einheit Joule (J) ist das Newtonmeter (Nm):

$$1\,\text{J} = 1\,\text{Nm}$$

Kannst du die mechanische Energie beschreiben und ihre Einheit angeben?

1 Energieübertragung macht Durst!

Energie, Leistung, Wirkungsgrad | **261**

Einsatz von Energie

1.
Krane helfen bei der Montage von Türmen für Windkraftanlagen. In Bild 1 wird gerade ein Turmsegment aus Stahl aufgesetzt. Die folgende Tabelle beschreibt den Aufbau eines Turmes, der aus 3 Segmenten zu je 20 m besteht. Das 1. Segment wird auf einen 2 m hohen Sockel aus Beton gehoben.

Segment	Gewichts-kraft F_G in N	Höhe h in m	Energie $E = F_G \cdot h$ in Nm
1	300 000	2	600 000
2	300 000		
3	300 000		
Generator			

a) Berechne die Energien, die für das Anheben der Segmente 2 und 3 übertragen werden müssen.
b) Vergleiche die Energiebeträge aus a) miteinander. Was stellst du fest?
c) Formuliere eine Gesetzmässigkeit, die die Proportionalität bei Energieübertragungen beschreibt.
d) Berechne die benötigte Energiemenge für das Aufsetzen des Generators, wenn er eine Masse von 3 t besitzt.

2.
Eine Schubkarre mit einer Masse von 50 kg wird 25 m weit geschoben. Dabei wird eine Kraft von 40 N aufgewendet. Berechne die dafür benötigte Energie.

1 Aufbau einer Windkraftanlage

Energieübertragung genauer betrachtet

Fährst du vom Erdgeschoss mit einem Fahrstuhl in die erste Etage, muss der Fahrstuhlantrieb über diese Höhe h eine zusätzliche Kraft einsetzen, die deiner Gewichtskraft F_G entspricht. Für die Fahrt in das zweite Stockwerk ist die doppelte Höhe erforderlich. Da sich die Höhe verdoppelt hat, verdoppelt sich auch die benötigte Energiemenge. Entsprechendes gilt für das Erreichen der dritten Etage. Dafür ist die dreifache Energiemenge erforderlich.

Steigen zwei gleich schwere Personen in den Fahrstuhl, hat der Antrieb auch die doppelte Kraft aufzubringen. Die vom Fahrstuhlmotor abgegebene Energiemenge E ist der Kraft F und der Höhe h proportional.

Energie allgemein

Du kannst auch einen Vorgang betrachten, bei dem ein Körper mit einer Kraft F in Richtung eines Weges s bewegt wird. Auch hierbei ergibt sich: Die aufzuwendende Energie ist direkt proportional zur Kraft F und zum Weg s. Allgemein gilt:

$$E = F \cdot s$$

Kannst du die mechanische Energie berechnen und deren Proportionalität zu Kraft und Höhe beschreiben?

Ein Mass für die effektive Energienutzung

1.
Beschreibe, warum beim Fadenpendel die beim Start vorhandene Gesamtenergie nicht vollständig zur Bewegung des Pendels eingesetzt werden kann.

2.
a) Bestimme die Masse m eines Tennisballs. Hebe ihn 1 m hoch und lasse ihn fallen.
b) Berechne die Lageenergie, die der Ball beim Start besitzt.
c) Nenne die Energieformen, die beim Fallen des Balles bis zum Aufprall in Wechselwirkung zueinander stehen.
d) Beschreibe die Energieumwandlung, die beim erneuten Steigen des Balles auftritt.
e) Bestimme die Höhe des Balls nach dreimaligem Aufprallen und berechne erneut die Lageenergie. Bestimme die Energiemenge, die jetzt nicht mehr für die Bewegung des Balles genutzt werden kann.
f) Bilde den Quotienten aus jetzt noch nutzbarer Energie und zugeführter Energie. Treffe eine Aussage über den Wert des Quotienten.

3.
Übertrage die Tabelle in dein Heft und fülle sie aus.

	eingesetzte Energie	nutzbare Energie	Wirkungsgrad
Wasserkraftwerk	360 000 Nm	324 000 Nm	
Windrad	6 800 Nm		51 %
Fahrrad		480 Nm	40 %

4.
Beschreibe, wie du den Wirkungsgrad bei einem Fahrrad, das lange nicht mehr benutzt worden ist, vergrössern kannst.

5.
Begründe, warum ein Wirkungsgrad von über 100 % nicht möglich ist.

1 Öl verbessert den Wirkungsgrad.

Der Wirkungsgrad

Würde ein Fadenpendel nach jedem Durchgang wieder die ursprüngliche Höhe erreichen, so müssten jeweils die gesamte Lage- und Bewegungsenergie ineinander umgewandelt werden. Aber bei der Bewegung des Pendels tritt immer entwertete Energie in Form von thermischer Energie auf. Allgemein gilt, dass bei jedem Kraftwandler entwertete Energie in Form von thermischer Energie auftritt. Je geringer der Anteil der entwerteten Energie ist, desto mehr Energie kann für den eigentlichen Zweck wie Bewegung eingesetzt werden. So kann durch Schmieren von Lagern beim Fahrrad die Reibung herabgesetzt werden. Der Anteil der nutzbaren Energie wird vergrössert und der Anteil an entwerteter Energie wird verringert.

Berechnung des Wirkungsgrades

Der Quotient aus **nutzbarer Energie** und **zugeführter Energie** heisst **Wirkungsgrad** η (griech.: Eta). Er wird meistens als Prozentanteil der zugeführten Energie angegeben.

$$\text{Wirkungsgrad } \eta = \frac{\text{nutzbare Energie}}{\text{zugeführte Energie}} \cdot 100\,\%$$

So hat ein Auto einen Wirkungsgrad von weniger als 30 %. Das bedeutet, dass nur 30 % der zugeführten Energie zum eigentlichen Zweck, dem Fahren, genutzt werden können. Ein Wirkungsgrad von 100 % würde bedeuten, dass die gesamte zugeführte Energie in nutzbare Energie umgewandelt wird und keine entwertete Energie entsteht.

Kannst du den Wirkungsgrad als Quotient aus nutzbarer und zugeführter Energie beschreiben?

Energieerhaltung und Wirkungsgrad

1.
a) Lass einen harten Gummiball aus etwa 1 m Höhe fallen. Beschreibe deine Beobachtungen und deute sie.
b) Verwende jetzt einen weichen Gummiball und wiederhole Versuch a). Begründe den Unterschied.

2.
Beschreibe, wie Trampolinspringer wieder ihre Ausgangshöhe erreichen.

3.
a) Beschreibe, wie die in Bild 2 dargestellte Konstruktion funktionieren soll.
b) Beschreibe die Energieumwandlungen innerhalb eines Perpetuum mobiles.

4.
Erkläre, weshalb ein Perpetuum mobile nicht funktionieren kann.

1 Springender Gummiball

Energieerhaltung und Energieerhaltungssatz

Der Gummiball in Bild 1 hat zunächst Lageenergie gespeichert. Wird er losgelassen, fällt er nach unten. Auf diesem Weg wird die Lageenergie in Bewegungsenergie umgewandelt. Beim Aufprall verformt sich der Gummiball. Dabei wird Bewegungsenergie in Spannenergie umgewandelt. Die Verformung ist elastisch, also wird die Spannenergie wieder zu Bewegungsenergie. Der Gummiball springt nach oben und erhält erneut Lageenergie. Den Ausgangspunkt seiner Bewegung kann er jedoch nicht wieder erreichen. Dieser Verlust an Höhe ist mit der Reibung zu erklären, die mit der Luft und dem Untergrund auftritt. Dabei wird ein Teil der Energie in thermische Energie umgewandelt und als Wärme freigesetzt. Vergleichst du beim springenden Ball die Menge der gesamten Energie bei den Umwandlungen mit der der einzelnen Energien einschliesslich der unerwünscht auftretenden Energie, stellst du fest, dass keine Energie verloren geht und keine hinzukommt. Das wird allgemein als Energieerhaltung bezeichnet.

Energieerhaltungssatz: $E_{ges} = E_1 + E_2 + E_3 + ... + $ Wärme

Der Wirkungsgrad von Gummibällen

Lässt du zwei Gummibälle mit unterschiedlicher Härte aus gleicher Höhe fallen, erreichen beide Bälle nach dem Aufprall nicht wieder ihre Ausgangshöhe. Die zugeführte Energie ist grösser als die nutzbare Energie. Der Wirkungsgrad beider Bälle ist kleiner als 100 %. Weil beim härteren Ball weniger Bewegungsenergie in Spannenergie und thermische Energie umgewandelt wird, erreicht er nach dem Aufprall eine grössere Höhe als der weichere Ball. Die nutzbare Energie ist insgesamt grösser. Der Wirkungsgrad des härteren Balls ist grösser als der des weicheren Balls.

Perpetuum mobile

Eine Maschine, der nur einmal Energie zugeführt wird und die sich danach ständig bewegt – an diesem Traum arbeiten Erfinder und Wissenschaftler seit Jahrhunderten. Dauernd in Bewegung heisst auf lateinisch **perpetuum mobile** und so werden auch diese Konstruktionen genannt.
Das Perpetuum mobile in Bild 2 wurde von LEONARDO DA VINCI (1452–1519) entwickelt. Wie alle Maschinen dieser Art funktionierte es nicht. DA VINCI zeigte damit den Einfluss der Reibung auf die Bewegung des Gerätes. Infolge der Reibung wird die Bewegungsenergie dauernd in thermische Energie umgewandelt. Das Rad muss irgendwann stehen bleiben. Nur wenn die Energiemenge, die in thermische Energie umgewandelt wurde, durch ständige Zufuhr von Energie ausgeglichen wird, ist eine dauernde Bewegung möglich. Noch heute reichen Erfinder beim Eidgenössischen Institut für Geistiges Eigentum Entwürfe für ein Perpetuum mobile ein. Sie werden jedoch nicht mehr geprüft, da es sicher ist, dass diese Maschinen nicht funktionieren.

Kannst du die Energieerhaltung beschreiben und die Verringerung des Wirkungsgrades mit der Umwandlung in thermische Energie erklären?

2 Perpetuum mobile von LEONARDO DA VINCI

Bewegung und Energie

1. Achterbahnen sind beliebte Attraktionen. Zähle die Energien auf, die für den Betrieb dieser Fahrgeschäfte eingesetzt werden.

2.
a) Es gibt bei Achterbahnen unterschiedliche Systeme zum Erreichen der Höchstgeschwindigkeit. Nenne die Antriebe.
b) Beschreibe die Unterschiede.

3.
a) Gib an, welche Energie eingesetzt wird, um die maximale Lageenergie zu erhalten.
b) Begründe, warum der höchste Punkt des Loopings einer Achterbahn eine geringere Höhe haben muss als der Punkt beim Ausklinken der Wagen.

4.
a) Gib an, was mit der Bewegungsenergie der Achterbahnwagen in Bild 2 geschieht.
b) Beschreibe die Energieumwandlung.

5. Lass in einem halbierten Fahrradreifen eine Kugel von der höchsten Stelle aus losrollen. Beschreibe die Bewegung der Kugel und ihre Energieumwandlung.

6. Skater zeigen ihr Können in der Halfpipe. Beschreibe die Entstehung der Geschwindigkeiten und deren Unterschiede.

7.
a) Gefährliche Gefällstrecken an Autobahnen sind mit Notfallspuren versehen, die in ein Kiesbett münden. Begründe die Aufgabe dieser Einrichtung.
b) Nenne noch eine andere Möglichkeit einer Notfallspur.
c) Finde heraus, wo ebenfalls ein Kiesbett neben Fahrstrecken vorhanden ist.

1 Eine aufregende Achterbahnfahrt

Energie, Leistung, Wirkungsgrad

Beginn der Achterbahnfahrt
Bei einer Achterbahnfahrt wie in Bild 1 sind verschiedene mechanische Energieformen zu erkennen. Die Wagen werden von einem Elektromotor mittels einer Kette bis zum höchsten Punkt der Fahrbahn gezogen. Dadurch erhalten sie **Lageenergie**. Die elektrische Energie des Motors ist dabei in Lageenergie umgewandelt worden. Die Lageenergie wird auch als **Höhenenergie** oder **potenzielle Energie** bezeichnet.

Beim höchsten Punkt der Fahrbahn werden die Wagen von der Zugkette getrennt und fahren mit zunehmender Geschwindigkeit die anschliessende Gefällstrecke hinunter. Dabei wird die Lageenergie in **Bewegungsenergie** der Wagen umgewandelt. Die Bewegungsenergie wird auch als **kinetische Energie** bezeichnet.

Die Fahrt durch den Looping
Vor der Einfahrt in den Looping haben die Wagen die höchste Geschwindigkeit, sind aber auch am tiefsten Punkt der Fahrbahn angekommen. Hier ist die Bewegungsenergie am grössten und die Lageenergie am niedrigsten.
Anschliessend werden die Wagen wieder langsamer, da sie an Höhe gewinnen. Die Bewegungsenergie nimmt ab, die Lageenergie nimmt zu.
Am höchsten Punkt des Loopings ist die Geschwindigkeit am geringsten. Die Bewegungsenergie ist minimal, die Lageenergie dagegen maximal.
Ist der höchste Punkt des Loopings überschritten, fahren die Wagen wieder abwärts und ihre Geschwindigkeit nimmt erneut zu. Dabei wird die Lageenergie der Wagen wieder in Bewegungsenergie umgewandelt.
Bei der Ausfahrt aus dem Looping ist dann die Lageenergie der Wagen wieder minimal, die Bewegungsenergie jedoch wieder maximal.

Berechnung der Energie
Zu Beginn der Achterbahnfahrt wird beim Hochziehen Energie auf die Wagen übertragen. Das geschieht dadurch, dass auf sie eine Kraft F entlang eines Weges s einwirkt. Der Wert dieser Energie E wird durch das Produkt aus der Kraft F und dieser Strecke s berechnet:

$$E = F \cdot s$$

Die Einheit der Energie wird für die mechanische Energie in Nm (Newtonmeter), für die Wärme in J (Joule) und für die elektrische Energie in Ws (Wattsekunde) angegeben.
Es gilt:

$$1\,Nm = 1\,J = 1\,Ws$$

Ende der Achterbahnfahrt
Um die Wagen wieder zum Stillstand zu bringen, werden sie abgebremst. Die dabei durch Reibung entstehende Wärme wird ungenutzt an die Umgebung abgegeben. Diese Art von Energieumwandlung heisst **Energieentwertung.**

Die Energieentwertung findet schon während der Fahrt statt. Sie entsteht durch Lagerreibung an den Rädern der Wagen Wärme. Auch zwischen den Rädern und den Schienen besteht Reibung und führt zur Wärmeentwicklung. Tatsächlich entsteht während der Fahrt sogar eine Reibung zwischen der Umgebungsluft und den Achterbahnwagen. Es steht somit immer weniger Energie zur Verfügung, um genügend Höhe zu erreichen. Deshalb werden die Wagen auch nicht wieder die Höhe des Ausklinkpunktes erreichen können. Allgemein gilt, dass bei jeder Bewegung eines Körpers ein Teil seiner Energie in Form von Wärme entwertet wird.

> Lageenergie und Bewegungsenergie sind mechanische Energieformen, die sich ineinander umwandeln lassen. Die bei einem Umwandlungsprozess unerwünscht auftretende Umwandlung in Wärme wird als Energieentwertung bezeichnet.

2 Hier wird gebremst!

Lageenergie und Bewegungsenergie

1.
a) Berechne die aufzuwendende Energie, um eine Masse von 15 kg um 3 m zu heben.
b) Gib an, wie gross die Energie ist, die dann auf den Körper übertragen worden ist.

2.
a) Baue ein Fadenpendel wie in Bild 1 auf. Miss den Durchmesser d und die Masse m der Kugel.
b) Lenke das Pendel aus. Miss die Höhe h und die Zeit t, die die Kugel zum Durchpendeln der Lichtschranke benötigt.
c) Wiederhole Versuch b) mit grösser werdenden Höhen.

h in m	t in s	$E_L = m \cdot g \cdot h$ in Nm	$E_B = E_L$	$v = \frac{d}{t}$ in $\frac{m}{s}$	$\frac{E_B}{v^2}$ in $\frac{N}{\frac{m}{s^2}}$

d) Übertrage die Tabelle in dein Heft, fülle sie aus und vergleiche den Quotienten $\frac{E_B}{v^2}$ mit der Masse m und erstelle eine Formel für E_B.

3.
a) Ein Auto hat eine Masse von 1,1 t und eine Geschwindigkeit von 50 $\frac{km}{h}$. Berechne seine Bewegungsenergie.
b) Das Auto aus Aufgabe a) wiegt voll beladen 1,35 t. Berechne seine Bewegungsenergie bei einer Geschwindigkeit von 50 $\frac{km}{h}$.
c) Das Autos aus a) und b) wird durch Vollbremsung jeweils bis zum Stillstand abgebremst. Begründe die unterschiedlich langen Bremswege.
d) Gib die Energien an, in die die Bewegungsenergie beim Bremsen umgewandelt wird.

4.
a) Ein Zug der Achterbahn Colossos hat eine Masse von 2,5 t. Berechne die potenzielle Energie des Zuges im höchsten Punkt bei 52 m.
b) Berechne die Geschwindigkeit des Wagenzuges bei der Talfahrt an der tiefsten Stelle bei einem Wirkungsgrad von 90 %.

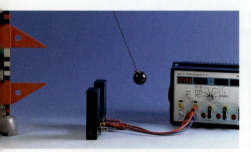

1 Pendelversuch

2 Glühende Bremsscheibe

3 Die Holzachterbahn Colossos

4 Ein Betonteil für ein Haus wird geliefert..

Die Lageenergie
Wird ein Körper angehoben, muss an ihm Hubarbeit verrichtet werden. Dabei wird auf den Körper Energie übertragen, die er speichert. Die Grösse der Energie, die auf den Körper mit der Masse m bei einem Höhengewinn h übertragen wird, beträgt

$$E_L = F_G \cdot h = m \cdot g \cdot h$$

Diese Form der Energie heisst Höhenenergie, Lageenergie oder potenzielle Energie E_L.

Berechnung von E_L
Eine Masse von 930 t wird um 5 m gehoben. Wie viel Energie müssen die Motoren des Krans mindestens einsetzen?
geg.: $m = 930\,000$ kg, $h = 5$ m
ges.: E_L

Lösung:
$E_L = m \cdot g \cdot h$
$E_L = 930\,000$ kg $\cdot\ 9{,}81\frac{m}{s^2} \cdot 5$ m
$E_L = 45\,616\,500$ Nm

Antwort: Der Energieeinsatz beträgt mindestens $45{,}62 \cdot 10^6$ Nm.

Die Bewegungsenergie

Um einen Körper wie beispielsweise beim Fahrradfahren zu bewegen, musst du Bewegungsenergie oder kinetische Energie einsetzen.

Willst du schneller fahren, musst du mehr Bewegungsenergie einsetzen. Willst du deine Geschwindigkeit verdoppeln, musst du die vierfache Energie einsetzen. Willst du deine Geschwindigkeit verdreifachen, musst du die neunfache Energie einsetzen. Die einzusetzende Energie E_{kin} ist proportional dem Quadrat der Geschwindigkeit.

$$E_B \sim v^2$$

Nimmst du auf dem Gepäckträger noch deinen Freund mit, bewegst du eine grössere Masse. Du musst mehr Energie einsetzen.

$$E_B \sim m$$

Die einzusetzende Bewegungsenergie E_B hängt also ab von der Geschwindigkeit und der Masse, die bewegt wird.

$$E_B \sim m \cdot v^2$$

Als Formel zur Berechnung der einzusetzenden Bewegungsenergie ergibt sich:

$$\boxed{E_B = \tfrac{1}{2} \cdot m \cdot v^2}$$

5 Kinetische Energie verformt.

Berechnung von E_B

Ein Auto mit einer Masse von 950 kg soll aus dem Stand auf eine Geschwindigkeit von 36 $\tfrac{km}{h}$ beschleunigt werden. Wie gross ist die dazu aufzuwendende Bewegungsenergie?

geg.: $m = 950$ kg, $v = 36 \tfrac{km}{h} = 10 \tfrac{m}{s}$
ges.: E_B

Lösung: $E_B = \tfrac{1}{2} \cdot m \cdot v^2$
$E_B = \tfrac{1}{2} \cdot 950$ kg $\cdot (10 \tfrac{m}{s})^2$
$E_B = 47\,500$ Nm

Antwort: Es muss eine Energie von 47 500 Nm eingesetzt werden.

Den Wirkungsgrad beachten

Bei der theoretischen Berechnung wurde der Wirkungsgrad des Autos nicht berücksichtigt. Beträgt der Wirkungsgrad des Autos $\eta = 23\%$, so entspricht der Wert 47500 Nm 23 % der benötigten Ausgangsenergie E_A.

$E_A = 47\,500$ Nm $\cdot \tfrac{100}{23}$
$E_A = 206\,500$ Nm

Antwort: Unter Berücksichtigung des Wirkungsgrads muss eine Ausgangsenergie von 206 500 Nm eingesetzt werden.

Verräterische Verformungen

Je höher die Geschwindigkeit des Autos ist, desto grösser ist auch seine Bewegungsenergie. Fährt der Wagen auf ein Hindernis, so wird ein Teil der Bewegungsenergie oder sogar die gesamte Bewegungsenergie in Verformungsenergie umgewandelt. Sachverständige, die Unfallschäden bei Autos begutachten, können aus der Stärke der Verformung Rückschlüsse auf die umgewandelte Bewegungsenergie ziehen und damit die Geschwindigkeit des Wagens zum Zeitpunkt des Unfalls bestimmen.

Energieformen beim Pendel

Bei vielen Vorgängen wird potenzielle Energie in Bewegungsenergie umgewandelt und umgekehrt. Einem Fadenpendel wird beim Anstossen Energie übertragen. Es schwingt aus und erreicht seine maximale Höhe. Jetzt hat die Lageenergie ihren grössten Wert erreicht. Die Geschwindigkeit beträgt in diesem Umkehrpunkt $v = 0$. Damit ist auch die Bewegungsenergie $E_B = 0$.

Das Pendel schwingt zurück, es verliert an Höhe, nimmt aber an Geschwindigkeit zu. Die Lageenergie wird jetzt in Bewegungsenergie umgewandelt.

Im tiefsten Punkt des Pendels ist die Lageenergie null und die Bewegungsenergie am grössten. Hier hat das Pendel seine grösste Geschwindigkeit.

Beim Schwingen zur anderen Seite nehmen die Geschwindigkeit und damit die Bewegungsenergie ab, das Pendel gewinnt an Höhe und damit an Lageenergie. Im zweiten Umkehrpunkt ist dann die gesamte Bewegungsenergie in Lageenergie umgewandelt worden.

Diese Vorgänge der Umwandlungen wiederholen sich, bis das Pendel zur Ruhe gekommen ist. Denn bei jedem Schwingungsvorgang entsteht Reibung und damit Wärme. Die zur Verfügung stehende Gesamtenergie wird immer geringer. Der Höhengewinn und die Geschwindigkeit werden damit auch geringer.

> Die Lageenergie lässt sich mit der Formel $E_L = F_G \cdot h = m \cdot g \cdot h$ berechnen, die Bewegungsenergie mit $E_B = \tfrac{1}{2} \cdot m \cdot v^2$. Die Einheit der Energien ist 1 Nm.

Crash-Test bei 100 km/h

1 Ein Unfall für die Wissenschaft

Bewegungsenergie verformt

Bei Crash-Tests lässt sich bestimmen, wie gross die Bewegungsenergie ist, die bei einem Unfall das Fahrzeug verformt. Prallt beispielsweise ein Fahrzeug mit der Masse $m = 1000$ kg mit einer Geschwindigkeit von 100 $\frac{km}{h}$ auf ein stehendes Hindernis, so lässt sich seine Bewegungsenergie wie folgt berechnen:

geg.: $m = 1000$ kg, $v = 100 \frac{km}{h} = 27{,}78 \frac{m}{s}$
ges.: E_B
Lösung: $E_B = \frac{1}{2} \cdot 1000 \text{ kg} \cdot (27{,}78 \frac{m}{s})^2$
$ E_B = 385\,864{,}2$ Nm
$ \underline{\underline{E_B = 385{,}86 \text{ kJ}}}$

Diese Bewegungsenergie von 385,86 kJ wird in Verformungsenergie und Wärme umgewandelt.

Vergleich mit Lageenergie

Um eine Vorstellung von den Ausmassen der Verformung zu bekommen, kann die Lageenergie in einer bestimmten Höhe ermittelt werden, die dieser Bewegungsenergie entspricht. Dazu muss die Höhe berechnet werden, die das Fahrzeug haben müsste, um eine vergleichbare Bewegungsenergie zu erhalten.

geg.: $E_B = 385\,864{,}2$ Nm   ges.: h
Lösung: $E_L = E_B$
$ m \cdot g \cdot h = 385\,864{,}2 \text{ Nm}$
$ h = \frac{385\,864{,}2 \text{ Nm}}{m \cdot g}$
$ h = \frac{385\,864{,}2 \text{ kg} \cdot \frac{m^2}{s^2}}{1000 \text{ kg} \cdot 9{,}81 \frac{m}{s^2}}$
$ \underline{\underline{h = 39{,}33 \text{ m}}}$

Das bedeutet:
Würde das Fahrzeug aus dieser Höhe fallen, würde es die gleiche Verformung und Zerstörung erfahren wie bei einem Frontalaufprall auf ein feststehendes Hindernis bei einer Geschwindigkeit von 100 $\frac{km}{h}$.

Geschwindigkeit und Bewegungsenergie

Um die Abhängigkeit der Bewegungsenergie von der Geschwindigkeit zu betrachten, ist es sinnvoll, Werte für die Bewegungsenergie miteinander ins Verhältnis zu setzen. Daraus ergibt sich z. B. die Frage: Wie gross ist die Bewegungsenergie eines Pkws mit einer Masse von 1000 kg bei a) $v = 50 \frac{km}{h}$, b) $v = 100 \frac{km}{h}$, c) $v = 150 \frac{km}{h}$?

geg.: m, v ges.: a) E_{B50} b) E_{B100} c) E_{B150}

Lösung: $\quad E_B = \frac{1}{2} \cdot m \cdot v^2$
a) $E_{B50} = \frac{1}{2} \cdot 1000 \text{ kg} \cdot (13{,}89 \frac{m}{s})^2$
$ E_{B50} = 96\,466{,}05$ Nm

b) $E_{B100} = 385\,864{,}20$ Nm
c) $E_{B150} = 868\,194{,}45$ Nm

Werden diese drei Werte für die Bewegungsenergie im Verhältnis zueinander dargestellt, ergibt sich folgender Zusammenhang:

$\frac{E_{B100}}{E_{B50}} = \frac{385\,864{,}20 \text{ Nm}}{96\,466{,}05 \text{ Nm}} = 4 \Leftrightarrow E_{B100} = 4 \cdot E_{B50}$

Dies bedeutet, dass bei einer Verdoppelung der Geschwindigkeit des Fahrzeuges sich seine Bewegungsenergie vervierfacht.

Ebenso zeigt sich:

$\frac{E_{B150}}{E_{B50}} = \frac{868\,194{,}45 \text{ Nm}}{96\,466{,}05 \text{ Nm}} = 9 \Leftrightarrow E_{B150} = 9 \cdot E_{B50}$

Verdreifacht sich die Geschwindigkeit des Fahrzeuges, verneunfacht sich seine Bewegungsenergie.

Somit ergibt sich als Zusammenhang zwischen der Geschwindigkeit und der Bewegungsenergie: Die Bewegungsenergie ist abhängig vom Quadrat der Geschwindigkeit.

Geschwindigkeitsbegrenzung

Geschwindigkeitsbeschränkungen haben also eine sinnvolle Berechtigung und helfen Unfälle zu vermeiden, die bei höherer Geschwindigkeit Leben bedrohen und grossen Sachschaden anrichten können.
In der Schweiz gelten deshalb folgende **Höchstgeschwindigkeiten**:
Auf der Autobahn 120 km/h, auf Autostrassen 100 km/h, auf Haupt- und Nebenstrassen ausserhalb von Ortschaften 80 km/h und innerhalb von Ortschaften 50 km/h. Wer zu schnell fährt, muss mit Bussen und Strafen rechnen.

Rechnen mit Energie

1.
Ein Fussball hat eine Masse $m = 410$ g. Berechne seine Lageenergie, wenn er aus einer Höhe von 10 m fällt ($g = 9{,}81 \frac{m}{s^2}$).

2.
Ein Kaktus ($m = 1{,}5$ kg) auf dem Balkon hat eine Lageenergie von $E_L = 73{,}58$ Nm. Berechne die Höhe des Balkons ($g = 9{,}81 \frac{m}{s^2}$).

3.
Berechne die Höhe eines Tennisballs, aus der er fallen müsste, damit er die Bewegungsenergie des Aufschlagrekordes von $E_B = 153{,}5$ Nm erreicht.

4.
Ronny de Araújo schoss in der Saison 2006/07 den Fussball ($m = 410$ g) mit der „Wucht" von $E_B = 9\,213{,}52$ Nm. Berechne die Ballgeschwindigkeit bei dem Rekordschuss.

Beispiel	Lageenergie
Formel	$E_L = m \cdot g \cdot h \quad |:(m \cdot g)$
Umformung:	$h = \frac{E_L}{m \cdot g}$
Einheit	$\frac{Nm}{kg \cdot \frac{m}{s^2}} = \frac{kg \cdot m \cdot m \cdot s^2}{s^2 \cdot kg \cdot m} = m$
Rechnung	geg.: $E_L = 73{,}58$ Nm $= 73{,}58 \frac{kg \cdot m^2}{s^2}$ $g = 9{,}81 \frac{m}{s^2}$ $m = 1{,}5$ kg ges.: h

Beispiel	Bewegungsenergie
Formel	$E_B = \frac{1}{2} m \cdot v^2 \quad |\cdot \frac{2}{m}$
Umformung:	$v^2 = \frac{2 E_B}{m} \quad |\sqrt{}$ $v = \sqrt{2 \frac{E_B}{m}}$
Einheit	$\sqrt{\frac{Nm}{kg}} = \sqrt{\frac{kg \cdot m \cdot m}{s^2 \cdot kg}} = \sqrt{\frac{m^2}{s^2}} = \frac{m}{s}$
Rechnung	geg.: $m = 410$ g $= 0{,}41$ kg $E_B = 9213{,}52$ Nm ges.: v

Wovon hängen E_L und E_B ab?

Die Lageenergie ist abhängig von der Masse m des jeweiligen Körpers, von der Erdbeschleunigung g und der Höhe h, auf der er sich befindet. Dem gegenüber ist die Bewegungsenergie nur von der Masse m und dem Quadrat der Geschwindigkeit v des Körpers abhängig.
E_L kann jederzeit in E_B umgewandelt werden und umgekehrt. Bei jeder Umwandlung entsteht entwertete Energie in Form von Wärme. Bei der Berechnung wird die entwertete Energie jedoch nicht beachtet.

> Lageenergie = potenzielle Energie = E_L
> Bewegungsenergie = kinetische Energie = E_B

> Jeder Körper besitzt Höhenenergie E_L, die von der Masse, der Erdbeschleunigung und der Höhe abhängt. Diese kann in Bewegungsenergie E_B umgewandelt werden, die von der Masse und dem Quadrat der Geschwindigkeit abhängt.

	Lageenergie
Formel	$E_L = m \cdot g \cdot h$
Einheit	$\frac{kg \cdot m}{s^2} \cdot m = $ Nm, denn $\frac{kg \cdot m}{s^2} = $ N
Beispielaufgabe	Ein Tennisball mit einer Masse $m = 57{,}6$ g wird aus einer Höhe $h = 2{,}5$ m fallengelassen. Die Erdbeschleunigung beträgt $g = 9{,}81 \frac{m}{s^2}$. Berechne seine Lageenergie E_L.
Rechnung	geg.: $m = 57{,}6$ g $= 0{,}0567$ kg, $g = 9{,}81 \frac{m}{s^2}$ $h = 2{,}5$ m ges.: E_L Lösung: $E_L = 0{,}0576$ kg $\cdot 9{,}81 \frac{m}{s^2} \cdot 2{,}5$ m $E_L \approx 1{,}4 \frac{kg \cdot m}{s^2} \cdot $m $E_L \approx 1{,}4$ Nm
	Antwort: Die Lageenergie des Tennisballs beträgt ungefähr 1,4 Nm.

	Bewegungsenergie
Formel	$E_B = \frac{1}{2} m \cdot v^2$
Einheit	kg $\cdot \frac{m \cdot m}{s^2} = $ Nm, denn $\frac{kg \cdot m}{s^2} = $ N
Beispielaufgabe	2012 schlug der Tennisspieler Samuel Groth einen Aufschlag mit einer Rekord-Ballgeschwindigkeit $v = 263 \frac{km}{h}$. Berechne die Bewegungsenergie E_B des Tennisballs, wenn die Masse des Balls $m = 57{,}6$ g beträgt.
Rechnung	geg.: $m = 57{,}6$ g $= 0{,}0567$ kg $v = 263 \frac{km}{h} \approx 73 \frac{m}{s}$ ges.: E_B Lösung: $E_B = \frac{1}{2} \cdot 0{,}0576$ kg $\cdot (73 \frac{m}{s})^2$ $E_B \approx 153{,}5 \frac{kg \cdot m \cdot m}{s^2}$ $E_B \approx 153{,}5$ Nm
	Antwort: Die Bewegungsenergie des Tennisballs betrug ungefähr 153,5 Nm.

Berechnen von Wirkungsgraden

1.
Ein Auto nimmt eine Energiemenge von 15 000 Nm auf und gibt zum Antrieb 4 168 Nm ab.
a) Berechne den Wirkungsgrad η.
b) Nenne Energieumwandlungen beim Auto, bei denen entwertete Energie entsteht.

2.
Mithilfe einer schiefen Ebene wird in einer Schubkarre 30 kg Sand 40 cm höher befördert. Zum Schieben wird eine Energie von 250 Nm eingesetzt. Berechne den Wirkungsgrad der Schubkarre.

3.
Mit einem Flaschenzug mit vier Rollen wird eine Last von 200 kg 2 m hochgezogen. Dazu wird die Energiemenge von 4 400 Nm eingesetzt. Berechne den Wirkungsgrad des Flaschenzuges.

Nur ein Teil der Energie kann genutzt werden

Der Wirkungsgrad η einer Maschine ergibt sich aus dem Quotienten aus der nutzbaren Energie E_n und der zugeführten Energie E_z:

$$\text{Wirkungsgrad} = \frac{\text{nutzbare Energie}}{\text{zugeführte Energie}}; \quad \eta = \frac{E_n}{E_z}$$

Beispiel 1
Einer Maschine wird eine Energiemenge E_z = 20 000 Nm zugeführt. Genutzt werden kann eine Energiemenge E_n = 15 000 Nm. Berechne den Wirkungsgrad der Maschine.

geg.: E_z = 20 000 Nm ges.: η
E_n = 15 000 Nm

Lösung: $\eta = \frac{E_n}{E_z} = \frac{15\,000\ \text{Nm}}{20\,000\ \text{Nm}}$

$\eta = 0{,}75$

Antwort: Der Wirkungsgrad der Maschine beträgt 75 %.

Das bedeutet, dass 25 % der zugeführten Energie nicht für den eigentlichen Zweck eingesetzt werden kann. 25 % der eingesetzten Energie ist entwertete Energie E_e. Die entwertete Energie entsteht bei Energieumwandlungen und wird hauptsächlich in Form von Wärme abgegeben.

Jetzt wird es schwieriger

Nicht immer ist sowohl die zugeführte als auch die nutzbare Energiemenge angegeben, sondern sie müssen berechnet werden.

Beispiel 2A
Mithilfe eines Brettes über die Stufen einer Treppe befördert eine Gärtnerin in einer Schubkarre 25 kg Blumen mit Erde 60 cm höher. Zum Schieben setzt sie eine Energie von 270 Nm ein. Berechne den Wirkungsgrad, den die Gärtnerin mit der Schubkarre erreicht.

geg.: m = 25 kg ges.: E_n, η_1
h = 60 cm = 0,6 m
E_{z1} = 270 Nm

Lösung: $E_n = m \cdot g \cdot h$

$E_n = 25\ \text{kg} \cdot 10\ \frac{\text{m}}{\text{s}^2} \cdot 0{,}6\ \text{m}$

$E_n = 150\ \text{Nm}$

$\eta_1 = \frac{E_n}{E_{z1}} = \frac{150\ \text{Nm}}{270\ \text{Nm}}$

$\eta_1 = 0{,}56$

Antwort: Die Gärtnerin erreicht mit der Schubkarre einen Wirkungsgrad von 0,56 oder 56 %.

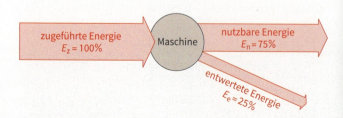

1 Energieflussdiagramm einer einfachen Maschine

2 Macht die Gärtnerin sich Gedanken um den Wirkungsgrad?

Da lässt sich doch noch etwas machen!

Die Gärtnerin aus Beispiel 2A fällt das Schieben der Schubkarre etwas schwer. Sie überlegt, wie sie ihren Energieeinsatz verringern und damit den Wirkungsgrad vergrössern kann. Sie schmiert die Achse der Schubkarre. Dadurch verringert sie die Reibung und damit auch die Menge der entwerteten Energie.

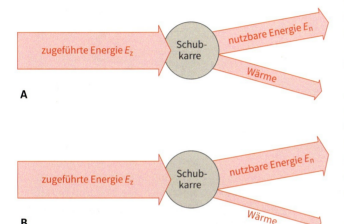

3 Energieflussdiagramm: **A** vor, **B** nach der Schmierung

Beispiel 2B

Die Gärtnerin braucht mithilfe der geschmierten Schubkarre nur noch eine Energie von $E_{z2} = 245$ Nm einzusetzen, um die Blumen mit Erde zu transportieren. Berechne den neuen Wirkungsgrad η_2.

geg.: $E_{z2} = 245$ Nm ges.: η_2
$E_n = 150$ Nm

Lösung: $\eta_2 = \dfrac{E_n}{E_{z2}} = \dfrac{150 \text{ Nm}}{245 \text{ Nm}}$

$\underline{\eta_2 = 0{,}61}$

Antwort: Der Wirkungsgrad beträgt jetzt 61 %.

Ein besserer Wirkungsgrad dient der Nachhaltigkeit

Eine gute Ausnutzung der eingesetzten Energie bedeutet Energieeinsparung und trägt damit zur Nachhaltigkeit bei. Deshalb werden immer Möglichkeiten gesucht, den Wirkungsgrad von Maschinen oder Anlagen zu vergrössern.

Dies kann wie bei der Schubkarre durch Herabsetzen der Reibung geschehen. Dabei werden die beweglichen Bauteile der Fahrzeuge oder Maschinen geölt oder geschmiert. Oft werden Maschinenteile auch so abgekapselt, dass keine Schmutz- und Staubteilchen ins Innere gelangen können und dadurch die Reibung wieder vergrössern. Eine weitere Verbesserungsmöglichkeit des Wirkungsgrades besteht in der Verringerung der Massen der bewegten Bauteile. So werden Fahrradrahmen oft aus Aluminiumlegierungen oder aus dem Kohlefaserverbundstoff Carbon hergestellt. Dadurch wird die bewegte Masse kleiner und damit auch der erforderliche Energieeinsatz.

Sportlerinnen und Sportler arbeiten im Training nicht nur an der Verbesserung ihrer Kondition, sondern auch an der Verbesserung ihres Wirkungsgrades. Beim Schwimmen beispielsweise bewegen sie sich mit einem genau aufeinander abgestimmten Bewegungsablauf von Armen und Beinen im Wasser. Das minimiert den Energieeinsatz. Ziel ist immer, mit der eingesetzten Energie ein optimales Ergebnis zu erreichen.

> Kannst du den Wirkungsgrad berechnen und Möglichkeiten angeben, ihn zu vergrössern?

4 Mit optimalem Wirkungsgrad auf das Siegertreppchen!

Mechanische Leistung

1. A
Nina (45 kg) und Marvin (55 kg) unternehmen eine Bergtour. Sie benötigen für ihre Wanderung zwei Stunden und überwinden dabei 300 Höhenmeter. Erkläre, wer von beiden mehr leistet.

2. V
Laufe mit einer etwa gleich schweren Mitschülerin im Treppenhaus in den ersten Stock hoch. Ein weiterer Schüler gibt euch nach 3 s ein Signal, bei dem ihr sofort stehenbleibt.
a) Stellt fest, wer von euch beiden mehr Lageenergie besitzt.
b) Begründe, wer die grössere Leistung erbracht hat.

3. A
Berechnet eure in Aufgabe 2 erbrachte Leistung.

4. A
Erik und Alex heben Wasserkisten in einen Lkw. Eine Kiste hat eine Masse von 17 kg, die Ladefläche hat eine Höhe von 1,60 m.
a) Beide Jungen laden 5 Kisten auf. Berechne, wer mehr Energie übertragen hat.
b) Erik hat die 5 Kisten in 40 s aufgeladen, Alex brauchte dazu 50 s. Berechne die jeweils erbrachte Leistung.

5. Q
Recherchiere die Bedeutung der Einheit PS.

6. A
Ein Kran befördert Material auf ein Hausdach mit fünf Stockwerken. Beschreibe, wie du die Leistung berechnen könntest, wenn sich das Material bereits im dritten Stockwerk befindet.

Was für eine Leistung!
Alex und Erik heben Wasserkisten auf die Ladefläche des Lkws. Dabei erhalten die Kisten Lageenergie. Wenn jeder fünf Kisten auf die Ladefläche gehoben hat, haben beide gleich viel Energie übertragen. Erik brauchte aber weniger Zeit, er hat eine grössere **mechanische Leistung** erbracht als Alex. Die Leistung wird mit dem Formelzeichen **P** abgekürzt.

Eine Formel für die Leistung

> Je mehr Energie in der gleichen Zeit übertragen wird, desto grösser ist die Leistung.
> Je kürzer die Zeit ist, in der die gleiche Menge Energie übertragen wird, desto grösser ist die Leistung.

> Die mechanische **Leistung** P hängt ab von der übertragenen **Energie** E und der **Zeit** t, die dazu benötigt wird:
> $$P = \frac{E}{t} \qquad \left[\text{Leistung} = \frac{\text{Energie}}{\text{Zeit}}\right]$$

> Berechnest du die mechanische **Leistung** P, so betrachtest du nur die **Energieänderung** ΔE in einem bestimmten **Zeitabschnitt** Δt. Die Energie, die der Köper bereits vor Beginn deiner Betrachtung hat, wird nicht berücksichtigt:
> $$P = \frac{\Delta E}{\Delta t} \qquad \left[\text{Leistung} = \frac{\text{aufgewendete Energie}}{\text{benötigte Zeit}}\right]$$

1 Alex und Erik sind fleissig.

Die Einheiten der Leistung
Die Einheit der mechanischen Leistung ist $\frac{Nm}{s}$ (Newtonmeter je Sekunde). Zu Ehren des schottischen Erfinders JAMES WATT (1736–1819) wird diese Einheit mit Watt (W) bezeichnet. Es gilt: $1\,W = 1\,\frac{Nm}{s}$.
Grössere Einheiten sind:
1000 W = 1 kW (Kilowatt), 1000 kW = 1 MW (Megawatt), 1000 MW = 1 GW (Gigawatt).

> Kannst du den Zusammenhang zwischen Leistung und Energie darstellen?

Spitzenleistungen in Technik und Natur

Schnell– schneller – am schnellsten
SEBASTIAN VETTEL (*1987) schaffte im Jahr 2012 die 67 Runden auf dem 4574 m langen Hockenheimring mit dem 552 kW starken Formel-1-Wagen in nur 1 h 31 min und 9,594 s.

Leistungen in der Technik

Taschenrechner	0,02 W
LED	2 W
Trainierter Radfahrer	450 W
Servolenkung beim Auto	5 kW
Kleinwagen	60 kW
Sportwagen	463 kW
ICE	8 MW
Dampfturbine	1000 MW

Das Wandern ist des Müllers Lust
Beim Wandern in den Bergen schaffen es trainierte Personen, über einen längeren Zeitraum durchschnittlich 300 m Höhenunterschied pro Stunde zu überwinden. Bei einer Körpermasse von 70 kg ist das eine Dauerleistung von 58 W.

Dieselmotoren für Schiffe
Dieselmotoren für Schiffe haben Leistungen von mehreren Zehntausend Kilowatt und wiegen über 1000 Tonnen. Damit treiben sie beispielsweise über 350 Meter lange Containerschiffe an. Die Motoren werden auch zur Erzeugung elektrischer Energie eingesetzt.

PINNWAND

3.
Beim Wandern in den Bergen wird der Aufstieg zum Gipfel meist auf mehrere kleine Etappen verteilt. Beschreibe, wie du die Leistung eines Wanders während der einzelnen Etappen berechnen könntest.

4.
Ein Stiefmütterchen kann seine Samenkörner bis zu 4 m hoch schleudern. Nimm an, das Samenkorn benötigt für den Flug 1 s und wiegt 0,1 g. Berechne die Leistung, mit der das Stiefmütterchen seinen Samenkorn wegschleudert.

1.
Finde heraus, welche Leistung der Motor eines Schulbusses und der einer S-Bahn hat.

2.
Vergleiche die Leistung von VETTELS Rennwagen mit der eines Sportwagens und der eines Kleinwagens.

Elektrische Leistung und Energie

1.
Vergleiche die Angaben über elektrische Werte auf verschiedenen Lampen.

2.
a) Baue einen Stromkreis mit einer Lampe (6 V | 3 W) auf. Stelle das Stromversorgungsgerät auf 6 V ein. Miss die Spannung U und die Stromstärke I.
b) Berechne das Produkt aus den Messwerten. Vergleiche es mit den Angaben auf der Lampe.

1 Typenschild

3.
Ermittle in eurem Haushalt die Leistungen einiger Elektrogeräte anhand der Typenschilder. Lege dazu eine Tabelle an.

Gerät	Leistung P in W
Monitor	
Staubsauger	
Föhn	
Waschmaschine	
Fernsehgerät	

4.
Haartrockner werden mit elektrischen Leistungen von 1000 W bis 2200 W angeboten. Nenne Gesichtspunkte, nach denen du einen Haartrockner auswählen würdest.

5.
Eine Waschmaschine hat bei Anschluss an 230 V eine elektrische Leistung von 3000 W. Berechne, ob sie mit einer Sicherung von 10 A oder von 16 A abgesichert werden muss.

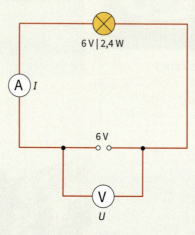

2 Energie im Stromkreis

6.
a) Baue einen Versuch wie in Bild 2 auf. Bestimme die Spannung und die Stromstärke.
b) Berechne die Menge der elektrischen Energie für 60 s. Dazu musst du die Messwerte aus a) mit der Zeit multiplizieren.
c) Wiederhole den Versuch mit einer Glühlampe (3,8 V | 0,3 A).
d) Vergleiche die Energiemengen der Versuche.

4 Messung mit dem Stromzähler

7.
Schliesse wie in Bild 3 eine Kochplatte über einen Stromzähler an das Stromversorgungsnetz an. Fülle Wasser in den Topf. Schalte die einzelnen Stufen der Kochplatte jeweils für 1 min ein und beobachte dabei den Zähler. Beschreibe, was du feststellen kannst.

8.
a) Schliesse einen Haartrockner während der Benutzung für 5 min an ein Energiemessgerät an und lies die Energiemenge ab, die der Haartrockner umgewandelt hat.
b) Berechne, welche Energiemenge im Jahr benötigt wird, wenn der Haartrockner täglich 15 min benutzt wird.
c) Berechne die Kosten, wenn 1 kWh 20 Rappen kostet.

3 WLAN-Router haben immer einen Stand-by-Modus.

9.
Die Leistung eines WLAN-Routers ist im Stand-by-Modus 5 W. Er wird täglich von 13 bis 23 Uhr genutzt. Berechne die Energie, die jährlich durch das Abschalten eingespart werden kann.

Energie, Leistung, Wirkungsgrad | **275**

Elektrische Leistung

Auf Lampen und elektrischen Geräten sind für deren Benutzung wichtige Werte angegeben. Eine dieser Angaben ist die **elektrische Leistung** P in W des Gerätes. Die auf einem Gerät angegebene Leistung ist ein Mass für die Energiemenge, die das Gerät in einer Zeiteinheit aufnimmt.

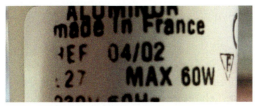

5 Leistungsangabe auf einer Lampe

Um die elektrische Leistung P zu bestimmen, musst du bei einer bestimmten Spannung U die Stromstärke I messen. Die elektrische Leistung P ergibt sich als Produkt der Werte der Spannung U und der Stromstärke I.

$$P = U \cdot I$$

Die elektrische Leistung P wird in der Einheit **Watt (W)** angegeben. Diese Einheit wurde zu Ehren des englischen Erfinders JAMES WATT (1736–1819) gewählt.

Elektrische Energie

Ein elektrisches Gerät wandelt elektrische Energie in Energie anderer Form um. Wie viel Energie umgewandelt wird, hängt von der Zeit t ab. Die **elektrische Energie E** ergibt sich als Produkt aus der Leistung P und der Zeit t. Die Einheit der elektrischen Energie ist **Wattsekunde (Ws)** oder **Kilowattstunde (kWh)**.

$$E = P \cdot t = U \cdot I \cdot t$$

Der Stromzähler

Die Bereitstellung und die Nutzung von elektrischer Energie müssen bezahlt werden. Das Gerät zur Messung der abgeführten elektrischen Energie in einem Haushalt wird **Stromzähler** genannt (Bild 6). Er ist direkt in die Leitung geschaltet, die vom Elektrizitätswerk kommt. Bei den herkömmlichen Zählern ist die im Fenster erkennbare Drehscheibe mit einem Zählwerk verbunden. Das zählt entsprechend der Umdrehungen der Scheibe, wie oft die Energiemenge 1 kWh durchgeflossen ist.

Im vielen europäischen Ländern werden inzwischen **intelligente Stromzähler** (engl. Smart Meter) angeboten und vor allem in Neubauten installiert. Diese Messgeräte melden zum Beispiel per Internet regelmässig an den Lieferanten die Menge der genutzten Energie eines Haushaltes. Die Nutzer können diese Messungen am Computer verfolgen. In Zukunft soll diese Messtechnik den Nutzern die gezielte Einsatzsteuerung ihrer Grossgeräte ermöglichen. Haushaltsgeräte mit hoher Energieaufnahme können dann zu Zeiten niedriger Energiekosten genutzt werden.

6 Intelligenter und herkömmlicher Stromzähler

Elektrische Leistung
Formelzeichen: P
Formel: $P = U \cdot I$
Einheit: W (Watt)
  $1 W = 1 V \cdot 1 A$

Umrechnungen:
  $1000 W = 1 kW$
  $1\,000\,000 W = 1\,000 kW = 1 MW$

Elektrische Energie
Formelzeichen: E
Formel: $E = P \cdot t = U \cdot I \cdot t$
Einheit: Ws (Wattsekunde)
  $1 Ws = 1 V \cdot 1 A \cdot 1 s$

Umrechnungen:
  $1000 Ws = 1 kWs$
  $3\,600\,000 Ws = 3\,600 kWs = 1 kWh$

> Kannst du die elektrische Leistung eines Gerätes berechnen?

Die elektrische Zahnbürste – ein Energiewandler

1. 🅰

a) In Bild 2 siehst du den Schaltplan einer elektrischen Zahnbürste. Nenne die Aufgaben der einzelnen Bauteile.
b) Beschreibe die Energieumwandlungen, wenn die Zahnbürste in Betrieb ist.

2. 🆅

Miss mit einem Energiemessgerät die zum Laden einer elektrischen Zahnbürste benötigte Leistung P in W.

3. 🅰

Die Ladestation einer elektrischen Zahnbürste ist an eine Spannung von 230 V angeschlossen. Während des Ladevorgangs beträgt die Eingangsstromstärke 0,04 A. Berechne die elektrische Leistung, die der Trafo aufnimmt.

4. 🅰

Vergleiche den Wert aus Aufgabe 3 mit dem Wert aus Versuch 2.

5. 🅰

Der Akku der Zahnbürste aus Aufgabe 3 stellt eine Gleichspannung von 2,4 V zur Verfügung. Die Stromstärke beträgt 4,5 A. Berechne, welche Leistung über den Motor an den Bürstenkopf abgegeben wird.

6. 🅰

Begründe, warum die von der elektrischen Zahnbürste aufgenommene und abgegebene Leistung nicht übereinstimmen.

Bequem und gründlich

Eine elektrische Zahnbürste übernimmt die kreisende Bewegung der Hand. Ein Trafo, ein Akku und ein Motor wandeln die elektrische Energie dabei schrittweise in Bewegungsenergie um.

Der Akku wird geladen

In der Ladestation der Zahnbürste wird eine Spule mit hoher Windungszahl an eine Spannung von 230 V angeschlossen. Im unteren Teil der Zahnbürste ist eine zweite Spule mit weniger Windungen integriert. Steht die Zahnbürste auf der Ladestation, bilden die beiden Spulen einen Transformator, der die Spannung auf ungefähr 3 V herabsetzt. Die Leistung P in der Eingangsspule ist grösser als die in der Ausgangsspule, da der Trafo warm wird. Je mehr Wärme abgegeben wird, desto geringer ist der Wirkungsgrad des Trafos und desto länger dauert der Ladevorgang des Akkus.

Der Energiefluss

Ein Schalter schliesst den Stromkreis. Der Akku gibt die gespeicherte elektrische Energie an den Motor ab. Er wandelt diese Energie in Bewegungsenergie der Bürste um. Dabei wird ein Teil der zugeführten Energie in Form von Wärme entwertet. Je mehr Wärme abgegeben wird, desto geringer ist der Wirkungsgrad der Zahnbürste.

Kannst du die Energieumwandlung beim Betrieb der elektrischen Zahnbürste beschreiben?

1 Elektrische Zahnbürste

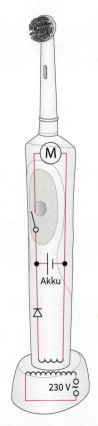

2 Das Innenleben einer Zahnbürste

Energie, Leistung, Wirkungsgrad | 277

Wie Energie sparen?

Intelligente Energiewandler
Elektrogeräte werden immer sparsamer. Moderne Fernseher passen die Bildhelligkeit der Umgebung an. Waschmaschinen regulieren Temperatur, Waschdauer, Wassermenge und die Waschmittelmenge entsprechend dem Verschmutzungsgrad des Wassers. Staubsauger regeln den Luftstrom je nach Bodenbeschaffenheit und Art des Schmutzes. Sie alle nutzen Sensoren und wandeln nur so viel elektrische Energie in Licht, Bewegungsenergie oder Wärme um, wie nötig ist.

Vor- und Nachteile des Stand-by-Modus
Technische Geräte im **Stand-by-Modus** können jederzeit durch eine Fernbedienung aktiviert werden, müssen aber auch ständig mit Energie versorgt werden. Diese Geräte erkennst du an leuchtenden LEDs oder Uhrendisplays. Dazu gehören Fernseher, Computer oder Drucker. Handy-Ladegeräte, Netzgeräte von Lampen oder elektrische Zahnbürsten benötigen Energie, auch wenn das angeschlossene Gerät nicht eingeschaltet ist.
Bei einigen Geräten können beim Trennen vom Versorgungsnetz jedoch Daten verloren gehen. Dazu gehören Festplatten- oder DVD-Rekorder, die die eingestellte Uhrzeit vergessen können. Bei DVB-T-Receivern kann es auch vorkommen, dass die Sendereinstellungen verloren gehen.

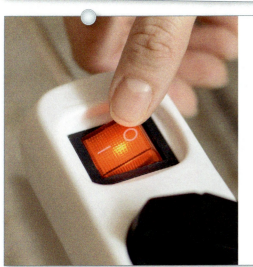

Verantwortungsvoller Umgang mit Energie
Zum nachhaltigen, verantwortungsvollen Umgang mit elektrischer Energie gehört, dass bei ihrem Gebrauch nur ein möglichst kleiner Teil in ungenutzte Formen von Energie umgewandelt wird. So werden Ressourcen geschont. Die erwünschte Energieform sollte möglichst vollständig genutzt werden. Fernseher, Lampen, Computer oder Radio sollten nur eingeschaltet sein, wenn sie benötigt werden. Der Betrieb im Stand-by-Modus lässt sich fast immer vermeiden.

PINNWAND

1.
Nenne Geräte mit Energiesparprogrammen.

2.
Nenne Geräte bei dir zu Hause, bei denen du durch eine schaltbare Steckdosenleiste den Stand-by-Modus vermeiden kannst.

3.
Nenne das Bild auf dieser Pinnwand, das eine unnötige Energieabgabe an die Umwelt zeigt. Begründe deine Entscheidung.

4.
Finde Beispiele für unachtsame Energieverschwendung.

Energie und Leistung im Alltag

Team 1
Typenschilder

Auf fast jedem elektrischen Gerät befindet sich ein Typenschild. Dort findest du wichtige Angaben zu den elektrischen Leistungsdaten.
- Jedes Teammitglied fotografiert zu Hause die Typenschilder von mindestens fünf Haushaltsgeräten.
- Übertragt die folgende Tabelle in euer Heft.

Gerät	Spannung	Stromstärke	Leistung

1 Tabelle für Messwerte

- Tragt die ermittelten Daten zusammen und ergänzt die fehlenden Werte.
- Vergleicht die jeweils notwendige elektrische Energie zum Betrieb dieser Geräte.

- Nennt Gründe, worauf der unterschiedliche Energiebedarf der Geräte beruht. Dazu könnt ihr eine Internetrecherche durchführen oder eigene Vermutungen anstellen.
- Überlegt, auf welche elektrischen Geräte ihr im Alltag verzichten könntet, um besonders viel Strom zu sparen.

Team 2
Fahrradergometer

Mithilfe eines **Fahrradergometers** könnt ihr selbst Strom erzeugen.
- Recherchiert, welche Leistung ein Fahrradgenerator abgibt.
- Recherchiert die Leistung von drei elektrischen Geräten, die ihr täglich nutzt. Stellt diese Daten in einer Tabelle zusammen.
- Ermittelt für jedes Haushaltsgerät, wie viele Fahrradergometer gleichzeitig verwendet werden müssen, um die benötigte Energie bereitzustellen.

2 Mit einem Fahrradergometer kannst du Strom erzeugen.

Energie, Leistung, Wirkungsgrad | 279

Team 3
Energiemessung

Ein Energiemessgerät wird zwischen eine Steckdose und ein elektrisches Gerät geschaltet. Es misst die Energie, die das elektrische Gerät aufnimmt.
- Macht euch mit der Bedienung des Energiemessgerätes vertraut.
- Übertragt Tabelle 4 in euer Heft.
- Führt Messungen bei verschiedenen Elektrogeräten durch und tragt die Messwerte in die Tabelle ein. Falls das Gerät einen Stand-by-Betrieb hat, messt auch dessen Energiebedarf.
- Schätzt ab, wie lange das Gerät am Tag durchschnittlich tatsächlich eingesetzt wird.
- Berechnet, wie viel Energie das Gerät täglich im Stand-by-Betrieb benötigt.
- Sammelt Argumente, die für oder gegen den Stand-by-Betrieb sprechen.

3 Ein Energiemessgerät zeigt die Leistungsaufnahme an.

Gerät	an oder aus?	Leistungs-aufnahme	Energiebedarf pro Minute

4 Tabelle für Messwerte

LERNEN IM TEAM

5 Die Höhe einer Stromrechnung hängt vom Anbieter ab.

Team 4
Strompreisvergleich

In der Schweiz gibt es viele unterschiedliche **Stromanbieter**. Jeder Anbieter möchte mit seinem Angebot möglichst viele Kunden gewinnen.
- Informiere dich im Internet über die Stromanbieter in deiner Region.
- Ein Haushalt mit vier Personen hat einen durchschnittlichen Strombedarf von etwa 3.500 kWh im Jahr. Wählt einen Tarif eines Stromanbieters aus und ermittelt, welche Kosten für die Bereitstellung des Stroms anfallen.
- Ermittelt, wodurch sich die preislichen Unterschiede der Angebote ergeben.
- Nennt mögliche Tricks von Stromanbietern, um einen Tarif günstiger erscheinen zu lassen.

Energie, Leistung, Wirkungsgrad

Arbeit ist Energieübertragung
Physikalische **Arbeit** verrichtest du, wenn du auf einen Körper eine Kraft ausübst und der Körper sich dadurch verformt oder bewegt. Gewinnt der Körper durch die auf ihn wirkende Kraft an Höhe, wird **Hubarbeit** verrichtet. Dazu wird Energie benötigt. Diese Energie wird dabei auf den Körper übertragen.

Mechanische Energie und ihre Umwandlung
Lage-, Bewegungs- und Spannenergie sind die Formen der **mechanischen Energie.** Sie können ineinander umgewandelt werden. Die Energien stehen in Wechselwirkung zueinander. Bei jeder Energieumwandlung wird ein Teil der Energie in **thermische Energie** umgewandelt.

Energieerhaltung
Bei Energieumwandlungen geht keine Energie verloren. Der Gesamtbetrag aller beteiligten Energien ist immer gleich. Es gilt der **Energieerhaltungssatz:**
$E_{ges} = E_1 + E_2 + E_3 + $ Wärme.

Elektrische Leistung
Die elektrische Leistung P ist ein Mass für die Energiemenge, die das Gerät in einer Zeiteinheit aufnimmt. Sie wird in der Einheit Watt (W) angegeben.

Die elektrische Energie E ergibt sich als Produkt aus der Leistung P und der Zeit t. Sie wird meist in der Einheit Kilowattstunde (kWh) angegeben.

Wirkungsgrad
Das Verhältnis von nutzbarer zu zugeführter Energie heisst **Wirkungsgrad η.** Er kann höchstens 1 oder entsprechend 100 % sein.

$$\eta = \frac{\text{nutzbare Energie}}{\text{zugeführte Energie}} \cdot 100\,\%$$

Mechanische Leistung
Die **mechanische Leistung** hängt von der übertragenen Energiemenge E und der dazu benötigten Zeit t ab.

Name	Grösse	Gesetz	Einheit
mechanische Energie	E	$E = F \cdot s$ mit $F = m \cdot a$	$1\,Nm = 1\,J = 1\,Ws$
Lageenergie (potenzielle Energie)	E_L	$E_L = F_G \cdot h = m \cdot g \cdot h$ mit $g = 9{,}81\,\frac{m}{s^2}$	$1\,Nm = 1\,kg \cdot \frac{m^2}{s^2}$
Bewegungsenergie (kinetische Energie)	E_B	$E_B = \frac{1}{2} m \cdot v^2$	$1\,Nm = 1\,kg \cdot \frac{m^2}{s^2}$
Energieerhaltungssatz der Mechanik	$E_{ges} = E_L + E_B + $ Wärme		
elektrische Leistung	P	$P_{el} = U \cdot I$	$1\,W = 1\,V \cdot 1\,A$
elektrische Energie	E	$\Delta E_{el} = P_{el} \cdot \Delta t$ $\Delta E_{el} = U \cdot I \cdot \Delta t$	$1\,Ws = 1\,J$ $1\,kWh = 3{,}6 \cdot 10^6\,Ws$

Energie, Leistung, Wirkungsgrad

1. Beschreibe, wobei ein Fahrradfahrer Arbeit im physikalischen Sinne verrichtet.

2. Nenne drei Alltagsbeispiele, bei denen du physikalische Arbeit verrichtest.

3. Berechne die Energiemenge, die ein Fahrstuhl auf eine Person mit 65 kg überträgt, wenn der Fahrstuhl sie 12 m anhebt.

4. Ein Körper ($m = 6$ kg) befindet sich in einer Höhe von 2 m. Gib an, wie die Höhe des Körpers verändert werden muss, wenn seine Masse verdoppelt wird, seine Lageenergie jedoch gleich bleiben soll.

5. Begründe die grosse Bedeutung einer effektiven Energieausnutzung bei Maschinen.

6. Bei einer Maschine werden folgende Daten gemessen: $E_z = 4500$ Nm, $E_n = 3800$ Nm. Gib den Wirkungsgrad η
a) in Prozent,
b) als Dezimalzahl an.

7.
a) Zähle die Grössen auf, von denen die kinetische Energie eines Körpers abhängig ist.
b) Beschreibe, wie die abhängigen Grössen die kinetische Energie beeinflussen.

8. Dein Herz pumpt jede Minute etwa 5 l Blut ($m \approx 5$ kg) durch deinen Körper. Es muss dabei so viel Energie liefern, als ob es das Blut 1 m hochheben würde. Berechne die in einem Tag gelieferte Lageenergie.

9. Berechne die Masse von Nina, wenn sie beim Fahrradfahren bei einer Geschwindigkeit von 36 $\frac{km}{h}$ eine kinetische Energie von 3,25 kJ besitzt. Dabei beträgt die Masse des Fahrrades etwa 15 kg.

10. Begründe, warum ein Fadenpendel nach einer Schwingung nicht mehr die ursprüngliche Höhe erreicht.

11.
a) Berechne die Bewegungsenergie eines Pkws ($m = 2$ t), der mit einer Geschwindigkeit von 200 $\frac{km}{h}$ auf ein feststehendes Hindernis aufprallt.
b) Berechne, aus welcher Höhe dieser Pkw herabfallen müsste, um eine vergleichbare Verformung zu erhalten.
c) Recherchiere, welches bekannte Gebäude etwa die gleiche Höhe hat.

12. Begründe die grössere Leistung des Mädchens mit dem roten Pullover im Vergleich zum Mädchen mit dem grünen Pullover, wenn sie beide gleich viel wiegen.

13. Ein Körper mit einer Gewichtskraft von 1000 N wird in 8 s um 10 m gehoben. Berechne die erbrachte Leistung.

14. Berechne die Energiemenge, die das elektrische Gerät mit diesem Typenschild benötigt, wenn es 3 h am Tag eingeschaltet ist.

15. Eine Spielekonsole hat im Stand-by-Betrieb eine Leistung von 2 W.
a) Berechne den Energiebedarf im Jahr, wenn das Gerät täglich 22 h im Stand-by-Modus ist.
b) Berechne die Energiekosten bei 0,20 SFr/kWh.

LERNCHECK

Ressourcen und Recycling

Was passiert im Komposthaufen?

Sind manche Verpackungen wirklich schlauer als andere?

Ist das wertloser Handyschrott, kostbarer Rohstoff, gefährlicher Problemmüll oder vielleicht alles zugleich?

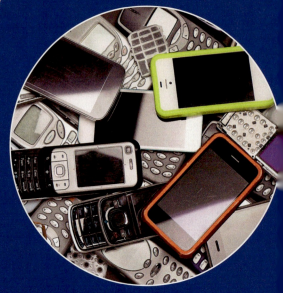

Recycling – was bedeutet das eigentlich?

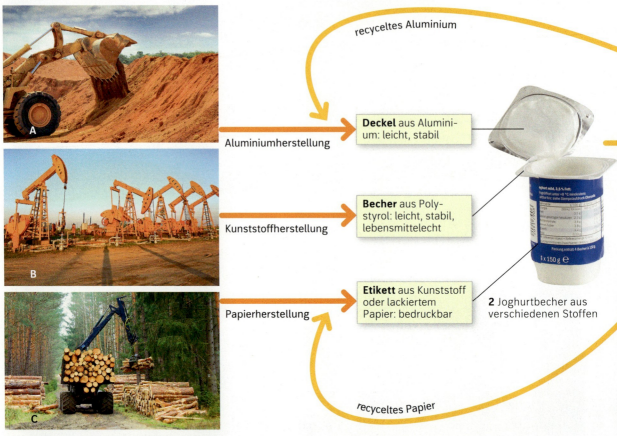

1 Quellen für Primärrohstoffe: **A** Bauxitbergwerk, **B** Erdölquelle, **C** Holzernte

2 Joghurtbecher aus verschiedenen Stoffen

Deckel aus Aluminium: leicht, stabil

Becher aus Polystyrol: leicht, stabil, lebensmittelecht

Etikett aus Kunststoff oder lackiertem Papier: bedruckbar

1. Ⓐ
Beschreibe anhand der Abbildungen,
- aus welchen Materialien ein Joghurtbecher besteht,
- woher die Primärrohstoffe für diese Materialien stammen,
- und wie diese Materialien wiederverwertet werden können.

2. Ⓐ
a) Erläutere die Begriffe Recycling und Downcycling.
b) Papier und Aluminium lässt sich gut recyceln. Erläutere am Beispiel der Deckel und Etiketten von Joghurtbechern, warum hier trotzdem nicht nur Sekundärrohstoffe eingesetzt werden.

3. Ⓐ
a) Erkläre Vorteile des Recyclings im Vergleich zur Lagerung in Mülldeponien.
b) Begründe, warum die Abfälle für das Recycling nach Stoffen sortiert werden müssen.
c) Beurteile, ob auch die Müllverbrennung zur nachhaltigeren Nutzung von Ressourcen beiträgt.

4. Ⓐ
Recycling ist gut, Müllvermeidung ist besser. Keinen Joghurt mehr zu essen, kann aber nicht die Lösung sein.
a) Entwickelt im Team Vorschläge für eine möglichst nachhaltige Verpackung von Joghurt. Denkt dabei an geeignete Materialien, aber auch an Packungsgrössen, Hygiene, Transport und Energieverbrauch.
b) Diskutiert Vorteile und Nachteile eurer Ideen, bevor ihr sie bewertet – und vielleicht ausprobiert.

Ressourcen und Recycling

3 Müllabfuhr ist Wertstoffsammlung

recycelter Kunststoff

4 Downcycling: **A** Pflanztöpfe, **B** Verbrennung im Kraftwerk

> **Recycling** ist ein englisches Wort. „Re" bedeutet „zurück" und „cyclo" heisst Kreislauf. Recycling bezeichnet die Rückgewinnung von Wertstoffen aus Abfällen und ihre Wiederverwertung in einem Kreislauf.
> Beim **Downcycling** entstehen minderwertigere Produkte. „Down" heisst „herunter". **Upcycling** meint das Gegenteil, also die Herstellung wertvollerer Produkte aus Müll. „Up" steht für „aufwärts".

Recycling schont Ressourcen

Gebrauchsgegenstände und Verpackungen werden aus Rohstoffen unter Energieaufwand hergestellt. Die Rohstoff- und Energiequellen bezeichnet man als **natürliche Ressourcen.** Die Quellen sind aber nicht unerschöpflich. Es sind begrenzte Ressourcen.
Primärrohstoffe holt man aus der Natur, zum Beispiel als Metallerze, Erdöl oder Holz. Der Verbrauch von Primärrohstoffen lässt sich durch die Wiederverwertung von Abfällen in Form von Sekundärrohstoffen einschränken. Die Ressourcen werden geschont.

Recycling – oft kein geschlossener Kreislauf

Wird eine Pfandflasche wieder mit einem Getränk befüllt oder holt sich jemand einen Autositz vom Schrottplatz, so wird der Gegenstand in gleicher Weise wiederverwendet. Das ist aber oft nicht möglich. Der Kunststoff aus einem Joghurtbecher ist nach der Nutzung nicht mehr lebensmitteltauglich. Daraus lassen sich nur noch minderwertigere Produkte herstellen. Am Ende eines solchen **Downcyclings** steht meist die Verbrennung. Bei dieser thermischen Verwertung wird immerhin noch die in dem Material enthaltene Energie genutzt. Dies schont andere Energiequellen. Problemstoffe müssen in Deponien sicher gelagert werden.

Recycling schont die Umwelt

Nicht mehr brauchbare Gegenstände und Verpackungen werfen wir in den Müll. Würden wir den Müll einfach in die Landschaft werfen, wäre sie in kurzer Zeit „zugemüllt". Aber auch das Lagern in Mülldeponien schafft Probleme. Es braucht viel Platz. Giftstoffe können in den Boden, ins Grundwasser und in die Luft gelangen. Hausmüll darf deshalb seit 2005 nicht mehr deponiert werden.
Wenn wir möglichst viel Müll wiederverwerten, also **recyceln,** wird die Umwelt geschont.

Manche Abfälle können sogar genutzt werden, um etwas Höherwertiges herzustellen. Zum Beispiel gibt es Taschen und Rucksäcke, die aus alten LKW-Planen hergestellt werden. Über ein solches **Upcycling** lassen sich zwar keine Müll- und Ressourcenprobleme lösen. Aber zumindest findet eine preisliche Aufwertung statt.

> Kannst du an einem Beispiel die Bedeutung des Recyclings für die nachhaltige Nutzung von Rohstoffen und für die Schonung der Umwelt erklären?

Kein Produkt ohne Rohstoffe

1.
a) Ordne die in Bild 1 gezeigten Rohstoffe in Primär- und Sekundärrohstoffe.
b) Erkläre den Unterschied zwischen Primär- und Sekundärrohstoffen.
c) Beurteile die Nutzung von Sekundärrohstoffen im Hinblick auf Nachhaltigkeit.

2.
Erdöl ist ein fossiler Brennstoff. Rapsöl ist ein nachwachsender Rohstoff, der sich zu ähnlichen Zwecken nutzen lässt.
a) Erläutere den grundlegenden Unterschied in der Entstehung von Erdöl und Rapsöl.
b) Rapsöl ist kein endlicher Rohstoff. Erkläre, warum er dennoch nicht unbegrenzt zur Verfügung steht.

3.
Informiert euch über Reparaturcafés in eurer Region und berichtet darüber.

1 Primär- und Sekundärrohstoffe: **A** Eisenerzbergwerk, **B** Eisenschrott, **C** Rohstoffe zur Glasproduktion, **D** sortenreines Altglas

Metalle aus Erzen

Eisen und der daraus hergestellte Stahl begegnen uns überall: Autos und Bahnen, Werkzeuge und Dosen bestehen daraus. Eisen wird als Primärrohstoff aus Eisenerzen gewonnen. Das Erz wird im Bergwerk abgebaut. Zusammen mit Kohle als Energielieferant wird im Hochofen bei hohen Temperaturen das flüssige Eisen aus dem Gestein gewonnen.

Aluminium ist ein besonders leichtes Metall. Es ist deshalb im Flugzeugbau gefragt. Aber es wird auch in der Elektrotechnik und als Verpackung eingesetzt. Zur Aluminiumgewinnung wird Bauxit abgebaut. Es folgt ein energieaufwendiger Prozess, in dem bei hohen Temperaturen unter Einsatz starken elektrischen Stroms das Aluminium in reiner Form entsteht.

Glas aus Quarzsand, Soda und Kalk

Durchsichtiges, farbloses Glas nutzen wir für Fenster. Viele Getränke kaufen wir in Glasflaschen. Glas gibt selbst bei langer Lagerung keine Schadstoffe oder störende Geschmacksstoffe an die Lebensmittel ab. Glas entsteht in der Schmelze aus Sand, Kalk, Soda, Dolomit und anderen Mineralien bei etwa 1500 °C.

Kunststoffe aus Öl

Kunststoffe sind sehr vielfältig in ihren Eigenschaften und Verwendungen. Sie werden durch besondere chemische Verfahren aus Bestandteilen hergestellt, die sich im Erdöl oder auch in Kohle finden. Neben diesen Rohstoffen eignen sich aber auch Pflanzenöle oder Stärke als Ausgangsmaterial für Kunststoffe.

Papier und Pappe aus Holz

Holz ist der Primärrohstoff für die Papierindustrie. Das zerkleinerte Holz wird mit Chemikalien aufgekocht und mehrfach gewaschen, gesiebt und getrocknet. Die langen, verfilzten Holzfasern machen den so entstehenden **Zellstoff** glatt und reissfest.

Nachwachsende Rohstoffe

Pflanzen sind Ausgangsmaterial für **nachwachsende Rohstoffe.** Sie wachsen auf Äckern oder in Wäldern.
Holz, Pflanzenöle, Baumwolle oder Biogas bieten viele Möglichkeiten zur stofflichen Nutzung. Und beim Verbrennen lässt sich immer noch die Energie nutzen. Das am meisten angebaute Pflanzenöl der Welt ist Palmöl. Ein weiteres wichtiges Pflanzenöl wird aus Raps gewonnen (Bild 2).

Ressourcen und Recycling

Primärrohstoffe – Sekundärrohstoffe
Metallerze sind auf der Erde nicht unbegrenzt verfügbar. Gleiches gilt für fossile Brennstoffe wie Kohle, Erdöl und Erdgas. Wir nutzen diese Stoffe zur Energiegewinnung oder zur Kunststoffherstellung. Das Vorkommen dieser **Primärrohstoffe** ist aber begrenzt.

Als **Sekundärrohstoffe** aus dem Recycling ersetzen zum Beispiel Eisenschrott und Altpapier einen Teil der sonst benötigten Primärrohstoffe. Dies ist oft sogar preisgünstiger und spart zudem oft viel Energie.

Grenzen des Recyclings
Beim Recycling von Altpapier werden die Papierfasern bei jeder Verwertung des Altpapiers kürzer. Ausserdem eignet sich Altpapier nicht für alle Zwecke. Dies ist ein Beispiel für das Problem des Downcyclings.

Beim Glas spielen die Farben eine wichtige Rolle. Aus Grün- oder Braunglas lässt sich kein Weissglas mehr herstellen. Deshalb wird Altglas nach Farbe sortiert.

Nachhaltigkeit
Die Idee der **Nachhaltigkeit** ist es, so zu wirtschaften, dass möglichst viele weitere Generationen in der Zukunft ausreichend Rohstoffe haben, saubere Böden, Wasser und Luft zur Verfügung. Dafür sind ein sparsamer Umgang mit Rohstoffen und ein effektives Recycling notwendig. Nachwachsende Rohstoffe können nachhaltig produziert werden. Sie dienen auch als Ersatz für fossile Brennstoffe. Zwar können diese Stoffe immer wieder neu auf der Erde wachsen, aber auch die Acker- und Waldflächen sind begrenzt. Daher dürfen wir Menschen in einem Zeitraum nur so viel verbrauchen, wie in der gleichen Zeit wieder nachwachsen kann.

In Kreisläufen denken
Eine Käseverpackung sollte nicht nur materialsparend konstruiert sein, sondern die dazu verwendeten Stoffe sollten sich auch gut voneinander trennen lassen. Produkte sind nur nachhaltig, wenn man die Möglichkeiten des Recyclings schon bei der Produktion mit einplant. Ein Elektrogerät zum Beispiel sollte haltbar sein. Bei Defekten sollten sich einzelne Teile austauschen lassen (Bild 3). Nach der Entsorgung sollte sich das Gerät gut in seine Bestandteile aus den verschiedenen Metallen und Kunststoffen zerlegen lassen.

2 Nachwachsende Rohstoffe: **A** Palmöl-Plantage, **B** Rapsfeld

3 Reparaturcafé: Hilfe und Ersatzteile finden

Kannst du Primär- und Sekundärrohstoffe unterscheiden? Kannst du Massnahmen beschreiben, um dem Ziel der Nachhaltigkeit näher zu kommen?

Natürliches Recycling

1. **A**
Erläutere die natürliche Zersetzung in einem Waldboden.

2. **A**
Nenne Küchenabfälle, die in die Biotonne oder auf den Kompost geworfen werden dürfen. Fertige eine Liste an.

3. **A**
Erläutere die Kompostierung auf einem Recyclinghof.

4. **V**
a) Besorge dir schwarzen Mutterboden. Fülle ihn in drei Petrischalen aus Kunststoff. Befeuchte den Boden mit wenig Wasser.
b) Lege verschiedene Küchenabfälle darauf, zum Beispiel Stücke von einem Salatblatt, einer Bananenschale und einer Karottenschale.
c) Lege den Deckel auf die Petrischale und verschliesse sie mit einem Klebestreifen.
d) Lass den Ansatz etwa drei Wochen stehen. Notiere alle drei Tage Veränderungen. Fertige dazu ein Beobachtungsprotokoll an.
e) Entsorge nach Beendigung des Versuchs die Petrischale zusammen mit dem Inhalt im Restmüll.

Stoffumwandlung im Wald

Wenn die Blätter im Herbst auf den Boden fallen, werden sie von Bodenlebewesen wie Hornmilben, Springschwänzen und Schnecken in immer kleinere Bestandteile abgebaut. Deshalb werden die Bodenlebewesen auch **Zersetzer** genannt. Über den Kot geben sie unverdaute Pflanzenreste ab. Davon ernähren sich wiederum Pilze und Bakterien.
Die Blätter und die abgestorbenen Pflanzenteile verschwinden so im Laufe der Zeit. Aus ihnen entsteht **Humus.** Dieser fruchtbare Bodenbestandteil besteht aus organischen Abbauprodukten. Bei der Zersetzung werden letztlich Mineralstoffe, Wasser und Kohlenstoffdioxid frei.

Stoffkreisläufe

Bei der Stoffumwandlung in der Natur geht kein Stoff verloren oder muss von aussen zugeführt werden. In der Natur befinden sich die notwendigen Stoffe im und am Waldboden. In verschiedenen Kreisläufen gelangen sie von den Pflanzen zu den Tieren, Bakterien und Pilzen und zurück in den Boden (Bild 2). Dort werden die Stoffe von den Pflanzen wiederum für Wachstum und Vermehrung genutzt. So werden Mineralstoffe und Kohlenstoff recycelt.

1 Herbstlaub im Wald

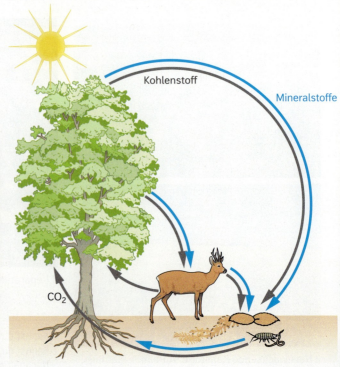

2 Stoffkreislauf im Wald

3 Komposthaufen im Garten

5 Kompostieranlage auf einem Recyclinghof

Stoffumwandlung im Kompost

Im Haushalt fallen auch organische Stoffe an. Diese können kompostiert werden. Wer einen Komposthaufen in seinem Garten hat, wirft darauf organische Abfälle, die in der Küche anfallen (Bild 3). Das sind zum Beispiel Kartoffelschalen, Salatreste, Gemüseabfälle, Eierschalen sowie Tee- und Kaffeereste. Gekochte Nahrungsmittel dürfen jedoch nicht auf dem Komposthaufen landen. Sie locken Ratten an. Aber auch Gartenabfälle wie Grasschnitt und verblühte Pflanzen kommen auf den Komposthaufen.

Bei der **Kompostierung** wird der natürliche Prozess der Zersetzung auf kleiner Fläche genutzt. Im Komposthaufen leben besonders viele Zersetzer. Sie bauen die organischen Abfälle zu Humus ab. Diese **Komposterde** ist ein wertvoller Dünger.

Stoffumwandlung im Kompostierwerk

Viele Haushalte haben eine Biotonne für Küchen- und Gartenabfälle (Bild 4). Diese wird von der Müllabfuhr abgeholt und auf die Kompostieranlage eines Recyclinghofes gebracht. Dort wird der organische Abfall mithilfe eines Gabelstaplers mehrfach umgesetzt (Bild 5). Dabei wird auf ausreichenden Sauerstoffgehalt und Feuchtigkeit geachtet. Nicht kompostierbare Teile werden herausgesammelt.

Über ein Fliessband gelangen die halb zersetzten Abfälle in grosse Rottekammern. Dort herrscht durchgehend eine Temperatur von etwa 70 °C. Bei dieser Hitze werden allerlei unerwünschte Mikroorganismen abgetötet. Zudem beschleunigt die hohe Temperatur die natürlichen Zersetzungsprozesse. Nach 10 bis 14 Tagen ist aus dem Bioabfall Humus geworden.

Nun kann die fertige Komposterde von Kunden gekauft werden. Sie wird als Blumenerde oder für die Bepflanzung von Strassenrändern und Parks verwendet. Bauern bringen die Komposterde auf ihren Feldern aus. Die Kompostierungsanlage dient also dem Recyceln organischer Stoffe.

> Du kannst Zersetzungsvorgänge und das natürliche Recycling in der Natur und im Kompost erläutern.

4 Küchenabfälle in die Biotonne

Kohlenstoff im globalen Kreislauf

1. Beschreibe die Grafik in Abbildung 1 detailliert. Gehe dabei auf Kohlenstoffquellen und -senken, Mengen und Kreisläufe ein. Erkläre den jährlichen Zuwachs von 4 Mrd. t Kohlenstoff in der Atmosphäre.

2. Erkläre, was mit der Aussage „Das Heizen mit Holzpellets ist CO_2-neutral" gemeint ist.

3. Begründe, warum das Fördern und Verbrennen von Erdöl und Erdgas als Störgrösse im Kohlenstoffkreislauf bezeichnet werden kann.

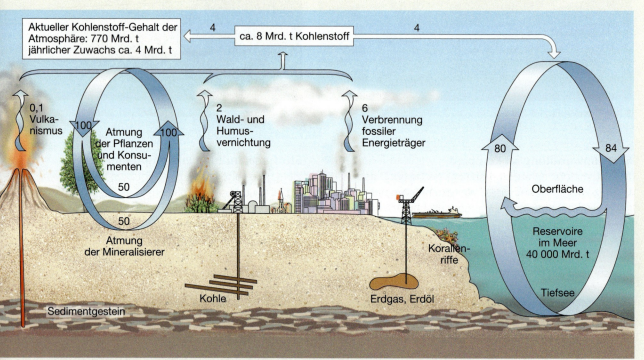

1 Globaler Kohlenstoffkreislauf (in Milliarden Tonnen Kohlenstoff pro Jahr)

Alles ist voneinander abhängig

In allen Ökosystemen sind die Lebewesen voneinander abhängig. Sie stehen untereinander und mit abiotischen Faktoren in Wechselwirkung. Chemische Elemente wie Kohlenstoff, Sauerstoff und Stickstoff bewegen sich überwiegend in Kreisläufen. Kohlenstoff wird beispielsweise in Form von Kohlenstoffdioxid für die Fotosynthese gebraucht und dabei in Form von Biomasse festgelegt. Bei der Zellatmung von Pflanzen und Tieren und beim Abbau toter Organismen durch Zersetzer wird Kohlenstoff als Kohlenstoffdioxid freigesetzt und kann erneut von den Pflanzen genutzt werden.

Ökosysteme sind aber keine geschlossenen Systeme. Die einzelnen Ökosysteme sind über den Energiefluss und weltweite Stoffkreisläufe miteinander verbunden. Durch Eingriffe des Menschen können sie sich verändern.

Der weltweite Kohlenstoffkreislauf

Einer der zentralen Stoffkreisläufe ist der **Kohlenstoffkreislauf**. Die Menge an Kohlenstoff, die in den Kreisläufen zwischen Fotosynthese und Atmung zirkuliert, bleibt ungefähr gleich. Zusätzliches Kohlenstoffdioxid gelangt aber durch Vulkanausbrüche und Aktivitäten des Menschen in die Luft. Es gibt aber auch Vorgänge, die das Kohlenstoffdioxid der Atmosphäre entziehen und dann speichern.

Kohlenstoffspeicher

Der Kohlenstoffkreislauf kann von verschiedenen Faktoren beeinflusst werden. Vor etwa 300 Millionen Jahren bildeten sich beispielsweise riesige Erdöl-, Erdgas- und Kohlelager, die wir heute als **fossile Brennstoffe** nutzen. Bei deren Bildung wurden dem globalen Kohlenstoffkreislauf grosse Mengen an Kohlenstoff entzogen. Auch bei der Entstehung von grossen Wäldern wird im Holz und in den Blättern viel Kohlenstoff in Form von Zellulose gespeichert. Der Kohlenstoff wird freigesetzt, wenn Menschen die fossilen Brennstoffe verbrennen und auch, wenn die Wälder sterben und die Biomasse von Destruenten zersetzt wird.

Die Weltmeere sind ebenfalls Kohlenstoffspeicher. Das Kohlenstoffdioxid aus der Luft löst sich im Wasser zu **Kohlensäure,** aus der viele Meereslebewesen wie Korallen wasserunlöslichen **Kalk** herstellen können. Er bildet das Kalkskelett der Korallen und die Schalen und Krusten von vielen anderen Meeresbewohnern. Wenn diese Tiere sterben, wird der Kalk den Bodenschichten zugeführt und dort abgelagert. Viele Gebirge wie zum Beispiel die nördlichen Kalkalpen sind auf diese Weise im Laufe der Erdgeschichte entstanden und bilden heute grosse Kohlenstofflager.

Wenn Menschen eingreifen

Heute greifen wir Menschen massiv in den Kohlenstoffkreislauf ein, indem wir beispielsweise fossile Brennstoffe fördern und sie zur Energiegewinnung nutzen. Auch durch die Brandrodung grosser Waldflächen zur Gewinnung von Weideland gelangt der in Bäumen gespeicherte Kohlenstoff als Kohlenstoffdioxid in die Atmosphäre. Seit dem Beginn der industriellen Revolution Ende des 18. Jahrhunderts ist so die Konzentration von CO_2 in der Atmosphäre um etwa ein Drittel gestiegen. Dieser Prozess beschleunigt sich durch unser Verhalten und trägt über den sogenannten Treibhauseffekt entscheidend zum Klimawandel bei.

Das verstärkte Lösen des Kohlenstoffdioxids in den Meeren führt zu einer allmählichen Versauerung. Der erhöhte Säuregehalt greift die Kalkschalen der Tiere an. Auf Dauer verringert sich dadurch die Artenvielfalt.

> Kannst du den globalen Kohlenstoffkreislauf beschreiben und verschiedene Kohlenstoffspeicher nennen? Kannst du erklären, welche Folgen das menschliche Eingreifen in den Kohlenstoffkreislauf hat?

2 Kohlenstoffspeicher: **A** grosse Waldgebiete, **B** Korallenriffe, **C** Kalkalpen

Eine Mindmap erstellen

Was ist eine Mindmap?
Eine Mindmap ist eine Art „Gedankenlandschaft". Mit ihrer Hilfe kannst du gesammelte Informationen zu einem Themenbereich ordnen.

Du kannst eine Mindmap auch zur Weiterarbeit an einem Thema oder als Stichwortzettel für einen Vortrag verwenden. Oder sie kann zur Vorbereitung auf eine Klassenarbeit genutzt werden.
Erstellen mehrere Schüler Mindmaps zum gleichen Thema, können diese jeweils anders aussehen.

So entsteht eine Mindmap
1. Sammle Begriffe zu deinem Thema.
2. Ordne die Begriffe zu sinnvollen Gruppen. Finde jeweils eine geeignete Überschrift zu jeder Gruppe.
3. Schreibe das Thema in die Mitte eines Blattes und kreise es farbig ein.
4. Zeichne nun vom Thema ausgehend „Äste" mit den Überschriften für Gliederungspunkte in verschiedenen Farben.
5. An jeden „Ast" kannst du jetzt noch weitere „Zweige" zeichnen.
6. Schreibe an jeden „Zweig" weitere Ideen, die dir zu den Begriffen an den „Ästen" einfallen.
7. Du kannst alle Begriffe auch noch mit Bildern oder Symbolen versehen. Das hilft dir später, dich wieder an deine Ideen oder Gedanken zu erinnern.

METHODE

Begriffe zum Thema Recycling
- technische Geräte
- Umweltpapier
- Komposthaufen
- Kläranlage
- Zersetzungsstufen von Laubblättern
- Glas
- Leiterplatten
- natürliche Abwasserreinigung
- Kühlgeräte
- Kompostieranlagen
- Altpapier
- Fleecepullover/T-Shirts
- Akkus
- geeignetes Material zum Kompostieren
- technische Geräte
- Tiere im Kompost
- Destruenten

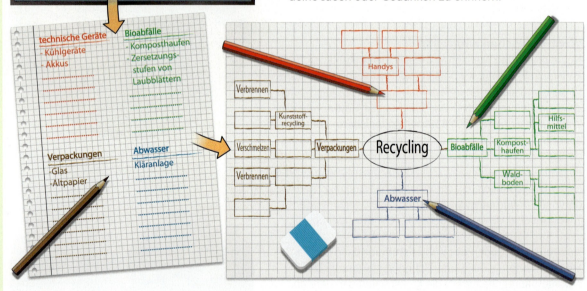

TIPP
Eine Mindmap hilft dabei
• Informationen und Ideen festzuhalten
• Ideen und Gedanken zu ordnen und zu entwickeln
• Inhalte eines Textes besser zu behalten
• etwas vorzutragen
• einen Text zu formulieren

1. A
In der Abbildung oben wurde eine Mindmap angefangen. Sie ist noch unvollständig.
Übertrage diese Mindmap auf ein Blatt Papier und vervollständige sie.

Recycling von Smartphones

Smartphones – ein Sammelsurium an Stoffen
Obwohl Smartphones so klein sind, stecken in jedem Gerät über 60 verschiedene Materialien und Rohstoffe.
Das sind etwa zur Hälfte Kunststoffe, die nicht wiederverwendet werden. Ein Viertel sind Metalle. Die meisten Metalle stecken in der Platine. Dazu zählen Kupfer, Gold und Silber.

Ruhende Rohstofflager
120 Millionen alte Handys und Smartphones sollen weltweit unbenutzt in den Schubladen liegen. Die darin verbauten Rohstoffe werden nicht genutzt. Doch die Rohstoffvorräte unserer Erde sind begrenzt. Würde all das Kupfer aus diesen Geräten recycelt und zu einem Telefonkabel verarbeitet werden, würde dieses mehr als zweimal um die Erde reichen. Insgesamt könnten auf diese Weise 1000 Tonnen Kupfer gewonnen werden. Und dann gibt es auch noch all die anderen wertvollen Metalle, die in Handys und Smartphones verarbeitet sind.

1 Handys und Smartphones enthalten wertvolle Rohstoffe.

Recycling – ganz einfach
Inzwischen gibt es schon viele Initiativen, die alte Handys und Smartphones sammeln und wiederverwerten. Du kannst deine alten Geräte zum Beispiel auf dem Recyclinghof oder bei den vorgesehenen Sammelstellen abgeben. Auch Hersteller nehmen die alten Geräte häufig wieder zurück.

Aus Alt mach Neu
Nur wenn die vielen Rohstoffe aus dem alten Gerät herausgelöst sind, können sie als Rohstoffe für ein neues Smartphone oder ein anderes elektronisches Gerät dienen. Durch Recycling werden die Rohstoffvorräte geschont.

2 Smartphones können recycelt werden.

> **TIPP**
> Alte Smartphones kannst du an verschiedene gemeinnützige Organisationen spenden. Die Geräte werden dann recycelt oder an Bedürftige weitergegeben.

1. Recherchiere, in welchen Ländern die Rohstoffe für die Produktion von Smartphones und anderen elektrischen Geräten gewonnen werden. Berichte deiner Klasse in einem Vortrag über die Auswirkungen für die Umwelt und die Lebenslage der Menschen dieser Länder.

Stoffe trennen

Müll besteht aus verschiedenen Stoffen, die zum Teil sehr wertvoll sind. Um Wertstoffe wiederzuverwerten, müssen sie erst voneinander getrennt werden.
Ein Gemisch wie der Müll in Bild 1 lässt sich nur mit geeigneten Trennverfahren trennen. Dabei nutzt man die unterschiedlichen Eigenschaften der Stoffe.
Wählt in beiden Praktikumsaufgaben jeweils die geeigneten Werkzeuge, die euch zur Verfügung stehen. Führt über jeden Trennschritt ein Protokoll. Dokumentiert darin,
- wie ihr vorgeht,
- welches Trennverfahren ihr für die Trennung welcher Stoffe einsetzt.

ACHTUNG
Verwendet nur sauberen Müll.

1 Müll – ein Gemisch vieler Stoffe

❶ Ein Stoffgemisch trennen

Material
- Magnet
- Wanne mit Wasser
- Sieb
- Pinzette
- eure Hände
- Gemisch aus Verpackungschips, Sand, Sägespänen und Eisenfeilspänen

Durchführung
Trennt die im Gemisch vorhandenen Stoffe. Überlegt zunächst, in welcher Reihenfolge ihr am besten vorgeht.

2 Gemisch von Stoffen mit unterschiedlichen Eigenschaften

❷ Automatische Mülltrennung simulieren

Stellt eine Wertstofftrennung ähnlich wie in einer Mülltrennungsanlage nach. Benutzt eure Hände nicht zum Auslesen, sondern zur Betätigung der Trennwerkzeuge.

Trennwerkzeuge
- Handfeger, Kehrschaufel und mehrere Eimer
- kräftiger Magnet
- Siebe verschiedener Maschengrössen, zum Beispiel Sieb aus Maschendraht
- Föhn, Fahrradluftpumpe
- Batterie, Glühlampe mit Fassung, Experimentierkabel
- Wanne mit Wasser
- Taschenlampe, weisse Karteikarte

Material
- Tapetenbahn oder Kunststofftischdecken
- Gemisch aus Wertstoffmüll: Papierschnipsel, Plastiktüten, Aluminiumfolie, Joghurtbecher (Deckel abgetrennt), Nägel, Getränkedosen, Verpackungschips, Sägemehl, Sand, Kunststoffflaschen, Glasflaschen, verschiedene Flaschendeckel (Kunststoff, Metall, Kork)

Durchführung
Deckt zwei zusammengestellte Tische mit einer Tapetenbahn oder mit Kunststofftischdecken ab. Verteilt den „Müll" auf den Tischen (Bild 3). Baut eine Prüfstrecke zum Überprüfen der Leitfähigkeit auf. Führt danach die Trennschritte A bis F durch.

Ressourcen und Recycling

A Magnetisierbares abtrennen
Trennt Gegenstände aus Eisen, Nickel und Kobalt ab.
Tipp: Die magnetisierbaren Körper bestehen meist aus Eisen.

B Kleines von Grossem trennen
Trennt Gegenstände ab, die kleiner als zum Beispiel 5 cm im Durchmesser sind. Trennt danach solche ab, die noch kleiner sind.

C Leichtes abtrennen
Blast mit dem Föhn aus den grossen Müllbestandteilen die leichten, dünnen Gegenstände heraus.

3 Wertstoffgemisch auf dem „Fliessband"

D Metalle abtrennen
Trennt die restlichen Metalle ab. Wenn ihr sie an ihrer elektrischen Leitfähigkeit erkannt habt, könnt ihr sie mit Druckluft aus der Luftpumpe vom Tisch pusten.
Tipp: Sind sie zu schwer, könnt ihr ihnen einen Schubs geben.

E Dichte
Unter den verschieden grossen Müllbestandteilen sind jeweils noch verschiedene Stoffe. Versucht sie mithilfe ihrer Dichte zu trennen.

F Lichtdurchlässigkeit
Trennt durchsichtige von undurchsichtigen Kunststoffen und farbiges Glas von ungefärbtem. Durchleuchtet dazu den Gegenstand mit der Taschenlampe und prüft mithilfe einer weissen Karteikarte, wie viel Licht durch den Gegenstand scheint. In der automatischen Anlage wäre gegenüber der Lichtquelle ein Sensor angebracht, der das durchscheinende Licht meldet.

Endkontrolle
Prüft am Ende, ob auf den verschiedenen Haufen nur noch Teile aus demselben Stoff liegen. Falls noch Gemische vorhanden sind, überlegt euch, welches Trennverfahren ihr noch anschliessen könnt.

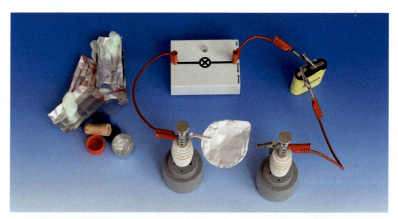

4 Prüfen der Leitfähigkeit

PRAKTIKUM

Wie lässt sich Magnetismus erklären?

1. Prüfe, ob ein Glaserstift (Bild 1A) eine magnetische Wirkung hat. Beschreibe dein Vorgehen.

2. Bestreiche den Glaserstift mit einem Magneten gleichmässig immer in der gleichen Richtung. Tauche den Stift anschliessend in Eisenfeilspäne. Deute das Ergebnis.

3.
a) Zerteile den magnetisierten Glaserstift in der Mitte und lege ihn wieder in Eisenfeilspäne. Beschreibe deine Feststellung.
b) Wiederhole den Vorgang mit den jeweils entstandenen Teilen noch zweimal. Deute das Ergebnis.

4.
a) Fülle ein Reagenzglas teilweise mit Eisenfeilspänen. Bestreiche das Glas wie in Versuch 2 mehrmals mit einem Magneten. Überprüfe mit einer Kompassnadel die magnetische Wirkung.
b) Schüttle das Glas und überprüfe erneut. Beschreibe deine Beobachtung.

5.
a) Schlage mehrmals mit dem Hammer auf einen magnetischen Eisennagel. Überprüfe dann die magnetische Wirkung.
b) Halte eine magnetisierte Stricknadel in eine nicht rauschende, blaue Brennerflamme. Überprüfe nach dem Abkühlen erneut. Berichte und erkläre.

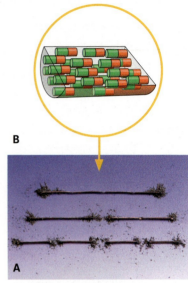

1 A Magnetisierte Glaserstifte, **B** Elementarmagnete

Trotz Teilung zwei Pole

Ein unmagnetischer Glaserstift kann mithilfe eines Magneten magnetisiert werden. Der Glaserstift hat dann zwei magnetische Pole. Wird der Glaserstift geteilt, bleibt jedes Stück magnetisch und hat wieder zwei Pole. Zerteilst du die kleineren Stifte erneut, ist jedes Stück wieder ein Magnet. Magnet und Teilmagnet haben immer zwei Pole.

Elementarmagnete

Der Zerteilungsvorgang kann in Gedanken immer weitergeführt werden, bis die kleinsten Teile auch unter dem Mikroskop nicht mehr zu erkennen wären. Es würden immer Magnete mit zwei Polen entstehen. Diese kleinsten Teile heissen **Elementarmagnete.**

Magnetisieren erklären

Beim **Magnetisieren** werden die kleinen, ungeordneten Magnete im Material geordnet und ausgerichtet. Du kannst dir die Elementarmagnete wie unzählige Eisenfeilspäne vorstellen, nur sehr viel kleiner. Beim **Entmagnetisieren** werden die Elementarmagnete wieder in Unordnung gebracht. Das kann durch Klopfen, Erhitzen oder ungeordnetes Bestreichen mit einem Magneten geschehen.

Besondere Stoffe

Eisen, Nickel und Kobalt sind aus Elementarmagneten aufgebaut. Diese können geordnet sein, dann ist der Gegenstand magnetisch. Wenn sie ungeordnet sind, ist der Gegenstand unmagnetisch.

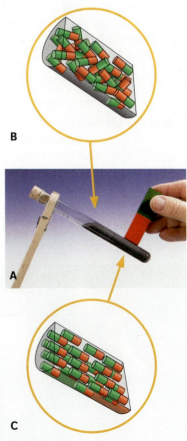

2 A Eisenpulver, **B** ungeordnete Elementarmagnete, **C** geordnete Elementarmagnete

> Kannst du mithilfe des Modells der Elementarmagnete das Magnetisieren und das Entmagnetisieren erklären?

Beobachten und Beschreiben in der Fachsprache

Jedem Fach seine Sprache
In jedem Fach verwendest du festgelegte Begriffe, um bestimmte Sachverhalte zu beschreiben. In der Mathematik bezeichnest du Rechenoperationen und ihre Ergebnisse oder die Winkelarten mit besonderen Worten. Im Fach Deutsch haben Satzglieder oder Zeitformen Namen. Jeder Begriff ist mit einer ganz bestimmten Bedeutung verbunden. Mithilfe dieser Begriffe kannst du dich mit anderen über Inhalte des Faches verständigen.

2 Mathematische Fachsprache

1 Naturwissenschaftliche Fachsprache

Fachsprache für Anfänger
In den Naturwissenschaften hast du bereits Fachbegriffe kennen gelernt. Mit deren Hilfe kannst du Beobachtungen beschreiben und erklären. Eine Batterie besitzt einen Pluspol und einen Minuspol, beim Magneten werden die Enden als Nordpol und Südpol bezeichnet. Zur Beschreibung der Wirkungen eines Magneten sprichst du von Anziehung und Abstossung. Schon bei der Nennung der Begriffe kannst du dir den beschriebenen Gegenstand mit seinen Eigenschaften vorstellen. Jede deiner Mitschülerinnen und jeder deiner Mitschüler ordnet den Begriffen die gleiche Bedeutung zu.

Umgangssprachlich denken – fachsprachlich reden
Um mit der Fachsprache umgehen zu können, musst du die Begriffe mit ihren Bedeutungen lernen. Solange dir nur wenige Begriffe der Fachsprache zur Verfügung stehen, wirst du vieles umschreiben müssen. Beschreibe im naturwissenschaftlichen Unterricht von Anfang an genau und verwende die Fachbegriffe.

METHODE

1. Nenne Fachbegriffe aus dem Unterricht. Notiere ihre Bedeutung.

2.
a) Beschreibe die bisher durchgeführten Versuche umgangssprachlich.
b) Beschreibe danach die Versuche mithilfe der Fachsprache.

3.
a) Finde zu verschiedenen Unterrichtsfächern Fachbegriffe.
b) Warum ist es notwendig, die jeweilige Fachsprache zu verwenden?

4.
a) Befrage deine Eltern, welche Fachbegriffe sie im Beruf verwenden.
b) Stelle die ermittelten Fachbegriffe deinen Mitschülerinnen und Mitschülern vor. Lass die Tätigkeiten erraten.

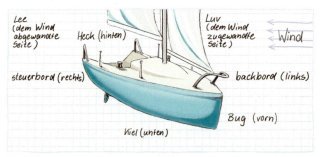

3 Maritime Fachsprache

4 Grammatikalische Fachsprache

Automatische Mülltrennung

Eigenschaften ...

Aussehen: Die verschiedenen Bestandteile des Mülls unterscheiden sich nach Form und Farbe. Das können Arbeiter mit den Augen erkennen (A).

Grösse: Die verschiedenen Bestandteile des Mülls unterscheiden sich in ihrer Grösse (B).

Masse und Form: Die Bestandteile sind unterschiedlich schwer. Sie haben verschiedene Massen. Manche Teile sind klein, andere bilden grossflächige Folien (C).

Dichte: Die Stoffe, aus denen die Müllbestandteile bestehen, unterscheiden sich in ihrer Dichte. Wenige Stoffe haben dieselbe Dichte wie Wasser. Viele haben eine niedrigere oder höhere Dichte (D).

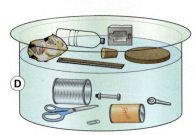

Magnetisierbarkeit: die Metalle Eisen, Nickel oder Cobalt sind magnetisierbar. Sie werden von Magneten angezogen. Auch Stahl ist magnetisierbar, weil er überwiegend aus Eisen besteht (E).

... und Trennverfahren

Auslesen: Am Anfang oder am Ende einer Müllsortierung findet oft eine Sichtkontrolle statt. Arbeiter nehmen bestimmte Gegenstände vom Förderband (A).

Sieben: Mithilfe von Sieben werden kleine von grossen Gegenständen getrennt. Die Maschenweite der Siebe bestimmt, was hindurch fällt (B).

Windsichten: Durch ein Gebläse wird ein Luftstrom erzeugt. Leichte Folien oder Papiere werden auf ein anderes Förderband geblasen (C).

Schwimm-/Sink-Trennung: Gegenstände mit einer geringeren Dichte als Wasser schwimmen auf dem Wasser. Gegenstände mit einer grösseren Dichte sinken. Je nach Form und Dichte sinken sie verschieden schnell (D).

Magnetabscheidung: Mit Magneten werden Gegenstände aus dem Müll gezogen, die Eisen (Stahl), Nickel oder Cobalt enthalten (E).

1 Trennverfahren: **A** Auslesen, **B** Sieben, **C** Windsichten, **D** Schwimm-/Sink-Trennung, **E** Magnetabscheidung

> Kannst du Verfahren beschreiben und erklären, mit denen sich Müll trennen lässt?

1.
a) Nenne Eigenschaften, in denen sich Abfälle unterscheiden.
b) Ordne jeder Eigenschaft ein Trennverfahren zu.

2.
a) Bildet Zweierteams und erklärt euch gegenseitig die Verfahren zur Müllsortierung.
b) Nenne das Trennverfahren, das sich nicht für die automatische Müllsortierung eignet.

Verbundverpackungen

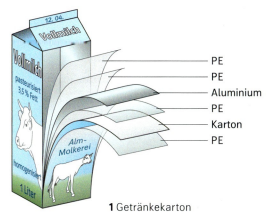

1 Getränkekarton

Getränkekartons sind praktisch
Säfte, Milch und Milchprodukte werden oft in Getränkekartons verkauft. Durch ihre eckige Form lassen sie sich gut stapeln und transportieren. Als leichte Einwegverpackungen sind sie für Verbraucher praktisch. Ausserdem sind die Getränke darin lange haltbar.

Getränkekartons sind Verbundverpackungen
Verbundverpackungen bestehen aus mehreren Stoffen, die meist ohne Klebstoff grossflächig verbunden sind. Ein Getränkekarton besteht aus mehreren Schichten (Bild 1). Die Kartonschicht macht die Verpackung stabil und lässt sich gut bedrucken. Aussen wird eine Kunststoffschicht aus Polyethylen (PE) aufgetragen. Sie schützt den Karton vor Feuchtigkeit. Innen umschliessen weitere PE-Schichten das Getränk. Oft wird zusätzlich eine hauchdünne Schicht Aluminium verwendet. Sie schützt das Getränk vor Veränderungen durch Licht und Sauerstoff. Verbundwerkstoffe sind also durchaus Hightech-Produkte.

Für Lebensmittel keine Recyclingware
Der Karton muss sehr reissfest sein. Zu seiner Herstellung wird deshalb kein Altpapier verwendet, sondern ausschliesslich der Primärrohstoff Holz. Auch Aluminium und PE werden nicht aus recyceltem Material gewonnen. Die Qualität muss für die Lebensmittel gewährleistet sein.

Recycling oder Downcycling?
Die Verpackungsindustrie wirbt mit dem Recycling von Getränkekartons. Dazu werden die Kartons zerkleinert und eingeweicht. Dabei trennen sich die Materialien. Der Papieranteil wird zum Beispiel zu minderwertigerer Wellpappe recycelt. Der Kunststoff- und Aluminiumanteil wird in der Zementherstellung als Brennmaterial genutzt und verbessert die Qualität des Zementes. Oft landen Getränkeverpackungen aber auch in der Müllverbrennung.

Umweltfreundlichkeit
Wie umweltfreundlich Getränkekartons sind, ist schwierig zu bewerten. Im Vergleich zu Mehrwegflaschen aus Glas sind der Verbrauch von Primärrohstoffen und das eingeschränkte Recycling nachteilig.
Andererseits wird durch das geringe Gewicht und die gute Platzausnutzung Kraftstoff beim Transport gespart. Ausserdem entfallen der Aufwand für die Rücknahme und der Wasserverbrauch für das Spülen.

---

1. A
a) Nenne die Schichten eines Getränkekartons und beschreibe ihre Funktionen.
b) Nenne die jeweiligen Rohstoffe und beschreibe Recyclingmöglichkeiten.
c) Begründe, warum für Getränkekartons nur Primärrohstoffe verwendet werden.

2. A
a) Neuerdings wird versucht, Aluminium und PE getrennt als Sekundärrohstoffe zu recyceln. Bewerte diese Entwicklung.
b) Heute haben Getränkekartons häufig Schraubverschlüsse. Beurteile dies in Bezug auf die Recyclingmöglichkeiten.

3. A
Getränkeproduzenten treffen auf Umweltschützer. Führt in einem Rollenspiel eine Diskussion zur Umweltfreundlichkeit von Getränkekartons.
a) Bereitet Argumente vor und diskutiert.
b) Gebt den „Schauspielern" ein Feedback. Bewertet, welche Argumente überzeugend waren.

4. V
a) Zerschneide ein Stück Getränkekarton in kleine Teile und weiche sie in Wasser ein. Versuche, mit einer Pinzette die eingeweichten Schichten zu trennen.
b) Beschreibe die Eigenschaften der Schichten.

Kunststoffherstellung und PET-Kreislauf

1. Zähle auf, was alles in Kunststoff verpackt wird. Nenne Möglichkeiten, wie du beim Einkauf Kunststoffe vermeiden kannst.

2. Beurteile den Brennwert von Kunststoffen im Vergleich zu den anderen Energieträgern in Bild 1.

3. Beschreibe den PET-Kreislauf.

4. Recherchiere die Problematik des Exports von Kunststoffabfällen.

Erdgas
ca. 39 $\frac{MJ}{kg}$

Steinkohle
ca. 25 $\frac{MJ}{kg}$

Papier/Holz
ca. 15 $\frac{MJ}{kg}$

Holzpellets
ca. 18 $\frac{MJ}{kg}$

Heizöl
ca. 34 $\frac{MJ}{kg}$

Polyethylen
Polypropylen
Polystyrol
ca. 30 $\frac{MJ}{kg}$

1 Brennwerte von Energieträgern

Kunststoffverarbeitung

Das **Spritzgiess-Verfahren** ist das wichtigste Verfahren zur Herstellung von Produkten aus Kunststoff-Granulat. Dabei wird das Granulat in den Trichter geschüttet und durch eine drehende Schnecke in Richtung Werkzeug geschoben. Das Granulat wird erhitzt und schmilzt. So entsteht eine formbare Masse, die in das Formwerkzeug gespritzt wird. Der Gegenstand ist fertig und kühlt ab.

Kunststoffabfälle

Die Menge der Kunststoffabfälle ist in den letzten Jahrzehnten stark gestiegen. Kunststoffe werden überall eingesetzt, zum Beispiel in der Autoindustrie, für Verpackungen und für Getränkeflaschen. Während früher die Kunststoffabfälle mit dem Hausmüll entsorgt wurden, lassen sie sich heute getrennt sammeln. Im Gegensatz zu anderen Ländern (z. B. Deutschland) gibt es in der Schweiz kaum Pfandflaschen.

Recycling von Kunststoff

Die Schweizer Abfallwirtschaft verwertet nur einen Teil der anfallenden Kunststoffe wieder. Ein Teil der Abfälle wird auch im Ausland entsorgt. Derzeit sammeln die Schweizer 80 000 Tonnen Kunststoff für das Recycling, theoretisch könnten es über 100 000 Tonnen mehr sein.

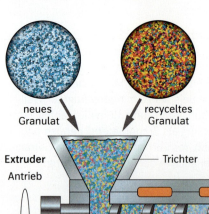
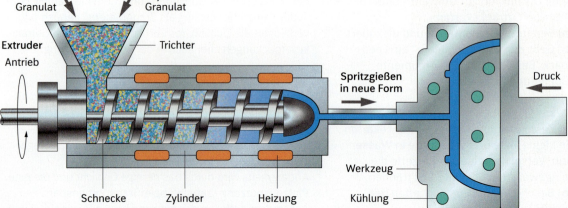

2 Kunststoffverarbeitung mit Spritzgiesstechnik

Ressourcen und Recycling

3 PET-Kreislauf

PET-Kreislauf

In der Schweiz werden pro Jahr mehr als 1,6 Milliarden PET-Getränkeflaschen konsumiert. Sie können an über 50 000 Sammelstellen mit weit über 200 000 Sammelcontainern zurückgebracht werden (Bild 4).
Die gesammelten PET-Flaschen werden in Sortierzentren nach Farben **sortiert**, von Fremdstoffen **gereinigt** und zu Pressballen verarbeitet. Dabei wird ein Reinheitsgrad von 95 bis fast 100 Prozent erreicht.
Nach der Sortierung werden die PET-Ballen in einem von zwei Recyclingwerken in der Schweiz zu **Rezyklat** verarbeitet. Die PET-Flaschen werden zunächst zu kleinen **Flakes** geschnetzelt. Diese kommen in einen **Windsichter**, wo die Etikettenreste weggeblasen werden. Die Trennung von den Flaschendeckeln, die aus PE bestehen, geschieht in Wasserbecken, da PET schwerer als Wasser ist, die Deckel aber schwimmen.
In einer **Mischschnecke** werden die Flakes dann mit einer Lauge gemischt, welche die Oberfläche der PET-Flakes löst. Nach Reinigung und Trcknung sortiert ein Laser-Sorter schliesslich noch Fremdmaterial aus. Das PET-Rezyklat steht nur zur Produktion neuer Flaschen zur Verfügung.

4 PET-Container

Produkte aus Kunststoff-Recycling

Nicht nur PET-Flaschen, auch andere Plastikabfälle können recycelt werden. Oftmals ist die Qualität dieser Produkte schlechter als aus neuem Kunststoff. Dieses Downcycling führt dazu, dass nicht jedes Produkt aus recyceltem Kunststoff hergestellt werden kann. Jedoch reicht die Qualität für Blumentöpfe, Gartenmöbel, Getränkekisten, Verkehrsschilder und Folien. Ein Vorteil liegt darin, dass bei der Produktion dieser Gegenstände keine weiteren Rohstoffe verbraucht werden.

Energetische Verwertung

Ein grosses Problem beim Recycling von Kunststoffen sind die unterschiedlichen Kunststoffsorten wie zum Beispiel PE, PP und PS. Wenn die Kunststoff-Abfälle nicht sortenrein getrennt werden können, werden sie z. B. in Zementwerken als Brennstoff genutzt. Nur Heizöl und Erdgas haben einen höheren Brennwert (Bild 1).

> Kannst du Möglichkeiten des Einsparens und der Wiederverwendung von Kunststoffprodukten nennen? Kannst du den Recycling-Kreislauf von PET-Flaschen beschreiben?

Plastikmüll im Meer – ein weltweites Problem

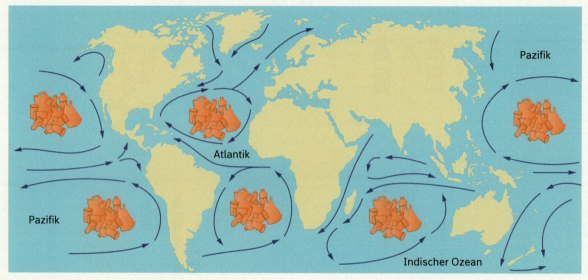

1 Inseln aus Plastikmüll in den Meeren

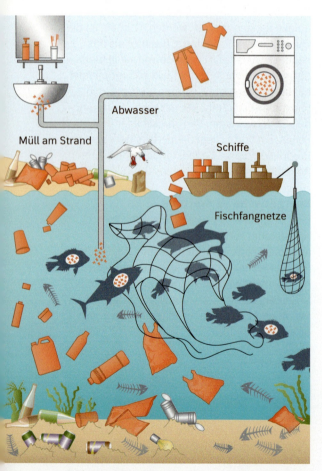

2 Die Wege des Plastikmülls ins Meer

Unsere Meere sind voller Plastik

Die Ozeane werden schon lange als Müllkippe missbraucht. Mittlerweile schwimmen riesige Müllinseln in allen Meeren. Sie bestehen zum grössten Teil aus Plastik. Jedes Jahr kommen etwa 8 Millionen Tonnen Plastik hinzu. Wissenschaftler gehen davon aus, dass es im Jahr 2050 mehr Plastik als Fisch in den Weltmeeren geben wird, wenn die Entwicklung so weitergeht.

So gelangt Plastikmüll in die Meere

Grosse Verursacher der Meeresverschmutzung sind die Schifffahrt und die Fischwirtschaft. Trotz Verboten werfen sie ihren Plastikmüll ins Meer. Auch alte Netze und andere Geräte des Fischfangs werden bewusst im Meer entsorgt. Zudem verlieren grosse Containerschiffe immer wieder Ladung.
Der grösste Teil des Plastikmülls gelangt jedoch direkt vom Land oder über Flüsse in die Meere. Dies ist besonders in Ländern ein Problem, denen eine geordnete Müllabfuhr fehlt. Auch in Europa gelangt Plastikmüll ins Meer, besonders an Stränden mit vielen Touristen.
Sogar über das Abwasser unserer Haushalte wird Plastik in die Meere gespült. Kleidungsstücke aus Kunstfasern verlieren beim Waschen winzige Faserteilchen. Diese sind zu klein, um aus dem Abwasser gefiltert zu werden. Sie gelangen ebenso wie Kunststoffzusätze aus Körperpflegemitteln trotz Kläranlagen in die Meere.

1. 🄰
Beschreibe, wie Plastikmüll ins Meer gelangt.

2. 🄰
Erkläre mithilfe von Bild 1, warum der Plastikmüll in den Meeren ein wachsendes globales Problem darstellt.

3. 🅠
a) Recherchiere, wie lange der Abbau von Müll aus Plastik, Papier, Metall und Holz dauert.
b) Stelle die Abbau-Dauer des Mülls der durchschnittlichen Lebenserwartung eines Menschen gegenüber. Nenne langfristige Folgen für zukünftige Generationen.

4. 🄰
Beschreibe, wie sich Plastikmüll auf die Lebewesen in den Ozeanen auswirkt.

5. 🄰
Erkläre den Zusammenhang zwischen dem zunehmenden Plastikmüll in den Meeren und unserer Ernährung.

6. 🅠
a) Untersuche mit einer kostenlosen App Pflegeprodukte wie Shampoos, Zahncremes, Hautcremes und Peelings auf Mikroplastik. Stellt eure Ergebnisse vor.
b) Nenne Möglichkeiten, wie man Mikroplastik in Pflegeprodukten zukünftig verhindern kann.

7. 🅠
Informiere dich über Projekte zur Reinigung der Meere von Plastikmüll. Stelle ein Projekt in der Klasse vor.

Plastik bedroht die Tierwelt der Meere
Der Plastikmüll ist eine grosse Gefahr für Fische, Vögel und Meeressäuger. Häufig verwechseln sie Plastikteile mit Nahrung. Die Plastikteile verstopfen ihre Mägen und die Tiere verhungern.
Delfine, Robben oder Schildkröten verfangen sich in weggeworfenen Fischernetzen und ertrinken. Viele verletzen sich schwer bei dem Versuch, sich zu befreien. So sterben jährlich Millionen Tiere.

3 Eine Schildkröte frisst eine Plastiktüte

Mikroplastik – eine unsichtbare Gefahr
Produkten wie Shampoos, Peelings oder Duschgels werden häufig winzige Plastikpartikel beigemengt. Nach dem Haarewaschen gelangt dieses **Mikroplastik** in die Kanalisation. Die Kläranlagen können die kleinen Partikel nicht herausfiltern, da diese zu klein sind. Über die Flüsse gelangen sie ins Meer. Hier wird das Mikroplastik von Kleinstlebewesen mit dem Futter aus dem Wasser aufgenommen. Die plastikbelasteten Kleinstlebewesen werden von kleinen Fischen gefressen. Diese werden wiederum von grösseren Fischen gefressen. So reichert sich Mikroplastik in der Nahrungskette an und landet irgendwann auf unserem Teller.
Plastik enthält verschiedene Giftstoffe, die den Meeresbewohnern schaden. Sogar im Kot von Menschen wurde Mikroplastik schon nachgewiesen. Die möglichen gesundheitlichen Folgen werden noch untersucht.

4 Duschgel mit Mikroplastik

> Du kannst Ursachen für die Verschmutzung der Meere mit Plastik benennen. Du kannst die Auswirkungen von Plastik und Mikroplastik auf Lebewesen beschreiben.

Belastung und Schutz der Wasservorräte

Wasser ist Voraussetzung für jedes Leben. Wir nutzen Wasser auf sehr vielfältige Weise und gefährden dabei die Wasservorräte und empfindliche Ökosysteme.

Bildet Teams, die jeweils eines der folgenden Teilthemen bearbeiten. Visualisiert eure Ergebnisse zum Beispiel in einer Computerpräsentation oder gestaltet als Abschluss des Projekts eine gemeinsame Ausstellung mit Plakaten.

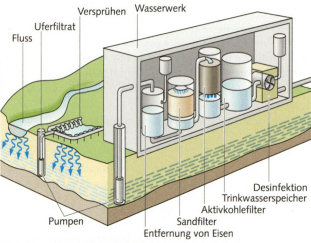

1 Trinkwasseraufbereitung (Übersicht)

TEAM ❶
Trinkwassergewinnung
Auf der ganzen Welt ist die Versorgung mit sauberem Trinkwasser eine wichtige Lebensgrundlage.

Informiert euch darüber, woher das Trinkwasser eurer Region kommt und wie es aufbereitet wird. Wenn es möglich ist, besucht das Wasserwerk vor Ort.

Nicht überall auf der Welt ist die Trinkwasserversorgung so gesichert wie in der Schweiz. Beschreibt die Probleme und verschiedenen Lösungsansätze in zwei Ländern mit schwieriger Trinkwasserversorgung.

TEAM ❷
Wasserverbrauch
Vergleicht euren täglichen Wasserverbrauch zu Hause mit dem Durchschnittsverbrauch pro Kopf in der Schweiz.

Ihr könnt euren Wasserverbrauch auf zwei Wegen herausfinden:
- Lest die Wasseruhr an zwei aufeinander folgenden Tagen zur selben Zeit ab und errrechne die verbrauchte Wassermenge für 24 Stunden. Die Angabe muss von m³ auf l umgerechnet werden.
- Entnehmt der Wasserrechnung den Jahresverbrauch für die ganze Familie. Aus dieser Angabe könnt ihr den Verbrauch einer Person pro Tag errechnen.

Informiert euch über den Einsatz von Brauchwasser und diskutiert die Vor- und Nachteile einer gesonderten Brauchwasseranlage.

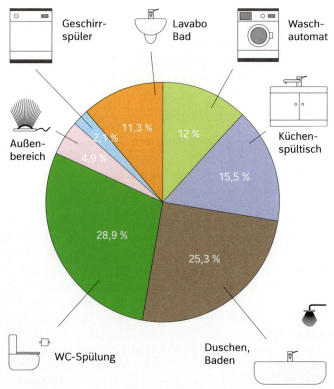

2 So teilt sich der durchschnittliche tägliche Wasserverbrauch je Einwohner in der Schweiz auf (gesamt: 142 Liter).

3 Kläranlage

TEAM ❸
Säuberung des Wassers

Durch die Nutzung von Wasser durch Haushalte, Industrie und Landwirtschaft werden grosse Mengen Wasser verschmutzt. Diese müssen wieder gesäubert werden. Das Abwasser wird in Kläranlagen geleitet.

Besucht eine Kläranlage. Dort könnt ihr euch über die anfallenden Schmutzwassermengen, die Funktion einer Kläranlage und auftretende Probleme informieren.

Stellt die Abwasserreinigung für die Präsentation schematisch dar.

TEAM ❹
Virtuelles Wasser

Für alles, was produziert wird, wird Wasser benötigt. Dieser Wasserverbrauch zum Beispiel für die Bewässerung von Plantagen ist für uns beim Kauf nicht ersichtlich. Daher wird das genutzte Wasser virtuelles Wasser genannt.

Informiert euch über virtuelles Wasser zu verschiedenen Produkten. Stellt dar, für welche Bereiche der Produktion Wasser benötigt wird.

Recherchiert, welche alternativen Produkte es gibt, bei denen der Wasserverbrauch geringer ist.

LERNEN IM TEAM

ein T-Shirt
4100 l

eine Tasse Kaffee
140 l

ein Hamburger
2400 l

ein Computer
20 000 l

4 Virtuelles Wasser

5 Kreisbewässerung in Kalifornien

Abfall vermeiden

1.
Nenne die unterschiedlichen Müllsorten. Nutze dazu die Abbildungen links.

2.
a) Recherchiere, wer bei dir zuhause den Müll abholt und wo er hingebracht wird.
b) Informiere dich über die verschiedenen Sammelbehälter, die in deiner Stadt zur Mülltrennung eingesetzt werden. Stelle deine Ergebnisse vor.
c) Recherchiere und berechne die Müllmengen, die in deiner Stadt jedes Jahr entstehen.

3.
a) Notiere den gesamten Verpackungsmüll von einem Grosseinkauf.
b) Nenne Lebensmittelverpackungen, die du für verzichtbar hältst. Begründe deine Meinung.

4.
Überlege, wie du das Wegwerfen von Lebensmitteln vermeiden kannst.

5.
Recherchiere Geschäfte in deiner Umgebung, die weitgehend oder ganz auf Verpackungen verzichten.
Tipp: Suche im Internet nach „unverpackt".

Müllberge – Jahr für Jahr
Jeder Schweizer verursacht in einem Jahr im Durchschnitt mehr als 700 kg Müll. Gut die Hälfte davon wird wiederverwertet. Das Recycling konzentriert sich dabei auf Glas (Sammelquote 2016: 96 %), PET (Sammelquote 81 %), Alu (Sammelquote 90 %). Papier (Sammelquote 81 %) oder Stahl (Sammelquote: 95 %).

Food Waste
In der Schweiz fallen jedes Jahr über 2 Mio. Tonnen Lebensmittelabfälle an. Rund 70% dieser Abfälle sind vermeidbar. Dieser „Food Waste" ist nicht bloss ethisch bedenklich, sondern angesichts der erheblichen Umweltbelastung durch die Nahrungsmittelproduktion ein ernstes ökologisches Problem.

Lebensmittel – fast immer verpackt
Viele Lebensmittel werden in kleinen, haushaltsgerechten Mengen in Kartons, Schaumstoff oder Plastikfolie angeboten. So sind sie meist preiswerter, als wenn sie abgewogen werden müssten. Ausserdem sind die Lebensmittel vor Beschädigungen und Verunreinigungen geschützt. Luftdicht verpackte Lebensmittel sind in der Regel länger haltbar und können länger gelagert werden, ohne zu verderben. Einige Produkte sind auch nur aufwendig verpackt, damit sie wertvoller erscheinen. In jedem Fall verursachen diese Verpackungen sehr viel Müll.

Unverpackt – ein neuer alter Trend
Früher wurden in kleinen Läden viele Lebensmittel wie zum Beispiel Mehl zum Verkauf aus grossen Säcken in kleine Papiertüten umgefüllt. Heute achten viele Menschen wieder zunehmend darauf, Waren möglichst ohne Verpackungen einzukaufen.
Es gibt inzwischen Läden, bei denen man die Verpackung selbst zum Einkaufen mitbringt. Die Kunden können sich beispielsweise Hülsenfrüchte, Nudeln oder Nüsse in die mitgebrachten Behälter füllen lassen. Ist eine Verpackung notwendig, besteht sie meist aus Papier oder Glas. Gläser und Flaschen lassen sich aber auch gut wiederverwenden.

> Kannst du Massnahmen nennen, um Verpackungsmüll zu vermeiden?

1 A Wenig Inhalt, viel Verpackung. **B** Es geht auch anders.

Endliche Ressourcen

Die fossilen Brennstoffe Kohle, Erdöl und Erdgas sind zum grössten Teil Energieträger für Kraftwerke, Industrie, Haushalte und Fahrzeuge.
Nur zum geringen Teil werden sie als Grundstoff für die chemische Industrie wie zur Kunststoffherstellung genutzt.

Was weg ist, ist weg
Die Bildung fossiler Brennstoffe hat viele Millionen Jahre gedauert. Bei dem derzeitigen hohen Bedarf ist abzusehen, dass sie in absehbarer Zeit zur Neige gehen. Auch Neufunde werden an diesem Problem grundsätzlich nichts ändern.
Da diese Stoffe als wichtige Grundstoffe für zahllose Produkte dienen, ist es eigentlich nicht zu verantworten, sie als Energieträger zu verbrennen – ganz abgesehen davon, welche Folgen das für user Klima hat.

Peak Oil
Bereits heute ist Erdöl der Energierohstoff, dessen Erschöpfung am weitesten vorangeschritten ist. Um Aussagen über den künftigen Förderverlauf von Erdöl treffen zu können, wurde die „Peak Oil"-Theorie entwickelt. Nach dieser Theorie wird die weltweite Förderung von Erdöl zunächst stetig ansteigen und dann, sobald die Hälfte des Erdöls gefördert wurde, irreversibel zurückgehen. Wann das sein wird und wie viel Ölreserven noch im Erdboden stecken, ist aber sehr unsicher. Da von diesen Ölreserven nur ein Teil wirklich genutzt werden kann, gehen einige Experten davon aus, dass der Peak Oil bereits erreicht wurde. Bis 2009 stagnierte die Ölförderung auch tatsächlich, in den letzten Jahren ist sie allerdings wieder angestiegen.

1 Weltweite Förderung und Verbrauch von Erdöl

Uran
Auch Uran ist grundsätzlich ein endlicher Rohstoff. Die Menge, die derzeit abgebaut wird, deckt etwa 60 % des aktuellen Bedarfs. Der Rest wird durch Lagerbestände, Wiederaufarbeitung und abgerüstete Kernwaffen gedeckt. Wie lange die Uran-Vorkommen noch reichen, ist unsicher. Schätzungen verschiedener Organisationen liegen zwischen 20 und 200 Jahren.

1.
Bennene Gründe, warum die Verwendung von Erdgas, Erdöl und Kohle als Brennstoff deutlich verringert werden sollte.

2.
Recherchiere, wie viel Erdöl pro Tag in der Schweiz verbraucht wird. Finde anschauliche Vergleiche für diese Menge, damit man sie sich gut vorstellen kann.

3.
Die Schweiz importiert Rohöl seit Jahren aus den Ländern Libyen, Kasachstan, Nigeria, Algerien und Aserbaidschan. Diskutiere, welche Probleme damit verbunden sind.

4.
Recherchiere, was man unter Fracking versteht Trage Pro- und Contra-Argumente zu dieser Technologie zusammen.

Belastung der Atmosphäre

1. 🟡 **A**
Erstelle eine Tabelle zu den drei Luftschadstoffen Stickstoffoxide, Feinstaub und bodennahes Ozon mit den Kategorien Herkunft, Gesundheitsbelastungen und mögliche Gegenmassnahmen.

2. 🟡 **A**
Die beiden Seiten einer Medaille: „Ozon nützt – Ozon schadet." Erläutere diese Aussage.

3. **Q**
Viele Städte im Ausland, zum Beispiel in Deutschland, richten Umweltzonen ein. Recherchiert, welche Ziele die Einrichtung dieser Zonen hat.
Befragt Autofahrer in der Schweiz, ob sie durch die Umweltzonen ihr Fahrverhalten ändern würden. Beurteilt die Wirksamkeit.

4. 🟡 **Q**
Feinstaubbelastungen treten nicht nur im Strassenverkehr auf, sondern auch in Innenräumen. Recherchiere, wie es dazu kommt und entwirf ein Informationsblatt mit Hinweisen zur Verminderung dieser Belastung.

5. 🟡 **Q**
Das Ozonloch schliesst sich langsam wieder. Informiere dich über das erste Auftreten des Ozonlochs, die ergriffenen Gegenmassnahmen und die Prognosen für die nächsten Jahre. Beurteile vor diesem Hintergrund Massnahmen zur Verminderung der Luftbelastung.

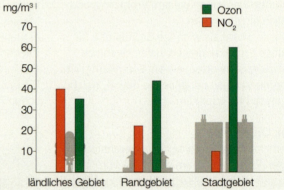

1 Ozon- und Stickoxidbelastung (Jahresmittelwerte)

6. **Q**
Stickoxide und die Vorläuferstoffe für die Bildung von bodennahem Ozon werden von Kraftfahrzeugen ausgestossen. Vergleiche die Belastung mit Stickoxiden und Ozon in Ballungsgebieten und Randbereichen im Diagramm oben. Recherchiere hierzu und erläutere den Zusammenhang.

Luftschadstoffe
Die natürliche Atmosphäre unserer Erde hat sich im Verlauf der Erdgeschichte entwickelt. Durch Industrie, Verkehr und Heizungsanlagen belasten wir diese Atmosphäre mit einer Vielzahl von Stoffen, die häufig auch die Gesundheit von Menschen gefährden. Durch Massnahmen wie den Einbau von Filtern in Industrieanlagen war es in den letzten Jahrzehnten möglich, einige der durch Luftschadstoffe auftretenden Probleme einzudämmen. Aber immer noch gelten die Mengen von Stickstoffoxiden, Feinstaub und bodennahem Ozon als problematisch.

Stickstoffoxide
Unter dem Begriff **Stickstoffoxide** (NO_x) werden verschiedene gasförmige Verbindungen von Stickstoff und Sauerstoff zusammengefasst. Dazu gehören Stickstoffmonooxid (NO) und Stickstoffdioxid (NO_2). Die Hauptquellen sind Verbrennungsmotoren und Feuerungsanlagen.

Direkt sind Stickstoffoxide hauptsächlich für Asthmatiker problematisch und schädigen Pflanzen. Darüber hinaus sind Stickstoffoxide an der Ozonbildung beim Sommersmog beteiligt, wirken als Treibhausgase und tragen zur Feinstaubbelastung bei.

Feinstaub

Feinstaub umfasst flüssige und feste Partikel verschiedener Stoffe mit einem Durchmesser, der kleiner als $\frac{1}{100}$ mm ist. Je nach Grösse können die Feinstaubpartikel unterschiedlich weit in den Körper eindringen. Beim Einatmen gelangt der Feinstaub in die Nasenhöhle. Kleinere Partikel gelangen bis in die Bronchien, ultrafeine Partikel mit einem Durchmesser unter 0,1 µm können bis ins Lungengewebe und sogar in den Blutkreislauf eindringen. Die gesundheitlichen Wirkungen sind vielfältig und reichen von Schleimhautreizungen bis zu erhöhter Thrombosegefahr. In Ballungsgebieten ist der Kraftfahrzeugverkehr der Hauptverursacher von Feinstaub, darüber hinaus gibt es aber viele weitere Quellen, zum Beispiel Kraftwerke, Heizungsanlagen und die Metall- und Stahlindustrie.

Ozon und die Ozonschicht

Ozon ist ein blass-blaues Gas mit einem stechenden Geruch. In höheren Konzentrationen ist es giftig, reizt die Schleimhäute und führt zu Atemwegsbeschwerden. Ein Ozonmolekül (O_3) besteht aus drei Sauerstoffatomen. Die Bildung von Ozon erfordert grosse Mengen an Energie, die durch die **ultraviolette Strahlung (UV)** der Sonne geliefert wird. In 20 km bis 50 km Höhe über der Erdoberfläche bildet sich so die Ozonschicht, die bis zu 90 % der ultravioletten Strahlung aus dem Sonnenlicht herausfiltert und uns damit vor zu hoher UV-Strahlung schützt.

Früher verwendete man **Chlor-Fluor-Kohlenwasserstoffe,** zum Beispiel in Kühlgeräten. Dadurch wurde die Ozonschicht geschädigt. So entstand das **Ozonloch.** Durch das Verbot dieser Stoffe konnte sich die Ozonschicht mittlerweile stabilisieren und regeneriert sich wieder.

Sommersmog

Ozon kann auch in Bodennähe gebildet werden. Voraussetzung dafür ist intensive Sonneneinstrahlung. Dann können Stickoxide und organische Kohlenwasserstoffe, zum Beispiel aus Abgasen, mit Sauerstoff reagieren. Bei diesen komplizierten chemischen Prozessen entsteht Ozon. Die Anreicherung von bodennahem Ozon nennt man **Sommersmog.**

Besonders wenn man bei erhöhter Ozonbelastung Sport treibt, kann es zu entzündlichen Reaktionen der Atemwege und damit zu einer verminderten Lungenfunktion kommen. Bei hohen Werten werden daher Ozonwarnungen ausgesprochen und es wird empfohlen, Anstrengungen im Freien einzuschränken.

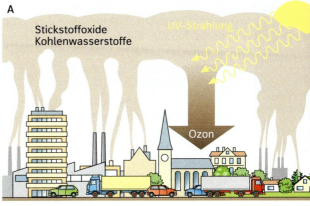

2 Smog: **A** Sommersmog, **B** Wintersmog

Wintersmog

Im Winter kann es bei Windstille passieren, dass sich warme, aufsteigende Luft wie eine Glocke über kältere Luftmassen legt, die sich in Bodennähe befinden. Abgase, Rauch und Staub können nicht aufsteigen, sondern reichern sich in Bodennähe stark an. Sie führen vor allem zu Herz- und Kreislaufbeschwerden sowie Atemwegserkrankungen. In den letzten Jahren hat die Gefahr von **Wintersmog** bei uns abgenommen, weil zunehmend abgasarme Fahrzeuge und abgasverminderte Heizungs- und Industrieanlagen entwickelt wurden. In anderen Ländern ist Smog noch ein grosses Problem.

> Kannst du verschiedene Luftschadstoffe, ihre Verursacher und die von ihnen ausgehenden Gesundheitsgefahren nennen? Kannst du erklären, wie Sommer- und Wintersmog entstehen?

Papierschöpfen

In diesem Praktikum stellt ihr selber aus Altpapier neues Papier her. Benutzt das selbst hergestellte Papier zum Beispiel als Briefpapier, als Postkarte oder für das Malen eines Bildes.

Papier aus Altpapier herstellen

Material
- alte Zeitungen
- Wasser
- Handmixer
- grosser Behälter
- Sieb oder Schöpfrahmen
- Vlies oder Baumwolltuch
- Wäscheleine

Dokumentation
a) Dokumentiert eure Papierherstellung durch Fotos oder kleine Filme.

b) Notiert, was gut funktioniert hat und wo Schwierigkeiten auftauchten.

Durchführung
a) Zerreisst das Zeitungspapier in kleine Schnipsel. Weicht die Schnipsel einige Zeit in Wasser ein.
Zerkleinert und durchmischt die Papiermasse mit einem Handmixer, bis ein feiner Papierbrei entsteht.

b) Füllt den Brei in eine Wanne mit viel Wasser. Taucht nun den Schöpfrahmen senkrecht in die Wanne. Dreht den Rahmen unter Wasser waagerecht.

c) Hebt nun den Rahmen vorsichtig an. Es soll sich eine dünne Breischicht darauf befinden. Haltet den Rahmen so, dass das Wasser abtropfen kann.

d) Stürzt den Inhalt des Rahmens auf das Vlies oder das Baumwolltuch. Entfernt den Rahmen und deckt die Papiermasse mit einem zweiten Tuch ab.

e) Presst nun mit einem Brett so viel Wasser wie möglich aus der Papiermasse heraus. Hängt das Papier zum vollständigen Trocknen auf eine Leine.

TIPP
Ihr könnt das Papier auch mit einem Bügeleisen trocknen.

1 Papierschöpfen **A** Altpapier einweichen, **B** Papierbrei auf das Vlies stürzen, **C** Brei aus dem Sieb tupfen, **D** fertiges Papier

Upcycling

TEAM ❶
Ketten aus Papierperlen
Für die Papierperlen benötigt ihr buntes Papier aus Zeitschriften oder Getränkeverpackungen. Erstellt zunächst eine Schablone, die die Form eines Dreiecks hat. Mögliche Masse könnten sein: 2,5 cm breit und 10 cm hoch oder 1,3 cm breit und 20 cm hoch.
Mithilfe der Schablone schneidet ihr nun aus dem ausgewählten Papier Dreiecke aus. Dann rollt ihr jedes Dreieck von der breiten Seite her auf einem Schaschlickstab zu einer Perle. Das Papierende klebt ihr fest.
Wenn ihr genügend Perlen habt, könnt ihr sie mit anderen Perlen als Kette auf einen stabilen Faden auffädeln.

TEAM ❷
Stulpen aus alten Pullovern
Zu kleine, verwaschene oder verfilzte Pullover sind die Grundlage der Stulpen. Schneidet die Ärmel in der Länge eurer Stulpen ab, etwa 10 cm lang. Näht mithilfe einer Nähmaschine oder mit der Hand Bänder oder Borten auf. Aus dem restlichen Stoff könnt ihr weitere Stulpen nähen. Hierzu schneidet ihr die Grösse der Stulpen zu, näht die Bänder auf und schliesst die Stulpen anschliessend zu einem Rund.
Für Stulpen eignen sich auch alte Socken oder Strumpfhosen.

TEAM ❸
Taschen aus Plastikverpackungen
Sammelt Plastikverpackungen wie Schokoladenverpackungen aus Kunststoff, Nachfüllpackungen von Flüssigseife oder Trinktüten. Schneidet die Verpackungen auf und säubert sie gründlich.
Näht nun die Packungen aneinander, sodass ihr eine grosse Fläche erhaltet. Schliesst die Seitennähte eurer Tasche und näht den Boden in der gewünschten Breite ab. Für den Henkel faltet ihr die Verpackungen in der Mitte und näht sie zusammen. Jetzt näht ihr den Henkel von innen an die Tasche.

> **TIPP**
> Verwendet Jeansnadeln, sie brechen nicht so leicht ab.

LERNEN IM TEAM

Nachhaltig handeln

Was bedeutet Nachhaltigkeit?

Stell dir einen Wald vor. Die Menschen fällen dort Bäume, um Häuser zu bauen. Sie wollen immer mehr und immer grössere Häuser haben. Dafür benötigen sie immer mehr Holz. Sie fällen viel mehr Bäume als nachwachsen. Das geht eine Zeit lang gut. Noch gibt es viel Wald. Irgendwann machen sich einige Menschen Sorgen, weil immer weniger Bäume da sind. Aber andere fällen dennoch weiter. Werden mehr Bäume gefällt als währenddessen nachwachsen, sind irgendwann alle Bäume weg. Dieses Verhalten ist nicht nachhaltig. **Nachhaltig** ist es, wenn in einem bestimmten Zeitraum höchstens so viele Bäume gefällt werden, wie in diesem Zeitraum wieder nachwachsen können.

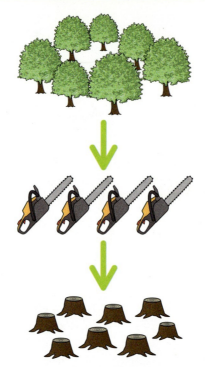

1 Nicht nachhaltige Waldwirtschaft

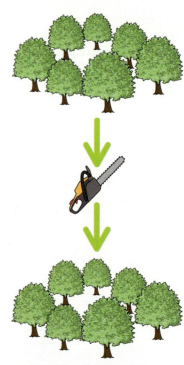

2 Nachhaltige Waldwirtschaft

Hat Nachhaltigkeit nur mit Bäumen zu tun?

Die Bäume in dem Beispiel stehen stellvertretend für alle Rohstoffe, die wir nutzen. Beispiele sind Getreide und Trinkwasser, aber auch Erdöl und Kohle. Ausserdem produzieren wir Abfälle und Abgase. Auch das belastet die **Umwelt** und geht nicht ewig so weiter.
Bei Nachhaltigkeit geht es aber auch um **Soziales.** Wenn wir durch unser Verhalten anderen Menschen schaden, werden sie sich dagegen wehren. Auch ungerechtes Verhalten ist also nicht nachhaltig.
Ausserdem brauchen alle Menschen Geld, um leben zu können. Wenn Menschen, Firmen oder Staaten mehr ausgeben, als sie einnehmen, geht ihnen bald das Geld aus. Die **wirtschaftliche Sicherheit** ist dann verloren.

Auf Nachhaltigkeit achten

Bei all unseren Handlungen sollten wir auf die drei Aspekte der Nachhaltigkeit achten: auf die Umwelt, auf soziale Gerechtigkeit und auf wirtschaftliche Sicherheit. Viele in diesem Buch genannte Themen lassen sich im Hinblick auf diese Aspekte untersuchen.

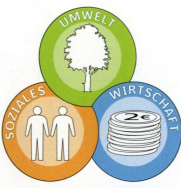

3 Aspekte der Nachhaltigkeit

---

1. Erläutere den Begriff Nachhaltigkeit mithilfe der Bilder.

2. Dasselbe Handy kann einen oder mehrere hundert Euro kosten.
a) Recherchiere Angebote und stelle eines vor. Bewerte das Angebot im Hinblick auf die Nachhaltigkeit.
b) „Ein-Euro-Angebote" sind für Menschen mit wenig Geld meist nicht nachhaltig. Beurteile diese Aussage.

3. Nimm ein Thema aus diesem Buch, das ihr bereits besprochen habt. Zeige an diesem Beispiel, wie man konkret die drei Aspekte der Nachhaltigkeit beachten könnte.

Nachhaltigkeit

Ressourcen und Recycling | 313

Ökologischer Fussabdruck
Dein ökologischer Fussabdruck ist die Fläche auf der Erde, die dein Lebensstil auf Dauer erfordert. Dazu gehört zum Beispiel die Ackerfläche, die für deine Ernährung gebraucht wird ebenso wie die Ackerflächen für die Produktion von deiner Baumwollkleidung.
Auch der Landverbrauch für Ölpalmen-Plantagen muss mit einfliessen. Palmöl wird ausser für die Ernährung für Kosmetik und zur Energieerzeugung eingesetzt. Bei der Berechnung des ökologischen Fussabdrucks wird dein Konsumverhalten also genau unter die Lupe genommen.

PINNWAND

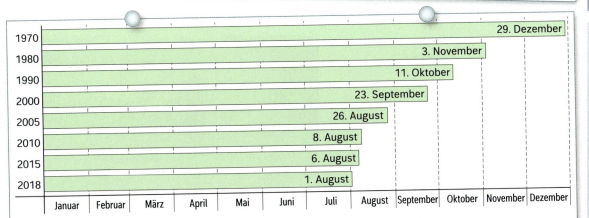

Erdüberlastungstag
Eine Art darzustellen, wie nachhaltig die Menschheit lebt, ist der Erdüberlastungstag. Eine nachhaltig lebende Menschheit würde beispielsweise nur so viele Bäume fällen, wie in demselben Zeitraum nachwachsen könnten. Leider sieht die Realität anders aus. Am Erdüberlastungstag hat die Menschheit alle nachhaltig nutzbaren Ressourcen verbraucht, die ihr für ein Jahr zur Verfügung stehen. Den Rest des Jahres lebt sie „auf ökologischem Pump". Dann beutet die Menschheit die Ressourcen über die Massen aus.
Den Erdüberlastungstag kann man auch für einzelne Länder berechnen. Insbesondere in den westlichen Industriestaaten frisst der hohe Konsum die natürlichen Ressourcen schnell auf. Die Verantwortung dafür tragen wir alle.

1. A
Viele Menschen kaufen sich alle zwei Jahre ein neues Smartphone. Bewerte dieses Verhalten unter Berücksichtigung der drei Nachhaltigkeitsaspekte.

2. A
a) Beschreibe, wie sich der Erdüberlastungstag seit 1970 verändert hat.
b) Erkläre die Bedeutung dieser Veränderungen.
c) Stelle Massnahmen zusammen, um den jährlichen Erderschöpfungstag wieder hinauszuzögern.

3. Q
a) Recherchiere, wie du deinen ökologischen Fussabdruck berechnen kannst.
b) Fertige eine Tabelle mit zwei Spalten an. Trage in die erste Spalte alle Verhaltensweisen ein, die den Fussabdruck vergrössern. Schreibe in die zweite Spalte die Verhaltensweisen, die deinen Fussabdruck verkleinern.
c) Leite daraus ab, wie du deinen Fussabdruck verringern kannst.

Ressourcen und Recycling

 Reduzieren   Wiederverwenden   Recyceln Entsorgen

Müll vermeiden
Beim Einkaufen solltest du darauf achten, möglichst wenig Verpackungsmüll mitzukaufen. Wähle beispielsweise unverpacktes Obst und Gemüse. Transportiere deine Einkäufe in einer Stofftasche oder in einem Rucksack. Bringe für deinen Coffee to go einen eigenen Becher mit. In vielen Cafés gibt es mittlerweile dafür sogar Rabatt. So kannst du viel Müll vermeiden.

AUF EINEN BLICK

PET-Kreislauf
An Tausenden Sammelstellen in der Schweiz können PET-Flaschen entsorgt werden. Sie werden recycelt und zu neuen Flaschen verarbeitet. So gehen wertvolle ressourcen nicht verloren.

Müll vermeiden
Sehr viele Produkte des täglichen Bedarfs sind in Kunststoff eingepackt. Benutzt du eifgene Behältnisse, kannst du diesen Abfall vermeiden.

Stoffe unterscheiden
Stoffe lassen sich anhand ihrer physikalischen und chemischen Eigenschaften unterscheiden und trennen, z. B. magnetische und nicht-magnetischen Stoffe.

Stoffkreisläufe in der Natur
Die Natur macht es uns vor: Hier wird alles wiederverwertet. In der Natur befinden sich die notwendigen Stoffe im und am Waldboden. In verschiedenen Kreisläufen gelangen sie von den Pflanzen zu den Tieren, Bakterien und Pilzen und zurück in den Boden.

Ressourcen und Recycling

1. Ⓐ
a) Ordne den Bildern unten die Begriffe Primär- und Sekundärrohstoff zu.
b) Beurteile die Nutzung von Primärrohstoffen im Hinblick auf Nachhaltigkeit.

2. Ⓐ
Beschreibe, wie die Gegenstände rechts zum Sekundärrohstoff recycelt werden können.

3. Ⓐ
a) „Bestimmte Stoffe sind magnetisierbar".
Erkläre, was das bedeutet.
b) Erkläre, wie sich die Magnetisierbarkeit von Stoffen für die automatische Mülltrennung nutzen lässt

4. Ⓐ
Nenne technische Verfahren, mit denen sich die Gegenstände unten aus dem Restmüll aussortieren lassen. Begründe mit den jeweiligen Stoffeigenschaften.

5. Ⓐ
Nicht wiederverwendbare Kunststoffe werden in Müllverbrennungsanlagen verbrannt. Überlege Vor- und Nachteile dieses thermischen Recyclings.

6. Ⓐ
Beschreibe, wie du aus alten Tageszeitungen selber Recyclingpapier herstellen kannst.

7. Ⓐ
Beschreibe einen Modell-Versuch, mit dem du den Prozess des natürlichen Recyclings zeigen kannst.

8. Ⓐ
a) Bringe die folgenden Sortierschritte einer Müllsortieranlage in die richtige Reihenfolge: Wirbelstromabscheider, Auslesen, Trommelsieb, Schwimm-/Sink-Verfahren, Absaugen und Windsichten, Infrarot-Sortierung, Magnetabscheider.
b) Erläutere, was bei den einzelnen Sortierschritten passiert.

9. Ⓐ
Ein Unternehmen stellt Gartenmöbel aus Kunststoff her. Begründe, ob die Firma zur Herstellung recyceltes oder neues Granulat einsetzen sollte.

10. Ⓐ
Bewerte die Nutzung von Papier aus Holz und Recycling-Papier unter dem Aspekt der Nachhaltigkeit.

LERNCHECK

Erneuerbare und fossile Energieträger

Wie können Solarzellen helfen, unser Energieproblem zu lösen?

Wie arbeitet ein Kernkraftwerk?

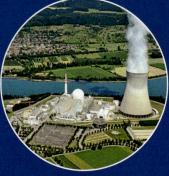

Welche Möglichkeiten gibt es, fossile Energieträger durch erneuerbare Energieträger zu ersetzen?

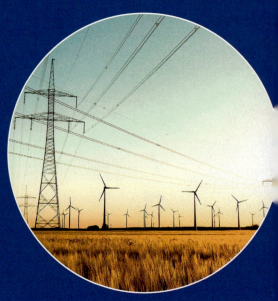

Die Entstehung von Erdöl, Erdgas und Kohle

1. ≡ Ⓐ
Nenne je vier Länder
a) mit Erdgasvorkommen,
b) mit Erdölvorkommen,
c) mit Braunkohlevorkommen,
d) mit Steinkohlevorkommen.

2. ≡ Ⓐ
Beschreibe,
a) woraus Erdöl und Erdgas,
b) woraus Braunkohle und Steinkohle entstanden sind.

3. ≡ Ⓐ
Nenne Gemeinsamkeiten und Unterschiede bei der Entstehung von Erdöl und Kohle.

 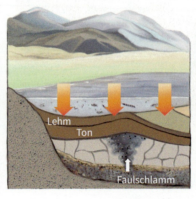 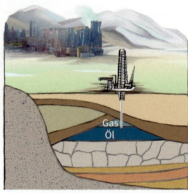

1 So entstand Erdöl.

Erdöl und Erdgas entstehen

Vor Millionen Jahren waren weite Teile der Erde von Meeren bedeckt, in denen unzählige Kleinstlebewesen lebten. Abgestorben sanken sie auf den Meeresboden. Sie bildeten dort mächtige Schichten, die von der Luft abgeschlossen waren.
Bakterien zersetzten die Kleinstlebewesen und es bildete sich Faulschlamm. Darüber lagerten sich in Jahrmillionen immer wieder Erdschichten. Durch Druck und Wärme wurde der Faulschlamm allmählich in Erdöl und Erdgas umgewandelt.

Kohle entsteht

Vor mehr als 300 Millionen Jahren waren grosse Teile der Erde von tropischen Sumpfwäldern bedeckt, die immer wieder von Wasser überflutet wurden. Bäume und andere Pflanzen starben ab, Ton und Sand deckten die abgestorbenen Pflanzen zu. Dadurch wurden diese von der Luft abgeschlossen. Sie wandelten sich um zu Torf.
Dieser Vorgang wiederholte sich und die Schichten wurden immer stärker zusammengepresst. Der Torf wurde schliesslich in Jahrmillionen zu Braunkohle und in weiteren Jahrmillionen zu Steinkohle. Die Prozesse spielen sich auch heute noch ab.

> Kannst du die Entstehung von Erdöl, Erdgas und Kohle beschreiben?

  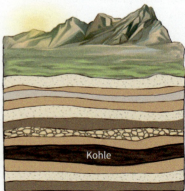

2 So entstand Kohle.

Technische Energiegewinnung durch Verbrennung

1.
Nenne verschiedene Kraftwerkstypen, bei denen durch Verbrennung fossiler Stoffe elektrische Energie erzeugt wird.

2.
a) Beschreibe, was mit dem Kraftstoff im Verbrennungsmotor geschieht.
b) Gib an, was ausser Kraftstoff noch nötig ist, damit der Motor Energie umwandeln kann.

3.
a) Informiere dich über den Wirkungsgrad von verschiedenen Kraftwerkstypen.
b) Begründe die unterschiedlichen Wirkungsgrade.

Kohlekraftwerke

In Kohlekraftwerken wird Braun- oder Steinkohle verbrannt. Durch Oxidation des Kohlenstoffs wird die **chemische Energie** des Kohlenstoffs in **Wärme** umgewandelt. Mithilfe der Wärme wird Wasserdampf mit einer Temperatur von über 500 °C und hohem Druck erzeugt. Die Spannenergie des Dampfs treibt die Turbinen an und wandelt so Wärme in **Bewegungsenergie** um. Die Turbine überträgt die Drehbewegung über eine Welle auf den Generator, der die Bewegungsenergie in **elektrische Energie** umwandelt.

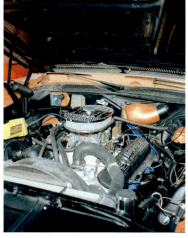

1 Verbrennungsmotor

Im Zylinder wird es heiss

Die bekanntesten Verbrennungsmotoren sind der **Ottomotor** und **der Dieselmotor.**
Im Zylinder des Verbrennungsmotors wird ein Gemisch aus Kraftstoff und Luft explosionsartig verbrannt. Die chemische Energie wird in **Wärme** umgewandelt. Bei der explosionsartigen Verbrennung dehnen sich die Verbrennungsgase stark aus. Sie drücken den Kolben des Zylinders nach unten. Dabei wird Wärme in **Bewegungsenergie** umgewandelt.
Der Motor wird bei diesem Vorgang so heiss, dass er durch Wasser oder Luft gekühlt werden muss. Sowohl die abgegebene Wärme beim Kühlen als auch die Wärme der heissen Abgase stehen danach nicht mehr zur Umwandlung in Bewegungsenergie zur Verfügung.

Der Wirkungsgrad bei Energieumwandlungen

Bei der Umwandlung der chemischen Energie über Wärme in Bewegungsenergie wird nur ein Teil der chemischen Energie in die gewünschte Energieart umgewandelt. Die bei der Umwandlung an die Umwelt abgegebene Wärme hat für den Umwandlungsprozess keinen Wert mehr, sie wird als entwertete Energie bezeichnet.
Je grösser ihr Anteil ist, desto geringer ist der **Wirkungsgrad η** der Umwandlung (η: eta, griechischer Buchstabe).
Der Wirkungsgrad η gibt an, wie viel Prozent der eingesetzten Energie in die nutzbare Energieform umgewandelt wird.

$$\eta = \frac{\text{nutzbare Energie} \cdot 100\,\%}{\text{eingesetzte Energie}}$$

Der Wirkungsgrad eines Dieselmotors beträgt 38 % bis 45 %, eines Benzinmotors 30 % bis 35 %.
Der grösste Teil der eingesetzten chemischen Energie geht als Abwärme verloren.

> Kannst du die Energieumwandlungen durch Verbrennen in Kraftwerken und Motoren beschreiben und erklären, was der Wirkungsgrad angibt?

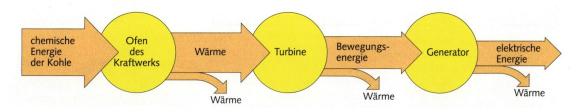

Abgase verändern das Klima der Erde

1. Nenne mögliche Ursachen und Folgen der Klimaveränderung.

2. Informiere dich über die Funktion und den Einsatz von Treibhäusern. Erläutere die Bedeutung des Treibhauseffektes für die Erde.

3. Nenne Massnahmen, die ergriffen werden, um den Ausstoss von Kohlenstoffdioxid zu verringern.

4. Gib an, wo in unserer Umwelt Methan entsteht. Informiere dich über Auswirkungen des Gases auf unser Klima.

5. Erkläre den Unterschied zwischen dem natürlichen und dem zusätzlichen Treibhauseffekt.

Der natürliche Treibhauseffekt
Die von der Sonne auf die Erde kommende Strahlung erwärmt Boden, Seen und Flüsse, lässt Wasser verdunsten und Wolken entstehen. Wasser, Boden und Luft geben die aufgenommene Energie in Form von Wärmestrahlung in Richtung Weltraum ab.
Wolken und Gase in der Lufthülle wirken ähnlich wie das Glasdach eines Gewächshauses. Sie bewirken, dass nur ein Teil der Abstrahlung ins Weltall gelangt. Das ist der **natürliche Treibhauseffekt.** Durch ihn bleibt die Durchschnittstemperatur der Erde bei 15 °C. Ohne ihn würde die Durchschnittstemperatur der Erde −18 °C betragen.

Der zusätzliche Treibhauseffekt
Seit einiger Zeit wird ein leichtes Ansteigen der Durchschnittstemperatur der Erde beobachtet. Ursache dafür ist das vermehrte Auftreten von bestimmten Gasen in der Lufthülle. Sie werden **Treibhausgase** genannt. Zu diesen Gasen gehören hauptsächlich Kohlenstoffdioxid, Stickstoffoxide und Methan (Bild 1). Diese Gase vermindern in den oberen Luftschichten die Wärmeabstrahlung der Erde in den Weltraum. Dadurch steigt die Durchschnittstemperatur auf der Erde. Es entsteht ein vom Menschen verursachter **zusätzlicher Treibhauseffekt.**

Auswirkungen
Durch das Ansteigen der Durchschnittstemperatur auf der Erde entstehen beispielsweise verstärkt Orkane und Unwetter. Das Eis der Antarktis und auf Grönland schmilzt ab und lässt den Meeresspiegel ansteigen. Viele Pflanzen und Tiere können in der dann immer wärmer werdenden Umgebung nicht mehr existieren.

> Kannst du den vom Menschen verursachten, zusätzlichen Treibhauseffekt vom natürlichen Treibhauseffekt unterscheiden?

1 Verursacher des zusätzlichen Treibhauseffektes

Brennstoffe vom Acker

Fossile Brennstoffe

Kohle, Erdöl und Erdgas sind vor Jahrmillionen aus pflanzlichen und tierischen Organismen entstanden. Die Menge dieser Brennstoffe ist begrenzt. Deshalb muss ihr Verbrauch durch die Nutzung nachwachsender Brennstoffe verringert werden.

1 Blühendes Rapsfeld

Nachwachsende Brennstoffe – nichts Neues!

Schon immer hat der Mensch seinen Energiebedarf aus der Natur gedeckt. Holz ist wohl das älteste vom Menschen genutzte Brennmaterial.
Aus dem Getreide wurden die Körner zu Mehl gemahlen und daraus Brot sowie andere Nahrungsmittel hergestellt. Das Stroh wurde gesammelt und unter anderem zum Heizen verwendet. Pflanzliche und tierische Öle wurden in Öllampen verbrannt.

Pflanzen speichern Sonnenenergie

Pflanzen wie Raps oder Zuckerrüben benötigen zum Wachsen ausser Sonnenenergie Wasser, Kohlenstoffdioxid und Nährsalze. Mithilfe der Fotosynthese wird daraus Traubenzucker, dem Ausgangsstoff für alle Bestandteile der Pflanzen.
Bei der Verbrennung wird dann wieder Energie frei. Dabei entsteht nur so viel Kohlenstoffdioxid, wie vorher aus der Luft gebunden wurde. Deshalb führt diese Verbrennung nicht zu einer zusätzlichen Belastung der Atmosphäre.

Treibstoff: Biodiesel

Ein Teil der benötigten Treibstoffmenge lässt sich durch pflanzliche Produkte ersetzen. Eine Möglichkeit besteht darin, Rapsöl als Dieselkraftstoff einzusetzen. Dabei wird das Rapsöl in einem chemischen Prozess in Biodiesel umgewandelt.
Biodiesel hat gegenüber herkömmlichem Diesel aus Erdöl Vorteile. Eine Gefährdung von Gewässern und Böden durch ausgelaufenen Biodiesel ist kaum möglich.
Biodiesel aus Rapsöl enthält keinen Schwefel. Bei der Verbrennung im Motor entsteht somit kein Schwefeldioxid, das den sauren Regen mit verursacht. Andererseits steht Biodiesel im Verdacht, die Dichtungen des Motors anzugreifen. Auch die Energieausbeute ist beim Biodiesel geringer als beim herkömmlichen Dieselkraftstoff.

Treibstoff: Ethanol

Ein anderer Treibstoff oder Treibstoffzusatz ist das Ethanol, das aus Getreide, Zuckerrüben oder Zuckerrohr gewonnen wird. Dies wird in grossem Massstab in Brasilien durchgeführt.

Brennstoffe vom Acker – nur Vorteile?

Brennstoffe aus Pflanzen herzustellen scheint eine sinnvolle Möglichkeit zu sein, die Energievorräte auf der Erde zu schonen. Pflanzen wachsen nach und bei der Verbrennung entsteht nur so viel Kohlenstoffdioxid, wie beim Wachsen gebunden worden ist.

Für ihren Anbau werden allerdings riesige Ackerflächen benötigt. Felder, die bisher zum Anbau von Nahrungsmitteln genutzt wurden, werden dann mit Raps, Zuckerrüben, Mais oder anderen Rohstoff liefernden Sorten bepflanzt. Nach der Ernte müssen die Pflanzen abtransportiert und verarbeitet werden. Dafür braucht der Landwirt Diesel.
Des Weiteren müssen grosse Mengen an Dünger und Pflanzenschutzmittel eingesetzt werden. Da es sich um Monokulturen handelt, sind sie besonders für Schädlinge anfällig.

Alle diese Gesichtspunkte müssen bei einer Beurteilung, ob Brennstoffe vom Acker sinnvoll sind, berücksichtigt werden.

In den Ländern, in denen durch die Landwirtschaft zur Zeit zu viele Nahrungsmittel produziert werden, kann die Erzeugung von nachwachsenden Brennstoffen allerdings eine mögliche Ergänzung sein.

2 Rapsschoten mit Samen

Die Wärmepumpe

1. Informiere dich im Internet über Raumheizungen, die teilweise oder vollständig mit erneuerbaren Energien betrieben werden.

2. Recherchiere die Marktanteile von Wärmepumpengeräten für die Warmwasserbereitung und für die Raumheizung.

Funktion der Wärmepumpe

Die **Wärmepumpe** ist ein Gerät, das für die teilweise Nutzung erneuerbarer Energien ausgelegt ist. Sie macht Wärme aus dem Grundwasser, aus dem Erdreich oder aus der Luft nutzbar. Die so gewonnene Wärme kann für die Raumheizung oder für die Erwärmung von Wasser eingesetzt werden.
Eine Wärmepumpe funktioniert wie ein Kühlschrank. Sie hat ebenfalls zwei Wärmetauscher und eine elektrische Verdichterpumpe. Einer der **Wärmetauscher** nimmt Wärme beispielsweise aus dem Grundwasser auf. Diese wird an das Kältemittel im inneren Kreislauf abgegeben. Das Kältemittel beginnt zu sieden. Der Dampf wird von der Verdichterpumpe abgesaugt, verdichtet und in den zweiten Wärmetauscher gepumpt. Dort wird die Wärme beispielsweise an eine Fussbodenheizung weitergeleitet. Hier wird die Wärme an die Raumluft abgegeben.

> Kannst du beschreiben, wie eine Wärmepumpe funktioniert?

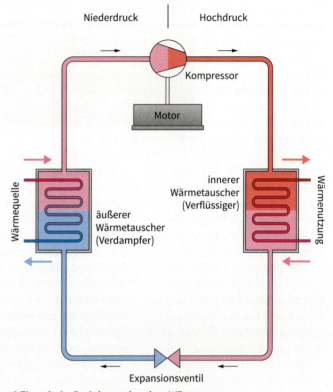

1 Thermische Funktionsweise einer Wärmepumpe

Grundwasserwärmepumpe
Aus einem Brunnen wird Grundwasser gefördert und durch den Wärmetauscher der Wärmepumpe geleitet. Es gibt einen Teil seiner Wärme ab und wird dann ins Erdreich zurückgeleitet.

Erdreichwärmepumpe
Ein grossflächiger Wärmetauscher ist im Erdreich eingebaut. Er enthält Wasser in einem Kreislauf, das Wärme aus dem Erdreich aufnimmt und sie in der Wärmepumpe an das Kältemittel abgibt.

Umluftwärmepumpe
Umgebungsluft durchströmt einen Wärmetauscher und gibt Wärme an den Kühlmittelkreislauf der Wärmepumpe ab.

 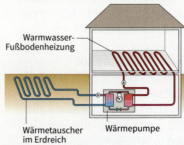 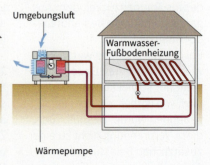

2 Funktionsprinzip verschiedener Wärmepumpen

Eine neue Heizung

Erneuerbare und fossile Energieträger | 323

ALLE TEAMS
Allgemeine Fragen
Die Heizungsanlage entspricht nicht mehr den gesetzlich vorgeschriebenen Abgaswerten und der geforderten Energieausnutzung. Eine neue Anlage muss her! Doch da tauchen viele Fragen auf:
- Welche Anlage soll gewählt werden?
- Wie aufwändig ist der Ein- oder der Umbau der Anlage?
- Wie hoch werden die durchschnittlichen Betriebskosten pro Jahr sein?
- Wie gross ist die Umweltbelastung durch die Anlage?
- Wie arbeitsintensiv ist das Betreiben der Anlage?
- Sollen regenerative Energieträger oder fossile Energieträger eingesetzt werden?
- Kann die Wärmedämmung des Hauses verbessert werden?

Um verschiedene Anlagen miteinander zu vergleichen, muss von gleichen Voraussetzungen ausgegangen werden. Es sollen 100 m² Wohnfläche beheizt werden.

Ihr sollt in Teams drei verschiedene Heizungstypen untersuchen und ihre Vor- und Nachteile herausfinden.

TEAM ❶
Holzpellets
Informiert euch:
- Woraus werden Holzpellets hergestellt?
- Wie werden sie hergestellt?
- Wie werden die Pellets angeliefert, wie gelagert?
- Wie haben sich die Preise für Holzpellets in den letzten Jahren entwickelt?
- Welche Form von Energie wird zum Steuern und Regeln der Heizungsanlage benötigt?

TEAM ❷
Erdwärme
Informiert euch:
- Kann die Erdwärme überall sinnvoll genutzt werden?
- Wie funktioniert die Erdwärmepumpe?
- Wie gelangt die Erdwärme zur Heizungsanlage?
- Ist eine weitere Heizquelle notwendig? Wenn ja, wie werden beide Heizungssysteme miteinander verbunden?
- Kann die Wärmepumpe auch bei sehr tiefen Aussentemperaturen noch genügend Wärme liefern?
- Welche Form von Energie ist zum Betrieb der Pumpe notwendig?

TEAM ❸
Sonnenkollektoren
Informiert euch:
- Wie funktionieren Sonnenkollektoren?
- Bleibt bei schlechtem Wetter die Heizung kalt?
- Wie viel m² Kollektorfläche werden zum Beheizen von 100 m² Wohnfläche benötigt?
- Wie gelangt die durch die Kollektoren gewonnene Wärme zum Heizkörper?
- Sind zusätzliche Massnahmen zur Wärmedämmung erforderlich?
- Kann ein Haus allein mit Sonnenkollektoren beheizt werden?

LERNEN IM TEAM

Bewerten der Heizungsanlagen im Überblick
Zum Schluss überträgt jede Schülerin und jeder Schüler nach Vorstellung der verschiedenen Heizungssysteme die folgende Tabelle in das Heft und benotet die Systeme. Ermittelt dann die Gesamtpunktzahl für jede Heizungsanlage. Alle ausgefüllten Tabellen werden gesammelt und von zwei Schülerinnen und Schülern ausgewertet.

 sehr gut (4 Punkte)
 gut (3 Punkte)
 befriedigend (2 Punkte)
 ausreichend (1 Punkt)
 schlecht (0 Punkte)

	Anschaffungskosten	Betriebskosten	Umweltbelastung	Nachhaltigkeit des Energieträgers	Einbau der Anlage	Punkte
Pellets						
Erdwärme						
Kollektoren						

Das Pumpspeicherkraftwerk

1. Q
a) Recherchiere die Standorte der Pumpspeicherkraftwerke in der Schweiz.
b) Stelle die Leistungsdaten der grössten Kraftwerke in einer Tabelle zusammen.

2. A
Erkläre die Funktionsweise eines Pumpspeicherkraftwerks.

3. Q
Pumpspeicherkraftwerke sind schwarzstartfähig. Informiere dich über diese Eigenschaft und beschreibe dessen Bedeutung für eine verlässliche Stromversorgung.

4. A
Zeichne das Energieflussdiagramm für den Generator- und den Speicherbetrieb des Pumpspeicherkraftwerks.

5. Q
Recherchiere die Nachteile von Pumpspeicherkraftwerken. Stelle die Vorteile und Nachteile gegenüber und bewerte deren Einsatz als Energiespeicher.

6. A
Das Speicherbecken des Pumpspeicherkraftwerks Nant de Drance hat ein Fassungsvermögen von 25 Millionen m³. Die Fallhöhe zum Unterbecken beträgt 275 m. Ermittle die Lageenergie, welche gespeichert werden kann.

Wozu elektrische Energie speichern?
Die Energiemenge im Stromnetz unterliegt starken Schwankungen: In manchen Zeiten wird mehr elektrische Energie benötigt, als zu anderen Zeiten. Speicher können solche Schwankungen ausgleichen. Sie können je nach Bedarf elektrische Energie aus dem Netz speichern oder in das Netz abgeben.

Funktion des Pumpspeicherkraftwerks
Ein **Pumpspeicherkraftwerk** wandelt elektrische Energie in Lageenergie um. Dies geschieht, indem elektrische Pumpen Wasser vom **Unterbecken** in ein höher gelegenes **Speicherbecken** befördern.
Um elektrische Energie bereitzustellen, wird das Wasser aus dem Speicherbecken in das Unterbecken abgelassen. Das Wasser treibt Turbinen an. Ein Generator wandelt die Bewegungsenergie in elektrische Energie um. Pumpspeicherkraftwerke können schnell in Betrieb genommen werden. Innerhalb weniger Minuten steht die elektrische Energie zur Verfügung.

Energiemenge
Werden 1000 l Wasser um 1 m nach oben befördert, ist darin eine Lageenergie von 9,81 kJ enthalten. Pumpspeicherkraftwerken befördern viel mehr Wasser in grössere Höhen. Dadurch können sie viel Energie speichern. Das Pumpspeicherkraftwerk in Wehr in Baden-Württemberg hat genug Speichervolumen, um 3600 Personen für ein Jahr mit elektrischer Energie zu versorgen. Bei voller Auslastung kann das Kraftwerk für 7 h elektrische Energie liefern.

Wirkungsgrad
Bei Energieumwandlungen wird immer ein kleiner Anteil thermischer Energie frei, der nicht weiter genutzt werden kann. Der Gesamtwirkungsgrad eines Pumpspeicherkraftwerks liegt zwischen 70 und 80 %. Das Pumpspeicherkraftwerk ist bislang die einzige Möglichkeit, grosse Energiemengen kostengünstig zu speichern.

Erneuerbare und fossile Energieträger | 325

Speichern von Energie

Befindet sich mehr elektrische Energie im Stromnetz als abgerufen wird, herrscht ein Energieüberschuss. Die überschüssige elektrische Energie kann durch ein Pumpspeicherkraftwerk in Lageenergie umgewandelt werden.

Die überschüssige elektrische Energie aus dem Stromnetz versorgt einen **Elektromotor**, der eine Pumpe antreibt. Diese Pumpe befördert Wasser über Rohrleitungen in ein Speicherbecken. Das Wasser hat dann eine höhere Lageenergie. Das Speicherbecken ist meist ein künstlich angelegter Stausee.

Bereitstellen von Energie

Wird kurzfristig sehr viel elektrische Energie benötigt, muss die fehlende Energiemenge in das Stromnetz eingespeist werden. Dazu eignet sich ein Pumpspeicherkraftwerk, da es grosse Mengen elektrischer Energie schnell zur Verfügung stellen kann.

Das Wasser aus dem Speicherbecken wird in das Unterbecken abgelassen. Dabei trifft es auf die Schaufeln einer **Turbine** und treibt diese an. Der mit der Turbine verbundene Elektromotor funktioniert jetzt als Generator. Er wandelt die Bewegungsenergie aus den Turbinen in elektrische Energie um.

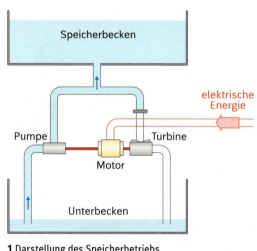

1 Darstellung des Speicherbetriebs

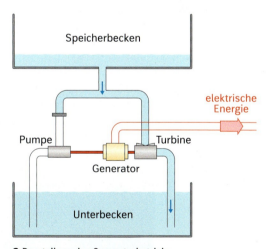

2 Darstellung des Generatorbetriebs

> Kannst du die Funktionsweise eines Pumpspeicherkraftwerks beschreiben?

Wasserkraftwerke in der Schweiz

Wasserkraft nutzen
Der Wasserkraftwerkspark der Schweiz besteht aus über 658 Kraftwerken mit einer Leistung von mindestens 300 kW. Zusammen produzieren sie pro Jahr durchschnittlich rund 36 000 Gigawattstunden Strom. Das sind etwa 57 % der heimischen Stromproduktion.

Kraftwerk am Fluss
Seit 100 Jahren läuft das Rheinkraftwerk Laufenburg. Als es 1914 in Betrieb genommen wurde, war es das grösste Kraftwerk Europas. Ausserdem war es ein flussbauliches Wagnis: Das Kraftwerk war das erste, das quer zum Fluss gebaut wurde. Heute gehört es zu den kleineren Werken und produziert noch ein Prozent des Schweizer Strombedarfs.

Die grosse Pumpe
Das Pumpspeicherwerk **Limmern** im Glarnerland kann Wasser aus dem Limmernsee (Bild) in den 630 Meter höher gelegenen Muttsee zurückpumpen und dieses bei Bedarf wieder zur Stromproduktion nutzen. Im Gegensatz zu reinen Speicherkraftwerken können Pumpspeicherwerke nicht nur Spitzenenergie erzeugen, sondern auch Stromüberschüsse, die während Schwachlastzeiten anfallen, in Spitzenenergie umwandeln.

1.
Nenne Vorteile und Nachteile von Wasserkraftwerken.

2.
Recherchiere, welche Umweltprobleme im Zusammenhang mit der Nutzung der Wasserkraft diskutiert werden.

Die grosse Mauer
Die Staumauer Grande Dixence am Lac des Dix war mit einer Höhe von 285 Metern bis 1980 die höchste Staumauer der Welt. An der Basis hat sie eine Dicke von 200 Metern, die Kronenlänge beträgt 695 Meter. Der Lac des Dix im Wallis ist nach dem Volumen der grösste Stausee der Schweiz.
Die Gesamtleistung der vier Kraftwerke des Lac des Dix von über 2000 Megawatt entspricht etwa der Leistung von zwei Kernkraftwerken.

Nachwachsende Rohstoffe – Vor- und Nachteile

1.
Recherchiere, wie lange die mit heutiger Technik verwertbaren Vorräte fossiler Brennstoffe wie Erdöl, Kohle oder Erdgas noch reichen werden.

2.
Nenne nachwachsende Rohstoffe, die in der Schweiz angebaut werden.

3.
Suche dir aus den folgenden Themen eines heraus, bei dem du Vor- und Nachteile ermitteln willst. Stelle Pro und Contra in Form einer Präsentation dar.
- Energiepflanzenanbau und Nahrungsmittelproduktion
- Monokulturen und Vielfalt im Anbau
- Gentechnikeinsatz zur Steigerung der Erträge
- Verstärkter Einsatz von Pflanzenschutzmitteln und Bodengesundheit
- Raps- und Maisanbau

Pflanzen als Klimaretter
Jeder Schweizer produziert pro Jahr circa 10 t CO_2. Soviel kann ein Wald von 1 ha Fläche binden. Wenn sich der Baumbestand weltweit jährlich um 0,5% vergrössern würde, gäbe es kein CO_2-Problem mehr.

Bioenergie aus Biomasse
Die Bilder im Kreis zeigen die wichtigsten biologischen Energieträger, die in der Schweiz vorhanden sind. Als **nachwachsende Rohstoffe** werden Pflanzen bezeichnet, die nur für Zwecke der Energiegewinnung angebaut werden, also nicht zur Nahrungsmittel- oder Futterproduktion dienen. Die aus solchen Rohstoffen erzeugte Energie heisst **Bioenergie**. Die Pflanzen speichern mithilfe der Fotosynthese die Sonnenenergie, welche dann in geeigneten Anlagen wieder freigesetzt wird.

Biogasanlagen
In einer Biogasanlage werden Bioabfälle, Gülle und Pflanzen in einen luftdicht verschlossenen **Fermenter** gegeben. Dort findet ein Fäulnisprozess statt, bei dem **Biogas** entsteht. Dieses brennbare Gasgemisch wird zur Erzeugung von elektrischer Energie und Wärme genutzt.

Holzhackschnitzelkraftwerk
In einigen Blockheizkraftwerken werden Holzhackschnitzel aus Frischholz und Holzabfälle verbrannt, um auf diesem Weg elektrische Energie und Wärme zu erzeugen. Wenn das Holz vorher unbehandelt war, gelten diese Kraftwerke als CO_2-neutral.

Biotreibstoff
Biotreibstoff wird aus Biomasse hergestellt und ist für die Verwendung in Verbrennungsmotoren gedacht. Dem Erdöltreibstoff werden 5 % – 10 % Biotreibstoff beigemengt.

Nachteile der nachwachsenden Rohstoffe
In den letzten Jahren hat sich gezeigt, dass eine Flächenkonkurrenz zwischen der Nahrungsmittelerzeugung und dem Anbau von Pflanzen für die Energiegewinnung entstanden ist. Ausserdem stellt der verbreitete Anbau von Raps und Mais in Monokulturen ein biologisches Problem dar.

> Kannst du Vorteile und Nachteile von nachwachsenden Rohstoffen als Energieträger aufzählen?

Fotovoltaikanlagen und ihr Wirkungsgrad

1.
a) Erstelle eine Übersicht aller elektrischen Geräte mit ihren Leistungsangaben in eurem Haushalt.
b) Schätze, wie viel elektrische Energie die einzelnen Geräte in einer Woche benötigen.

2.
Erkunde die Zahlen zum täglichen Energiebedarf der Menschheit und zum Energieangebot der Sonne.

3.
Ist es sinnvoll, eine Solarzelle mit dem Licht zu beleuchten, das vorher aus der elektrischen Energie dieser Zelle erzeugt wurde? Begründe deine Antwort.

1 Solarzelle

2 Aufgeständerte Fotovoltaikanlage

3 Drehbar aufgebaute Module

Solarzelle als Energiewandler

Mit der Fotosynthese nutzen Pflanzen seit Milliarden von Jahren die Energie der Sonne. Dabei wird das Licht unmittelbar genutzt, so wie die Sonne es abgibt. Auch Menschen und Tiere nutzen diese Energie direkt, zum Beispiel bei der Vitamin D-Synthese. Eine technische Nutzung der Sonnenenergie ist über **Wandler** möglich. Einer dieser Wandler ist die **Solarzelle.** Sie wandelt Licht in elektrische Energie um.

Vom Modul zur Fotovoltaikanlage

Die Spannung einer einzelnen Solarzelle beträgt 0,5 V. In **Solarmodulen** werden mehrere Solarzellen in einer Reihenschaltung zusammengefasst. Solche Module können Leistungen von etwa 50 W bis 240 W abgeben. **Fotovoltaikanlagen** werden aus vielen Solarmodulen aufgebaut, die in einer Parallelschaltung zusammengeschaltet sind.

Der Wirkungsgrad eines Solarmoduls

Die mittlere Energiemenge, die von der Sonne abgestrahlt in der Schweiz empfangen wird, beträgt etwa 1000 $\frac{kWh}{m^2}$ pro Jahr. Ein Solarmodul kann zurzeit je nach Typ 15 % bis 22 % dieser eingestrahlten Energie in elektrische Energie umwandeln.

Ausrichtung zur Sonne

Solaranlagen müssen zur Sonne ausgerichtet werden. Die Energieausbeute ist am grössten, wenn die Anlage zur Sonne einen Winkel von 90° hat. Drehbar aufgebaute Module können automatisch ausgerichtet werden. Fest installierte Module auf Dächern werden in einem Winkel montiert, in dem sie über alle Jahres- und Tageszeiten hinweg einen möglichst günstigen Gesamtwert erreichen. Die optimale Dachneigung hängt von der geografischen Lage ab. Sie muss im Norden grösser sein als im Süden. In der Schweiz ist eine Dachneigung zwischen 32° und 37° günstig. Auf Flachdächern werden die Solarmodule aufgeständert (Bild 2). Die Module dürfen nicht zu dicht hintereinander gebaut werden, da ein Schatten auf andere Module deren Leistung beeinträchtigen würde.

Der Einfluss der Wärme

Mit dem Licht absorbieren die Solarzellen auch die IR-Strahlung der Sonne. Die Zellen werden warm und geben dann aus physikalischen Gründen weniger elektrische Energie ab. In den Sommermonaten können sich die Solarzellen leicht auf 80 °C bis 90 °C erwärmen. Sie liefern dann bis zu einem Drittel weniger elektrische Energie.

Kannst du Bauelemente nennen, die einfallendes Sonnenlicht in elektrische Energie umwandeln? Kannst du mehrere Faktoren nennen, durch die die Leistung einer Fotovoltaikanlage beeinflusst wird?

Erneuerbare und fossile Energieträger | 329

Bau eines Sonnenkollektors

❶ Bauanleitung

Material
- 2 Styropor®-Platten (100 cm x 50 cm x 3 cm)
- 5 m Gartenschlauch (1/2 Zoll)
- mattschwarze Abtönfarbe
- Grill-Aluminiumfolie extra stark
- grosse Krampen, Tapetenkleister, Messer

Durchführung
a) Schneide eine Styropor®-Platte wie in Bild 1 aus. Klebe sie bündig auf die zweite Styropor®-Platte.
b) Beklebe die ausgeschnittene Styropor®-Platte vollflächig mit Aluminiumfolie. In die Rille kommt ein weiterer Aluminiumstreifen.
c) Befestige den Gartenschlauch in der Rille. Der Schlauch und die Aluminiumfolie müssen guten Kontakt miteinander haben.
d) Streiche den gesamten Kollektor schwarz (Bild 2).

1 Ausschneiden der Styropor®-Platte

❷ Betrieb des Sonnenkollektors

Material
Selbstgebauter Kollektor, Wasser, grosse Schüssel, elektrische Pumpe mit Anschlussgarnitur für den Wasserschlauch, Solarzelle, Thermometer, Hammer, Nägel, Holzlatten

Durchführung
a) Haltere den Kollektor so, dass er etwa im rechten Winkel zur Sonneneinstrahlung steht.
b) Schliesse Pumpe und Solarzelle an (Bild 3). Fülle den Gartenschlauch mit kaltem Wasser.
c) Bestimme die Temperatur des Wassers in der Schüssel zu Beginn und dann alle 5 min. Vergiss nicht umzurühren.
d) Zeichne ein Zeit-Temperatur-Diagramm.

2 Der Sonnenkollektor wird fertig gestellt.

❸ Weitere Bauformen

a) Ergänze den Sonnenkollektor durch eine aufgelegte Glasplatte.
b) Ergänze den Kollektor aus a) durch einen Holzrahmen, sodass die Glasplatte Abstand vom Styropor® erhält.
c) Baue den Sonnenkollektor ohne ausgeschnittene Styropor®-Platte.
d) Wiederhole jeweils den Versuch c) aus 2. und vergleiche.

3 Der Sonnenkollektor in Betrieb

PRAKTIKUM

Atomkerne lassen sich spalten

1. Q
a) Recherchiere, welche Voraussetzungen für die Kernspaltung notwendig sind.
b) Nenne das natürliche Isotop, das sich zur Kernspaltung eignet.
c) Beschreibe, wie Atomkerne gespalten werden können.

2. A
a) Bei einer Kernspaltung von Uran235 sind Lanthan147 und zwei Neutronen entstanden. Schreibe die zugehörige Kernreaktionsgleichung auf.
b) Benenne das zweite Isotop, das dabei entstanden ist.

3. Q
Bei einer Kernspaltung entstehen im Mittel 2,3 freie Neutronen. Erkläre den Wert.

4. Q
Erstelle je eine Kurzbiografie von OTTO HAHN, FRITZ STRASSMANN und LISE MEITNER.

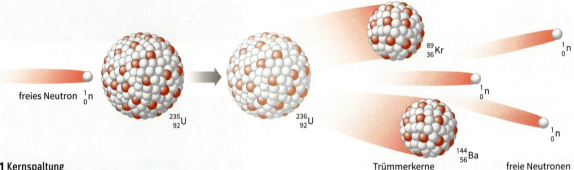

1 Kernspaltung

Geschichte der Kernspaltung

Im Jahr 1938 arbeiteten die beiden Chemiker OTTO HAHN (1879–1968) und FRITZ STRASSMANN (1902–1980) in Berlin an einem Experiment, bei dem Uran mit Neutronen beschossen wurde. Zu ihrem Erstaunen entdeckten sie aber anschliessend Barium in dem Versuch. Dieses Element hatten sie nicht erwartet. Sie konnten sich sein Auftauchen zunächst nicht erklären. Aber sie wussten, dass es nur aus dem Uran entstanden sein konnte.
HAHN und STRASSMANN hatten mit diesem Versuch die erste **Kernspaltung** durchgeführt. Dabei kam ihnen der Zufall zu Hilfe, denn Uran235 ist das einzige natürliche Isotop, das spaltbar ist. HAHN erhielt für diese Entdeckung 1944 den Nobelpreis für Chemie.

Zum Team der Wissenschaftler gehörte, bis zu ihrer Flucht vor den Nationalsozialisten nach Stockholm, auch die Physikerin LISE MEITNER (1878–1968). Ihr gelang die physikalische Erklärung des Versuchs von HAHN und STRASSMANN. Sie ging davon aus, dass beim Beschuss des Urans mit Neutronen keines der beteiligten Teilchen einfach verschwinden kann. Uran hat 92 Protonen. Daher musste es neben dem Barium mit 56 Protonen ein zweites Element geben, dessen Protonenzahl sich aus der Rechnung 92 – 56 = 36 ergibt. Es ist Krypton. Da es ein Edelgas ist, hatten es HAHN und STRASSMANN bei ihrem Versuch nicht bemerkt.

Die Kernspaltung

Um eine Kernspaltung durchführen zu können, wird ein freies Neutron benötigt. Es muss langsam genug sein, um vom Kern aufgenommen zu werden. Solche **Spaltneutronen** können durch Beschuss von Beryllium mit α-Teilchen erzeugt werden. Trifft das Spaltneutron auf ein Atom U235, wird es von dem schweren Kern aufgenommen und es entsteht kurzzeitig U236 (Bild 1). Dieser Kern ist instabil und zerfällt sofort in zwei **Trümmerkerne.** Dabei werden zwei oder drei Neutronen frei, die für weitere Spaltungen zur Verfügung stehen können.
Die Kombination der Spaltprodukte ist nicht gleich. Heute sind über 300 verschiedene Spaltprodukte bekannt. Sie sind zum grössten Teil radioaktiv, weil sie einen hohen Neutronenüberschuss haben. Eine weitere, mögliche **Kernreaktionsgleichung** sieht wie folgt aus:

$$_{0}^{1}n + {}_{92}^{235}U \rightarrow {}_{92}^{236}U \rightarrow {}_{57}^{147}La + {}_{35}^{87}Br + 2\,{}_{0}^{1}n$$

> Kannst du die Abfolge einer Kernspaltung beschreiben und eine zugehörige Kernreaktionsgleichung aufschreiben?

Kettenreaktion – unkontrolliert oder kontrolliert

1. ≡ **V**
a) Stelle einige Dominosteine so auf, dass sie beim Umfallen nacheinander mehrere andere Dominosteine mitreissen.
b) Verändere den Versuch so, dass du nur einen Stein am Anfang des Versuchs anstossen musst und dadurch zehn weitere Steine in kürzester Zeit umfallen.

2. ≡ **V**
Überlege, wie das unkontrollierte Fallen der Dominosteine so eingedämmt werden kann, dass die Anzahl der Reaktionen pro Zeiteinheit gleich bleibt.

3. ≡ **Q**
Suche nach Informationen über den „Mausefallenversuch" und beantworte folgende Fragen:
a) Was geschieht, wenn der 1. Ball die 1. Mausefalle trifft?
b) Wie viele Bälle sind anschliessend in der Luft und treffen wie viele weitere Mausefallen?
c) Führe diese Überlegungen noch zwei weitere Schritte durch. Wie viele Bälle sind dann in der Luft?
d) Wie viele Bälle sind im 10. Schritt in der Luft?

4. ≡ **A**
Gib den Unterschied zwischen einer kontrollierten und einer unkontrollierten Kettenreaktion an.

1 Domino-Kette

Die unkontrollierte Kettenreaktion

Wird ein Atom U235 mit einem Spaltneutron beschossen, findet eine Kernspaltung statt. Das dadurch entstehende U236 zerfällt spontan in zwei Trümmerkerne. Zusätzlich werden zwei oder drei Neutronen frei. Wenn diese die richtige Geschwindigkeit haben, können sie ihrerseits zwei oder drei weitere Urankerne spalten. Bei jeder Spaltung werden wiederum je zwei bis drei Neutronen frei. Die Anzahl der Spaltungen nimmt also exponentiell zu. Dieser Vorgang heisst **Kettenreaktion.**
Bei jeder der Spaltungen wird eine kleine Portion Energie frei. Wird der Spaltvorgang nicht begrenzt, entsteht eine unvorstellbar grosse Energiemenge. Dieser Vorgang ist eine **unkontrollierte Kettenreaktion.** Auf einer solchen Kettenreaktion beruht die Wirkungsweise der Atombombe.

Die kontrollierte Kettenreaktion

Damit aus einer unkontrollierten eine **kontrollierte Kettenreaktion** wird, muss die Anzahl der Spaltneutronen ab einem gewissen Zeitpunkt auf einem gleichbleibenden Stand gehalten werden. Mithilfe von Materialien, die Neutronen einfangen, kann die Anzahl der Spaltneutronen begrenzt werden. Dieser Vorgang findet in jedem Kernkraftwerk statt. Er dient der friedlichen Nutzung der Kernenergie.

> Kannst du die Vorgänge einer unkontrollierten und einer kontrollierten Kettenreaktion beschreiben?

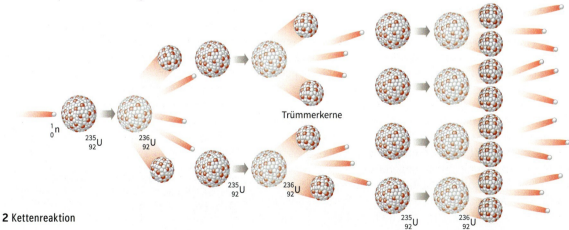

2 Kettenreaktion

Das Kernkraftwerk

1.
Die äussere Kuppel des Kernkraftwerks heisst auch Containment. Erkläre den Begriff.

2.
Erläutere die Funktionen des Wassers im Reaktordruckgefäss.

Das etwas andere Wärmekraftwerk
Jedes **Kernkraftwerk** ist ein Wärmekraftwerk, in dem Wasser erwärmt wird. Dabei wird nichts verbrannt, sondern es wird die bei der Kernspaltung frei werdende Energie genutzt.

❶ Aussenhülle
Radioaktive Strahlung wird durch Blei und dicken Beton abgeschirmt. Darum ist der zentrale Bereich des Kraftwerkes, in der die Kernspaltung abläuft, in einer Betonhülle untergebracht. So kann keine Strahlung nach aussen dringen.

❷ Reaktor-Druckgefäss
Im Reaktor-Druckgefäss findet die Kernspaltung statt. Das spaltbare Material befindet sich in Form von **Pellets** in **Brennstäben** von etwa 4 m Länge. Etwa 50 dieser Stäbe werden zu einem **Brennelement** zusammengefasst. Zwischen den Brennstäben befinden sich ausserdem noch Regelstäbe. Insgesamt enthält ein Reaktor etwa 100 t Uran.

❸ Regelstäbe
Die Regelstäbe enthalten einen Stoff, der Neutronen absorbieren kann. Dazu geeignete Elemente sind Cadmium oder Bor.
Werden die Regelstäbe zwischen den Brennelementen herausgezogen, nimmt die Kettenreaktion zu. Dies ist beim Anfahren des Reaktors der Fall.

Im Normalbetrieb befindet sich nur der untere Teil der Regelstäbe zwischen den Brennstäben. Dadurch bewirkt jede Kernspaltung genau eine weitere Kernspaltung. Zur Verringerung der Energiemenge werden die Stäbe weiter abgesenkt. Beim Abschalten des Reaktors befinden sie sich vollständig zwischen den Brennstäben.

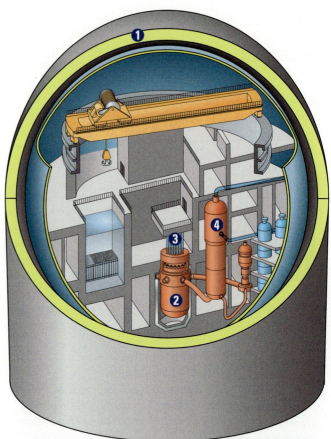

1 Blick in den Reaktor eines Kernkraftwerkes

❹ Wärmetauscher
Das Wasser, welches die Brennelemente umspült, ist radioaktiv verunreinigt. Es darf daher nicht aus dem Reaktorbereich austreten. Deshalb gibt es in einem **Druckwasserreaktor** (Bild 2) zwei voneinander getrennte unabhängige Wasserkreisläufe. Um das Sieden des Wassers im **Primärkreislauf** zu vermeiden, wird es unter hohen Druck gesetzt. Daher kommt die Bezeichnung Druckwasserreaktor. Wasserdampf könnte die Brennstäbe nicht genug kühlen. Das Kühlwasser tritt mit über 320°C in den Wärmetauscher ein. Hier gibt das heisse Wasser die Wärme an das Wasser des **Sekundärkreislaufes** ab und wird mit ungefähr 280°C wieder in das Reaktordruckgefäss zurückgepumpt. Dort nimmt es dann erneut Wärme auf.

Im Wärmetauscher verdampft das Wasser des Sekundärkreislaufes, da hier der Druck sehr viel geringer ist. Dieser Wasserdampf steht aber immer noch unter Überdruck. Er wird zu den Turbinen geleitet. Hier gibt er seine Energie ab und kondensiert. Das nun kühle Wasser wird weiter abgekühlt und fliesst in den Wärmetauscher zurück, um erneut Energie aus dem Primärkreislauf aufzunehmen.

Automatische Schnellabschaltung

Zwischen den Brennelementen hängen die Regelstäbe an Elektromagneten. Kommt es zum Stromausfall oder tritt ein anderer Notfall ein, verlieren die Elektromagneten ihre magnetische Kraft und die Regelstäbe fallen in den Reaktorkern. Das dient der Sicherheit im Reaktor. Durch eine **Schnellabschaltung** wird so die Kettenreaktion sofort gestoppt.

Kühlwasser

Bei der Kernspaltung entsteht sehr viel Wärme. Da die Spaltprodukte selbst wieder radioaktiv sind, wird bei ihrem Zerfall noch zusätzliche Wärme frei. Daher muss der Reaktor gut gekühlt werden. Die Aufgabe des **Kühlwassers** besteht darin, die Wärme aufzunehmen und sie im Wärmetauscher abzugeben.

1 Reaktor-Druckgefäß
2 Regelstäbe
3 Stahl-Sicherheitsbehälter
4 Wärmetauscher
5 Dampf
6 Turbinen
7 Generator
8 Kondensator
9 vom/zum Fluss oder Kühlturm
10 Vorwärmanlage
11 Reaktorgebäude

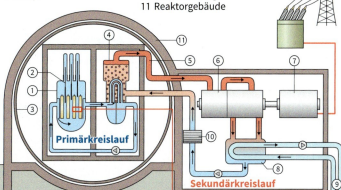

2 Aufbau eines Kernkraftwerkes

Wasser als Moderator

Das Wasser hat aber noch eine weitere Aufgabe. Die bei der Kernspaltung entstehenden Neutronen sind für eine weitere Spaltung zu schnell. Sie müssen daher abgebremst werden. Dies geschieht durch einen **Moderator** (lat. moderare: mässigen). Bei den in der Schweiz üblichen Reaktoren ist das Kühlwasser zugleich Moderator.

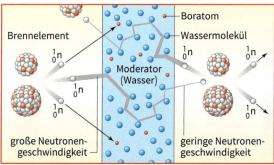

3 Funktionsweise des Moderators

Sicherheit im Kernkraftwerk

Da radioaktive Strahlung gefährlich ist, werden an die Sicherheit von Kernkraftwerken sehr hohe Anforderungen gestellt. Eine der wichtigsten **Sicherheitsmassnahmen** liegt bereits in der Arbeitsweise des Reaktors. Da das Kühlmittel gleichzeitig Moderator ist, kommt bei einem Leck im primären Kühlwasserkreislauf die Kettenreaktion sofort zum Erliegen. Eine nukleare Explosion bei Kühlmittelverlust ist physikalisch nicht möglich.

Eine weitere Sicherheitsmassnahme besteht darin, dass jede Sicherheitseinrichtung mehrfach vorhanden ist. Jede einzelne ist in der Lage, die vorgesehene Funktion allein zu übernehmen. Ist eine schnelle Abschaltung des Reaktors nötig, so geschieht diese mithilfe der Regelstäbe. Zusätzlich wird dann dem Kühlmittel noch Bor zugesetzt. Es absorbiert eventuell noch vorhandene Neutronen. Zusätzliches boriertes Wasser steht deshalb immer zur Verfügung.

Störfälle sind meldepflichtig

Jeder **Störfall** in einem Kraftwerk muss sofort der aufsichtsbehörde gemeldet werden. Störfälle im Reaktorbereich selbst führen zur vorsorglichen Abschaltung.
Grenzwerte der Strahlenbelastung für die im Reaktorbereich arbeitenden Personen sind durch die **Strahlenschutzverordnung** festgelegt.

> Kannst du den Aufbau eines Kernkraftwerkes und die Aufgaben der einzelnen Komponenten beschreiben?

Kraftwerke im Vergleich

1. 📑 Q
a) Informiere dich im Internet und in Büchern über die Arbeitsweise von Kraftwerken.
b) Suche nach Vor- und Nachteilen für jeden Kraftwerkstyp.

2. 📑 A
a) Übertrage die Tabelle 3 in dein Heft. Vergib anschliessend für jeden Kraftwerkstyp und für jedes Beurteilungsmerkmal Punkte von 1 bis 5. Dabei bedeuten 5 Punkte eine sehr gute Bewertung.
b) Ergänze die Tabelle in deinem Heft durch weitere Beurteilungsmerkmale.

3. 📑 Q
Suche mithilfe von Atlanten und des Internets die Regionen in der Schweiz, wo
- Wasserkraftwerke und
- Windkraftwerke zu finden sind.

2 Kernkraftwerk

Wasserkraftwerke

Der Anteil der durch fliessendes Wasser erzeugten elektrischen Energie beträgt in der Schweiz knapp 60 % (2017). An der Stromproduktion durch Wasserkraft waren 2017 die **Laufwasserkraftwerke** in Flüssen mit 26 % und die **Speicherkraftwerke** im Gebirge mit rund 34 % beteiligt. Wasserkraftwerke arbeiten unabhängig vom Wetter (im Gegensatz zu Sonnen- und Windkraft) und mit einem Wirkungsgrad bis zu 90 %. Wasserkraftwerke geben im laufenden Betrieb keine Schadstoffe ab und erfüllen auch Aufgaben des Hochwasserschutzes. Allerdings stellen die Stauseen einen grossen Eingriff in die Umwelt dar und zerstören natürliche Fliessgewässer.

Kernkraftwerke

Im Jahr 2017 wurden knapp 32 % der elektrischen Energie in Kernkraftwerken aus Uran erzeugt. Die Kernenergie des Urans wird zuerst in Wärme und dann in elektrische Energie umgewandelt. Der Wirkungsgrad eines KKWs beträgt etwa 35 %. Kernkraftwerke geben keine Rauchgase und kein CO_2 ab. Wegen der Sicherheitsanforderungen sind die Bau- und Betriebskosten für Kernkraftwerke sehr hoch. Als Folge des Reaktorunglücks von Fukushima im März 2011 hat sich der Schweizer Bundesrat für einen langfristigen Atomausstieg entschieden. Die Endlagerung des radiaktiven Abfalls aus Kernkraftwerken ist jedoch nicht gelöst.

Beurteilungsmerkmal \ Kraftwerkstyp	Wasserkraftwerk	Kernkraftwerk
Kosten für eingesetzte Energie		
Einsatzbereitschaft		
Wirkungsgrad in %		
Wärmeabgabe in %		
CO_2-Abgabe		
Schadstoffe		

1 Laufwasserkraftwerk

3 Vergleichstabelle

Erneuerbare und fossile Energieträger | 335

4 Blockheizkraftwerk mit Kraft-Wärme-Kopplung

5 Windkraftwerk

Thermische Stromerzeuger

tragen rund 5 % zur schweizerischen Stromproduktion bei. Der weitaus grösste Teil davon wird durch Kehrichtverbrennungsanlagen, durch Industrieanlagen und durch **Kraft-Wärme-Kopplung** erbracht.

Solaranlagen

Die Umwandlung von Sonnenlicht in elektrische Energie stellt für die Umwelt die geringste Belastung dar. Bei einem Wirkungsgrad von 15 % bis 22 % sind die Anlagenkosten im Verhältnis zur erzeugten elektrischen Energie aber sehr hoch. Der Anteil von Solarstrom am schweizerischen Stromendverbrauch betrug im Jahr 2018 3,5 %.

Windkraftwerke

Windkraftwerke erreichen einen Wirkungsgrad von 45 %. Sie geben keine Schadstoffe ab. Die Die Planung von Windparks wird oft durch Einsprachen und Rekurse verzögert, da die Rotoren Lärm verursachen, in der Landschaft sichtbar sind und eine Gefahr für Zugvögel und Fledermäuse darstellen können. In der Schweiz produzierten Ende 2018 37 Gross-Windenergieanlagen weniger als 0,2 % des gesamten Stromverbrauchs der Schweiz. Zum Vergleich: In Deutschland trug die Windenergie insgesamt 20,4 % zur Stromproduktion bei.

> Kannst du verschiedene Kraftwerkstypen nennen, die elektrische Energie bereitstellen?

Thermische Kraftwerke	Solarkraftwerk	Windkraftwerk

6 Solarkraftwerk

Energiesparen mit Verstand

1 Glühlampe (Lichtausbeute 15 $\frac{lm}{W}$)

Die Glühlampe – gestern und heute

Die Geschichte der Glühlampe begann mit einem ersten Patent im Jahre 1841 durch den Engländer FREDERICK DE MOLEYNS. Die erste brauchbare Glühlampe geht auf HEINRICH GOEBEL im Jahr 1851 zurück. Doch erst THOMAS ALVA EDISON konnte 1882 ein ganzes Stadtviertel von New York mit Glühlampen beleuchten.
In der EU und der Schweiz steht die Glühlampe vor dem Aus. In der Schweiz ist seit 2009 der Verkauf von Glühlampen verboten, die nicht mindestens der Energieeffizienzklasse E entsprechen.

Die Teams 1 bis 3 setzen sich mit den Vor- und Nachteilen der unterschiedlichen Lampentypen auseinander.
Die Teams 4 bis 6 untersuchen den Energiebedarf verschiedener Haushaltsgrossgeräte anhand der Herstellerangaben auf dem Energie-Label (Bild 4). Dabei kann euch eine Internetrecherche behilflich sein.

Ziel des Projektes ist es, zukunftsweisende Empfehlungen zu formulieren.

2 Energiesparlampe (Lichtausbeute bis zu 90 $\frac{lm}{W}$)

TEAM ❶
Glühlampen
Findet Informationen zu:
- Aufbau und Funktion
- Preis
- Lebensdauer
- Energieausnutzung
- Energiebedarf
- Lichtfarbe
- Helligkeit beim Einschalten

TEAM ❷
Energiesparlampen
Ermittelt vergleichbare Informationen wie zur Glühlampe und darüber hinaus:
- Entsorgungsprobleme
- Elektrosmog
- Flimmern
- Quecksilberanteil
- Schaltfestigkeit

TEAM ❸
LED-Lampen
Findet Informationen über LED-Lampen, die mit denen der Glühlampe und der Energiesparlampe verglichen werden können.

TEAMS ❶ bis ❸
Energieeinsparpotenzial
- Stellt die Anschaffungspreise für Glühlampen, Energiesparlampen und LED deren Lebensdauer gegenüber. Welches Leuchtmittel schneidet am besten dabei ab?
- Berechnet die Energiekosten für 1000 Betriebsstunden ohne Berücksichtigung der Anschaffungskosten für jedes der Leuchtmittel.
- Welches Leuchtmittel ist in Zukunft zu empfehlen, wenn der Klimaschutz berücksichtigt werden muss?

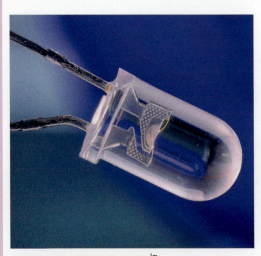

3 LED (Lichtausbeute bis zu 120 $\frac{lm}{W}$)

Das EU-Label hilft beim Energievergleich

Beim Kauf eines neuen Haushaltsgrossgerätes lohnt es sich, die Eigenschaften verschiedener Geräte zu vergleichen. Dabei hilft das Energie-Label (Bild 4). Im obersten Feld des Fensters ist der Name des Herstellers aufgeführt. Die Farbbalken kennzeichnen die Energieeffizienzklassen. A kennzeichnet sparsame Geräte, G bedeutet, dass der Energiebedarf hoch ist. Es gibt sogar Sonderklassen wie A+ oder A+++. Im Kasten darunter wird der Bedarf an elektrischer Energie in kWh angegeben. Die weiteren Angaben beziehen sich auf die jeweilige Funktion und spielen bei der Energiebetrachtung keine Rolle.

5 Haushaltsgrossgeräte

TEAM 4
Waschmaschinen
- Welchen Energiebedarf haben ältere Geräte, die zurzeit noch im Haushalt im Gebrauch sind?
- Welches neue Gerät schneidet am günstigsten beim Energievergleich ab?
- Wie gross ist der Preisunterschied zwischen dem billigsten Gerät und dem energiegünstigsten Gerät?
- Nach wie vielen kWh hat sich der Kauf eines sparsamen Gerätes ausgezahlt?

TEAM 5
Kühlschränke
Beantwortet hier die gleichen Fragen, die für Team 4 gestellt werden.
- Vergleicht je ein Gerät mit A-Label und B-Label.

TEAM 6
Elektrobacköfen
Beantwortet hier die gleichen Fragen, die für Team 4 gestellt werden.
- Vergleicht je ein Gerät mit A-Label und B-Label.

TEAMS 4 bis 6
Energieeinsparpotenzial
- Für welche weiteren Haushaltsgrossgeräte wird das EU-Label noch verlangt?
- Es wird behauptet, dass ein 4 Personen-Haushalt 70 € im Jahr durch effiziente Haushaltsgeräte einsparen kann. Stellt eine Beispielrechnung auf und überprüft diese Behauptung.

Schlussfolgerungen aus den Teamergebnissen
Wo kann mehr Energie gespart werden, beim Licht oder bei Geräten, die Wärme erzeugen oder kühlen?

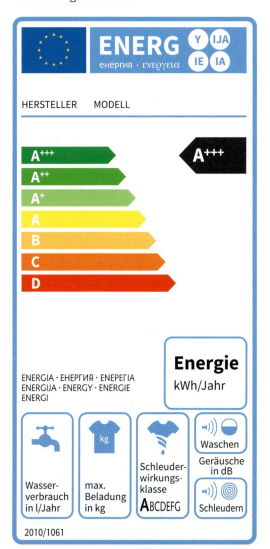

4 Energie-Label für Waschmaschinen

Erneuerbare und fossile Energieträger

Fossile Energieträger
Aus der Vegetation des Zeitalters Karbon sind im Laufe von Jahrmillionen durch den **Inkohlungsprozess** die **fossilen Energieträger** Torf, Braunkohle, Steinkohle und Anthrazit geworden. Erdgas und Erdöl sind weitere fossile Energieträger.

Fossile Energieträger werden verbrannt; der entstehende Dampf treibt eine Turbine an und diese den Generator zur Stromerzeugung.

Erneuerbare Energieträger
Erneuerbare Energieträger (auch **regenerative Energieträger**) sind Sonne, Wind und Wasser. Nachwachsende Rohstoffe als erneuerbare Energieträger sind Pflanzen, die nur für Zwecke angebaut werden, die nicht der Nahrungsmittel- oder Futterproduktion dienen. Sie werden als Biomasse in Kraftwerken und zur Produktion von Kraftstoffen eingesetzt.

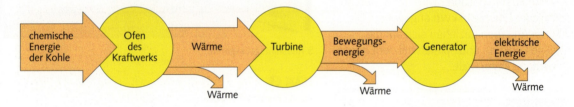

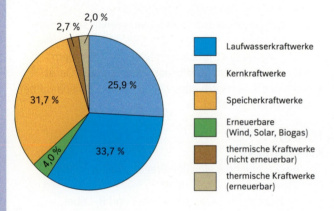

Energieversorgung
In der Schweiz erfolgt die Versorgung mit elektrischer Energie durch **herkömmliche Kraftwerke** wie Kernkraftwerke und durch **Kraftwerke mit erneuerbaren Energien** wie Wasserkraftwerke sowie (zu geringem Anteil) Wind- und Solaranlagen.

Treibhauseffekt
Durch die Verbrennung der fossilen Energieträger kommt es zu einer Erhöhung der Durchschnittstemperatur auf der Erde. **Treibhausgase** wie CO_2 behindern die Wärmeabstrahlung der Erde in den Weltraum. Es entsteht ein vom Menschen verursachter **zusätzlicher Treibhauseffekt**.

Unkontrollierte und kontrollierte Kettenreaktion
Die bei einer **Kernspaltung** freiwerdenden Neutronen spalten unbegrenzt weitere Urankerne. Es entsteht eine **unkontrollierte Kettenreaktion**. Wird die Anzahl der Spaltneutronen begrenzt, kommt es zu einer **kontrollierten Kettenreaktion**. Dieses Verfahren wird in **Kernkraftwerken** angewendet. Dort dient Wasser als **Kühlmittel** und als **Moderator**. Dabei bremst das Wasser die zu schnellen Neutronen ab.

Erneuerbare und fossile Energieträger

1.
a) Zähle Energieträger auf, die in Verbrennungsmotoren genutzt werden.
b) Nenne entwertete Energien, die bei Verbrennungsmotoren auftreten.

2.
Erläutere den Begriff erneuerbare Energie.

3.
Nenne den Unterschied bei der Energiegewinnung durch Sonne, Wind oder Wasser und durch nachwachsende Rohstoffe wie Raps oder Holz.

4.
Nenne Methoden zur nachhaltigen Umwandlung von regenerativen Energien in elektrische Energie und ihre jeweiligen Vor- und Nachteile.

5.
Gib an, wie hoch die prozentualen Anteile der verschiedenen Kraftwerkstypen an der elektrischen Energieversorgung in der Schweiz sind.

6.
Gib an, mit welchen technischen Mitteln die Energie der Sonne genutzt werden kann.

7.
a) Erkläre, wo der Einsatz von Solaranlagen besonders wirtschaftlich und sinnvoll ist.
b) Nenne die Faktoren, die der Standort für eine Solaranlage erfüllen muss.

8.
Erläutere den Unterschied zwischen einem Laufwasserkraftwerk und einem Speicherkraftwerk.

9.
Beschreibe Aufbau und Funktionsweise eines Kernkraftwerks.

10.
Beschreibe die Funktion der Regelstäbe in einem Reaktor.

11.
Welche Aufgabe hat ein Moderator bei der Kernspaltung?

12.
Stelle die wichtigsten Faktoren zusammen, die die Speicherkapazität für Energie in einem Pumpspeicherkraftwerk beeinflussen.

13.
Die Heizungsanlage muss erneuert werden. Nenne fünf wichtige Kriterien, die die Bauherrin oder der Bauherr bei der Auswahl der Anlage berücksichtigen muss.

LERNCHECK

Terrestrische Ökosysteme

Warum gibt es so viele verschiedene Ökosysteme?

Was ist Boden überhaupt und warum ist er so wichtig?

Welche Folgen hat die Nutzung aller Lebensräume durch die Menschen? Können wir immer so weitermachen?

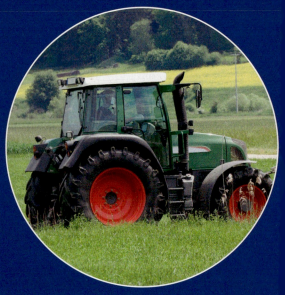

Nicht alle Lebensräume sind gleich

1. Erkläre, was die einzelnen Farben des Satellitenbildes zeigen.

2. Welches Ökosystem ist in der Abbildung 2 auf der rechten Seite dargestellt? Zu welcher Klimazone gehört dieser Lebensraum? Beschreibe die Klimabedingungen dieser Zone.

3. Abbildung 1 zeigt drei weitere Ökosysteme (A–C). In welchen Klimazonen könnten die Ökosysteme A und C liegen? Begründe deine Zuordnung.

4. Betrachte alle abgebildeten Ökosysteme.
a) Ordne sie nach künstlichen und natürlichen Ökosystemen und begründe deine Zuordnung.
b) Nenne für eines der Ökosysteme drei bestimmende abiotische Faktoren.

5. Erkläre folgende Begriffe:
- Biotop
- Biozönose
- Ökosystem

1 Unterschiedliche Ökosysteme

Wie sich Lebensräume unterscheiden

Auf der Erde gibt es verschiedene Lebensräume wie Wälder, Seen, Wüsten, Meere oder Gebirge. In jedem Lebensraum herrschen unterschiedliche Lebensbedingungen. Wie unterscheidet sich zum Beispiel ein mitteleuropäischer Laubwald von einem tropischen Regenwald? Mitteleuropa gehört zur gemässigten Zone mit warmen Sommern und kalten Wintern. Unsere Laubbäume werfen im Winter ihre Blätter ab und überdauern in einem Ruhestadium bis zum nächsten Frühling. Tropische Regenwälder dagegen liegen in den Tropen beiderseits des Äquators. Dort gibt es ganzjährig gleichbleibende Temperaturen und keine Jahreszeiten, wie wir sie kennen. Es gibt daher auch keinen jahreszeitlich bedingten Laubabwurf.

Die Temperatur bestimmt wesentlich die Lebensbedingungen in einem Lebensraum, auch **Biotop** genannt. Weitere wichtige Faktoren sind die Menge und Art der Niederschläge, die Lichtmenge, die Sonneneinstrahlung und die Wind- und Bodenverhältnisse. Solche Einflüsse der unbelebten Umwelt nennt man **abiotische Faktoren.** Sie sind der Grund, warum sich beispielsweise ein Baggersee in Baden-Württemberg deutlich von Bergseen in den Zentralalpen unterscheidet. Beide gehören zwar zur gemässigten Zone, sie liegen aber in ganz unterschiedlichen Höhen. Die Höhenlage hat Auswirkungen auf die abiotischen Faktoren.

2 Buchenmischwald mit typischen Lebewesen: **A** Lebensraum, **B** Wildschwein im Wald

Lebensgemeinschaften

Die unterschiedlichen Lebensbedingungen führen dazu, dass sich in jedem Biotop eine besondere Lebensgemeinschaft aus Pflanzen und Tieren, eine **Biozönose,** bildet. Alle Lebewesen einer Biozönose sind von den abiotischen Faktoren des Lebensraums abhängig. Die Pflanzen und Tiere einer Biozönose stehen in Wechselbeziehungen zueinander. Solche Einflüsse auf einen Organismus werden **biotische Faktoren** genannt.

Ökosysteme

Die Einheit aus Biotop und Biozönose wird als **Ökosystem** bezeichnet. Innerhalb eines Ökosystems leben viele Pflanzen und Tiere, manchmal auf sehr engem Raum. Dies ist deshalb möglich, weil Tiere wie beispielsweise Wasservögel zwar im gleichen Gebiet leben, aber unterschiedliche Nahrung oder Brutplätze nutzen und deshalb nicht in **Konkurrenz** zueinander treten. Man sagt, sie nutzen unterschiedliche **ökologische Nischen.** Die ökologische Nische beschreibt die „Planstelle", die eine Art in einem Ökosystem einnimmt. Dabei werden die Bedürfnisse einer Art sowie die Umweltfaktoren in ihren Wechselwirkungen betrachtet.

Aquatische und terrestrische Ökosysteme

Ökosysteme lassen sich in zwei Kategorien einteilen. Zu den **terrestrischen Ökosystemen** (lat. *terra* = Erde) zählen alle, die sich auf dem Land befinden und nicht überwiegend aus Wasser bestehen. Dazu zählen die Ökosysteme **Wald** und **Wüste**. In terrestrischen Ökosystemen spielt der **Boden** eine zentrale Rolle. Zu den **aquatischen Ökosystemen** (lat. *aqua* = Wasser) zählen Süsswasserseen, Flüsse und Bäche sowie Meere und Ozeane.

3 Biotop und Biozönose bilden ein Ökosystem.

Was versteht man unter folgenden Begriffen: Biotop, Biozönose, Ökosystem?

Der Wald – ein terrestrisches Ökosystem

1. Ⓐ
Erstellt eine Mindmap zum Thema Wald. Die Bilder in diesem Kapitel geben euch hierzu Anregungen.

2. Ⓥ
Erkundet in Gruppen verschiedene Wälder in der Nähe. Macht typische Fotos. Tragt die Ergebnisse zusammen und beschreibt die verschiedenen Waldtypen.

3. Ⓐ
a) Lege eine Tabelle zu den Waldstockwerken an. Beschreibe die dazugehörigen abiotischen Faktoren und ordne möglichst viele Pflanzen- und Tierarten zu.
b) Erläutere die Bedeutung von Umweltfaktoren für das Ökosystem Wald mithilfe des Basiskonzepts System.

4. Ⓐ
Am Waldrand wachsen viele verschiedene Straucharten, häufig mehr als mitten in einem Wald. Erkläre dies.

Wald ist nicht gleich Wald

In Abhängigkeit von den vorhandenen abiotischen Faktoren haben sich auf der Erde viele unterschiedliche Waldtypen entwickelt.

Für die bei uns im Flachland herrschenden Bedingungen sind Buchenwälder typisch. Sie brauchen ausreichend Feuchtigkeit, wachsen aber auf verschiedenen Bodenarten. In den Mittelgebirgen mischen sich die **Laubwälder** mit Nadelbäumen und bilden **Mischwälder**. In höheren Lagen sind die Temperaturen tiefer und die Bodenschicht flacher und steiniger. Bei solchen Bedingungen setzen sich Nadelbäume wie Tannen durch. In Gebirgen findet man daher reine **Nadelwälder**.

Weiden, Erlen und Pappeln sind Baumarten, die mit nassen Böden und Überflutungen zurechtkommen. In der Nähe von Wasserläufen und in Senken, in denen sich das Wasser sammelt, bilden sie **Bruch-** oder **Auwälder**.

In den Tropen mit gleichmässig hohen Temperaturen und reichlich Wasser findet man **tropische Regenwälder**. Sie zeichnen sich durch grossen Artenreichtum aus.

Viele Wälder sind in Schichten oder Waldstockwerke untergliedert. Diese Stockwerke sind durch unterschiedliche Bedingungen gekennzeichnet und bieten damit Pflanzen und Tieren vielfältige Lebensmöglichkeiten.

Die Stockwerke des Waldes

Die **Baumschicht** nimmt in einem Wald den grössten Raum ein. Hier befinden sich die Kronen der Laubbäume wie Rotbuche, Eiche oder Ahorn ebenso wie die von Nadelbäumen wie Fichte, Waldkiefer oder Tanne. Die Kronenbereiche der Bäume bieten zahlreichen Insektenarten, Säugetieren und Vögeln einen Lebensraum.

Die in der **Strauchschicht** vorkommenden Sträucher wie Haselnuss oder Weissdorn werden 2 m bis 6 m hoch. Zu diesem Waldstockwerk gehören ausserdem Kletterpflanzen wie die Waldrebe, aber auch junge Bäume und die Stämme der grösseren Bäume. In ihnen finden zum Beispiel Spechte und Fledermäuse sowie Holz bewohnende Insekten geeignete Lebensbedingungen.

In der **Krautschicht** wachsen Gräser und andere Blütenpflanzen sowie Farne. Im Frühjahr findet man hier Frühblüher wie Buschwindröschen oder Scharbockskraut. Sie werden im Sommer von Pflanzen abgelöst, die mit wenig Licht auskommen, wie Springkraut oder Schattenblume. Die Krautschicht reicht bis in eine Höhe von einem Meter und hat grosse Bedeutung für Blüten besuchende Insekten, Vögel und kleine Säugetiere.

Die **Moosschicht** befindet sich unmittelbar auf dem Erdboden. Sie wird meist nicht höher als 10 cm bis 20 cm. Moose gehören zu den Pflanzen, die auch an Stellen wachsen können, die nur wenig Sonnenlicht erhalten. Die Moosschicht dient dem Wald als wichtiger Wasserspeicher. Hier findet man ausserdem verschiedene Arten niedriger Gräser, die Fruchtkörper vieler Pilze und viele wirbellose Tiere.

Im Waldboden sind die Wurzeln der Pflanzen verankert, die aus dem Boden Wasser und darin gelöste Mineralstoffe aufnehmen. Hier befindet sich die **Wurzelschicht.** Abgestorbene Pflanzenteile wie Blätter und Äste, aber auch Tierkot und tote Tiere werden hier von den Destruenten zerkleinert und abgebaut. Zu ihnen gehören Regenwürmer und Asseln, aber auch Pilze und Bakterien. Durch die Abbauprozesse wird mineralstoffreicher Humus gebildet.

1 Die Schichten des Waldes:
A Baumschicht, **B** Strauchschicht, **C** Krautschicht, **D** Moosschicht, **E** Wurzelschicht

Nenne verschiedene Waldtypen und beschreibe die dazugehörigen abiotischen Faktoren. Beschreibe die Schichten eines Mischwaldes und nenne einige Bewohner.

Besondere Beziehungen zwischen Lebewesen

1.
Links oben im Bild ist ein Habicht und rechts ein Sperber mit möglichen Beutetieren dargestellt.
a) Nenne einige Beutetiere der beiden Greifvögel.
b) Beurteile, ob Habicht und Sperber in Nahrungskonkurrenz zueinander stehen.

2.
Die Abbildungen links zeigen Fichten.
a) Beschreibe die Unterschiede.
b) Erkläre die unterschiedlichen Wuchsformen.

Konkurrenz

Lebewesen stehen in einem ständigen Wettbewerb um Lebensraum, Nahrung und Fortpflanzungspartner. Dieser Wettbewerb wird **Konkurrenz** genannt.

Wächst zum Beispiel eine Rotbuche auf freiem Feld, bildet sie einen mächtigen Stamm und eine ausladende Krone aus. Am Standort Feld gibt es keine Konkurrenten, die dem Baum Licht, Wasser, Mineralstoffe und Raum streitig machen. In einem Buchenwald entwickelt sich der Baum ganz anders. Sein Stamm bleibt dünner und wächst höher. Die Krone ist kleiner. Die einzelne Rotbuche steht im dichten Bestand in **Raumkonkurrenz** und in **Lichtkonkurrenz** zu ihren Nachbarbäumen.

Auch zwischen den Tieren des Waldes besteht Konkurrenz. Füchse erbeuten Feldmäuse, um sich und ihre Jungen zu ernähren. Sie stehen in **Nahrungskonkurrenz** zu anderen Füchsen. Dieser Wettbewerb findet auch zwischen Lebewesen verschiedener Arten statt. So ernähren sich zum Beispiel auch Waldohreule, Waldkauz, Graureiher, Kreuzotter und andere Räuber von Feldmäusen. Jagen sie jedoch zu unterschiedlichen Tageszeiten oder haben sie noch andere Beutetiere, können sie der Konkurrenz ausweichen. Jede Art besetzt so eine **ökologische Nische**.

Fortpflanzungskonkurrenz spielt ebenfalls eine grosse Rolle. Rothirsche kämpfen um Weibchen, indem sie ihre Geweihe ineinander verhaken und versuchen, sich gegenseitig vom Kampfplatz zu schieben. Der Kampf um das Weibchen ist beendet, wenn ein Rivale zurückweicht.

3. ≡ Ⓐ
Beurteile, ob es sich bei den drei folgenden Beispielen jeweils um eine Symbiose oder um Parasitismus handelt. Begründe deine Einschätzung.

Blattläuse und Pflanzen
Blattläuse stechen mit ihrem Saugrüssel die Leitungsbahnen von Pflanzen an, in denen diese ihre Nährstoffe transportieren. Sie ernähren sich von den Eiweissen, die im Pflanzensaft enthalten sind. Stark befallene Pflanzen können vertrocknen und absterben.

Blattläuse und Ameisen
Blattläuse scheiden den grössten Teil des Pflanzensafts als zuckerhaltigen Honigtau wieder aus. Dadurch werden Ameisen angelockt, die sich vom Honigtau ernähren. Im Gegenzug dazu beschützen die Ameisen die Blattläuse vor Fressfeinden wie Marienkäfer.

Flechten: Pilz und Alge
Flechten wachsen auf Bäumen oder Mauern. Sie sind keine eigenständigen Organismen, sondern eine Lebensgemeinschaft aus Pilz und Alge. Pilze geben den Algen Halt und liefern Wasser und Mineralstoffe. Im Gegenzug betreibt die Alge Fotosynthese und liefert dem Pilz Kohlenhydrate.

Parasitismus
Parasitismus bedeutet, dass zwei Organismen zusammenleben, von denen einer, der **Parasit,** seine Nahrung auf Kosten des anderen, des **Wirts,** bezieht. Der Wirt wird dabei geschädigt, aber meist nicht getötet. Ein Parasitenbefall kann sich negativ auf das Wachstum, die Fortpflanzung oder die Lebensdauer des Wirts auswirken. Parasiten werden auch als **Schmarotzer** bezeichnet.

Ein Beispiel für **Brutparasitismus** ist der Kuckuck. Er legt je ein Ei in das Nest einer anderen Vogelart. Der junge Kuckuck schlüpft schneller als die anderen Jungvögel. Sobald er geschlüpft ist, wirft er die anderen Eier aus dem Nest. Die Vogeleltern füttern dann nur das Kuckucksjunge. Es wächst schnell heran, weil es die Nahrung nicht mit anderen teilen muss.

Ein Beispiel für **Parasitismus bei Pflanzen** ist die Mistel. Sie lebt in den Kronen von Bäumen und zapft die Wasser- und Mineralstoffversorgung des Wirtsbaums an. Mit diesen Ausgangsstoffen betreibt sie selbst Fotosynthese.

Symbiose
Manche Lebewesen wie bestimmte Bäume und Pilze leben in **Symbiose** miteinander. Der Pilz nimmt Wasser und Mineralstoffe aus dem Boden auf und beliefert den Baum damit. Im Gegenzug erhält der Pilz vom Baum Kohlenhydrate, da Pilze selbst keine Fotosynthese betreiben können. Bei dieser Form des Zusammenlebens profitieren beide Arten.

Symbiosen zwischen Lebewesen entwickeln sich im Lauf der Evolution, wenn unterschiedliche Arten gemeinsam ihre Überlebenswahrscheinlichkeit erhöhen können.

> Beschreibe die Beziehungen zwischen Lebewesen wie Konkurrenz, Parasitismus und Symbiose an Beispielen.

Nahrungsbeziehungen und Stoffkreisläufe

1. 🔖 Ⓐ
Stelle den Kreislauf des Kohlenstoffs dar. Verwende dabei die Begriffe Produzenten, Konsumenten, Destruenten, Fotosynthese und Atmung. Beschreibe, über welche Vorgänge der Kreislauf des Kohlenstoffs mit dem des Sauerstoffs gekoppelt ist.

2. Ⓠ
Illustriert und erklärt den Begriff „Stoffkreislauf in Ökosystemen" mit Folien und präsentiert diese.

3. 🔖 Ⓥ
Mit diesem Versuch könnt ihr Kohlenstoff in Biomasse nachweisen.
Ihr braucht: feuerfeste Reagenzgläser, Reagenzglashalter, Gasbrenner, Stoffproben (zum Beispiel Laubblätter, Holz, Getreidekörner, Kochsalz, Zucker, Sand, Kreide, Eiklar). Schutzbrille nicht vergessen!
a) Gebt von den Proben jeweils eine kleine Menge in ein Reagenzglas. Haltet es mit dem Reagenzglashalter über die Flamme des Bunsenbrenners, bis sich die Proben nicht mehr verändern.
b) Nennt die Proben, die sich verändert haben. Beschreibt die Veränderungen.
c) Welche Proben enthalten Kohlenstoff?
d) Bei welchen Proben handelt es sich um Biomasse?
e) Erstellt zur Auswertung des Versuchs eine Tabelle.

Stoffprobe	Veränderung	Kohlenstoff enthalten	Biomasse

Biomasse im Stoffkreislauf

Pflanzen sind die Produzenten auf unserer Erde. Sie bauen bei der Fotosynthese **Biomasse** auf. Biomasse besteht aus den chemisch gebundenen Elementen Kohlenstoff, Sauerstoff und Wasserstoff und einigen Mineralstoffen.
Von den Produzenten leben die **Konsumenten** wie Tiere und der Mensch. Sie nutzen die Biomasse der Pflanzen zum Aufbau eigener Biomasse.
Ein Teil der Pflanzen wird jedoch nicht gefressen, sondern stirbt ab und fällt zu Boden. Dieses Material wird ebenso wie tote Tiere von Bodenorganismen, den **Destruenten,** abgebaut. Beim Abbau entsteht Kohlenstoffdioxid (CO_2) und Wasser. Es bleiben **Mineralstoffe** übrig, die von Pflanzen wieder aufgenommen werden können. Damit hat sich der **Stoffkreislauf** geschlossen.

Kohlenstoffkreislauf

Kohlenstoff ist Bestandteil des Gases **Kohlenstoffdioxid** (CO_2). Bei der Fotosynthese gelangt Kohlenstoff aus der Luft in die Pflanze. Er wird dort in Nährstoffen wie Traubenzucker oder Stärke gespeichert. Ein Teil der Nährstoffe wird von den Pflanzen bei der Zellatmung verbraucht. Dabei entsteht Kohlenstoffdioxid, das die Pflanzen wieder in die Luft abgeben. Über die Nahrung nehmen Konsumenten wie Tiere oder Menschen kohlenstoffhaltige Stoffe, also Biomasse, auf. Sie werden in körpereigene Stoffe umgewandelt. Ein Teil des Kohlenstoffs wird mit der Atemluft in Form von Kohlenstoffdioxid (CO_2) wieder in die Luft abgegeben.
Destruenten bauen totes Pflanzenmaterial, Tierausscheidungen und tote Tiere ab. Auch dabei wird Kohlenstoffdioxid frei, das an die Luft abgegeben wird. Es kann dann wieder von den Pflanzen aufgenommen werden. So schliesst sich der **Kohlenstoffkreislauf.**

Sauerstoffkreislauf

Eng mit dem Kohlenstoffkreislauf verbunden ist der Sauerstoffkreislauf. Das Gas **Sauerstoff** (O_2) entsteht bei der Fotosynthese der grünen Pflanzen. Bei der Atmung nehmen Pflanzen, Tiere und Menschen Sauerstoff in ihren Körper auf. Sauerstoff ist am Abbau von Traubenzucker bei der Zellatmung beteiligt, bei der Energie für alle Lebensvorgänge gewonnen wird. Beim Abbau der kohlenstoffhaltigen Nährstoffe entstehen als Endprodukte unter anderem Kohlenstoffdioxid (CO_2), das ausgeatmet wird, und Wasser. Die Pflanzen nehmen diese Stoffe für die Fotosynthese wieder auf. Auf diese Weise schliesst sich der **Sauerstoffkreislauf.**

Stickstoffkreislauf

Alle Lebewesen benötigen neben Kohlenstoff und Sauerstoff auch **Stickstoff** als Baustein, beispielsweise für Eiweisse. Der gasförmige Stickstoff (N_2), der 78 % der Luft ausmacht, kann von Pflanzen in dieser Form nicht genutzt werden. Die Pflanzen nehmen Stickstoff hauptsächlich in der Form von **Nitraten** auf. Nitrate sind wasserlösliche Mineralstoffe, die von Pflanzen mit Wasser über die Wurzeln aufgenommen werden können. Wenn Pflanzen und Tiere sterben, werden ihre Eiweissstoffe von den Destruenten abgebaut. Dadurch gelangt Stickstoff in den Boden zurück, wo er durch Bakterien in Nitrate umgewandelt wird.

> Kannst du die Kreisläufe von Kohlenstoff und Sauerstoff beschreiben und skizzieren? Kannst du die Rolle von Produzenten, Konsumenten und Destruenten in diesen Kreisläufen erläutern?

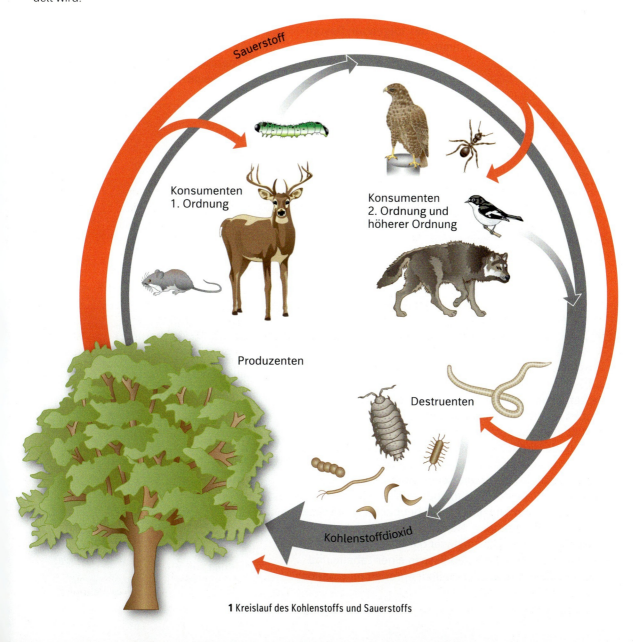

1 Kreislauf des Kohlenstoffs und Sauerstoffs

Der Boden – eine wichtige Lebensgrundlage

1. ≡ Ⓐ
Gib die Abfolge der Schichten im Boden an. Nenne die Funktion der einzelnen Schichten.

2. Ⓥ
Bestimmt die Bodenart einiger Bodenproben mit der sogenannten Fingerprobe. Ihr benötigt hierzu mehrere esslöffelgrosse Bodenproben von unterschiedlichen Standorten.
a) Auf jede Bodenprobe wird etwas Wasser getropft und so lange zwischen Daumen und Zeigefinger geknetet, bis diese gut durchfeuchtet ist. Versucht anschliessend, die Probe zwischen den Handflächen auszurollen.
b) Führt bei jeder Probe mithilfe des folgenden Bestimmungsschlüssels eine Bestimmung der Bodenart durch.

4. Ⓠ
Bauern pflügen nach der Ernte noch vorhandene Pflanzenrückstände wie Stängel und Wurzeln in die oberste Bodenschicht ein. Recherchiere die Bedeutung dieser Vorgehensweise.

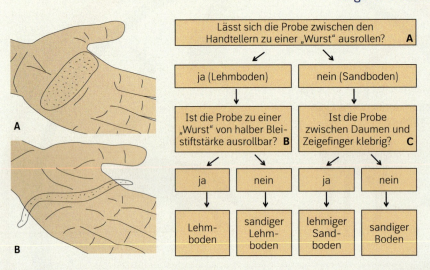

3. Ⓥ
Bestimmt die Bodenbestandteile verschiedener Bodenproben mithilfe der Schlämmprobe.
a) Füllt mehrere Schraubgläser bis zu einem Drittel mit einer Bodenprobe und füllt diese anschliessend bis etwa 1 cm unter den Rand mit Wasser auf.
b) Schliesst die Gläser und schüttelt diese mehrfach kräftig. Stellt sie dann für mindestens eine halbe Stunde an einen ruhigen Ort und beobachtet, wie viele Schichten sich ablagern. Nehmt ein Lineal und messt an der Wand der Schraubgläser die Dicke der einzelnen Schichten. Notiert die Ergebnisse in einer Tabelle und vergleicht die verschiedenen Bodenproben miteinander.

Bodenbestandteile:
(Korngrößen)
Humus
abgestorbene Pflanzenteile oder Tiere
Ton (< 0,002 mm)
schwebend im Wasser
Schluff (0,002 mm – 0,063 mm)
Sand (0,063 mm – 2 mm)
Kies und Steine (> 2 mm)

Boden – die dünne Haut der Erdoberfläche

Der Boden ist eine häufig nur einige Zentimeter bis wenige Meter dicke Schicht der äussersten Erdkruste. Er ist eine wichtige Grundlage für das Leben von Pflanzen, Tieren und uns Menschen.

Boden entsteht aus festen Gesteinsschichten im Verlauf von Jahrtausenden. Durch den Einfluss von Wind, Wasser, Frost und Hitze wird das Ausgangsgestein von oben nach unten zersetzt. Dieser Vorgang wird als **Verwitterung** bezeichnet. Die eigentliche Bodenbildung beginnt, wenn das verwitterte Gestein von Lebewesen besiedelt wird.

Zusammensetzung von Böden

Die Eigenschaften eines Bodens werden von den festen Bodenbestandteilen bestimmt. Diese werden nach ihrer Korngrösse in **Ton, Schluff** und **Sand** eingeteilt. Durch den Einfluss von Bodenlebewesen bilden sich aus den Bodenteilchen kleine Klümpchen, die Krümel. Zwischen den Krümeln befinden sich Hohlräume, die für die Durchlüftung und Wasserspeicherung des Bodens sorgen. Daher ist gekrümelter Boden für das Pflanzenwachstum und eine kräftige Wurzelentwicklung besonders gut.

Viele Böden sind aus Bodenteilchen unterschiedlicher Korngrössen zusammengesetzt. Lehmboden beispielsweise ist ein Gemisch aus Sand, Schluff und Ton. Sand sorgt für eine gute Durchlüftung und Durchwurzelung, Ton hingegen für eine gute Mineralstoffversorgung. Zusammen mit Schluff wird der richtige Wasserhaushalt garantiert. Aus Lehmböden entstehen oft fruchtbare Ackerböden für die Landwirtschaft.

Aufbau von Böden

Böden sind in Schichten gegliedert. Es wird zwischen der **Bodenauflage** und drei weiteren Schichten unterschieden. Der **Oberboden** ist etwa 10 cm bis 70 cm dick, dunkel gefärbt und enthält viel Humus. Hier befinden sich viele feine Wurzeln und Bodenlebewesen. Ihm folgt der **Unterboden.** Er ist humusarm. Hier sind grössere Pflanzen mit ihren Wurzeln verankert. Darunter liegt die **Gesteinsschicht.** Sie besteht aus festem Gestein, aus dem der darüber liegende Boden entstanden ist. Das Ausgangsgestein ist für die Eigenschaften von Böden verantwortlich. Es kann zum Beispiel viel Eisen oder andere Mineralstoffe enthalten.

> Kannst du verschiedene Bodenteilchen nennen und den Aufbau von Böden beschreiben? Kannst du die Bedeutung des Bodens für Pflanzen und Tiere erklären?

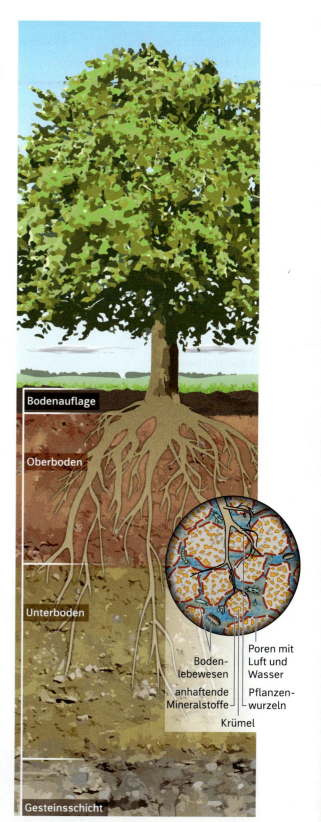

1 Bodenschichten

Bodenchemie

Kontrollversuche

Bevor man mit der Testmethode eine Bodenprobe untersucht, stellt man oft zuerst einmal fest, ob der Test überhaupt funktioniert und wie die Ergebnisse unter kontrollierten Bedingungen aussehen.
Solche Vor- oder Vergleichsversuche heissen **Kontrollversuche**.

❶ Wasserlösliche Mineralstoffe

Material
- 2 grosse Bechergläser
- Filter, Trichter
- Dreifuss, Mineralfasernetz, Gasbrenner

Durchführung
Rühre etwa 100 g Bodenprobe mit etwa 100 ml Wasser gut auf. Warte, bis sich der Boden abgesetzt hat. Filtriere das überstehende Wasser.
Dampfe das Wasser über dem Gasbrenner ein.
Beschreibe und erkläre, was im Becherglas zurückbleibt.

❷ pH-Wert
a) Kontrollversuch

Material
- Universalindikatorpapier
- Haushaltsessig, destilliertes Wasser, in Wasser aufgelöstes Backnatron

Durchführung
Reisse etwa 5 cm von dem Teststreifen ab. Halte ihn etwa 1 cm tief in die zu untersuchende Lösung.
Vergleiche die eintretende Färbung mit der Farbskala auf der Verpackung des Indikatorpapiers. Lies den pH-Wert ab. Beurteile, ob die Lösung neutral, sauer oder alkalisch ist.

b) pH-Wert von Böden

Material
- Universalindikatorpapier
- Becherglas (ca. 100 ml)
- Waage
- destilliertes Wasser
- kleiner Messzylinder
- Bodenproben, z. B. Sandboden, Lehmboden, Azaleenerde (Gärtnerei), Torf

Durchführung
Gib 10 g einer Bodenprobe in das Becherglas. Fülle 30 ml destilliertes Wasser dazu. Rühre die Bodenprobe im Wasser um und lasse sie etwa 10 min stehen.
Miss mit dem Indikatorpapier den pH-Wert des Wassers.
Lege eine Messtabelle wie unten vorgeschlagen an. Teste verschiedene Böden und beurteile, ob sie sauer, neutral oder alkalisch sind.

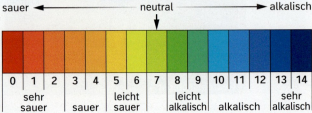

Boden	pH-Wert	Beurteilung
Sandboden		
...		

❸ Kalkgehalt
a) Kontrollversuch

Material
- verdünnte Salzsäure in Tropfflasche
- Eierschalen, Quarzsand (Sandkasten)
- Petrischalen

Durchführung
Lege das zu testende Material in eine Petrischale. Gib 2 – 3 Tropfen verdünnte Salzsäure darauf.
Beobachte, ob sich Schaum entwickelt und wie lange diese Schaumbildung anhält.

b) Kalkgehalt von Böden

Material
- verdünnte Salzsäure in Tropfflasche
- Petrischalen

Durchführung
Lege Bodenproben oder auch kleine Steine jeweils in eine Petrischale. Gib 2 – 3 Tropfen verdünnte Salzsäure darauf.
Beobachte, ob sich Schaum entwickelt und wie lange diese Schaumbildung anhält.
Beurteile den Kalkgehalt anhand folgender Tabelle.

Schaumbildung	Kalkgehalt
stark und länger anhaltend	hoch > 5 %
schwach und nur kurzzeitig	mittel 1 % bis 4 %
keine	gering oder fehlend < 1 %

❹ Humusgehalt durch Ausglühen bestimmen

Material
- Trockenofen oder Heizung
- Waage
- Porzellan- oder Metalltiegel
- Dreifuss, Mineralfasernetz, Gasbrenner

Durchführung
Trocknet eine Bodenprobe. Wiegt 10 g Boden ab und gebt ihn in den Tiegel. Glüht die Probe über dem Gasbrenner etwa 5 min lang durch. Lasst den Tiegel abkühlen. Stellt den Gewichtsverlust fest.
Alle organischen Stoffe, also auch der Humus, sind verbrannt. Die Masse hat sich um den Humusanteil verringert. Gib den Anteil in Prozent an.

❺ Nitratgehalt von Böden

Material
- Waage
- Messzylinder (klein)
- Becherglas
- Nitratteststäbchen

Durchführung
Rühre 10 g Boden mit 10 ml Wasser auf. Führe den Nitrattest nach der Anleitung auf der Packung durch. Beurteile den Nitratgehalt nach der Farbskala.

Nitratgehalt
sehr hoch > 100 $\frac{mg}{l}$
hoch 50 – 100 $\frac{mg}{l}$
mittel 25 – 50 $\frac{mg}{l}$
gering 10 – 25 $\frac{mg}{l}$
sehr gering < 10 $\frac{mg}{l}$

1.
Recherchiere mögliche Probleme, die sich aus einem zu hohen Nitratgehalt in Böden ergeben können. Berichte über deine Ergebnisse.
Hinweis: Der Grenzwert für Nitrat im Trinkwasser liegt bei 25 $\frac{mg}{l}$.

In der Landwirtschaft muss gedüngt werden

1.
a) Nenne verschiedene Möglichkeiten, einem Boden Mineralstoffe zuzuführen.
b) Begründe, warum in der Landwirtschaft gedüngt werden muss.

2.
Erkläre, warum Kompost als natürlicher Dünger genutzt werden kann.

3.
Nenne Probleme, die sich als Folge von Überdüngung ergeben können.

4.
In einem Versuch soll geklärt werden, ob Kresse auf verschiedenen Bodenarten unterschiedlich gut wächst.
a) Formuliere hierzu eine Frage und mögliche Hypothesen.
b) Plane den Versuch.
c) Führe den Versuch durch und werte ihn aus.

5.
Erläutere mithilfe der Abbildung 2 das Modell der Minimumtonne.

6.
Schreibe mithilfe der Abbildung einen kurzen Zeitungsbericht zum Thema „Nachhaltigkeit in der Landwirtschaft".

Kreislauf der Mineralstoffe

Werden auf einem Acker oder auf einer Gartenfläche Jahr für Jahr Nutzpflanzen angebaut, nehmen die Erträge immer mehr ab, weil die Pflanzen dem Boden beim Wachsen Mineralstoffe entziehen.
In der Natur werden die Pflanzen oder Pflanzenteile entweder gefressen oder nach ihrem Absterben von **Destruenten** wie Bakterien und Pilzen zersetzt. Dadurch gelangen die Mineralstoffe in den Boden zurück. Sie stehen den neu wachsenden Pflanzen wieder zur Verfügung.
Mit der Ernte werden die in den Pflanzen enthaltenen Mineralstoffe jedoch abtransportiert. Dadurch wird der natürliche Kreislauf unterbrochen. Um weiterhin gute Erträge zu erzielen, müssen dem Boden von aussen wieder Mineralstoffe zugeführt werden. Der Boden muss gedüngt werden.

Organische Düngung

Organische Dünger wie **Mist** oder **Gülle** sind eine Möglichkeit, dem Boden wieder Mineralstoffe zuzuführen. Es kann auch **Kompost** ausgebracht werden, also bereits zersetztes organisches Material. Eine weitere Möglichkeit ist die **Gründüngung.** Dabei werden speziell angebaute Pflanzen untergegraben. Die in den Pflanzen gebundenen Mineralstoffe stehen anderen Pflanzen nach der Zersetzung wieder zur Verfügung.
Pflanzen mit Knöllchenbakterien an den Wurzeln sind als Gründünger besonders geeignet. Hierzu gehören Klee oder Lupinen. Sie wandeln Stickstoff aus der Luft so um, dass er von Pflanzen genutzt werden kann.

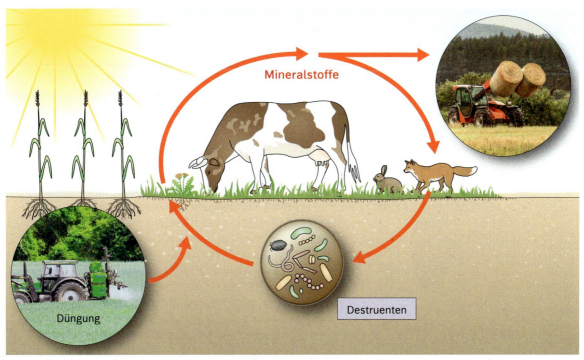

1 Kreislauf der Mineralstoffe

Mineralische Dünger

Anders als organischer Dünger steht **Kunstdünger** immer zur Verfügung. Er kann in grossen Mengen günstig hergestellt werden und wirkt schnell. Mineralischer Dünger lässt sich gut dosieren und gezielt einsetzen.

Gesetz des Minimums

Das Wachstum von Pflanzen hängt auch davon ab, ob alle benötigten Mineralstoffe in ausreichender Menge vorhanden sind. Fehlt nur ein Mineralstoff, zeigt die Pflanze Mangelerscheinungen. Dabei wirkt sich jeder Mangel eines bestimmten Mineralstoffs auf die Pflanzen unterschiedlich aus. Eisen ist beispielsweise zur Bildung von Chlorophyll erforderlich. Fehlt es, verfärben sich die Blätter gelb.
Ein Mangel an einem Mineralstoff kann durch einen Überschuss eines anderen Mineralstoffs nicht ausgeglichen werden. Das Wachstum der Pflanzen wird also durch den Mineralstoff begrenzt, der im Minimum vorliegt. Diesen Sachverhalt formulierte Justus Liebig um 1885 als **Gesetz des Minimums.** Bei einer nachhaltigen Düngung muss deshalb bedacht werden, welcher Mineralstoff den Pflanzen fehlt. Dies wird in der modernen Landwirtschaft durch Bodenproben festgestellt.

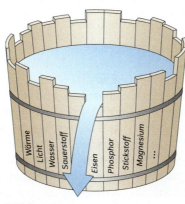

2 Minimumtonne

Überdüngung

Pflanzen können nur eine bestimmte Menge an Mineralstoffen aufnehmen. Zu viel Dünger führt zu **Überdüngung.**

Setzen heftige Regenfälle ein, bevor die Mineralstoffe von den Pflanzen aufgenommen wurden, werden die Mineralstoffe mit dem Regenwasser in Gewässer oder das Grundwasser gespült und gelangen so auch ins Trinkwasser. Dort reichert sich vor allem Nitrat an. Zu viel Nitrat im Trinkwasser ist für den Menschen schädlich.

Kannst du erklären, warum landwirtschaftlich genutzte Böden gedüngt werden müssen?
Kannst du erklären, wie es zur Überdüngung kommt?
Kannst du das Gesetz des Minimums erklären?

Belastung und Schutz des Bodens

1. **A**
Betrachte das Diagramm.
a) Formuliere eine passende Überschrift.
b) Werte das Diagramm in Bezug auf die Anteile der verschiedenen Nutzungen aus.
c) Beurteile, welche Auswirkungen die jeweiligen Nutzungen auf die betroffenen Böden haben können.

Gesamtfläche Schweiz 41 285 km²

- Wald und Gehölz 31 %
- Landwirtschaftliche Nutzfläche 24 %
- Siedlungsflächen 8 %
- Unproduktive Flächen (Seen, Flüsse, Gebüsch, Feuchtgebiete, Fels, Geröll, Gletscher und Firn) 25 %
- Alpwirtschaft 12 %

2. **A**
Beschreibe mögliche Auswirkungen einer intensiven landwirtschaftlichen Nutzung auf die Böden.

3. **Q**
Die Bilder zeigen zwei Auslöser für Erosion.
a) Beschreibe, was man unter Erosion versteht.
b) Nenne mögliche Auswirkungen auf die Böden.
c) Recherchiere im Internet Massnahmen, mit denen Bodenerosion verhindert werden kann.

A   B

4. **V**
Untersucht, wie Wasser den Boden beeinflussen kann. Ihr benötigt folgende Materialien: sechs 1,5-l-PET-Flaschen, Blumenerde, Wasser, Kressesamen, Laubstreu, Schere, Wollfäden, Stoppuhr oder Handy mit Zeitmessfunktion.
a) Schneidet drei 1,5-l-PET-Flaschen entsprechend der Abbildung zu und füllt diese zur Hälfte mit Blumenerde. Aus den anderen drei PET-Flaschen baut Auffangbehälter. **Achtung:** Scharfe Kanten!
b) Befüllt die drei PET-Flaschen wie folgt:
Flasche 1: Blumenerde und Kressesamen (einige Tage zuvor einsäen und wenig giessen)
Flasche 2: Blumenerde und Laubstreu
Flasche 3: nur Blumenerde
c) Begiesst alle drei Flaschen mit je etwa 0,5 l Wasser. Messt die Zeit, bis das Wasser in die Auffanggefässe abgeflossen ist. Beobachtet die Veränderungen in den Flaschen und den Auffangbehältern.
d) Wertet die Beobachtungsergebnisse in Bezug auf die Bodenerosion aus.

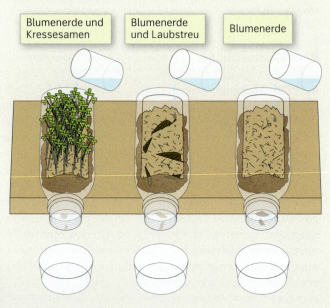

Blumenerde und Kressesamen | Blumenerde und Laubstreu | Blumenerde

5. **A**
Phosphate und Nitrate sind Salze, die vor allem bei intensiver Düngung die Böden stark belasten.
a) Erläutere, warum Bodenuntersuchungen für bedarfsgerechtes Düngen wichtig sind.
b) Nenne Vorteile der richtigen Dosierung von Mineraldünger und Nachteile, die durch falsche Dosierung entstehen.

Boden – eine kostbare Lebensgrundlage

Wir Menschen nutzen den Boden vielfältig. Wir bauen Pflanzen an, die für die Ernährung bedeutsam sind. Grosse Waldflächen dienen dazu, wichtige Rohstoffe zu gewinnen. Diese Flächen sind aber auch Lebensraum für Pflanzen und Tiere und zugleich Erholungsraum für uns Menschen.

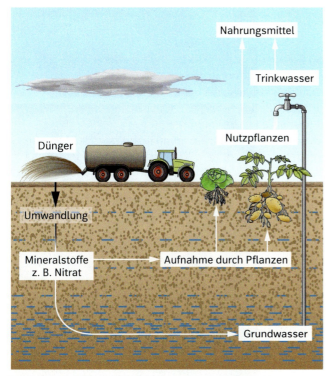

1 Belastung der Böden und des Grundwassers durch Dünger

Probleme der intensiven Landwirtschaft

Die intensive Landwirtschaft hat das Ziel, hohe Ernteerträge zu erreichen, um möglichst viele Nahrungsmittel zu günstigen Preisen anbieten zu können. Dazu werden grosse Mengen Mineraldünger und Pflanzenschutzmittel eingesetzt. Dies kann zu Umweltproblemen führen. Nicht von den Pflanzen aufgenommener Dünger sickert tiefer in den Boden und gefährdet das Grundwasser und somit die Nutzung als Trinkwasser.

Das Abtragen des Bodens durch Wind und Wasser wird **Erosion** genannt. Dies passiert, wenn die Äcker abgeerntet und nicht bepflanzt sind. Ausserdem werden die Böden durch den Einsatz schwerer Maschinen zusammengepresst. Folglich gibt es weniger Wasser und Luft in den Böden. Dadurch erschweren sich die Lebensbedingungen für viele Bodenlebewesen. Auch viele Pflanzen können mit ihren Wurzeln nicht mehr in den Boden eindringen.

Ökologische Landwirtschaft

Ziel der ökologischen Landwirtschaft ist es, die natürliche Bodenfruchtbarkeit durch schonende Bewirtschaftung der Flächen dauerhaft zu erhalten. Mineraldünger und chemische Pflanzenschutzmittel werden nicht eingesetzt. Die Bekämpfung von Pflanzenschädlingen erfolgt zum Beispiel über den Einsatz ihrer natürlichen Feinde.

Auch eine abwechslungsreiche Fruchtfolge ist wichtig. Verschiedene Feldfrüchte werden dabei im jährlichen Wechsel nacheinander auf einer Ackerfläche angebaut. Das hat den Vorteil, dass bestimmte im Boden hinterlassene Mineralstoffe von der nächsten Feldfrucht genutzt werden können. Eine abwechslungsreiche Fruchtfolge hilft auch, die Wachstumsbedingungen für Wildkräuter zu verschlechtern. Auch Schädlinge und Krankheiten treten weniger häufig auf.

Eine **artgerechte Tierhaltung** ist in der ökologischen Landwirtschaft ebenfalls von grosser Bedeutung. Die Tiere bekommen Futter von betriebseigenen Flächen oder von Biohöfen. Der Mist, den die Tiere produzieren, dient als Dünger für die Felder. So entsteht ein nahezu geschlossener Stoffkreislauf. Pflanzen- und Tierproduktion ergänzen sich und sind aufeinander abgestimmt.

2 Freilandhaltung von Schweinen

> Kannst du die Vor- und Nachteile des Einsatzes von Mineraldüngern und Pflanzenschutzmitteln nennen? Kannst du Massnahmen zum Schutz der Böden beschreiben?

Pflanzen zeigen Bodeneigenschaften

1.
Suche eine Zeigerpflanze und bestimme damit die Bodeneigenschaften des Standortes.
TIPP: Nutze auch die Pinnwand Zeigerpflanzen.

2.
Überprüfe die gefundenen Bodeneigenschaften durch chemische Tests auf Nitrat und pH-Wert.

3.
An einem Wegrand wachsen Brennnesseln und Weisse Taubnesseln. Beurteile den Boden anhand dieser Pflanzen.

4.
Erkläre den Begriff Zeigerpflanze.

Bodenbestimmung mithilfe von Pflanzen

Viele Pflanzen benötigen ganz bestimmte Bodenverhältnisse, um zu wachsen und zu gedeihen. Einige Pflanzen sind zum Beispiel auf hohe Nitratwerte im Boden angewiesen. Andere gedeihen nur, wenn der Boden wenig Nitrat enthält. Das Vorkommen bestimmter Pflanzen gibt einen Hinweis auf die Beschaffenheit des Untergrundes. Du kannst dir diese enge Beziehung zwischen Boden und Pflanzenwuchs zunutze machen, um die Bodeneigenschaften ohne aufwendige chemische Tests zu beurteilen.

Zeigerpflanzen

Die Margerite zeigt einen Mager-Boden mit wenig Stickstoff an, ebenso wie der Gewöhnliche Hornklee. Von Löwenzahn und Weisser Taubnessel kann auf einen stickstoffreichen Boden geschlossen werden. Solche **Zeigerpflanzen** wachsen nur auf bestimmten Böden. Sie zeigen zum Beispiel den Stickstoff-, Kalk- oder Säuregehalt des jeweiligen Bodens an. Blaubeeren stehen beispielsweise auf saurem Waldboden oder im Hochmoor, wo der Boden ebenfalls recht sauer ist.

Auch der Wasseranteil kann mithilfe von Zeigerpflanzen festgestellt werden. Dort, wo das Wiesen-Schaumkraut wächst, ist der Boden sehr feucht. Es gibt aber auch Pflanzen, die ein breites Spektrum Feuchtigkeit vertragen. Diese Pflanzen sind nicht als Zeigerpflanzen für Bodeneigenschaften geeignet, denn sie kommen sowohl auf feuchtem als auch auf mässig feuchtem Boden vor.

1 Zeigerpflanzen: **A** Weisse Taubnessel, **B** Gewöhnlicher Hornklee, **C** Blaubeere

Kannst du den Zusammenhang von Bodeneigenschaften und dem Auftreten bestimmter Pflanzen erläutern? Kannst du anhand von Zeigerpflanzen den Bodentyp bestimmen?

Zeigerpflanzen

Kleiner Ampfer
Der Kleine Ampfer wächst auf saurem Boden mit einem niedrigen pH-Wert. Hohe pH-Werte verträgt er nicht. Damit ist er eine **Zeigerart für sauren Boden.** Der Kleine Ampfer ist ebenfalls eine Zeigerpflanze für stickstoffarmen Boden.

Echtes Mädesüss
Das Echte Mädesüss verträgt mit seinen Wurzeln einen nassen Boden. Diese Pflanze steht in Gewässernähe. Dort ist der Boden sehr feucht und wenig durchlüftet. Daher ist das Mädesüss als **Zeigerpflanze für Nässe** geeignet.
Die Pflanze gedeiht unabhängig vom pH-Wert des Bodens. Sie ist also keine Zeigerpflanze für den pH-Wert.

Hasen-Klee
Der Hasen-Klee ist ein guter Säure- und **Trockenheitszeiger.** Ausserdem wächst er nur auf **nitratarmem Magerboden.** Er besiedelt also Standorte, an denen viele andere Pflanzen nicht mehr ausreichend mit Mineralstoffen und Wasser versorgt werden.

Grosse Brennessel
Die Grosse Brennessel ist ein **Stickstoffzeiger.** Sie kommt natürlicherweise in Gewässernähe vor, breitet sich aber auch an anderen Standorten mit hoher Nitratkonzentration im Boden aus. Auf Weiden sorgen beispielsweise die Ausscheidungen der Tiere für hohe Nitratwerte. An Strassen entstehen hohe Nitratwerte aus den Abgasen der Autos.

1.
Erstelle eine Tabelle für Bodeneigenschaften und die dazugehörigen Zeigerpflanzen.

Invasive Arten

PINNWAND

Asiatischer Laubholzbockkäfer
Herkunft: Ostasien · mit Bau- und Verpackungsholz eingeschleppt · 2011 erster Freilandbefall in der Schweiz
Vorkommen: Ahorn, Birke, Rosskastanie, Buche und viele weitere Laubholzarten
Merkmale: schwarzer Käfer · über den Körper verteilte helle Flecken · bis 35 mm lang
Probleme: kann gesunde Bäume binnen weniger Jahre zum Absterben bringen · befallene Bäume müssen gefällt und verbrannt werden · grosse wirtschaftliche und ökologische Schäden

Als **Neobiota** oder **Neubürger** werden Tier- und Pflanzenarten bezeichnet, die sich in Gebieten verbreiten, in denen sie vorher nicht heimisch waren. Wenn die gebietsfremden Arten in ihrem neuen Lebensraum die heimische Tier- und Pflanzenwelt verdrängen – weil zum Beispiel die natürlichen Feinde fehlen –, spricht man von **invasiven Arten**. Sie bedrohen die biologische Vielfalt.

Asiatischer Marienkäfer
Herkunft: Zentral- und Ostasien von Russland über China bis nach Japan · Einwanderung aufgrund biologischer Schädlingsbekämpfung
Vorkommen: überall dort, wo es Blattläuse gibt (vertilgen mehrere hundert pro Tag)
Merkmale: variable Färbung · 0 bis 19 Punkte · auffallendes schwarzes „M" auf weissem Halsschild
Probleme: verdrängen heimische Insektenarten · fressen Früchte, gefährden Ernten

Riesenbärenklau (Herkulesstaude)
Herkunft: Kaukasus · als Zierpflanze eingeführt
Vorkommen: Wald, Gräben, Uferbereiche, Wiesen, Wegränder, Schuttplätze
Merkmale: bis zu 3 m hoch · grosse weisse Doldenblüte · wächst bis 2300 m Höhe
Probleme: Bei Berührung kann sich die Haut unter Sonnenlichteinwirkung stark entzünden und jucken. Die Entzündungen heilen nur langsam ab und können Narben hinterlassen.

1. A
a) Nenne Beispiele für Neubürger in heimischen Ökosystemen.
b) Stelle dar, wie die Pflanzen und Tiere in ihren neuen Lebensraum gekommen sind.
c) Bewerte, wann Neubürger eine Bereicherung oder eine Bedrohung für heimische Ökosysteme darstellen.

2. Q
Recherchiere …
a) nach weiteren invasiven Arten,
b) welche Tier- und Pflanzenarten in der Schweiz nicht freigesetzt werden dürfen.

Was bedeutet Nachhaltigkeit?

1. 🔳 🅐
Erkläre den Begriff Nachhaltigkeit. Berücksichtige dabei die drei Dimensionen der Nachhaltigkeit.

2. 🅠
a) Suche im Internet einen Rechner zum ökologischen Fussabdruck. Bestimme deinen eigenen Fussabdruck.
b) Beschreibe Möglichkeiten, wie du deinen ökologischen Fussabdruck verkleinern kannst.

3. 🔳 🅐
Erläutere die Aspekte der Nachhaltigkeit im Kasten unten am Beispiel Lebensmittel.

> **Aspekte der Nachhaltigkeit -**
>
> *geringe Verarbeitung -*
> **regional** - **wenig Zusatzstoffe** -
> **Verpackung** - *saisonal* -
> *kurze Transportwege* -
> *ökologischer Anbau*

Nachhaltigkeit und Ökologie

Der Begriff der Nachhaltigkeit stammt ursprünglich aus der Forstwirtschaft. Dort bedeutet er, dass einem Wald pro Jahr nicht mehr Holz entnommen wird als nachwächst. Übertragen auf die ganze Erde heisst das, dass wir nicht mehr der natürlichen Lebensgrundlagen verbrauchen, als sich wieder erneuern können. So sind auch die Lebensgrundlagen zukünftiger Generationen gesichert. Ein Beispiel dafür ist die Umstellung von fossiler Energie auf erneuerbare Energieformen.

Der ökologische Fussabdruck

Der ökologische Fussabdruck bezieht sich nicht auf ein einzelnes Produkt, sondern soll Auskunft über die Umweltverträglichkeit des gesamten Lebensstils einer Person geben. Als Vergleichsgrösse wurde die Fläche gewählt, die notwendig ist, um diesen Lebensstil dauerhaft zu ermöglichen. Alle Flächen, die zur Produktion von Kleidung und Nahrung, zur Bereitstellung von Energie, aber auch zur Entsorgung des anfallenden Mülls oder zum Speichern des freigesetzten Kohlenstoffdioxids benötigt werden, bilden den **ökologischen Fussabdruck.** Obwohl Modellrechnungen wie der ökologische Fussabdruck nicht perfekt sind, bieten sie doch eine Möglichkeit, den eigenen Lebensstil im Hinblick auf Nachhaltigkeit einzuordnen.

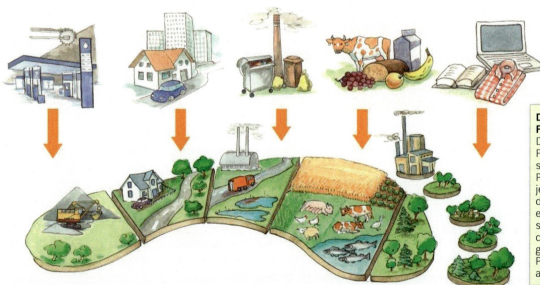

1 Der ökologische Fussabdruck (Flächen von links nach rechts: Energie, Wohnen und Mobilität, Müllentsorgung, Nahrungsmittel, Gebrauchsgüter)

> **Der ökologische Fussabdruck**
> Der ökologische Fussabdruck stellt dar, wie viel Platz auf der Erde jeweils notwendig ist, um den eigenen Lebensstil zu verwirklichen. Er wird in globalen ha pro Person und Jahr angegeben.

Ökosysteme in Gefahr

1.
a) Stelle die Vor- und die Nachteile eines gut ausgebauten Verkehrsnetzes zusammen.
b) Bewerte mögliche Auswirkungen auf die betroffenen Ökosysteme.

2.
a) Nenne die Hauptursachen für die Gefährdung von Ökosystemen auf der Erde.
b) Zähle weitere Verhaltensweisen von uns Menschen auf, die zur Veränderung von Ökosystemen führen.

3.
Informiere dich über ein Ökosystem und stelle es in einem Kurzvortrag vor. Folgende Tipps können dir bei der Recherche helfen:
- Klimazone und abiotische Faktoren
- Tier- und Pflanzenarten mit speziellen Angepasstheiten und Nahrungsbeziehungen
- Nutzung des Lebensraums früher und heute
- Gefahren für das Ökosystem durch uns Menschen

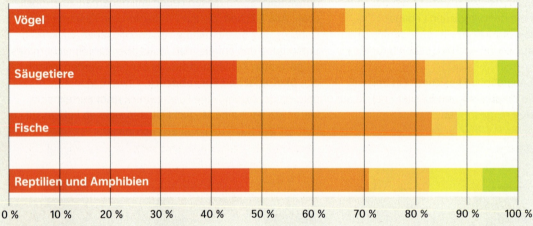

- Verlust/Schädigung von Lebensräumen
- Übernutzung
- Invasive Arten und Krankheiten
- Umweltverschmutzung
- Klimawandel

4.
Die obige Grafik zeigt Faktoren, die Tierpopulationen bedrohen.
a) Nenne die häufigsten Bedrohungen für Tiergruppen.
b) Nenne Beispiele für die aufgezählten Faktoren.

5.
Das Diagramm rechts zeigt den Zustand von rd. 10 000 bewerteten Arten in der Schweiz. Beschreibe den dargestellten Sachverhalt mit deinen Worten.

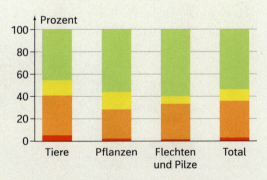

- In der Schweiz ausgestorben
- Gefährdet
- Potenziell gefährdet
- Nicht gefährdet

Lebensräume gehen verloren

Viele Tier-, Pflanzen-, Flechten- und Pilzarten kommen in der Schweiz nur noch in kleinen Beständen von wenigen Individuen vor, weil ihre Lebensräume verloren gehen. Sie werden zerstört, stark verändert, mit Schadstoffen belastet oder voneinander getrennt. Von den 167 in der Schweiz vorkommenden Lebensraumtypen stehen 48 % auf der **Roten Liste** der natürlichen Lebensräume (Bild 1).

Beispiele: Veilchen und Raubwürger

Bis Ende des 19. Jahrhunderts wuchs das **Niedrige Veilchen** (Bild 2) in den Flachmooren der grossen Auenwälder entlang von Rhone, Aare und Rhein. Zwischen 1900 und 1940 verschwanden jedoch die letzten Standorte in den Kantonen Genf, Wallis, Bern, Thurgau und Schaffhausen.

In den 1950er-Jahren war der **Raubwürger** (Bild 3) in den Niederungen noch weit verbreitet. Doch bereits 1985 erfolgte die letzte Brut in der Ajoie. Heute ist der Raubwürger in der Schweiz ausgestorben, wie andere Würgerarten bereits vor ihm. Sie bewohnten abwechslungsreiche Kulturlandschaften mit zahlreichen (Obst-)Bäumen, Hecken und Blumenwiesen. Die Industrialisierung der Landwirtschaft hat zum Verlust dieser Lebensräume geführt.

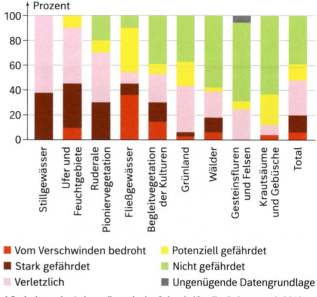

- ■ Vom Verschwinden bedroht
- ■ Stark gefährdet
- ■ Verletzlich
- ■ Potenziell gefährdet
- ■ Nicht gefährdet
- ■ Ungenügende Datengrundlage

1 Bedrohung der Lebensräume in der Schweiz (Quelle: Delarze et al. 2016 im Auftrag des BAFU)

Einsame Inseln

Nicht nur in der Schweiz, sondern weltweit verschwinden Tier- und Pflanzenarten. Die **Biodiversität** geht zurück. Einer der Hauptgründe dafür ist laut Experten die **Verinselung** von Lebensräumen. Siedlungen, Strassen, Gewerbegebiete usw. zerstückeln die Landschaft. Wenn sich die Populationsgrösse veringert, führt dies zu genetischer Verarmung. Der genetische Austausch fehlt und der Inzuchtfaktor steigt und somit auch die Wahrscheinlichkeit von Erbkrankheiten. Stirbt eine Art in ihrem Gebiet aus, kann dessen Wiederbesiedelung durch die Insellage verhindert werden. Besonders betroffen von der Verinselung sind seltene Arten, Arten mit geringer Ausbreitungsfähigkeit und Nahrungsspezialisten.

Im Naturschutz versucht man deshalb, die kleinen Inseln zumindest miteinander zu vernetzen mit sogenannten **Korridoren**, z. B. Grünbrücken über Strassen hinweg oder Tunnels darunter durch.

4 Grünbrücke über eine Strasse

2 Niedriges Veilchen

3 Raubwürger

> Kannst du beschreiben, durch welche Verhaltensweisen wir Menschen unsere eigenen Lebensgrundlagen gefährden?

Naturschutzgebiete

6,5 Prozent der Schweizer Landesfläche sind Schutzgebiete für viele einzigartige Pflanzen und Tiere. Es gibt vier verschiedene Parkkategorien: Schweizerischer Nationalpark - Nationalpark der neuen Generation - Regionaler Naturpark - Naturerlebnispark. Die Pärke erhalten und pflegen wertvolle Kultur- und Naturlandschaften, stärken die nachhaltige Regionalwirtschaft und fördern die Bildung für Nachhaltige Entwicklung.

Schweizerischer Nationalpark
Der Schweizerische Nationalpark liegt im Kanton Graubünden und wurde 1914 gegründet. Damit ist er der älteste Nationalpark der Alpen und Mitteleuropas. Der Nationalpark ist 170 km² gross umfasst Höhenlagen von 1400 bis 3174 m. Im Nationalpark wird die Natur sich selbst überlassen. Besucher dürfen die Wege nicht verlassen, es darf weder gemäht noch gejagt werden.

Schweizer Alpen Jungfrau-Aletsch
Das 824 km² grosse UNESCO-Weltnaturerbe liegt in den Berner Alpen und ist Lebensraum vieler seltener Tier- und Pflanzenarten wie dem Alpensteinbock oder der Westlichen Smaragdeidechse. Man hofft auch, in freier Natur nicht mehr anzutreffende Tiere wie den Bartgeier dort ansiedeln zu können.

Sihlwald
Der Sihlwald ist ein Naturschutzgebiet, das seit 2009 das offizielle Label „Naturerlebnispark – Park von nationaler Bedeutung" trägt. Der rund 1100 ha grosse Buchenwald steht beispielhaft für einen Wald, wie er ursprünglich auf rund 80 Prozent der Fläche Mitteleuropas vorkam. Baumriesen, die bis zu 250 Jahre alt sind, kleine, junge Bäume und solche im besten Alter von rund 120 Jahren prägen das Bild.

Moorlandschaft Biberbrugg-Rothenturm
Im Kanton Schwyz befindet sich das grösste heute noch intakte Heide- und Hochmoor der Schweiz. Es bietet Rückzugsmöglichkeiten für Kiebitz, Feldlerche und andere Bodenbrüter. Auch Moorschmetterlinge und seltene Libellenarten können hier beobachtet werden. Orchideen, Zwergsträucher, Pfeifengras und Sumpfdotterblume überleben problemlos auf den mageren Böden.

Terrestrische Ökosysteme

Insekten schützen

Nist- und Versteckmöglichkeiten

Schmetterlinge, Hummeln und andere Insekten sind in ihrem Bestand gefährdet. Die Ursachen liegen im Rückgang des Nahrungsangebots und dem Verlust von Nist- und Versteckmöglichkeiten. Du kannst mit einfachen Mitteln zur Verbesserung dieser Situation beitragen.

TEAM ❶
Haus für Schmetterlinge

a) Material: 80 cm x 28 cm Kieferleimholzplatte 18 mm dick, Stichsäge, Holzraspel, Schraubendreher, Bohrer von 10 mm Ø, 4 Schrauben 30 mm, wasserfesten Holzleim

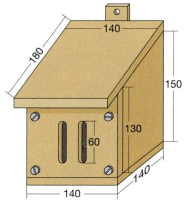

b) Bauteile: 1 Dach 180 mm x 140 mm, 1 Boden 140 mm x 140 mm, 2 Seitenteile 150/130 mm x 122 mm, 1 Rückwand 150 mm x 140 mm, 1 Frontwand 130 mm x 140 mm, 1 Aufhängleiste 250 mm x 50 mm

c) Bauanleitung: Bohre für die Einschlupflöcher jeweils zwei gegenüberliegende Löcher im Abstand von 60 mm und säge den Zwischenraum 10 mm breit aus. Leime die Teile zusammen. Befestige nur die Frontwand mit vier Schrauben, damit du den Kasten reinigen und kontrollieren kannst.
Der richtige Platz sollte etwa 2 m hoch, an einer Wand oder in einem Baum sein und eine sonnige, windgeschützte Südlage haben.

TEAM ❷
„Wilde Ecke" für Insekten

a) Futterpflanzen: In einigen Bereichen des Gartens können Wildstauden wie Wiesenkerbel, Wilde Möhre oder Distel gepflanzt werden. Samenmischungen dieser und vieler anderer Wildkräuter kannst du im Blumenhandel oder in einer Samenhandlung kaufen. Auch die Grosse Brennnessel sollte angepflanzt werden, da sie eine wichtige Futterpflanze für viele Schmetterlingsraupen darstellt. Durch das Anlegen einer Hecke mit geeigneten Wildgehölzarten wird der Lebensraum für Schmetterlinge und zahlreiche andere Insekten erweitert.

b) Nisthilfe: Grabe in einer abgelegenen Ecke des Gartens alte, unbehandelte Zaunpfähle oder Baumstämme ein. Versieh mit verschiedenen Bohrern von 3 mm – 8 mm Ø das Holz an der Südseite mit vielen etwa 8 cm tiefen Löchern. Darin kannst du Wildbienen, Grab- und Faltenwespen ihre Brut aufziehen.

TEAM ❸
Hummel-Nistkasten

a) Material: bereits genannte Werkzeuge, Hammer und Stecheisen, eine Leimholzplatte von 80 cm x 25 cm, 4 Schrauben 30 mm

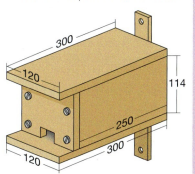

b) Bauteile: 2 Platten (Boden/Dach) 300 mm x 120 mm, 2 Seitenwände 250 mm x 114 mm, 1 Frontwand 120 mm x 114 mm, 1 Rückwand 114 mm x 84 mm, 1 Aufhängeleiste 250 mm x 45 mm x 18 mm

c) Bauanleitung: Säge in die Frontplatte zwei 15 mm tiefe Einschnitte im Abstand von 35 mm und stich das Flugloch aus. Nachdem du die Seiten, den Boden und das Dach zusammengeleimt hast, schraube die Frontplatte und die Leiste an. Fülle den Innenraum zur Hälfte mit trockenem Moos. Hänge diese Nisthilfe an einen ähnlichen Platz wie den des Schmetterlingskastens.

LERNEN IM TEAM

Global denken – lokal handeln

Globale Stoffkreisläufe sind untereinander verbunden. Durch wirtschaftliche Beziehungen, Import und Export, stehen fast alle Länder der Erde miteinander im Austausch. Schadstoffe bewegen sich durch Luft und Wasser und finden sich so auch weit entfernt von ihrem Entstehungsort wieder. Vieles, was wir tun, hat Auswirkungen an einem anderen Ort der Erde. Dies legt die Verantwortung für die Erde nicht nur in die Hände von Politik und Wirtschaft, sondern auch in die Hände jedes Einzelnen.

Bildet Teams und erarbeitet die Probleme der verschiedenen Themengebiete und mögliche Alternativen. Diskutiert Vor- und Nachteile.
Überlegt euch eine interessante Präsentations- oder Aktionsform, mit der ihr eure Ergebnisse in der Schule vorstellen könnt.

LERNEN IM TEAM

TEAM ❶
Ernährung
Nahrungsmittel sind für uns unverzichtbar. Aber der Verbrauch verschiedener Lebensmittel hat unterschiedlich starke Umweltauswirkungen.

Mögliche Aspekte für eure Arbeit:
- Anbau
- Wasserverbrauch
- Transportwege
- Verarbeitung
- Tierhaltung

TEAM ❷
Kleidung
Viele Textilien, die wir in der Schweiz kaufen können, werden nicht hierzulande hergestellt. Die Produktionsbedingungen in den Herstellungsländern unterscheiden sich stark.

Mögliche Aspekte für eure Arbeit:
- Arbeitsschutz
- Arbeitszeiten
- Umweltschutzvorschriften
- Bezahlung für Angestellte
- Einsatz von Chemikalien
- Warenkennzeichnung mit Siegeln

TEAM ❸
Mobilität

In unserem Alltag müssen wir viele Wege zurücklegen. Die Entscheidung, auf welche Weise wir dies tun, ist von vielen Faktoren wie der Länge des Weges oder dem Wetter abhängig.

Mögliche Aspekte für eure Arbeit:
- Gesundheit
- Treibstoffe
- Luftbelastung
- Platzbedarf und Versiegelung von Flächen
- Geschwindigkeit
- Bequemlichkeit

TEAM ❹
Kunststoffe

Kunststoffe sind vielseitige Werkstoffe und daher in unserem Alltag ständig präsent. Umweltschutzorganisationen betrachten die Nutzung von Kunststoffen allerdings kritisch.

Mögliche Aspekte für eure Arbeit:
- Rohstoffe
- Herstellung
- Farben
- Entsorgung
- Recycling

TEAM ❺
Elektronik

Elektronik ist in unserer Gesellschaft allgegenwärtig: Smartphones, Tablets, Computer. Mit der grossen Anzahl der Geräte nimmt auch die Umweltbelastung zu.

Mögliche Aspekte für eure Arbeit:
- Rohstoffe
- Herstellung
- Stromverbrauch
- Entsorgung
- Recycling
- Nutzungsdauer

Terrestrische Ökosysteme

AUF EINEN BLICK

Ökosystem
Ein Ökosystem ist eine Einheit, in der Lebensraum (Biotop) und Lebensgemeinschaft (Biozönose) in Wechselbeziehung zueinander stehen. Die abiotischen Faktoren wie die Temperatur, die Niederschläge, die Lichtmenge und die Wind- und Bodenverhältnisse bestimmen die Lebensbedingungen in einem Lebensraum.

Nahrungsbeziehungen
Pflanzen (Produzenten) betreiben Fotosynthese und produzieren mithilfe der Energie der Sonne Traubenzucker. Einen Teil der im Traubenzucker gespeicherten Energie nutzen sie für ihre eigenen Lebensvorgänge. Aus dem anderen Teil wird energiereiche Biomasse aufgebaut. Die darin enthaltenen Nährstoffe und die gespeicherte Energie werden über Nahrungsketten an Menschen und Tiere (Konsumenten) weitergegeben. Mehrere Nahrungsketten bilden ein Nahrungsnetz. Nahrungsbeziehungen lassen sich auch in Nahrungspyramiden darstellen.

Bodennutzung
Die Ernährung aller Menschen geschieht auf der Grundlage des Pflanzenwachstums. Die wachsende Weltbevölkerung ist sowohl für den Ackerbau als auch für die Produktion tierischer Nahrungsmittel auf fruchtbare Böden angewiesen.

Gefährdung und Schutz
Vernichtung von Lebensraum, Überdüngung un Pestizide und Salze durch Bewässerung in der Landwirtschaft schädigen terrestrische Ökosysteme. Um diese Probleme zu lösen, müssen wir die Böden nachhaltig bewirtschaften.

Nachhaltigkeit
Ökologisches und nachhaltiges Handeln ist wichtig für den Erhalt der Ökosysteme. Der Begriff Nachhaltigkeit bedeutet, dass wir nicht mehr der natürlichen Lebensgrundlagen verbrauchen als sich wieder erneuern können. Bei all unseren Handlungen müssen wir also auf die Verträglichkeit für die Umwelt achten.

Verantwortung für die Ökosysteme
Die Biosphäre umfasst alle Ökosysteme auf der Erde. Sie hängen weltweit zusammen und beeinflussen sich gegenseitig.
Der Mensch wiederum beeinflusst die Ökosysteme. Durch ihre Nutzung gefährdet er Lebensräume und die darin lebenden Arten. Auf diese Weise gefährden wir Menschen unsere eigenen Lebensgrundlagen.

Terrestrische Ökosysteme

1.
Erläutere am Beispiel Wald die Begriffe Biotop, Biozönose und Ökosystem.

2.
Begründe, warum Städte im Gegensatz zu Wäldern und Seen als künstliche Ökosysteme bezeichnet werden.

3.
Erkläre die Begriffe Konkurrenz, Parasitismus und Symbiose an je einem Beispiel.

4.
a) Benenne die im Bild rechts bezifferten Bodenschichten.
b) Beschreibe typische Eigenschaften jedes Horizonts.

5.
a) Beschreibe eine Fingerprobe, um einen Lehmboden von einem Sand- oder Tonboden zu unterscheiden.
b) Nenne die Körner, aus denen Lehm besteht.

6.
Beschreibe einen Versuch zur Bestimmung der Wasserspeicherfähigkeit eines Bodens.

7.
a) Stelle mithilfe der Abbildung den Kreislauf des Kohlenstoffs und des Sauerstoffs dar.
b) Erläutere die Rolle der Produzenten, Konsumenten und Destruenten in diesen Kreisläufen.

8.
a) Übertrage das Schema in deinen Ordner. Ergänze die fehlende Beschriftung.
b) Erkläre die Notwendigkeit der Düngung in der Landwirtschaft und gib einige Möglichkeiten zur Düngung an.
c) Bewerte den Einsatz von reichlich Mineraldünger.

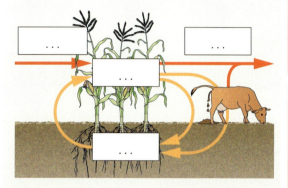

9.
Erkläre, wie wir gleichzeitig die Umwelt schützen und die Grundbedürfnisse aller Lebewesen sowie zukünftiger Generationen berücksichtigen können.

10.
a) Gib an, woher der Begriff „Nachhaltigkeit" stammt und was er ursprünglich bedeutet.
b) Erkläre, was man unter dem ökologischen Fussabdruck versteht.

11.
Stell dir vor, du kaufst Gemüse oder Obst. Erläutere, welche Aspekte der Nachhaltigkeit du dabei beachten kannst.

LERNCHECK

Theorie und Experiment

1. Fertige eine Mindmap zu den Naturwissenschaften an. Ordne jedem Gebiet dir bekannte wichtige Erkenntnisse zu.

2. Beschreibe einen Versuch, der ein bekanntes Naturgesetz bestätigt.

3. Halte einen Kurzvortrag über das Leben und Wirken einer bekannten Forscherin oder eines bekannten Forschers.

1 J.C. Adams, U. Le Verrier und J. G. Galle

3 A. Henri Becquerel beobachtet die Strahlung radioaktiver Elemente

Ein neuer Planet

Mitte des 19. Jahrhunderts wurde es immer deutlicher: Irgendetwas stimmt nicht mit der Bahn des **Uranus**. Sie wich von den Berechnungen, die bei allen anderen Planeten hervorragend funktionierten, ab. Die Astronomen der damaligen Zeit nahmen daher an, dass ein anderer, jenseits der Uranusbahn laufender Planet die Ursache der sonderbaren Störung sei. Wo war aber dieser Planet? Im Prinzip müsste sich sein Ort aus den beobachteten Störungen und den bekannten Bahnen und Geschwindigkeiten der anderen Planeten sowie den Anziehungskräften zwischen ihnen und der Sonne errechnen lassen. Zwei Astronomen gelang diese Berchnung, dem Engländer John Adams und – mit genauerem Ergebnis – dem Franzosen Urbain Le Verrier. Dieser bat den Astronomen Johann Gottfried Galle an der Berliner Sternwarte, nach dem fremden Planeten an der errechneten Stelle zu suchen. Nach vielen Beobachtungsnächten endeckte Galle schliesslich am 23. September 1846 den neuen Planeten **Neptun**, und zwar ziemlich genau an dem Ort, den Le Verrier berechnet hatte.

Die Entdeckung der Radioaktivität

Im Jahr 1896 untersuchte der französische Physiker Antoine Henri Becquerel uranhaltige Mineralien, die nach der Bestrahlung mit Sonnenlicht im Dunkeln nachleuchten. Er wollte herausfinden, ob das Licht dieses Nachleuchtens so stark ist, dass es auch durch Papier hindurchdringen kann. Becquerel legte dazu die Mineralien auf eine lichtdicht verpackte Fotoplatte und setzte das Ganze einige Stunden der Sonne aus. Nach der Entwicklung der Platte zeichnete sich die Form des Minerals schwach auf der Fotoplatte ab. Als einige Tage die Sonne nicht schien, verschloss er vorbereitete Fotoplatten zusammen mit den Mineralien in einer Schublade. Auf einer dieser Platten lag zufällig ein Stück uranhaltiges Mineral. Erst einige Tage später entwickelte Becquerel diese Platte, ohne sie mit den Mineralien erneut in die Sonne zu legen. Mit grossem Erstaunen stellte er fest, dass darauf die Form des Minerals besonders deutlich zu erkennen war, obwohl es im Dunkeln gelegen hatte.
Er deutete die überraschende Entdeckung so, dass vom Uran immer eine Strahlung ausgehen muss, die sogar das schwarze Papier durchdringt. Becquerel hatte per Zufall die **Strahlung radioaktiver Elemente** entdeckt.

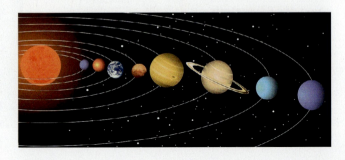

2 Neptun ist der äusserste bekannte Planet unseres Sonnensystems. Er wurde entdeckt, weil man nach einem Planeten suchte, der die Bahn des siebten Planeten Uranus erklärt.

Wissenschaft und Forschung | **371**

Berühmte wissenschaftliche Entdeckungen

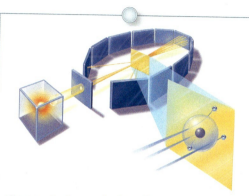

Atome haben winzige Kerne
Von 1909 bis 1913 führte der Physiker ERNEST RUTHERFORD (1871–1937) zusammen mit seinen Studenten immer wieder Versuche mit α-Teilchen durch, die er auf eine sehr dünne Goldfolie schoss. Sie beobachteten auf einem Leuchtschirm, dass fast alle α-Teilchen die Goldfolie ungehindert durchdringen konnten. Nur bei 1 von 100 000 α-Teilchen wurde die Richtung geändert. Er kam zu der Erkenntnis, dass die abgelenkten, positiv geladenen α-Teilchen auf eine winzige positive Ladung gestossen sein müssten. Er hatte die Existenz des **Atomkerns** nachgewiesen und damit ein neues Atommodell begründet.

PIERRE UND MARIE CURIE
Angeregt durch BECQUERELS Experimente untersuchte die Physikerin MARIE CURIE (1867–1934) von 1898 an die uranhaltigen Mineralien genauer. Unterstützt von ihrem Mann, dem Physiker PIERRE CURIE (1859–1906), entdeckte sie darin ein sehr stark strahlendes Element. Sie nannte es **Radium,** das Strahlende. Für das Auftreten der Strahlung schlug sie die Bezeichnung **Radioaktivität** vor. Im Juli 1934 starb MARIE CURIE an Leukämie, einer Folge der Strahlung der radioaktiven Elementen, denen sie bei ihrer Arbeit ausgesetzt gewesen war.

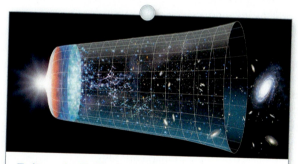

Blutkreislauf
Der englische Arzt WILLIAM HARVEY (1578–1657) konnte durch Experimente an vielen Tieren zeigen, dass das Herz ein Muskel mit Rücklaufventilen war und bei Kontraktion Blut herauspumpte. Aber wohin? Floss vielleicht immer dasselbe Blut im Kreis vom Herzen durch die Arterien in die Venen und zurück zum Herzen? In einer Reihe eleganter Versuche überprüfte er seine Hypothese und veröffentlichte sie 1628. 1661 fand MARCELLO MALPIGHI zudem heraus, dass der Übergang von den Arterien und die Venen in der Lunge stattfand.

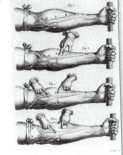

Zeitpunkt Null: der Urknall
1915 veröffentlichte ALBERT EINSTEIN die **Allgemeine Relativitätstheorie**, die eine völlig neue Sicht der **Gravitation** und des **Universums** bot: Raum und Zeit sind **gekrümmt**, Licht wird abgelenkt, **Schwarze Löcher** sind möglich. Und ein Universum, das sich ausdehnt. Einstein glaubte nicht an ein solches Universum, aber 1927 konnte der Belgier GEORGES LEMAÎTRE aus den Beobachtungsdaten von Galaxien nachweisen, dass sie sich voneinander entfernen, weil das **Universum expandiert**. LEMAÎTRE fand aber wenig Beachtung, weshalb die Entdeckung der Expansion des Universums mit dem Namen EDWIN HUBBLE verknüpft ist, der zwei Jahre später zum selben Befund wie LEMAÎTRE kam. Wenn sich aber das Universum ausdehnt, dann muss es irgendwann einmal ganz klein gewesen sein – die Theorie vom Urknall war geboren.

PINNWAND

Prinzipen der Naturwissenschaften

1. Manche Menschen behaupten, sie könnten die Strahlung von Handys spüren. Beschreibe, wie du das Phänomen wissenschaftlich untersuchen würdest.

2. Nenne Phänomene aus Physik und Chemie, die das Teilchenmodell nicht beschreiben kann.

3. Ist die Erde eine Scheibe? Fertige eine Liste, was dafür und was dagegen spricht.

Überprüfbarkeit
Wissenschaftliche Hypothesen müssen **überprüfbar** sein.
Du führst im naturwissenschaftlichen Unterricht viele Versuche durch, denn Experimente spielen in der Wissenschaft eine herausragende Rolle. Erst wenn eine Hypothese immer wieder überprüft und dabei **nicht widerlegt** wird, betrachten wir sie als eine gültige wissenschaftliche Aussage – bis sie irgendwann vielleicht doch widerlegt wird. Wissenschaftliche Erkenntnisse sind deshalb immer **vorläufig**.

Reproduzierbarkeit
Experimente und ihre Ergebnisse müssen **reproduzierbar** sein. Das bedeutet: Damit ein Experiment aussagekräftig ist, muss es zunächst wiederholbar sein, und zwar unabhängig von Zeit und Ort. Ein Versuch, der nur dienstags im Unterricht funktioniert, aber nicht donnerstags, ist in der Wissenschaft nicht brauchbar. Forscher, die ein Experiment durchführen, müssen deshalb genau angeben, wie sie das Experiment durchgeführt haben. Auch ihre Daten und Beobachtungen müssen sie präzise angeben. Du kennst das von den **Versuchsprotokollen**, die du im Unterricht anfertigst. Und erst, wenn dann auch der Befund einer wissenschaftlichen Studie reproduzierbar ist und die Wiederholung zu gleichen oder zumindest ähnlichen Ergebnissen kommt, wird die ursprüngliche Studie glaubwürdig.

Objektivität
Deine Mitschülerinnen und Mitschüler machen oft denselben Versuch wie du. Dabei ist letztendlich egal, wer das Experiment durchführt – der Ausgang soll davon nicht abhängen. Man nennt dies **Objektivität**. Natürlich unterlaufen der Person, die ein Experiment durchführt, manchmal Fehler. Und manchmal verleitet uns der Wunsch, ein bestimmtes Resultat zu bekommen, zu ungenauem Arbeiten. Aber diese Einflüsse können wir uns bewusst machen, um dann ehrlich und unvoreingenommen den Ausgang des Experiments zu beurteilen. Objektivität ist also ein Idealzustand, dem wir uns so gut wie möglich annähern können.

Zur Objektivität gehört auch, dass Naturwissenschaftler davon ausgehen, dass es die Welt, die sie erforschen, wirklich gibt, unabhängig vom Beobachter. Philosophen streiten über diese Annahme, aber in den Naturwissenschaften ist sie die Arbeitsgrundlage.

Einfachheit
In der Wissenschaft sucht man oft nach möglichst **einfachen Lösungen** für ein Problem. Viele Modelle, die du im Unterricht kennenlernst, kommen ohne komplizierte Annahmen aus und beschreiben bestimmte Phänomene trotzdem richtig. Zum Beispiel bildet das Teilchenmodell eine gute Erklärung für die Aggregatzustände. Es beschreibt aber nicht den Aufbau des Periodensystems, das gelingt erst mit dem Atommodell. Dieses macht zusätzliche Annahmen zum Aufbau der Teilchen, aber nur so viele, wie nötig sind. Was wir genau unter „einfach" verstehen, ist aber nicht eindeutig festlegbar. In erster Linie muss eine wissenschaftliche Theorie die Phänomene richtig beschreiben. Manchmal geht das nur, wenn sie komplizierter ist als einfache Erklärungen.

1 Ein beühmtes, einfaches und reproduzierbares Experiment: Isaac Newton demonstriert die Zerlegung des Sonnenlichts in die Spektralfarben mithilfe eines Prismas.

Wissenschaft und Forschung | 373
Reproduzierbar, einfach, objektiv?

Kalte Fusion
Im Inneren der Sonne verschmelzen Atome miteinander und setzen dabei Energie frei – bei mehreren Millionen Grad Celsius. Es war daher eine Sensation, als 1989 die Chemiker M. Fleischmann und S. Pons berichteten, sie hätten bei nur 27 °C eine Kernfusion durchführen können. Die Energieprobleme der Menschheit wären gelöst! Das Experiment war allerdings nicht reproduzierbar – kein anderer Forscher konnte eine „kalte Fusion" beobachten. Die Euphorie, vor allem in den Medien, fiel in sich zusammen.

Einfacher und besser
Das geozentrische Weltbild der Antike war sehr kompliziert aufgebaut, damit es die Bahnen von Sonne, Mond, Planeten und Fixsternen beschreiben konnte. Das heliozentrische Modell des Kopernikus hingegen war viel einfacher und ebnete trotzdem den Weg für ein wesentlich genauere Beschreibung und Vorhersage der Orte der Himmelskörper.

PINNWAND

Kreationismus
Kreationisten sind der Auffassung, dass das Universum, die Erde und schliesslich der Mensch genau so entstanden sind, wie es in der Bibel steht (das Bild zeigt einen Ausschnitt aus Michelangelos Fresko *Der Schöpfergott scheidet Licht und Finsternis*). Sie beurteilen naturwissenschaftliche Fakten also nicht objektiv und unvoreingenommen, sondern vor dem Hintergrund ihres religiösen Weltbilds.

Stichwortverzeichnis

A

Abgase 182, 320
abiotische Faktoren 342
Abwässern 182
Abwasserreinigung 305
Acetylsalicylsäure 176
Achterbahnfahrt 264
Adams, John 370
Adaptation 62
Adenin 199
Aderhaut 62
AIDS 92, 93
Airbag 25
Akku 109, 276
Aktor 138
Akzeptor 169
Akzeptoren 164
Albinismus 208
Alge 347
alkalisch 181
alkalische Lösung 175, 177
Allgemeine Relativitätstheorie 371
α-Strahlen 146
α-Teilchen 146
Alterssichtigkeit 69
Altpapier 310
Aluminium 157
Ameise 347
Ameisensäure 182
Amino-Gruppe 186
Aminosäuren 186
Ammoniak 174
Amylopektin 185
Amylose 185
analoges Organ 243
Angepasstheit 249
Anode 124
Antibiotika 82, 83
Antigenen 89
Antikörper 89, 91
Appetitlosigkeit 95
Arbeitskreis 132
Archaeopteryx 244, 245
Art 246, 248
artgerechte Tierhaltung 357
Artkonzepte 231
Ascorbinsäure 176
Asiatischer Laubholzbockkäfer 360
Asiatischer Marienkäfer 231, 360
Atavismus 243
Atemwegserkrankungen 309
Atmosphäre 308

Atmung 348
Atom 121, 147, 149, 157
atomare Masseneinheit 147
Atombindung 158
Atome 164
Atomhülle 146, 148
Atomkern 146
Atomkerne 147
Atommasse 149
Atommasseneinheit 149
Atomrumpf 154
ätzend 175
Aufrecht gehender Mensch 255
Auge 62, 69
Augenbrauen 62
Augenfehler 65
Augenhöhle 62
Augenlid 62
Auslese, natürliche 247
Aussenelektronen 148
Aussenschale 152
Aussenschalen 148
Australopithecus afarensis 254
Australopithecus anamensis 254
Auwald 344

B

Bach 214
Bacillus thuringiensis, 225
Bakterien 77, 79, 80, 81, 82, 84, 89, 318
– Vermehrung 81
Bakterien, gentechnisch veränderte 219
Bakterien, transgene 219
Base 199
Basen 175, 179, 200
Basenpaarung 199
Basis 132
Basisstation 137
Baumschicht 345
Bauxit 286
Becquerel, Antoine Henri 370
Befruchtung 196, 204
Behring, Emil von 76
Beleuchtungsstärke 128
Benzodiazepine 97
Beobachtungssatellit 139
Beschleunigung 38
Bewegung 11, 64, 85, 264
Bewegungsänderung 10
Bewegungsenergie 262, 267, 268, 319
Bewegungsmeldern 126

Bildkonstruktionen, Sammellinse 60
Bildsensor 69
Bimetallschalter 125
Bimetallstreifen 125
Bimetallthermometer 125
Bindefähigkeit 156
bindendes Elektronenpaar 158
Biodiesel 321
Biodiversität 363
Bioenergie 327
Biogas 327
Biogasanlage 327
biologische Evolution 238, 239
Biomasse 348
Biospezies 231
Biotechnologie 216
biotische Faktoren 343
Biotop 342, 343
Biotreibstoff 327
Biowissenschaften 216
Biozönose 343
Blattlaus 347
Blaubeere 358
Blausee 54
Blende 44
blinder Fleck 63
Blutdruckmessung 131
Blutgruppen 209
Bodenauflage 351
Bodeneigenschaften 358
Boden ff. 350
Bohr, Nils 148, 153
Bonobo 252
Boyle, Robert 179
Brandrodung 291
Brechung 51, 52
Brechung, Licht 50
Brechungswinkel 51
Brechung, zum Lot hin
– Brechung, vom Lot weg 51
Brechung, zweifache 51
Brennelement 332
Brennpunkt 57
Brennpunktstrahlen 58
Brennstäbe 332
Brennstoffe 321
Brennstoffe, fossile 291
Brennweite 57
Brennwert 300
Brille 65
Brönstedt, Johannes N. 179
Bruchwald 344
Brückentier 245

Brutblatt 250
Brutparasitismus 347
Bt-Mais 225
Buchenmischwald 343

C

camera obscura 55
CCD-Sensor 69
Cellulose 185
Centromer 197
chemische Eigenschaften 152
chemische Energie 319
chemische Evolution 238
chemischen Reaktionen 164
Chlor 157, 164
Chlor-Fluor-Kohlenwasserstoffe 309
Chlor-Fluor-Kohlenwasserstoffe 309
Chlorid 157
Chloroplasten 239
Chromatiden 197
Chromosomen 195, 197, 199, 204, 253
Chromosomenmutation 210, 213
Chromosomensatz 195
– diploider 195
– haploider 195
CMOS-Sensor 69
CO_2 291, 348
Contergan 97
COPYRIGHT 217
Crash-Test 268
Crick, Francis 201
Curie, Marie 371
Cytosin 199

D

Darmflora 81
Darwin, Charles 247, 248
Davy, Humphry 179
Demokrit 153
Denaturierung 186
Desoxyribose 199
Destruent 348
Destruenten 354
Deuterium 147
deutliche Sehweite 57
Devon 240
Diabetes 218
Diagramm 39
Dichte, optische 53
Dieselmotor 319
Digitalisierung 135

Dilemma 223
Dimitri Mendelejew 150
Dinosaurier 237, 241
Diode 123, 124, 126, 132, 135
diploid 195
Disaccharide 184
divergentes Licht 59
DNA 198, 199, 200
DNA-Analyse 201
DNA-Doppelhelix 200, 201
DNA-Sequenzanalyse 232
dominant 205
Donator 169
Donator-Akzeptor-Prinzip 164
Donatoren 164
Doppelbindung 158
Doppelhelix-Modell 199
Dotierung 122
Downcycling 285, 287
Down-Syndrom 213
Drehmoment 27
Drehpunkt 26
Dreifachbindung 158
Druckwasserreaktor 332
Dünger 357
Düngung 354
Durchbruchspannung 123
Durchlassrichtung 123

E
ebener Spiegel 49
Echtes Mädesüss 359
edel 166
Edelgase 152
Edelgaskonfiguration 152, 164, 165
Edelgasregel 152
Edelgasschale 152
Edelmetall 166
Edelmetallen 171
Einfachheit 372
Einfachzucker 184
Einfallslot 51
Einfallswinkel 48, 51
Einheit Federkonstante 15
Einheit mechanische Leistung 272
einseitiger Hebel 27
Einstein, Albert 371
Einweggleichrichtung 124
Eisen 286
Eisenwolle 167
Eiweiss 186, 199

elektrische Energie 112, 274, 275, 319
elektrische Kraft 10
elektrische Ladung 121
elektrische Leistung 274, 275
elektrische Leitfähigkeit 171
Elektrische Leitfähigkeit 154
elektrischer Leiter 106, 121
Elektrizität 114
Elektrizitätszähler 275
Elektrizitätszähler, herkömmlicher 275
Elektrizitätszähler, intelligenter 275
Elektrolyse 158, 170
Elektromagnet 106
elektromagnetische Induktion 107
elektromagnetische Wellen 137
Elektromotor 110, 113, 115
Elektron 106, 121, 147, 152, 165
Elektronenfluss 106
Elektronenhülle 150
Elektronenleitung 122
Elektronenmikroskop 149
Elektronenpaarbindung 158
Elektronenschalen 148
Elektronenübertragung 165
Elektronik 120
Elementarladung 147
Elementarmagnet 296
Elementarteilchen 147
Eloxal-Verfahren 170
Elterngeneration (P-Generation) 202, 203
embryonale Stammzellen 223
Emitter 132
Endoskop 54
Endosymbiontentheorie 239
Energie 260, 261, 264
Energie, Berechnung 265
Energieentwertung 265
Energieerhaltung 263
Energieerhaltungssatz 263
Energiefluss 276
Energiemessgerät 279
Energienutzung 262
Energierückgewinnung 115
Energie sparen 277
Energiesparen 336
Energiesparlampe 336
Energiespeicher 115
Energiestufen 163
Energiestufendiagramm 163

Energieträger 307
Energieübertragung 261
Energieumwandlungen 319
Energiewandler 114, 140, 276, 277
entmagnetisieren 296
Entspannung 85
entwertete Energie 262
Epidemie 77
Erbanlagen 195
Erbgang 207
Erbinformation 197, 198
Erbkrankheit 221
Erbregeln 203
Erbse 202, 203, 207
Erdaltertum 240
Erdboden 345
Erde 23, 238
Erdgas 318
Erdmittelalter 241
Erdneuzeit 241
Erdöl 318
Erdüberlastungstag 313
Erdurzeit 240
Erdwärme 323
Erdzeitalter 240
Erfrischungsgetränken 176
Ernährung 85
Erosion 357
Erreger 77, 89, 91, 98
Ersatzwiderstand 102, 103
Erz 286
Essig 174
Essigsäure 174
Ethanol 321
Eukaryoten 239
EU-Label 337
Evolution 237
Evolution, biologische 238, 239
Evolution, chemische 238
Evolutionsfaktor 248
expandierendes Universum 371
Experiment 370

F
F1-Generation 203
F2-Generation 203
Fachsprache 297
Fahrgastzelle 25
Fahrradergometer 278
Fahrradlichtmaschine 114
Faktoren, abiotische 342
Faktoren, biotische 343
Familienähnlichkeit 194, 195

Faraday, Michael 108
Farbensehen 63
Fata Morgana 53
Faulschlamm 318
Federkonstante 15
Fehlsichtigkeit 65
Feinstaub 309
Fermenter 327
Fernrohr, astronomisches 68
Fernrohr, galileisches 68
feste Rolle 28
Festwiderstand 129
Fettsäuren, Nachweis 187
Feuchtigkeitszeiger 359
Fingerprobe 350
Fink 248
Fischwirtschaft 302
Flaschenzug 29, 35
Flechte 347
Fleming, Alexander 83
Fluor-Atom 152
Food Waste 306
Formel 157
Fortpflanzung
– sexuelle 250
– ungeschlechtliche 250
fortpflanzungsfähige Nachkommen 231
Fortpflanzungskonkurrenz 346
fossile Brennstoffe 291, 321
Fossilien 236
Fotodiode 140
Fotosynthese 348
Fotovoltaik 140
Fotovoltaikanlage 328
Fotowiderstand 128
freien Elektronen 154
Fremdbestäubung 203
Fresszellen 88, 89
Frieren 95
Fruchtfolge 357
Fruchtzucker 184
Fructose 184
Fuchsbandwurm 87
5G 136
Fukushima 211
Funkloch 137

G
Galapagos 248
Galapagos-Finken 248
Galilei, Galileo 68
Galle, Gottfried 370
Galvani, Luigi 120

Stichwortverzeichnis

Galvanisieren 170, 171
Gedächtniszellen 89, 91
Gegenkraft 13
Gehirn 63, 64
Geisseln 81
gelber Fleck 63
Gene ff. 192, 195, 200
Generator 112, 114, 115
Genesung 77
genetischer Code 218
Genmutation 210, 213
Genommutation 210, 213
Genregulation 215
Gen-Taxi 219, 221
Gentechnik 218
– in der Landwirtschaft 224
Gentechnik, grüne 224
gentechnisch veränderte Organismen (GVO) 225
Gentherapie 220, 221
Gentransfer, horizontaler 219
geradlinige Lichtausbreitung 44
Germanium-Diode 129
Gesamtwiderstand 102, 103
Geschwindigkeit 268
Gesetz des Minimums 355
Gesetz, hookesches 19
Gesetz von der Erhaltung der Masse 167
Gesteinsschicht 351
Gesundheit 74, 75
Getränkekarton 299
Gewichtskraft 14, 23
Gewöhnlicher Hornklee 358
Gitter, Metall 121
Glas 286
Glaserstift 296
Glasfaserkabel 52
Glasfasernetz 54
Glasfasertechnik 52
Glaskörper 62
gleichförmige Bewegung 39
Gleichgewicht 26, 27
gleichmässig beschleunigte Bewegung 39
Gleichrichter, Diode 124
Gleichstrom-Elektromotor 110
Global denken – lokal handeln 366
Global Positioning System 139
Glucose 184
Glühlampe 336
Goldenen Regel der Mechanik 35
Goldene Regel der Mechanik 34

Goodall, Jane 252
GPS 139
Grasfrosch, Entwicklung 196
Grenzschicht 123
Grenzwinkel 52
Grosse Brennessel 359
Grösse, Kraft 20
Grundbauplan 242
Gründüngung 354
Grundwasser 355
Guanin 199
Gülle 354
GVO 225

H

Hahn, Otto 330
Halbleiter 120, 121, 140
Halbleiterdiode 123, 124, 126
Halbleiter-Diode 135
Halbleiter-Transistor 135
Halo 54
Handicap 75
Hangabtriebskraft 32
haploid 195
harte Feder 15
Hasen-Klee 359
Hauptgruppen 150
Hauptgruppensystem 150
Haushaltsreiniger 177
Haut 88
Hautpilze 77
Hebel 26, 30, 34
Heilimpfung 91
Heissleiter 127
Hell-Dunkel-Anpassung 62
Hell-Dunkel-Sehen 63
Herkulesstaude 360
Hertz, Heinrich 137
Herz- und Kreislaufbeschwerden 309
Hitzeschild 12
HIV-Infektion 92
HI-Viren 92
Höchstgeschwindigkeit 268
Höhenenergie 262
Holz 286
Holzhackschnitzelkraftwerk 327
Holzpellets 323
Homo erectus 255
homolog 195
homologe Chromosomen 195, 204
homologes Organ 242
Homo neanderthalensis 255

Homo rudolfensis 254
Homo sapiens 255
Hooke, Robert 15
hookesches Gesetz 15
horizontaler Gentransfer 219
Hornhaut 62
Hubarbeit 260
Human-Genom-Organisation (HUGO) 201
Human-Genom-Projekt 201
Hummel-Nistkasten 365
Humus 288, 353
Humusgehalt 353
Hunger 95
Hybriden 203
hydratisiert 181

I

IC 135
Immunabwehr, angeborene 88
Immunabwehr, erworbene 89
Immunisierung 89, 91
– aktive 91
– passive 91
Immunsystem 77, 88, 91
Impfen 90
Impfpass 90
Impfplan 90
Impfung 90, 91
Induktion, elektromagnetische 107
Induktions-Kochfeld 109
Induktives Ladegerät 109
Induzieren 107
Infektion 77
Infektionskrankheiten 76, 84
Inkubationszeit 77, 79, 80
Insekt 365
Insulin 186, 218
integrierte Schaltkreise 135
intensive Landwirtschaft 357
invasive Arten 360
Ion 152, 157
Ionen 164
Ionenkristall 155
ionisieren 152
Ionisierungsenergie 163
Iris 62
Isolation 249
Isolation, ökologische 249
Isolation, räumliche 249
Isolator 121
Isotope 147

J

Joule 260
Joule, James Prescott 260
Jura 241

K

Kalk 353, 290, 291, 183, 291
Kalkalpen 291
Kalkbelag 183
Kalkgehalt 353, 358
Kalkwasser 160
Kalte Fusion 373
Kaltleiter. 127
Kambrium 240
Kamera 55
Karbon 240
Karies 84
Karyogramm 195
Kathode 124, 170
Katzenaugen 47
Katzenschrei-Syndrom 213
Keil 33
Keimzellbildung 204
Keimzellen 204, 210
Kenngrösse, Solarzelle 140
Kennlinie, Diode 124
Kennlinie, Halbleiter 129
Kennlinie, PTC-Widerstand, NTC-Widerstand 127
Kerguelen-Fliegen 249
Kern-Hülle-Modell 146, 153
Kernkraftwerk 332, 334
Kernladungszahl 147
Kernreaktionsgleichung 330
Kernspaltung 330
Killerzellen 89
Kilowattstunde (kWh) 275
Kinderlähmung 84
kinetische Energie 265, 267
Kläranlage 305
Kleiner Ampfer 359
Klima 320
Klimawandel 291
Kloake 245
Kloster Brünn 203
Knochenmark 89
Knöllchenbakterien 354
Knoten 105
Knotenregel 105
Kochsalzlösung. 181
Kodominanz 209
Kohle 318
Kohlenhydrate 184

Kohlensäure 174, 291
kohlensaure Lösung 174
Kohlenstoff 157
Kohlenstoffdioxid 183, 290, 348
Kohlenstoff f. 290
Kohlenstoffkreislauf 290, 348
Kohlenstoffspeicher 291
Kohlenwasserstoff 160
Kollektor 132
Kommunikationssatellit 139
Kommutator 111
Kompost 289, 354
Kompostieranlage 289
Konkavlinse 59
Konkurrenz 343, 346
Konrad Zuse 135
Konsument 348
Kontaktlinse 65
kontrollierte Kettenreaktion 331
konvergentes Licht 57
Konvexlinse 57
Kopernikus 373
Kopflaus 87
Korallenriff 291
Korallenriffe 291
Korngrösse 351
Körper, elastischer 18
Körper, plastischer 18
Körperzellen 210
Korrosion 170
Kraft 10, 11, 13, 20, 24, 261
Kraft, Angriffspunkt 20
Kräftegleichgewicht 13, 21
Kräfteparallelogramm 22
Kräftezerlegung 22
Kraftmesser 14
Kraft, resultierende 21
Kraft, Richtung 20
Kraft-Verlängerungs-Diagramm 15
Kraftwandler 28, 34
Kraft-Wärme-Kopplung 335
Kraftwerke, Vergleich 334
Krallenfrosch 198
Krankheit 74
Krankheiten, ansteckende 77
Krankheiten, übertragbare 77
Krankheitserreger 77, 80, 88
Krautschicht 345
Kreationismus 373
Kreidezeit 241
Kreisviadukt von Brusio 33
Kreuzungsexperimente 203
kristalline Feststoffe 154

Krümel 351
Kuckuck 347
Kugelwolkenmodell 102
Kühlwasser 333
Kunstdünger 355
Kunstfaser 302
Kunststoffe 286
Kunststoffherstellung , 307
Kupfer 157, 168, 169
Kupferdrahtspule 106
Kupferoxid 156, 168
Kurzfingrigkeit 208
Kurzschlussstromstärke 140
Kurzsichtigkeit 65

L
Ladung 147
Ladungsträger 121
Ladungsverschiebung 134
Lageenergie 266, 268, 269
Lamarck, Jean-Baptiste de 246
Lamarckismus 246
Landwirtschaft 354
Landwirtschaft, intensive 357
Landwirtschaft, ökologische 357
Laubenvogel 251
Laubwald 344
Laufwasserkraftwerk 334
Laugen 179
Lavoisier, Antoine L. 167, 179
LCD-Bildschirm 138
lebende Fossilien 245
Lebensgemeinschaft 343
Lebensmittelthermometer 127
Lebensmittelvergiftung 80
Lebensmittelverpackung 306
Lebensraum 342
Lebensräume ff. 342
LED 126, 336
LED-Beleuchtungsanlage 130
LED-Bildschirm 138
Lederhaut 62
Leerlaufspannung 140
Lehmboden 351
Leichtmetalle 148
Leistung 272, 273
Leitlack 171
Leitungsvorgänge, Halbleiter 122
Lemaître, Georges 371
Leonardo da Vinci 263
Leuchtdioden 126
Le Verrier, Urbain 370
Lewis-Formel 161
Lewis-Schreibweise 158

Licht 46
Lichtausbreitung, allseitige 44
Lichtbündel 44
Lichtdurchlässigkeit 295
Lichtkonkurrenz 346
Lichtmaschine 114
Lichtreiz 63
Lichtsensoren 128
Lichtsinneszellen 63
Lichtstrahl 44
Liebig, Justus von 179
Ligase 219
Linke-Faust-Regel 106
Löcherleitung 122
Lochkamera 55, 56
Lochkamera, Bau 56
Lochkamerabild, Eigenschaften 55
lose Rolle
Lot 48
Löwenzahn 358, 215
Luftballons 162
Luftschadstoffe 308
Lupe 57
Lymphknoten 89

M
Magnesium 152
Magnesiumoxid 165
Magnetfeld 106
Magnetfeld, elektrischer Leiter 106
Magnetfeld, Richtung 106
Magnetfeld, Spule 106
magnetische Kraft 10, 107
magnetisieren 296
Magnetismus 296
Maiszünsler 225
Malachit 168, 169
Malaria 213
Maltose 184
Margerite 358
Masche 105
Maschnregel 105
Masern 78, 79, 90
Masse 23, 38, 167
Massenzahl 147
Maxwell, James Clerk 137
MBit/s 136
mechanische Leistung 272, 273
Medikamente 82, 96
Medikamentensucht 97
Meer 302
Mehrfachbindungen 158

Meiose 204
Meitner, Lise 330
Mendel, Johann Gregor 202, 206
Mendelsche Erbregel, dritte 207
Mendelsche Erbregel, erste 205
Mendelsche Erbregeln 205
Mendelsche Erbregel, zweite 205
Mensch 253
Menschenaffen 252
Merkmal 200, 202
Merkmalsmosaik 245
Messbereich 17
Messfehler 17
Messgenauigkeit 17
Messreihe 16
Metall 121, 169
Metallbindung 154
Metalle , 155, 295
Metallgitter 154, 155
Metalloxid 169
Methan 160
Methanmoleküls 160
Mikrofibrillen 185
Mikroplastik 303
Mikrosphären 239
Milchsäure 176
Milchsäurebakterien 81
Mindmap 292
Mineraldünger 357
Mineralstoffe 348, 352, 354
Mineralstoffkreislauf 354
Mineralstoff-Kreislauf 354
Minimumtonne 355
mischerbig 203, 205
Mischwald 344
Mist 354
Mitochondrien 239
Mittelohrentzündung 84
Mittelpunktstrahlen 58
Mittelwert 17
Mobilfunk 136
Modell 44, 45
Moderator 333
Modifikation 215, 246
Molekül 156, 158
Molekülverbindungen 159
Mond 23
Monosaccharide 184
Moorlandschaft Biberbrugg-Rothenturm 364
Moosschicht 345
Morphospezies 231
Motor-Generator-Prinzip 115
Müdigkeit 94

Stichwortverzeichnis

Mukoviszidose 220, 221
Müllinsel 302
Mülltrennung, automatische 294, 298
multipotent 223
Muskelkraft 10
Muskelkrämpfe 95
Mutagene 210
Mutation 210, 212, 247, 248

N
Nabendynamo 112
Nachhaltig handeln 312
Nachhaltigkeit 312, 271, 313, 361
Nachhaltigkeit f. 361
Nachhaltigkeitsaspekte 312
Nachtigall 230
nachwachsender Brennstoff 321
Nadelwald 344
Nährboden 81, 83
Nahrungskonkurrenz 346
Natrium 164
Natriumchlorid 164
Natron 182
Natronlauge 174, 177
natürlicher Treibhauseffekt 320
Naturschutzgebiete 364
Navigationssatelliten 139
Navigationssystem 139
n-Dotierung 122
Neandertaler 255
Nebenwirkungen 96
negativ 146, 147
Neobiota 360
Neptun 370
Netzgerät 109
Netzhaut 62
Neubürger 360
Neukombination 207, 248
neutral 146, 147, 175, 181
neutrale Lösung 180
Neutralisation 180, 181, 182
Neutron 147
Newton, Isaac 10, 38
Newton (N) 10, 38
newtonsches Kraftgesetz 38
Nipkow, Paul 120
Nische, ökologische 346
Nitrat 349, 353, 355
Nitratgehalt 353
NO 308
NO_2 308
NOX 308

NTC-Widerstände 127
Nukleonen 147
Nukleotid 199
nutzbare Energie 262, 270

O
O_2 348
O_3 309
Oberboden 351
Objektivität 372
Oersted, Christian 108
ökologische Isolation 249
Ökologische Landwirtschaft 357
ökologische Nische 343, 346
ökologischer Fussabdruck 361
Ökologischer Fussabdruck 313
Ökosystem 342, 343
Ökosysteme, Gefährdung 362
OLED-Bildschirm 126, 138
Opferanode 171
optische Hebung 51
optische Täuschungen 64, 67
Ordnungszahl 147, 151
Ordovizium 240
Organ, analoges 243
Organ, homologes 242
Organ, rudimentäres 243
Ortsfaktor 23
Ottomotor 319
Oxid 152, 157
Oxidation 169
Oxidationsreihe 166
Ozon 309
Ozonloch 308, 309
Ozonschicht 309

P
Papier 286
Papierperlen-Kette 311
Papierschöpfen 310
Parabelast 39
Parallelschaltung 105
Parallelschaltung, Solarzellen
Parallelschaltung, Widerstand 103
Parallelstrahl 58
Parasit 347
Parasiten , 77, 87
Parasitismus 347
Parasympatikus 94
p-Dotierung 122
Peak Oil 307
Pendel 267

Penicillin 82, 83
Penicillium chrysogenum 83
Peptidbindung 186
Periode 150
Periodensystem 150
Periodensystem der Elemente 151
perpetuum mobile 263
PET-Kreislauf 300
Pfau 251
Pflanzenabdruck 237
Pflanzenschutzmittel 357
Phänotyp 207
pH-Wert 352, 175, 187
pH-Wert-Kontrolle 182
Pilz 347
Pilze 86
Pixel 69, 138
Placebo-Effekt 96
Plasmazellen 89
Plasmid 219
Plastikmüll 302
Plastikverpackung 311
pluripotent 223
p-n-Übergang 123
Polio 84
Polysaccharide 184
Population 231
positiv 146, 147
potenzielle Energie 265, 266
Präzisionsgriff 253
Presbyopie 69
Primärkreislauf 332
Primärrohstoff 285, 287
Primärstruktur 186
Primaten 252
Prinzipen der Naturwissenschaften 372
Produzenten 348
Prokaryoten 239
Proteinbiosynthese 200
Proteine 186, 199, 200
Proteine, Nachweis 187
Proton 147, 150
Protonen 151
PSE-Training 151
PTC-Widerstände 127
Pulsoxymeter 131
Pumpspeicherkraftwerk 324
Pumpspeicherwerk 115
Pupille 62

Q
Quartär 241

R
radioaktive Strahlung 370
Radioaktivität 211, 371
Radium 371
Randstrahl 44
Raster-Tunnel-Mikroskop 149
Rauchen 211
Rauchmelder 130
Raumkonkurrenz 346
räumliche Isolation 249
Reaktionsgeschwindigkeit 172
Reaktionsgeschwindigkeits-/Temperatur-Regel (RGT-Regel) 172
Redoxreaktion 169
Reduktion 169
Reduktionsmittel 169
Reed-Schalter 125
reelles Bild 61
Reflektor 47
Reflexion 46
Reflexion, Licht 48
Reflexionsgesetz 48
Reflexionswinkel 48
Regelkreis 94
Regelstäbe 332
Regenbogenhaut 62
Reibung 10, 11, 38
Reibung, erwünschte und unerwünschte 12
Reihenschaltung, Solarzellen 141
Reihenschaltung, Widerstand 102
reinerbig 202
reinerbig. 205
Rekombination 250
Rekonstruktion 244
Reparaturcafé 287
Reproduzierbarkeit 372
Resistenz 82, 83, 93
Ressourcen 285
Restriktionsenzym 219
rezessiv 205
Riesenbärenklau 360
Riesenschildkröte 249
Rohstoff 286
Rohstoffe, nachwachsende 286, 327
Rolle, feste 28

Rolle, lose 28
Rollen 30
Röntgenstrahlen 211
Röntgen, Wilhelm Conrad 120
Rosten 170
Rotbuche 346
Rote Liste 363
Röteln 84
Rotgrünschwäche 66
Rotor 110, 115
Rückstoss 13
Rückstrahler 47
rudimentäres Organ 243
Rutherford, Ernest 146, 153, 371
Rutherfords Atommodell 146
Rutherfords Streuversuch 146

S

Saccharose 184
Salmonellen 80
Salze 155
Salzlösung 180
Salzsäure 176
Sammellinse 57, 58, 60, 62, 65
Sand 351
sauer 181
Sauerstoff 308, 348
Sauerstoffkreislauf 348
Säure 179
Säure-Base-Definition 179
Säuregehalt 358
saure Lösung 175
Säuren 175, 179
Säuren und saure Lösungen 176
saure und alkalische Lösungen 174
Säureunfall 182
Säurezeiger 359
Sauropsiden 233
Schabrackentapir 237
Schalenmodell 148, 150, 152, 153, 154, 161, 163
Schalenmodelle 148, 152
Schall 131
scheinbarer Brennpunkt 59
scheinbares Bild 61
schiefe Ebene 32, 33
Schifffahrt 302
Schildkröte 249
Schimmelpilz 83
Schimmelpilze 86
Schimpansen 252, 253
Schlaf 85
Schlämmprobe 350

Schluff 351
Schlüssel-Schloss-Prinzip 89
Schmarotzer 247
Schmelz- und Siedetemperaturen 155
Schmetterling 365
Schnabeltier 245
Schnellabschaltung, automatische 333
Schraubenfeder 15
Schraubenlinie 33
Schubkraft 32
Schutzimpfung 91
Schweizer Alpen Jungfrau-Aletsch 364
Schweizerischer Nationalpark 364
Schwellenspannung , 123, 124
schwere Masse 23
Schwitzen 95
Seeelefant 251
Sehen 62
Sehen, räumliches 64
Sehnerv 63
Sehrinde 64
Sekundärkreislauf 332
Sekundärrohstoff 287
Sekundärstruktur 186
Selektion 247, 249
– sexuelle 251
Selen 120
Sensor 130, 134
Sensoren 120
Serpentine 35
Seuche 77
Sexualität 250
sexuelle Fortpflanzung 248
Sichelzellanämie 213
sichere Ziffer 17
Sicherheitsgurt 25
Sicherheitsmassnahmen, Kernkraftwerk 333
Sihlwald 364
Silberoxid 168
Silicium 121, 140
Silicium-Diode 129
Silur 240
sinnvolle Ziffern 17
Smartphone-Bildschirm 138
Smartphone, Recycling 293
Smog 309
Sodbrennen 182
Solaranlage 335
Solaranlagen 335

Solarmodul, Wirkungsgrad, 328
Solarzelle 140, 328
Solarzelle, amorphe 141
Solarzelle, Bauarten 141
Solarzelle, monokristalline 141
Solarzelle, polykristalline 141
Sommersmog 309
Sonnenenergie 321
Sonnenkollektor 323
Sonnenkollektor, Bau 329
Spaltneutron 330
Spaltungsregel 205
Speicherkraftwerk 334
Sperrrichtung 123
Spezialisierung 196
Spiegelbild, Eigenschaften 49
Spiegelbild, Konstruktion 49
Spritzgiess-Verfahren 300
Sprosser 230
Spule 106, 107
Stäbchen , 63
Stammbaum 232
Stammbaumanalyse 209
Stammzellen 222, 223
Stammzellen, embryonale 223
Stand-by 277
Stärke 185
Stärke, Nachweis durch Iod-Stärke-Reaktion 187
Stator 110, 115
Steigungswinkel 32
Sternschnuppe 12
Steuerkreis 132
Stickstoff 157, 308, 349
Stickstoffdioxid 308
Stickstoffmonooxid 308
Stickstoffoxide 308
Stickstoffzeiger 359
Stockwerke des Waldes 345
Stoffebene 155
Stoffkreislauf 348
Stoffkreisläufe 288
Stoffumwandlung 289
Stoffwechsel 94
Störfall 333
Strahlenschutzverordnung 333
Strassmann, Fritz 330
Strauchschicht 345
Streptokokken 84
Stress 85, 97
Streuung 46
Streuversuch 146
Strompreis 279
Stromwender 111

Stromzähler 275
Stulpen 311
subjektive Wahrnehmung 66
Südaffe aus Afar 254
Summenformel 160
Swante Arrhenius 179
Symbiose 239, 347
Sympatikus 94
Symptome 77, 79, 80

T

Tasche 311
technische Energiegewinnung 319
Teilchenebene 155, 165
Temperatur 121
Temperaturempfinden 66
Temperaturfühler 126
Tertiär 241
Tertiärstruktur 186
Tetanus 91
Tetraederwinkel 161
T-Helferzellen 89, 92
Theorie 370
therapeutisches Klonen 223
thermische Stromerzeuger 335
Thermostat 125
Thomson 153
Thymin 199
Thymus 89
Tierhaltung, artgerechte 357
Tochtergeneration (F1-Generation) 203
Ton 351
Totalreflexion 52, 53
totipotent 223
Totpunkt 111
Touchscreen 134
träge Masse 24
Trägheit 24
Tränenflüssigkeit 62
Transformator 109
transgene Bakterien 219
Transistor 132
Traubenzucker 184
Treibhauseffekt 291, 320
Treibhausgas 308
Treibhausgase 320
Treibstoff 321
Trinkwassergewinnung 304
Tripelspiegel 47
Trisomie 21 213
Tritium 147
Trockenheitszeiger 359

Tröpfcheninfektion 77
Tropischer Regenwald 344
Trümmerkern 330
Tschernobyl 211
Typenschild 278

U

Überdüngung 355
Überprüfbarkeit 372
Übertragung von Elektronen 164
ultraviolette Strahlung 309
Umlenkrolle 28
Umspringbild 67
Umwelteinflüsse 200
Unabhängigkeitsregel 207
unedel 166
Uniformitätsregel 205
Universalindikator-Papier 175
unkontrollierte Kettenreaktion 331
Unruhe 94
unsichere Ziffer 17
Unterboden 351
Unverpackt 306
Upcycling 311,
Uran-Ressourcen 307
Uranus 370
Uratmosphäre 238
Urbakterien 239
Urinverfärbung 95
Ursprungsgerade 39
Ursuppe 238
Urtapir 237
Urzelle 238
UV 309

V

Variabilität 247, 248, 250
Vedauungskoma 94
vegetatives Nervensystem 94
Vektor 20
Vektoren 86
Ventil, Diode 124
Veranlagung 215
Verbindung 156
Verbrennung 165, 167, 319
Verbundverpackung 299
Vererbung ff. 192
Vererbungsregeln 202
Verformung 10
Verformung, plastische 19
vergeilen 215
vergolden 171
Vergrösserung 57
Verinselung 363
Versauerung 291
Versilbern 171
Versteinerung 236, 237
Verwitterung 351
verzweigte Stromkreise 104
Vielfachzucker 184
Viren 77, 78, 79, 89
– Vermehrung 79
virtuell 49
virtuelles Bild 61
virtuelles Wasser 305
Virus 84
Viruserkrankungen 79
Vitamin C 176
vom Lot weg 51
Vorfahre 233

W

Wald 291, 344
Wärme 262, 265, 319, 328
Wärmeleitfähigkeit 155
Wärmepumpe 322
Wärmesensor 127
Wärmetauscher 322, 332
Wasser, hartes 183
Wasserkraftwerke 326
Wasserstoff 147, 157
Wasserverbrauch 304
Wasser, weiches 183
Watson, James 201
Watt, James 272, 275
Watt (W) 275
Wechselspannung 112
Wechselwirkung 10, 21
Weg 261
weiche Feder 15
weisse Blutkörperchen 89
Weisse Taubnessel 358
Weitsichtigkeit 65
Wertigkeit 156, 157
Wettersatellit 139
WHO 74
Widerstand, Parallelschaltung 103
Widerstand, Reihenschaltung 102
Wiesen-Schaumkraut 358
Wildschwein 343
Wimpern 62
Windkraft 10, 114
Wintersmog 309
Wirkstoff 96
Wirkungsgrad 141, 262, 263, 267, 270, 319
Wirkungsgrad, Solarmodul 328
Wirt 347
Wirtszelle 79
Witwenspitz 209
Wundstarrkrampf 91
Wurzel 196
Wurzelschicht 345

Z

Zahnbürste, elektrische 276
Zapfen 63
Zecken 87
Zeigerpflanzen 358, 359
Zeit-Geschwindigkeits-Diagramm 39
Zeit-Weg-Diagramm 39
Zelle (Mobilfunk) 137
Zellen, differenzierte 222
Zellkern 196, 197, 198, 199
Zellmembran 81, 82
Zellstreckung 196
Zellteilung 196, 197
Zellwand 81, 82
Zerlegung von Kräften 22
Zersetzer 288
Zerstreuungslinse 59, 65
Zigarettenrauch 211
Züchtung 210
Zuckernachweis nach Benedict 187
zugeführte Energie 262, 270
zum Lot hin 51
zusätzlicher Treibhauseffekt 320
Zweifachzucker 184
zweiseitiger Hebel 26

Bildquellenverzeichnis

|2 & 3d design Renate Diener, Wolfgang Gluszak, Düsseldorf: 215.|A1PIX - Your Photo Today, Ottobrunn: Rug 291, 295.|akg-images GmbH, Berlin: 214; Hessisches Landesmuseum 255, 259; Science Photo Library 254, 258, 371.|alamy images, Abingdon/Oxfordshire: AGAMI Photo Agency 363; age fotostock 334; All Canada Photos 252, 256; allOver images 86, 314; Arco Images GmbH 251, 255; Azenha, Sergio 301; Bachtub, Dmitrii 114; Bildagentur-online/Ohde 192; BIOSPHOTO 303, 307; Bolton, Ryan M.248, 252; Catchlight Visual Services 79; Chalmers, Angela 11; Chompipat, Pattarawit 69; Chriss, Trevor 29; Crighton, Peter 364, 368; Cultura Creative (RF) 114; Custom Medical Stock Photo 88; Davidson, Mark 74; de Casa, Francisco 126; Dinodia Photos 208; Edi_Eco 128; Fearn, Paul 179; GFC Collection 35, 326; GL Archive 190, 370, 374; Glyn Thomas Photography 367, 371; Goodwin, Stephen 285, 289; Granger Historical Picture Archive 179; Green, David J.- electrical 129; Green, David J.- technology 124, 125; Gulland, Andrew 85; Hecker, Frank 365, 369; Heritage Image Partnership Ltd 12, 84; imageBROKER 11, 11, 12, 44, 114, 131, 141, 206, 364; Kitching, Andrew 69; laboratory 216; Lyons, David 285, 289; Martin, John 360; mediacolor's 18; NatureOnline 347, 351; Nordicphotos 47; North Wind Picture Archives 372; Oakley, Terry 263, 267; Panther Media GmbH 12; Pictorial Press Ltd 202, 226; Pictures Now 373, 377; Prisma by Dukas Presseagentur GmbH 344, 348, 362, 364, 364, 366; RBflora 203; REDA &CO srl 363; Science History Images 66, 246, 250; Science Photo Library 201; Science Picture Co 89; Sirivutcharungchit, Suwat 206; Stevanovic, Igor 196; Storto, Cristian 128; Tack, Jochen 96; The History Collection 370, 374; travel images 112; USDA Photo 360; Wedd, Christopher 206; Wildlife 225; Woodhouse, Julie g 344, 348; World History Archive 83, 137; Wylezich, Bjorn 122; Zoonar GmbH 315.|Arco Images GmbH, Lünen: De Meester, J.206.|argum Fotojournalismus, München: Einberge, Thomas 335, 339.|Astrofoto, Sörth: NASA 139; van Ravenswaay, Detlev 238, 242.|Atelier tigercolor Tom Menzel, Klingberg: 92, 244, 248, 296, 296, 296, 300, 300, 300; Menzel??? 22.|BC GmbH Verlags- und Medien-, Forschungs- und Beratungsgesellschaft, Wiesbaden: 173, 187, 187, 187, 187, 198, 348, 352, 352, 353, 353, 353.|Beltz Bad Langensalza GmbH, Bad Langensalza: 184.|Biermann-Schickling, Birgitt, Hannover: 163, 163, 172, 210, 295, 302, 302, 306, 306, 314, 318, 343, 343, 343, 345, 347, 348, 349, 353.|bildagentur-online GmbH, Burgkunstadt: 327, 331.|Caro Fotoagentur, Berlin: Hoffmann 321, 325.|Chemische Werke Kluthe GmbH, Oberhausen: 174.|Claßen, Bernhard, Hamburg: 275, 279.|Colourbox.com, Odense: 190.|Depositphotos, Fort Lauderdale: teamtime 3, 9.|Domke, Franz-Josef, Hannover: 48, 53, 58, 59, 67, 82, 146, 147, 147, 147, 147, 147, 147, 147, 147, 147, 148, 148, 148, 148, 149, 150, 150, 152, 152, 152, 152, 152, 154, 154, 154, 155, 155, 158, 159, 161, 161, 161, 162, 162, 165, 165, 165, 175, 178, 178, 181, 189, 189, 189, 190, 190, 190, 200, 207, 305, 309, 319, 338, 342, 383, 387.|dreamstime.com, Brentwood: Alekss 234; Dariya64 291, 295; Sereznly 48.|Druwe & Polastri, Cremlingen/Weddel: 315.|Ecke, Julius, München: 153.|Eyferth, Konrad, Berlin: 280, 284.|F1online, Frankfurt/M.: BSIP/doc-stock 81; euroluftbild 334, 338.|Fabian, Michael, Hannover: 27, 29, 45, 66, 100, 148, 148, 188, 281, 285.|Focus Photo- u. Presseagentur GmbH, Hamburg: Meckes/Ottawa/eos 72.|fotolia.com, New York: absolutimages 227; ah_fotobox 75; Aikon 42; als 231, 231, 231, 231, 235, 235, 235, 235; andreusK 273, 277; Androm 52; ArTo 277, 281; Aycatcher 130; beermedia.de 279; Birkelbach, Sonja 357, 361; contrastwerkstatt 85; designer491 131; donyanedomam 249, 253; dvande 100; Epotok, Soru 346, 350; Eppele, Klaus 35; eyewave 342, 346; fotomek 154; Fotoschlick 126; fototrm12 316, 320; Fouquin, Christophe 46; Glaser 130; Gomaespumoso 45; Gorilla 99; grafikplusfoto 315; Greatstockimages 227; GreenGraphix 170; hecke71 346, 350; iagodina 8; IndustryAndTravel 347, 351; Jähne, Karin 174; jellytott 234; juanrvelasco 143; jufo 315; kanvag 294, 298; kflgalore 316, 320; Kletr 6, 259, 263; klickerminth 47; Klingebiel, Jens 252, 256; Kneschke, Robert 5, 193; Kraus, Simon 118; Küverling, Heiko 5, 145; Kuzmina, Oksana 131; line-of-sight 285; Lohrbach, Marina 282, 286; loraks 200; Maszlen, Peter 354, 358; michael luckett 246, 250; Michel Angelo 143; Mojzes, Igor 369, 373; monropic 97; mozZz 342, 346; natros 35; Nielsen, Inga 343, 347; pengzheng 120; Petair 335, 339; Pettigrew, Michael 231, 235; Pixel & Création 42; Pixelot 65; Race, Dan 135; rdnzl 131; Reinartz, Petra 354, 358; Roman Samokhin 155; Sabine 235; Samokhin, Roman 155; Sanders, G.328, 332; santia3 243, 247; Schuppich, M.321, 325; Shirinov, Angela 191; Smileus 316; steffen, oliver-marc 109; stuporter 257; styleuneed 45; tapui 278, 282; Teamarbeit 277, 281; valdis torms 144; Vielfalt 363, 367; viperagp 282, 286; volff 347, 351; wellphoto 258, 262; Wickert, Katja 287, 291; Wienerroither, Peter 42; Yemelyanov, Maksym 293, 297.|Freudner-Huneke, Imme, Neckargemünd: 198, 198.|Gall, Eike, Enkirch: 67, 67, 67, 309, 309, 313, 313.|Germar, André, Hannover: 319, 323.|Getty Images, München: AgStock Images 185; Cultura Science/Neva, Sheri 149; Cultura/Lux, Stephen 270, 274; Farall, Don 336, 340; Photographer's Choice/Dazeley, Peter 282, 286; Schwarz, Angelika 271, 275; Stuart Westmorland/Design Pics 291, 295; ULTRA F/Ocean 138.|Getty Images (RF), München: Simsek, Baris 313, 317; Terentev, Evgeny 139.|Helga Lade Fotoagenturen GmbH, Frankfurt/M.: BAV 166.|Henkel, Christine, Dahmen: 244, 248, 361, 365.|Herzig, Wolfgang, Essen: 194.|Imago, Berlin: blickwinkel 87; Kurzendörfer, Reinhard 360, 364.|Interfoto, München: ARDEA/Beste, Hans and Judy 245, 249; Photoasia 371, 375; Sammlung Rauch 256, 256, 260.|International Music Publications, London: Sammlung Rauch 370, 374.|iStockphoto.com, Calgary: 211; abishome 337, 341; annebaek 134; Antagain 232, 236; badmanproduction 46; claudiodivizia 138; DamianKuzdak 234; deepblue4you 274, 278; Dunkel, Alexander 344, 348; Enzojz 33; fotoVoyager 342, 346; G.Ilgaz 85; hmproudlove 359, 363; InnaFelker 85; JohnCarnemolla 235, 307, 311; JohnPitcher 228, 232; jojoo64 63, 63; kozmoat98 286, 290; Krpan, Mario 326, 330; lucentius 306, 310; MariuszSzczygiel 315; Maxiphoto 54; Mitchell, Dean 354, 358; Musat 237, 241; Ornitolog82 230, 234; PhilAugustavo 8; Roel_Meijer 359, 363; ryonouske 252, 256; Sjoerd van der Wal 266, 270; STRINGERimage 286, 290; studiocasper 314, 318; vladimirzahariev 98; vusta 232, 236; Warwick Lister-Kaye 228, 232; wrangel 206.|Johannes Lieder GmbH & Co.KG, Ludwigsburg: 199.|JOKER: Fotojournalismus, Bonn: Hartwig Lohmeyer 327, 331.|juniors@wildlife Bildagentur GmbH, Hamburg: 94, 252, 256; Biosphoto 251, 255; Harms, D.225, 250, 254, 336, 340.|KAGE Mikrofotografie GbR, Lauterstein: 87.|Karnath, Brigitte, Wiesbaden: 80, 80, 184, 198, 206, 206, 208, 208, 209, 209, 213, 218, 219, 233, 233, 236, 240, 244, 244, 248, 248, 257, 257, 257, 257, 257, 261, 346, 346, 350, 350.|Keis, Heike, Rödental: 11, 12, 14, 18, 20, 20, 20, 21, 21, 24, 26, 30, 31, 31, 38, 45, 48, 51, 51, 55, 71, 102, 103, 106, 116, 116, 123, 123, 123, 124, 126, 151, 153, 153, 153, 157, 157, 157, 157, 157, 157, 166, 169, 169, 177, 183, 188, 199, 202, 202, 203, 227, 240, 244, 248, 252, 260, 263, 264, 264, 267, 268, 272, 272, 274, 276, 276, 278, 281, 297, 297, 297, 301, 301, 301, 318, 318, 320, 322, 322, 323, 324, 325, 327, 327, 328, 330, 331, 331, 334, 335.|Keystone Pressedienst, Hamburg: Schulz, Volkmar 293, 297, 354, 358; Zick, Jochen 328, 332.|Kilian, Ulrich - science & more redaktionsbüro, Frickingen: 64, 76, 94, 95, 96, 104, 104, 104, 105, 117, 136, 172, 172, 173, 275, 279, 301, 305, 338.|laif, Köln: Ernsting, Thomas 256, 260; Reporters/Meuris, Merlin 287, 291; Specht, Heiko 306, 310; Stephane AUDRAS/REA 6, 229, 233.|Leisse, Silke, Braunschweig: 78, 212, 214.|Lüddecke, Liselotte, Hannover: 62, 62, 67, 70, 76, 78, 79, 79, 88, 89, 91, 91, 115, 195, 204, 204, 212, 212, 215, 220, 220, 221, 222, 223, 230, 234, 239, 242, 242, 243, 246, 246, 290, 294.|Mall, Karin, Berlin: 89, 186, 186, 288, 292, 365, 365, 369, 369.|Marahrens, Olav, Hamburg: 36, 146, 164, 164, 164, 176, 182, 191, 304, 308, 308, 312.|mauritius images GmbH, Mittenwald: age 327, 331, 344, 348; Alamy 183; Habel, Manfred 139; imagebroker/Luhr, Anton 267, 271; Knöll, Robert 344, 348; Kugler, Jean 251, 255; Phototake 250, 254; Runkel, Michael 327, 331; Thonig 7, 317, 321; Ypps 339, 343.|Mettin, Markus, Offenbach: 109, 284, 288, 294, 295, 298, 299.|Minkus Images

Anhang

Fotodesignagentur, Isernhagen: 64, 85, 194, 194, 194, 194, 194, 194, 194, 194, 214, 311, 311, 311, 344, 348.|Mommertz GmbH, Günzburg: 182.|naturganznah, Falkenfels: 358.|newVISION! GmbH, Pattensen OT Reden: 31, 53, 66, 68, 69, 92, 125, 125, 125, 125, 132, 132, 132, 133, 133, 133, 137, 214, 304, 307, 308, 350, 350, 350, 354, 354, 354, 356, 356, 360, 360, 362, 363.|OKAPIA KG - Michael Grzimek & Co., Frankfurt/M.: 97; Holger Weitzel / imageBROKER 305, 309; Holt Studios/Cattlin, Nigel 354, 358; Institut Pasteur/CNRI 81; NAS/Phillips, Mark D.213; NAS/Zipp, Jim 196; Sauer, Frieder 243, 247; Scharf, David/P.Arnold, Inc 81; Scimat/NAS 80; TH Foto/Tschanz-Hofmann 205; Zillmann, Ulrich 305, 309.|PantherMedia GmbH (panthermedia.net), München: Fischer, Walter 336, 340; Kneschke, Robert 209; Monkeybusiness Images 250, 254; Reimann, Herbert 87; Trautmann, Arne 82; Zaidan, Surya 370, 374.|PHYWE Systeme GmbH & Co.KG, Göttingen: 13.|Picture-Alliance GmbH, Frankfurt/M.: akg-images 370, 374; AP Photo/Pustynnikova, Yekaterina 12; AP/TEXAS A&M UNIVERSITY 214; Baumgarten, Ulrich 273, 277; Bildagentur-online/McPhoto 77; BirdLife_International 230, 234; blickwinkel/Koenig, R.237, 241; BSIP/JACOPIN 371, 375; dpa/ADN 76; dpa/Airio, Lehtikuva Marja 93; dpa/CAT 222; dpa/Hahn, Abaca Lionel 209; dpa/Hollemann, Holger 356, 360; dpa/Imaginechina 76; dpa/Lenz, Katja 254, 258; dpa/Mahnke, Jürgen 182; dpa/Roessler, Boris 4, 73; dpa/Schulze, Philipp 266, 270; dpa/von Erichsen, Fredrik 286, 286, 286, 286, 290; Keystone/Flueeler, Urs 77; Koene, Ton 286, 290; Litzlbauer, Alois 289, 293; Neubauer, Herbert 237, 241; Photoshot 77, 211, 252, 256; Süddeutsche Zeitung Photo/Hess, Catherina 32; WILDLIFE/Harms, D.225; Wildlife/Harvey, M.245, 249; Wildlife/Oxford, P.249, 253; ZB/Büttner, Jens 261, 265; ZB/Kasper, Jan-Peter 220; ZB/Lander, Andreas 74; ZB/Steinach, Sascha 224; ZB/Tödt, Matthias 355, 359; ZUMA Press/Kowsky, Joel 37.|pixabay.com, Neu-Ulm: Skitterphoto 217.|pkp photography, Sursee: 273.|Rogosch, Michael, Bochum: 205.|Scheid, Walther-Maria, Berlin: 224.|Schlierf, Birgit und Olaf, Lachendorf: 185, 185.|Schobel, Ingrid, Hannover: 10, 13, 14, 15, 15, 16, 16, 22, 22, 23, 23, 24, 25, 30, 33, 37, 37, 39, 39, 39, 39, 40, 40, 47, 49, 51, 51, 52, 55, 57, 58, 59, 60, 60, 61, 61, 61, 61, 65, 65, 65, 65, 65, 68, 68, 69, 70, 70, 70, 71, 71, 71, 98, 99, 115, 115, 116, 116, 117, 120, 121, 121, 121, 122, 122, 122, 124, 126, 127, 128, 128, 128, 129, 129, 134, 134, 138, 138, 140, 140, 141, 142, 142, 143, 157, 157, 157, 157, 157, 157, 197, 227, 242, 242, 242, 242, 242, 242, 242, 242, 242, 242, 242, 242, 242, 243, 243, 246, 247, 247, 252, 253, 256, 257, 270, 271, 271, 274, 275, 275, 276, 280, 322, 322, 322, 322, 325, 325, 326, 326, 326, 333, 337, 337, 341, 354, 355, 358, 359, 369, 373; Düngung: Picture alliance GmbH, Frankfurt /M.(dpa); Trecker: shutterstock.com (Marsan) 355, 359; unbekannt 257, 261.|Science Museum, Berlin: SSPL 371.|Science Photo Library, München: Addenbrookes Hospital/Dept.of Clinical Cytogenetics 195; Boeing 255, 259; Brown, A Barrington 201; Cooper, Ashley 54; Cuthbert, Colin 149; Durham, John 83; Garlick, Mark 228, 232, 238, 242; Landmann, Patrick 54; Murti, Dr.Gopal 78; PEDRAZZINI, CRISTINA 303, 307; PHANIE/VOISIN 211; Sambraus, Daniel 232, 236; SPL 118; SPL/Leroy, Francis 213; SPL/Terry, Sheila 179; Steger, Volker/Nordstar - 4 Million Years of Man 254, 258; Visual Unlimited/Flegler, Dr.Stanley 227.|Shutterstock.com, New York: AlexKol Photography 126; alice-photo 256, 260; Alzbeta 288, 292; Andrey_Popov 130; andriano.cz 84; arka38 340, 344; Aunion, Juan 255, 259; Benoist 25, 268, 272; BestPhotoStudio 94; Bildagentur Zoonar GmbH 358, 362; branislavpudar 99; CandyBox Images 84; cloki 7, 341, 368, 372; crystal51 328, 332; electra 284, 288; Figel, Adam Jan 359, 363; Griskeviciene, Aldona 197; hjochen 354, 358; igorad1 8; Image Point Fr 218; Kletr 284, 288; Kovalchuk, Igor 126; Kuzmina, Oksana 215; LazarevaEl 207; Lisa S.130; Lorne, Evan 289, 354, 358; Lucky Business 126; MacQueen, Bruce 234; Marsan 355, 359; Masson 72; McKelvie, Bill 126; Meryll 356, 360; MikhailSh 245, 249; milka-kotka 207; Milkos 41; Morijn, Ruud 354, 358; Nasky 190; Natali_ Mis 192; NeydtStock 45; pan demin 284, 288; PHOTO FUN 331, 335; photoJS 192; Photomarine 171; Pramote, J.19; Prochazkacz, Martin 243, 247; Som, Somchai 41; SvetlanaZakharova 54; Temps, Dietmar 208; Tyniansky, Yury 171; VGstockstudio 72; wiwsphotos 234; worradirek 6, 283, 287; Yasin, Mahathir Mohd 171; Zyankarlo 346, 350.|Simper, Manfred, Wennigsen: 279.|Steinkamp, Albert, Reken: 15, 26, 27, 52.|stock.adobe.com, Dublin: 4th Life Photography 258, 262; @nt 343, 347; Adler, E.266, 270; Aleksey Titel; anoli 75; artepicturas 234; ArTo 373, 377; ArtPerfect 373, 377; asnidamarwan 287, 291; auremar 95; Baltazar 3, 43; benjaminnolte 366, 370; Berty 358, 362; BestForYou 97; bluedesign 86; Brigitte 83; BVpix 365, 369; ChristArt 366, 370; Coprid 175; Durst, Otto 340, 344, 354, 358; Ede, Hans und Christa 235; eyetronic 75; Felix 367, 371; Ford, Robert 342, 346; fotohansel 36, 339, 343; fototrm12 326; Franik, Thomas 340, 344; georgejmclittle 367, 371; goldbany 215; Guilane-Nachez, Erica 179; Herr Loeffler 100; Hetizia 200; hiroshiteshigawara 307, 311; igradesign 277, 281; industrieblick 75; infadel 127; janvier 174; Jenkins, M.306, 310; kab-vision 144; Kaulitzki, Sebastian 75; Kneschke, Robert 75, 366; Koch, Lars 90; Kollidas, Georgios 179, 179; Korovin, Vitaly 314, 318; lancesagar 257; LeitnerR 235; lisalucia 84; Lola, Christin 75; Löw, Claudia 213; Maridav 257; marnag 75; Maurer, Christian 235; Mayer, Johannes D.235; monicore 234; nickolae 247, 251; NuttKomo 262; pat_hastings 71; photopixel 4, 101; pico 191; pisotckii 354, 358; Pixavril 289, 293; rachid amrous 350, 354; Rafail 136; Rebel 314; Rieperdinger, Michael 75; RioPatuca Images 86; Rosu, Orlando Florin 235; S.H.exclusiv 365, 369; science photo 118; sinhyu 182; Swadzba, Marek R.235; Syda Productions 4, 119, 139; Tamor, Maxal 359; vectorass 315; Wellnhofer Designs 308, 312; wildworx 75; Wolter, Bernd 234; Zarathustra 339.|Tegen, Hans, Hambühren: 13, 19, 26, 27, 27, 28, 28, 28, 29, 29, 30, 31, 31, 32, 34, 34, 34, 34, 35, 41, 44, 46, 46, 49, 49, 50, 50, 50, 50, 52, 56, 56, 56, 57, 58, 59, 60, 102, 103, 106, 106, 106, 107, 108, 109, 110, 110, 110, 110, 111, 111, 111, 111, 112, 112, 113, 114, 115, 116, 117, 117, 124, 124, 124, 124, 127, 128, 140, 144, 149, 156, 156, 158, 160, 161, 161, 164, 164, 164, 164, 165, 166, 167, 167, 167, 168, 168, 168, 168, 168, 170, 170, 170, 171, 171, 174, 174, 176, 176, 176, 177, 180, 180, 180, 180, 180, 182, 183, 187, 188, 266, 270, 274, 274, 278, 281, 285, 296, 296, 300, 300, 329, 329, 329, 333, 333, 333, 352, 353, 353, 356, 357, 357; mit einer Grafik von Tom Menzel 33.|Tierbildarchiv Angermayer, Holzkirchen: Pfletschinger 196, 196, 196, 196, 196; Wendel 346, 350.|vario images, Bonn: Image Source RF/Stormdoctor, Jason Persoff 10; Imperia Staffieri/Cultura RF 45.|Viertel, Judith, Dedelstorf: 26.|Visum Foto GmbH, München: Goergens, Manfred 327, 331; Langreder, Thomas 335, 339; Loesel, Juergen 258, 262.|Wasmann, Dr.Astrid, Groß-Nordende: 310, 310, 310, 310, 314, 314, 314, 314.|Wellinghorst, Rolf, Quakenbrück: 69, 69.|Westend 61 GmbH, München: WB-Images 276, 280.|Wildermuth, Werner, Würzburg: 62, 64, 64, 81, 88, 93, 99, 188, 196, 200, 205, 216, 226, 226, 236, 236, 236, 236, 240, 246, 247, 247, 247, 247, 247, 249, 250, 251, 253, 254, 256, 256, 257, 258, 260, 261, 292, 296, 298, 298, 298, 298, 298, 299, 300, 300, 302, 302, 302, 302, 302, 303, 304, 304, 312, 312, 312, 313, 316, 316, 316, 317, 332, 336, 350, 351, 352, 352, 354, 355, 356, 356, 357, 361, 369, 369, 373, 373; linke Grafik: Heike Keis 248, 252.|Wissenschaftliche Film- und Bildagentur Karly, München: 81.

Wir arbeiten sehr sorgfältig daran, für alle verwendeten Abbildungen die Rechteinhaberinnen und Rechteinhaber zu ermitteln. Sollte uns dies im Einzelfall nicht vollständig gelungen sein, werden berechtigte Ansprüche selbstverständlich im Rahmen der üblichen Vereinbarungen abgegolten.

Das Periodensystem der Elemente

Atommasse in u — 26,98
Eine eingeklammerte Atommasse gibt die Masse eines wichtigen Isotops des Elements an

Al
13 — Ordnungszahl (Protonenzahl)
Aluminium — Elementname

Atomsymbol

schwarz = feste Elemente
rot = gasförmige Elemente
blau = flüssige Elemente
weiß = künstliche Elemente
grün = natürliche radioaktive Elemente

Metalle | Halbmetalle | Nichtmetalle

Perioden	Hauptgruppen I	II	Nebengruppen III	IV	V	VI	VII	VIII	VIII	VIII	I	II	Hauptgruppen III	IV	V	VI	VII	VIII
1 K-Schale	1,01 **H** 1 Wasserstoff																	4,00 **He** 2 Helium
2 L-Schale	6,94 **Li** 3 Lithium	9,01 **Be** 4 Beryllium											10,81 **B** 5 Bor	12,01 **C** 6 Kohlenstoff	14,01 **N** 7 Stickstoff	16,00 **O** 8 Sauerstoff	19,00 **F** 9 Fluor	20,18 **Ne** 10 Neon
3 M-Schale	22,99 **Na** 11 Natrium	24,31 **Mg** 12 Magnesium											26,98 **Al** 13 Aluminium	28,09 **Si** 14 Silicium	30,97 **P** 15 Phosphor	32,07 **S** 16 Schwefel	35,45 **Cl** 17 Chlor	39,95 **Ar** 18 Argon
4 N-Schale	39,10 **K** 19 Kalium	40,08 **Ca** 20 Calcium	44,96 **Sc** 21 Scandium	47,88 **Ti** 22 Titan	50,94 **V** 23 Vanadium	51,99 **Cr** 24 Chrom	54,94 **Mn** 25 Mangan	55,85 **Fe** 26 Eisen	58,93 **Co** 27 Cobalt	58,69 **Ni** 28 Nickel	63,55 **Cu** 29 Kupfer	65,39 **Zn** 30 Zink	69,72 **Ga** 31 Gallium	72,61 **Ge** 32 Germanium	74,92 **As** 33 Arsen	78,96 **Se** 34 Selen	79,90 **Br** 35 Brom	83,80 **Kr** 36 Krypton
5 O-Schale	85,47 **Rb** 37 Rubidium	87,62 **Sr** 38 Strontium	88,91 **Y** 39 Yttrium	91,22 **Zr** 40 Zirconium	92,91 **Nb** 41 Niob	95,94 **Mo** 42 Molybdän	(99) **Tc** 43 Technetium	101,07 **Ru** 44 Ruthenium	102,91 **Rh** 45 Rhodium	106,42 **Pd** 46 Palladium	107,87 **Ag** 47 Silber	112,41 **Cd** 48 Cadmium	114,82 **In** 49 Indium	118,71 **Sn** 50 Zinn	121,75 **Sb** 51 Antimon	127,60 **Te** 52 Tellur	126,90 **I** 53 Iod	131,29 **Xe** 54 Xenon
6 P-Schale	132,91 **Cs** 55 Caesium	137,33 **Ba** 56 Barium	**La-Lu** 57-71	178,49 **Hf** 72 Hafnium	180,95 **Ta** 73 Tantal	183,84 **W** 74 Wolfram	186,21 **Re** 75 Rhenium	190,23 **Os** 76 Osmium	192,22 **Ir** 77 Iridium	195,08 **Pt** 78 Platin	196,97 **Au** 79 Gold	200,59 **Hg** 80 Quecksilber	204,38 **Tl** 81 Thallium	207,20 **Pb** 82 Blei	208,98 **Bi** 83 Bismut	(209) **Po** 84 Polonium	(210) **At** 85 Astat	(222) **Rn** 86 Radon
7 Q-Schale	(223) **Fr** 87 Francium	(226) **Ra** 88 Radium	**Ac-Lr** 89-103	(261) **Rf** 104 Rutherfordium	(262) **Db** 105 Dubnium	(266) **Sg** 106 Seaborgium	(264) **Bh** 107 Bohrium	(269) **Hs** 108 Hassium	(268) **Mt** 109 Meitnerium	(271) **Ds** 110 Darmstadtium	(272) **Rg** 111 Roentgenium	(277) 112						

Elemente der Lanthan-Reihe

138,91 **La** 57 Lanthan	140,12 **Ce** 58 Cer	140,91 **Pr** 59 Praseodym	144,24 **Nd** 60 Neodym	(147) **Pm** 61 Promethium	150,36 **Sm** 62 Samarium	151,96 **Eu** 63 Europium	157,25 **Gd** 64 Gadolinium	158,93 **Tb** 65 Terbium	162,50 **Dy** 66 Dysprosium	164,93 **Ho** 67 Holmium	167,26 **Er** 68 Erbium	168,93 **Tm** 69 Thulium	173,04 **Yb** 70 Ytterbium	174,97 **Lu** 71 Lutetium

Elemente der Actinium-Reihe

(227) **Ac** 89 Actinium	(232) **Th** 90 Thorium	(231) **Pa** 91 Protactinium	(238) **U** 92 Uran	(237) **Np** 93 Neptunium	(239) **Pu** 94 Plutonium	(241) **Am** 95 Americium	(244) **Cm** 96 Curium	(249) **Bk** 97 Berkelium	(252) **Cf** 98 Californium	(253) **Es** 99 Einsteinium	(257) **Fm** 100 Fermium	(258) **Md** 101 Mendelevium	(259) **No** 102 Nobelium	(262) **Lr** 103 Lawrencium